Von den Welfen
zu den Staufern

# Oberschwaben

Forschungen zu Landschaft, Geschichte und Kultur

BAND 4

herausgegeben von

SIGRID HIRBODIAN
SABINE HOLTZ
FRANZ QUARTHAL
DIETMAR SCHIERSNER
THOMAS ZOTZ

im Auftrag der

Thomas Zotz, Andreas Schmauder, Johannes Kuber (Hrsg.)

# Von den Welfen zu den Staufern

Der Tod Welfs VII. 1167 und die
Grundlegung Oberschwabens im Mittelalter

**Kohlhammer**

Die Veröffentlichung wurde großzügig gefördert durch:

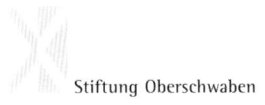  

*Umschlagabbildung:*
Ausschnitt aus dem Welfenstammbaum in der Weingartner Handschrift
der Hochschul- und Landesbibliothek Fulda D II, fol. 13ᵛ.
Das Bild zeigt das Ende des süddeutschen Welfenstammes
mit Welf VI. und Welf VII. sowie die Seitentriebe mit den Namen
Kaiser Friedrich Barbarossas und Herzog Friedrichs V. von Schwaben.

Redaktion: Thomas Zotz
Lektorat: Corinna Schneider
Gestaltung und Produktion: Verlagsbüro Wais & Partner, Stuttgart
Druck und Bindung: Offizin Scheufele, Stuttgart

Bibliografische Information der Deutschen Nationalbibliothek:
Die Deutsche Nationalbibliothek verzeichnet diese Publikation in der Deutschen
Nationalbibliografie.
Detaillierte bibliografische Angaben sind im Internet abrufbar über http://www.dnb.ddb.de.

Alle Rechte vorbehalten

© 2020 Gesellschaft Oberschwaben für Geschichte und Kultur,
    Verlagsbüro Wais & Partner GbR, Stuttgart

Kommission und Vertrieb: W. Kohlhammer, Stuttgart

ISBN 978-3-17-037334-1

# Inhalt

Vorwort .................................................................... 7

Einführung ................................................................ 9
    ANDREAS SCHMAUDER/THOMAS ZOTZ

Welf VII. – letzter Spross des süddeutschen Welfenstammes ............ 15
    MATTHIAS BECHER

Friedrich Barbarossas Hausmachtpolitik in Oberschwaben
und das *patrimonium Altorfensium* .................................... 35
    THOMAS ZOTZ

Der Übergang des süddeutschen Welfenerbes an die Staufer.
Die Präsenz der neuen Herren vor Ort .................................. 53
    HEINZ KRIEG

Kaiser Friedrich II. und Oberschwaben ................................. 75
    WOLFGANG STÜRNER

Die Ministerialen von Tanne/Waldburg/Winterstetten.
Pfeiler der staufischen Herrschaft in Oberschwaben .................... 91
    HARALD DERSCHKA

*Volumus, quod ministeriales de Waltse ad ducatum pertinent.*
Der Übergang der Herren von Wallsee und der Herrschaft Waldsee
von den Welfen zu den Staufern 1181 ................................... 109
    KAREL HRUZA

Die Staufer und die oberschwäbischen Städte .......................... 137
    NINA GALLION

Ökonomiewechsel und Stärkung des kommunalen Elements.
Burg und Stadt Ravensburg im Spätmittelalter ......................... 157
    ANDREAS SCHMAUDER

Vom Zentralort zur autonomen Stadt. Memmingen und die oberschwäbischen
Reichsstädte in nachstaufischer Zeit ................................................. 167
    ROLF KIESSLING

Memoria Welforum. Die Welfen in der Erinnerungskultur der Mönche des
Klosters Weingarten 1056–1803 mit Ausblicken auf die nachklösterliche Zeit .. ... 183
    HANS ULRICH RUDOLF

Das Prämonstratenserstift Weißenau. Geschichte, Erinnerung und
Förderer im Spiegel der Acta sancti Petri in Augia ................................... 215
    JOHANNES WALDSCHÜTZ

Zur Welfen-Memoria in Steingaden und Rottenbuch ................................ 237
    FRANZ FUCHS

Die Bedeutung des Raumes Oberschwaben für das spätmittelalterliche
Königtum .............................................................................. 249
    PAUL-JOACHIM HEINIG

Die Landvogtei Oberschwaben in der Frühen Neuzeit ................................ 275
    FRANZ QUARTHAL

Abkürzungen .......................................................................... 287
Herausgeber und Autoren ............................................................ 289
Register ................................................................................ 294

# Vorwort

Der vorliegende Band gibt die für den Druck überarbeiteten Beiträge der Tagung „Von den Welfen zu den Staufern. Der Tod Welfs VII. und die Grundlegung Oberschwabens im Mittelalter" wieder, die vom 5. bis 7. Oktober 2017 im Tagungshaus der Akademie der Diözese Rottenburg-Stuttgart in Weingarten stattgefunden hat. Die Tagung wurde von der Gesellschaft Oberschwaben für Geschichte und Kultur, der Stadt Ravensburg und der Akademie der Diözese Rottenburg-Stuttgart unter maßgeblicher Mitarbeit von Dr. Petra Steymans-Kurz getragen. Wir sind den drei genannten Institutionen sehr dankbar, dass sie auch den Druck dieses Bandes entscheidend gefördert haben.

Dafür, dass der Band in recht kurzem Abstand zur Tagung erscheinen konnte, ist herzlicher Dank zu sagen: den Autorinnen und Autoren für die zügige Druckvorbereitung ihrer Beiträge, Corinna Schneider für das sorgfältige Lektorat und die Erstellung des Registers, Rainer Maucher vom Verlagsbüro Wais & Partner in Stuttgart für die ansprechende äußere Gestaltung in gewohnter Qualität sowie dem Verlag W. Kohlhammer für die gute Zusammenarbeit.

*Die Herausgeber*

# Einführung

ANDREAS SCHMAUDER / THOMAS ZOTZ

Der Tod Welfs VII. im Jahr 1167 hatte langfristige Auswirkungen auf die herrschaftliche und politische Struktur jener Region in Süddeutschland, die in späterer Zeit den Namen Oberschwaben tragen sollte.[1] Dieser Entwicklung widmete sich eine Tagung in Weingarten im Jahr 2017, in Erinnerung an den folgenreichen Todesfall vor achteinhalb Jahrhunderten. Damals starb mit dem einzigen Sohn Herzog Welfs VI. der süddeutsche Zweig des Geschlechts der Welfen aus. Sein reiches Erbe an Besitzungen und Hoheitsrechten, das sich vom nördlichen Bodenseeraum bis zum Lech erstreckte, fiel auf dem Erbweg an die Staufer. Hiermit erweiterten diese ihre angestammte Position im Südwesten des Reiches beträchtlich und verliehen dem neu hinzugewonnenen Raum ihre eigene Prägung.

Der Tagungsband handelt vom Verlauf und von den Elementen dieses Herrschaftsübergangs in der zweiten Hälfte des 12. Jahrhunderts, von der daraus folgenden Integration der Klöster, Adligen, Ministerialen des welfischen Machtbereichs in die staufische Hausmacht und Verwaltung, vom Umgang der Staufer mit ihrem neuen Herrschaftsraum und von der Entfaltung der dortigen Städte im 13. Jahrhundert. Damit ist das Fundament für ein genaueres Verständnis der Grundlegung Oberschwabens auf der Basis des ehemaligen Welfenlandes gelegt, dem Rudolf von Habsburg später mit der Einrichtung der Landvogtei *Suevia superior* einen neuen institutionellen Rahmen gab. Von hier eröffnet sich eine Perspektive bis in die frühe Neuzeit hinein, verbunden mit der Frage nach der Nachwirkung des herrschaftlichen Wandels im 12./13. Jahrhundert und nach der Erinnerung an die Zeit der Welfen. Nicht zuletzt ist zu fragen, welchen Stellenwert Oberschwaben im späten Mittelalter für das Königtum hatte, als wechselnde „Hausmachtkönige" ihren je eigenen Schwerpunkt im Heiligen Römischen Reich setzten.

Von den Welfen zu den Staufern: Der für den süddeutschen Raum untersuchte Herrschaftsübergang rückt zwei Adelsfamilien in den Blick, welche die Geschicke des hochmittelalterlichen Reiches maßgeblich geprägt haben, nicht nur nach Auffassung eines

---

1 Vgl. Politische Kultur in Oberschwaben, hg. von Peter BLICKLE, Tübingen 1993. Darin zum Hochmittelalter: Günther BRADLER, Oberschwaben, ein politischer Raum im Hochmittelalter?, in: Ebd., S. 71–96; Oberschwaben, hg. von Hans-Georg WEHLING (Schriften zur politischen Landeskunde Baden-Württembergs 24), Stuttgart 1995; Oberschwaben. Beiträge zu Geschichte und Kultur, hg. von Peter EITEL / Elmar L. KUHN, Konstanz 1995.

Otto von Freising, für den die eine Familie große Kaiser, die andere große Herzöge hervorzubringen pflegte.[2] Ihre wechselseitige, mitunter spannungsreiche Beziehung gehört seit jeher zu den großen Themen der deutschen Mediävistik: In jüngerer Zeit stellte Werner Hechberger 1996 mit seinem Buch über Staufer und Welfen das lange gepflegte Narrativ des staufisch-welfischen Konflikts auf den Prüfstand,[3] und der Sammelband zu den Staufern und Welfen als zwei rivalisierenden Dynastien von 2009 bündelte die Ergebnisse der neueren Forschung.[4] Vor diesem Hintergrund fokussiert dieser Tagungsband mit dem welfisch-staufischen Herrschaftswechsel auf eine besondere Episode im Verhältnis der beiden Familien, die weit über das Ende der süddeutschen Welfen und das wenige Jahrzehnte später folgende Ende der Staufer nachgewirkt hat.

Wenn dabei das Gegenüber von Staufern und Welfen thematisiert wird, so geschieht dies mit Blick auf den süddeutschen, bereits 1191 ausgestorbenen Zweig des Geschlechts der Welfen, während der andere Zweig im Norden Deutschlands, wohin Heinrich der Stolze, der Vater Heinrichs des Löwen, in den 1130er-Jahren seinen Schwerpunkt verlagert hat,[5] bis heute fortbesteht. Dessen lange Geschichte im Herzogtum Braunschweig, im Kurfürstentum Braunschweig-Lüneburg und im Königreich Hannover lenkte verständlicherweise die Aufmerksamkeit der Forschung vordringlich auf die norddeutschen Welfen.[6] Dabei hat der erste prominente Geschichtsschreiber des Welfenhauses, Gottfried Wilhelm Leibniz († 1716), in seinem postum in den Druck gelangten Werk der „Origines Guelficae" mit der Geschichte Welfs VI. und Welfs VII. den süddeutschen Welfenzweig durchaus gebührend berücksichtigt.[7]

Erst nach der Mitte des 20 Jahrhunderts, sieht man von einer Göttinger Dissertation von 1881[8] und der Beschäftigung mit der Historia Welforum in den 1930er-Jahren[9] ab, geriet der süddeutsche Zweig der Welfen stärker in den Fokus der Forschung. 1961 untersuchte Heinrich Büttner das Verhältnis von Staufern und Welfen im oberschwäbischen Raum des 12. Jahrhunderts und streifte dabei auch den Übergang des welfischen Erbes an die Staufer.[10] Die Tübinger Dissertation von Karin Feldmann von 1971 nahm sich Her-

---

2  Otto von Freising und Rahewin, Gesta Friderici I. imperatoris, hg. von Georg Waitz (MGH SS rer. germ 46), Hannover/Leipzig ³1912, II, 2, S. 103.
3  Werner Hechberger, Staufer und Welfen 1125–1190. Zur Verwendung von Theorien in der Geschichtswissenschaft (Passauer Historische Forschungen 10), Köln/Weimar/Wien 1996.
4  Staufer & Welfen. Zwei rivalisierende Dynastien im Hochmittelalter, hg. von Werner Hechberger/Florian Schuller, Regensburg 2009.
5  Vgl. Bernd Schneidmüller, Die Welfen. Herrschaft und Erinnerung 819–1252, Stuttgart ²2014, S. 162–179.
6  Vgl. die jüngste Zusammenfassung der gesamtwelfischen Geschichte bei Thomas Vogtherr, Die Welfen. Vom Mittelalter bis zur Gegenwart, München 2014. Zum lange vorherrschenden Desinteresse an den süddeutschen Welfen Karin Feldmann, Herzog Welf VI. und sein Sohn. Das Ende des süddeutschen Welfenhauses (mit Regesten), Tübingen 1971, Vorbemerkung S. I–III.
7  Origines Guelficae, hg. von Christian Ludwig Scheid, Bd. 2, Hannover 1751, S. 359–389.
8  Salo Adler, Herzog Welf VI. und sein Sohn, Hannover 1881.
9  Helene Wieruszowski, Neues zu den sogenannten Weingartener Quellen der Welfengeschichte, in: Neues Archiv 49 (1932), S. 56–85; Historia Welforum, hg., übersetzt und erläutert von Erich König (Schwäbische Chroniken der Stauferzeit 1), Stuttgart 1938.
10  Heinrich Büttner, Staufer und Welfen im politischen Kräftespiel zwischen Bodensee und Iller während des 12. Jahrhunderts, in: ZWLG 20 (1961), S. 17–73, wieder in: Schwaben und Schweiz im frühen

zog Welf VI. und das Ende des süddeutschen Welfenhauses zum Gegenstand,¹¹ und aus demselben Jahr stammt die Berliner Dissertation von Günther Bradler über die Ministerialität im Allgäu und in Oberschwaben.¹² Aus Anlass des 800. Todestages Welfs VI. fanden im Jahre 1991 zwei wissenschaftliche Veranstaltungen statt, zum einen die Tagung des Memminger Forums über die Welfen,¹³ zum anderen eine Tagung des Schwäbischen Bildungszentrums Irsee.¹⁴ Der 900. Todestag Herzog Welfs IV. bot 2001 Anlass für eine Weingartner Tagung der Akademie der Diözese Rottenburg-Stuttgart.¹⁵

Hier knüpfte die Weingartner Tagung von 2017 an, auch sie mit Bezug auf den Todestag eines Welfen, des letzten süddeutschen Welfen, nun jedoch mit dem Fokus nicht auf einen Protagonisten und seine Welt, sondern auf die Zeit nach dem durch seinen Tod eingeleiteten Ende des Geschlechts, auf Fragen des Herrschaftsübergangs und seiner Nachwirkung. Wenn dabei die Aufmerksamkeit nicht zuletzt der späteren Erinnerung an die Welfen und Staufer und ihr Wirken in diesem Raum galt, so berührte sich unsere Tagung mit dem Anliegen der Tagung des Memminger Forums für schwäbische Regionalgeschichte in Kooperation mit der Gesellschaft Oberschwaben für Geschichte und Kultur von 2007 über Erinnerungsorte in Oberschwaben.¹⁶

Die Reihe der Beiträge dieses Bandes setzt mit der Vorgeschichte und dem Ausgangspunkt des welfisch-staufischen Herrschaftsübergangs ein. Matthias BECHER schildert die Geschichte Welfs VII., des letzten Sprosses des süddeutschen Welfenstammes, sein Wirken in Italien in Vertretung seines Vaters, seine Rolle in der Tübinger Fehde und die Katastrophe von Rom 1167, dies alles gespiegelt in der einzigartigen hausgeschichtlichen Quelle der Historia Welforum, die ein durchaus ambivalentes Bild vom letzten süddeutschen Welfen zeichnet und seinen Tod mit merkwürdiger Zurückhaltung vermeldet. Die staufische Seite der Vorgeschichte kommt im Beitrag von Thomas ZOTZ zur Geltung. Er thematisiert die eifrige Hausmachtpolitik Friedrich Barbarossas in Oberschwaben seit dem Schicksalsjahr 1167, kulminierend im *patrimonium Altorfensium* als größtem Zugewinn. Für den Anfall des welfischen Erbes an die Staufer erscheint die an Weihnachten 1178 in Altdorf ausgestellte Urkunde Herzog Friedrichs V. von Schwaben von besonderer Aussagekraft. Sie ist auch für Heinz KRIEG der geeignete Startpunkt für seine Ausführungen zum Übergang des süddeutschen Welfenerbes an die Staufer im Spiegel ihrer

---

und hohen Mittelalter. Gesammelte Aufsätze von Heinrich Büttner, hg. von Hans PATZE (VuF 15), Sigmaringen 1972, S. 337–392.
11  FELDMANN, Herzog Welf VI. (Anm. 6).
12  Günther BRADLER, Studien zur Geschichte der Ministerialität im Allgäu und in Oberschwaben (Göppinger Akademische Beiträge 50), Göppingen 1973.
13  Die Welfen. Landesgeschichtliche Aspekte ihrer Herrschaft, hg. von Karl-Ludwig AY/Lorenz MAIER/Joachim JAHN (Forum Suevicum. Beiträge zur Geschichte Ostschwabens und der benachbarten Regionen 2), Konstanz 1998.
14  Welf VI., hg. von Rainer JEHL (Irseer Schriften 3), Sigmaringen 1995.
15  Welf IV. – Schlüsselfigur einer Wendezeit. Regionale und europäische Perspektiven, hg. von Dieter R. BAUER/Matthias BECHER (ZBLG, Beiheft 24), München 2004.
16  Erinnerungsorte in Oberschwaben. Regionale Identität und kulturelles Gedächtnis. hg. von Rolf KIESSLING/Dietmar SCHIERSNER (Forum Suevicum. Beiträge zur Geschichte Ostschwabens und der benachbarten Regionen 8), Konstanz 2009. Darin vgl. bes. Kai-Michael SPRENGER, Zwischen gefühlter und gelenkter Erinnerungskultur – Welfen und Staufer in Weingarten und Ravensburg, in: Ebd., S. 93–138.

Präsenz als neue Herren vor Ort. Das Thronbild der Weingartner Handschrift zeigt dabei auf seine Weise die symbolische Gegenwart der nunmehr ranghöheren Träger der ehemals welfischen Herrschaft. Neben Friedrich Barbarossa, Herzog Friedrich V. von Schwaben und König Heinrich VI. finden auch Herzog Konrad von Schwaben und Herzog bzw. König Philipp von Schwaben und ihre Gegenwart in Oberschwaben Berücksichtigung. Diesen Faden spinnt Wolfgang STÜRNER fort, indem er die Beziehung Friedrichs II. zu Oberschwaben nachzeichnet. Er arbeitet die Bedeutung Oberschwabens, seiner Repräsentanten und Städte für den aus Italien gekommenen König heraus, wobei er die Gründung der Stadt Pfullendorf besonders in den Blick nimmt. Die verhältnismäßig zahlreichen Aufenthalte Friedrichs II. wie auch seines Sohnes Heinrich (VII.) in Augsburg und Ulm bekräftigen den Eindruck vom beachtlichen Wert, den Oberschwaben für die späten Staufer hatte.

Es folgen zwei Beiträge zu welfischen Ministerialenfamilien Oberschwabens, die in staufische Dienste getreten sind. Harald DERSCHKA gibt einen Überblick zu den Ministerialen von Tanne/Waldburg/Winterstetten als Pfeilern der hiesigen staufischen Herrschaft. Diese Funktion übten Truchsess Eberhard von Waldburg und Schenk Konrad von Winterstetten am intensivsten aus, als Prokuratoren Friedrichs II. zuständig für das staufische Haus- und Reichsgut in Oberschwaben. Das von dieser bedeutenden Familie gezeichnete Bild wird durch die Würdigung der beiden geistlichen Vertreter der Familie, die nacheinander den Konstanzer Bischofsstuhl innehatten, abgerundet. Karel HRUZA befasst sich mit dem Übergang der Herren von Wallsee und der Herrschaft Waldsee von den Welfen an die Staufer im Brennpunkt der Urkunde Kaiser Friedrich Barbarossas für das Augustinerchorherrenstift Waldsee von 1181. Von hier erweitert er den Beobachtungszeitraum nach hinten in die Phase, als die Herren von Wallsee zur Entourage der Welfen gehörten, und nach vorn in die welfisch-staufische Übergangszeit bis 1185/87, um dann auf die Rolle der Familie unter Friedrich II. und ihre Umorientierung nach Österreich in habsburgischer Zeit einzugehen.

Drei Beiträge widmen sich dem Städtewesen Oberschwabens. Nina GALLION thematisiert die Staufer und die zahlreichen oberschwäbischen Städte, die erst unter den neuen Herren eigentlich zu Städten wurden und ihren Aufschwung nahmen, in rechtlicher, wirtschaftlicher wie administrativer Hinsicht. Dabei kommen auch die Bedeutung der Ministerialität und die Entstehung von Stadtgemeinde und Ratsverfassung zur Sprache. Dann kontrastiert sie Stadtgründung und Stadtwerdung, fragt nach der aktiven Rolle der Staufer in diesem Prozess neben anderen Akteuren wie den Klöstern, betont in ihrer Bilanz aber durchaus die Förderung der Städte durch die Staufer. Andreas SCHMAUDER untersucht den Ökonomiewechsel und die Stärkung des kommunalen Elements am Beispiel von Burg und Stadt Ravensburg im Spätmittelalter. Die einst für die Welfen zentrale Veitsburg wurde Hauptsitz der staufischen Reichs- und Hausgutverwaltung in Schwaben, was sich auf die Entfaltung der Stadt auswirkte. Diesen Prozess verfolgt er weiter ins Spätmittelalter, als die Burg Sitz der Landvogtei wurde und die Stadt mit der Reichsfreiheit eine neue kommunale Qualität erhielt. In diese Entwicklung ordnet er die rasant wachsende wirtschaftliche Potenz der Stadt mit dem Sitz der europaweit agierenden Handelsgesellschaft der Humpis ein. Ganz vergleichbar zeigt sich das Bild von Memmingen, dessen Wandel vom Zentralort zur autonomen Stadt im Kontext der oberschwäbischen Reichsstädte in nachstaufischer Zeit Rolf Kiessling in seinem Beitrag behandelt. Er untersucht Aspekte der inneren Entwicklung Memmingens, nämlich den Wandel des Ammannamtes und seine Kommunalisierung, das Verhältnis von Stadt und Kirche und den Ausbau des Bürgerrechts, um dann auf die neuen Außenbeziehungen der autonom gewordenen Stadt überzuleiten, fassbar in der wirtschaftlich nutzbaren Bannmeile, und Memmingen auf dem Weg zu einer regionalen Politik, konkret in der Landfriedenspolitik, zu charakterisieren.

Eine weitere Dreiergruppe von Beiträgen befasst sich mit Klöstern der Region. Hans Ulrich Rudolf untersucht die Memoria Welforum, wie sie von den Mönchen des Klosters Weingarten im langen Zeitraum vom Jahr seiner Gründung 1056 bis zum Jahr seiner Aufhebung 1803 gepflegt wurde. Er stellt die Jahrtage der Stifter Judith und Welf IV. vor, die gedächtnisstützende Aufgabe der Geschichtsschreibung, die Klosterkirche als repräsentatives Monument der Welfenmacht, die Oswaldkapelle mit der Welfengrablege und die Heilig-Blut-Kapelle, das Stifterbüchlein von ca. 1500, die Welfenfresken, Gemälde und grafische Werke der frühen Neuzeit, die Geschichtswerke des späten 18. Jahrhunderts und schließlich die Erinnerung an die Welfen in der nachklösterlichen Zeit. Johannes Waldschütz widmet sich dem Prämonstratenserstift Weißenau unter den Aspekten Geschichte, Erinnerung und Förderer im Spiegel der Acta sancti Petri in Augia. Er untersucht die zentrale Quelle aus der Mitte des 13. Jahrhunderts auf ihre narrativen Elemente, die hier eingefügten Urkunden der welfischen Herzöge, der staufischen Könige und Herzöge und sieht Welfen und Staufer als gleichbedeutende Förderer des Klosters dargestellt, erkennt daneben das Gewicht der Zuwendungen seitens der Ministerialität und des Adels, sodass alle diese Gruppen zum Gedeihen des Klosters beitrugen. Mit Steingaden und dem zum Vergleich herangezogenen Rottenbuch nimmt Franz Fuchs zwei welfische Klostergründungen östlich des Lechs in den Blick und fragt nach der Memoria, die dort den Stiftern Welf VI. bzw. Welf IV. gegolten hat. Ausgehend von der Steingadener Fortsetzung der Historia Welforum charakterisiert Fuchs das Prämonstratenserstift Steingaden als Begräbnisort Welfs VI. und seines Sohnes, in knapper Entfernung zum Augustinerchorherrenstift Rottenbuch mit der Grabstätte Welfs IV., aber auch in unmittelbarer Nähe zum Welfensitz Peiting. Dann bietet er einen Überblick zu den historiographischen, liturgischen und monumentalen Zeugnissen des Stiftergedenkens, mit der Schilderung aufwendiger Memorialfeiern in beiden Klöstern, wie sie bis zu ihrer Aufhebung 1803 gepflegt wurden.

In seinem Beitrag über die Bedeutung von Oberschwaben für das spätmittelalterliche Königtum nimmt Paul-Joachim Heinig rund zwei Jahrhunderte Reichsgeschichte in einer königsnahen Landschaft in den Blick. Er beschreibt die Krise und Transformation der materiellen Ressourcen im 14. und frühen 15. Jahrhundert, zeigt den Anteil Oberschwabens als Rekrutierungslandschaft für das königliche Regierungssystem und stellt die für das Königtum wichtigen Adelsfamilien der Region vor. Die Bedeutung Oberschwabens als Wirkungsbereich des Königtums kommt zur Geltung, da hier, anders als mit Württemberg in Niederschwaben, eine territoriale Hegemonialisierung verhindert werden konnte. Zum Schluss behandelt Franz Quarthal die Landvogtei Oberschwaben in der Frühen Neuzeit. Er hebt hervor, dass diese Einrichtung aus der Zeit König Rudolfs von Habsburg ihre Bedeutung durch die Verbindung mit dem Landgericht in

Schwaben stärken konnte. Nach einem historischen Abriss schildert er die Integration der Landvogtei in die Territorialhoheit der Habsburger im späten 14. Jahrhundert, zeitweise unterbrochen durch die Übertragung an die Truchsessen von Waldburg, aber ab der Mitte des 15. Jahrhunderts endgültig Instrument österreichischer Territorialpolitik, was immer wieder zu Konflikten mit Klöstern und Städten führte. Wenn der Lindauer Johann Reinhard Wegelin im 18. Jahrhundert in seiner Darstellung der Landvogtei diese in der welfischen Grafschaft Altdorf wurzeln sah, so kommt einmal mehr eine Facette welfischer Erinnerung in Oberschwaben zur Geltung.

# Welf VII. – letzter Spross des süddeutschen Welfenstammes

Matthias Becher

Am 11. oder 12. September des Jahres 1167 starb Welf VII. in der Stadt Siena.[1] Mit ihm sanken die Hoffnungen seines Vaters Welf VI. auf eine Zukunft des süddeutschen Zweiges der Welfenfamilie ins Grab. Die Reaktion des Vaters ist bekannt: Er verkaufte seine Rechte und Besitzungen zunächst in Italien, später auch in Süddeutschland an Kaiser Friedrich Barbarossa, den Sohn seiner Schwester Judith.[2] Obwohl es mit Welfs Neffen Heinrich dem Löwen, dem Sohn von Welfs Bruder Heinrich dem Stolzen, noch einen männlichen Vertreter der Familie gab, ging das Welfenerbe also an die Staufer über. Noch vor wenigen Jahren wurde dieser Vorgang als fundamentaler Bruch gesehen – angesichts des staufisch-welfischen Gegensatzes, der die Reichsgeschichte im 12. Jahrhundert bestimmt habe. So waren denn auch die letzten Tagungen zu unserem Thema, die aus Anlass des 800. Todestages Welfs VI. 1991 in Irsee und in Memmingen stattfanden, vor allem diesem Fürsten gewidmet,[3] während der Übergang seiner Besitzungen an die Staufer kaum in den Blick genommen wurde. Angesichts der inflationären Beschäftigung der Forschung mit den Staufern und mit Heinrich dem Löwen – dem prominentesten Welfen der Zeit – war diese Konzentration auf die süddeutschen Welfen durchaus berechtigt.

Seither ist jedoch Bewegung in die Forschung gekommen. Die sogenannte anthropologische Wende der Geschichtswissenschaft hat dazu geführt,[4] von der traditionellen

---

1  Alle Quellen zum Todestag bei Karin Feldmann, Herzog Welf VI. und sein Sohn. Das Ende des süddeutschen Welfenhauses. Mit Regesten, Diss. phil. Tübingen 1971, S. 71 mit Anm. 354.
2  Vgl. dazu Feldmann, Welf VI. (Anm. 1), S. 86–91; Dies., Herzog Welf VI., Schwaben und das Reich, in: ZWLG 30 (1971), S. 308–326, hier S. 321–325; Helmut Maurer, Der Herzog von Schwaben. Grundlagen, Wirkungen und Wesen seiner Herrschaft in ottonischer, salischer und staufischer Zeit, Sigmaringen 1978, S. 250; Bernd Schneidmüller, Die Welfen. Herrschaft und Erinnerung (819–1252), Stuttgart 2000, S. 226; Hansmartin Schwarzmaier, Der Ausgang der Stauferzeit, in: Handbuch der baden-württembergischen Geschichte, hg. von Meinrad Schaab/Hansmartin Schwarzmaier, Bd. 1,1: von der Urzeit bis zum Ende der Staufer, Stuttgart 2001, S. 329–619, S. 532f.
3  Vgl. Welf VI. Wissenschaftliches Kolloquium zum 800. Todesjahr Welfs VI. im Schwäbischen Bildungszentrum Irsee, hg. von Rainer Jehl (Irseer Schriften 3), Sigmaringen 1995; Die Welfen. Landesgeschichtliche Aspekte ihrer Herrschaft, hg. von Karl-Ludwig Ay/Lorenz Maier/Joachim Jahn (Forum Suevicum. Beiträge zur Geschichte Ostschwabens und der benachbarten Regionen 2), Konstanz 1998.
4  Zu dieser vgl. Aleida Assmann/Johannes Fried/Horst Wenzel, Historische Anthropologie, in: Perspektiven der Forschung und ihrer Förderung. Aufgaben und Finanzierung 1997–2001, hg. von Deutsche

deutschen Verfassungsgeschichte Abstand zu nehmen und stattdessen die Geschichte der Ordnungen und Identitäten zu untersuchen. Damit soll vermieden werden, dem Mittelalter neuzeitliches Denken in abstrakten Denkkategorien oder Einheiten zu unterstellen. Vielmehr geht es darum, unter Rückgriff auf die mittelalterliche Begrifflichkeit vergangene Wirklichkeiten zu untersuchen.[5] Gerd Althoff lieferte in seinem Vortrag in Irsee ein erstes Beispiel: Bei seinen Betrachtungen über die sogenannte Tübinger Fehde lehnte er das Bestreben der älteren Forschung ab, übergeordnete Erklärungen zu finden, und plädierte dafür, sich stärker an den Aussagen der Quellen zu orientieren. In keiner einzigen Quelle sei die Rede davon, dass die Welfen und ihre Verbündeten die Amtsgewalt des schwäbischen Herzogs hätten herausfordern wollen oder dass sich die Auseinandersetzung um das Erbe der Grafen von Bregenz gedreht hätte. Vielmehr seien die Beleidigungen der Welfen durch den Pfalzgrafen von Tübingen ausschlaggebend gewesen, allgemeiner gesagt, das Denken in Rang und Ehre der damaligen Zeit.[6] Dieser neue Ansatz führte ganz grundsätzlich zu einem Hinterfragen etablierter Forschungspositionen. Im Hinblick auf die Adelsgeschichte stellte Werner Hechberger das Axiom eines staufisch-welfischen Gegensatzes im 12. Jahrhundert in Abrede.[7] Mehr noch, ein neuzeitliches Familienbewusstsein, wie es die Sammelbezeichnungen ‚Staufer' und ‚Welfen' suggerierten, habe es im Früh- und Hochmittelalter noch gar nicht gegeben und habe daher auch keinen Einfluss auf das Handeln der einzelnen Familienangehörigen gehabt.[8]

---

Forschungsgemeinschaft, Weinheim u. a. 1997, S. 93–120; Johannes Fried, Geschichte als historische Anthropologie, in: Geschichte des Mittelalters für unsere Zeit, hg. von Rolf Ballof, Stuttgart 2003, S. 63–85; Historische Anthropologie (Basistexte 1), hg. von Aloys Winterling, Stuttgart 2006.

5 Zusammenfassend Bernd Schneidmüller, Von der deutschen Verfassungsgeschichte zur Geschichte politischer Ordnungen und Identitäten im europäischen Mittelalter, in: Zeitschrift für Geschichtswissenschaft 53 (2005), S. 485–500, hier S. 499f.

6 Gerd Althoff, Welf VI. und seine Verwandten in den Konflikten des 12. Jahrhunderts, in: Welf VI. (Anm. 3), S. 75–89, hier S. 77f.; Ders., Konfliktverhalten und Rechtsbewußtsein: Die Welfen in der Mitte des 12. Jahrhunderts, in: Frühmittelalterliche Studien 26 (1992), S. 331–352, hier S. 335f., wiederabgedr. in: Ders., Spielregeln der Politik im Mittelalter. Kommunikation in Frieden und Fehde, Darmstadt 1997, S. 57–84, hier S. 62f.

7 Vgl. Werner Hechberger, Staufer und Welfen (1125–1190). Zur Verwendung von Theorien in der Geschichtswissenschaft (Passauer Historische Forschungen 10), Köln u. a. 1996.

8 Vgl. auch Werner Hechberger, Haus und Geschlecht. Anmerkungen zu den Welfen des 12. Jahrhunderts, in: ZWLG 66 (2007), S. 47–62; der Ansatz richtet sich gegen Studien, in deren Mittelpunkt das Selbstverständnis adliger Familien steht, vgl. Karl Schmid, Welfisches Selbstverständnis, in: Adel und Kirche. Gerd Tellenbach zum 65. Geburtstag dargebracht von Freunden und Schülern, hg. von Josef Fleckenstein/Karl Schmid, Freiburg u. a. 1968, S. 389–416, wiederabgedr. in: Ders., Gebetsgedenken und adliges Selbstverständnis im Mittelalter. Ausgewählte Beiträge, Sigmaringen 1983, S. 424–453; Otto Gerhard Oexle, Die „sächsische Welfenquelle" als Zeugnis der welfischen Hausüberlieferung, in: DA 24 (1968), S. 435–497; Otto Gerhard Oexle, Welfische und staufische Hausüberlieferung in der Handschrift Fulda D 11 aus Weingarten, in: Von der Klosterbibliothek zur Landesbibliothek. Beiträge zum zweihundertjährigen Bestehen der Landesbibliothek Fulda, hg. von Artur Brall (Bibliothek des Buchwesens 6), Stuttgart 1978, S. 203–231; Otto Gerhard Oexle, Adliges Selbstverständnis und seine Verknüpfung mit dem liturgischen Gedenken – das Beispiel der Welfen, in: ZGO 134 (1986), S. 47–75; Gerd Althoff, Anlässe zur schriftlichen Fixierung adligen Selbstverständnisses, in: ZGO 134 (1986), S. 34–46; Matthias Becher, Der Name ‚Welf' zwischen Akzeptanz und Apologie. Überlegungen zur frühen welfischen Hausüberlieferung, in: Welf IV. – Schlüsselfigur einer Wendezeit. Regionale und europäische

So habe Welf VI. seinem staufischen Neffen Friedrich Barbarossa, dem Sohn seiner Schwester Judith, näher gestanden als seinem welfischen Neffen Heinrich dem Löwen, dem Sohn seines älteren Bruders Heinrich des Stolzen. Dies mag für bestimmte Phasen ihres Lebens gegolten haben, nicht aber für die Zeit um 1167, den Tod Welfs VII. Recht eindeutig vermerkt die um 1170, also kurz danach, entstandene Historia Welforum:[9]

> „Als zur gleichen Zeit sein Vater [Welf VI.] von Jerusalem zurückkehrte, ging er dem Kaiser in Rom entgegen. Nachdem er die abscheulichen Sünden des Kaisers gesehen hatte, kehrte er unter Verachtung des Kaisers und des gesamten Heeres durch das Tridentinische Tal zu seinen Gütern zurück. Denn der Kaiser hat damals in Rom vieles bei der Zerstörung der Kirchen, dem Niedermorden des Volkes und anderen Unmenschlichkeiten verbrochen, so daß die Strafe Gottes durch ein gerechtes Gericht folgen mußte. Denn der größte Teil des Heeres ging zugrunde. Jener Kölner Bischof, der der Anstifter des ganzen Übels und des lange andauernden Schismas war, der Speyerer Bischof, der Regensburger, der Prager, der Verdener, der Lütticher und weitere Fürsten starben, nämlich Herzog Friedrich, der Sohn König Konrads, Herzog Welf, der Sohn Herzog Welfs, Berengar, Graf von Sulzbach, Heinrich, Graf von Tübingen, zusammen mit mehreren Großen dieses Reiches. Die Gebeine von fast allen diesen wurden, nachdem sie durch Auskochen vom Fleisch befreit waren, in die Heimat zurückgebracht. Auch die Gebeine unseres Welfs wurden überführt und in dem von seinem Vater begründeten Kloster Steingaden beigesetzt."[10]

Die Aussage der Historia ist sehr eindeutig: Als Welf VII. am 11. oder 12. September des Jahres 1167 ums Leben kam, war sein Vater Welf VI. alles andere als ein Anhänger des Staufers Friedrich Barbarossa. Es gibt sogar gute Gründe für die Annahme, dass Welfs VI.

---

Perspektiven, hg. von Dieter R. BAUER/Matthias BECHER (ZBLG, Beihefte, Reihe B 24), München 2004, S. 156–198.
9  Vgl. Historia Welforum, hg. von Ludwig WEILAND, in: MGH SS 21, Hannover 1869, S. 454–471 und Monumenta Welforum antiqua, hg. von Georg Heinrich PERTZ (MGH SS rer. Germ. [43]), Hannover 1869, S. 12–44; Historia Welforum, hg. von ERICH KÖNIG (Schwäbische Chroniken der Stauferzeit 1), Stuttgart 1938, S. 2–75; diese Ausgabe beruht allein auf der aus Altomünster stammenden Handschrift Ms. lat. Quart. 795, Staatsbibliothek Berlin, fol. 70r–83, nach ihr wird künftig der lateinische Text zitiert. Die Übersetzungen ins Deutsche sind entnommen aus: Quellen zur Geschichte der Welfen und die Chronik Burchards von Ursberg, hg. von Matthias BECHER unter Mitarbeit von Florian HARTMANN und Alheydis PLASSMANN (FSGA 18 b), Darmstadt 2007.
10  Historia Welforum (Anm. 9), c. 32, S. 68: *Eodem quoque tempore pater eius Hierosolimis reversus Romae ei occurrit ac, visis imperatoris detestabilibus piaculis, ipsum et omnem exercitum detestans ad propria per vallem Tridentinam revertitur. Imperator enim tanta eo tempore in destructione ecclesiarum, in strage populorum sive aliis abhominationibus Romae exercuit, ut vindictam Dei iusto iudicio sequi oporteret. Maxima enim pars exercitus interiit. Episcopi Coloniensis, ille qui totius mali huius nec non et scismatis diutini incentor fuit, Spirensis, Ratisponensis, Bragensis, Werdonensis, Leodiensis, ac ceteri principes, Fridericus scilicet dux, filius Chounradi regis, Gwelfo dux, filius Gwelfonis ducis, Berengarius comes de Sulzbach, Heinricus comes de Tuoingen cum pluribus regni huius maioribus occubuerunt. Quorum omnium paene ossa, carnibus per excoctionem consumptis, ad propria reducta sunt. Translata sunt autem et ossa Gwelfonis nostri et in monasterio Staingadimo a patre suo fundato reposita sunt;* Übersetzung: Quellen zur Geschichte der Welfen (Anm. 9), S. 87.

Pilgerfahrt ins Heilige Land zu Beginn des Jahres 1167 einzig und allein dem Ziel gedient hat, eine Teilnahme am Italienzug des Kaisers zu vermeiden.[11] Welf VII., sein Sohn, schloss sich dem Kaiser dagegen an – ein gutes Beispiel dafür, dass sogar die Mitglieder einer Kernfamilie in den großen Auseinandersetzungen der Zeit unterschiedliche Wege gehen konnten. Aber auch in einer anderen Beziehung ist das Zitat bemerkenswert: Stellt man in Rechnung, dass die Historia Welforum die Hauschronik der Welfen gewesen ist, muss die lapidare Art und Weise doch sehr erstaunen, in der über das Ableben Welfs VII. als einziger Erbe dieser Familie berichtet wird: Er wird in eine Reihe mit (anderen) prominenten Verstorbenen gestellt, und der Chronist findet kein Wort des Bedauerns oder der Trauer. Auch eine abschließende Würdigung seiner Person fehlt. Nur anlässlich seiner Bestattung wird der Verstorbene als „unser Welf" angesprochen – mehr nicht. Wer war der letzte Welfe und wie ist seine Darstellung in der Historia Welforum zu bewerten?

## Frühe Jahre

Mit der Lebensgeschichte Welfs VII. beginnt man bei der Eheschließung seiner Eltern Welf VI. und Uta, Tochter und Erbin des Pfalzgrafen Gottfried von Calw, um 1130.[12] Beide waren damals ungefähr 15 Jahre alt, und Welfs älterer Bruder, Heinrich der Stolze, hat der Historia Welforum zufolge diese Ehe vermittelt.[13] Heinrich der Stolze war damals das Oberhaupt der Familie.[14] Er war nicht nur Herzog von Bayern, sondern dürfte als älterer Bruder auch den Löwenanteil des *patrimonium Altorfensium*, der welfischen Familiengüter im heutigen Oberschwaben, Bayerisch-Schwaben und Oberbayern, in der Hand gehabt haben.[15] Die Heirat Welfs VI. mit einer reichen Erbin diente also dessen standesgemäßer Versorgung.[16] Heinrich der Stolze stand aber nicht nur an der Spitze der Welfen, er war auch eine der wichtigsten Persönlichkeiten im gesamten Reich, da er mit Gertrud, dem einzigen Kind Lothars III., verheiratet war. Lothars Königtum wurde von den Staufern nicht anerkannt, die mit Konrad III. seit 1127 auch einen Gegenkönig stellten. Die Folge war ein Bürgerkrieg, der sich vor allem in Schwaben und Franken abspielte.[17] Schon

---

11   Feldmann, Welf VI. (Anm. 1), S. 70.
12   Zu Uta vgl. Hansmartin Schwarzmaier, Uta von Schaumburg, die Gemahlin Welfs VI., in: ZGO 142 (1994), S. 1–17, und in: Feldmann, Welf VI. (Anm. 1), S. 29–42 (im Folgenden hiernach zitiert).
13   Historia Welforum (Anm. 9), c. 20, S. 36; zur Datierung vgl. Schwarzmaier, Uta (Anm. 12), S. 32.
14   Zu ihm vgl. Schneidmüller, Welfen (Anm. 2), S. 162–182.
15   Zum Begriff *patrimonium Altorfensium* vgl. Oexle, Hausüberlieferung (Anm. 8), S. 204f.; Ders., Adliges Selbstverständnis (Anm. 8), S. 49f.; Bernd Schneidmüller, Landesherrschaft, welfische Identität und sächsische Geschichte, in: Regionale Identität und soziale Gruppen im deutschen Mittelalter, hg. von Peter Moraw (Zeitschrift für Historische Forschung, Beiheft 14), Berlin 1992, S. 65–101, hier S. 75f.
16   Vgl. Feldmann, Welf VI. (Anm. 1), S. 10f., auch zur Aufteilung des welfischen Besitzes zwischen den Brüdern.
17   Vgl. Heinrich Büttner, Staufer und Welfen im politischen Kräftespiel zwischen Bodensee und Iller, in: ZWLG 20 (1961), S. 17–73, ND in: Schwaben und Schweiz im Frühen Mittelalter. Gesammelte Aufsätze von Heinrich Büttner, hg. von Hans Patze (VuF 15), Sigmaringen 1972, S. 337–392, hier S. 349–353; Thomas Zotz, Ottonen-, Salier- und Frühe Stauferzeit, in: Handbuch der baden-württembergischen Geschichte, hg. von Meinrad Schaab/Hansmartin Schwarzmaier, Bd. I,1: von der Urzeit bis zum Ende

damals trafen Staufer und Welfen aufeinander, denn Heinrich der Stolze unterstützte seinen Schwiegervater nach Kräften, bis Konrad III. 1135 den Kampf aufgab.

Drei Jahre später wurde Konrad III. aber dann doch zum König gewählt, und die Kämpfe der Staufer und Welfen wurden fortgesetzt – nur mit umgekehrtem Vorzeichen.[18] Nun waren die Welfen in der Opposition und verloren ihre wichtigsten Positionen, die Herzogtümer Bayern und Sachsen. Es ist hier nicht der Platz, diese Kämpfe nachzuzeichnen, die wohl bis 1150 oder 1151 andauerten.[19] Während dieser Auseinandersetzungen wurde Welf VII. um 1140 geboren.[20] Er dürfte also den Gegensatz seines Vaters zu Konrad III. vom Hörensagen gekannt haben, präsenter aber war für ihn sicherlich das gute Verhältnis der Familie zu seinem staufischen Vetter Friedrich Barbarossa: Dieser soll der Kölner Königschronik zufolge in diesen Auseinandersetzungen auf Seiten Welfs gekämpft und damit seinem welfischen Onkel den Vorzug vor seinem staufischen Onkel gegeben haben.[21] Einen tiefen Eindruck auf Welf VII. dürfte auch der auf dem Speyerer Weihnachtshoftag des Jahres 1146 verkündete Entschluss seines Vaters gemacht haben, am Zweiten Kreuzzug teilzunehmen. Der junge Welf war damals anwesend und erstattete sogar zusammen mit Vater und Mutter dem Kloster Hirsau Güter und Rechte zurück, die Welf VI. diesem entzogen hatte.[22] Damit wurde auch bereits seine künftige Rolle als Oberhaupt des süddeutschen Familienzweiges angedeutet, denn niemand konnte wissen, ob und wann Welf VI. aus dem Heiligen Land zurückkehren würde. Welf VII. war, wie sich damals wohl schon abzeichnete, der einzige Sohn, vielleicht sogar das einzige Kind seiner Eltern. Möglicherweise gab es noch eine Schwester namens Elisabeth, doch berichten die zeitgenössischen welfischen Quellen nichts von ihr.[23]

Nach der Rückkehr vom Kreuzzug flammten die Auseinandersetzungen zwischen Konrad III. und Welf VI. zwar wieder auf, aber bald wurde auch dank der Vermittlung

---

der Staufer, Stuttgart 2001, S. 381–528, hier S. 438–442; Wolfram ZIEGLER, Studien zur staufischen Opposition unter Lothar III. (1125–1137), in: Concilium Medii Aevi 10 (2007), S. 67–101.

18  Zu ihm vgl. Wolfram ZIEGLER, König Konrad III. (1138–1152). Hof, Urkunden und Politik (Forschungen zur Kaiser- und Papstgeschichte des Mittelalters 26), Wien u. a. 2008; Konrad III. (1138–1152). Herrscher und Reich, hg. von der Gesellschaft für staufische Geschichte e.V. (Schriften zur staufischen Geschichte und Kunst 30), Göppingen 2011.

19  Vgl. BÜTTNER, Staufer und Welfen (Anm. 17), S. 355–361; FELDMANN, Welf VI. (Anm. 1), S. 13–29; Egon BOSHOF, Staufer und Welfen in der Regierungszeit Konrads III. Die ersten Welfenprozesse und die Opposition Welfs VI., in: AKG 70 (1988), S. 313–341; Jan Paul NIEDERKORN, Welf VI. und Konrad III., in: Die Welfen. Landesgeschichtliche Aspekte ihrer Herrschaft, hg. von Karl-Ludwig Ay/Lorenz MAIER/Joachim JAHN (Forum Suevicum. Beiträge zur Geschichte Ostschwabens und der benachbarten Regionen 2), Konstanz 1998, S. 135–150; DERS., Staatsstreich und Rechtsbruch? Überlegungen zur Wahl Konrads III. und zu seinen Konflikten mit Heinrich dem Stolzen, Heinrich dem Löwen und Welf VI., in: ZRG GA 125 (2008), S. 430–448; ZOTZ, Ottonen-, Salier- und Frühe Stauferzeit (Anm. 17), S. 444–446.

20  FELDMANN, Welf VI. (Anm. 1), S. 23 Anm. 77; zustimmend SCHWARZMAIER, Uta (Anm. 12), S. 33.

21  Chronica regia Coloniensis, hg. von Georg WAITZ (MGH SS rer. Germ. [18]), Hannover 1880, ad 1143, S. 79; vgl. FELDMANN, Welf VI. (Anm. 1), S. 18 mit Anm. 50.

22  FELDMANN, Welf VI. (Anm. 1), Regest Nr. 17.

23  Zu ihr vgl. Armin WOLF, Warum konnte Rudolf von Habsburg († 1291) König werden? Zum passiven Wahlrecht im mittelalterlichen Reich, in: Zeitschrift der Savigny-Stiftung für Rechtsgeschichte Germanistische Abteilung 109 (1992), S. 48–94, bes. S. 53–70.

Friedrich Barbarossas ein Ausgleich erreicht.[24] Nach dem Tod Konrads III. 1152 wurde Friedrich zum König erhoben; er kam den Welfen und vor allem Welf VI. sehr weit entgegen.[25] Noch im selben Jahr machte der neue König seinen Onkel zum Herzog von Spoleto und zum Markgrafen von Tuszien einschließlich der Mathildischen Güter, während er Heinrich dem Löwen die Rückgabe Bayerns versprach, auf das dieser seit 1147 Anspruch erhob. Es folgte eine Zeit guter Zusammenarbeit zwischen Welf VI. und Friedrich Barbarossa, auch wenn der Herzog im Gegensatz zu seinem Neffen Heinrich dem Löwen nicht am Romzug des Staufers teilnahm. Immerhin konnte Welf den im September 1155 aus Italien zurückkehrenden Kaiser auf der welfischen Burg Peiting begrüßen.[26] Im Juni 1156 war er Gast auf der Hochzeit Friedrich Barbarossas mit Beatrix von Burgund.[27] Welf war der erste Zeuge des Privilegium minus, mit dem der Kaiser 1156 Heinrich Jasomirgott für den Verlust des Herzogtums Bayern entschädigte, das nun wieder an Heinrich den Löwen fiel.[28] 1159 zog Welf schließlich über die Alpen, um Barbarossa bei der Belagerung von Crema zu unterstützen.[29] Dieses Unternehmen sollte im Ergebnis jedoch zu einer nachhaltigen Belastung für das Verhältnis Welfs VI. zum Kaiser führen. Der Grund war die zwiespältige Papstwahl des Jahres 1159. Der dem Kaiser reserviert gegenüberstehende Alexander III. hatte zwar die Mehrheit der Kardinäle hinter sich, aber eine kaiserlich orientierte Gruppe unter ihnen erkannte die Wahl nicht an und erhob mit Viktor IV. einen eigenen Kandidaten zum Papst.[30] Friedrich I. wollte diese Situation zum eigenen Vorteil nutzen und Viktor IV. die allgemeine Anerkennung verschaffen. Um dies zu erreichen, hielt der Kaiser 1160 ein großes Konzil in Pavia statt, das aber von Alexander nicht anerkannt wurde. Gleichwohl ließ Barbarossa verkünden, Viktor IV. sei der rechtmäßige Papst. In der Folgezeit verhärteten sich die Fronten in dieser Frage, und der Sieg über Alexander III. wurde zusammen mit der Niederwerfung Mailands und anderer lombardischer Städte zum wichtigsten Ziel des Kaisers.

Welf VI. hatte zwar seine Unterschrift unter die Stellungnahme des Konzils zugunsten Viktors IV. gesetzt,[31] aber er besann sich bald darauf eines besseren. Von Pisa aus zog er zunächst weiter nach Tuszien, wo er in San Genesio (San Miniato zwischen Livorno und Florenz) eine große Versammlung abhielt, auf der ihm die großen Adelsgeschlechter

---

24  Historia Welforum (Anm. 9), c. 28, S. 56; vgl. etwa FELDMANN, Welf VI. (Anm. 1), S. 28; Knut GÖRICH, Friedrich Barbarossa: Eine Biographie, München 2011, S. 88.
25  Zum Folgenden vgl. FELDMANN, Welf VI. (Anm. 1), S. 30–35; GÖRICH, Friedrich Barbarossa (Anm. 24), S. 126.
26  FELDMANN, Welf VI. (Anm. 1), S. 39; Heinrich der Löwe ist in Peiting nicht direkt bezeugt; immerhin hatte er zusammen mit dem Kaiser die Alpen überquert, vgl. Johannes HEYDEL, Das Itinerar Heinrichs des Löwen, in: Niedersächsisches Jahrbuch für Landesgeschichte 6 (1929), S. 1–166, hier S. 38.
27  FELDMANN, Welf VI. (Anm. 1), S. 41.
28  Die Urkunden Friedrichs I., Teil 1: 1152–1158, hg. von Heinrich APPELT (MGH DD F. I 1), Hannover 1985, Nr. 151, S. 255–260.
29  FELDMANN, Welf VI. (Anm. 1), S. 46.
30  Grundlegend zum sogenannten „Alexandrinischen Schisma" Johannes LAUDAGE, Alexander III. und Friedrich Barbarossa (Forschungen zur Kaiser- und Papstgeschichte des Mittelalters 16), Köln u. a. 1997.
31  FELDMANN, Welf VI. (Anm. 1), Regest Nr. 96.

des Landes sowie die Vertreter bedeutender Städte huldigten.[32] In seiner Begleitung waren unter anderem Erzbischof Vilanus von Pisa und Propst Otto von Rottenbuch, deren Rat der Herzog laut Karin Feldmann besonders schätzte.[33] Beide aber waren erklärte Anhänger Alexanders III., und vermutlich unter ihrem Einfluss begünstigte Welf mehrere geistliche Institutionen, die dem antikaiserlichen Papst nahestanden.[34] Nachdem der ältere Welf nach Spoleto weitergezogen war, wechselte er endgültig die Fronten: Er entsandte Otto von Rottenbuch zu Alexander III. nach Anagni. Dieser reagierte positiv und zeichnete Otto und mittelbar auch Welf durch ein besonderes Privileg aus: Otto sollte berechtigt sein, reumütige Schismatiker wieder in die Kirche aufzunehmen, und Welf sollte ihn bei seinen Handlungen unterstützen sowie die Anhänger des Papstes vor den Übergriffen der Schismatiker schützen.[35]

## Vertreter des Vaters in Italien

Welf VI. hatte sich damit in einer der fundamentalen Fragen der Zeit gegen den Kaiser positioniert. Fast zwei Jahrzehnte lang scheint sein Verhältnis zu Friedrich Barbarossa sehr gut gewesen zu sein, und dennoch setzte sich der Herzog in einer zentralen Frage von seinem Neffen ab. Man muss in Rechnung stellen, dass die Lösung des Schismas in seinem Sinne das wohl wichtigste Anliegen des Kaisers in der damaligen Zeit gewesen ist. Nun hatte Welf VI. dem kaiserlichen Papst die Loyalität aufgekündigt und sich dem antikaiserlichen Papst angeschlossen. Man kann sich gut vorstellen, dass diese Entscheidung auch sein Verhältnis zum Kaiser schwer belastete. Noch im Sommer 1160 übergab er daher seine italienischen Besitzungen an seinen rund zwanzigjährigen Sohn und kehrte in die Heimat zurück.[36] Dies kann als Entgegenkommen an Friedrich Barbarossa gewertet werden, denn Welf VII. bemühte sich um einen engeren Kontakt zum Kaiser, mit dem er den Winter 1162/63 in Lodi verbrachte.[37] Möglicherweise stellte er Truppen zur Unterstützung der Belagerung von Mailand.[38] Auch im Herbst 1163 hielt sich der junge Welfe bei seinem staufischen Vetter in Lodi auf.[39]

Trotz seiner Nähe zu Friedrich Barbarossa war die erste selbstständige Aufgabe Welfs VII. alles andere als einfach: Er musste die Stellung seines Vaters als Herzog von Spoleto und Markgraf von Tuszien bewahren, obwohl dessen Verhältnis zum Kaiser

---

32 FELDMANN, Welf VI. (Anm. 1), S. 48 f.
33 FELDMANN, Welf VI. (Anm. 1), S. 49, 53.
34 FELDMANN, Welf VI. (Anm. 1), S. 52 f.
35 Welf VI. an Alexander III., in: MGH Briefe der deutschen Kaiserzeit VIII. Die Tegernseer Briefsammlung, hg. von Helmut PLECHL, Hannover 2002, Nr. 28, S. 43; vgl. FELDMANN, Welf VI. (Anm. 1), S. 53 mit Anm. 209.
36 Historia Welforum (Anm. 9), c. 29, S. 58; vgl. FELDMANN, Welf VI. (Anm. 1), S. 53.
37 Acerbus Morena, Historia, hg. von Ferdinand GÜTERBOCK, in: MGH SS. rer. Germ., Nova Series 7, Berlin 1930, S. 130–176, hier S. 146.
38 Vgl. FELDMANN, Welf VI. (Anm. 1), S. 54.
39 Acerbus Morena, Historia (Anm. 37), S. 172; Die Urkunden Friedrichs I., Teil 2: 1158–1167, ed. Heinrich APPELT (MGH DD F. I 2), Hannover 1979, Nr. 412, S. 297.

schwer belastet war. Vor diesem Hintergrund wird der zusammenfassende Bericht der Historia Welforum über die Tätigkeit Welfs VII. in Italien verständlich:

> „Der jüngere Welf nahm also das Land in Besitz und erwies sich durch Standhaftigkeit des Geistes, durch Strenge der Gerichtsbarkeit und durch außerordentliche Freigebigkeit und Leutseligkeit allen als angenehm. Immer wenn die Ritter des Kaisers, die in dieser Zeit den Städten Italiens vorstanden, versuchten, durch unrechten Angriff in sein Gebiet einzufallen, stellte er sich ihnen mit allen Mitteln entgegen und zog sich deshalb manchmal die Ungnade des Kaisers zu; den Beifall des Volkes für sich aber häufte er um so mehr an und gewann damit die Zuneigung aller Städte für sich."[40]

Die Übergriffe der kaiserlichen Partei lassen sich vor allem für das Jahr 1162 nachweisen: Anfang April revanchierte sich der Kaiser bei der Stadt Pisa für die Stellung einer Flotte mit Privilegien und Besitzungen. Vor allem aber sagte er der Stadt seine Hilfe zu, falls Welf oder sein Sohn ihr diesen Besitz streitig machen sollten.[41] Wichtiger aber war, dass Rainald von Dassel 1162 als kaiserlicher Legat in Tuszien aktiv war. Auch er versammelte in San Genesio die Vertreter von Adel und Städten um sich und nahm Treueide entgegen.[42] Im folgenden Jahr zog Rainald als Legat erneut durch Tuszien und sicherte zahlreiche Klöster und Burgen.[43] Vermutlich bezieht sich die gerade zitierte Stelle der Historia Welforum auf diese Aktivitäten des Kölner Erzbischofs, wobei sie die Lage vermutlich zugunsten Welfs VII. geschönt hat. Von seiner Tätigkeit in Tuszien haben sich jedenfalls kaum urkundliche Spuren erhalten.[44] Vielmehr geriet die Markgrafschaft weitgehend unter kaiserliche Kontrolle. Bezeichnend ist, dass nach dem Tod des kaiserlichen Papstes Viktor IV. dessen Nachfolger Paschalis III. Ende April 1164 in Tuszien, genauer in Lucca, erhoben wurde.

## Die Tübinger Fehde

Welf VI. reagierte auf diese Entwicklungen um die Jahreswende 1163/64, rief seinen Sohn zurück und ging nun wieder selbst nach Italien. Fortan war Welf VII. sowohl für die wel-

---

40 Historia Welforum (Anm. 9), c. 29, S. 58: *Gwelfo igitur iunior terra potitus constantia animi, districtione iudicii, largitate et affabilitate inaestimabili omnibus se accetabilem praebuit. Militibus imperatoris, qui eo tempore civitatibus Italiae praeerant, quotienscumque fines suos iniusta oppressione invadere temptaverant, omnimodis se opposuit et ob hoc imperatoris offensam nonnumquam incurrit, popularem autem favorem eo magis sibi accumulans omnium civitatum in se provocavit affectum;* Übersetzung: Quellen zur Geschichte der Welfen (Anm. 9), S. 79.
41 MGH DD F. I 2 (Anm. 39), Nr. 356, S. 201.
42 FELDMANN, Welf VI. (Anm. 1), S. 59; sicher belegt sind die Eide zwar nur für die Konsuln der Stadt Lucca, aber die weiteren Anwesenden dürften ihm ihre Loyalität ebenfalls bekundet haben.
43 Vgl. Dieter VON DER NAHMER, Die Reichsverwaltung in Toscana unter Friedrich I. und Heinrich VI., Diss. phil. Freiburg i. Br. 1965, S. 33–36.
44 FELDMANN, Welf VI. (Anm. 1), S. 60, mit weiteren Beispielen für die Machtlosigkeit der Welfen.

fischen Erbgüter als auch für die Besitzungen seiner Mutter zuständig.[45] Allerdings überließ Welf VI. seinem Sohn auch eine ungeklärte Streitsache, aus der sich die Tübinger Fehde entwickeln sollte, über die die Historia Welforum ausführlich berichtet.[46] Pfalzgraf Hugo von Tübingen hatte einen oder mehrere welfische Dienstmannen dem Chronisten zufolge grundlos zum Tode durch den Strang verurteilt, ihre Burg Möhringen zerstört. Da Hugo sich unterwürfig zeigte, sah Welf VI. von einer bewaffneten Strafaktion ab, beschritt aber den Klageweg. Welf VII. erneuerte diese Klage und verlangte mehrfach Genugtuung. Der Pfalzgraf provozierte ihn jedoch durch „eine dreiste und drohende Antwort"[47]. Der Chronist macht letztlich Hugos Verbündeten, Herzog Friedrich von Rothenburg, für dessen Haltung verantwortlich. Friedrich war ein Sohn König Konrads III. und Vetter Friedrich Barbarossas; dieser hatte ihm 1152 das Herzogtum Schwaben überlassen, entzog es ihm allerdings gerade in der Zeit der Tübinger Fehde wieder.[48] Auf der Gegenseite brachte der jüngere Welf eine starke Koalition zustande, der die Bischöfe von Augsburg, Speyer und Worms, Herzog Bertold IV. von Zähringen, Markgraf Bertold von Vohburg, Markgraf Hermann von Baden, Graf Rudolf von Pfullendorf, Graf Albrecht von Habsburg, die Grafen von Calw, die Grafen von Berg, die Grafen von Ronsberg, Graf Hartmann von Kirchberg, Graf Heinrich von Veringen sowie der Konstanzer Vogt Konrad angehörten. Diese mächtige Koalition zeigt, dass die Gründe für die Auseinandersetzung tiefer lagen, als die Angaben der Historia Welforum zunächst vermuten lassen. Gegen Althoff wird man daher vielleicht doch an eine grundsätzliche Opposition gegen Friedrich von Rothenburg denken dürfen,[49] zumal dessen Stellung als Herzog von Schwaben damals auch von Friedrich Barbarossa selbst unterminiert wurde.[50]

---

45 Historia Welforum (Anm. 9), c. 30, S. 60: *Deinde procedente tempore pater filium de Italia revocavit ipseque illo iturus et negotia terrae per se tractaturus filio omne patrimonium et possessiones, quas ex parte matris habiturus erat, ex integro tradidit.*
46 Historia Welforum (Anm. 9), c. 30 u. 31, S. 60–66; zu dieser Auseinandersetzung vgl. Karl SCHMID, Graf Rudolf von Pfullendorf und Kaiser Friedrich I. (Forschungen zur oberrheinischen Landesgeschichte 1), Freiburg i. Br. 1954, S. 158ff.; BÜTTNER, Staufer und Welfen (Anm. 17), S. 370–372; FELDMANN, Welf VI. (Anm. 1), S. 64–68; MAURER, Herzog (Anm. 2), S. 248f.; ALTHOFF, Konfliktverhalten (Anm. 6), S. 333–343 bzw. 61–73; DERS., Welf VI. (Anm. 6), S. 77–84; Peter SCHIFFER, Möhringen und die Territorialpolitik der Pfalzgrafen von Tübingen. Zur Ursache der Tübinger Fehde (1164–1166), in: Aus südwestdeutscher Geschichte. Festschrift für Hans-Martin Maurer, hg. von Wolfgang SCHMIERER, Stuttgart 1994. S. 81–104; ZOTZ, Ottonen-, Salier- und Frühe Stauferzeit (Anm. 17), 455f.
47 Historia Welforum (Anm. 9), c. 30, S. 60; Übersetzung: Quellen zur Geschichte der Welfen (Anm. 9), S. 81.
48 Vgl. Thomas ZOTZ, Friedrich Barbarossa und Herzog Friedrich (IV.) von Schwaben. Staufisches Königtum und schwäbisches Herzogtum um die Mitte des 12. Jahrhunderts, in: Mediaevalia Augiensia. Forschungen zur Geschichte des Mittelalters, hg. von Jürgen PETERSOHN (VuF 54), Stuttgart 2001, S. 285–306; zuvor schon Hermann SCHREIBMÜLLER, Herzog Friedrich IV. von Schwaben und Rothenburg (1145–1167), in: ZBLG 18 (1955 = Festgabe für Max Spindler), S. 213–242; Gerd ALTHOFF, Friedrich von Rothenburg. Überlegungen zu einem übergangenen Königssohn, in: Festschrift für Eduard Hlawitschka zum 65. Geburtstag, hg. von Karl Rudolf SCHNITH/Roland PAULER (Münchener Historische Studien, Abteilung Mittelalterliche Geschichte 5), Kallmünz (OPf.) 1993, S. 307–316, hier S. 313f.
49 Literatur zum Konflikt und seinen Motiven oben in Anm. 46.
50 Vgl. ZOTZ, Friedrich Barbarossa und Herzog Friedrich (Anm. 48), S. 297f.

Dank der Hilfe seiner Verbündeten konnte Welf VII. mit einer ansehnlichen Streitmacht von 2200 Mann bis in die Nähe von Tübingen vorrücken. Als Folge der mangelnden Disziplin seiner Kriegsleute entwickelte sich am 6. September 1164, einem Sonntag, ein ungeplanter Kampf, in den die welfische Hauptmacht überhaupt nicht eingreifen konnte. Daraus resultierte eine schwere Niederlage für Welf VII., die der welfische Chronist ausführlich schildert und deren Ausmaß er sehr deutlich macht: „900 Gefangene mit sehr großer Beute" fielen den Siegern in die Hände, während der jüngere Welf mit nur drei Begleitern auf die Burg Achalm bei Reutlingen flüchten musste.[51]

Als Welf VI. von dieser Niederlage erfuhr, kehrte er sofort aus Italien zurück. Er schloss mit Hugo von Tübingen einen einjährigen Waffenstillstand und löste Gefangene aus; dabei stellt die Historia Welforum die Sachlage so dar, als ob Welf VI. die militärische Oberhand gewonnen und dem Pfalzgrafen eine Waffenruhe gewährt habe.[52] Nach deren Ende nahmen die Welfen die Kriegshandlungen wieder auf und brachten Hugo einige Niederlagen bei, wobei die Historia Welforum offen lässt, ob Welf VI. oder Welf VII. oder auch beide für diese Erfolge verantwortlich waren. Zudem handelt die Historia Welforum diese militärische Wende zu Gunsten der Welfen nur kurz ab: Die Eroberung der Burgen Kellmünz und Pfalzgrafenweiler sowie die Gefangennahme von 40 Leuten des Pfalzgrafen werden zwar kurz erwähnt, aber nicht annähernd so ausführlich beschrieben wie die welfische Niederlage kurz zuvor.[53] Auskunftsfreudiger war dagegen der Chronist Otto von St. Blasien, der sein Werk zu Beginn des 13. Jahrhunderts verfasste. Demnach war es Welf VI., der die welfische Offensive leitete, wobei er mit Herzog Bertold von Zähringen nach wie vor einen mächtigen Verbündeten auf seiner Seite hatte, dank dessen Hilfe er anscheinend in die Offensive gehen konnte.[54] Eindrücklich schildert Otto von St. Blasien die Erfolge der Verbündeten: Am Ende habe Welf den Zähringer entlassen und sei *cum victoria* nach Schwaben zurückgekehrt.[55] Aber auch der Pfalzgraf konnte auf mächtige Freunde zählen, insbesondere auf Friedrich von Rothenburg, der

---

51 Historia Welforum (Anm. 9), c. 30, S. 64: *Hostes igitur cognita fuga primo illos, qui congressi erant, paucis emersis, captivantes ad castrum remittunt, deinde alios insequentes velut oves de pascuis ad caulas propellentes, ut totam summam comprehendam, nongentos captivos cum maxima praeda adducunt. Reliqui praesidio silvarum ac montium seu vicinorum castellorum effugiunt. Gwelfo ipse ad castrum Achalmen, tribus tantum comitantibus, pervenit;* Übersetzung: Quellen zur Geschichte der Welfen (Anm. 9), S. 83.

52 Historia Welforum (Anm. 9), c. 31, S. 64: *Eodem tempore Gwelfo pater de Italia reversus, audito, quod acciderat, pro redimendis captivis agebat. Hugo igitur inito consilio captivos reddidit, et facta compositione terra eius ab omni infestatione per annum quievit.*

53 Historia Welforum (Anm. 9), c. 31, S. 66: *Transacto anno pax inter eos rumpitur, terra comitis circumquaque depopulatur, castra eius duo, Chelminza scilicet et Wilare, destruuntur, in quibus de suis XL captivantur.*

54 Zur Rolle Bertolds von Zähringen vgl. Thomas ZOTZ, Die Zähringer. Dynastie und Herrschaft, Stuttgart 2018, S. 129f.

55 Otto v. St. Blasien, Chronik, hg. von Adolf HOFMEISTER (MGH SS rer. Germ. [47]), Hannover u. a. 1912, c. 18, S. 21: *Quo infortunio filii a Welf senior inflammatus militem instaurat venienteque Bertoldo duce cum milicia sibi in adiutorium cunctis rebus palatini igne ferroque profligatis castrum Chelmunz obsedit ac post aliquod dies expugnatum funditus destruxit. Exinde ad castrum Hildratshusin divertens simili modo ex pugnatum destruxit ac inde per Gilstin transiens turres ecclesie pro castello munitos a fundamentis evertit. Deinde castrum Wilare obsidione circumdedit. Ubi aliquantisper moratus castrum*

seinerseits Herzog Wladislaw II. von Böhmen zum Eingreifen bewegen konnte.⁵⁶ Vor allem die Böhmen hatten durchschlagenden Erfolg, den der Autor der Historia Welforum nur bitter kommentieren konnte:

> „Dieser [Herzog Wladislaw] führte die Böhmen, ein schreckliches, Gott und den Menschen verhaßtes Volk, in versammelter Schar in unser Gebiet und befleckte ganz Deutschland vom Bodensee bis nach Böhmen mit ihren unflätigen Verwünschungen, schändlichen Plünderungen und Brandschatzungen zwischen Dreikönige (Epiphanie) und Mariä Lichtmeß, nämlich im Jahre des Herrn 1166."⁵⁷

Eine Nachricht Ottos von St. Blasien macht die welfische Niederlage noch deutlicher: Demnach habe Friedrich von Rothenburg mit seinen böhmischen Verbündeten bis nach Oberschwaben vorstoßen und Welf in Gaisbeuren in der Nähe des welfischen Ministerialensitzes Waldsee überfallen können. Damit hatte er den strategisch wichtigen welfischen Burgenring nördlich des Altdorfer Waldes erreicht. Nur die rasche Flucht in die Ravensburg rettete den jungen Herzog.⁵⁸ Dennoch gingen die Welfen als Sieger aus dieser Auseinandersetzung hervor, obwohl ihnen allem Anschein nach kein militärischer Gegenschlag gelang, den der welfische Chronist sicherlich vermeldet hätte. Vielmehr fährt der unmittelbar nach der zitierten Stelle fort:

> „Auch der Ungehorsam des Pfalzgrafen wurde sofort gedemütigt. Denn am Dienstag nach Beginn der Fastenzeit unterwarf sich dieser Hugo auf dem allgemeinen Hoftag, der in Ulm gehalten wurde, in Anwesenheit Herzog Heinrichs, unseres Herrn, unter den Augen des Kaisers selbst und Herzog Friedrichs, dem jüngeren Welf; er warf sich zu dessen Füßen nieder, und weigerte sich nicht, gefangengesetzt und gefesselt abgeführt zu werden; und so wurde er in Gefangenschaft gehalten bis zum Tod desselben Welf, also anderthalb Jahre."⁵⁹

---

*forti aggressione captum destruxit omnibusque palatini prorsus igne con sumptis dimisso duce Bertolfo cum victoria in Sweviam rediit.*

56 Historia Welforum (Anm. 9), c. 31, S. 66: *Ille [Hugo] itaque fractus animo propugnatorem suum Fridericum ducem de auxilio interpellans ad ducem Boemiae auxilii gratia ire compulit.*

57 Historia Welforum (Anm. 9), c. 31, S. 66: *Qui collecta multitudine Boemos, gentem horribilem ac Deo hominibusque odibilem, in fines nostros adduxit totamque Germaniam a lacu Lemanno usque Boemiam execrabilibus spurcitiis illorum et turpissimis depraedationibus ac incendiis inter epiphaniam et purificationem sanctae Mariae commaculavit ...*; Übersetzung: Quellen zur Geschichte der Welfen (Anm. 9), S. 85.

58 Otto v. St. Blasien, Chronik (Anm. 55), c. 18, S. 21: *Interim dux Fridericus de Rotinburc educto Boemico exercitu Welfonem insequitur ac apud Gaiziburron morantem prima noctis vigilia de repente facto incursu Welfonem expergefactum cum suis in castrum Ravensburc fugavit*; vgl. FELDMANN, Welf VI. (Anm. 1), S. 68; zur welfischen Verteidigungslinie Günther BRADLER, Studien zur Geschichte der Ministerialität im Allgäu und in Oberschwaben (Göppinger Akademische Beiträge 50), Göppingen 1973, S. 582.

59 Historia Welforum (Anm. 9), c. 31, S. 66: *Humiliata est autem et ilico eiusdem palatini contumacia. In feria enim tertia capitis ieiiunii sub generali curia Ulmae habita in praesentia ducis Heinrici, domini nostri, sub oculis quoque ipsius imperatoris ac Friderici ducis idem Hugo Gwelfoni iuniori ad deditionem venit ac se pedibus eius prosternens custodiae mancipari et vinctum abduci non respuit et sic in captivitate usque ad obitum ipsius Gwelfonis, per annum scilicet et dimidium, tenetur*; Übersetzung: Quellen zur Geschichte der Welfen (Anm. 9), S. 85; der Ulmer Hoftag fand am 13. oder 15. März 1166 statt, vgl.

Diese ausgesprochen erniedrigende Form der Unterwerfung ist laut Althoff außergewöhnlich und daher erklärungsbedürftig.[60] Warum demütigte der Kaiser den Pfalzgrafen derart und ergriff damit voll und ganz die Partei der süddeutschen Welfen? Allerdings ist auf den ersten Blick kein Grund zu erkennen, aus dem Welf VI. und dessen Sohn die kaiserliche Unterstützung verdient hätten. Ganz im Gegenteil: Welf VI. erkannte mit Alexander III. den wichtigsten Feind Barbarossas als Papst an. Daher erscheint das Agieren Friedrich Barbarossas zunächst rätselhaft und kann nicht allein mit der alten Verbundenheit des Kaisers mit den Welfen allgemein und insbesondere mit Welf VI. erklärt werden.[61] Aber der welfische Chronist hob noch zwei andere Personen hervor, die anscheinend maßgeblichen Anteil am Erfolg der Welfen gehabt hatten. Die eine Person ist Herzog Friedrich von Schwaben bzw. Rothenburg, der Hugo von Tübingen zunächst unterstützt hatte. Doch in Anbetracht der devoten Unterwerfung des Pfalzgrafen liegt die Vermutung nahe, dass der Herzog ihm seine Unterstützung entzogen hatte. Auch dafür muss es Gründe gegeben haben, die möglicherweise mit der zweiten vom Chronisten erwähnten Person zusammenhängen, mit Heinrich dem Löwen, zumal dessen Präsenz bei der Unterwerfung des Pfalzgrafen angesichts seiner vordringlich in Sachsen und – erheblich geringer ausgeprägt – in Bayern gelegenen Interessen ebenfalls erklärungsbedürftig ist.[62]

Zunächst bietet sich als Motivation Heinrichs des Löwen für eine Intervention zugunsten der süddeutschen Welfen die nahe Verwandtschaft an. Allerdings war sein Verhältnis zu Welf VI. keinesfalls von familiärer Solidarität geprägt. Ein weiterer Grund könnte darin gelegen haben, dass ihm Teile der welfischen Erbgüter in Süddeutschland gehörten. Vermutlich war also auch er von den Verwüstungen des Tübingers und seiner Helfer betroffen gewesen; seine Interessen waren also sehr eng mit denen seiner süddeutschen Verwandten verknüpft, weshalb er an ihrem Erfolg interessiert sein musste. Zudem besaß er erheblichen Einfluss auf Friedrich Barbarossa. Er hatte diesen bis dahin mehrfach in Italien unterstützt und vor allem auch den kaiserlichen Papst Viktor anerkannt. Mehr noch: Heinrich der Löwe spielte auch in der auswärtigen Politik des Kaisers eine zentrale Rolle: Im Zuge einer staufisch-englischen Eheabsprache war der Herzog von Sachsen und Bayern seit 1165 mit Mathilde, der Tochter König Heinrichs II. von England, verlobt. Bei dieser Allianz war es Friedrich Barbarossa auch darum gegangen, den englischen König zur Anerkennung des kaiserlichen Papstes zu bewegen.[63] Es ist also nicht verwunderlich, dass Heinrich der Löwe sich im Gegenzug auch auf den Kaiser ver-

---

Reg. Imp. IV,2,2. Die Regesten des Kaiserreiches unter Friedrich I. 1152 (1122) – 1190. Lfg. 2: 1158–1168, hg. von Ferdinand Opll, Wien u. a. 1991, Nr. 1550.
60 Vgl. Althoff, Konfliktverhalten, S. 342 bzw. 71 (Anm. 6); Ders., Welf VI. (Anm. 6), S. 83.
61 Görich, Friedrich Barbarossa (Anm. 24), S. 140.
62 Vgl. hierzu und zum Folgenden bereits Matthias Becher, Der Verfasser der Historia Welforum zwischen Heinrich dem Löwen und den süddeutschen Ministerialen des welfischen Hauses, in: Heinrich der Löwe. Herrschaft und Repräsentation, hg. von Johannes Fried/Otto Gerhard Oexle (VuF 57), Stuttgart 2003, S. 347–380.
63 Vgl. Jens Ahlers, Die Welfen und die englischen Könige 1165–1235 (Quellen und Darstellungen zur Geschichte Niedersachsens 102), Hildesheim 1987, S. 44–52; Joachim Ehlers, Heinrich der Löwe. Eine Biographie, München 2008, S. 185–188; Görich, Friedrich Barbarossa (Anm. 24), S. 408.

lassen konnte. Dieser unterstützte ihn gegen seine Feinde in Sachsen, sodass Heinrich dort mehr oder minder frei schalten und walten konnte.

Vor diesem Hintergrund lässt sich das Eingreifen des Kaisers zugunsten der Welfen leicht erklären: Er wurde auf Bitten Heinrichs des Löwen tätig, der selbst eigens nach Ulm gereist war, vermutlich um an den Gesprächen teilzunehmen, die schließlich zu der demonstrativen Unterwerfung des Pfalzgrafen führten. Vor diesem Hintergrund erschließt sich, dass auch Otto von St. Blasien die Anwesenheit Heinrichs des Löwen bei der Unterwerfung des Pfalzgrafen betonte, obwohl sein Bericht ansonsten nicht ganz dem des welfischen Chronisten entspricht.[64] Für seine Reise nach Ulm hatte Heinrich der Löwe noch einen zweiten Grund. Ebenfalls Anfang des Jahres 1166 heiratete seine Tochter Gertrud Herzog Friedrich von Schwaben.[65] Damit ist auch dessen Abrücken vom Tübinger Pfalzgrafen hinreichend erklärt, auch wenn wir nicht wissen, wann genau die Ehe verabredet worden war. Auf jeden Fall war Friedrich seinem Schwiegervater gegenüber verpflichtet, und allein dies zählt. Dazu kommt, dass Gertrud Heinrichs einzige überlebende Tochter aus seiner ersten Ehe mit Clementia von Zähringen war.[66] Im Jahr 1166 war sie also die Erbin von Sachsen und Bayern und blieb dies bis zur Geburt ihres ersten Halbbruders im Jahr 1171. Mehrfach wurde sie in dieser Zeit in den Urkunden Heinrichs des Löwen als *legitima heres nostra, karissima videlicet filia nostra Gertrudis* angesprochen.[67] Angesichts dieser Aussichten dürfte die Sache des Pfalzgrafen Hugo für Herzog Friedrich allenfalls von zweitrangiger Bedeutung gewesen sein.

---

64 Otto v. St. Blasien, Chronik (Anm. 55), c. 19, S. 22: *... generalis curia in quadragesima apud Ulmam principibus indicitur. Quod Welf dux cum fratruele suo Heinrico duce Saxonie et Bawarie et Bertolfo duce de Zaringin ac multis aliis terre maioribus perveniens ab imperatore honorifice cum filio suscipitur ac palatino, ut sine omni condicione in manus ipsorum se tradat pro iniuria ipsis illata aut regno cedat, ab imperatore iubetur. Qui tribus vicibus coram duce Welf in terram corruens, ipso suscipere dedignante, tandem receptus capitur captusque in exilium Reciam Curiensem ad castrum Nuinburch transportatur. Sicque Welfone placato imperator inde digreditur.*

65 Helmold, Slawenchronik, hg. von Bernhard SCHMEIDLER (MGH SS rer. Germ. [32]), Hannover ³1937, c. 106, S. 209: *... nobilissimus adolescens, filius Conradi regis, qui duxerat unicam filiam Heinrici ducis nostri ...*; Chronicon Montis Sereni, hg. von ERNST EHRENFEUCHTER, in: MGH SS 23, Hannover 1874, S. 130–226, ad 1167, S. 152: *Filius Conradi regis filiam Heinrici ducis in matrimonio sortitus est*; zur Korrektur der Datierung auf 1166 vgl. Martin PHILIPPSON, Heinrich der Löwe, Herzog von Bayern und Sachsen. Sein Leben und seine Zeit, Leipzig, zweite, gänzl. umgearb. Aufl. 1918, S. 607 Anm. m.

66 Helmold, Slawenchronik (Anm. 65), c. 106, S. 209; Richenza, Heinrichs jüngere Tochter aus der Ehe mit Clementia von Zähringen, die 1164 mit dem dänischen Thronfolger Knut verlobt worden war, ist sicher vor dem 1. Februar 1168 verstorben, vgl. Karl JORDAN, Heinrich der Löwe und seine Familie, in: Archiv für Diplomatik 27 (1981), S. 111–144, hier S. 123.

67 Die Urkunden Heinrichs des Löwen, Herzogs von Sachsen und Bayern, ed. Karl JORDAN (MGH DD HL.), Leipzig 1941, Nr. 77, S. 112: *... consensu legitimi heredis nostri, karissime videlicet filie nostre Gertrudis ...*; Nr. 83, S. 124: *Omnia hec acta sunt ex assensu gloriosissime domine Matildis, Bawarie et Saxonie ducisse, nec non ex pio assensu domine Gerthrudis, filie ducis, feliciter in perpetuum*; Nr. 87, S. 129: *... consensu heredis nostri legitimi, karissime scilicet filie nostre Gerthrudis ...*; zur Altersfolge der Kinder Heinrichs des Löwen aus seiner zweiten Ehe vgl. JORDAN, Familie (Anm. 66); Eckhard FREISE, Heinrich der Löwe und sein Evangeliar aus historischer Sicht (Konstanzer Arbeitskreis für mittelalterliche Geschichte, Sektion Hessen, Protokoll 68), 1988, S. 3; OEXLE, Zur Kritik neuerer Forschungen über das Evangeliar Heinrichs des Löwen, in: Göttingische Gelehrte Anzeigen 245 (1993), S. 70–109, hier S. 87f.

Matthias Becher

# Die Katastrophe von Rom 1167

Aber auch die süddeutschen Welfen waren nur Schachfiguren im Machtspiel zwischen den entscheidenden Personen Friedrich Barbarossa, Heinrich dem Löwen und Friedrich von Rothenburg. Daher zeigten weder der ältere noch der jüngere Welf dem Kaiser gegenüber besondere Dankbarkeit für seine Entscheidung zu ihren Gunsten. Sie blieben zunächst abseits, als Friedrich Barbarossa im Herbst des Jahres 1166 abermals nach Italien zog, um die Frage des Schismas mit einem Angriff auf Rom zu seinen Gunsten zu entscheiden. Welf VI. blieb zunächst in der Heimat und brach an Epiphanias des Jahres 1167 erneut zu einer Pilgerfahrt ins Heilige Land auf. Er reiste über Italien und traf sich dort kurz mit Friedrich Barbarossa. Der Historia Welforum zufolge übergab er seinen Sohn und alle, die von ihm abhängig waren, der Huld des Kaisers.[68] Das Osterfest am 9. April 1167 konnte der ältere Welf dann bereits in Jerusalem feiern. Wie erwähnt, wollte er mit seiner Pilgerfahrt vermutlich eine Teilnahme an den kriegerischen Unternehmungen des Kaisers gegen Papst Alexander III. vermeiden.[69] Für seinen Sohn war dies jedoch nicht möglich. Zwar konnte der Kaiser ihm die Teilnahme nicht befehlen, aber er lockte ihn laut der Historia Welforum „mit vielen Versprechungen" nach Italien. Bereits in Pavia erhielt der jüngere Welf der Historia Welforum zufolge den versprochenen Lohn. Über Tuszien zog er weiter nach Süden und erreichte Mitte Juli den Kaiser in der Nähe der Ewigen Stadt.[70]

Zunächst schien Friedrich Barbarossa auf der Siegerstraße. Am 20. Juli erreichte er Rom und eroberte St. Peter. Dort konnte er endlich seinen Papst Paschalis III. feierlich inthronisieren. Doch das Rad der Fortuna drehte sich: Alexander III. konnte nach Benevent entkommen, und dann brach wegen der Augusthitze im Heer Barbarossas die Ruhr aus. Die Folgen hatte ich schon eingangs geschildert: Zahlreiche bedeutende Persönlichkeiten erlagen in den folgenden Tagen und Wochen dieser Krankheit, unter ihnen auch Welf VII.; in dieser Situation musste der Kaiser seinen Italienzug abbrechen und konnte nur mit Müh und Not die Lombardei durchqueren und nach Deutschland zurückkehren. Dem welfischen Chronisten erschien all dies zwar als Strafe Gottes, nicht aber als Katastrophe für die Welfen.[71] Vielmehr nennt er Welf VII. neben vielen anderen Verstorbenen, und nur die kurze Erwähnung seiner Grablege Steingaden und das Epitheton „unser Welf" lassen dessen zentrale Rolle für den süddeutschen Zweig der Welfen immerhin erahnen, betonen diese aber nicht übermäßig.

---

68 Historia Welforum (Anm. 9), c. 32. S. 66: *In subsequenti vero hieme circa epiphaniam Gwelfo senior Hierosolimitanum iter aggreditur et in Italia imperatorem reperiens ac filium suum cum omnibus ad se spectantibus gratiae eius conmendans, pascha sanctum apud sepulcrum Domini celebravit.*
69 Vgl. oben, S. 18.
70 Historia Welforum (Anm. 9), c. 32, S. 66–68: *Interea imperator Guelfum iuniorem multis illectum promissionibus ad se in Italiam revocat. Qui collecto milite sub paschali tempore Pireneum per iugum Septimi montis, qua Renus et Enus fluvii oriuntur, transcendens, Papiam usque pervenit; ubi legatos imperatoris inveniens et stipendium ab eis promissum recipiens, in Tusciam negotia terrae ubique tractans, transivit, et sic ad imperatorem circa medium Julium non longe a Roma pervenit;* Übersetzung: Quellen zur Geschichte der Welfen (Anm. 9), S. 85.
71 Historia Welforum (Anm. 9), c. 32, S. 68, zitiert oben, S. 17.

Insgesamt ist die Darstellung Welfs VII. in der Historia Welforum äußerst ambivalent. Die Chronik entstand zwischen 1167 und 1178, also in einer Zeit, in der die Zukunft der süddeutschen Welfen und vor allem ihrer Gefolgsleute und Vasallen völlig offen war: Wer würde die Nachfolge Welfs VI. antreten? Diese Frage trieb sicher auch den Verfasser der Historia Welforum um, den die Forschung für einen Weltgeistlichen im Dienste Welfs VI. hält. Wie wirkte sich diese Unsicherheit auf seine Darstellung aus?

Zunächst ist zu vermuten, dass der welfische Chronist versuchte, den jüngsten Vertreter der süddeutschen Welfenfamilie möglichst positiv darzustellen. Dem standen jedoch dessen Misserfolge im Wege. So konnte Welf VII. sich in der Toskana nicht gegen die Anhänger des Kaisers durchsetzen, zumal Friedrich Barbarossa mit Rainald von Dassel seinen fähigsten Mann dorthin entsandte. Der Chronist behalf sich damit, die Tätigkeit des jüngeren Welf in Italien zwar lobend, aber im Grund genommen unkonkret zu schildern.[72] Auch in Süddeutschland bewährte sich Welf nicht. Er konnte zwar eine gewaltige Streitmacht gegen den Pfalzgrafen von Tübingen zusammenbringen, wurde dann aber vernichtend geschlagen. Bei der Wiederaufnahme der Kämpfe waren die Welfen dem Chronisten nach zwar erfolgreich und eroberten sogar zwei Burgen, aber diese Kämpfe schildert er ausgesprochen kurz und wenig plastisch – ganz im Gegensatz zu Welfs Niederlage gegen den Tübinger. Auch dessen Gegenschlag mit Hilfe Friedrichs von Rothenburg und des Herzogs Wladislaw von Böhmen und die mit ihm einhergehenden Plünderungen in den Besitzungen der Welfen und ihrer Verbündeten schildert der Chronist ausführlich. Die Art und Weise, wie der Sieg der Welfen schließlich doch zustande kam, lässt er dann wieder weitgehend ohne Erklärung. Einen Beitrag der süddeutschen Welfen kann er jedenfalls nicht namhaft machen. Die Darstellung Welfs VII. ist also von einem pessimistischen Grundton bestimmt, der wohl durch die oben erwähnte unsichere Lage der süddeutschen Welfen verursacht war.

## Das Ende der süddeutschen Welfen und die Historia Welforum

Schon Gerd Althoff hat die Entstehung der Historia Welforum mit dem Tod Welfs VII. verknüpft.[73] Allgemeiner hat er darauf hingewiesen, dass der Verlust der Gunst des aktuellen Herrschers nicht selten der Anlass gewesen sei, in historiographischer Form an die früheren Verdienste einer ins politische Abseits geratenen geistlichen Institution zu erinnern.[74] Der Verfasser der Historia Welforum mag ähnlich gedacht haben:[75] Er wollte den Stellenwert der süddeutschen Welfen, ihrer Vasallen und Gefolgsleute noch einmal hervorheben, bevor der neue Herr das *patrimonium Altorfensium* übernehmen würde.

---

72 Historia Welforum (Anm. 9), c. 29, S. 58, zitiert oben, S. 22, Fußnote 40.
73 Althoff, Anlässe (Anm. 8), S. 40.
74 Vgl. Gerd Althoff, Causa scribendi und Darstellungsabsicht: Die Lebensbeschreibung der Königin Mathilde und andere Beispiele, in: Litterae Medii Aevi. Festschrift für Johanne Autenrieth zu ihrem 65. Geburtstag, hg. von Michael Borgolte / Herrad Spilling, Sigmaringen 1988, S. 117–133.
75 Ähnliche Überlegungen stellt Katrin Baaken, Elisina curtis nobilissima. Welfischer Besitz in der Markgrafschaft Verona und die Datierung der Historia Welforum, in: DA 55 (1999), S. 63–94, hier S. 91–93, an, freilich mit einem anderen Ergebnis.

Nach menschlichem Ermessen war zwischen 1167 und 1178 aber zu erwarten, dass Heinrich der Löwe als bisheriger Mitinhaber des süddeutschen Welfenbesitzes der Erbe sein würde. Dies waren keine guten Aussichten für die dort beheimateten Gefolgsleute und Ministerialen, da dieser in erster Linie als Herzog von Sachsen und schon deutlich weniger als Herzog von Bayern agierte. Daher war abzusehen, dass die welfischen Vasallen und Gefolgsleute aus dem Süden für das Oberhaupt der welfischen Familie an Bedeutung verlieren würden, sobald dieses Heinrich der Löwe hieß. Dieser scheint etwaigen Befürchtungen entgegengetreten zu sein: So hielt er sich im Jahr 1171 in der Nähe von Ravensburg in (Ober-)Teuringen auf und versammelte eine große Zahl bedeutender schwäbischer Adliger um sich, die Grafen Heinrich von Heiligenberg, Otto von Kirchberg, Manegold von Veringen, Berthold und Friedrich von Zollern sowie viele andere Edelfreie.[76] Auch welfische Ministerialen waren in seiner Begleitung, und zwar in „einer auffallend großen Zahl"[77].

Trotz aller Erwartungen fiel das Erbe dann doch nicht an Heinrich den Löwen. Welf VI. geriet in eine Art Lebenskrise, nachdem sein Sohn gestorben war. Dies kann man einer Ergänzung zur Historia Welforum entnehmen, die nach Welfs Tod im Jahr 1191 im Kloster Steingaden niedergeschrieben wurde:

> „Da der ältere Welf nach dem Tod des Sohnes von seiner Ehefrau keinen Erben mehr erwarten konnte und er jene wenig liebte und sich mehr an den Umarmungen anderer Frauen erfreute, bemühte er sich also, in allem festlich zu leben, sich der Jagd hinzugeben, eifrig Trinkgelagen und der Wollust zu frönen und in der Ausrichtung von Festen und mit verschiedenen Schenkungen großzügig zu erscheinen."[78]

Aus Geldmangel verkaufte Welf daher um 1173 seine italienischen Besitzungen und Lehen an den Kaiser, nämlich das Herzogtum Spoleto, die Markgrafschaft Tuszien und die Mathildischen Güter. Mit diesen Einnahmen machte er viele fromme Stiftungen und richtete zu Pfingsten 1175 auch ein glanzvolles Fest auf dem Gunzenlee aus. Danach plagten ihn wieder Geldsorgen, und er sicherte wohl zwischen Pfingsten 1175 und Herbst 1176 gegen eine große Geldsumme seinem Neffen Heinrich dem Löwen vertraglich die Übertragung seines gesamten Erbgutes zu.[79] Es kam jedoch bald zwischen beiden zum Streit, auch weil Heinrich der Löwe glaubte, er werde das Erbe auch ohne Geldzahlung erhalten. Welf VI. setzte daraufhin zu den gleichen Konditionen Friedrich Barbarossa und dessen Söhne zu seinen Erben ein.[80] Diese Einigung ist in Anbetracht von Welfs

---

76  Die Urkunden Heinrichs des Löwen (Anm. 67), Nr. 85, S. 126; vgl. HEYDEL, Itinerar (Anm. 26), S. 72f., Regest Nr. 56; MAURER, Herzog (Anm. 2), S. 250.
77  BRADLER, Studien (Anm. 58), S. 344.
78  Historia Welforum (Anm. 9), cont. Staingad., S. 68: *Igitur Gwelfo senior post obitum filii, nullatenus heredem suscepturum se de coniuge ratus, cum et illam minus diligeret et alienarum magis amplexibus delectaretur, studuit per omnia solemniter vivere, venationibus insistere, conviviis et voluptatibus deservire, in festivitatibus et variis donationibus largus apparere*; Übersetzung: Quellen zur Geschichte der Welfen (Anm. 9), S. 87.
79  FELDMANN, Welf VI. (Anm. 1), S. 76.
80  Historia Welforum (Anm. 9), cont. Staingad., S. 70: *Omne demum patrimonium suum [Gwelfo senior] Heinrico fratrueli suo, duci Saxoniae et Bawariae, conventione facta tradere spopondit. Sed orto inter eos dissensionis scandalo, ipsam transactionem ad imperatorem Fridericum et eius filios convertit;*

Treue zu Alexander III. und seiner Kritik am Kaiser nach dem Frieden von Venedig vom Mai 1177 zu datieren, in dem Barbarossa den Papst endlich anerkannte.[81]

Wie aber reagierten die welfischen Gefolgs- und Dienstleute auf das Ende der süddeutschen Linie der Welfen, die sich seit dem Tod Welfs VII. abzeichnete? Eine Antwort auf diese Fragen kann man eigentlich nur von der Historia Welforum erwarten, der einzigen Quelle, die just in dieser Umbruchzeit entstanden ist und die das Agieren Welfs VI. und Welfs VII. aus welfischer Perspektive darstellt. Nach den Forschungen von Erich König handelte es sich bei ihrem Autor um einen Weltgeistlichen, der dem Hof Welfs VI. angehörte.[82] Wir haben diese These modifiziert und darauf hingewiesen, dass der Chronist sein Werk im Hinblick auf die zu erwartende Übernahme des *patrimonium Altorfensium* durch Heinrich den Löwen verfasst hat, weswegen er den Herzog in seiner Chronik auch *dominus noster*, „unseren Herrn", genannt hat.[83] Thomas Zotz und Bernd Schneidmüller sind mir darin gefolgt,[84] Werner Hechberger, Klaus Naß und zuletzt Grischa Vercamer sind zu anderen Einschätzungen gelangt.[85] Daher will ich im Folgenden meine Position noch einmal kurz begründen und dies mit dem bisher Gesagten verbinden.

Die Historia Welforum endet mit dem Tod Welfs VII., wurde also erst nach dessen Tod fertiggestellt. An einer Stelle wird der Hof Elisina als noch im Besitz der Welfen be-

---

Otto v. St. Blasien, Chronik (Anm. 55), c. 21, S. 28f.: *Dux enim Heinricus quorundam pravorum consilio Welfonem iam grandevum cito moriturum presagiens argentum pro constituto dare distulit. Pro quo Welf iratus imperatori Fridrico sororio suo, recepta ab eo prius pro libitu suo peccunia primo beneficiis scilicet ducatu Spoleti, markia Tuscie, principatu Sardinie ipsi resignatis, omnia predia sua ipsi contradidit eaque usque ad terminum vite pluribus aliis additis recepit.*

81 FELDMANN, Welf VI. (Anm. 1), S. 86; Welf VI. äußerte noch im Oktober 1176 brieflich Kritik an Friedrich Barbarossa und positionierte sich damit auf Seiten Alexanders III., Herzog W(elf VI.) an Kardinal Hyacinth, in: MGH Briefe der deutschen Kaiserzeit VIII (Anm. 35), Nr. 29, S. 43f.; vgl. Knut GÖRICH, Die Ehre Friedrich Barbarossas. Kommunikation, Konflikt und politisches Handeln im 12. Jahrhundert (Symbolische Kommunikation in der Vormoderne), Darmstadt 2001, S. 165.
82 KÖNIG, Einleitung (Anm. 9), S. XIX.
83 Matthias BECHER, Welf VI., Heinrich der Löwe und der Verfasser der Historia Welforum, in: Die Welfen in Süddeutschland, hg. von Joachim JAHN/Wolfgang HARTUNG (Regio Historica. Forschungen zur süddeutschen Regionalgeschichte 2), Konstanz 1998, S. 151–172; BECHER, Verfasser (Anm. 62).
84 SCHNEIDMÜLLER, Welfen (Anm. 2), S. 24; Thomas Zotz, Heinrich der Löwe und Schwaben, in: Heinrich der Löwe. Herrschaft und Repräsentation, hg. von Johannes FRIED/Otto Gerhard OEXLE (VuF 57), Stuttgart 2003, S. 311–345; DERS., Herrschaftswechsel und Identität des Hofes im 12. und frühen 13. Jahrhundert, in: Fürstenhöfe und ihre Außenwelt. Aspekte gesellschaftlicher und kultureller Identität im deutschen Spätmittelalter, hg. von Thomas ZOTZ (Identitäten und Alteritäten 16), Würzburg 2004, S. 1–20, hier S. 9–11.
85 Werner HECHBERGER, Graphische Darstellungen des Welfenstammbaums. Zum „welfischen Selbstverständnis" im 12. Jahrhundert, in: AKG 79 (1997), S. 269–297, hier S. 280–283; Klaus NASS, Hofgeschichtsschreibung bei den Welfen im 12. und 13. Jahrhundert, in: Die Hofgeschichtsschreibung im mittelalterlichen Europa. Projekte und Forschungsprobleme, hg. von Rudolf SCHIEFFER/Jaroslaw WENTA, Toru 2006, S. 107–118, hier S. 109f., der seine Kritik mit Hilfe einer Konjektur zu untermauern sucht; Grischa VERCAMER, Die Welfen in der „Historia Welforum": Ihre Identifikation mit der süddeutschen Region und ihre Verortung im Reich, in: Legitimation von Fürstendynastien in Polen und dem Reich. Identitätsbildung im Spiegel schriftlicher Quellen (12.–15. Jahrhundert), hg. von DEMS./Ewa WÓŁKIEWICZ, Wiesbaden 2016, S. 97–130, hier S. 101–107, der aber verkennt, dass ich Heinrich den Löwen nicht als Auftraggeber bezeichnet, sondern vom Verfasser her argumentiert habe, der Heinrich als seinen Herrn ansprach.

findlich erwähnt,[86] weshalb die Forschung lange Zeit der Meinung war, die Historia Welforum müsse vor dem Verkauf der italienischen Güter an Barbarossa entstanden sein, also vor ca. 1173.[87] Nun hat aber Katrin Baaken darauf verwiesen, dass Welf VI. laut einer Urkunde noch 1184 als Lehensherr im Gebiet von Este und Solesino agierte, das sie mit Elisina identifiziert. Daher entfalle der bisher angenommene Terminus ante quem, die Chronik könne also durchaus auch noch nach ca. 1173 entstanden sein.[88] Allerdings gibt es doch einen starken Hinweis auf einen Terminus ante quem: Wie eingangs erwähnt, gibt der Verfasser der Historia Welforum die massive Kritik Welfs VI. an Friedrich Barbarossa wegen dessen grausamer Kriegsführung in Italien (und wohl auch wegen des Todes Welfs VII.) ausgesprochen ausführlich wieder. Es ist undenkbar, dass ein Weltgeistlicher am Hof des Herzogs solche Formulierungen gebrauchte, nachdem dieser den Kaiser zu seinem Erben bestimmt hatte. Man wird daher die Abfassungszeit der Historia Welforum doch wieder etwas enger fassen können: Die Chronik ist demnach vor dem Erbvertrag Welfs VI. mit Friedrich Barbarossa entstanden, der auf die Jahreswende 1178/79 zu datieren ist.[89]

Der Chronist verfasste sein Werk daher, bevor sich der Übergang des Welfenbesitzes an die Staufer abzeichnete. Dies wird stets zu bedenken sein, wenn man seine Darstellung der Welfenfamilie allgemein und speziell seine Schilderungen Welfs VII. beurteilen will. Es liegt auf der Hand, dass der welfische Chronist versuchte, den jüngsten Vertreter der süddeutschen Welfenfamilie in einem guten Licht erscheinen zu lassen, obwohl dieser kaum etwas auf der Habenseite zu verbuchen hatte, was vielleicht auch am Verhalten seines Vaters lag. Welf VI. hatte sich durch seine Entscheidung für Alexander III. dem Kaiser entfremdet und verließ daher den italienischen Schauplatz. Nur aus diesem Grund kam der jüngere Welf in der Toskana zum Einsatz, wo er sich gegen die Anhänger des Kaisers nicht durchsetzen konnte. Das Agieren Welfs VII. stellt der Chronist gleichwohl als Erfolg dar, während er dessen unglückliches Agieren in der Tübinger Fehde kaum

---

86 Historia Welforum (Anm. 9), c. 8, S. 14.
87 KÖNIG, Einleitung (Anm. 9), S. VIII f.; vgl. Wilhelm WATTENBACH/Franz-Josef SCHMALE, Deutschlands Geschichtsquellen im Mittelalter. Vom Tode Kaiser Heinrichs V. bis zum Ende des Interregnum 1, Darmstadt 1976, S. 298–302; Peter JOHANEK, Art. ‚Historia Welforum', in: VL, Bd. 4, Berlin u. a. 1983, S. 61–65; DENS., Art. ‚Historia Welforum', in: Lexikon des Mittelalters, Bd. 5, München u. a. 1991, Sp. 44f.
88 Katrin BAAKEN, Elisina curtis nobilissima (Anm. 75), hier S. 90; genau genommen müsste der Terminus ad quem sogar auf 1191 heraufgesetzt werden, da unbekannt ist, ob Welf VI. zu seinen Lebzeiten überhaupt auf das fragliche Gebiet verzichtet hat.
89 Hierzu und zu einer möglichen Erhebung Welfs VI. in den sogenannten jüngeren Reichsfürstenstand vgl. FELDMANN, Welf VI. (Anm. 1), S. 86–91; DIES., Herzog Welf VI. (Anm. 2), S. 321–325; MAURER, Herzog (Anm. 2), S. 250; Katrin BAAKEN, Herzog Welf VI. und seine Zeit, in: Welf VI. Wissenschaftliches Kolloquium zum 800. Todesjahr Welfs VI. im Schwäbischen Bildungszentrum Irsee, hg. von Rainer JEHL (Irseer Schriften 3), Sigmaringen 1995, S. 9–28, hier S. 24; Otto Gerhard OEXLE, Welfische Memoria. Zugleich ein Beitrag über adlige Hausüberlieferung und die Kriterien ihrer Erforschung, in: Die Welfen und ihr Braunschweiger Hof im hohen Mittelalter, hg. von Bernd SCHNEIDMÜLLER (Wolfenbütteler Mittelalter-Studien 7), Wiesbaden 1995, S. 61–94, hier S. 80–84; skeptisch gegenüber Welfs Erhebung zum Reichsfürsten jedoch Andreas KRAUS, Heinrich der Löwe und Bayern, in: Heinrich der Löwe, hg. von Wolf-Dieter MOHRMANN (Veröffentlichungen der Niedersächsischen Archivverwaltung 39), Göttingen 1980, S. 151–214, hier S. 172f. und 211f. mit Anm. 328; Karl Joseph LEYSER, Frederick Barbarossa and the Hohenstaufen Polity, in: Viator 19 (1988), S. 153–176, hier S. 168–173.

kaschiert. Insgesamt könnte man mit dem welfischen Geschichtsschreiber etwas Mitleid haben – eine Erfolgsgeschichte war der Werdegang des jüngeren Welf wahrlich nicht.

Dazu kommt, dass mit dem Tod Welfs VII. die süddeutsche Linie der Welfen keinen Erben mehr hatte. Welf VI. als Vater scheint schwer von diesem Schicksalsschlag getroffen gewesen zu sein. Aber das adlige Haus bestand nicht nur aus den Angehörigen der eigentlichen Adelsfamilie, sondern auch aus den Vasallen, Gefolgsleuten und Ministerialen dieser Familie, also auch aus den an einem Hof tätigen Geistlichen wie dem welfischen Chronisten.[90] Gerade für diesen Personenkreis war das Aussterben der Familie des eigenen Herrn eine Katastrophe. Nach menschlichem Ermessen war damals zu erwarten, dass Heinrich der Löwe der Erbe sein würde: Er gehörte der Familie im sogenannten Mannesstamm an, was ihn deutlich gegenüber anderen Verwandten bevorzugte. Zudem gehörten ihm Teile des *patrimonium Altorfensium* ohnehin, und er war Herzog von Bayern. Nach ihm besaß Friedrich Barbarossa selbst sicher einen gewissen Erbanspruch, aber angesichts seiner guten Beziehungen zu Heinrich dem Löwen war um 1170 nicht zu erwarten, dass er ihm ausgerechnet das Erbe der alten welfischen Allodien streitig machen würde. Heinrich der Löwe selbst fühlte sich zwar vor allem als Herzog von Sachsen, wo er sich zumeist auch aufhielt, aber das heißt nicht, dass er an den alten Gebieten seiner Familie kein Interesse gehabt hätte, wie sein Aufenthalt von 1171 in (Ober-)Teuringen zeigt.[91] Andersherum erwiesen ihm aber auch die dort erschienen Gefolgsleute und Ministerialen der Welfen ihre Reverenz.

Das Interesse Heinrichs des Löwen an den Erbgütern seiner Familie war also den welfischen Gefolgsleuten und auch dem Autor der Historia Welforum vermutlich bekannt. Zugleich war sich dieser Personenkreis aber auch bewusst, dass Heinrich der Löwe das *patrimonium Altorfensium* nur als ein Nebenland seines ausgedehnten Herrschaftsgebiets ansehen würde, ähnlich wie auch Bayern für ihn nie die Bedeutung hatte wie das Herzogtum Sachsen. Diese Aussichten dürften die welfischen Gefolgsleute und damit auch der welfische Chronist als bedrohlich empfunden haben. Herrscherwechsel bedeuteten im Mittelalter stets eine Zeit der Unsicherheit, insbesondere in den Fällen, in denen kein Sohn als Erbe zur Verfügung stand. Daher wollte der Autor der Historia Welforum die Bedeutung der süddeutschen Welfen, ihrer Vasallen und Gefolgsleute noch einmal deutlich machen, bevor der Herzog von Sachsen ihr neuer Herr wurde. Damit wird aber keineswegs die Behauptung aufgestellt, die Chronik sei im Umkreis Heinrichs des Löwen oder gar an dessen Hof entstanden, was gegen unsere These eingewandt wurde,[92] sondern es werden nur die besonderen Entstehungsbedingungen betont, mit denen keineswegs die These in Frage gestellt werden sollte, der Autor habe sich dem süddeutschen Welfenhaus zugehörig gefühlt – im Gegenteil. Vielmehr ist sein Werk als eine Art der Selbstvergewisserung der süddeutschen Gefolgsleute und Ministerialen der Welfen zu lesen angesichts einer unsicheren Zukunft. Sicherheit vermittelt dagegen der berühmte Welfenstammbaum, der zum ältesten Weingartener Nekrolog gehörte: Wäh-

---

90  Mit Recht hebt ZOTZ, Herrschaftswechsel (Anm. 84), S. 11–13, die Rolle des Hofes in dieser Situation hervor, dessen Bedeutung der welfische Chronist im ersten Kapitel seines Werkes betont.
91  Wie Anm. 76.
92  Vgl. Anm. 85.

rend sich die Welfenlinie zur Seite neigt, steht Friedrich Barbarossa gleichsam an der Spitze. Die Unsicherheit war neuer Gewissheit gewichen.[93]

## Zusammenfassung

Lässt man das Leben Welfs VII. Revue passieren, so wird deutlich, dass er alles andere als ein erfolgreicher Fürst war – dies lässt sogar die Historia Welforum erkennen. Er bereitete seinem Vater große Sorgen, der ihn mehrfach ablöste, wenn die Situation schwierig wurde. Dennoch war der Tod des jüngeren Welf ein schwerer Einschnitt, sowohl für den Vater als auch für die welfischen Gefolgsleute und Ministerialen. Ihr Denken scheint mir in der Historia Welforum repräsentiert zu sein. Demnach rechnete man in diesen Kreisen mit Heinrich dem Löwen, und der Chronist suchte die Bedeutung der süddeutschen Welfen noch einmal zu akzentuieren, bevor der Herzog von Sachsen das gesamte *patrimonium Altorfensium* übernahm. Da sich die Dinge anders entwickelten und am Ende die Staufer dieses Erbe übernahmen, ist die Historia Welforum ein einzigartiges Zeugnis einer historischen Umbruchsituation. Was die eingangs erwähnten neuen Forschungspositionen angeht, so dürfte deutlich geworden sein, dass das neue Denken Althoffs das methodische Arsenal der Geschichtswissenschaft erheblich erweitert hat. Dies darf aber nicht dazu führen, bewährte Ansätze der Verfassungsgeschichte mit ihrer Analyse der territorialen und politischen Rahmenbedingungen über Bord zu werfen, ist doch gerade die von Althoff so hochgeschätzte Historia Welforum wegen ihrer Parteilichkeit keine Quelle, deren Zeugnis allein die historischen Vorgänge um das Ende der süddeutschen Welfen zu erhellen vermag. Mit Hechberger das Denken in festgefügten Adelsfamilien mit eigenem Selbstverständnis abzulehnen, ist ebenfalls nur teilweise richtig: Gerade im Falle der Welfen war ihr Familienbesitz die Basis ihres Handelns. Das Erbrecht band die Agnaten sehr eng zusammen, was Spannungen zwischen den Einzelpersonen mitunter eher beförderte als beruhigte, wie das Beispiel Welfs VI. und seines Neffen Heinrich des Löwen insbesondere nach dem Tod Welfs VII. zeigt. Aber Erbauseinandersetzungen kommen in den besten Familien vor – auch heute noch.

---

93   Auch der Historia Welforum waren Stammbäume beigegeben, in denen Heinrich der Löwe bezeichnenderweise eine zentrale Rolle spielte, vgl. Hechberger, Graphische Darstellungen (Anm. 85).

# Friedrich Barbarossas Hausmachtpolitik in Oberschwaben und das *patrimonium Altorfensium*

Thomas Zotz

In der Weingartener Fortsetzung der Chronik Hugos von St. Viktor aus der Zeit um 1200 ist zu lesen, dass Kaiser Friedrich Barbarossa im Vorfeld seines Aufbruchs zum Kreuzzug eine Teilung zwischen seinen Söhnen vorgenommen habe:[1] Dem längst zum König gesalbten Heinrich habe er die *procuratio imperii*, die Sorge für das Reich, übertragen, und seinem Sohn Friedrich habe er mit dem Herzogtum Schwaben *omne patrimonium tam Altorfensium quam Roudolfi comitis de Phullindorf*, allen Erbbesitz sowohl der Altdorfer, der nach ihrem Sitz in Altdorf bei Ravensburg benannten süddeutschen Welfen, als auch den des Grafen Rudolf von Pfullendorf überlassen. Ferner erwähnt der Chronist die Ausstattung der anderen Söhne Barbarossas, Konrad mit dem *patrimonium* des 1167 verstorbenen Herzogs Friedrich von Schwaben bzw. Rothenburg und Otto mit dem *patrimonium* seiner 1184 verstorbenen Mutter Beatrix. Den kleinen Philipp (geb. 1177) habe der Kaiser einem Kölner Schulmeister für die Erziehung zum Kleriker übergeben.

Von den genannten Maßnahmen Friedrich Barbarossas fielen keineswegs alle erst in die Zeit kurz vor seinem Aufbruch ins Heilige Land, wie dies für die Übertragung der Sorge für das Reich an König Heinrich gilt. Der 1167 geborene Sohn Friedrich verfügte bereits seit Erreichen der Volljährigkeit um 1179 über das Herzogtum Schwaben;[2] wie er in den Besitz der welfischen und pfullendorfischen Güter gelangte, wird noch genauer zu erörtern sein.[3] Die chronikalische Notiz will, so hat man den Eindruck, mit ihrer zusammenfassenden Aufzählung zum Ausdruck bringen, dass der Kaiser sein ganzes Haus vor Antritt der Reise in eine ungewisse Zukunft bestellt hat, einer Reise nach Jerusalem, von der er bekanntlich nicht zurückkehrte. Die Formulierung über den Sohn Herzog Friedrichs V. von Schwaben führt mitten in das Thema dieses Beitrags, wenn hier in einem Atemzug vom *patrimonium Altorfensium* und vom *patrimonium* Graf Rudolfs von

---

[1] E continuatione Chronici Hugonis a sancto Victore, continuatio codicis 2, hg. von Ludwig Weiland, in: MGH SS 21, Hannover 1869, S. 478.
[2] Vgl. Hansmartin Schwarzmaier, Friedrich V. (Konrad), Herzog von Schwaben, in: Lexikon des Mittelalters, Bd. 4, München/Zürich 1989, Sp. 960f.
[3] Vgl. unten, S. 43 ff.

Pfullendorf die Rede ist; dabei steht letzteres prominent für die Hausmachtpolitik Friedrich Barbarossas in Oberschwaben insgesamt.

Im Folgenden soll es zunächst um diese Hausmachtpolitik des Kaisers in Süddeutschland, also über Oberschwaben hinaus erweitert auf ganz Schwaben und unter Berücksichtigung des staufischen Herzogtums, gehen; in einem zweiten Teil ist dann das *patrimonium Altorfensium*, das süddeutsche Welfenerbe, kurz zu charakterisieren und sein Übergang an die Staufer genauer zur Sprache zu bringen. Dieser Prozess findet zwar erst mit dem Tod Herzog Welfs VI. 1191 seinen eigentlichen Abschluss, womit das süddeutsche Welfenerbe endgültig an die Staufer fiel, doch soll, mit Blick auf den folgenden Beitrag von Heinz Krieg,[4] die Darstellung hier nur bis 1179 geführt werden, als mit Herzog Friedrich V. von Schwaben erstmals ein Staufer in Verbindung mit dem welfischen Erbe erscheint.

## Zur Hausmachtpolitik Friedrich Barbarossas in Süddeutschland

Will man die intensive, zum Teil, wie zu zeigen sein wird, recht kleinteilige Erwerbspolitik Friedrich Barbarossas in Schwaben seit den 1160er-Jahren verstehen und bewerten, bedarf es eines Blicks auf das Herzogtum, das seit dem staufisch-zähringischen Ausgleich von ca. 1100 in verkleinerter Ausdehnung – den westlichen Teil nutzten die Zähringer fortan zum Aufbau einer eigenen Herzogsherrschaft – kontinuierlich in staufischer Hand war (Abb. 1):[5] Auf den ersten Stauferherzog Friedrich I. († 1105) folgte für mehr als vier Jahrzehnte Herzog Friedrich II. († 1147) und auf diesen sein Sohn Friedrich Barbarossa, als Herzog der dritte, der nach dem Tod König Konrads III., des Bruders Herzog Friedrichs II., 1152 zum König erhoben wurde. In diesem Zusammenhang ging das Herzogtum auf den um 1144 geborenen Sohn Konrads III., gleichfalls ein Friedrich, über.[6] Da dieser damals noch unmündig war, blieb König bzw. seit 1155 Kaiser Friedrich I. de facto Herr in Schwaben, behielt also seine seit 1147 ausgeübte herzogliche Funktion.

In einer auf dem Hoftag zu Ulm im Februar 1157 ausgestellten Urkunde führt Friedrich Barbarossa den Titel *dei gratia Romanorum imperator et dux Suevorum*, was seine Zuständigkeit für Schwaben klar zum Ausdruck bringt.[7] In den Augen der Grafen und Herren Schwabens sorgte Friedrich damals allerdings nicht für das Land, sondern

---

4  Heinz Krieg, Der Übergang des süddeutschen Welfenerbes an die Staufer. Die Präsenz der neuen Herren vor Ort, in diesem Band.
5  Vgl. überblickhaft Thomas Zotz, Das Herzogtum Schwaben in der Stauferzeit, in: Was ist schwäbisch?, hg. von Sigrid Hirbodian/Tjark Wegner (Landeskundig. Tübinger Vorträge zur Landesgeschichte 2), Ostfildern 2016, S. 33–58.
6  Hierzu und zum Folgenden Thomas Zotz, Friedrich Barbarossa und Herzog Friedrich (IV.) von Schwaben. Staufisches Königtum und schwäbisches Herzogtum um die Mitte des 12. Jahrhunderts, in: Mediaevalia Augiensia. Forschungen zur Geschichte des Mittelalters, hg. von Jürgen Petersohn (VuF 54), Stuttgart 2001, S. 285–306.
7  MGH DD F. I Nr. 157; Reg. Imp. IV, 2, Nr. 433. Zur Sache Helmut Maurer, Der Herzog von Schwaben. Grundlagen, Wirkungen und Wesen seiner Herrschaft in ottonischer, salischer und staufischer Zeit, Sigmaringen 1978, S. 258–266.

1 Das Herzogtum Schwaben um 1100 (nach Landesmuseum Württemberg, Die Schwaben – Zwischen Mythos und Marke, 2016, Kartografie: Axel Bengsch)

schmälerte im Gegenteil die Ehre des Herzogtums Schwaben, da er die Grafschaft Chiavenna als dessen Bestandteil entfremdet und dem Bischof von Como zugesprochen habe. Barbarossa ließ sich von dem massiven Protest der Grafen – namentlich werden Gottfried von Zollern, Ulrich von Pfullendorf und Markward von Veringen erwähnt – dazu bewegen, *legum terre illius auctoritate*, kraft der Rechte jenes Landes, also Schwabens, die Grafschaft Chiavenna dem Herzogtum wieder zu restituieren.

Offenbar gefiel sich der Kaiser in der Rolle des Schwabenherzogs, denn er zögerte die Schwertleite seines jüngeren Vetters Friedrich hinaus, mit der dieser herrschaftsfähig geworden wäre. Erst die massiven Bitten der Tante des jüngeren Friedrich, Kaiserin Irene von Byzanz, brachten hier eine Änderung: Ihre Gesandten an den Stauferhof hatten den Auftrag, nicht vor Erledigung dieser Angelegenheit zurückzukehren. So ließ sich Barbarossa dazu bewegen, den anderen Friedrich auf dem Würzburger Hoftag Ende September/Anfang Oktober 1157 mit dem Schwert zu umgürten und ihn damit die ihm längst zugedachte herzogliche Funktion vollumfänglich ausüben zu lassen.[8]

Die Beispiele dürften wohl zur Genüge zeigen, wie viel Friedrich Barbarossa an Schwaben, seinem einstigen Herzogtum, gelegen war. Ohne hier weiter ins Detail gehen zu können, sei nur kurz angesprochen, dass das Verhältnis zwischen dem Sohn König Konrads III., Herzog Friedrich IV. von Schwaben, und dem Kaiser bis zum Tod Friedrichs von Staufen oder von Rothenburg, wie er seit 1164 unter Vorenthaltung der schwäbischen Herzogswürde betitelt wurde, im Jahr 1167 höchst problematisch blieb.[9] Auch Friedrich wurde ein Opfer der Seuche im Heer vor Rom wie Welf VII. und viele andere. Wenn sich die Bezeichnung Herzog Friedrichs seit 1164 änderte, so hatte dies offenkundig seinen Grund darin, dass damals Kaiserin Beatrix nach acht Jahren Ehe endlich ihren ersten Sohn zur Welt gebracht hat, der den staufischen Leitnamen Friedrich erhielt; für ihn schien nun das Herzogtum Schwaben vorgesehen.[10] Allerdings starb er noch als Kind, wohl im Jahr 1170, und in seine Position in Schwaben rückte der 1167 geborene Bruder, der zunächst Konrad hieß und nach dem Tod des kleinen Friedrich dessen Namen erhielt – als Programm für das Herzogtum Schwaben, das nach dem Tod Friedrichs von Rothenburg kontinuierlich in der Hand von Söhnen Barbarossas lag: Friedrich (1164–1170), Konrad/Friedrich (1170–1191), Konrad (1191–1196), Philipp (1196–1198, danach als König zugleich Inhaber des Herzogsamts). Schwaben wurde, wie Helmut Maurer herausgestellt hat,[11] zunehmend zum staufischen Kronland. Vor diesem Hintergrund ist Barbarossas Hausmachtpolitik in diesem Raum (Abb. 2) im Anschluss an die römische Katastrophe von 1167 zu sehen.[12]

---

8 Reg. Imp. IV, 2, Nr. 486.
9 Hierzu ausführlich Zotz, Friedrich Barbarossa (Anm. 6), S. 291–298.
10 Vgl. Gerhard Baaken, Die Altersfolge der Söhne Friedrich Barbarossas und die Königserhebung Heinrichs VI., in: Deutsches Archiv 24 (1968), S. 46–78.
11 Maurer, Herzog von Schwaben (Anm. 7), S. 268–300.
12 Grundlegender Überblick bei Franz Xaver Vollmer, Reichs- und Territorialpolitik Kaiser Friedrichs I., Diss. phil. Freiburg i. Br. 1951 (Masch.), S. 68–166. Vgl. ferner Heinrich Büttner, Staufer und Welfen im politischen Kräftespiel zwischen Bodensee und Iller während des 12. Jahrhunderts, in: ZWLG 20 (1961), S. 17–73, hier S. 54–65, wieder in: Schwaben und Schweiz im frühen und hohen Mittelalter. Gesammelte Aufsätze von Heinrich Büttner, hg. von Hans Patze (VuF 15), Sigmaringen 1972,

2 Besitzlandschaften der Staufer, Welfen und Zähringer (nach einer Vorlage von Hansmartin Schwarzmaier, © Kommission für geschichtliche Landeskunde in Baden-Württemberg, Kartografie: Axel Bengsch)

Als Leitfaden für die Darstellung der staufischen Erwerbspolitik eignet sich am besten der Bericht darüber in der wohl um 1209/10 geschriebenen Chronik Ottos von St. Blasien.[13] Nach der Rückkehr aus Italien im Frühjahr 1168 nahm der Kaiser nach Erbrecht

S. 337–392, hier S. 373–384. Neuerdings Hansmartin SCHWARZMAIER, Der Ausgang der Stauferzeit (1167–1269), in: Handbuch der baden-württembergischen Geschichte, Bd. 1, 1, hg. von Meinrad SCHAAB (†)/ Hansmartin SCHWARZMAIER, Stuttgart 2001, S. 530–535.
13 Otto von St. Blasien, Chronica, hg. von Adolf HOFMEISTER (MGH SS rer. Germ. 47), Hannover/Leipzig 1912, cap. 21, S. 28–30.

das ganze Land und alles Vermögen Herzog Friedrichs von Rothenburg an sich und zog danach die Besitzungen vieler Adliger in seine Gewalt (*totam terram et universam substantiam Fridrici ducis de Rotinburc [...] hereditaria successione possedit ac multorum baronum possessiones postmodum in suam potestatem contraxit*). Barbarossas Hausmacht wuchs durch das Erbe des, wie Otto von St. Blasien hervorhebt, *ditissimus princeps*, der in der Bewertung eines Zeitgenossen dem Kaiser zu Lebzeiten wegen seiner Macht und seines Reichtums ein Grund des Schreckens war,[14] beträchtlich, betraf indes weniger Schwaben als Franken und das Egerland, dessen Ausbau er mit der prächtigen Pfalz Eger als Mittelpunkt in der Folgezeit betrieb.[15]

Otto von St. Blasien geht dann auf das andere Opfer der Seuche im Heer vor Rom ein, Welf VII. Doch soll dieses Thema hier erst einmal zugunsten der folgenden Ausführungen des Chronisten zurückgestellt werden. Sie beginnen mit den Worten: Graf Rudolf von Pfullendorf, Neffe des Grafen Rudolf von Bregenz, hat alle seine Güter dem Kaiser an Erben Statt übertragen (*Rŏdolfus comes de Phullendorf, sororius comitis Rŏdolfi de Bregancia, omnia predia sua heredis loco imperatori tradidit*).[16] Nach frühneuzeitlicher Überlieferung war Rudolfs Sohn Bertold 1167 der Seuche vor Rom erlegen, sodass der Graf nun den Kaiser als Erben einsetzte.[17]

Damit tritt der eingangs in der Weingartner Fortsetzung der Chronik Hugos von St. Viktor angesprochene bedeutende Adlige Schwabens, man darf sagen: Oberschwabens, auf den Plan, dem Karl Schmid in seiner Dissertation von 1951 zentrale Aufmerksamkeit gewidmet hat.[18] Der Besitz der nach Pfullendorf, Ramsberg und Stoffeln benannten Adelsdynastie massierte sich im Linzgau und Hegau, erweitert durch das Bregenzer Erbe südlich des Bodensees bis hin zur Churer Vogtei.[19] Hierzu beurkundete Friedrich Barbarossa im Mai 1170 in Mengen an der Donau, zugleich am Nordrand des Pfullendorfer Gebiets, dass Bischof Egino von Chur das Lehen der Churer Vogtei (*feodum advocatie Curiensis*), das bislang Graf Rudolf von Pfullendorf innegehabt hatte, Herzog Friedrich von Schwaben zugestanden habe.[20] Zwei Zähringer (Bischof Rudolf von Lüttich, Herzog Bertold IV. von Zähringen), Pfalzgraf Hugo von Tübingen, die Grafen Rudolf von Pfullendorf, Ulrich von Lenzburg, Hartmann von Kirchberg (südlich von Ulm), Manegold von Veringen, Burkhard von Zollern, ferner Konrad von Schussenried, Gottfried von Gundelfingen, Egenolf von Urslingen und zwei Adlige aus Graubünden bezeugten diesen Rechtsakt. So war offensichtlich die Hautevolee Schwabens in Mengen, wohin sich der

---

14 Zotz, Friedrich Barbarossa (Anm. 6), S. 304.
15 František Kubů, Die staufische Pfalz Eger an der Grenze zwischen Böhmen und Reich, in: Staufische Pfalzen (Schriften zur staufischen Geschichte und Kunst 14), Göppingen 1994, S. 48–66.
16 Otto von St. Blasien, Chronica (Anm. 13), S. 29. Zu Graf Rudolf grundlegend Karl Schmid, Graf Rudolf von Pfullendorf und Kaiser Friedrich I. (Forschungen zur oberrheinischen Landesgeschichte 1), Freiburg i. Br. 1954.
17 Schmid, Graf Rudolf (Anm. 16), Regesten 84a-c (Guler von Weineck, Aegidius Tschudi, Zimmersche Chronik), S. 285f.
18 Schmid, Graf Rudolf (Anm. 16).
19 Vgl. die Übersicht (mit Karten) bei Schmid, Graf Rudolf (Anm. 16), S. 89–119.
20 MGH DD F. I Nr. 566; Reg. Imp. IV, 2, Nr. 1879. Dazu Helmut Maurer, Mengen, in: Die deutschen Königspfalzen. Repertorium der Pfalzen, Königshöfe und übrigen Aufenthaltsorte, Bd. 3,1: Baden-Württemberg 1, bearb. von Helmut Maurer, Göttingen 2004, S. 405–419.

Kaiser in einem auffälligen Abstecher von seiner von Österreich nach Regensburg führenden Reiseroute eigens begeben hatte, versammelt. Die Übertragung der Churer Vogtei an den Schwabenherzog Friedrich, erstes urkundliches Zeugnis für Barbarossas Hausmachtpolitik in Schwaben, bot gewiss Anlass für eine über das Urkundengeschäft hinausgehende Kommunikation zwischen dem Kaiser und den schwäbischen Großen im Zeichen der von Friedrich Barbarossa vorgenommenen territorialen Neuordnung in Schwaben.

Den Bericht über die Einsetzung des Kaisers in das Pfullendorfer Erbe verknüpft Otto von St. Blasien mit der Aussage, dass dafür (*pro hiis*) Friedrich I. an Graf Albrecht III. von Habsburg, der eine Tochter Graf Rudolfs – ihr Name Ita ist aus den Acta Murensia[21] bekannt – zur Frau hatte, die Grafschaft Zürichgau und die Vogtei über das Stift Säckingen sowie die von den Herren von Biederthal (bei Altkirch im südlichen Elsass) erworbenen Gütern übertragen habe. Der Besitz dieses zwischen 1167 und 1173 ausgestorbenen Adelsgeschlechts war wohl beträchtlich; Gottfried von Habsburg-Laufenburg trat ihn 1269 für 260 Mark Silber an den Bischof von Basel ab.[22] Die Grafschaft Zürichgau und die Säckinger Vogtei stammten aus dem Erbe der 1172 ausgestorbenen Grafen von Lenzburg. Ganz offensichtlich wollte Barbarossa mit seiner großzügigen Ausstattung des ihm verbundenen Grafen Albrecht III. von Habsburg dessen über die Ehefrau laufenden Ansprüchen auf das Pfullendorfer Erbe begegnen; der Chronist hat diese Kompensation durch die Worte *pro hiis* zum Ausdruck gebracht. Mit der Position Biederthal trug der Kaiser überdies entgegenkommend zur Abrundung des habsburgischen Besitzes im Oberelsass bei.[23]

Nach der detailreichen Erwähnung des Anfalls der Güter Herzog Friedrichs von Rothenburg, Herzog Welfs VI. und Graf Rudolfs von Pfullendorf an das staufische Haus spricht der Chronist nur noch kursorisch an, dass der Kaiser die *predia* vieler Adliger, die der Erben entbehrten, durch Schenkung oder Kauf erworben habe, und zählt sie einzeln auf: *illius de Swabeggi*. Damit ist Adelgoz III. von Schwabegg gemeint. Burchard von Ursberg, der in seiner um 1230 geschriebenen Chronik seinerseits, jedoch viel knapper als Otto von St. Blasien auf Barbarossas Hausmachtpolitik eingeht,[24] äußert sich, standortgeschuldet, hierzu genauer, indem er den Modus des Übergang der Augsburger Vogtei und anderer Güter von Adelgoz auf den Kaiser thematisiert.

Otto von St. Blasien setzt seine Aufzählung dann mit den von Warthausen (nördlich Biberach) fort. Es wirft ein Licht auf die staufische Politik in diesem Raum, dass Warthausen vor 1234 an die Truchsessen von Waldburg fiel, die hier eine eigene Linie ausbildeten, bevor Warthausen in die Hände der Herren von Waldsee geriet.[25] Die von Bibe-

---

21  Acta Murensia. Die Akten des Klosters Muri mit der Genealogie der frühen Habsburger, hg. von Charlotte BRETSCHER-GISIGER/Christian SIEBER, Basel 2012, S. 2.
22  Historisch-topographisches Wörterbuch des Elsass, bearb. von Joseph M. B. CLAUSS, Zabern 1895–1914, S. 123.
23  Alois SCHULTE, Geschichte der Habsburger in den ersten drei Jahrhunderten, Innsbruck 1887, S. 98.
24  Burkhard von Ursberg, Chronicon, hg. von Oswald HOLDER-EGGER/Bernhard VON SIMSON (MGH SS rer. Germ. 16), Hannover/Leipzig ²1916, S. 49f.
25  Kreisbeschreibungen des Landes Baden-Württemberg. Der Landkreis Biberach, Bd. 2, Sigmaringen 1990, S. 964–970.

rach: 1083 ist in der Überlieferung des Klosters St. Georgen im Schwarzwald ein *Liupoldus de Bibra* bezeugt.[26] Vielleicht entstand hier um 1140, also noch in welfischer Zeit, ein Markt; 1190 ist eine königlich-staufische Münzstätte bezeugt, als sich der Ort zur Stadt weiterentwickelte.[27] Die von Herrlingen/Hurningen (zwischen Blaubeuren und Ulm):[28] Nach Aussterben des dortigen Adelsgeschlechts um 1173 sind hier ab 1215 *milites* nachgewiesen, ähnlich der Situation in Warthausen.[29] Die von Schweinhausen (zwischen Waldsee und Biberach):[30] Edelfreie sind hier bis 1185 bezeugt. Herzog Philipp von Schwaben urkundete in Schweinhausen zusammen mit seiner Frau Irene für Weißenau und Salem.[31] Die von Biederthal wurden bereits angesprochen,[32] es bleiben noch die Grafen von Lenzburg und die Herren von Werde. Nach Aussterben der Lenzburger in den beiden Linien Lenzburg und Baden 1172/73[33] gab Barbarossa, wie erwähnt, die Grafschaft Zürichgau und die Säckinger Vogtei an Albrecht III. von Habsburg, deren Teil Glarus allerdings zusammen mit anderen Lenzburger Gütern an seinen Sohn Otto, der Graf von Lenzburg benannt wurde. Donauwörth: Die Manegolde von Werde sind letztmals 1147 erwähnt; seit 1169 hat Barbarossa mehrfach in Donauwörth geurkundet.[34]

Soweit der Überblick zu Friedrich Barbarossas Erwerbspolitik in Schwaben nach der Darstellung Ottos von St. Blasien! Dieser erwähnt am Ende seiner Aufzählung, dass der Kaiser noch Besitz vieler anderer in anderen Gegenden an sich brachte, worüber er aber nicht Bescheid wisse. Er schließt seine Übersicht mit den Worten: *Haec enim omnia in sola Almannia acquisierat* („Dies alles hatte er nämlich allein in Alemannien/Schwaben erworben").[35] Der Chronist war offensichtlich von der Menge beeindruckt, und das kann

---

26 Notitiae fundationis et traditionum monasterii s. Georgii in Nigra Silva, hg. von Oswald HOLDER-EGGER, in: MGH SS 15, 2, Hannover 1888, cap. 8, S. 1008.
27 Kreisbeschreibungen des Landes Baden-Württemberg. Der Landkreis Biberach, Bd. 1, Sigmaringen 1987, S. 672–674. Vgl. hierzu den Beitrag von Nina GALLION in diesem Band.
28 Dazu Hans GIES, Der Ortsadel von Herrlingen im Mittelalter, in: Ulm und Oberschwaben 33 (1953), S. 50–62; Hans JÄNICHEN, Herrschafts- und Territorialverhältnisse um Tübingen und Rottenburg im 11. und 12. Jahrhundert, 1. Teil. Die freien Herren (Schriften zur südwestdeutschen Landeskunde 2), Stuttgart 1964, S. 23–28.
29 Kreisbeschreibungen des Landes Baden-Württemberg. Der Alb-Donau-Kreis, Bd. 1, Sigmaringen 1989, S. 751f.
30 Landkreis Biberach, Bd. 2 (Anm. 25), S. 85f.
31 WUB, Bd. 2, Stuttgart 1858, Nr. 502, S. 320f.; Codex diplomaticus Salemitanus. Urkundenbuch der Cisterzienserabtei Salem, Bd. 1, hg. von Friedrich VON WEECH, Karlsruhe 1883, Nr. 56, S. 87.
32 Vgl. oben, S. 41.
33 Franziska HÄLG-STEFFEN, Lenzburg, in: Historisches Lexikon der Schweiz, Bd. 7, Basel 2008, S. 775f.
34 Thomas M. KRÜGER, Donauwörth, in: Die deutschen Königspfalzen, Bd. 5, 3: Bayerisch-Schwaben, hg. von Caspar EHLERS u. a., Göttingen 2016, S. 165–193.
35 Otto von St. Blasien, Chronica (Anm. 13), S. 30. Zu den Raumbezeichnungen *Alemannia* und *Suevia* im 12. Jh. vgl. Heinz KRIEG, Raumwahrnehmungen in der hochmittelalterlichen Historiographie des deutschen Südwestens, in: Grenzen, Räume und Identitäten. Der Oberrhein und seine Nachbarregionen von der Antike bis zum Hochmittelalter, hg. von Sebastian BRATHER/Jürgen DENDORFER (Archäologie und Geschichte. Freiburger Forschungen zum ersten Jahrtausend in Südwestdeutschland 22), Ostfildern 2017, S. 555–573, hier S. 560–568 zu Otto von St. Blasien; Thomas ZOTZ, Zähringer und Staufer. Politische Räume am Oberrhein, in: Ebd., S. 435–451.

man durchaus nachvollziehen. Gewiss engagierte sich Friedrich I. auch andernorts mit seiner Territorial- oder Reichslandpolitik – das Egerland wurde bereits erwähnt, zu nennen ist Altenburg als Mittelpunkt des Pleißenlandes in Thüringen,[36] seine Pfalzen- und Städtepolitik im Elsass mit dem zentralen Ort Hagenau,[37] in der *terra imperii* Wetterau mit Gelnhausen[38] oder zuletzt am Niederrhein mit Kaiserswerth[39] –, aber die dichte, kleinräumige Erwerbspolitik in Schwaben zeigt doch ein besonderes Interesse des Kaisers an diesem Raum, am Herzogtum Schwaben, das nun immer mehr zum staufischen Kronland mit seinem politischen Zentralort, der seit karolingischer Zeit bedeutsamen Pfalz in Ulm, wurde.[40]

## Das *patrimonium Altorfensium* und sein Übergang an die Staufer

Die skizzierte Verdichtung staufischer Rechte und Präsenz in Schwaben fand indes ihre entscheidende Abrundung durch den Anfall des *patrimonium Altorfensium*, dessen Format und Übergang an die Staufer nun die Aufmerksamkeit gelten soll (Abb. 3). Hier mag eine knappe Übersicht zum welfischen Besitz im östlichen Schwaben und westlichen Bayern genügen: Ein Schwerpunkt lag im Argen- und Schussengau mit dem namengebenden weltlichen Zentrum in Altdorf und später Ravensburg, während Altdorf mit dem Kloster Weingarten zum religiösen Zentrum als Hauskloster der Welfen mit ihrer Grablege der Welfen bis einschließlich Heinrich dem Schwarzen wurde.[41] Zwischen Iller und Lech und östlich desselben befand sich ein anderer Schwerpunkt der Welfenherrschaft, den Lech entlang von Augsburg bis Füssen.

---

36 Vgl. Michael GOCKEL, Altenburg, in: Die deutschen Königspfalzen, Bd. 2: Thüringen, bearb. von Michael GOCKEL, Göttingen 2000, S. 39–70.
37 Bernhard METZ, Hagenau als staufische Stadtgründung, in: Staufische Stadtgründungen am Oberrhein, hg. von Eugen REINHARD (Oberrheinische Studien 15), Sigmaringen 1998, S. 213–234; Thomas ZOTZ, Der Südwesten des Reiches auf dem Weg zur staufischen Königslandschaft, in: Orte der Herrschaft. Mittelalterliche Königspfalzen, hg. von Caspar EHLERS, Göttingen 2002, S. 85–105, zu Hagenau S. 100–105; Gabriel ZEILINGER, Frühe Städte – viele Herren. Die Staufer und die Urbanisierung des Elsass, in: Grenzen, Räume und Identitäten (Anm. 35), S. 519–531.
38 Fred SCHWIND, Gelnhausen – Königspfalz und Pfalzstadt in der staufischen Wetterau, in: Staufische Pfalzen (Anm. 15), S. 67–98.
39 Günther BINDING, Deutsche Königspfalzen. Von Karl dem Großen bis Friedrich II. (765–1240), Darmstadt 1996, S. 318–326.
40 Helmut MAURER, Ulm als „Vorort" von König und Herzog in Schwaben, in: Frühe Pfalzen – Frühe Städte. Neue Forschungen zu zentralen Orten des Früh- und Hochmittelalters in Süddeutschland und der Nordschweiz, hg. von Uwe GROSS/Aline KOTTMANN/Jonathan SCHESCHKEWITZ (Archäologische Informationen aus Baden-Württemberg 58), Stuttgart 2009, S. 26–33.
41 Überblickhaft Thomas ZOTZ, Weingarten, in: Lexikon des Mittelalters, Bd. 8, München 1997, Sp. 2132f. Zur Hausklosterproblematik jetzt Jürgen DENDORFER, Gescheiterte Memoria? Anmerkungen zu den „Hausklöstern" des hochmittelalterlichen Adels, in: ZWLG 73 (2014), S. 17–38. Zu Kloster Weingarten vgl. den Beitrag von Hans Ulrich RUDOLF in diesem Band.

Thomas Zotz

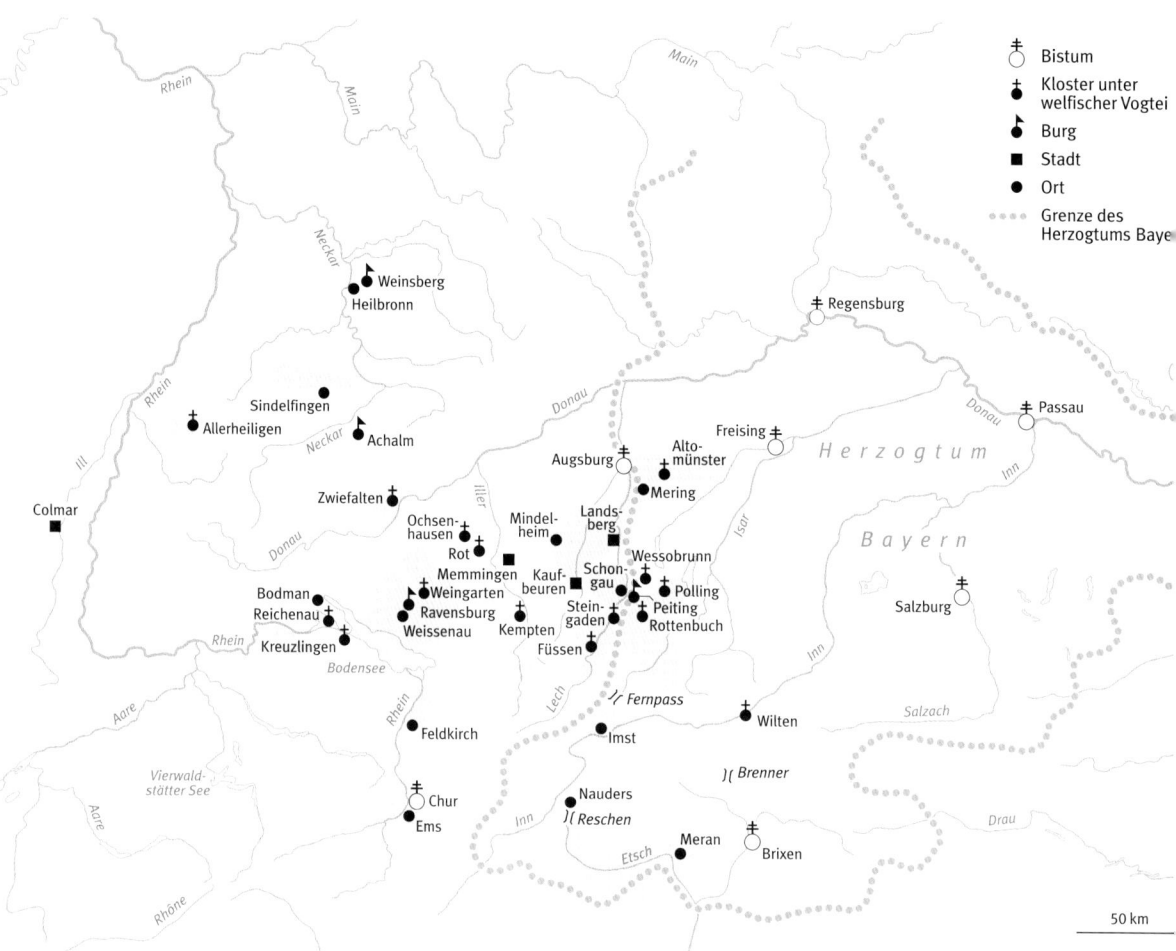

3 Übersichtskarte zum Welfenbesitz in Süddeutschland (nach Hansmartin Schwarzmaier, Beiwort V,3 des Historischen Atlas von Baden-Württemberg, S. 9, Kartografie: Axel Bengsch)

Als Markierungspunkte welfischer Macht fungierten Burgen, vorab die Ravensburg,[42] namengebend für Herzog Heinrich den Schwarzen und seinen Sohn Heinrich den Stolzen;[43] die zentrale Bedeutung der Ravensburg spiegelt sich in ihrer häufigen Erwäh-

42 Andreas SCHMAUDER, Ravensburg, ehemalige Welfenburg, in: Stätten der Herrschaft und Macht. Burgen und Schlösser im Landkreis Ravensburg, hg. von Hans Ulrich RUDOLF (Oberschwaben. Ansichten und Aussichten 9), Ostfildern 2013, S. 329f. Vgl. den Beitrag von Andreas SCHMAUDER in diesem Band.
43 *Dux Heinricus et filius eius Heinricus de Ravenespurc* Zeugen in der Stiftungsurkunde für die Zelle Hiltensweiler 1122, in: Das Kloster Allerheiligen in Schaffhausen, hg. von Franz Ludwig BAUMANN (Quellen zur Schweizer Geschichte 3), Basel 1883, Nr. 59, S. 98f.

nung in der Historia Welforum.⁴⁴ Am Lechrain spielte die Burg Peiting eine wichtige Rolle, ihrerseits namengebend für Herzog Welf VI.,⁴⁵ der hier wie auch in Ravensburg residierte; in Peiting nahm er an Weihnachten 1146 das Kreuz.⁴⁶ Weiter ist die nach dem Bericht der Historia Welforum von Graf Liutold von Achalm an Welf IV. übergegangene Achalm bei Reutlingen zu erwähnen.⁴⁷ Zeitweise war auch die Burg Bodman in der Verfügung der Welfen; hier erkrankte Herzog Welf III. im Jahr 1055 zu Tode.⁴⁸

Großes Gewicht innerhalb der welfischen Herrschaft kam der Ministerialität zu, die hauptsächlich erst nach ihrem Übergang an die Staufer in vollem Licht der Überlieferung begegnet: die von Ravensburg, von Tanne-Waldburg-Winterstetten, die Schmalegg, von Fronhofen-Königsegg, von Waldsee, von Thingau (bei Kempten), um nur einige zu nennen.⁴⁹ Wie Karin Feldmann und Günther Bradler, aber auch schon Otto Haendle beobachtet haben, hatten hier sowohl Welf VI. als auch sein Neffe Heinrich der Löwe Rechte.⁵⁰ So war etwa Gebizo von Ravensburg, der Stifter des Klosters Weißenau, Ministeriale Heinrichs des Löwen, Welf und Heinrich trafen mehrfach gemeinsam Bestimmungen und Verfügungen für Ministerialen.⁵¹ Dies dürfte auf die Konstellation der Brüder Heinrich der Stolze und Welf VI. zurückgehen, wobei Heinrich der Löwe in die Rechte seines Vaters eingetreten ist – ein Umstand, den es bei den Problemen des Besitzwechsels des *patrimonium* zu beachten gilt.

Bleibt noch ein Blick auf die Sakrallandschaft zu werfen:⁵² Eindrucksvoll ist die Reihe der welfischen Klostergründungen des 11. und 12. Jahrhunderts, das Augustinerchorher-

---

44 Historia Welforum, hg. und übersetzt von Erich KÖNIG (Schwäbische Chroniken der Stauferzeit 1), Stuttgart 1938, Ndr. Sigmaringen 1978, Register S. 151 s. v. Ravensburg; Quellen zur Geschichte der Welfen und die Chronik Burchards von Ursberg, hg. und übersetzt von Matthias BECHER unter Mitarbeit von Florian HARTMANN und Alheydis PLASSMANN (Ausgewählte Quellen zur deutschen Geschichte des Mittelalters. Freiherr-vom-Stein-Ausgabe 18b), Darmstadt 2007, Register S. 314 s. v. Ravensburg.
45 Werner MEYER, Burgen in Oberbayern. Ein Handbuch, Würzburg 1986, S. 267. Vgl. Hans PÖRNBACHER, Welf VI. und die Literatur, in: Welf VI., hg. von Rainer JEHL (Irseer Schriften 3), Sigmaringen 1995, S. 91–97, hier S. 92; Thomas ZOTZ, Heinrich der Löwe und Schwaben. Nähe und Distanz in persönlicher und räumlicher Hinsicht, in: Heinrich der Löwe. Herrschaft und Repräsentation, hg. von Johannes FRIED/Otto Gerhard OEXLE (VuF 57), Ostfildern 2003, S. 311–345, hier S. 318f.
46 Katrin BAAKEN, Welf VI. und seine Zeit, in: Welf VI. (Anm. 45), S. 13.
47 Historia Welforum (Anm. 44), S. 20; Quellen zur Geschichte der Welfen (Anm. 44), S. 48. Die Burg befand sich um die Mitte des 12. Jahrhunderts in der Hand der Grafen von Gammertingen. Vgl. Casimir BUMILLER, Zwischen Alb und Alpen. Die Grafen von Gammertingen in der politischen Welt des Hochmittelalters, Konstanz 2019, S. 58-61.
48 Historia Welforum (Anm. 44), S. 18; Quellen zur Geschichte der Welfen (Anm. 44), S. 46.
49 Günter BRADLER, Studien zur Geschichte der Ministerialität im Allgäu und in Oberschwaben (Göppinger Akademische Beiträge 50), Göppingen 1973, S. 331–420. Vgl. die Beiträge von Harald DERSCHKA und Karel HRUZA in diesem Band.
50 Karin FELDMANN, Herzog Welf VI. und sein Sohn. Das Ende des süddeutschen Welfenhauses, Tübingen 1971, S. 10f.; BRADLER, Studien (Anm. 49), S. 331f.; Otto HAENDLE, Die Dienstmannen Heinrichs des Löwen. Ein Beitrag zur Frage der Ministerialität (Arbeiten zur deutschen Rechts- und Verfassungsgeschichte 8), Stuttgart 1930, S. 55ff. Vgl. ZOTZ, Heinrich der Löwe und Schwaben (Anm. 45), S. 321f.
51 Zu Kloster Weißenau vgl. den Beitrag von Johannes WALDSCHÜTZ in diesem Band.
52 Hansmartin SCHWARZMAIER, Beiwort zur Karte V, 3 des Historisches Atlas von Baden-Württemberg, 3. Lfg., Stuttgart 1974, S. 7, 10.

renstift Rottenbuch (1073) durch Welf IV.,[53] das Prämonstratenserkloster Steingaden (1147)[54] und das Schottenkloster in Memmingen (1167–1170)[55] durch Welf VI. Von Bedeutung waren die zahlreichen welfischen Vogteien, von Weingarten abgesehen, über die Klöster Kempten,[56] St. Mang in Füssen,[57] das sanktblasianische Priorat Ochsenhausen,[58] Zwiefalten,[59] das Männer- und Frauenkloster Wessobrunn[60] und nicht zuletzt über die Reichenau. Diese ist 1120 an Heinrich den Schwarzen gelangt, wurde den Welfen durch König Konrad III. entzogen, doch seitens Friedrich Barbarossa 1152 Heinrich dem Löwen zugestanden, der sie bis 1180 innehatte.[61]

Wenn wir uns nun abschließend dem Schicksal dieses *patrimonium Altorfensium* zuwenden, so kann noch einmal Otto von St. Blasien den roten Faden bieten:[62] Herzog Welf, so berichtet er im Anschluss an Barbarossas Zugriff auf das Erbe des 1167 ums Leben gekommenen Herzogs Friedrich von Rothenburg, habe im Schmerz über den Verlust seines Sohnes Heinrich den Löwen, Sohn seines Bruders, als Erben angenommen und von ihm deswegen Geld gefordert. Dieser aber habe, auf den Rat schlechter Menschen hörend, angesichts des zu erwartenden baldigen Todes Welfs die Zahlung hinausgeschoben. Darob erzürnt, habe sich Herzog Welf Kaiser Friedrich, dem Sohn seiner Schwester, zugewandt, von ihm das begehrte Geld erhalten und daraufhin alle seine Güter Friedrich übertragen, wobei er diese, durch anderes ergänzt, bis zu seinem Lebensende zurückerhalten habe.

Diese spannungsvolle Familiengeschichte ist nur bei Otto von St. Blasien überliefert, kann aber in den Grundzügen durchaus als glaubwürdig gelten. Heinrich der Löwe sah sich offenbar selbstsicher als Erbe Welfs VI. 1171 beurkundete er in Oberteuringen, also im Herzen des welfischen Oberschwaben, die Schenkung seines Ministerialen von Hasenweiler an das Kloster Salem und versammelte dabei um sich die Grafen von Heiligenberg, Kirchberg, Veringen und Zollern und 42 namentlich genannte Edelfreie und Ministerialen weitestgehend aus den Stammlanden der süddeutschen Welfen, quasi als künftiger Herr in Ravensburg.[63] So spricht ihn auch die Historia Welforum aus der Zeit

---

53 Vgl. Franz Fuchs, Die Anfänge Rottenbuchs, in: Welf IV. – Schlüsselfigur einer Wendezeit. Regionale und europäische Perspektiven, hg. von Dieter R. Bauer/Matthias Becher (ZBLG, Beiheft 24), München 2004, S. 261–279, und seinen Beitrag in diesem Band.
54 Norbert Backmund, Monasticon Praemonstratense, 2. Aufl., Bd. 1, 1, Berlin 1983, S. 28–33; Peter Rummel, Steingaden, in: Lexikon für Theologie und Kirche, i. Br., Bd. 9, Freiburg i. Br. u. a. 2000, Sp. 950.
55 Christoph Engelhard, Memmingen, Schottenkloster, in: Germania Benedictina, Bd. 2, 2: Die Männer- und Frauenklöster der Benediktiner in Bayern, Bd. 2, St. Ottilien 2014, S. 1111–1115.
56 Gerhard Immler, Kempten, in: Germania Benedictina (Anm. 55), S. 961–985, hier S. 969.
57 Wolfgang Wüst, Füssen, Sankt Mang, in: Germania Benedictina, Bd. 2, 1: Die Männer- und Frauenklöster der Benediktiner in Bayern, Bd. 1, St. Ottilien 2014, S. 681–707, hier S. 683.
58 Hugo Ott, Ochsenhausen, in: Germania Benedictina, Bd. 5: Die Benediktinerklöster in Baden-Württemberg, Augsburg 1975, S. 454–464, hier S. 459.
59 Wilfried Setzler, Zwiefalten, in: Germania Benedictina (Anm. 58), S. 680–709, hier S. 690f.
60 Thomas Groll, Wessobrunn, in: Germania Benedictina, Bd. 2, 3: Die Männer- und Frauenklöster der Benediktiner in Bayern, Bd. 3, St. Ottilien 2014, S. 2517–2541, hier S. 2527f.; Karl Borromäus Murr, Wessobrunn, Frauenkloster, in: Ebd., S. 2543–2549, hier S. 2546.
61 Franz Quarthal u. a., Reichenau, in: Germania Benedictina (Anm. 58), S. 503–548, hier S. 520f.
62 Otto von St. Blasien, Chronica (Anm. 13), cap. 21, S. 28f.
63 MGH DD HL. 85. Dazu Zotz, Heinrich der Löwe und Schwaben (Anm. 45), S. 331, 337.

um 1170 bei der Schilderung des Abschlusses der Tübinger Fehde auf dem Hoftag des Kaisers zu Ulm im März 1166 an: *in praesentia ducis Heinrici, domini nostri*.[64] Da nach der neueren Forschung dieses Werk, unter dem Titel Chronica Altorfensium überliefert,[65] am Hof Welfs VI. entstanden ist, wohl als Dokument der Selbstvergewisserung des Hofes in der Umbruchszeit des Herrschaftswechsels,[66] wurde damals auch von dieser Seite Heinrich der Löwe als neuer Herr gesehen. Es kam anders, und die Erbangelegenheit trug zur Entzweiung der bis dahin miteinander auf mehreren Feldern kooperierenden Vettern Friedrich Barbarossa und Heinrich der Löwe bei. Hier sollen die Stichworte Hilfeverweigerung des Löwen für den in Italien in Bedrängnis geratenen Kaiser, Zulassung der Anklage gegen den Löwen durch Barbarossa 1179 genügen, was schließlich zur Entmachtung des Herzogs von Bayern und Sachsen im Jahr 1180 führte.[67]

Aus dem unmittelbaren Vorfeld dieses großen Konflikts stammt die erste Urkunde Herzog Friedrichs V. von Schwaben, verhandelt am 25. Dezember 1178 in Altdorf, also im Herzen der welfischen Herrschaft (Abb. 4).[68] Sie stellt das erste Dokument des staufischen Zugriffs auf das *patrimonium Altorfensium* oder die *hereditas Welfonis* dar, die nach dem bereits öfters herangezogenen Bericht Ottos von St. Blasien Friedrich Barbarossa zusammen mit den Gütern Graf Rudolfs seinem Sohn Friedrich überlassen, während er seinen Sohn Konrad mit den Lehen und Gütern Friedrichs von Rothenburg ausgestattet hat.[69] Wenn man diese Aussage mit der Nachricht der Pegauer Annalen zu 1179 zusammensieht, dass Friedrich I. auf dem Wormser Hoftag im Januar 1179 mit kaiserlicher Autorität und ohne jemands Widerspruch seine Söhne mit eigenem Erbe und den Lehen vieler Adliger und mit zahlreichen Städten und Ministerialen ausstattete,[70] so hat

---

64 Historia Welforum (Anm. 44), S. 66; Quellen zur Geschichte der Welfen (Anm. 44), S. 84.
65 Vgl. Helene WIERUSZOWSKI, Neues zu den sog. Weingartner Quellen der Welfengeschichte, in: NA 49 (1932), S. 56–85, hier S. 65 (Titel Chronica Altorfensium in Fragmenten und in der Rottenbucher Handschrift [letzter Satz von cap. 26]); Otto Gerhard OEXLE, Welfische und staufische Hausüberlieferung in der Handschrift Fulda D 11 aus Weingarten, in: Von der Klosterbibliothek zur Landesbibliothek. Beiträge zum zweihundertjährigen Bestehen der Landesbibliothek Fulda, Stuttgart 1978, S. 203–231, hier S. 204 mit Anm. 7: clm 12.202a, fol. 1r (aus Rottenbuch); clm 29 091, fol. 1r (aus Ranshofen).
66 Matthias BECHER, Der Verfasser der „Historia Welforum" zwischen Heinrich dem Löwen und den süddeutschen Ministerialen des welfischen Hauses, in: Heinrich der Löwe (Anm. 50), S. 347–380, hier S. 349; ZOTZ, Heinrich der Löwe und Schwaben (Anm. 45), S. 336; DERS., Herrschaftswechsel und Identität des Hofes im 12. und frühen 13. Jahrhundert, in: Fürstenhöfe und ihre Außenwelt. Aspekte gesellschaftlicher und kultureller Identität im deutschen Spätmittelalter, hg. von Thomas ZOTZ (Identitäten und Alteritäten 16), Würzburg 2004, S. 1–20, hier S. 10f. Vgl. den Beitrag von Matthias BECHER in diesem Band.
67 Vgl. Stefan WEINFURTER, Die Entmachtung Heinrichs des Löwen, in: Heinrich der Löwe und seine Zeit. Herrschaft und Repräsentation der Welfen 1125–1235, Bd. 2, hg. von Jochen LUCKHARDT/Franz NIEHOFF/Gerd BIEGEL, München 1995, S. 180–189; Knut GÖRICH, Jäger des Löwen oder Getriebener der Fürsten? Friedrich Barbarossa und die Entmachtung Heinrichs des Löwen, in: Staufer & Welfen. Zwei rivalisierende Dynastien im Hochmittelalter, hg. von Werner HECHBERGER/Florian SCHULLER, Regensburg 2009, S. 98–117.
68 WUB, Bd. 2 (Anm. 31), Nr. 419, S. 204–206; Thurgauisches Urkundenbuch, Bd. 2, hg. von Johannes MEYER/Friedrich SCHALTEGGER, Frauenfeld 1917, Nr. 35, S. 119–121. Beide Editionen stellen die Urkunde zu 1179. Vgl. dazu unten, S. 49.
69 Otto von St. Blasien (Anm. 13), cap. 21, S. 30.
70 Annales Pegavienses, in: MGH SS 16, Hannover 1859, S. 262.

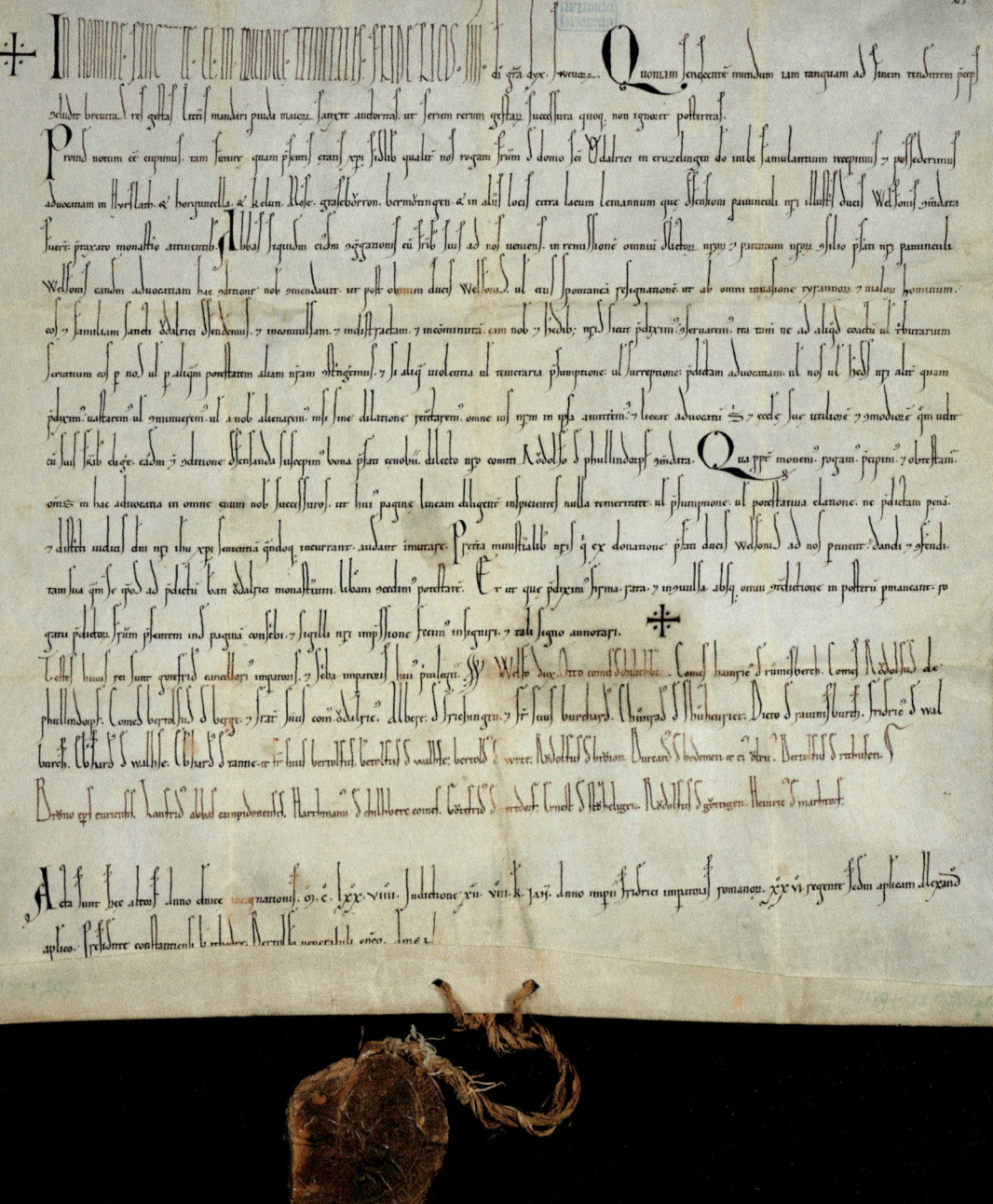

zu diesem Akt in der großen Öffentlichkeit des Reiches nicht zuletzt auch die Einsetzung seines Sohnes Friedrich in das welfische Erbe gehört.[71] Es handelte sich um eine massive Umstrukturierung der Herrschaftsverhältnisse in Schwaben zugunsten des staufischen Hauses; die Formulierung des Chronisten, dass sich kein Widerspruch gegen die mit kaiserlicher Autorität verkündete Maßnahme geregt habe, lässt an eine angespannte Atmosphäre denken. Offensichtlich in diesen Zusammenhang gehört die von Burchard von Ursberg überlieferte Nachricht, dass Herzog Heinrich der Löwe mit den Zollern und den Veringern und einigen anderen Grafen Schwabens eine *conspiratio* gegen den Kaiser angezettelt habe.[72] Hier kreuzten sich die Interessen des um sein süddeutsches Erbe gebrachten Welfen und die sich von der staufischen Machterweiterung in ihrem näheren Umfeld bedrängten schwäbischen Adligen.

Wie ordnet sich nun die zu Altdorf vollzogene Rechtshandlung Herzog Friedrichs in die Veränderungen jener Zeit ein? Zunächst ein paar Worte zum Inhalt. Friedrich verkündet, dass er auf Bitten der Brüder des Augustinerchorherrenstifts St. Ulrich in Kreuzlingen die Vogtei über genannte Besitzungen übernommen habe, die bislang unter dem Schutz seines Großonkels, des *illustris dux Welfo*, gestanden hätten. In gleicher Weise habe er die „unserem geliebten" Grafen Rudolf von Pfullendorf anvertrauten Klostergüter unter seinen Schutz genommen. Außerdem erlaubt Friedrich seinen Ministerialen, die *ex donatione* Herzog Welfs nun zu ihm gehören, ihren Besitz und sich selbst dem Kloster des hl. Ulrich zu übergeben. In Kreuzlingen überschnitten sich also die Komplexe von Rechten und Besitz Herzog Welfs VI. und Graf Rudolfs von Pfullendorf, die nun teilweise an den Stauferherzog Friedrich übergegangen sind. So ließ sich dieser doppelte herrschaftspolitische Zugriff der Staufer in Schwaben damals vor zahlreichen Großen des Landes demonstrieren.[73]

Die Datierung dieses Vorgangs auf Weihnachten 1178, also in das unmittelbare Vorfeld der dann reichsweiten Verkündigung des neuen herrschaftlichen Profils des staufischen Hauses durch den Kaiser im Januar 1179 in Worms, bedarf allerdings noch näherer Erläuterung. Denn Inkarnationsjahr und Indiktion (*anno dominice incarnationis MCLXXVIIII., indictione XII., VIII. kalendas Ianuarii*) datieren die Urkunde Herzog Friedrichs V. nach 1178, während das 26. Kaiserjahr Friedrichs I. (*anno imperii Friderici imperatoris XXVI*) in das Jahr 1180 verweist. Die beiden Urkundeneditionen datieren – unter Nichtbeachtung des Nativitätsstils – in das Jahr 1179;[74] auch die revidierte Online-Ausgabe des Württembergischen Urkundenbuchs behielt die Datierung zu 1179 bei. Demgegenüber folgten Christoph Friedrich Stälin,[75] die Konstanzer Bischofsregesten[76] und Karin Feldmann[77] den beiden Datierungselementen der Urkunde, die eindeutig 1178 ergeben. Das Problem

---

71 Zotz, Heinrich der Löwe und Schwaben (Anm. 45), S. 339.
72 Vgl. dazu Helmut Maurer, Herzog von Schwaben (Anm. 7), S. 250f.; Zotz, Heinrich der Löwe und Schwaben (Anm. 45), S. 340f.
73 Vgl. hierzu den Beitrag von Heinz Krieg in diesem Band.
74 Nachweis in Anm. 68. Danach Schmid, Graf Rudolf (Anm. 16), S. 293 (Nr. 103).
75 Christoph Friedrich Stälin, Wirtembergische Geschichte, Bd. 2, Stuttgart/Tübingen 1847, S. 121.
76 Regesta episcoporum Constantiensium, Bd. 1, bearb. von Paul Ladewig/Theodor Müller, Innsbruck 1895, Nr. 1043.
77 Feldmann, Herzog Welf VI. (Anm. 50), Reg. 157.

◂ 4  Urkunde Herzog Friedrichs V. von Schwaben, Altdorf 25.12.1178
(Quelle: Staatsarchiv Kanton Thurgau 7'32'11, Nr. 5)

der Diskrepanz mit der Angabe des 26. Kaiserjahrs Friedrich Barbarossas würde sich übrigens erledigen, wenn man annimmt, dass dem Schreiber der Reinschrift ein Zahlendreher (XXVI statt XXIV) unterlaufen ist:[78] Von Juni 1178 bis Juni 1179 reichte das 24. Kaiserjahr.

So darf man wohl davon auszugehen, dass der Akt von Altdorf an Weihnachten 1178 stattgefunden hat, also unmittelbar vor der reichsweiten Verkündigung des neuen staufischen Herrschaftsprofils durch den Kaiser in Worms.[79] Dieser hat in den letzten Wochen des alten Jahres einen Hoftag in Ulm veranstaltet, bevor er nach Würzburg zur Feier des Weihnachtsfests weiterzog.[80] Friedrich Barbarossa konnte also am 25. Dezember 1178 in Altdorf nicht persönlich zugegen sein, doch wurde er durch den Kanzler Gottfried, ein prominentes Mitglied seines Hofes, vertreten. Gottfried figuriert als erster Zeuge des Rechtsgeschäfts und gibt sich dabei als Schreiber der Urkunde zu erkennen, die in ihrer Gestaltung an eine Herrscherurkunde erinnert, mit einer Arenga bedeutungsschweren Inhalts über das nahende Ende der alternden Welt, weshalb nach der Weisung der *maiores* die Taten aufzuzeichnen seien.

Eine zweite Anmerkung betrifft die Intitulatio *Fridericus IIII., dei gratia dux Swevorum*: Der Herzog, als Friedrich V. von Schwaben geläufig, erscheint hier als Friedrich IV. Wie ist diese Zählung zu verstehen? Friedrich Barbarossa war der dritte Schwabenherzog dieses Namens. Auf ihn folgte sein gleichnamiger jüngerer Vetter, folglich als Herzog Friedrich IV. von Schwaben. Dementsprechend figuriert Barbarossas Sohn Friedrich in der Forschung mit der Ordnungszahl Fünf. Wenn dieser nun in seinem ersten Selbstzeugnis als Friedrich IV. figuriert, dann sollte hier offensichtlich die direkte Abfolge der Linie *Friderici ducis clarissimi*, Herzog Friedrichs II. betont werden, wie sie Barbarossa in seiner Urkunde zur Regelung der Lorcher Klostervogtei 1154 anspricht.[81] So gesehen, hatte Herzog Friedrich, der Sohn König Konrads, in der Reihe der staufischen Schwabenherzöge namens Friedrich keinen Platz! In diesem Selbstverständnis trat der staufische Erbe Herzog Welfs VI. an Weihnachten 1178 erstmals und mit feierlicher Verlautbarung im Welfenland auf, noch dazu an jenem Ort, der für die Familie, die *Altorfenses*, namengebend war.

## Fazit

Von den Welfen zu den Staufern: Friedrich Barbarossa hat in seinem „Stammland", im Herzogtum Schwaben, das für den Aufstieg seiner Familie wesentliche Bedeutung hatte, seit Mitte der 1160er-Jahre besonders intensiv und erfolgreich Hausmachtpolitik, Territorialpolitik betrieben. Dabei spielte ihm die Katastrophe des Heeres vor Rom im Jahr 1167 in die Hände, die ihn zum Erben seines ungeliebten Vetters Friedrich von Rothen-

---

78 So schon FELDMANN (Anm. 77) mit Hinweis auf das Thurgauische Urkundenbuch, das einen Irrtum bei der Angabe des Kaiserjahres annimmt, dabei aber seine Berechnung auf Dezember 1179 bezieht.
79 Vgl. oben, S. 47.
80 Reg. Imp. IV, 2, Nr. 2436. Dazu FELDMANN, Herzog Welf VI. (Anm. 50), S. 88, die vermutet, dass Welf VI. beim Hoftag in Ulm anwesend war und von dort mit Herzog Friedrich nach Altdorf gezogen ist.
81 MGH DD F. I 77. Dazu Thomas ZOTZ, Der gespaltene Stammbaum: Die Welfen im 12. Jahrhundert, in: ZWLG 66 (2007), S. 36–46.

burg und Graf Rudolfs von Pfullendorf machte, dessen Sohn Bertold offensichtlich auch zu den Opfern der Seuche zählte. Mit dem Erwerb zahlreicher Adelsgüter in Schwaben, insbesondere Oberschwaben, engagierte sich der Kaiser mit großem Elan in diesem Raum, dem Herzogtum Schwaben, dessen Verwaltung sich Barbarossa auch in den ersten Jahren seiner Königsherrschaft als Vormund Herzog Friedrichs IV. von Schwaben vorbehielt.

Zu Beginn der 1170er-Jahre fiel ihm überdies das reiche Lenzburger Erbe zu. Damit stattete er einerseits zur Stärkung seiner Klientel die ihm verbundenen Habsburger, andererseits seinen bis dahin noch unversorgten Sohn Otto aus, bevor er diesem Rechte in Burgund übertrug. In einer dritten Zeitstufe um oder bald nach 1175 gelang es dem Kaiser, das umfängliche *patrimonium Altorfensium*, das sein Vetter Heinrich der Löwe beanspruchte, für sein Haus zu gewinnen. Diesen Besitz übertrug Barbarossa ebenso wie das Pfullendorfer Erbe seinem Sohn Friedrich, dem Herzog von Schwaben. Davon gibt erstmals eine Urkunde dieses Herzogs von Ende 1178 Kunde, in einer Zeit, als sich der große Konflikt zwischen Barbarossa und Heinrich dem Löwen zuzuspitzen begann: Im welfischen Traditionsort Altdorf präsentierte sich damals Herzog Friedrich im Kreis zahlreicher schwäbischer Großer als neuer Herr im Welfenland. Damit waren die Weichen für den Übergang der süddeutschen Welfenherrschaft an die Staufer gestellt.

# Der Übergang des süddeutschen Welfenerbes an die Staufer

## Die Präsenz der neuen Herren vor Ort

Heinz Krieg

Fragt man nach der herrscherlichen Präsenz der Staufer in Oberschwaben, so ist außer an deren persönliche Anwesenheit eigentlich auch an deren Einfluss und Einwirkung auf Klöster, Städte sowie auf adlige und besonders ministerialische Herrschaftsträger vor Ort zu denken. Da aber mehrere Aufsätze dieses Bandes sowohl die Klöster als auch die Städte und die Ministerialen dieses Raums näher in den Blick nehmen, konzentriert sich der vorliegende Beitrag vor allem auf die konkrete persönliche Präsenz der Staufer als Erben und Nachfolger der süddeutschen Welfen. Damit schließt das Folgende zeitlich unmittelbar an den Beitrag von Thomas Zotz an,[1] indem vor allem die Zeit Herzog Friedrichs V. von Schwaben fokussiert wird – mit einem abschließenden, kurzen Ausblick bis in die Zeit der Herrschaft Philipps von Schwaben. Dabei sollen zumindest gewisse Aspekte der sozusagen indirekten und insbesondere der medialen Präsenz der staufischen Herrschaft in Oberschwaben berücksichtigt werden. Denn es bietet sich nicht nur an, sondern erscheint fast unumgänglich, im gegebenen thematischen Zusammenhang namentlich den Welfenstammbaum und das bekannte Thronbild des berühmten Fuldaer Codex D 11 in die Betrachtung miteinzubeziehen (Abb. 1). Letzterer entstand um 1300, als man zwei ältere Codices zusammenfügte, die beide im Kloster Weingarten, und zwar in der Hauptsache zwischen 1185 und 1190/1 entstanden sind.[2] An der Nahtstelle zwischen dem ersten und dem zweiten Codex befinden sich die beiden angesprochenen Bilder, die wohl ebenfalls in den Zeitraum zwischen 1185 und 1190/1

---

[1] Siehe im vorliegenden Band den Beitrag von Thomas Zotz.
[2] Siehe Otto Gerhard Oexle, Welfische und staufische Hausüberlieferung in der Handschrift Fulda D 11 aus Weingarten, in: Von der Klosterbibliothek zur Landesbibliothek. Beiträge zum zweihundertjährigen Bestehen der Landesbibliothek Fulda, hg. von Artur Brall, Stuttgart 1978, S. 203–231, hier S. 207–213; Regina Hausmann, Die historischen, philologischen und juristischen Handschriften der hessischen Landesbibliothek Fulda bis zum Jahr 1600: B 1–25, C 1–18.68, D 1–48 (Die Handschriften der Hessischen Landesbibliothek Fulda 2), Wiesbaden 2000, S. 131–136; Christine Jakobi-Mirwald/Herbert Köllner, Die illuminierten Handschriften der hessischen Landesbibliothek Fulda, Teil I: Handschriften des 6. bis 13. Jahrhunderts, Textband (Denkmäler der Buchkunst 10), Stuttgart 1993, S. 96–101.

In medio plis resídet pater IMPERIALIS

◀ 1a/b  Welfenstammbaum und Thronbild in der Weingartener Handschrift der Hochschul- und Landesbibliothek Fulda D 11, fol. 13ᵛ und fol. 14ʳ. Welfenstammbaum (links): Die nicht ausgefüllte Ranke links oben mit der Beschriftung *Fridericus imperator* für Friedrich Barbarossa und links daneben *Fridericus dux* für dessen Sohn Herzog Friedrich V. von Schwaben. Thronbild (rechts): Inmitten seiner Söhne, König Heinrich VI. (links: *Heinricus rex*) und Herzog Friedrich V. (rechts: *Fridericus dux*), thront der kaiserliche Vater, Friedrich Barbarossa (*In medio prolis residet pater imperialis*).

datieren.³ Wichtig für die Deutung des Thronbildes ist seine Einordnung direkt vor dem Beginn der Historia Welforum. Diese programmatische Platzierung markiert aufs Deutlichste, dass Barbarossa und seine beiden, mit dem Vater zusammen abgebildeten Söhne Heinrich und Friedrich die Geschichte der Welfen fortsetzten. Anders gewendet könnte man auch formulieren, dass aus der Sicht des Klosters Weingarten die abgebildeten Staufer als Erben der Herrschaft der süddeutschen Welfen selbst zu Welfen wurden.⁴

Das erste Schriftzeugnis für den staufischen Zugriff auf das Erbe Welfs VI. bietet die Urkunde, die Herzog Friedrich V. von Schwaben für das Kloster Kreuzlingen an Weihnachten 1178 beziehungsweise 1179 ausstellte (Abb. 4 im Beitrag von Thomas Zotz).⁵ Im

---

3 Im Welfenstammbaum fehlt Heinrich VI., der nach dem Tod Barbarossas und Herzog Friedrichs von Schwaben (1190 und 1191) das Welfenerbe erhielt. OEXLE, Hausüberlieferung (wie Anm. 2), S. 210. Dabei handelt es sich um ein Memorialbild, das ursprünglich in einem für den liturgischen Gebrauch bestimmten Buch seinen Platz hatte. So ebd., S. 218. Nach ebd. verweist darauf auch die wohl bald nach 1200 von verschiedenen Händen zum 19. Mai in das Necrolog eingefügte Notiz: *Fridericus n(ostrae) cong(regationis) m(onachus) camerarius: hunc librum, breviarium officiale et librum bened(ictionalem) de novo scribi fecit.* – Die Nachricht vom Tod Barbarossas am 10. Juni 1190 hatte nach Ausweis einer Mitte August vom Grafen Heinrich von Windisch-Matrei für die Kärntner Zisterze Viktring ausgestellten Urkunde zu diesem Zeitpunkt den betreffenden Urkundenschreiber noch nicht erreicht. Siehe Die Regesten des Kaiserreiches unter Friedrich I. 1152 (1122)–1190, 4. Lieferung 1181–1190, hg. von Ferdinand OPLL (J. F. Böhmer, Reg. Imp. IV, 2, 4), Wien/Köln/Weimar 2011, Nr. 3471, S. 342. Man darf aber wohl annehmen, dass sich die Todesnachricht noch im Verlauf des Spätjahres 1190 im Reich verbreitete, womit eine Spätdatierung des Thronbildes ins Jahr 1191 weniger plausibel erscheint als in die Zeit davor, weil das Bild vor dem Bekanntwerden des Todes Barbarossas entstanden sein dürfte. Vgl. OEXLE, Hausüberlieferung (wie Anm. 2), S. 210–213; JAKOBI-MIRWALD/KÖLLNER, Handschriften (wie Anm. 2), S. 96f.; Werner HECHBERGER/Wolfgang METZGER, Weingartner Welfenchronik, in: Heiliges Römisches Reich Deutscher Nation 962 bis 1806. Von Otto dem Großen bis zum Ausgang des Mittelalters, Katalog der 29. Ausstellung des Europarates in Magdeburg und Berlin und Landesausstellung von Sachsen-Anhalt, hg. von Matthias PUHLE/Claus-Peter HASSE, Dresden 2006, Nr. IV.45, S. 240f.; Heinz KRIEG, Das Thronbild in der Weingartener Handschrift der ‚Historia Welforum', in: BarbarossaBilder. Entstehungskontexte, Erwartungshorizonte, Verwendungszusammenhänge, hg. von Knut GÖRICH / Romedio SCHMITZ-ESSER, Regensburg 2014, S. 146–159, hier S. 147–150, 153–159.
4 Siehe dazu schon OEXLE, Hausüberlieferung (wie Anm. 2), S. 215 mit Anm. 61a. Auf die Wandelbarkeit hausbezogener Zuordnungen hat insbesondere Werner Hechberger nachdrücklich hingewiesen. Vgl. Werner HECHBERGER, Graphische Darstellungen des Welfenstammbaums. Zum „welfischen Selbstverständnis" im 12. Jahrhundert, in: AKG 79 (1997), S. 269–297, hier S. 296f.; DERS., Haus und Geschlecht. Anmerkungen zu den Welfen des 12. Jahrhunderts, in: ZWLG 66 (2007), S. 47–61; DERS., Staufer und Welfen 1125–1190. Zur Verwendung von Theorien in der Geschichtswissenschaft (Passauer historische Forschungen 10), Köln/Weimar/Wien 1996.
5 WUB, Bd. 2, Stuttgart 1858, Nr. 419, S. 204–206 und jetzt WUB Online, Bd. 2, Nr. 419; Stand: 24.10.2016, http://www.wubonline.de/?wub=641 (aufgerufen am 25.9.2018). Vgl. auch Thurgauisches Urkunden-

Anschluss an Thomas Zotz erscheint mir dabei die frühere Datierung auf Weihnachten 1178 plausibler, obwohl sich auch die spätere Datierung auf das Jahr 1179 nicht mit Sicherheit ausschließen lässt.[6] Mit dieser Urkunde, die in ihrer repräsentativen Gestaltung an Herrscherdiplome erinnert, fassen wir in jedem Fall das erste Zeugnis für die Anwesenheit des damals elf- bzw. zwölfjährigen Herzogs Friedrich V. (* Februar 1167, † 20. Januar 1191)[7] in Oberschwaben. Zugleich handelt es sich um die erste von ihm als Herzog von Schwaben ausgestellte Urkunde. Dieses Dokument hat es jedoch noch in anderer Hinsicht in sich: Mit Blick auf die Machtübernahme im Gebiet des süddeutschen Welfenerbes könnte man etwas zugespitzt geradezu von einem „Paukenschlag" sprechen!

Sehr bemerkenswert sind zunächst Ort und Zeitpunkt dieses ersten für uns fassbaren Auftretens Herzog Friedrichs V. in Oberschwaben. Denn es ist bezeichnend, dass der für die staufische Herrschaftsübernahme bedeutsame Rechtsakt in Altdorf stattfand und somit im Zentrum der süddeutschen Welfenherrschaft. Offenbar sollte der Herrschaftsübergang am zentralen welfischen Traditionsort Altdorf öffentlichkeitswirksam in Szene gesetzt werden, indem der junge Schwabenherzog hier in die Fußstapfen der Welfen trat und damit seinen Anspruch auf die Nachfolge in der Herrschaft unmissverständlich markierte. Ebenfalls kaum zufällig dürfte auch der Zeitpunkt dieses Rechtsakts gewesen sein: Ohne Zweifel war der 25. Dezember für die öffentliche Inszenierung herrscherlichen Handelns ein ausgesprochen prominenter Termin.[8] Möglicherweise darf man sogar noch weitergehen und daran erinnern, dass von den christlichen Hochfesten eigentlich keines besser zu einem Herrschaftsantritt passen konnte als das Hochfest der Geburt Jesu Christi.

Im Hinblick auf die Bedeutung, die Friedrich Barbarossa, der Vater des jungen Schwabenherzogs, beziehungsweise dessen Hof dem an prominentem Termin und zentralem Ort stattfindenden Vorgang beimaßen, fällt auf, dass sich dazu eigens der kaiserliche Kanzler Gottfried in Altdorf einfand.[9] Dieser erscheint an der Spitze der aufschlussrei-

---

buch, Bd. 2, hg. von Johannes MEYER/Friedrich SCHALTEGGER, Frauenfeld 1917, Nr. 56, S. 207–211. Alle diese Editionen datieren die Urkunde auf den 25. Dezember 1179. Siehe dazu aber das Folgende.
6 Siehe dazu den Beitrag von Thomas Zotz im vorliegenden Band, S. 49 f.
7 Hansmartin SCHWARZMAIER, Art. Friedrich V. (Konrad), Herzog von Schwaben, in: Lexikon des Mittelalters, Bd. 4, München/Zürich 1989, Sp. 960 f. Herzog Friedrich V. von Schwaben, der drittgeborene Sohn Barbarossas, hieß ursprünglich Konrad, bevor er nach dem Tod seines ältesten Bruders Friedrich (um 1170) dessen Namen übertragen erhielt. Ebd., S. 960. Eine grundlegende Zusammenstellung zur Tätigkeit und zu den Bezeugungen Herzog Friedrichs V. von Schwaben bieten die „Regesten Herzog Friedrichs V." in: Christoph Friedrich STÄLIN, Wirtembergische Geschichte, Zweiter Teil: Schwaben und Südfranken. Hohenstaufenzeit. 1080–1268, Stuttgart/Tübingen 1847, S. 121–123.
8 Vgl. Hans Martin SCHALLER, Der heilige Tag als Termin mittelalterlicher Staatsakte, in: DA 30 (1974), S. 1–24.
9 Heinrich BÜTTNER, Staufer und Welfen im politischen Kräftespiel zwischen Bodensee und Iller während des 12. Jahrhunderts, in: Schwaben und Schweiz im frühen und hohen Mittelalter, Gesammelte Aufsätze von Heinrich Büttner, hg. von Hans PATZE (VuF 15), Sigmaringen 1972, S. 337–392 (erstmals in: ZWLG 20 [1961] S. 17–73), hier S. 383: „Der ganze Vorgang war so bedeutend, daß der kaiserliche Kanzler Gottfrid eigens zu diesem Anlaß nach Altdorf in den Mittelpunkt der Welfenherrschaft gekommen war." Der aus der schwäbischen Grafenfamilie von Spitzenberg-Helfenstein stammende Gottfried tritt in Herrscherurkunden vom 21. Juli 1172 bis zum 8. September 1186 zunächst unter Barbarossa und dann auch unter dessen Nachfoger Heinrich VI. als Rekognoszent auf und stieg in Würzburg vom Domherr zum

chen Zeugenliste, und zwar mit der ausdrücklichen, näheren Kennzeichnung als *Gotefridus, cancellarius imperatoris et scriba imperatoris, huius privilegii scriptor*:[10] eine unmissverständliche Betonung der Kaisernähe des Urkundenschreibers und damit über diesen auch der Urkunde selbst! Es drängt sich der Eindruck auf, dass dem jungen Schwabenherzog nicht von ungefähr der Kanzler Gottfried als hochrangiger Amtsträger aus der unmittelbaren Umgebung des Kaisers an die Seite gestellt und mit ersterem nach Oberschwaben geschickt wurde. Auf diese Weise sorgte man dafür, dass der Kaisersohn als Nachfolger Welfs VI. im welfischen Herrschaftszentrums öffentlich vorgestellt und seine Herrschaftsübernahme im Sinne des Vaters in gebührender Weise „aufgegleist" wurde, während der Kaiserhof das Weihnachtsfest in Würzburg (1178) beziehungsweise in Ulm (1179) verbrachte.[11]

Gemäß dem Text der am Weihnachtstag in Altdorf ausgestellten Urkunde erhielt Herzog Friedrich von Schwaben damals von Abt und Brüdern des Augustinerchorherrenstifts St. Ulrich in Kreuzlingen auf Rat seines Großonkels (*proavunculus*) Herzog Welf VI. die Vogtei über genannte Klostergüter übertragen, die bislang letzterer innehatte.[12] Dabei sollte die Vogteigewalt aber erst nach dem Tod Welfs VI. oder nach dessen freiwilligem Verzicht vollständig auf Herzog Friedrich übergehen.[13] Ebenso erhielt Her-

---

Dompropst und 1186 schließlich zum Bischof auf. Siehe Die Urkunden Friedrichs I., Teil 5: Einleitung, Verzeichnisse, hg. Heinrich APPELT/Rainer Maria HERKENRATH/Brigitte MEDUNA (MGH DD 10, 5), Hannover 1990, S. 19. Ebd. wird die Bedeutung Gottfrieds hervorgehoben, der als Kanzler an der Reichspolitik, insbesondere am Abschluß der Friedensverträge von Venedig und Konstanz, wesentlichen Anteil nahm, auch noch als Bischof von Würzburg in kaiserlichen Diensten tätig und schließlich am dritten Kreuzzug, von dem er nicht mehr zurückkehren sollte, führend beteiligt war. Vgl. auch Enno BÜNZ, Von Schwaben nach Antiochia. Der Würzburger Bischof Gottfried von Spitzenberg (1186–1190), in: Hohenstaufen/Helfenstein. Historisches Jahrbuch für den Kreis Göppingen 17 (2007), S. 9–50.

10 WUB, Bd. 2, Nr. 419, S. 205 und jetzt WUB Online, Bd. 2, Nr. 419; Stand: 24.10.2016, http://www.wub-online.de/?wub=641 (aufgerufen am 25.9.2018). Vgl. auch Thurgauisches Urkundenbuch (Anm. 5), Bd. 2, Nr. 56, S. 210.

11 Nachdem Gottfried zuvor letztmals am 12. Oktober 1178 in Oberehnheim als Rekognoszent eines Kaiserdiploms bezeugt ist, fasst man ihn nach Weihnachten 1178 wieder am 22. Januar 1179 in Worms in dieser Funktion. MGH DD F. I 767, S. 320; MGH DD F. I 772, S. 326. Im Jahr 1179 erscheint Gottfried letztmalig in einer verunechteten, auf den 17. August (Kayna) datierten Kaiserurkunde als Rekognoszent, bevor er als solcher am 25. Januar 1180 (Würzburg) wieder genannt wird. MGH DD F. I 791, S. 787, S. 350; MGH DD F. I 791, S. 356. Friedrich Barbarossa selbst feierte 1178 Weihnachten in Würzburg und zog dann von dort nach Worms weiter. Die Regesten des Kaiserreiches unter Friedrich I. 1152 (1122)–1190, 3. Lieferung 1168–1180, hg. von Ferdinand OPLL (J. F. Böhmer, Reg. Imp. IV, 2, 3), Wien/Köln/Weimar 2011, Nr. 2465, S. 227 und Nr. 2476, S. 230. 1179 verbrachte Barbarossa Weihnachten in Ulm, bevor er im Januar nach Würzburg weiterzog. Ebd., Nr. 2524f., S. 247 und Nr. 2530–2534, S. 248–252. Zum gemeinsamen Auftreten Gottfrieds und Herzog Friedrichs V. von Schwaben siehe auch unten Anm. 22.

12 WUB, Bd. 2, Nr. 419, S. 204f. und jetzt WUB Online, Bd. 2, Nr. 419; Stand: 24.10.2016, http://www.wub-online.de/?wub=641 (aufgerufen am 25.9.2018). Vgl. auch Thurgauisches Urkundenbuch (Anm. 5), Bd. 2, Nr. 56, S. 208f. Es handelte sich um Güter in Hirschlatt (Stadt Friedrichshafen), Horgenzell (Landkreis Ravensburg), Kehlen (Gemeinde Meckenbeuren), (vermutl.) Moos (Gemeinde Heiligenberg, Bodenseekreis oder Gemeinde Moos im Landkreis Konstanz, aber nicht Eliz bei Wangen), Grasbeuren (Gemeinde Salem), Bermatingen (Bodenseekreis) und in anderen „diesseits des Bodensees" gelegenen Orten. Zur Identifizierung siehe WUB Online (ebd.) und Thurgauisches Urkundenbuch (Anm. 5), S. 208.

13 WUB, Bd. 2, Nr. 419, S. 204; WUB Online (Anm. 12): [...] *eandem advocatiam hac conditione nobis conmendavit, ut post obitum ducis Welfonis vel eius spontaneam resignationem,* [...]. „Welf hatte da-

zog Friedrich die Vogteigewalt über alle diejenigen Güter zugesprochen, die dem Grafen Rudolf von Pfullendorf anvertraut waren.¹⁴ Beide Anteile an der Klostervogtei, die demnach bislang einerseits Welf VI. und andererseits Rudolf von Pfullendorf zustanden, sollten also in der Hand des Schwabenherzogs vereint werden. Außerdem ging man davon aus, dass die Vogtei von Herzog Friedrich an seine Erben weitergegeben würde.¹⁵

Nicht zuletzt ist in der Urkunde auch von den Ministerialen Herzog Friedrichs die Rede, nämlich von denjenigen, die er von Herzog Welf VI. erhalten hatte und die hier bereits als Friedrichs Ministerialen (*ministeriales nostri*) bezeichnet werden.¹⁶ Diesen gestattet Herzog Friedrich, ihren Besitz oder sich selbst dem Kloster zu übergeben. Die eindrucksvolle, insgesamt 28 Personen umfassende Zeugenliste präsentiert nach dem an erster Stelle genannten Kanzler Gottfried eine ansehnliche Reihe adliger und ministerialischer Herrschaftsträger, die allesamt aus Oberschwaben und der Nachbarschaft des Welfengebiets stammten. Neben Herzog Welf VI. und Graf Rudolf von Pfullendorf als unmittelbar Beteiligten treten hier etwa die zwei Grafen Otto und Hartmann von Kirchberg, die Grafen Bertold und Ulrich von Berg sowie Graf Heinrich von Ronsberg auf, außerdem weitere acht adlige Herren, von denen die meisten welfische Gefolgsleute waren und schließlich insbesondere noch neun bzw. zehn Ministerialen, die bis auf eine nicht sicher zuzuordnende Person allesamt der welfischen Dienstmannenschaft zuzurechnen sind.¹⁷ Die zum Weihnachtsfest in Altdorf versammelten Adligen und Ministerialen boten demnach einen überaus würdigen Rahmen und eine denkbar repräsentative „Bühne", um den Schwabenherzog demonstrativ als neuen Herrn des süddeutschen Welfenerbes in Szene zu setzen.¹⁸

---

durch selbstverständlich nicht auf alle seine Rechte verzichtet; man wird es wohl richtiger so formulieren, daß man zunächst von einer Mitsprache und Mitherrschaft des Stauferherzogs an den Rechten Welfs VI. spricht. [...] Gleichwohl war die Umwandlung des Raumes zwischen Bodensee und Iller in ein staufisch beherrschtes Gebiet durch die Ereignisse von 1179/80 in vollem Gange." BÜTTNER, Staufer und Welfen (Anm. 9), S. 383.

14  WUB, Bd. 2, Nr. 419, S. 205; WUB Online (Anm. 12).
15  Wie oben Anm. 12.
16  Dazu und zum Folgenden oben Anm. 14. BÜTTNER, Staufer und Welfen (Anm. 9), S. 383 zufolge überantwortete Welf VI. damit seine Ministerialen „oder wenigstens eine beträchtliche Gruppe davon".
17  In der Liste werden nacheinander genannt: 1) Kanzler Gottfried, 2) Herzog Welf VI., 3) Graf Otto von Kirchberg, 4) Graf Heinrich von Ronsberg, 5) Graf Rudolf von Pfullendorf, die Grafen 6) Bertold von Berg und 7) sein Bruder Ulrich, die adligen Herren 8) Albero von Frickingen und 9) sein Bruder Burchard, 10) Konrad von Schussenried, 11) Dieto von Ravensburg, 12) Friedrich von Waldburg, 13) Eberhard von Waldsee, 14) Eberhard von Tanne und 15) sein Bruder Bertold, 16) Bertold von Waldsee, 17) Bertold von Furth, 18) Rudolf von Briach, 19) Burchard von Bodman und 20) sein (Bruder?) Ulrich, 21) Bertold von Riedhausen, 22) Bischof Bruno von Chur, 23) Abt Lanfrid von Kempten, 24) Graf Hartmann von Kirchberg, 25) Gottfried von Rohrdorf, 26) Ernst von Steußlingen, 27) Rudolf von Güttingen, 28) Heinrich von Markdorf. Nach BÜTTNER, Staufer und Welfen (Anm. 9), S. 383 war dies „ein guter Teil des gräflichen Adels, der in der Nachbarschaft der Welfen lebte, sowie jener kleinere und dienstmännische Adel, der im Interessenbereich Welfs VI. stand." Vgl. dazu auch die Karte von Karl BOSL, Welfen- und Staufergüter in Schwaben vom 11. bis zum 13. Jahrhundert, in: Historischer Atlas von Bayerisch-Schwaben, hg. von Wolfgang ZORN, Augsburg 1955, Textteil, S. 24f. und Kartenteil, S. 18f.
18  Helmut MAURER, Der Herzog von Schwaben. Grundlagen, Wirkungen und Wesen seiner Herrschaft in ottonischer, salischer und staufischer Zeit, Sigmaringen 1978, S. 250f. hebt hervor, dass unter den Zeugen dieses Aktes die Grafen von Zollern und die Grafen von Veringen fehlten, die Burchard von

Nach diesem eindrucksvollen, aber eben doch nur schlaglichtartigen Auftakt trat Herzog Friedrich V. in den folgenden Jahren bis einschließlich 1184, als er zusammen mit seinem älteren Bruder Heinrich auf dem berühmten Mainzer Hoftag am 21. Mai die Schwertleite empfing,[19] in Oberschwaben zunächst nur noch als Zeuge in Erscheinung, und zwar fast ausschließlich in Urkunden seines Vaters Friedrich Barbarossa, nämlich im Mai 1179 auf einem Hoftag in Konstanz,[20] am 7. Oktober 1182 in Augsburg[21] und dann

---

Ursberg zufolge zusammen mit Heinrich dem Löwen in Schwaben ein Komplott gegen Friedrich Barbarossa geschmiedet hätten. Als dessen Ursache gelten die Abmachungen zwischen Barbarossa und Welf VI., welche die Übernahme des Welfenerbes durch den Staufer zur Folge hatten, wodurch die genannten Grafen gefürchtet hätten, dass sie „ihre Doppel-, ja ihre Mehrfachvasallitäten verlieren und künftig einzig und allein der Vasallität eines einzigen Herzogs, nämlich der des Herzogs von Schwaben, unterworfen sollten." Ebd., S. 251. Zu diesem „Grafenkomplott" vgl. Karl SCHMID, Graf Rudolf von Pfullendorf und Kaiser Friedrich I. (Forschungen zur oberrheinischen Landesgeschichte 1), Freiburg 1954, S. 194–201. Nach BÜTTNER, Staufer und Welfen (Anm. 9), S. 382f. hätten offenbar manche Adelsfamilien erkannt, „wie stark mit dem Sturze des Sachsenherzogs [sc. Heinrichs des Löwen] auch ihre eigene Stellung im schwäbischen Gebiet verschoben wurde; sie sahen offenbar, daß der territoriale Besitz der Staufer zwischen Iller und Bodensee durch den Ausgang des Welfenprozesses sehr verstärkt werden würde."

19  Reg. Imp. IV, 2, 4, Nr. 2762, S. 76–79.
20  MGH DD F. I 779, S. 337 (in Reg. Imp. IV, 2, 3, Nr. 2492, S. 235f. fehlt Herzog Friedrich von Schwaben als Zeuge – offensichtlich wurde er vergessen). Barbarossa stellte damals das althergebrachte Fährrecht in Überlingen (oder Uhldingen?) wieder her, nachdem er es zunächst dem Grafen Rudolf von Pfullendorf *in beneficium* übertragen hatte. Vgl. SCHMID, Graf Rudolf (Anm. 18), Nr. 100, S. 291f.; BÜTTNER, Staufer und Welfen (Anm. 9), S. 382. In der Zeugenliste erscheint Herzog Friedrich V. in der Reihe der dort genannten Herzöge nach Welf VI., Bertold IV. von Zähringen und dessen Sohn (Bertold V.) an vierter Stelle vor Markgraf Hermann von Baden, auf den beginnend mit Rudolf von Pfullendorf die gräflichen Zeugen folgen. Unter letzteren finden sich außer dem Pfullendorfer auch die Grafen Hartmann von Kirchberg und dessen Bruder Otto sowie Bertold und Ulrich von Berg, die allesamt schon beim Herrschaftsantritt des Schwabenherzogs in Altdorf anwesend waren (vgl. Anm. 17). Anders als beim Weihnachtsfest in Altdorf traten auf dem Konstanzer Hoftag nunmehr aber auch Graf Manegold von Veringen und dessen Bruder Graf Heinrich mit seinen Söhnen sowie die Grafen Bertold und Friedrich von Zollern als Zeugen auf. Vgl. dazu Anm. 18. Bei Alheydis PLASSMANN, Die Struktur des Hofes unter Friedrich I. Barbarossa nach den deutschen Zeugen seiner Urkunden (MGH, Studien und Texte 20), Hannover 1998, S. 148, 150f. werden die Grafen von Kirchberg und die Grafen von Berg ebenso wie die Grafen von Veringen den in Bezug auf den Barbarossahof überregional engagierten Grafen Schwabens zugeordnet.
21  MGH DD F. I 834, S. 45; Reg. Imp. IV, 2, 4, Nr. 2673, S. 38. Barbarossa bestätigte dem Kloster St. Ulrich und Afra, das ihn in seine Gebetsverbrüderung aufgenommen hatte, den Besitz, wobei unter anderem auch Schenkungen von Welf VI. sowie von Ministerialen Welfs VI. und Heinrichs des Löwen ausdrücklich erwähnt werden. Unter den gräflichen Zeugen erscheinen auch wieder Otto von Kirchberg und direkt vor diesem der mittlerweile zum Markgrafen erhobene Heinrich von Ronsberg. Vgl. oben im Text bei Anm. 17. Siehe dazu Hansmartin SCHWARZMAIER, Königtum, Adel und Klöster im Gebiet zwischen oberer Iller und Lech (Veröffentlichungen der Schwäbischen Forschungsgemeinschaft bei der Kommission für Bayerische Landesgeschichte, Reihe 1: Studien zur Geschichte des bayerischen Schwabens 7), Augsburg 1961, S. 113f. Karel HRUZA, Die Herren von Wallsee. Geschichte eines schwäbisch-österreichischen Adelsgeschlechts (1171–1331) (Forschungen zur Geschichte Oberösterreichs 18), Linz 1995, S. 80f., Anm. 8 stellt die Grafen von Ronsberg als Beispiel für den erfolgreichen Übergang ehemaliger edelfreier Gefolgsleute von den Welfen zu den Staufern heraus, indem er die Ronsberger von anderen Grafenfamilien abhebt, die sich gegen die Aufgabe ihrer welfisch-staufischen Doppelvasallität zugunsten einer einzigen staufischen massiv zur Wehr setzten (siehe dazu Anm. 18). Abgesehen von den

mehrmals im Juni 1183 während des Konstanzer Hoftags,[22] auf dem der Friede mit den italienischen Städten geschlossen wurde. Wie schon Büttner herausgestellt hat, wirkte der Konstanzer Hoftag, auf dem sich auch Herzog Friedrichs Bruder König Heinrich VI. einfand, damals „wie eine Demonstration kaiserlicher Macht am Bodensee, dessen Landschaften mittlerweile so stark in das territoriale Streben der Staufer einbezogen waren."[23]

Ronsbergern vollzogen auch noch andere schwäbische Grafenfamilien durchaus erfolgreich den Übergang von den Welfen zu den Staufern, worauf nicht zuletzt die regelmäßige Anwesenheit der Grafen von Kirchberg, der Grafen von Berg sowie auch der Grafen von Veringen am Hof Barbarossas hindeutet. Siehe PLASSMANN, Struktur (Anm. 20), S. 147f., 150f.

[22] In der Urkunde für das Zisterzienserkloster Salem (20.6.1183), die den Klosterbesitz bestätigt und Salem der ausschließlichen kaiserlichen Vogtei unterstellt, folgt Friedrich V. in der Zeugenliste direkt auf seinen Bruder König Heinrich und rangiert damit erstmals vor Welf VI. an der Spitze der Herzöge. Unter den gräflichen Zeugen erscheinen zahlreiche Adlige Schwabens, nämlich Konrad von Heiligenberg, Ludwig von Sigmaringen, Burchard von Hohenburg und sein Bruder Friedrich, Friedrich und Bertold von Zollern sowie Hartmann von Kirchberg. MGH DD F. I 847, S. 68; Reg. Imp. IV, 2, 4, Nr. 2714, S. 58. In der Schutzurkunde für die bischöfliche Kirche von Bergamo (25.6.1183) steht unter den herzoglichen Zeugen Otto II. von Bayern vor Friedrich V. von Schwaben. MGH DD F. I 849, S. 78; Reg. Imp. IV, 2, 4, Nr. 2717, S. 61. Ebenso verhält es sich auch im Konstanzer Frieden (25.6.1183), wobei der Schwabenherzog hier explizit als *filius noster* ausgezeichnet wird. Auf den Kaisersohn folgen Herzog Bertold IV. von Zähringen und danach Markgrafen und Grafen, unter denen sich auch Graf Ludwig befindet, der als Bruder des Kanzlers (Gottfried) von Helfenstein bezeichnet wird. Letzterer erscheint hier auch in der Liste derjenigen, die den Frieden beschwören, und zwar als letzter Geistlicher vor den Herzögen Otto von Bayern und Friedrich von Schwaben. MGH DD F. I 848, S. 75; Reg. Imp. IV, 2, 4, Nr. 2716, S. 59. Außerdem ist Kanzler Gottfried in den DD F. I 847–849 jeweils als Rekognoszent genannt. In der Besitzbestätigung für das Kloster Interlaken (25.6.1183), in der auch wieder Kanzler Gottfried auftritt, und zwar als Zeuge, rangiert der Schwabenherzog erstmals vor Otto II. von Bayern, worauf die Grafen folgen und am Ende noch der oberrheinische Adlige Burchard von Üsenberg erscheint. Allerdings ist der Schreiber der Urkunde dem Umfeld des Konstanzer Bischofs zuzuordnen, wodurch sich wohl die geänderte Einordnung Friedrichs von Schwaben (vor dem Bayernherzog) erklärt. MGH DD F. I 850, S. 80; Reg. Imp. IV, 2, 4, Nr. 2718, S. 61. Dagegen wiederholt die Zeugenliste der Verleihung der Grafschaft Luni an den dortigen Bischof die „Dreiergruppe", wie sie im Konstanzer Frieden zu beobachten ist: Auf den Kanzler Gottfried (*imperialis aule cancellarius*) folgen hier erneut zunächst Otto II. von Bayern und erst danach wieder der hier ebenfalls als *filius noster* gekennzeichnete Schwabenherzog. MGH DD F. I 851, S. 81; Reg. Imp. IV, 2, 4, Nr. 2721, S. 62. In Zeugenlisten der herrscherlichen Kanzlei wurde Herzog Friedrich offensichtlich regelmäßig nach dem Bayernherzog bzw. nach Herzog Leopold von Österreich eingeordnet, bevor er dann schließlich erstmals am 5. März 1187 an die erste Stelle der Herzöge aufrückte und fortan diese Position beibehielt. MGH DD F. I, S. 556 (s. v. *Fridericus dux Sueuie, filius imperatoris*).

[23] BÜTTNER, Staufer und Welfen (Anm. 9), S. 387. Büttner macht ebd., S. 383 zu Recht darauf aufmerksam, dass letztendlich „erst der Prozeß Heinrichs des Löwen und dessen Folgen […] das ganze welfische Hausgut im Bodenseeraum den Staufern" zuspielten, wobei 1180 auch der gesamte Besitz des Grafen Rudolf von Pfullendorf an die Staufer fiel. Damit sei Ende 1180 der Bodenseeraum „wirklich mit seiner weiten Umgebung bis zur Iller und Donau, bis zu den Bündner Pässen und bis in den Thurgau zum staufisch beherrschten Gebiet geworden." BÜTTNER, Staufer und Welfen (Anm. 9), S. 384. Siehe dazu Otto von St. Blasien, Chronica, hg. von Adolf HOFMEISTER, in: MGH SS rer. Germ. 47, Hannover/Leipzig 1912, S. 30f. Auf dem Konstanzer Hoftag des Jahres 1183 bestätigte Friedrich Barbarossa im Übrigen auch die Gründung des Prämonstratenserstifts Schussenried durch die Ritter Konrad und Beringer. Reg. Imp. IV, 2, 4, Nr. 2727, S. 64. Vielleicht hielt sich Barbarossa auch am 11. Juli 1183 auf der Burg Pfullendorf auf, als dort Herzog Otto von Bayern verstarb. Jedenfalls ist danach Herzog Friedrich V. von

Außerdem bezeugte Herzog Friedrich neben seinem Bruder Heinrich VI. am 5. Mai 1181 in Ulm eine auf einem königlichen Hoftag (*in regali curia Ulme*) in Gegenwart Kaiser Friedrichs und der anwesenden Reichsfürsten ausgestellte Urkunde Herzog Welfs VI. für das Prämonstratenserstift Rot.[24] Auf demselben Hoftag bestätigte der Kaiser im Übrigen den Schottenmönchen in Memmingen die ihnen von Welf VI. geschenkte Nikolauskapelle, die Welf VI. von der Übertragung seiner Eigengüter an den Kaiser ausgenommen hatte.[25] Darüber hinaus beurkundete der Kaiser damals die Umwandlung der Pfarrkirche in Waldsee in ein Augustinerchorherrenstift.[26] Das Stift wurde in diesem Zusammenhang zugleich dem Herzog von Schwaben unterstellt, aus dessen Hand der frei gewählte Propst sein Amt erhalten sollte. Herzog und Propst gemeinsam wurde der Schutz des Stifts anvertraut, ohne dass hier etwa noch von einem Vogt die Rede wäre.[27] Zugleich wurden die Ministerialen von Waldsee direkt dem Herzog von Schwaben unterstellt.[28] Dieses Vorgehen des Kaisers ordnete bereits Heinrich Büttner in einen breiteren politischen Rahmen ein, indem er herausstellte, dass Friedrich Barbarossa seit den 70er-Jahren eine gezielte Politik des Ausbaus der herzoglichen Machtposition in Oberschwaben betrieb.[29] In den Jahren von 1178 bis 1184 war es dabei ganz überwiegend der Kaiser selbst, der im oberschwäbischen Raum tätig wurde, während sein regelmäßig als Herzog von

---

Schwaben zusammen mit seinem kleineren Bruder (wohl Philipp) beim Begräbnis des Bayernherzogs im Kloster Scheyern (wohl um den 20. Juli) als Zeuge einer gleichzeitigen Güterschenkung fassbar. Eine Anwesenheit auch des Kaisers bei diesem Begräbnis wäre zumindest denkbar. Siehe dazu Reg. Imp. IV, 2, 4, Nr. 2729 (11. 7. 1183 und wenige Tage darauf, Schwaben [vielleicht: Pfullendorf und Scheyern]); Ferdinand OPLL, Das Itinerar Kaiser Friedrich Barbarossas (1152–1190) (Forschungen zur Kaiser- und Papstgeschichte des Mittelalters, Beihefte zu Reg. Imp. 1), Wien/Köln/Graz 1978, S. 81 Anm. 86 nach SCHMID, Graf Rudolf (Anm. 18), S. 99f.

24  Reg. Imp. IV, 2, 4, Nr. 2592, S. 7 (5. 5. 1181); WUB Online, Bd. 2, Nr. 425; Stand: 14. 06. 2018, http://www.wubonline.de/?wub=647 (aufgerufen am 15. 2. 2019). An dieser Tauschhandlung, bei der das Prämonstratenserstift Rot von Ritter Berthold von Laupheim, einem Dienstmann des Grafen Otto von Hohenberg, die Kirche in Steinbach erhielt, war Welf VI. maßgeblich mitbeteiligt. BÜTTNER, Staufer und Welfen (Anm. 9), S. 385.

25  MGH DD F. I 807, S. 5f.; Reg. Imp. IV, 2, 4, Nr. 2593 (11. 5. 1181, Ulm). In dem außerhalb der Kanzlei geschriebenen und verfassten Diplom wird Herzog Friedrich nicht erwähnt.

26  MGH DD F. I 808, S. 6f.; Reg. Imp. IV, 2, 4, Nr. 2594, S. 8 (12. 5. 1181, Ulm). Zur Urkunde und den Rahmenbedingungen der Enstehung des Stifts, das wohl ursprünglich auf eine welfische Initiative zurückging, siehe HRUZA, Herren (Anm. 21), S. 70–89.

27  Das Nebeneinander von Herzog und Propst ohne einen Vogt machte BÜTTNER, Staufer und Welfen (Anm. 9), S. 385 zufolge den weltlichen Herren „zum Mitträger der Verwaltungsbefugnisse gleichberechtigt mit dem geistlichen Oberen". HRUZA, Herren (Anm. 21), S. 79 geht noch weiter, indem er erklärt, dass der Herzog hiermit „zum Eigenkirchenherrn bestimmt und das Stift als eine staufische Kirche betrachtet" wurde.

28  HRUZA, Herren (Anm. 21), S. 74 betont, dass es sich bei den erwähnten Ministerialen nicht um solche des Stiftes gehandelt habe, sondern um die ursprünglich welfischen und dann staufischen Ministerialen von Waldsee und der Umgebung.

29  BÜTTNER, Staufer und Welfen (Anm. 9), S. 384 zufolge wurden alle „Erwerbungen, die seit 1170 in Churrätien oder im oberschwäbischen Gebiet von Barbarossa gemacht worden waren, […] wenn es nur irgendwie anging, mit dem schwäbischen Herzogtum verbunden." Siehe dazu auch HRUZA, Herren (Anm. 21), S. 88f.: „Wer Waldsee in Besitz hielt, hatte relativ leichten Zugang zu dem Herrschafts- und Wirtschaftsmittelpunkt Ravensburg. Und da dieses alte welfische Kerngebiet ab 1178 staufisch zu werden begann, mußte für den geübten Machtpolitiker Friedrich auch Waldsee so schnell wie möglich

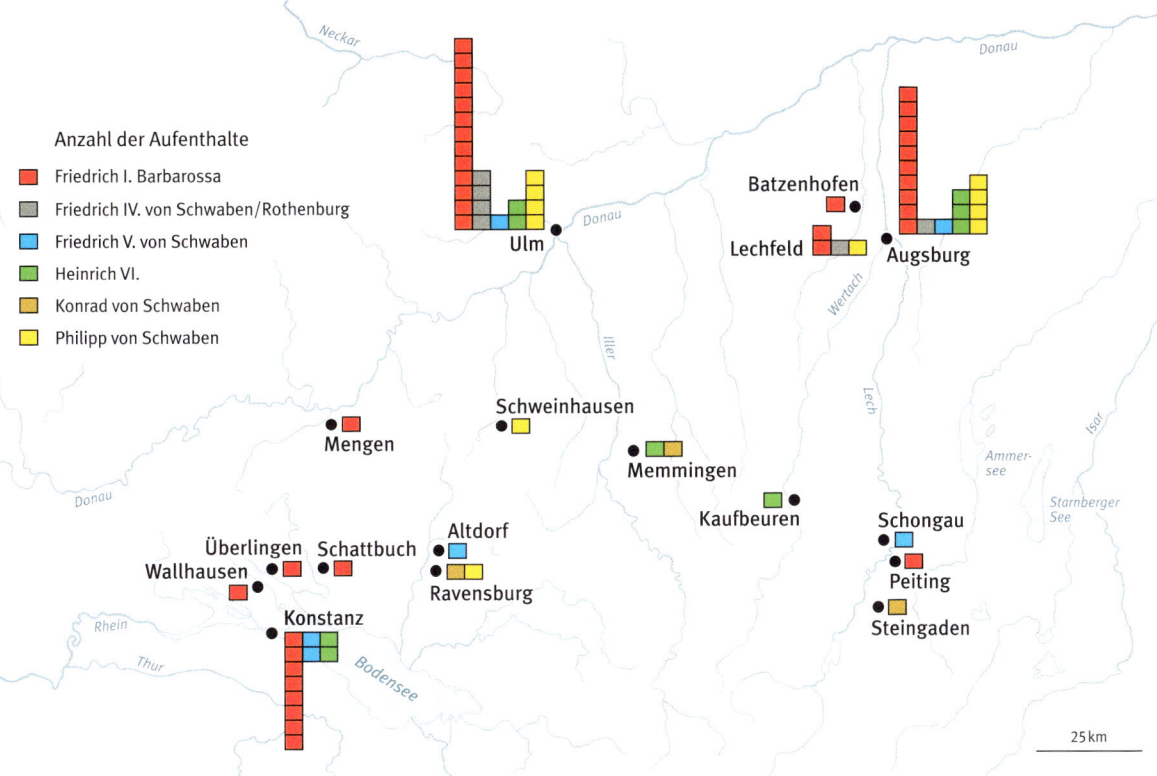

2  Aufenthaltsorte der Staufer von Friedrich Barbarossa bis Philipp in Oberschwaben
(Entwurf: Heinz Krieg, Kartografie: Axel Bengsch)

Schwaben titulierter Sohn lediglich an der Seite des Vaters beziehungsweise gewissermaßen in dessen Windschatten in Erscheinung trat.

Friedrich Barbarossa hielt sich als König und Kaiser durchaus häufiger in Oberschwaben und damit im räumlichen Umfeld des süddeutschen Welfenbesitzes auf (Abb. 2). Die von ihm am häufigsten aufgesuchten Orte, an denen seit Beginn seiner Königsherrschaft auch wiederholt Hoftage und zum Teil längere Aufenthalte im oberschwäbischen Raum zu verzeichnen sind, waren vor allem Konstanz, Augsburg und Ulm sowie außerdem das benachbarte Donauwörth.[30]

Konstanz spielte für Friedrich Barbarossa als Ort königlicher Regierungstätigkeit von Anfang an eine wichtige Rolle. So ist dort zwar in den 60er-Jahren eine Pause in Bezug auf Kaiseraufenthalte zu konstatieren, doch Ende der 70er- und in den 80er-Jahren häuften sich diese wieder. Der staufische Einfluss ging damals so weit, „daß der Konstanzer Bischof 1180 sogar nach dem Dukat Friedrichs, des Sohnes des Kaisers, datierte."[31] Bezeichnend ist in diesem Zusammenhang, dass Barbarossa 1181 nicht nur das Osterfest in Konstanz feierte, sondern dort „einen längeren Aufenthalt nahm, der wohl durch den [...] Übergang welfischer Besitzungen und Rechtstitel in staufische Hände bedingt war."[32]

---

unter staufische Herrschaft geraten und dort verbleiben. Das war dann auch das wahre Anliegen Friedrichs bei der Ausstellung des Diploms von 1181."
30  Siehe dazu OPLL, Itinerar (Anm. 23), S. 124f., 127, 136f., 152f.
31  OPLL, Itinerar (Anm. 23), S. 137.
32  OPLL, Itinerar (Anm. 23), S. 77. Siehe Reg. Imp. IV, 2, 4, Nr. 2587–2590, S. 5f. Vgl. dazu auch BÜTTNER, Staufer und Welfen (Anm. 9), S. 384.

Kurz zuvor fand wohl Ende März 1181 in Schattbuch ein allgemeiner Gerichtstag statt, an dem vor dem Kaiser, dem Konstanzer Bischof und vielen Fürsten die Rechtmäßigkeit einer Schenkung an das Kloster Salem bestätigt wurde.[33]

In Augsburg hatte Barbarossa nach dem Tod des Domvogts Adelgoz von Balzhausen-Schwabegg die Vogtei über das Bistum erlangt.[34] Die Verstärkung der kaiserlichen Position vor Ort zeigte sich nicht zuletzt darin, dass der Kaiser hier im Jahr 1172 Weihnachten feierte.[35] Von der ab 1179 intensivierten Zuwendung zum oberschwäbischen Raum zeugt im Übrigen ein feierlicher Hoftag, den Barbarossa im September 1179 in Augsburg abhielt.[36] In Ulm, wo Barbarossa am 29. Juli 1152 gleich zu Beginn seiner Regierung während seines Umritts den ersten Hoftag auf schwäbischem Boden abhielt,[37] sind seit dem Ende der 70er-Jahre noch insgesamt drei Aufenthalte bezeugt: zunächst ein Hoftag im Spätjahr 1178 nach seiner Rückkehr aus Italien,[38] dann feierte er bereits im folgenden Jahr 1179 das Weihnachtsfest in Ulm,[39] bevor sich im Jahr 1181 ein weiterer, bereits erwähnter Hoftag anschloss.[40]

Am 23. September 1187 urkundete Barbarossa in Überlingen und am gegenüberliegenden Seeufer in Wallhausen.[41] In Überlingen stellte er damals für das Kloster Weingarten eine Besitzbestätigung aus, in Wallhausen entschied er einen Streit zwischen dem Augsburger Bischof und den Kanonikern des Augsburger St. Moritzstifts, außerdem bestätigte er in Wallhausen auch dem Kloster Salem Güter, die dieses vom Reichenauer Abt Diethelm erhalten hatte beziehungsweise die diesem von Diethelms Nachfolgern noch übertragen würden. Dieser Aufenthalt darf wohl als Zeichen dafür angesehen werden, dass Barbarossa damals den Herrschaftsbereich Welfs VI., der Ende dieses Jahres letztmals als Zeuge am Kaiserhof genannt ist, „verstärkt in seine politischen Aktivitäten einbezog".[42] Demgegenüber trat Barbarossas Sohn Friedrich V. erst nach seiner auf dem Mainzer Hoftag am 21. Mai 1184 vollzogenen Schwertleite als Herzog von Schwaben wirklich selbstständig handelnd hervor.[43]

---

33 Reg. Imp. IV, 2, 4, Nr. 2586, S. 4f. (vor 2.4.1181, wohl Ende März).
34 BÜTTNER, Staufer und Welfen (Anm. 9), S. 374.
35 Reg. Imp. IV, 2, 3, Nr. 2004, S. 71. Vgl. OPLL, Itinerar (Anm. 23), S. 56, 124.
36 Reg. Imp. IV, 2, 3, Nrr. 2516f., S. 244 (15./16.9.1179).
37 Die Regesten des Kaiserreiches unter Friedrich I. 1152 (1122)–1190, 1. Lieferung 1152 (1122)–1158, hg. von Ferdinand OPLL unter Mitwirkung von Hubert MAYR (J. F. Böhmer, Reg. Imp. IV, 2, 1), Wien/Köln/Graz 1980, Nrr. 110–118, 124f., S. 28–30, 32; OPLL, Itinerar (Anm. 23), S. 152, vgl. ebd., S. 152f. auch zum Folgenden.
38 Reg. Imp. IV, 2, 3, Nr. 2463, S. 226f.
39 Reg. Imp. IV, 2, 4, Nr. 2525, S. 247.
40 Siehe Anm. 24 und Reg. Imp. IV, 2, 4, Nr. 2593–2595, S. 7f. Zum möglichen Aufenthalt Friedrich Barbarossas auf der Burg Pfullendorf am 11. Juli 1183 siehe Anm. 23.
41 Siehe auch zum Folgenden Reg. Imp. IV, 2, 4, Nrr. 3103–3105, S. 197–199.
42 Reg. Imp. IV, 2, 4, Nr. 3103, S. 198. In der wohl Anfang Dezember in Straßburg ausgestellten Schutzurkunde Kaiser Friedrichs für das Zisterzienserinnenkloster Königsbrück, in der Welf VI. letztmalig als Zeuge am Barbarossahof fungiert, erscheint letzterer gemeinsam mit Herzog Friedrich von Schwaben, wobei Friedrich direkt vor Welf die erste Position unter den weltlichen Zeugen einnimmt. Reg. Imp. IV, 2, 4, Nr. 3117, S. 203.
43 Vgl. auch SCHWARZMAIER, Art. Friedrich V. (Anm. 7), Sp. 960.

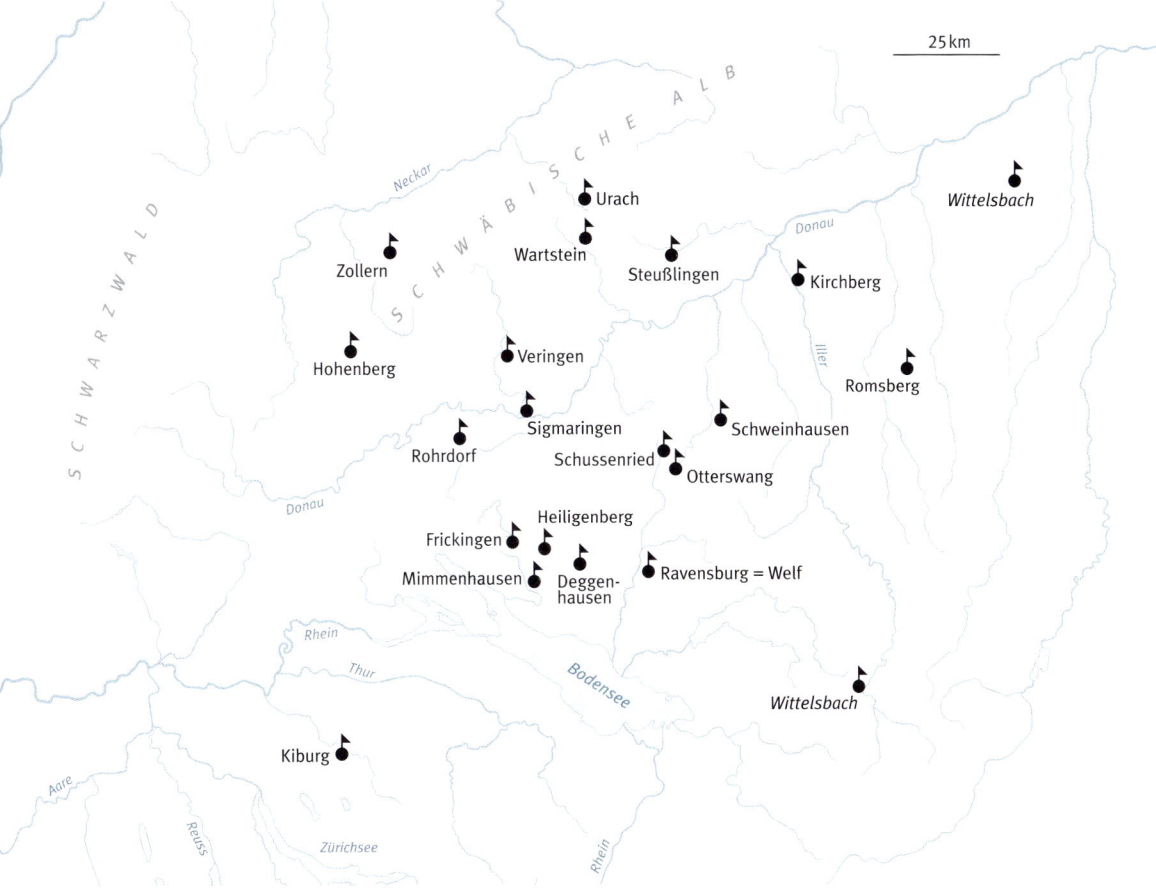

3 Die Teilnehmer des Herzogslandtags am Königsstuhl von 1185 (nach Helmut Maurer, Der Herzog von Schwaben, TA 15, S. 242, Kartografie: Axel Bengsch)

Ein besonders wichtiges Zeugnis für das eigenständige Handeln Friedrichs V. als Herzog von Schwaben bietet eine Gerichtsversammlung des Jahres 1185, die unter seinem Vorsitz abgehalten wurde (Abb. 3). Leider weiß man nicht, wo der eigentliche Veranstaltungsort zu lokalisieren ist, der in der Urkunde als Königsstuhl bezeichnet wird: *in publico placito loco qui dicitur Chunegestůl*.[44] Neben dem südlich von Ehingen an der Donau gelegenen Rottenacker wurden auch Ulm und Rottweil in Betracht gezogen,

---

44 Codex diplomaticus Salemitanus. Urkundenbuch der Cistercienserabtei Salem, Bd. 1, hg. von Friedrich von Weech, Karlsruhe 1883, S. 57f., Nr. 35, Zitat S. 57. Abbildung der Urkunde in Maurer, Herzog (Anm. 18), S. 319, Abb. 22.

wobei vieles für den letztgenannten Ort spricht,[45] auch wenn diese Frage nicht sicher zu klären ist. Bezeichnenderweise enthält die Urkunde auch in der Datierung einen Hinweis auf die Herzogsherrschaft Friedrichs V., indem dort unter anderen Datierungsbestandteilen auch ein Hinweis auf das „Jahr unseres Herzogtums" erscheint, wobei eine entsprechende Ordnungszahl hierzu aber fehlt.[46] Der Schwabenherzog sei damals nach Ausweis des Wortlauts der Urkunde „mit den gesamten Großen ganz Schwabens" zu Gericht gesessen – eine Versammlung, die Helmut Maurer zufolge als Herzogslandtag anzusprechen ist.[47] Die von Herzog Friedrich V. ausgestellte Urkunde dokumentiert zunächst das Urteil, das damals zugunsten des Abts von Salem gefällt wurde. Letzterer hatte gegen den Grafen Konrad von Heiligenberg Klage geführt, der ein dem Kloster übertragenes Gut an sich gerissen hatte, denn der Heiligenberger beanspruchte für sich ein Zustimmungsrecht für den Fall, dass Freie in seiner Grafschaft (*liberi in sua comicia*) einer Kirche Besitz übertragen wollten.[48] Die Gerichtsversammlung entschied dahingehend, dass Freie (*liberi homines*) ihre Besitzungen beliebigen Kirchen und, wem sie wollten, schenken könnten. Hierbei sorgte Herzog Friedrich nicht nur für den Schutz der Salemer Zisterzienser und ihres Besitzes, sondern er zeigte sich auch als Schutzherr der Freien im Einflussbereich seiner Herzogsherrschaft.[49]

Aufschlussreich ist die Liste der Anwesenden und Mitwirkenden: Auf den erstgenannten Herzog Welf VI. folgen 22 Grafen, zunächst die Grafen Otto, Hartmann und

---

45  Siehe dazu Maurer, Herzog (wie Anm. 18), S. 117–123, der für Rottweil argumentiert.
46  Codex diplomaticus Salemitanus (Anm. 44), S. 58, Nr. 35: *Imperante Friderico Romanorum imperatore augusto anno autem imperii eius XXX°I° anno uero ducatus nostri*. Siehe dazu auch die Abbildung der Urkunde (Anm. 44). Wenn man annehmen wollte, dass das *I°* bei der Angabe der Kaiserjahre Friedrich Barbarossas (*XXX°I°*) an dieser Stelle vielleicht irrig stünde und stattdessen zur nachfolgenden Angabe des Jahres der Herzogsherrschaft zu ziehen wäre, ergäbe sich das dreißigste Jahr der Kaiserherrschaft Barbarossas und das erste Jahr der Herzogsherrschaft Friedrichs V. von Schwaben. Die Angaben der Indiktion, der Epakte und der Kaiserjahre würden in jedem Fall passen: Je nachdem, ob die Urkunde vor oder ab dem 18. Juni (Kaiserkrönung) ausgestellt worden wäre, wäre das Inkarnationsjahr 1185 das 30. oder 31. Kaiserjahr. Die Angabe der Konkurrente ist im Übrigen so oder so unrichtig. Eine solche, zugegebenermaßen etwas gewagte „Korrektur" würde zwar gegebenfalls zum oben erwähnten Beginn des selbstständigen Handelns Friedrichs V. als Herzog von Schwaben nach der Schwertleite auf dem Mainzer Hoftag passen. Möglicherweise war jedoch dem Urkundenschreiber der genaue Beginn der Herzogsherrschaft Friedrichs V. einfach nicht präsent, was angesichts des zunächst nur unselbstständigen Auftretens des Schwabenherzogs nach dem markanten Auftakt von 1178 bzw. 1179 auch nicht sonderlich überraschen müsste. Die Datierung der Urkunde auf das erste Herzogsjahr Friedrichs V. findet sich im Übrigen auch schon bei Stälin, Wirtembergische Geschichte (Anm. 7), S. 114 Anm. 1, der die Datierung aber aus dem an dieser Stelle eindeutig fehlerhaften Druck von Marquard Herrgott, Genealogia diplomatica Augusta Gentis Habsburgicae, Wien 1737, Bd. 2, S. 197 übernahm. Letzterer „korrigierte" entgegen dem Originaltext: *anno autem Imperii ejus XXX. Anno vero ducatus nostri I.*
47  Ebd.: *nobis in publico placito loco qui dicitur Chunegestůl cum uniuersis principibus totius Sweuie consedentibus*. Siehe dazu Maurer, Herzog (Anm. 18), S. 236, 241f., 242 TA 15.
48  Ebenso zum Folgenden Codex diplomaticus Salemitanus (Anm. 44), S. 57, Nr. 35.
49  Siehe Maurer, Herzog (Anm. 18), S. 239. Vgl. auch Büttner, Staufer und Welfen (Anm. 9), S. 389f., der unter diesen *liberi homines* nicht nur freie Bauern verstehen möchte, sondern darauf hinweist, dass „gerade auch der kleine Ortsadel darin einbezogen" gewesen sei, „wie auch aus der Zeugenliste hervorzugehen scheint, wenn dort Bernger von Schussenried, [...] oder Gotfrid von Schweinhausen auftauchen."

Rudolf von Kirchberg und – als sozusagen räumlicher „Ausreißer" – Pfalzgraf Otto von Wittelsbach, dann die Grafen Ludwig von Sigmaringen, Heinrich von Ronsberg, der hier den Markgrafentitel trägt,⁵⁰ Heinrich von Wartstein, Manegold und Heinrich von Veringen sowie Graf Manegolds Söhne Eberhard und Wolfrad, außerdem Albert und Ulrich von Kiburg, Gottfried und sein Sohn Manegold von Rohrdorf, Burchard von Hohenberg und sein Bruder Friedrich, Bertold und Friedrich von Zollern, Egino von Urach, Bertold von Berg und schließlich Konrad von Heiligenberg. Darunter befanden sich mit den Grafen von Veringen und von Zollern auch diejenigen, die sich im sogenannten Schwäbischen Grafenkomplott um 1180 noch auf die Seite Heinrichs des Löwen gestellt und damals zunächst gegen die Ausweitung des staufischen Herrschaftsanspruchs in Schwaben opponiert hatten.⁵¹ Um 1185 scheint die Position des schwäbischen Herzogs aber bereits so gefestigt gewesen zu sein, dass sich seither neben Welf VI. die einst dem welfischen Umfeld zugehörigen schwäbischen Grafen „– einschließlich der mit Heinrich dem Löwen konspirierenden – […] immer wieder in der Umgebung des staufischen Herzogs von Schwaben" einfanden.⁵²

Abgesehen von den gräflichen Adeligen werden unter den Mitwirkenden der Gerichtsversammlung des Jahres 1185 noch weitere neun nichtgräfliche Adlige genannt, und zwar Ernst von Steußlingen, Manegold von Otterswang, Beringer von Schussenried, Gottfried von Schweinhausen, Konrad von Deggenhausen, Burchard und sein Bruder Albert von Frickingen, Hartmann und Konrad von Mimmenhausen. Damit aber fassen wir zum einen gerade jene *liberi homines*, denen der Schwabenherzog bestätigte, dass sie ihren Besitz frei veräußern konnten. Zum anderen bezeugen namentlich diese Freien eine gewisse Konzentration der Teilnehmer im oberschwäbischen Raum, die noch deutlicher sichtbar wird, wenn man den hier belegten Landtagteilnehmern diejenigen gegenüberstellt, die sich am selben Ort etwa 45 Jahre früher bei einem anderen schwäbischen Herzogslandtag versammelt hatten (Abb. 4).⁵³

Im selben Jahr wie der leider nicht sicher zu lokalisierende Herzogslandtag am Königsstuhl ist am 27. Dezember 1185 außerdem ein Aufenthalt Herzog Friedrichs in Schongau bezeugt. Dass der Schwabenherzog damals an einem welfischen Herrschaftsschwerpunkt urkundete, bezeugt einmal mehr, wie das staufische Herzogtum zunehmend welfische Positionen übernommen hat. In Schongau genehmigte der Herzog alle Schenkungen an das Kloster Rot, die von seinen und seines Oheims Welf VI. Dienstleuten sowie von anderen Angehörigen seiner *familia* schon vorgenommen wurden oder noch vorgenommen werden sollten.⁵⁴ Im folgenden Jahr 1186 bestätigte Herzog Friedrich dann an unbekanntem Ort dem Kloster Weißenau alle Schenkungen und Zuwendungen

---

50 Siehe Maurer, Herzog (Anm. 18), S. 251; Schwarzmaier, Königtum (Anm. 21), S. 112–115.
51 Maurer, Herzog (Anm. 18), S. 251. Siehe dazu Anm. 18.
52 Maurer, Herzog (Anm. 18), S. 251f.
53 Codex diplomaticus Salemitanus (Anm. 44), S. 2, Nr. 1. Vgl. Maurer, Herzog (Anm. 18), S. 117f., 239–243, S. 241 TA 14.
54 WUB, Bd. 2, Nr. 148, S. 242 und jetzt WUB Online, Bd. 2, Nr. 148; Stand: 14.6.2018, http://www.wub-online.de/?wub=673 (aufgerufen am 4.3.2019): *Hiis testibus: marchione H. de Romesberc, comitibus de Chircberc O., H. et R., comitibus de Berga B. et Vvlrico, Bertoldo de Vvizenhorn, Alberto de Rotenberc et H. fratre eius, Svichero de Aichain et Henrico de Bözmaneshusen, Dietone de Rauenesburch, Bertoldo de*

4 Die Teilnehmer des Herzogslandtags am Königsstuhl von ca. 1140 (nach Helmut Maurer, Der Herzog von Schwaben, TA 14, S. 241, Kartografie: Axel Bengsch)

Heinrichs des Löwen und Welfs VI. und fügte diesen noch zahlreiche neue hinzu: Der hier wieder als Nachfolger der Welfen auftretende Schwabenherzog beanspruchte dabei aufgrund der dem Kloster zustehenden Freiheit von weltlicher Herrschaft, dass dieses allein seinem Schutz unterstehe. Aus seiner Schutzfunktion leitete Herzog Friedrich V. somit auch ein Herrschaftsrecht ab, aus dem *pro iusticia adesse* wurde demgemäß auch ein *preesse* abgeleitet.[55]

*Tanna, Hermanno de Mazensez et H. et C. fratribus eius et Friderico de Mindelburch, Vvernero de Forda, Marcuardo pincerna, Henrico de Bomgard et Manegoldo de Svvenhaich et H. fratre eius.*
55 WUB, Bd. 2, Nr. 448, S. 248 und jetzt WUB Online, Bd. 2, Nr. 448; Stand: 14. 6. 2018, http://www.wub-online.de/?wub=675 (aufgerufen am 4. 3. 2019): *Hoc quoque universitatem fidelium latere nolumus, pre-*

Im Übrigen sind von Herzog Friedrich noch zwei weitere, nicht genauer datierbare Urkunden überliefert. So gab Friedrich V. etwa seine Zustimmung, als die herzoglichen Ministerialen Burchard, Heinrich und Konrad von Hohenberg 1185 oder 1187 unter Mitwirkung des Grafen Hartmann von Kirchberg dem Kloster St. Ulrich und Afra in Augsburg Güter verkauften.[56] Außerdem bestätigte der Schwabenherzog irgendwann zwischen 1183 und 1189 die Schenkungen Herzog Welfs VI. an dessen Klostergründung Steingaden.[57] Auch diese Zeugnisse unterstreichen erneut die Einflussnahme des Herzogs auf den oberschwäbischen Raum in den achtziger Jahren des 12. Jahrhunderts, wobei ursprünglich welfische Ministerialen mittlerweile eindeutig dem staufischen Schwabenherzog zugeordnet erscheinen. Ein letzter Aufenthalt Friedrichs V. im räumlichen Umfeld Oberschwabens ist schließlich in Donauwörth am 29. April 1189 fassbar. Dort bezeugt er noch einmal eine Urkunde Friedrich Barbarossas, die eine Schenkung an den Bischof von Brixen dokumentiert, und zwar bereits im unmittelbaren Vorfeld des Kreuzzuges, auf dem Vater und Sohn den Tod finden sollten.[58] Indem Barbarossa in Donauwörth Anfang Mai noch die dem Kloster Isny gehörende Kirche von Rohrdorf in seinen Schutz nimmt, in welche die bisher im Kloster Isny wohnenden Nonnen übersiedeln

---

*dictum claustrum libertate privilegiatum sicut et alia claustra sancte Romane et apostolice sedi pertinentia, nec nos, nec quempiam alium quidquam iuris aut potestatis in eo habere, preterquam quod nos illud intuitu dei in tuitionem nostram suscepimus et ei pro iusticia adesse et preesse volumus.* Büttner erklärt dazu: „Mit einer fast aufregenden Selbstverständlichkeit wurde aus der Hilfe für Weißenau zugleich auch eine Vorsteherschaft, eine Herrschaft." BÜTTNER, Staufer und Welfen (Anm. 9), S. 390. Dieser Vorgang war dabei keineswegs so erstaunlich, wie es Büttner erschien, weil die Herzöge von Schwaben anstelle des Königs schon früher eine auf den Kirchenschutz begründete Herrschaft im schwäbischen Herzogtum übernommen hatten. Siehe dazu MAURER, Herzog (Anm. 18), S. 254–258.

56  Franz Ludwig BAUMANN, Forschungen zur schwäbischen Geschichte, Kempten 1898, S. 205f. (1187); STÄLIN, Wirtembergische Geschichte (Anm. 7), S. 122 (1187); Monumenta Boica, Bd. 23, München 1815, S. 3–5 (ca. 1185). Siehe dazu HRUZA, Herren (Anm. 21), S. 87; Günther BRADLER, Studien zur Geschichte der Ministerialität im Allgäu und in Oberschwaben (Göppinger Akademische Beiträge 50), Göppingen 1973, S. 227f. Anm. 13; Karin FELDMANN, Welf VI. und sein Sohn. Das Ende des süddeutschen Welfenhauses (mit Regesten), phil. Diss. Tübingen 1971, Reg. Nr. 181. Welf VI. führte dabei die Zeugenliste an, in der unter anderem Markgraf Heinrich von Ronsberg, *puer* Hartmann – Sohn des in das Kaufgeschäft involvierten gleichnamigen Grafen von Kirchberg – und auch die Ministerialen Bertold von Waldsee, die Brüder Burchard, Heinrich und Konrad von Hohenburg, Eberhard von Tanne sowie dessen Brudersohn Eberhard in Erscheinung treten. Die genannten Ministerialen sind hier HRUZA, Herren (Anm. 21), S. 87 zufolge allesamt bereits als Ministerialen des staufischen Schwabenherzogs anzusprechen.

57  STÄLIN, Wirtembergische Geschichte (Anm. 7), S. 115, 123 (2. April 1188, Hausen am Rhein); Monumenta Boica, Bd. 6, München 1766, S. 498f. Der Urkundentext enthält nur das Monats-, aber kein Jahresdatum. Nach FELDMANN, Welf VI. (Anm. 56), Reg. Nr. 172 ist die Urkunde zwischen 1183 und 1189 zu datieren. Auch hier steht Welf VI. an der Spitze der Zeugen, wobei auf ihn zunächst Markgraf Heinrich von Ronsberg folgt. Unter den den Grafen sind wieder Hartmann von Kirchberg und dessen gleichnamiger Sohn vertreten und als herzogliche Ministerialen (*ministeriales ducis*) erscheinen hier Dieto von Ravensburg, Heinrich Tumb, Hermann von Mazzensiez (Mattsies), Ortolf und sein Bruder Heinrich von Schmalegg, Heinrich von *Tonengowe*, Albert von Summerau und schließlich auch wieder Eberhard von Tanne. Vgl. zu diesen Minsterialen auch BRADLER, Studien (Anm. 56), S. 404, 407–411.

58  MGH DD F. I 997, S. 287; Reg. Imp. IV, 2, 4, Nr. 3252, S. 254. Siehe dazu und zum nachfolgenden Beleg zum 3. Mai 1189 Thomas M. KRÜGER, Donauwörth, in: Die deutschen Königspfalzen, Bd. 5, 3: Bayerisch-Schwaben, hg. von Caspar EHLERS/Helmut FLACHENECKER/Bernd PÄFFGEN/Rudolf SCHIEFFER, Göttingen 2016, S. 165–193, hier Reg. 6, S. 176.

sollten, wird noch einmal die direkte Zuwendung des Kaisers zum oberschwäbischen Raum deutlich.⁵⁹ Einen letzten Kontakt zwischen dem Kaiser und dem welfischen Herrschaftszentrum vor dem Aufbruch zum Kreuzzug belegt schließlich eine auf Bitten Welfs VI. und des Propstes von Steingaden ausgestellte Besitzbestätigung für das Steingadener Prämonstratenserstift.⁶⁰

Zum Abschluss sind noch wenige Schlaglichter auf die nachfolgende Zeit unter Kaiser Heinrich VI. und Philipp von Schwaben zu werfen. Der Steingadener Fortsetzung der Historia Welforum zufolge traf Kaiser Heinrich VI. auf dem Rückweg von Italien in Kaufbeuren auf den Leichenzug Herzog Welfs VI., der am 15. Dezember 1191 in Memmingen verstorben war und von dort nach Steingaden überführt wurde.⁶¹ Offenbar begleitete Heinrich VI. den Leichenzug mindestens ein Stück weit, ehrte dadurch den Verstorbenen und markierte aber auf diese Weise gleichzeitig auch sein Interesse am Erbe Welfs. Eine wohl noch Anfang des 13. Jahrhunderts (1198 bis 1208) im Kloster Weingarten entstandene Fortsetzung der Chronik Hugos von St. Viktor berichtet, dass Kaiser Heinrich, nachdem er am Leichenbegängnis Welfs VI. teilgenommen hatte, das Herzogtum Schwaben und das gesamte *patrimonium Altdorfensium* zunächst eine Zeitlang von seinen Leuten verwalten ließ (*per suos ad tempus disponens*), bevor er schließlich seinem Bruder Konrad das Herzogtum zusammen mit dem Welfenerbe (*patrimonium*) übertragen habe.⁶²

Bemerkenswerterweise erklärt eine auf das Jahr 1192 datierte Urkunde Kaiser Heinrichs VI. mit dem Ausstellungsort Ulm, dass Heinrich VI. während eines Aufenthalts in Memmingen die Vogtei des St. Ulrichstifts in Kreuzlingen übernommen habe, die vorher Welf VI. und sein auf dem Kreuzzug verstorbener Bruder Herzog Friedrich von Schwaben innehatten. Außerdem gestattet der Kaiser darin allen seinen Ministerialen, sich und ihre Besitzungen dem Stift zu übergeben.⁶³ Problematisch ist dabei nur leider, dass diese Urkunde anscheinend unausgefertigt blieb. Heinrichs VI. Bruder Konrad, der zuvor als Herzog von Rothenburg firmierte,⁶⁴ trat dann offenbar bald, möglicherweise sogar schon am 22. Februar 1192 als Herzog von Schwaben auf. Dafür spräche jedenfalls eine in Memmingen ausgestellte Urkunde, derzufolge Konrad damals als Herzog von Schwaben dem Kloster Rot jene Rechte bestätigte, die schon sein Vorgänger Herzog Friedrich V. im

---

59  MGH DD F. I 999, S. 290; Reg. Imp. IV, 2, 4, Nr. 3254, S. 255 (3. 5. 1189, Donauwörth). Siehe dazu auch BÜTTNER, Staufer und Welfen (Anm. 9), S. 390.
60  MGH DD F. I 1000, S. 290f.; Reg. Imp. IV, 2, 4, Nr. 3255, S. 255 (etwa Ende April – Anfang Mai). Dabei handelt es sich um ein außerhalb der herrscherlichen Kanzlei verfasstes und geschriebenes Stück.
61  Historia Welforum cum continuatione Steingademensi, in: Quellen zur Geschichte der Welfen und die Chronik Burchards von Ursberg, hg. von Matthias BECHER/Florian HARTMANN/Alheydis PLASSMANN (FSGA 18b), Darmstadt 2007, S. 34–91, hier S. 91.
62  E continuatione Chronici Hugonis a sancto Victore, continuatio codicis 2, hg. von Ludwig WEILAND, in: MGH Scriptores 21, Hannover 1869, S. 478.
63  Die Regesten des Kaiserreiches unter Heinrich VI. 1165 (1190)–1197, hg. von Gerhard BAAKEN (J. F. Böhmer, Reg. Imp. IV, 3), Köln/Wien 1972, Nr. 200, S. 82; WUB, Bd. 2, Nr. 469, S. 274f. und jetzt WUB Online, Bd. 2, Nr. 469; Stand: 14. 6. 2018, http://www.wubonline.de/?wub=717 (aufgerufen am 5. 3. 2019).
64  Vgl. STÄLIN, Wirtembergische Geschichte (Anm. 7), S. 130f.

Jahr 1185 in Schongau beurkundet hatte.⁶⁵ Danach bezeugt Herzog Konrad am 30. Mai 1192 eine Urkunde seines kaiserlichen Bruders erneut als *dux Suevie*,⁶⁶ nachdem er zuvor am 24. Mai auf dem Wormser Pfingsthoftag die Schwertleite empfangen hatte.⁶⁷

Das Kloster Weißenau ging damals offensichtlich sozusagen auf Nummer sicher: Denn Weißenau ließ sich 1192 sowohl von Kaiser Heinrich VI.⁶⁸ als auch von dessen Bruder Herzog Konrad⁶⁹ alle Begünstigungen bestätigen, die es bis dahin von deren Vater Kaiser Friedrich I., von Herzog Friedrich V. von Schwaben, von Welf VI. und von Heinrich dem Löwen erhalten hatte.

Zusammen treten der Kaiser und sein herzoglicher Bruder in einem am 7. Juni 1192 in Würzburg ausgestellten Schutzprivileg Heinrichs VI. in Erscheinung, wenn auch in durchaus unterschiedlichen Rollen. Denn Kaiser Heinrich nahm das Kloster Salem in seinen unmittelbaren und ausschließlichen Schutz, wobei sein Bruder Herzog Konrad lediglich als Zeuge mitwirkte.⁷⁰ In den Jahren 1194 und 1195 sind schließlich zwei Aufenthalte Herzog Konrads in Oberschwaben bezeugt, die wiederum die Bedeutung des welfischen Erbes aufscheinen lassen: Denn Herzog Konrad urkundete zum einen in Steingaden für das dortige Kloster,⁷¹ zum anderen aber kam er auch nach Ravensburg, wo er dem Kloster Salem Besitz übertrug.⁷²

---

65 WUB, Bd. 2, Nr. 470, S. 276 und jetzt WUB Online, Bd. 2, Nr. 470; Stand: 14.6.2018, http://www.wub-online.de/?wub=718 (aufgerufen am 5.3.2019). Obwohl die Urkunde auf 1191 datiert, dürfte sie doch ins Jahr 1192 zu setzen sein, obgleich Herzog Konrad am 5. März 1192 noch einmal als Herzog von Rothenburg eine Urkunde bezeugt. Die Zeugenliste der Urkunde vom 22. Februar führt der Markgraf von Ronsberg an, worauf dann unter anderem die Grafen von Kirchberg, von Dillingen und von Weißenhorn folgen, danach schließlich auch Bertold von Tanne, Swigger von Eichen (Illereichen), Hermann von Mazzensiez, Heinrich von Baumgarten, Friedrich und H(einrich) von Waldburg, Bertold von Fronhofen, Marquard von Erolzheim, Werner von Nordholz, Heinrich von Schwarzach (wohl Unterschwarzach). Vgl. zu den letztgenannten BRADLER, Studien (Anm. 56), S. 357, 443, 448f., 479f., 492.
66 Reg. Imp. IV, 3, Nr. 220, S. 91.
67 Reg. Imp. IV, 3, Nr. 218a, S. 90.
68 Reg. Imp. IV, 3, Nr. 213, S. 88; WUB, Bd. 2, Nr. 471, S. 277f. und jetzt WUB Online, Bd. 2, Nr. 471; Stand: 14.6.2018, http://www.wubonline.de/?wub=719 (aufgerufen am 5.3.2019), (24.3.1192, Weißenburg). Zur aus der Schutzfunktion abgeleiteten Herrschaft über das Kloster siehe oben Anm. 55
69 WUB, Bd. 2, Nr. 472, S. 278f. und jetzt WUB Online, Bd. 2, Nr. 472; Stand: 14.6.2018, http://www.wub-online.de/?wub=716 (aufgerufen am 5.3.2019), (1192). An der Urkunde hängt an grüner Seidenschnur das herzogliche Reitersiegel mit der Umschrift: + CVNRADVS DEI GRACIA SWEVORVM DVX. Die Urkunde stimmt weitestgehend im Wortlaut mit der vorgenannten Urkunde überein.
70 Reg. Imp. IV, 3, Nr. 224, S. 92f.; WUB, Bd. 2, Nr. 479, S. 291–293 und jetzt WUB Online, Bd. 2, Nr. 479; Stand: 14.6.2018, http://www.wubonline.de/?wub=726 (aufgerufen am 6.3.2019). Unter den Zeugen finden sich unter anderen auch die Grafen Friedrich von Zollern und Burchard von Hohenberg sowie ein nach einer Wüstung auf der Gemarkung Dächingen zubenannte Rupert von Dürrheim.
71 STÄLIN, Wirtembergische Geschichte (Anm. 7), S. 132; Monumenta Boica, Bd. 6, München 1766, S. 502 (28.8.1194, Steingaden). Unter den Zeugen befinden sich hierbei auch Heinrich und Friedrich von Waldburg, H(ermann) und C. von Mazzensiez sowie Albert und H. von Summerau.
72 WUB, Bd. 2, Nr. 492, S. 310f. und jetzt WUB Online, Bd. 2, Nr. 492; Stand: 14.6.2018, http://www.wub-online.de/?wub=745 (aufgerufen am 6.3.2019), (11.4.1195, Ravensburg). Bezeugt wurde die Urkunde unter anderem von den Grafen Bertold von Berg und Friedrich von Hohenberg sowie von einem Herrn Landold von Winzeln (Wüstung bei Hausen am Tann).

Abschließend sei noch ein kurzer Blick auf die Zeit Philipps von Schwaben (* 1177, August, † 21. Juni 1208)[73] geworfen, der nach dem unrühmlichen Tod Herzog Konrads schnell die schwäbische Herzogswürde erhielt.[74] Philipp feierte als Herzog von Schwaben seine Hochzeit mit Irene von Byzanz an Pfingsten 1197 (25. Mai) auf dem Gunzenlee bei Augsburg – also ebendort, wo 1127 schon die Hochzeit des Welfen Heinrichs des Stolzen mit der Kaisertochter Gertrud stattgefunden und wo auch etwa Welf VI. die Großen Bayern und Schwabens zusammengerufen hatte.[75]

Seiner Gemahlin Irene wies Philipp die Burg Schweinhausen (bei Hochdorf, südlich von Biberach) als Wohnsitz zu.[76] Und offensichtlich weilte er mit ihr zusammen im Sommer 1197 auch einige Zeit dort. Denn auf der Burg Schweinhausen urkundete er im Juli 1197 für die Klöster Salem[77] und Weißenau.[78] Auch in seiner Königszeit lässt sich eine besondere

---

73  Peter THORAU, Art. Philipp von Schwaben, in: Lexikon des Mittelalters, Bd. 6, München/Zürich 1993, Sp. 2056f.

74  Philipp bezeugt eine Urkunde seines Bruders Heinrichs VI. vom 23. August 1196 erstmals als *dux Suevie*. Reg. Imp. IV, 3, Nr. 542, S. 220 (23. 8. 1196, Pavia). Siehe dazu auch Die Regesten des Kaiserreichs unter Philipp, Otto IV, Friedrich II, Heinrich (VII), Conrad IV, Heinrich Raspe, Wilhelm und Richard 1198–1272, hg. von Julius FICKER (J. F. Böhmer, Reg. Imp. V, 1), Innsbruck 1881–1882, Nr. 10 b/c, S. 4f.; Peter CSENDES, Philipp von Schwaben. Ein Staufer im Kampf um die Macht (Gestalten des Mittelalters und der Renaissance), Darmstadt 2003, S. 34f.

75  Burchard von Ursberg, Chronicon, hg. von Oswald HOLDER-EGGER/Bernhard von SIMSON/Harry BRESSLAU, in: MGH SS rer. Germ. 16, Hannover/Leipzig ²1916, S. 74f.; Otto von St. Blasien, Chronica (Anm. 23), S. 70; Reg. Imp. V, 1, Nr. 10 d, S. 5. Siehe dazu CSENDES, Philipp (Anm. 74), S. 36f.; STÄLIN, Wirtembergische Geschichte (Anm. 7), S. 134. MAURER, Herzog (Anm. 18), S. 244 verweist auf die besondere Bedeutung dieses Ereignisses als Landtag und die Funktion des Gunzenlees als Landtagsort: „Jetzt bediente sich der Herzog jedoch nicht mehr der vertrauten, auf altem Königsgut ruhenden Landtagsorte. Nun, da das Herzogtum Schwaben im wesentlichen Umfange das ‚Fürstentum' Welfs VI. fortsetzte, wählte er bemerkenswerterweise jene Örtlichkeit als Stätte seines Landtags aus, die den Welfen immer wieder als Stätte ihrer eigenen Fürstentage gedient hatte: den Gunzenlee im Lechfeld." Vgl. zu der von Welf VI. ebenfalls an Pfingsten einberufenen Versammlung auf dem Gunzenlee Historia Welforum cum continuatione Steingademensi (wie Anm. 61), S. 86–89.

76  Burchard von Ursberg, Chronicon (Anm. 75), S. 74. Siehe dazu CSENDES, Philipp (Anm. 74), S. 35; MAURER, Herzog (Anm. 18), S. 289.

77  Die Urkunden Philipps von Schwaben, hg. von Andrea RZIHACEK/Renate SPREITZER/Brigitte MERTA/Christine OTTNER-DIESENBERGER (MGH DD 12), Wiesbaden 2014, Nr. 12, S. 23–25 (15. 7. 1197, Schweinhausen). In dieser ersten von Philipp als Herzog von Schwaben ausgestellten Urkunde gewährt er seinen Ministerialen und den seiner Vogtei unterstehenden Kirchen das Recht, mit den Salemer Mönchen Tauschgeschäfte durchzuführen und Besitzübertragungen an das Kloster Salem vorzunehmen. Vgl. zur Bedeutung von Schweinhausen auch CSENDES, Philipp (Anm. 74), S. 35, 37, 61, 109 Anm. 29; MAURER, Herzog (Anm. 18), S. 289.

78  DPh 13, S. 25–28 (30. 7. 1197, Schweinhausen). Zusammen mit seiner Gemahlin schenkte Herzog Philipp von Schwaben dem Kloster Weißenau die Kapelle St. Christina bei Ravensburg und bestätigte alle Schenkungen seines Vaters, seiner Brüder, Kaiser Heinrichs VI. sowie der Herzöge Friedrichs V. und Konrads sowie Welfs VI. und Heinrichs des Löwen. Als Zeugen fungieren hierbei Graf Gottfried von Vaihingen, Marschall Ulrich von Rechberg und sein Sohn Hildebrand, Truchsess Heinrich von Waldburg, Schenk Eberhard von Tanne, Heinrich von Schmalegg, Werner von Zange, Heinrich von Berg, der Kapellan des Herzogs, sowie ein Bertold und ein Hatto und weitere nicht namentlich Genannte.

Verbindung zu Oberschwaben erkennen, denn Philipp hielt nicht nur Hoftage in Ulm[79] und Augsburg[80] ab, sondern – nach dem Zeugnis der St. Galler Überlieferung – einmal auch in Ravensburg (1203),[81] womit dieses traditionsreiche Zentrum welfischer Herrschaft in Oberschwaben zum ersten Mal als königlicher Hoftagsort hervortritt.

Als neue Herren Oberschwabens unterschieden sich die Staufer von den Welfen zumindest in einem Punkt ganz wesentlich, der auch im berühmten Thronbild klar zum Ausdruck gebracht wird: Anders als ihre welfischen Vorgänger stellten die Staufer, wie man in Anlehnung an Otto von Freising formulieren könnte, nicht nur große und fast königsgleiche Herzöge, sondern sie hatten neben der schwäbischen Herzogswürde vor allem auch die Königs- und Kaiserwürde inne. Eben diese drei Rangebenen führt auch das Thronbild des Weingartener Codex eindrücklich vor Augen. Die Abbildung Barbarossas zusammen mit seinen beiden Söhnen als neuen Herren des Klosters Weingarten ordnet somit nicht nur die Staufer in die Tradition ihrer welfischen Vorgänger ein. Vielmehr zeigt sie zugleich und betontermaßen einen neuen, die Möglichkeiten der süddeutschen Welfen übertreffenden, nämlich nunmehr bis zum König- und zum Kaisertum hin ausgeweiteten, privilegierten Kommunikationsraum und damit veränderte Handlungsspielräume. Diese eröffneten sich durch die Anbindung an die Staufer nicht nur für das Kloster Weingarten, sondern ebenso für den oberschwäbischen Raum insge-

---

79 Siehe MGH DD Ph. 49, S. 116–119 (28.11.1200, Ulm); Reg. Imp. V, 1, Nr. 53, S. 19; MGH DD Ph. 109f., S. 244–249 (25.7.1205/29. Juli 1205, Ulm); Ursula SCHMITT, Villa Regalis Ulm und Kloster Reichenau. Untersuchungen zur Pfalzfunktion des Reichsklostergutes in Alemannien (9.–12. Jahrhundert) (Veröffentlichungen des Max-Planck-Instituts für Geschichte 42), Göttingen 1974, Reg. 45–48, S. 109–111. Vgl. dazu CSENDES, Philipp (Anm. 74), S. 109, 130; MAURER, Herzog (Anm. 18), S. 100f.; STÄLIN, Wirtembergische Geschichte (Anm. 7), S. 151. Ebd. ist der Ulmer Hoftag, der nach dem 8. November und vor dem 3. Dezember 1202 stattfand, irrig auf den 25. Juli datiert. Einen offenbar mehrtägigen Aufenthalt in Ulm bezeugen zwei Urkunden vom 25. und 29. Juli 1205. MGH DD Ph. 109f., S. 244–249. Auf eine weitere Anwesenheit in Ulm verweist MGH DD Ph. 137, S. 310–312 (29. März [wohl 1207], Ulm), das wohl auf 1207, vielleicht aber auch schon auf 1200 zu datieren sein könnte. Ebd., S. 311. In der Urkunde, die Irene von Byzanz nach dem Tod ihres Gemahls Philipp auf dem Hohenstaufen ausstellte, erscheint ein Notar Ulrich aus Ulm (*Vlricus notarius de Ulma*) – ein weiterer Hinweis auf die Bedeutung Ulms für die Staufer in dieser Zeit. MGH DD I/M. 1, S. 445. Künftig zu Ulm als Hoftagsort Helmut MAURER, Ulm, in: Die deutschen Königspfalzen, Bd. 3, 2: Baden-Württemberg, hg. von Caspar EHLERS/Thomas ZOTZ.
80 Christof PAULUS, Augsburg, in: Die deutschen Königspfalzen (Anm. 58), Reg. 64, S. 1–164, hier S. 90f. (30.11.–6./10.12.1207); MGH DD Ph. 159–162, S. 363–370 (6.12.1207/10.12.1207, Augsburg). Vgl. auch MGH DD Ph. 111, S. 250–252 (30.7.1205, Augsburg), wonach sich damals in Augsburg auch wieder zahlreiche oberschwäbische Ministeriale um den König versammelt hatten. Siehe PAULUS, Augsburg (wie oben), Reg. 62, S. 88f. Vgl. ebd., Reg. 63, S. 89f. zu einem weiteren Augsburger Aufenthalt Philipps am 8. September 1206, den die Magdeburger Schöppenchronik im Übrigen als *hof to Augustborch* bezeichnet, den Philipp dort *hadde*. Außerdem ist Philipp auch nach seiner Rückkehr aus Italien im Spätherbst 1197 in Augsburg bezeugt. Reg. Imp. V, 1 Nr. 14* b.
Unter Konradin sollte Augsburg dann zum Mittelpunkt der staufischen Herrschaft im Herzogtum Schwaben werden, wobei das „zu einem Territorium des Reiches umgeformte Herzogtum Schwaben die Grundlage seiner Herrschaft bildete". So MAURER, Herzog (Anm. 18), S. 292.
81 Reg. Imp. V, 1, Nr. 80* a, S. 26; Casuum S. Galli Continuatio II, hg. von Ildephons von ARX, in: MGH SS 2, Hannover 1829, S. 148–163, hier. S. 162 Z. 45f.: Nach dieser den Zeitraum von 972 bis 1203 umfassenden Darstellung sei der Abt von St. Gallen *ad curiam Ravinsburc* gerufen worden und habe dort eine Heerfahrt gegen den Landgrafen von Thüringen gelobt.

samt, und zwar insbesondere für die hier angesiedelten ministerialischen und adligen Herrschaftsträger. Die unmittelbaren Beziehungen zur Reichsspitze, die sich im Zuge des Übergangs des süddeutschen Welfenerbes an die Staufer ergaben, haben die weitere Entwicklung des oberschwäbischen Raums und seiner Bewohner in jedem Fall maßgeblich beeinflusst und gefördert. Oberschwaben wurde mit dem Übergang des welfischen *patrimonium* und insbesondere der diesem verbundenen Adligen und Ministerialen an die Staufer nicht nur zum Kerngebiet des staufischen Herzogtums Schwaben, sondern zugleich auch zu einem räumlichen und personellen Schwerpunkt für die Herrschaft über das römisch-deutsche Reich.

# Kaiser Friedrich II. und Oberschwaben

WOLFGANG STÜRNER

Von Friedrich II., dem letzten Stauferkaiser, und seinem Verhältnis zu Oberschwaben soll im Folgenden die Rede sein. Freilich muss man eigentlich vom König Friedrich sprechen. Friedrich, der früh zum Vollwaisen gewordene Sohn Kaiser Heinrichs VI. und Konstanzes von Sizilien, war ja, als er zum ersten Mal deutschen und oberschwäbischen Boden betrat, als Erbe seiner Mutter Herr des Königreiches Sizilien. Kurz nach seiner Ankunft in Deutschland fiel ihm im Dezember 1212 überdies die deutsche Königswürde zu. Zum Kaiser aber krönte ihn der Papst erst im November 1220, als er seinen ersten, wichtigsten Aufenthalt in Deutschland eben beendet hatte.

## Friedrichs Reich und Oberschwaben

Ein Herrscher, dessen Reich wie dasjenige Friedrichs ganz Mitteleuropa von Holstein im Norden bis Sizilien, von Holland oder der Provence bis Böhmen und Mähren umfasste, der zudem noch König von Jerusalem wurde, konnte zu jener Zeit schon wegen der schwierigen Verkehrsverhältnisse und der sehr begrenzten Möglichkeiten der Nachrichtenübermittlung unmöglich in allen Teilen seines Reiches gleicherweise präsent sein. Friedrich besuchte denn auch das zum Imperium gehörende, durchaus wichtige Königreich Burgund überhaupt nicht und Deutschland nach 1220 nur noch einmal von 1235 bis 1237. Man darf sich also mit Recht fragen, welche Rolle für ihn unter diesen Umständen Oberschwaben spielte.[1]

Unter Oberschwaben haben wir dabei den damaligen Gegebenheiten entsprechend ein wesentlich größeres Gebiet als heute zu verstehen, denn auch das heutige bayerische Schwaben gehörte dazu. Oberschwaben wurde also, einem Dreieck gleichend, von Lech, Donau und Bodensee mit den Städten Augsburg, Ulm und Konstanz begrenzt. Formell bildete es einen Teil des Herzogtums Schwaben. Tatsächlich aber lagen Land und Herrschaft bis zum letzten Viertel des 12. Jahrhunderts ganz überwiegend in welfischer Hand.

---

[1] Zu Friedrich II.: Wolfgang STÜRNER, Friedrich II. 1194–1250, 3., aktualisierte Auflage in einem Band, Darmstadt 2009, bes. I, S. 114–239, II S. 275–285, 296–334; DERS., Dreizehntes Jahrhundert 1198–1273, Gebhardt Handbuch der deutschen Geschichte, 10., völlig neu bearbeitete Auflage, Band 6, Stuttgart 2007, bes. S. 190–213, 241–252; Hubert HOUBEN, Kaiser Friedrich II. (1194–1250). Herrscher, Mensch und Mythos, Stuttgart 2008, bes. 30–39, 60–65.

Das änderte sich erst, als Welf VI. seine Güter und Rechte seinem staufischen Neffen, dem Kaiser Friedrich Barbarossa, vermachte. Spätestens 1191 verfügte Heinrich VI., Barbarossas ältester Sohn und Nachfolger, über das gesamte Welfenerbe, und allem Anschein nach gewöhnte man sich in Oberschwaben recht bald an die gewandelten Herrschaftsverhältnisse.[2]

Sie blieben auch bestehen, als es nach dem frühen, überraschenden Tod Heinrichs im September 1197 zu einer Doppelwahl kam und danach zu einem zehn Jahre dauernden Thronstreit zwischen Philipp, dem jüngsten Bruder Heinrichs, und Otto, dem dritten Sohn Heinrichs des Löwen. Als Philipp freilich im Sommer des Jahres 1208 unmittelbar vor seinem militärischen wie politischen Sieg von Pfalzgraf Otto von Wittelsbach wohl aus rein persönlichen Gründen umgebracht wurde, wählten die Fürsten Deutschlands, um neue Wirren und Kämpfe zu verhindern, im November 1208 einhellig Otto IV. zum König.

## Die Jahre Kaiser Ottos IV.

Otto hielt bereits Anfang Januar 1209 in Augsburg einen Hoftag ab, auf dem er die an der Ermordung Philipps Beteiligten, doch auch zahlreiche andere, tatsächliche oder angebliche Landfriedensbrecher ächtete und die Anwesenden unter ihnen sofort verhaften, vereinzelt sogar hinrichten ließ. Eine Proskriptionsliste mit den Namen vorwiegend aus Oberschwaben stammender hoher Adliger, Ritter oder Ministerialen ist erhalten geblieben. Ottos rigoroses Vorgehen stieß auf massive Kritik und bald wurden weitere schwere Vorwürfe gegen ihn erhoben.

Entscheidenden Rückhalt aber bot ihm lange Zeit Papst Innozenz III., damals die dominierende Persönlichkeit Mitteleuropas. Innozenz suchte mit allen Mitteln zu verhindern, dass das Imperium und das sizilische Königreich erneut in die Hand desselben Herrschers gerieten, wie unter Heinrich VI. geschehen und wie von Heinrichs Sohn Friedrich zu befürchten. In einer derartigen Einschnürung des um Rom gelegenen Patrimonium Petri nämlich sah er eine existenzielle Gefahr für die Römische Kirche. Otto gelobte denn auch wiederholt eidlich, er werde das Königreich Sizilien und dessen Eigenständigkeit nicht antasten, und guten Glaubens krönte ihn Innozenz im Oktober 1209 zum Kaiser.

Ungeachtet seiner Eide und unbeeindruckt von Innozenz' scharfen Protesten, entschloss sich der neue Kaiser jedoch bald, Sizilien zu erobern. Im November 1210 marschierte er in den festländischen Teil des Königreiches ein. Im Sommer darauf war er Herr Unteritaliens und bereitete den Übergang von Kalabrien nach Sizilien vor.[3]

---

2  Zu Welf VI.: Bernd SCHNEIDMÜLLER, Die Welfen. Herrschaft und Erinnerung, Stuttgart 2000, bes. 179–204; Katrin FELDMANN, Herzog Welf VI. und sein Sohn. Das Ende des süddeutschen Welfenhauses, Tübingen 1971; zu Heinrich: Peter CSENDES, Heinrich VI., Darmstadt 1993.
3  Bernd Ulrich HUCKER, Kaiser Otto IV., Hannover 1990, bes. S. 22–35, 78–114, 143–155, die Proskriptionsliste S. 676–687; Peter CSENDES, Philipp von Schwaben. Ein Staufer im Kampf um die Macht, Darmstadt 2003, bes. S. 69–131, 179–190; Theo KÖLZER, Innozenz III., in: Lexikon der Päpste und des Papst-

Otto machte mit seinem rücksichtslosen Vorgehen den Papst, seinen bis dahin wichtigsten Förderer, schließlich zu seinem erbitterten Feind. Andererseits konnte er hoffen, mit einem Sieg nicht nur den alten Rechtsanspruch des Reiches auf das sizilische Königreich durchzusetzen, sondern zugleich Friedrich, dem letzten Staufer, mit seinem Sturz auch jede Möglichkeit zu nehmen, nach dem Staufererbe in Deutschland zu greifen, und Friedrich schien ja in der Tat auf verlorenem Posten zu stehen.

## Die Rettung des sizilischen Königreiches für Friedrich und seine Kaiserwahl in Deutschland

Damit kommen wir endlich auf Friedrich II. zurück. Der begann Ende 1208, also kurz nach Ottos endgültiger Königswahl, als Vierzehnjähriger in seinem durch innere Machtkämpfe zerrissenen Reich selbstständig zu herrschen und vermochte sich wenigstens auf der Insel Sizilien tatsächlich einigermaßen durchzusetzen. Sein Versuch, sich auch im festländischen Teil seines Reiches Geltung zu verschaffen, scheiterte dann jedoch an Kaiser Ottos erfolgreichem Marsch durch Unteritalien. Die kaum noch zu erwartende Rettung verdankte Friedrich in erster Linie dem Eingreifen des Papstes.

Als sich jede Hoffnung auf Ottos Einlenken als vergeblich erwies, entschloss sich Innozenz nämlich, ihn fallen zu lassen, und er gab jenen Fürsten, die den Kaiser wegen seines hochmütigen und ungerechten Vorgehens absetzen wollten, endlich die von ihnen sicherheitshalber geforderte Erlaubnis zur Wahl eines neuen Kaisers. Derart legitimiert, wählten sie im September 1211 Friedrich, den letzten Staufer, zum künftigen Kaiser, und der Papst hoffte wohl, Friedrichs Wahl werde Otto in Deutschland binden und so dessen Sizilienpläne fürs Erste, im günstigsten Fall sogar auf Dauer aus der Welt schaffen.

Tatsächlich brach Kaiser Otto, als er von Friedrichs Wahl erfuhr, seinen Feldzug sofort ab und verließ noch im November 1211 das sizilische Reich. Höchste Priorität hatte für ihn ganz offenkundig die Sicherung seiner unangefochtenen Stellung in Deutschland als der unverzichtbaren Basis seiner imperialen Macht.[4]

Friedrich schien die unerwartete Wende zunächst zur neuerlichen Festigung seiner sizilischen Herrschaft nutzen zu wollen. Doch seine fürstlichen Wähler in Deutschland hatten anderes mit ihm vor. Sie erwarteten, dass der von ihnen Gewählte nun auch so bald wie irgend möglich sein Königsamt bei ihnen antrete, und sandten deshalb zwei schwäbische Adlige nach Italien. Der eine, Heinrich von Neuffen, sollte die lombardischen Städte für Friedrich gewinnen; der andere, Anselm von Justingen, trug dem sizilischen König den Wunsch seiner Wähler vor, er möge ihren Spruch annehmen und nach Deutschland kommen. Beide Boten stammten aus vornehmen, eng den Staufern verbundenen Familien. Diejenige Heinrichs war in Oberschwaben um Sulmetingen und vor allem um Weißenhorn, also südwestlich und südöstlich von Ulm, begütert, dazu am Nord-

---

tums, Freiburg u.a. 2001, Sp. 157–161 (mit Literatur); Horst FUHRMANN, Die Päpste. Von Petrus zu Johannes Paul II., München 1998. bes. S. 123–139.
4 STÜRNER, Friedrich (Anm. 1), I S. 114–137.

rand der Schwäbischen Alb um die Burgen Neuffen und Achalm, die nach einer Güterteilung Heinrich zufielen. Anselms namengebende Burg Justingen lag westlich von Ulm über dem Schmiechtal. Die Gesandten und insbesondere Heinrich, der zusammen mit seinen Dienstleuten auf Kaiser Ottos Proskriptionsliste stand, wussten also sehr genau Bescheid über Ottos Vorgehen im Süden Schwabens und über die dort herrschende antikaiserliche Stimmung, und Anselm konnte Friedrich sozusagen aus erster Hand darüber berichten.[5]

Friedrich stand nun freilich vor einer schweren Entscheidung. Verließ er sein sizilisches Reich für längere Zeit, so musste die königliche Autorität dort weiteren Schaden nehmen. Über seine Erfolgsaussichten in Deutschland aber ließ sich kaum etwas auch nur einigermaßen Zuverlässiges sagen; zu schwer abzuschätzen war die Entschlossenheit seiner Anhänger wie die Stärke seiner Gegner. Seine Frau, die Königin Konstanze von Aragón, und seine Berater sprachen sich denn auch dringend gegen das deutsche Abenteuer aus.

Friedrich jedoch entschied sich trotzdem für den Zug nach Deutschland.[6] Vermutlich rechnete er fest damit, dass Otto nach der Niederwerfung der Opposition in Deutschland sofort nach Unteritalien zurückkehren werde, um die Eroberung des sizilischen Regnums erneut in Angriff zu nehmen. Ein tatenloses Abwarten würde dem sizilischen Reich und seinem Herrscher also höchstwahrscheinlich lediglich eine knappe, trügerische Atempause verschaffen.

## Friedrichs Staufererbe und seine Kontakte nach Schwaben

Vor allem aber hatte Friedrich trotz seiner Konzentration auf die sizilischen Probleme gewiss seine hohe kaiserliche Herkunft nicht vergessen. Regelmäßig gedachte er in seinen Urkunden seiner erhabenen kaiserlichen Eltern[7] und der Gedanke lag ihm wohl keineswegs besonders fern, an diese große Tradition einmal anzuknüpfen und seine politische Wirksamkeit auf den größeren Raum des Imperiums auszudehnen. So war er sich offenbar auch bewusst, dass er nach dem Tod Philipps einen völlig unzweifelhaften Rechtsanspruch auf das staufische Erbe besaß, und scheint sofort nach der Ermordung seines Onkels sein Erbrecht tatsächlich geltend gemacht zu haben. Möglicherweise wandte er sich dabei zunächst an Papst Innozenz. Jedenfalls warnte dieser bereits im August 1208 den Welfen Otto vor den feindselig gegen ihn gerichteten Aktionen Friedrichs. Im Februar darauf klagte dann Otto seinerseits beim Papst, Friedrich hetze die

---

5 Italienreise: Burchard von Ursberg, Chronik, hg. und übers. von Matthias BECHER (FSGA 18b), Darmstadt 2007, ad 1210, S. 264f.; Heinrich von Neuffen: Thomas ZOTZ, Neuffen, schwäbisches Adelsgeschlecht, in: NDB, Bd. 19, Berlin 1999, S. 117f.; Anselm von Justingen: Hans Martin SCHALLER, Justingen, Anselm von, in: NDB, Bd. 10, Berlin 1974, S. 709f.
6 Burchard von Ursberg (Anm. 5), ad 1210, S. 266.
7 *A domino Henrico gloriosissimo Romanorum imperatore semper augusto et rege Sicilie et a domina Constantia serenissima Romanorum imperatrice et regina Sicilie divis quondam parentibus nostris*, MGH Die Urkunden Friedrichs II. (DD F. II.), hg. von Walter KOCH, 1, Hannover 2002, Nr. 84, S. 166 Z. 8–10 (Palermo, Juli 1208), zu weiteren Beispielen siehe S. 344 (Namenregister: Henricus).

Menschen mit allerlei Versprechen gegen ihn auf und störe die Ruhe des Reiches. Genaueres erfahren wir leider nicht.⁸

Vermutlich gab es aber weiterhin Kontakte Friedrichs etwa zu Anhängern in Oberschwaben, und fest steht immerhin, dass ihn vor allem mit dem Kloster Salem recht freundliche Beziehungen verbanden. Im Januar 1210 nämlich reiste ein Mönch aus Salem eigens nach Catania auf Sizilien und erbat dort von König Friedrich mehrere Urkunden für sein schwäbisches Kloster. Gewiss konnte dies nicht ohne das Zutun des Salemer Abtes Eberhard geschehen. Eberhard, der aus der Familie der Grafen von Rohrdorf (nördlich von Meßkirch) stammte, leistete für sein Kloster Außerordentliches und hatte zudem bereits mit König Philipp eng zusammengearbeitet. Nun legte er offenkundig auch auf ein gutes Verhältnis zu Friedrich Wert und anerkannte, wie es scheint, all dessen Rechte in Oberschwaben.⁹ Friedrich bestätigte mit seiner Privilegienvergabe diese Sicht der Dinge. Nach seiner Kaiserwahl durch seine deutschen Anhänger scheute er sich dementsprechend auch nicht, in seinen Urkunden seinem sizilischen Königstitel sofort den Titel „erwählter römischer Kaiser" hinzuzufügen, und Hermann von Striberg, ein wohl aus der Gegend von Saulgau stammender, mit Heinrich VI. ins Land gekommener Reichsministeriale, durfte sich zum Lohn für seine Treue zu Friedrich nun kaiserlicher Hofkämmerer nennen.¹⁰

## Von der Ankunft in Konstanz bis zur Krönung in Aachen

Wohl Anfang März 1212 ließ Friedrich seinen kaum einjährigen Sohn Heinrich zum sizilischen König krönen, und kurz danach brach er, begleitet von einer kleinen Schar bewährter Mitarbeiter, auf in den Norden. Während eines Aufenthaltes in Rom sicherte er sich die unentbehrliche Unterstützung des Papstes, und ein anschließender Halt in Genua diente vor allem der Vorbereitung des gefährlichen Marsches durch die Lombardei. Dennoch gelang es ihm dort nur knapp und dank des Einsatzes der Helfer aus Pavia und Cremona, seinen Feinden aus Mailand und Piacenza zu entkommen.¹¹

Eine letzte recht bedenkliche Situation erwartete Friedrich freilich noch auf deutschem Boden, genauer: vor Konstanz, am Eingangstor nach Oberschwaben also. Ohne nennenswerte Zwischenfälle war er nach Trient, von dort nach Chur gelangt und zog schließlich Mitte September 1212 über St. Gallen auf Konstanz zu. Unterdessen hatten viele von Ottos bayerischen und schwäbischen Mitstreitern den Kaiser bereits verlassen, nachdem gerüchteweise bekannt geworden war, dass Friedrich auf dem Weg nach Deutschland

---

8 Regestum Innocentii III papae super negotio Romani imperii (RNI), hg. von Friedrich KEMPF (Miscellanea historiae pontificiae 12), Rom 1947, Nr. 153, S. 350f., 187f., S. 397–399.
9 DD F. II. (Anm. 7) 1, Nr. 113–115, S. 219–225 (Catania, Jan. 1210). Abt Eberhard: Arno BORST, Mönche am Bodensee, Sigmaringen 1985, S. 190–209; Hans Martin SCHALLER, Eberhard von Rohrdorf, in: NDB, Bd. 4, Berlin 1959, S. 230.
10 Fridericus [...] in Romanorum imperatorem electus, erstmals: DD F. II. (Anm. 7) 1, Nr. 147, S. 286 Z. 40–42 (Messina, Jan. 1212); Striberg: Acta imperii inedita, hg. von Eduard WINKELMANN, 1, Innsbruck 1880, Nr. 587, S. 473 Z. 32f. (8. 3. 1212).
11 STÜRNER, Friedrich (Anm. 1), I S. 141–155 (auch zum Folgenden).

sei. Auf die Nachricht von des Staufers unmittelbar bevorstehender Ankunft in Süddeutschland eilte dann auch Otto selbst in den Süden, um zu verhindern, dass sein Gegner in Schwaben, dem Stammland seiner Familie, Fuß fasste und so eine Basis für weitere Eroberungszüge gewann. Er lagerte mit seinen ritterlichen Begleitern in Überlingen und verhandelte von dort aus mit Bischof Konrad von Konstanz über seine Aufnahme in dessen Stadt. Vermutlich hoffte er, mit der Besetzung von Konstanz könne er Friedrichs weiteren Weg nach Norden am sichersten blockieren. Der Bischof zögerte zunächst, gestattete dem Kaiser dann jedoch den Einzug in Konstanz. Ein recht verlässlich informierter Zeitgenosse berichtet, Ottos Diener und Köche hätten dort schon ein standesgemäßes Mahl zu seinem Empfang vorbereitet, als Friedrich mit seinen Begleitern vor den Mauern der Stadt erschien. Drei Stunden später, so beurteilte man nach Aussage unseres Berichterstatters bereits damals das Geschehen, wäre die Stadt in Ottos Hand gewesen und seinem Gegner verschlossen geblieben, was diesem mindestens fürs Erste die Möglichkeit genommen hätte, Schwaben und vom Süden aus das Reich für sich zu gewinnen.

Friedrichs gerade noch rechtzeitiges Eintreffen konfrontierte den Konstanzer Bischof mit einer neuen Situation, und er entschied sich für die staufische Sache, vielleicht ermutigt durch das Beispiel des Abtes von St. Gallen, der Friedrich offenbar mit einer ansehnlichen Schar von Rittern begleitete. Jedenfalls ließ er die Rheinbrücke sperren und die Stadttore schließen, worauf Otto zunächst nach Breisach auswich und sich, als ihn dort ein Bürgeraufstand vertrieb, schließlich an den Niederrhein zurückzog.[12]

Friedrich aber hatte mit Konstanz, wie sich rasch zeigte, tatsächlich die entscheidende Basis für die Durchsetzung seines Herrschaftsanspruchs in ganz Schwaben und darüber hinaus in Süddeutschland gewonnen. Der Weg entlang des Rheines über Basel und Straßburg nach Norden stand ihm offen, und seine Königswahl und Krönung im Dezember 1212 festigte seine Stellung natürlich weiter.

Zwar entschloss sich Otto, nun alles auf eine Karte zu setzen und zusammen mit König Johann von England, seinem Onkel, Frankreichs König Philipp vollständig zu besiegen, um so zugleich Friedrich, Philipps Verbündeten, auszuschalten. Doch seine verheerende Niederlage im Juli 1214 raubte ihm auch alle Chancen in Deutschland. Ein Jahr später, am 25. Juli 1215, sicherte sich Friedrich mit seiner Krönung in der Aachener Pfalzkirche Karls des Großen endgültig die unbestrittene Königswürde in Deutschland.

---

12 Guillelmus Armoricus, Gesta Philippi Augusti, hg. von Henri-François DELABORDE, Œuvres de Rigord et de Guillaume le Breton, 1. Chronique, Paris 1882, ad 1211, S. 239f. (c. 158); Conradus de Fabaria, Continuatio Casuum S. Galli, hg. von Gerold MEYER VON KNONAU, St. Gallen 1879, c. 14, S. 176–179; Burchard von Ursberg (Anm. 5), ad 1212, S. 284; Annales Marbacenses, hg. und übers. von Franz-Josef SCHMALE (FSGA 18a), Darmstadt 1998, ad 1212, S. 222.

## Die Bedeutung Oberschwabens, seiner Repräsentanten und Städte für den König

Während seiner acht deutschen Jahre bis September 1220 hielt sich Friedrich meist in den traditionellen Zentren staufischer Macht auf, also in Hagenau im Elsass sowie mit etwas Abstand in Nürnberg oder in der rheinischen Bischofsstadt Speyer, daneben etwa noch in Worms, Würzburg, Frankfurt oder, vielleicht etwas überraschend, in Eger. Der erste große Hoftag nach der Mainzer Krönung fand freilich im Februar 1213 in Regensburg statt, wo die Anwesenden, vornehmlich geistliche und weltliche Fürsten aus dem Südosten und Osten des Reiches, an ihrer Spitze König Otakar von Böhmen, dem Stauferkönig Treueid und Hominium leisteten. Seine Position erfuhr also eine willkommene Bestätigung.[13]

Doch wie stand es um Schwaben und insbesondere um Oberschwaben? Friedrich hatte seine erste Berührung mit Oberschwaben, seinen abenteuerlichen Einzug in Konstanz, auch während der darauf folgenden, ereignisreichen Monate gewiss nicht vergessen. Überdies begleiteten ihn danach zumindest ein Stück weit Männer aus dieser Gegend wie etwa Bischof Konrad von Konstanz, Abt Heinrich von Reichenau oder der Kämmerer Albero von Tannhausen (bei Aulendorf).[14] Andere mit immerhin sozusagen oberschwäbischem Hintergrund hatten bereits jetzt wichtige Positionen am Königshof inne, der uns schon bekannte Anselm von Justingen nämlich, den Friedrich im Herbst 1212 und endgültig im Frühjahr 1215 mit dem hohen Amt des Reichsmarschalls belohnte, sowie Berthold von Neuffen, der Bruder Heinrichs, des Genossen von Anselm auf der Fahrt zu Friedrich. Berthold, Domherr in Trient, Stellvertreter des dortigen Bischofs und offensichtlich gut informiert, kam Friedrich schon im August 1212 bis nach Verona entgegen, und dieser ernannte ihn sofort zum Protonotar, also zum Leiter der königlichen Kanzlei. Er scheint seine Sache gut gemacht zu haben, denn 1217 wurde er, sicher mit königlicher Zustimmung, zum Bischof von Brixen erhoben.[15]

Wie sich bei Friedrichs erstem Auftreten bereits andeutete, spielte bei ihm bis zum Ende seines Deutschlandaufenthaltes im September 1220 der Süden Schwabens grundsätzlich eine deutlich größere Rolle als dessen Norden. Nur einmal machte er vor seiner Aachener Krönung in Schwaben nördlich der Schwäbischen Alb Halt, als er nämlich Anfang März 1214 die noch im 12. Jahrhundert als ein herzoglicher Vorort geschätzte Stadt Rottweil besuchte. Sehr lange hielt er sich dort freilich ebensowenig auf wie bei seiner späteren zweiten Einkehr. Im Juli 1217 fand er Gelegenheit zu einer kurzen Rast in Esslingen, und einen ähnlich kurzen Aufenthalt gab es 1218 in Wimpfen und Breisach. Friedrichs zweiter Besuch Wimpfens im Juli 1218 dauerte dann immerhin zwei Wochen.[16] Im

---

13  DD F. II. (Anm. 7) 2, Nr. 187–192, S. 36–52 (14.–16. 2. 1213).
14  DD F. II. (Anm. 7) 2, Nr. 171–173, Zeugenlisten S. 5, 7, 10 (Basel, 26. 9. 1212).
15  Anselm: DD F. II. (Anm. 7) 2, Nr. 181, S. 24 Z. 4 (Dez. 1212, Marschall), Nr. 294, S. 252 Z. 13f. (13. 4. 1215, Reichsmarschall), vgl. SCHALLER, Justingen (Anm. 5); Berthold von Neuffen: DD F. II. 2, Nr. 171, S. 5 Z. 10 (26. 9. 1212, Protonotar), Nr. 675, S. 48 Z. 9 (24. 9. 1220, Bischof).
16  Rottweil: DD F. II. (Anm. 7) 2, Nr. 223, S. 116–118 (7. 3. 1214), 409, S. 468–470 (15. 4. 1217), vgl. Helmut MAURER, Der Herzog von Schwaben, Sigmaringen 1978, bes. S. 104–111; Esslingen: DD F. II. 2, Nr. 417, S. 483f.; Wimpfen: DD F. II. 3, Nr. 427–429, S. 1–6 (3. 1. 1218), Nr. 444–446, S. 42–47 (20. 7. 1218).

Ganzen jedoch kam es auf seinen Reisen durch Schwabens Norden kaum zu vertiefter Kenntnis von Land und Leuten oder zu Entscheidungen von besonderem Gewicht, und dies war offenkundig auch nicht beabsichtigt.

Auf den ersten Blick scheint hinsichtlich Oberschwabens manches ganz ähnlich zu liegen wie im Norden. Friedrich besuchte dort nur fünf Orte, davon Konstanz, Weingarten und Überlingen nur drei- oder zweimal. Den beiden anderen, Augsburg und Ulm, fiel freilich ihrer weit gediehenen städtischen Entwicklung und ihrer günstigen geographischen Lage wegen eine herausragende Stellung zu. Augsburg, wo die staufischen Herrscher seit Barbarossa die Hochstiftsvogtei innehatten, öffnete als Grenzstadt sozusagen den Weg von Oberschwaben nach Bayern, und Ulm, mit seiner Pfalzanlage, Marktsiedlung und Ummauerung wiederum seit Barbarossa die wohl führende königlich-herzogliche Stadt Schwabens, verband, im Zentrum Schwabens gelegen, dessen Süden mit dem Norden.[17]

Friedrich II. hielt sich in Augsburg oder in Ulm denn auch annähernd so oft auf wie in Speyer oder Nürnberg und ganz dem entsprechend erschien er bereits unmittelbar nach dem Regensburger Hoftag im März 1213 in Augsburg. Dort empfing ihn Siegfried, der Bischof der Stadt, der wohl aus einer um Rechbergreuthen (zwischen Günzburg und Augsburg) begüterten staufischen Ministerialenfamilie stammte. Er hatte sich im Herbst 1212 sofort zu Friedrich bekannt und besuchte dessen Hof dann auch recht häufig. Besonders wichtig war für Friedrich gewiss, dass auch der Erzbischof Eberhard von Salzburg nun offen an seine Seite trat. Eberhard, der Spross einer schwäbischen Familie, wirkte zu Beginn seiner Karriere dank seines Onkels, des damaligen Konstanzer Bischofs Diethelm, als Kanoniker in Konstanz. Er stieg dann mit staufischer Unterstützung zum Bischof von Brixen und im Jahr 1200 zum Salzburger Erzbischof auf. Schon damals gehörte er zu den Anhängern der Staufer. So verwundert es nicht, dass er sich künftig als Friedrichs hoch geschätzter und immer am Hof willkommener Ratgeber auszeichnete. Noch in Augsburg empfing der König schließlich wie schon seine Vorgänger von Bischof Arnold von Chur, der ihn im vergangenen September bis vor Konstanz geleitet hatte, die Vogtei der Churer Kirche, die ihm die Benutzung der nahen Alpenpässe einigermaßen sicherte.[18]

## Die königlichen Hoftage

Friedrich blieb in Oberschwaben. Er zog von Augsburg weiter nach Konstanz, wo er eine Woche verbrachte. Neben Konrad, dem königlichen Kanzler und Bischof von Speyer und Metz, waren dort die für die Region zuständigen Bischöfe von Augsburg, Konstanz und Chur anwesend, dazu die oberschwäbischen Äbte von Salem und Reichenau sowie

---

17 MAURER, HERZOG (Anm. 16), bes. S. 91–104 (Ulm), S. 187–189 (Augsburg), vgl. Leopold AUER/Wolfgang ZORN, Augsburg, in: Lexikon des Mittelalters, Bd., 1, München/Zürich 1980 Sp. 1212–1215.
18 DD F. II. (Anm. 7) 2, Nr. 194–196, S. 54–59 (Augsburg, 22. 3. 1213); Christian HILLEN, Siegfried III. von Rechberg, Bischof von Augsburg, in: NDB, Bd. 24, Berlin 2010, S. 342f.; Hans Martin SCHALLER, Eberhard II. von Regensberg, Erzbischof von Salzburg, in: NDB, Bd. 4, Berlin 1959, S. 231.

Äbte aus der weiteren Nachbarschaft. Natürlich fanden sich auch viele weltliche Große ein, oberschwäbische Grafen wie jene von Dillingen, Burgau oder Heiligenberg (nördlich von Meersburg), doch ebenso der Pfalzgraf von Tübingen, Grafen aus dem nördlichen Schwaben und schließlich Berthold von Neuffen mit seinem Sohn Heinrich, dessen Bruder Berthold als Leiter der königlichen Kanzlei ohnehin zur Stelle war. Vermutlich lag Friedrich vor allem daran, die Versammelten mit seiner königlichen Würde und Stellung vertraut zu machen und sie ganz für sich zu gewinnen. Großzügig ging er erneut auf die Wünsche Eberhards von Salzburg ein, und den Abt Heinrich von Kempten belohnte er reichlich dafür, dass er ihm die Klostervogtei übergab. Besonders eingehend jedoch bestätigte er den Besitz und die Rechte des Klosters Salem, das er zudem unter seinen Schutz stellte. Eberhard, der Abt von Salem, hatte sich ja bereits 1210 wohl als Erster von Deutschland aus an Friedrich gewandt, und Friedrich dankte ihm jetzt, wo sein Wort tatsächlich reale Bedeutung besaß, für dieses frühe Vertrauen, indem er seine damaligen Zusagen ausdrücklich bekräftigte. Man darf wohl annehmen, dass er hoffte, sein Entgegenkommen werde die noch Zögernden veranlassen, sich ebenfalls so aktiv für ihn einzusetzen wie die großzügig Belohnten.[19]

Anfang September 1213 kam der König noch einmal kurz an den Bodensee, diesmal nach Überlingen. Er bestätigte dem Kloster Salem dessen eben neu hinzugewonnene Güter und zog überdies unter Verweis auf entsprechende Urkunden seiner Vorgänger die Vogtei über die Kirche von Kreuzlingen an sich. Vielleicht warb er auch zur Teilnahme an seinem bevorstehenden Marsch gegen Otto. Jedenfalls begleiteten ihn dann aus dem Überlinger Umfeld Abt Heinrich von Reichenau und der Ritter Albero von Bodman. Der Feldzug endete freilich dennoch ohne Erfolg.[20]

Umso intensiver bemühte sich der König, seine Zusammenarbeit mit den geistlichen und weltlichen Repräsentanten Süddeutschlands auszugestalten und zu vertiefen. Dieses Anliegen zeigte sich recht deutlich während des rege besuchten Hoftages, zu dem er im Februar 1214 nach Augsburg lud. Zu den Teilnehmern gehörten aus Oberschwaben der Augsburger und der Konstanzer Bischof, dazu etwa noch der herzogliche Kämmerer Dieto von Ravensburg oder Heinrich von Neuffen und Anselm von Justingen. Die große Mehrheit bildeten indes die von weiter her Angereisten, unter denen dem Patriarchen Wolfger von Aquileia nicht zuletzt seiner zahlreichen Begleiter wegen eine besonders herausragende Stellung zufiel. Die Versammlung behandelte aktuelle Probleme, der König sorgte für die Entscheidung von Rechtsstreitigkeiten und stellte Schutzurkunden aus. Er erfüllte damit die Wünsche einflussreicher Männer wie des Patriarchen Wolfger, doch ebenso die Bitten des Deutschen Ordens oder des Zisterzienserklosters Kaisheim (nördlich von Donauwörth).[21]

---

19  DD F. II. (Anm. 7) 2, Nr. 197–202, S. 59–72 (Konstanz, 27. 3. 1213–1. 4. 1213).
20  DD F. II. (Anm. 7) 2, Nr. 210 f., S. 87–92 (Überlingen, 1. 9. 1213); Zug gegen Otto: STÜRNER, Friedrich (Anm. 1), I S. 161, dazu DD F. II. 2, Nr. 212, S. 95 Z. 10, 15.
21  DD F. II. (Anm. 7) 2, Nr. 214–221, S. 94–114 (Augsburg, 14.–23. 2. 1214).

## Die letzte Auseinandersetzung mit Otto IV.

Der Hoftag, den Friedrich Ende Juni 1214 während seines ersten Aufenthaltes in Ulm abhielt, diente dann vermutlich der Vorbereitung eines Feldzugs, der zur Eroberung Aachens führen und zugleich wohl dem König Philipp von Frankreich bei seinem bevorstehenden Kampf gegen Otto IV. Entlastung bringen sollte. Zur Unterstützung Philipps kam Friedrich mit seinem Heer dann zwar zu spät und auch Aachen blieb ihm noch verschlossen. Doch Ottos Niederlage und anschließende Passivität veranlasste jetzt eine Reihe wichtiger Fürsten des deutschen Nordwestens, mit dem Staufer kampflos Frieden zu schließen, und Friedrich war wohl überzeugt, dass ihm Aachen nicht mehr lange trotzen könne.[22]

Des ungeachtet ging es ihm nach wie vor darum, den engen Kontakt gerade auch mit den Großen des deutschen Südens zu wahren und zu festigen, etwa im April 1215 während eines knapp einwöchigen Aufenthaltes in Augsburg und anschließend während eines wohl kürzeren Halts in Ulm. Die uns bekannten Urkunden, die Friedrich dann Ende Juni während eines neuerlichen Besuches in Ulm ausstellte, galten freilich neben dem Kloster Rot an der Rot (westlich von Memmingen) vor allem dem um 1100 als staufisches Hauskloster gegründeten Kloster Lorch, das er unter seinen Schutz stellte und dessen Vogtei er übernahm, sowie ebenso dem als Grablege der Welfen lange besonderen Vorrang genießenden Kloster Weingarten, dessen Güter und Rechte er ohne jede Einschränkung bestätigte. Wohl kaum zufällig erinnerte er so zugleich an seine eigene Stellung als Erbe der Staufer wie der Welfen.[23]

Inzwischen hatte sich in Aachen die prostaufische Opposition durchgesetzt. So konnte Friedrich ohne Waffengewalt feierlich in die Stadt einziehen, um vom Mainzer Erzbischof die Krönung und Weihe zu empfangen, und er durfte nun nicht nur seiner Königswürde endgültig sicher sein, sondern auch seiner künftigen Kaiserkrönung.

## Die Städte Oberschwabens zwischen 1215 und 1220

Friedrich bemühte sich während der folgenden fünf Jahre intensiv darum, das in den Jahren des Thronstreites verloren gegangene Haus- und Reichsgut, das er als die unverzichtbare Basis seines Wirkens ansah, möglichst umfassend wiederzugewinnen. Die dabei entstandenen, teilweise heftigen und lang andauernden Streitigkeiten berührten Oberschwaben glücklicherweise nicht direkt. Der neue territorialpolitische Schwerpunkt brachte allerdings eine gewisse Konzentration der königlichen Aktivitäten auf Süd- und Mitteldeutschland mit sich. Dort blieb die Pfalz Hagenau Friedrichs Lieblingssitz. Zu den kaum mehr als fünf oder sechs Städten jedoch, die er, von Hagenau abgesehen, nun am häufigsten für seine Aufenthalte oder Hoftage wählte, gehörten die ober-

---

22  DD F. II. (Anm. 7) 2, Nr. 235–239, S. 139–146 (Ulm, 26.–28.6.1214). Die Feldzüge 1214 und Friedrichs Aachener Krönung: STÜRNER, Friedrich (Anm. 1) I, S. 164–173.
23  DD F. II. (Anm. 7) 2, Nr. 289–291, S. 239–247 (Augsburg, 2.–5.4.1215); Nr. 292, S. 247 (Ulm, 11.4.1215); Nr. 306 (für Lorch), 307 (für Weingarten), 309 (für Rot), S. 270–274, 277–279 (Ulm, 20.–21.6.1215).

schwäbischen Zentren Augsburg und Ulm. Nur einmal noch verbrachte er dagegen Mitte Juli 1216 einige Tage in Konstanz mit einem kurzen Abstecher nach Überlingen. Wohl auf Wunsch des anwesenden, von ihm so geschätzten Abtes Eberhard von Salem stellte er damals unter anderem ein Privileg für das kurz zuvor erst gegründete Zisterzienserinnenkloster Wald (westlich von Pfullendorf) aus, und als er Ende 1218 zum ersten Mal überhaupt Weingarten besuchte, bestätigte er dort dem schon von seinen Vorfahren geförderten Prämonstratenserkloster St. Peter in Weißenau bei Ravensburg urkundlich deren frühere Zusagen und fügte neue Begünstigungen hinzu. Er blieb wohl nur kurz in Weingarten. Dafür kam er vermutlich bereits im April darauf und noch einmal im Januar 1220 wieder.[24]

Die günstiger gelegenen, dazu auf große Zusammenkünfte eher eingestellten Städte Augsburg und Ulm dagegen besuchte Friedrich für gewöhnlich fast in jedem Jahr wenigstens einmal. Wie es in einer Gesellschaft unumgänglich war, die sich noch weitgehend mündlich verständigte und vorwiegend aufgrund des Erlebten und Gesehenen urteilte, strebte er auf seinen Treffen mit den Großen des Reiches danach, durch seine Präsenz seine hohe Würde und seinen überragenden Rang ins Gedächtnis zu rufen, seine Stellung als oberster Garant und Verteidiger von Frieden und Recht allen Anwesenden vor Augen zu führen. Seine Sorge für Gerechtigkeit brachte er etwa zur Geltung, als er Ende Dezember 1219 auf einem Hoftag zu Augsburg eine Entscheidung darüber herbeiführte, wie Gewalttätigkeit gegen Frauen sowie die Unterstützung eines Geächteten nach Recht zu bestrafen seien. Die damals beschlossenen Regelungen behielten offenbar geraume Zeit ihre Geltung.[25]

## Die Gründung Pfullendorfs und anderer Städte und die Städteförderung

Von einem für Friedrich wichtigen Anliegen, mit dem er die Entwicklung Oberschwabens vielleicht am dauerhaftesten beeinflusste, von seinem Bemühen um die Gründung und Förderung von Städten nämlich, erfahren wir aus seinen Urkunden und den Berichten über seine Hoftage relativ wenig. Eine erfreuliche Ausnahme bildet allerdings Pfullendorf. Wertvoll ist schon ein dort wohl kurz vor 1220 niedergeschriebenes Verzeichnis. Es führt nämlich die Güter und Rechte auf, die die Könige, nicht zuletzt Friedrich selbst, sowie einzelne Ministerialen dem Reich während des Thronstreits im Amtsbezirk um Pfullendorf entzogen. Der Verfasser der Übersicht, vermutlich ein in Friedrichs Auftrag das Pfullendorfer Gebiet verwaltender Ministeriale, vielleicht der ihm eng vertraute Konrad von Winterstetten (südlich von Biberach), stellte für jeden einzelnen Posten den einst daraus gewonnenen Ertrag neben den aktuellen und bezifferte abschließend den Gesamtverlust des Reiches im Amt Pfullendorf auf beachtliche 190 Pfund, also etwa 75

---

24 DD F. II. (Anm. 7) 2, Nr. 371f. S. 397–401 (Konstanz, 15.7.1216), 373, S. 401–403 (Überlingen, 15.7.1216); DD F. II. 3, Nr. 467, S. 84–86 (Weingarten, 11.12.1218), 591f., S. 327–332 (Weingarten, 4.1.1220), siehe dort S. 331 zu Friedrichs Weingarten-Aufenthalt im April 1219 mit weiteren Hinweisen.
25 DD F. II. (Anm. 7) 3, Nr. 589, S. 324f. (Augsburg, 31.12.1219).

Kilogramm Silber jährlich.[26] Das Pfullendorfer Dokument erlaubt also einen konkreten Einblick in die Folgen des Thronstreits und es verrät zudem am Beispiel Oberschwabens etwas über die Struktur und Aktivität der königlichen Verwaltung, über die wachsende Bedeutung von Geldwert und Schriftlichkeit und über das starke Interesse des Königs und seiner Umgebung am Überblick über Bestand und Ertrag des staufischen Haus- und Reichsgutes.

Noch wichtiger in unserem Zusammenhang aber ist es, dass uns über die Gründung der Stadt Pfullendorf eine Urkunde des Königs vom 2. Juni 1220 ausführlich berichtet. Friedrich erinnerte dort zunächst an die drastische Schmälerung des Reichsbesitzes um Pfullendorf und verkündete dann, dass er das auf seinem Eigengut stehende, durch einen großen Brand überaus schwer heimgesuchte Dorf zur Stadt Pfullendorf erhebe, die unter seinem Schutz stehen und die gleichen Gewohnheiten, Einrichtungen und Vorrechte wie alle anderen königlichen Städte besitzen solle. Das bedeutete, dass ihre Bürger niemandem außerhalb ihrer Stadt Dienste und Abgaben zu leisten hatten, dass sie nur vor dem Gericht des vom König eingesetzten Stadtschuldheißen erscheinen mussten und mancherlei Begünstigungen an den Zollstätten des Reiches genossen. Das Bürgerrecht sollte unabhängig vom Stand jedem zustehen, der dauernd in der Stadt wohnte und seinen bürgerlichen Verpflichtungen nachkam.[27]

Kann man in Pfullendorf also demnächst das achthundertjährige Bestehen der Stadt feiern, so lassen sich die sonst vermutlich von Friedrich vorgenommenen Städtegründungen meist nicht ebenso genau datieren. Das Dorf Wangen im Allgäu etwa, das dem Kloster St. Gallen gehörte, erhob der König als Vogt von St. Gallen vermutlich Ende 1216 oder Anfang 1217 zur Stadt. Jedenfalls tat er dies vor dem Ulmer Hoftag im Februar 1217. Dort nämlich versprach er dem Abt von St. Gallen und den Bürgern von Wangen urkundlich, dass die Vogtei über Wangen immer in seiner oder seines Erben Hand bleiben solle, sodass sie nicht befürchten mussten, die neue Stadt werde die unmittelbare Bindung an das Reich verlieren.

Ganz ähnlich wie in Wangen ging Friedrich vielleicht schon um 1215 in Lindau vor. Auch dort hatte er die Vogtei eines Klosters, des die Insel beherrschenden Kanonissenstifts, inne und benützte diese Position, um der bereits bestehenden Marktsiedlung den Rang einer Stadt und ihren Bewohnern wohl die üblichen bürgerlichen Rechte zu verleihen.[28]

Größere Unsicherheit herrscht hinsichtlich des Gründungsdatums anderer Städte. So wurde beispielsweise Biberach, das bereits 1170 über einen Markt verfügte, von Friedrich vielleicht zu Beginn seiner Königsherrschaft zur Stadt erhoben, und Kaufbeuren sowie Schongau am Westufer des Lech, die beide Mitte der 1220er-Jahre in den Quellen

---

26 Text: Karl Schmid, Graf Rudolf von Pfullendorf und Kaiser Friedrich I., Freiburg i. Br. 1954, S. 297, Nr. 112, dazu S. 120–123; Wolfgang Metz, Staufische Güterverzeichnisse. Untersuchungen zur Verfassungs- und Wirtschaftsgeschichte des 12. und 13. Jahrhunderts, Berlin 1964, S. 94–97, Faksimile S. 156.
27 DD F. II. (Anm. 7) 3, Nr. 638, S. 418–120 (Worms, 2.6.1220).
28 DD F. II. (Anm. 7) 2, Nr. 398, S. 450f. (Ulm, 13. 2. 1217); Karl Weller, Die staufische Städtegründung in Schwaben, in: Württembergische Vierteljahrshefte für Landesgeschichte, Neue Folge 36 (1930), S. 218f. (Lindau, Wangen).

erstmals als Städte erscheinen, erlangten diese Aufwertung wahrscheinlich gleichfalls schon vor 1220 durch ihn.[29]

Daneben setzte Friedrich wohl um 1215 in Konstanz durch, dass künftig er anstelle des Bischofs die Vergabe der Vogtei über die Stadt vornahm. Der von ihm eingesetzte Reichsvogt erleichterte es ihm nun, dort seinen Einfluss zu stärken, die Bürgerschaft direkter an das Reich zu binden und enger mit ihr zusammenzuarbeiten. Er gestattete ihr denn auch, zur Vertretung ihrer Interessen einen Rat zu bilden, und sie zahlte Steuern an das Reich.[30]

## Die königlichen Münzstätten in Oberschwaben

Ebenso wenig Freude wie dieser Vorgang dürfte dem Bischof Konrad von Konstanz, dem zugleich das außerordentlich große Währungsgebiet des Konstanzer Pfennigs unterstand, wohl auch Friedrichs Auftreten auf dem Feld des Münzwesens bereitet haben. Neben der offenbar recht ertragreichen, allerdings dem Augsburger Währungsbereich zugeordneten Münze in Schongau verfügte Friedrich in Oberschwaben nämlich durchweg über Münzstätten, die zum Konstanzer Währungsgebiet gehörten. Den ersten Platz unter ihnen nahm selbstverständlich die günstig am Schnittpunkt wichtiger Handelswege gelegene, sehr leistungsfähige Münze in Ulm ein, die den staufischen Herrschern schon seit langem zur Verfügung stand. Dazu kamen die Münzschmieden, die zusammen mit den im ausgehenden 12. Jahrhundert hinzugewonnenen Territorien in staufischen Besitz gelangt waren, also die etwas bevorzugte Münze in Ravensburg, die Münzplätze in Überlingen, Memmingen und Biberach sowie die Münze in Lindau, wo freilich der Äbtissin eine gewisse Mitsprache zustand. Für gewöhnlich versorgten die Münzen in erster Linie ihre im Falle von Ulm und Ravensburg recht ausgedehnte Umgebung. Man darf wohl annehmen, dass ihre Bedeutung dank der Förderung durch Friedrich und vor allem infolge der von ihm vorgenommenen Stadterhebungen deutlich wuchs. Dass dem König und seinen Beratern tatsächlich bewusst daran lag, die Leistungsfähigkeit und den Wert seiner Münzstätten zu steigern, zeigt die zunächst etwas befremdliche Abmachung, die er im September 1218 in Ulm mit dem Abt von Kempten traf. Er verzichtete damals nämlich, allerdings gegen eine jährliche Zahlung, auf die erst fünf Jahre zuvor übernommene Vogtei des Kemptener Klosters. Zugleich jedoch verpflichtete er den Abt, die durchaus gewinnbringende Münzstätte seines Klosters zu schließen und zu zerstören, wofür er ihm eine Entschädigung zusagte. Ganz offenkundig wollte Friedrich mit diesem Eingriff erreichen, dass – so wie bereits auf der Lech-Route die Geldversorgung der Reisenden allein den staufischen Münzen zu Donauwörth und Schongau oblag – nun auch der von Ulm über Memmingen und Kempten nach Füssen und weiter nach Italien fließende Handelsverkehr seinen Geldbedarf ausschließlich an den königlichen Münz-

---

29 WELLER, Städtegründung (Anm. 28), S. 212–214.
30 Helmut MAURER, Die Bischofsstadt Konstanz in staufischer Zeit, in: Südwestdeutsche Städte im Zeitalter der Staufer, hg. von Erich MASCHKE/Jürgen SYDOW, Sigmaringen 1980, S. 81–86.

stätten deckte, nämlich jenen in Ulm und Memmingen, dass der dabei erwirtschaftete Überschuss also vollständig der Krone zufiel.³¹

## König Heinrich (VII.)

Ende 1216 hatte Friedrich seinen Sohn Heinrich nach Deutschland gerufen. Unmittelbar danach erhob er ihn zum Herzog von Schwaben und im April 1220 schließlich erreichte er mit viel Mühe, dass die Fürsten Heinrich zum König wählten. Er selbst beabsichtigte, Deutschland nun zu verlassen, um nach der Kaiserkrönung in Rom die nach seiner langen Abwesenheit dringend nötige Neuordnung seines sizilischen Reiches vorzunehmen. Im August verbrachte er noch einmal mehr als drei Wochen in Augsburg. Zahlreiche hohe Geistliche und Fürsten, angesehene Adlige oder Ministerialen vorwiegend aus Deutschlands Süden versammelten sich um ihn zu letzten Beratungen. Anfang September zog er dann über den Brenner nach Italien.³²

Kurz bevor er Deutschland verließ, übergab Friedrich die Sorge für seinen dort bleibenden, neun Jahre alten Sohn Heinrich und die Verwaltung des Herzogtums Schwaben zunächst dem bewährten, dazu bemerkenswert gebildeten Heinrich von Neuffen. Nach der Kaiserkrönung, also Ende 1220, beauftragte er mit der Verantwortung für Heinrich und der Regierung des Königreiches dann noch eine Reihe anderer Männer seines Vertrauens und etwas später berief er den Kölner Erzbischof Engelbert an ihre Spitze. Heinrichs Erziehung aber lag nun offenbar in den Händen des einflussreichen oberschwäbischen Ministerialen und herzoglichen Schenken Konrad von Winterstetten. Neben seinem Onkel Eberhard von Waldburg (südöstlich von Ravensburg), dem Truchsessen und seit 1221 Bewahrer der Reichsinsignien, trat Konrad zudem auch als Prokurator des schwäbischen Herzogtums auf. Beide, Konrad wie Eberhard, gehörten außerdem vermutlich zu jenem engeren Beraterkreis, den Friedrich seinem Stellvertreter Engelbert an die Seite gab.³³

Natürlich informierte Friedrich, den nun die Kaiserwürde auszeichnete, die Führungsgruppe in Deutschland auch weiterhin über seine Absichten und Wünsche, und umgekehrt wandten sich die Großen Deutschlands nicht selten an ihn, sie reisten sogar zu seinen Hoftagen, nicht zuletzt um von ihm Privilegien zu erwirken.

Als sein Sohn Heinrich 1228 begann, selbstständig als König zu handeln, stieß er mit seinen Aktionen bald auf die Kritik und den Unmut des Vaters. Dessen Ärger wuchs rasch und schließlich kündigte er für den Sommer 1235 sein persönliches Erscheinen in Deutschland an. Um dies zu verhindern, ließ Heinrich durch Anselm von Justingen, der

---

31   DD F. II. (Anm. 7) 3, Nr. 454, S. 62–64 (Ulm, 18.9.1218); Norbert Kamp, Moneta regis. Königliche Münzstätten und königliche Münzpolitik in der Stauferzeit, Hannover 2006, S. 261–274, vgl. S. 164–171, 195–215.
32   DD F. II. (Anm. 7) 3, Nr. 647–655, S. 432–447 (Augsburg, 27.7.–17.8.1220); Stürner, Friedrich (Anm. 1) I, S. 189f., 194f., 226f., 235.
33   Burchard von Ursberg (Anm. 5), ad 1221, S. 292–294; Stürner, Friedrich (Anm. 1) I, S. 239, dazu 202 (Eberhard von Waldburg, Konrad von Winterstetten); Peter Thorau, König Heinrich (VII.), das Reich und die Territorien (1211) 1220–1228, Berlin 1998, S. 95–121.

sich um 1230 gegen den Kaiser und für ihn entschieden hatte, ein Hilfsabkommen mit Friedrichs verhasstestem Feind, dem Lombardenbund, abschließen, was natürlich das Zerwürfnis mit seinem Vater besiegelte. Wie Anselm setzte sich damals auch Heinrich von Neuffen für die Sache des Königs ein. Vielleicht vermochte er sich nach der langen Zeit des gemeinsamen Wirkens nicht von ihm zu trennen, vielleicht versprach er sich von den zu erwartenden Kämpfen überdies territorialen Gewinn.

## Friedrichs zweiter Deutschlandaufenthalt und sein Verhältnis zu Oberschwaben bis 1250

Im Mai 1235 erschien Friedrich tatsächlich in Deutschland, gewann rasch die Fürsten großenteils für sich und der bewaffnete Widerstand gegen ihn brach recht schnell zusammen. Das lag nicht zuletzt am beherzten Eingreifen des Bischofs Heinrich von Konstanz. Heinrich, der Bruder des 1234 verstorbenen Truchsessen Eberhard von Waldburg, war zunächst Dompropst in Konstanz, seit 1217 Protonotar Friedrichs II., dann König Heinrichs, ehe er 1233 zum Bischof von Konstanz erhoben wurde. Nun gelang es ihm, Ende Juni mit seinen Truppen des Kaisers Gegner, an ihrer Spitze die Herren von Neuffen und Justingen, im Ermstal zu besiegen. Kurz darauf begnadigte Friedrich seinen Sohn; für selbstverständlich hielt er jedoch, dass dieser mit dem Bruch des seinem Vater öffentlich gegebenen Gehorsamsversprechens seine Königswürde verloren hatte. Als Heinrich sich zu diesem Verzicht nicht bereit fand, befahl er, ihn als Gefangenen nach Unteritalien zu bringen, um neue Unruhen zu verhindern.

Den Anhängern seines Sohnes verzieh er für gewöhnlich, er ließ sich seine Gnade jedoch meist teuer bezahlen. Die Stammburg Anselms von Justingen freilich wurde zerstört und Anselm selbst floh als Geächteter. Heinrich von Neuffen und seine Söhne mussten immerhin auf die wertvolle Feste Achalm verzichten. Als Reichsburg erleichterte sie künftig Friedrichs Förderung der Stadt Reutlingen.[34]

In der Regel indes blieben die Repräsentanten Oberschwabens während des Kaisers Konflikt mit seinem Sohn wie danach auf Friedrichs Seite. So verhielt sich der Konstanzer Bischof Heinrich, und ebenso wohl auch sein Neffe, der Schenk Konrad von Winterstetten. Wie sein bischöflicher Onkel nahm er bereits im August 1235 an dem großen kaiserlichen Hoftag in Mainz teil. Er erschien dann einigermaßen regelmäßig am Hof Friedrichs, der ihn 1237 vor seiner endgültigen Abreise aus Deutschland beauftragte, als Vertreter Konrads, des jüngeren, noch minderjährigen Bruders und Nachfolgers von König Heinrich, für die korrekte Verwaltung des Herzogtums Schwaben zu sorgen. Um guten Kontakt zum Kaiser war während dessen Aufenthaltes in Deutschland auch Siboto von Seefeld (östlich des Ammersees) bemüht, Siegfrieds Nachfolger als Bischof von Augsburg, oder, etwas weniger eifrig, der Kämmerer Heinrich von Ravensburg.[35]

---

34 Hans Martin Schaller, Bischof Heinrich von Konstanz, in: NDB, Bd. 8, Berlin 1969, S. 365; Stürner, Friedrich (Anm. 1) II, S. 275–285, 296–309, 321.
35 Jean Louis Alphonse Huillard-Bréholles, Historia Diplomatica Friderici II. (HB), T. 4, Paris 1855, S. 752, 757, 763, vgl. noch 786, 788, 792, 794, 818, 820, 823, 837, 868, 886, 889, 893, 899; T. 5, Paris 1857,

Friedrich seinerseits besuchte auch jetzt die beiden von ihm schon als König bevorzugten oberschwäbischen Hauptstädte, Ulm allerdings nur kurz, Augsburg dagegen dreimal, jeweils zur Abhaltung wichtiger Hoftage. Von Augsburg aus trat er Anfang September 1237 auch seinen Zug in die Lombardei an. In den folgenden Jahren bis zu seinem überraschenden Tod im Dezember 1250 standen dann die Auseinandersetzung mit dem Papst und der Kampf gegen dessen lombardische Verbündeten im Mittelpunkt seines politischen Handelns. Dennoch behielt er Oberschwaben durchaus im Gedächtnis als eine Region, die dem schwäbischen Herzog wie dem König eine feste Basis und wertvollen Rückhalt bot und überdies einen sicheren Zugang zu den wichtigen Passstraßen über die Alpen ermöglichte.

Vielleicht noch 1237 oder wenig später brachte er die Grafschaft Zeil (südwestlich von Memmingen) an sich und sorgte für den Ausbau des dortigen Dorfes Leutkirch zur Stadt. Bereits 1239 sprach man von der Stadt Leutkirch. Im Jahr 1243 gelang dem Kaiser dann noch ein weiterer schätzenswerter Zugewinn, diesmal aus dem Besitz des Grafen Hartmann von Grüningen. Hartmann, ein Mitglied der Grafenfamilie der Württemberger, verfügte nicht nur am mittleren Neckar, sondern vor allem auch in Oberschwaben über beachtlichen Grundbesitz etwa um die namengebende, heute zu Riedlingen an der Donau gehörende Burg Grüningen. Von ihm kaufte Friedrich für 3200 Mark Silber die Allgäu-Grafschaft um die Burg Eglofs (zwischen Isny und Wangen). Vermutlich ging es ihm bei dieser wie bei früheren Aktionen in Oberschwaben nicht zuletzt um die Sicherung der Verkehrswege über die Alpen.[36]

So war Oberschwaben aus diesem wie noch manch anderem Grund für den Kaiser sicher von beachtlichem Wert. Andererseits darf man wohl annehmen, dass sein Regiment auch der Bevölkerung Oberschwabens gewisse Vorteile brachte, das Aufblühen der Städte und die Erleichterung des Handels etwa oder zumindest einigermaßen sichere und friedliche Verhältnisse, und einiges wie die seinerzeit gegründeten Städte war sogar von Dauer. Viel mehr konnte man damals in Oberschwaben von einem Herrscher, der sich wie Friedrich für ein riesiges Reich verantwortlich sah, wohl kaum erwarten.

---

S. 72, 98, 102; Acta imperii (Anm. 10) 1, Nr. 341 (Lager bei Augsburg, Sept. 1237), S. 303, Nr. 348 (Mai 1238), S. 310, Nr. 361, S. 319f. (Faenza, März 1241); Konrad von Winterstetten als Prokurator Schwabens 1237–1243: WELLER (Anm. 28), S. 237f. Christian HILLEN, Siboto von Seefeld, Bischof von Augsburg, in: NDB, Bd. 24, Berlin 1210, S. 306f.

36 WELLER, Städtegründung (Anm. 28), S. 240–242; zu Eglofs zudem HB (Anm. 35), T. 6, Paris 1860, S. 86, sowie Sönke LORENZ, Graf Ulrich von Württemberg, die Schlacht von Frankfurt (1246) und der Aufstieg der Grafen von Württemberg, in: Konrad IV. (1228–1254). Schriften zur staufischen Geschichte und Kunst 32, Göppingen 2012, bes. S. 71f. (mit weiterer Literatur); STÜRNER, 13. Jahrhundert (Anm. 1), S. 281; Peter BLICKLE, Die Eglofser Freien, in: ZWLG 44 (1985), S. 105–109.

# Die Ministerialen von Tanne / Waldburg / Winterstetten
## Pfeiler der staufischen Herrschaft in Oberschwaben

Harald Derschka

Die Ministerialen von Tanne, Waldburg und Winterstetten waren prominente Vertreter der ehemals welfischen, dann staufischen Ministerialität in Oberschwaben und leisteten ihren Dienstherren über mehrere Generationen wertvolle Dienste. Christoph Friedrich von Stälin († 1873) stellte dies bereits 1847 im zweiten Band seiner „Wirtembergischen Geschichte" klar heraus.[1] Die wesentlichen Fakten versammelte Joseph Vochezer († 1904) als Chronist des Hauses Waldburg;[2] die Ministerialenforscher Karl Bosl († 1993) und Günther Bradler bestätigen den Befund.[3] Trotzdem lohnt es sich, die bekannten Quellen wieder einmal zu sichten und zu prüfen, ob sie Muster erkennen lassen. Nehmen wir es also als gegeben, dass die Ministerialen von Tanne, Waldburg und Winterstetten „Pfeiler" der staufischen Herrschaft waren. Im Folgenden möchte ich versuchen aufzuzeigen, inwiefern sie dies leisteten.

Die erste, vordergründige Antwort auf diese Frage ist trivial. Sie waren Ministeriale und hatten Anteil am sogenannten Aufstieg der Ministerialität im 12. und 13. Jahrhundert. Im Zeitalter der salischen und staufischen Könige waren Ministeriale das gegebene Personal, um Herrschaft in der Fläche auszuüben. Bei den Ministerialen handelte es sich mehrheitlich um unfreie, vom König oder den jeweiligen Fürsten abhängige Personen,

---

[1] Christoph Friedrich von Stälin, Wirtembergische Geschichte, zweiter Teil. Schwaben und Südfranken, Hohenstaufenzeit 1080–1268, Stuttgart/Tübingen 1847, S. 167.
[2] Joseph Vochezer, Geschichte des fürstlichen Hauses Waldburg in Schwaben, Bd. 1, Kempten 1888, S. 1–346.
[3] Karl Bosl, Die Reichsministerialität der Salier und Staufer. Ein Beitrag zur Geschichte des hochmittelalterlichen deutschen Volkes, Staates und Reiches, Teil 2 (MGH Schriften 10, 2), Stuttgart 1951, S. 428–439; Günther Bradler, Studien zur Geschichte der Ministerialität im Allgäu und in Oberschwaben (Göppinger akademische Beiträge 50), Göppingen 1973, S. 409–412, S. 480–488, S. 492–494, S. 496–500; Ders., „Domini Terriginae" – Die Anfänge der Landesherrschaft des Hauses Tanne-Waldburg in Oberschwaben und im Allgäu, in: Die Waldburg in Schwaben, hg. von Max Graf zu Waldburg-Wolfegg, Ostfildern 2008, S. 15–28.

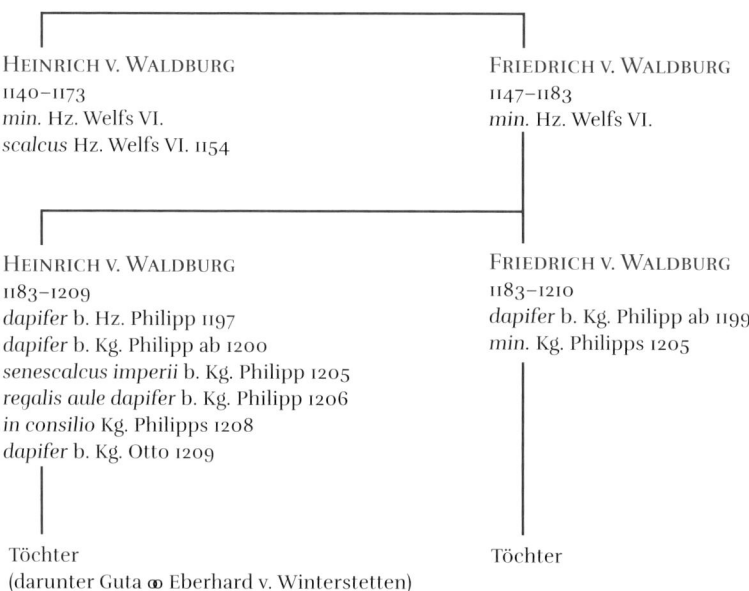

1 Die älteren Ministerialen (und Truchsessen) von Waldburg (nach Vochezer, Waldburg [Anm. 2], 1. Stammtafel, vereinfacht, unvollständig)

denen Herrschafts- und Verwaltungsfunktionen anvertraut wurden. Nun sollte, wer verbindliche Anordnungen trifft, auch in der Lage sein, sie durchzusetzen. Deshalb mussten Ministeriale mit Waffen umgehen; das ebnete ihnen den Weg in das Rittertum und schließlich in den niederen Adel, in selteneren Fällen – wie dem der Waldburger – sogar langfristig in den hohen Adel.

Nun muss dieser allgemeine Rahmen konkretisiert werden. In Schwaben gab es ja viele hundert Ministeriale des Reichs, des Herzogtums, weltlicher Fürsten und der Reichskirchen. Nur wenigen davon gelang es, sich dauerhaft zu etablieren; das ist übrigens ein Umstand, der es schwierig macht, pauschal vom „Aufstieg der Ministerialen" zu sprechen. Die Ministerialen von Tanne/Waldburg/Winterstetten zählen zweifellos zu denjenigen Ministerialen, welche die Möglichkeiten, die ihre Stellung bot, erfolgreich ausschöpften. Die Voraussetzungen dafür, dass sie ihre schwäbischen Standesgenossen und Konkurrenten auf Abstand halten konnten, entstanden bereits im 12. Jahrhundert im oberschwäbischen Machtbereich der Welfen. Als erster Angehöriger der welfischen Ministerialenfamilie von Waldburg gilt Abt Kuno von Weingarten im ersten Drittel des 12. Jahrhunderts. Allerdings ist diese Angabe nicht belastbar, weil sie einer deutlich jüngeren und nicht ganz zuverlässigen Quelle entnommen ist.[4]

---

4 Codex maior traditionum Weingartensium, Abtsverzeichnis, 2. Hälfte 13. Jh., in: WUB, Bd. 4: 1241–1252 mit Anhang, zwei Weingartener Codices aus der zweiten Hälfte des 13. Jahrhunderts, Stuttgart

Sicheren Boden gewinnen wir mit einem Brüderpaar Heinrich und Friedrich von Waldburg; diese beiden sind seit den 1140er-Jahren als Ministeriale Herzog Welfs VI. belegt. Wir finden ihre Namen in den Zeugenlisten herzoglicher Urkunden;[5] auch nach 1167 wurden sie noch zu den *ministeriales* Herzog Welfs VI. gezählt.[6] Über ihre Funktion jenseits dieser Zeugenschaften erfahren wir nichts. Trotzdem besitzen wir eine Reihe brauchbarer Indizien für ihren Status.

Das wichtigste Indiz liegt in ihrem Herkunftsnamen „von Waldburg". Unter den dutzenden welfischen Ministerialenfamilien finden wir nur zwei, deren Namen ausdrücklich auf eine Burg verweisen, die Ministerialen von Ravensburg und von Waldburg. Üblicherweise waren Ministeriale im 12. Jahrhundert nicht mit ausgebauten Höhenburgen ausgestattet; die weitaus meisten welfischen Ministerialen hießen nach ihren ländlichen Wohnsitzen. Die Ministerialen von Ravensburg und von Waldburg sind die Ausnahmen. Wir dürfen davon ausgehen, dass die Waldburg und die Ravensburg zentrale Orte der welfischen Herrschaft darstellten und dass die Ministerialen von Ravensburg und von Waldburg dort nicht nur die Burghut versahen, sondern auch Herrschaftsrechte ausübten.

Die Ausnahmestellung der welfischen Ministerialen von Ravensburg und von Waldburg zeigt sich noch an einem weiteren Punkt: 1154 sind sie als Inhaber welfischer Hofämter genannt, nämlich der *scalcus*, also der Seneschall Friedrich von Waldburg und die *camerlingi*, also die Kämmerer Friedrich und Otto von Ravensburg; hinzu kommt ein Marschall Hermann von Ravensburg.[7] Bislang ist nur dieser eine Beleg für den Seneschall Friedrich von Waldburg bekannt. In staufischer Zeit war die Waldburg fest mit dem Hofamt des Truchsessen, lateinisch *dapifer*, verbunden. „Seneschall" und „Truchsess" sind gleichbedeutende Bezeichnungen für den Leiter der fürstlichen Hofhaltung, besonders der Lebensmittelversorgung; d. h. schon in welfischer Zeit war diese Funktion den jeweiligen Inhabern der Waldburg anvertraut.

Die Einrichtung der ministerialischen Hofämter des Seneschalls, des Kämmerers und des Marschalls in den 1150er-Jahren beweist zudem, dass die institutionelle Verfestigung der Landesherrschaft unter Herzog Welf VI. bemerkenswert weit fortgeschritten war. Werner Rösener zeigte vor beinahe 30 Jahren in einem grundlegenden Aufsatz den Zusammenhang zwischen dem Ausbau der fürstlichen Territorialherrschaft und dem Aufkommen der ministerialischen Hofämter an den weltlichen Fürstenhöfen auf, wobei der Schwerpunkt in die zweite Hälfte des 12. Jahrhunderts fällt. Ein frühes Beispiel ist das Herzogtum Österreich, wo die vollständige Vierzahl der ministerialischen Hofämter des Marschalls, Truchsessen, Schenken und Kämmerers 1159 nachweisbar ist. Am bedeutendsten Fürstenhof dieser Zeit, dem sächsischen Hof Heinrichs des Löwen, ist die Vier-

---

1883, ND Aalen 1974, Anh. Nr. 2, S. 16–19. – Zu Abt Kuno: WALDBURG-WOLFEGG, Max Graf zu, Abt Cuno von Weingarten (1107–1132), in: Die Waldburg in Schwaben (Anm. 3), S. 29–32.
5  Die Belege: BRADLER, Ministerialität (Anm. 3), S. 412.
6  Monumenta Pollingana, Rotulus Chartarius, in: Monumenta Boica, Bd. 10, München 1768, S. 9–36, hier S. 27, a. 1173: *Friderich et frater eius Heinricus de Waltpurch et alii quam plures de ministerialibus ducis et de familia ministerialium*.
7  Karin FELDMANN, Herzog Welf VI. und sein Sohn. Das Ende des süddeutschen Welfenhauses (mit Regesten), Tübingen 1971, Regest. Nr 66 im Anhang; Der Marschall: MGH DD HL., Nr. 31, S. 45 (1155).

zahl erst 1170 belegt; im Herzogtum Bayern waren alle vier ministerialischen Hofämter sogar erst nach dem Sturz Heinrichs des Löwen unter den Wittelsbachern besetzt.[8] Am Hof Herzog Welfs VI. sind die vier ministerialischen Hofämter nicht vollständig nachgewiesen; es fehlt der Schenk. Allerdings gibt es für die Spätzeit Herzog Welfs VI. generell keine Belege für Hofämterministerialen; vermutlich bestand nach dem Tode Welfs VII. keine Notwendigkeit mehr, den oberschwäbischen Welfenhof weiter auszubauen. Bis dahin scheinen die dahingehenden Anstrengungen Herzog Welfs VI. jedenfalls zielführend gewesen zu sein: Als Friedrich I. Barbarossa ab 1179 den oberschwäbischen Welfenbesitz übernahm, fand er dort eine gefestigte, wohlorganisierte Herrschaft vor; und die Ministerialen von Waldburg waren seit wenigstens vier Jahrzehnten ein Pfeiler dieser Herrschaft gewesen. Darum ist es nicht verwunderlich, dass die Staufer sie in dieser Funktion übernahmen.

Herzog Welf VI. übergab seine Herrschaft nicht an Kaiser Friedrich I. Barbarossa, sondern an dessen Sohn, den Herzog Friedrich von Schwaben. Die ehedem herzoglich welfischen Ministerialen wurden auf diesem Wege herzoglich schwäbische Ministeriale. Bis zum Tode Herzog Welfs VI. bildeten sie noch häufig dessen Gefolge; ansonsten finden wir sie bevorzugt in den Zeugenreihen von Urkunden der Stauferherzöge Friedrich und Konrad, und nur gelegentlich bei Kaiser Friedrich I.[9]

Ein grundlegender Wandel trat in der Zeit um 1200 unter dem Herzog und König Philipp ein. Philipp übernahm die Spitzengruppe der ehemals herzoglich welfischen und dann herzoglich schwäbischen Ministerialität in Oberschwaben in die Reichsministerialität. Dies lässt sich an der zweiten Generation der älteren Waldburger nachvollziehen, nämlich an den beiden Brüdern und Truchsessen Heinrich und Friedrich: 1183 bezeugten der ältere Friedrich von Waldburg und seine namentlich nicht genannten Söhne, mit denen diese Brüder Heinrich und Friedrich gemeint sein dürften, eine Urkunde Welfs VI. für das Prämonstratenserstift Steingaden.[10] 1192 bezeugten Heinrich und Friedrich von Waldburg in Memmingen eine Urkunde Herzog Konrads für das Prämonstratenserstift Rot an der Rot.[11] 1197 ist Heinrich allein und als Truchsess aufgeführt, als er im Gefolge Herzog Philipps dessen Schenkung und Besitzbestätigung für das Prämonstratenserstift Weißenau bezeugte.[12]

Bis dahin war der Wirkungskreis der Waldburger auf den regionalen, durch das Herzogtum vorgegebenen Rahmen beschränkt; im Umfeld Kaiser Heinrichs VI. sind sie nicht belegt.[13] Am 28. September 1197 verstarb Kaiser Heinrich VI.; als sein Bruder Herzog Philipp daranging, die Nachfolge im Reich anzutreten, ebnete er den beiden Waldburgern den Weg in den Reichsdienst. Besonders klar zeigt sich dies im Lebenslauf Hein-

---

8 Werner RÖSENER, Hofämter an mittelalterlichen Fürstenhöfen, in: DA 45 (1989), S. 485–550, hier S. 523–530.
9 Übersicht: BRADLER, Ministerialität (Anm. 3), S. 418–420.
10 Monumenta Steingadensia, in: Monumenta Boica, Bd. 6, München 1766, S. 475–632, hier Nr. 10, S. 493; Für die Identifikation der Söhne: VOCHEZER, Waldburg (Anm. 2), S. 17.
11 WUB, Bd. 2: 1138–1212, Stuttgart 1858, ND Aalen 1972, Nr. 470, S. 276.
12 WUB, Bd. 2 (Anm. 11), Nr. 502, S. 320f.
13 Bernd SCHÜTTE, König Philipp von Schwaben. Itinerar, Urkundenvergabe, Hof (MGH Schriften 51), Hannover 2002, S. 453f., S. 481–483 Belege für Heinrich, S. 453f. Belege für Friedrich von Waldburg.

richs von Waldburg: Bereits vor Philipps Wahl und Krönung befand sich Heinrich als schwäbischer Truchsess gemeinsam mit weiteren schwäbischen Ministerialen und Reichsministerialen im Gefolge des Herzogs, als dieser den Bürgern von Speyer im Namen seines verstorbenen Bruders die Privilegien bestätigte.[14] Dann zählte er zu den *viri nobiles et strenui*, die Aachen für König Philipp besetzten, jedoch für die Krönung des Welfen Otto räumen mussten.[15] In der Folgezeit hielt sich Heinrich in fast jedem Jahr für längere Zeit bei König Philipp auf, nun als Reichstruchsess, wie die Zeugenreihen königlicher Urkunden belegen, in denen er gemeinsam mit anderen Hofämterministerialen des Reichs aufgeführt ist.[16] 1205 ist er als Seneschall des Reichs (*senescalcus imperii*), 1206 als Hoftruchsess (*regalis aule dapifer*) bezeichnet.[17] 1208 befand sich Heinrich im Rat (*in consilio*) König Philipps, als dieser ermordet wurde, und erlitt selbst durch den Anschlag eine Verletzung.[18]

Heinrichs Bruder Friedrich von Waldburg kommt weitaus seltener im Umfeld des Königs vor, doch ist seine Aufnahme unter die Reichsministerialen ausdrücklich belegt.[19] Friedrich bezeugte einige königliche Urkunden als Truchsess gemeinsam mit anderen Reichsministerialen – möglicherweise nur als Stellvertreter seines Bruders Heinrich: Als die beiden Waldburger 1207 gemeinsam in Quedlinburg am Hofe Philipps weilten, führte allein Heinrich den Truchsessentitel.[20] Die beiden Truchsessen von Waldburg starben um 1210 und hinterließen keine männlichen Erben. Die Waldburg und das – offenbar mit der Waldburg verbundene – Truchsessenamt gingen auf die Ministerialen von Tanne über.

---

14  MGH DD Ph., Nr. 15, S. 33–36.
15  Burchardi Chronicon, in: Quellen zur Geschichte der Welfen und die Chronik Burchards von Ursberg, hg. von Matthias BECHER (FSGA 18 b), Darmstadt 2007, S. 242.
16  Übersicht: SCHÜTTE, Philipp (Anm. 13), S. 482.
17  MGH DD Ph., Nr. 90, S. 206–209; Nr. 126, S. 284–286.
18  Burchardi Chronicon (Anm. 15), S. 252.
19  Übersicht: SCHÜTTE, Philipp (Anm. 13), S. 453f.; BRADLER, Ministerialität (Anm. 3), S. 493; WUB, Bd. 2 (Anm. 11), Nr. 526, S. 349–351, Urkunde Bischof Diethelms von Konstanz a. 1205, Friedrich als erster unter den *ministeriales accepti domini regis Philippi*.
20  Erstmals 1198: MGH DD Ph., Nr. 21, S. 48–51, hinter Truchsess Konrad von Rothenburg; 1207: MGH DD Ph., Nrn. 152–154, S. 347–353. Für die Interpretation: Julius FICKER, Die Reichshofbeamten der staufischen Periode, in: Sitzungsbericht der Akademie der Wissenschaften in Wien, Philosophisch-Historische Klasse 40 (1862), S. 447–549, hier S. 473.
21  Vochezers 2. Stammtafel enthält mehrfach unglaubwürdig lange Belegzeiträume: So soll der erste Truchsess Eberhard von etwa 1170 bis 1234 nachgewiesen sein; zugleich hätten seine Söhne aus erster Ehe mit einer frühverstorbenen Frau bis in die 1260er/70er-Jahre gelebt. Sinnvoller ist es, die Belege für die Brüder Bertold und Eberhard auf zwei Generationen zu verteilen, mit einem Generationenwechsel um 1190/1205: Eberhard von Tanne trat 1187 gemeinsam mit einem Neffen Eberhard auf, demnach der Sohn des (1185 zuletzt belegten) Bertold (Zeuge einer Urkunde Herzog Friedrichs V. von Schwaben, abgedruckt in: Franz Ludwig BAUMANN, Forschungen zur schwäbischen Geschichte, Kempten 1899, S. 205f.). Dieser Neffe Eberhard ist hier mit dem Truchsessen Eberhard von Tanne-Waldburg gleichgesetzt. Freilich ist das nur ein vorläufiger Versuch; die frühen Tanne/Waldburg/Winterstetten hätten eine umfassende Neubearbeitung verdient.

▶ 2   Die älteren Ministerialen (und Truchsessen) von Tanne und von Tanne-Waldburg und die Ministerialen (und Schenken) von Tanne-Winterstetten (nach Vochezer, Waldburg [Anm. 2], 2. und 3. Stammtafel, modifiziert, unvollständig).[21]

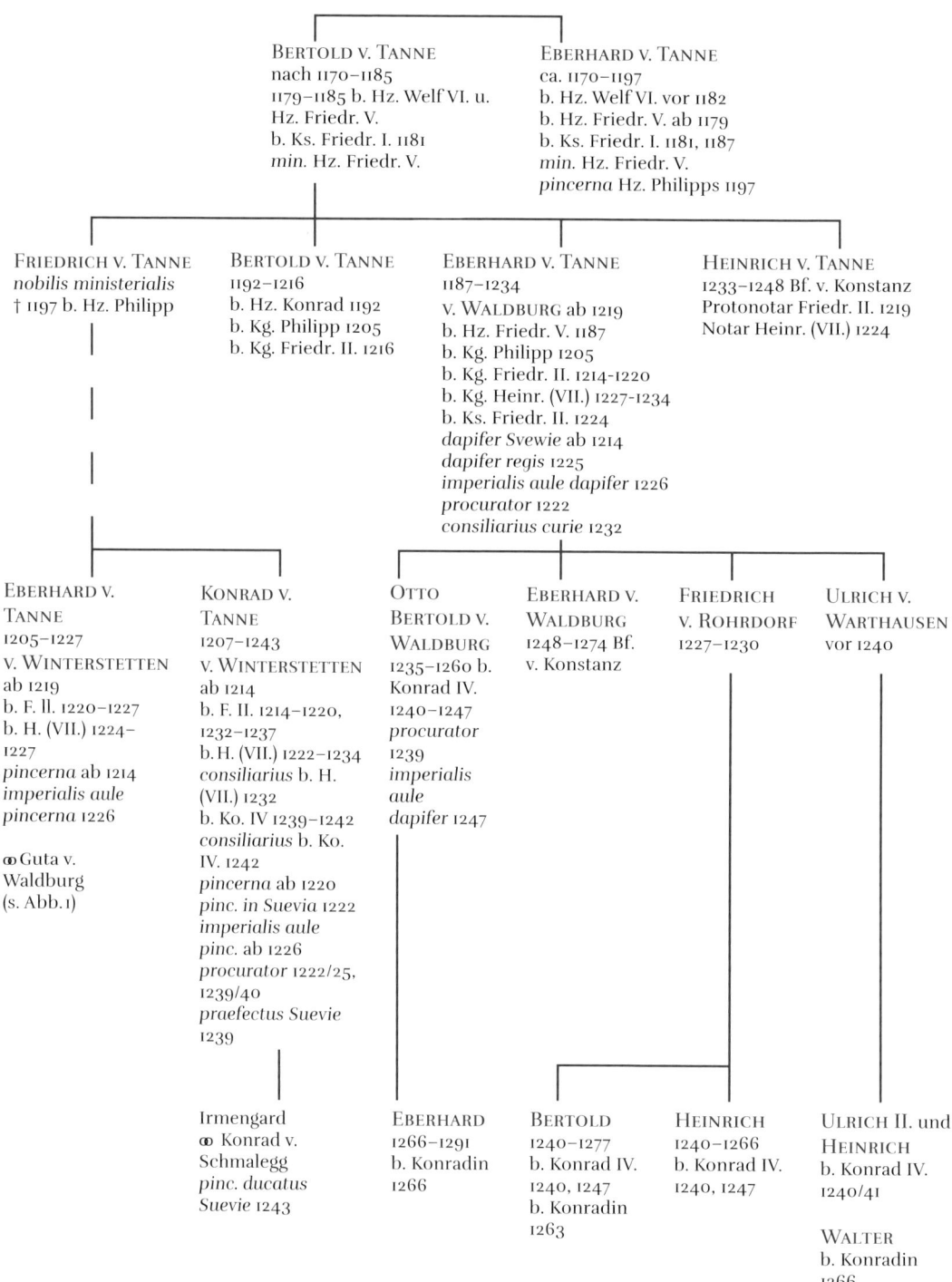

Die ersten Belege für die Ministerialen von Tanne setzen etwa eine Generation nach den älteren Waldburgern ein, mit denen sie das Profil insgesamt teilen: Als Beurkundungszeugen für Herzog Welf VI. und Herzog Friedrich V. sind die Brüder Bertold und Eberhard von Tanne seit etwa den 1170er-Jahren sicher fassbar, dazu noch für Kaiser Friedrich I., allerdings nur in Schwaben und in schwäbischen Angelegenheiten.[22] Vielleicht krönte Herzog Philipp die Laufbahn des älteren Eberhard von Tanne, indem er ihm die schwäbische Schenkenwürde verlieh.[23]

Die folgende Generation, wohl die Söhne des älteren Bertold von Tanne,[24] bewährte sich ebenfalls im Dienst für die Staufer: Friedrich von Tanne fiel 1197 als Gefolgsmann Herzog Philipps auf der Burg Montefiascone bei Viterbo, nachdem die Nachricht vom Tode Kaiser Heinrichs VI. eine antistaufische Erhebung ausgelöst hatte.[25] Der Chronist Burchard von Ursberg bezeichnet Friedrich von Tanne in seinem um 1229/30 verfassten Bericht darüber als einen „edlen" Ministerialen (*nobilis ministerialis*); das Attribut „nobilis" stand einem Ministerialen üblicherweise nicht zu und zeigt hier seine Vorzugsstellung an.[26] Der jüngere Bertold von Tanne ist gelegentlich als Zeuge in Urkunden Herzog Konrads, König Philipps und der Freiherren von Vaz genannt, die alle in Schwaben ausgestellt sind;[27] ins Umfeld König Friedrichs II. gelangte er als Begleiter seines prominenteren Bruders Eberhard von Tanne.[28] Dieser jüngere Eberhard von Tanne ist die Schlüsselfigur für die weitere Familiengeschichte. Er bewegte sich – nicht anders als seine

---

22 Belege: BRADLER, Ministerialität (Anm. 3), S. 409f.; Explizit als *ministeriales* Herzog Friedrichs V.: Bündner Urkundenbuch, Bd. 1: 390–1199, bearb. von Elisabeth MEYER-MARTHALER/Franz PERRET, Chur 1955, Nr. 374, S. 279 (1170 oder später); MGH DD F. I/4, Nr. 807, S. 5f. (Ulm, 1181, für das Schottenkloster in Memmingen), Nr. 808, S. 6f. (Ulm, 1181, Gründung des Augustinerchorherrenstifts Waldsee), Nr. 966, S. 242f., (Wallhausen *apud lacum Constantiensem*, 1187, für das Zisterzienserkloster Salem, nur Eberhard); Nach Alheydis PLASSMANN, Die Struktur des Hofes unter Friedrich I. Barbarossa nach den deutschen Zeugen seiner Urkunden (MGH Studien und Texte 20), Hannover 1998, S. 159, gilt dies für die schwäbischen Ministerialen Friedrichs I. generell; sie „gewannen [...] durch ihre Verbindung zum Kaiserhaus keine überregionale Kompetenz".
23 Eberhard als *pincerna*: MGH DD Ph., Nr. 13, S. 25–28 (1197).
24 Friedrich, Bertold, Eberhard, Heinrich und Peregrin von Tanne sind nie gemeinsam, aber einzeln in verschiedenen Zusammenhängen als Brüder belegt (Beispiele in den folgenden Anm.); zum mutmaßlichen Vater oben Anm. 21.
25 Burchardi Chronicon (Anm. 15), S. 233, ausdrücklich als Bruder des (späteren) Truchsessen Eberhard; Kurze Zeit später bezeugte ein Friedrich von Tanne eine Urkunde Herzog Philipps: MGH DD Ph., Nr. 15, S. 33–36 (1198 Jan. 21). Wenn diese Angaben stimmen, sind sie wiederum ein Beleg dafür, dass wir mit mehr Individuen rechnen müssen, als auf Vochezers 2. Stammtafel verzeichnet sind.
26 Eine Auflistung von oberschwäbischen Reichsministerialen mit „nobilis"-Beleg bei: BRADLER, Ministerialität (Anm. 3), S. 512; Zur Begrifflichkeit: Josef FLECKENSTEIN, Die Entstehung des niederen Adels und das Rittertum, in: Herrschaft und Stand. Untersuchungen zur Sozialgeschichte des 13. Jahrhunderts, hg. von DEMS. (Veröffentlichungen des Max-Planck-Instituts für Geschichte 51), Göttingen 1977, S. 17–39.
27 WUB, Bd. 2 (Anm. 11), Nr. 470, S. 276f. (Memmingen, 1192, Herzog Konrad für Rot an der Rot); MGH DD Ph., Nr. 111, S. 250–252 (Augsburg, 1205, König Philipp für Herzog Ludwig von Bayern; Bertold mit seinem Bruder Eberhard und ihrem Neffen Eberhard); Codex diplomaticus Salemitanus, Urkundenbuch der Cisterzienserabtei Salem, Bd. 1: 1134–1266, hg. von Friedrich VON WEECH, Nr. 96, S. 139 (Lindau, 1216, Vaz für Salem; Bertold und sein Bruder Peregrin).
28 MGH DD F. I/2, Nrn. 371f., S. 397–401 (Konstanz, 1216, für Tennenbach und Raitenhaslach).

Brüder, seine Elterngeneration und die älteren Waldburger – im Gefolge der Staufer, bei Herzog Friedrich V. und König Philipp;[29] unter König Friedrich II. stieg er in die Führungsschicht Schwabens auf.

Nun fiel an den Beginn des 13. Jahrhunderts eine Krise des staufischen Königtums, nämlich der staufisch-welfische Thronstreit nach dem Tode Kaiser Heinrichs VI. Man könnte sich ja vorstellen, dass die ehemals welfischen Ministerialenfamilien von Waldburg und von Tanne gewisse Sympathien für den welfischen König Otto gehegt haben mochten. Truchsess Heinrich aus der älteren Ministerialenfamilie von Waldburg findet sich ein einziges Mal als Zeuge einer Urkunde König Ottos IV. – das war 1209, also zu einem Zeitpunkt, als Ottos Königtum allgemein anerkannt war; die Beurkundung fand in Ulm statt in einer Angelegenheit, welche die Abtei Buchau betraf.[30] Kurzum, das allein ist kein nachdrücklicher Loyalitätsbeweis. Ministerialen von Tanne sind bei König Otto überhaupt nicht belegt. Ob man es als einen symbolischen Annäherungsversuch werten darf, dass einer der Söhne Eberhards von Tanne, der um diese Zeit geboren sein könnte, auf den Namen Otto Bertold getauft wurde? Der Name Otto kommt bei den Ministerialen von Tanne und von Waldburg im 12. und 13. Jahrhundert sonst nicht vor und ist in ihrem weiteren Umfeld ungebräuchlich. Auch finden sich keine Ministerialen von Tanne in der Umgebung König Friedrichs II., als dessen deutsches Königtum zwischen dem Herbst 1212 und dem Frühjahr 1214 noch von König Otto bekämpft wurde und ungewiss war.[31]

Den Durchbruch zu Ansehen und Einfluss erlangten die Ministerialen von Tanne als enge Gefolgsleute König Friedrichs II., in dessen Nähe sie seit dem Frühjahr 1214 dichter belegt sind, nun als Inhaber schwäbischen Hofämter: Eberhard als Truchsess seit 1214,[32] seine Neffen Eberhard und Konrad als Schenken; im Schenkenamt ist zuerst 1214 Eberhard von Tanne genannt,[33] seit 1220 auch sein Bruder Konrad.[34] Damit einher ging offenbar die Belehnung mit dem Erbe zweier erloschener Familien der staufischen Ministerialität Oberschwabens: Konrad von Tanne trat erstmals 1214 und seit dem Folgejahr regelmäßig unter dem Namen „von Winterstetten" auf,[35] sein Bruder, Schenk Eberhard, noch eine Weile unter beiden Namen.[36] Truchsess Eberhard ist erstmals 1219 auf einem

---

29 1187 Zeuge für Hz. Friedrich V.: BAUMANN, Forschungen (Anm. 21); 1205 für Kg. Philipp: Anm. 27.
30 WUB, Bd. 2 (Anm. 11), Nr. 544, S. 371–373; Bernd Ulrich HUCKER, Kaiser Otto IV. (MGH Schriften 34), Hannover 1990, S. 389.
31 Während VOCHEZER, Waldburg (Anm. 2), S. 55, nur vermutungsweise davon spricht, dass sich Eberhard 1212 sogleich an Friedrich angeschlossen habe, ist dies später zur Gewissheit geronnen: Otto FEGER, Geschichte des Bodenseeraumes, Bd. 2: weltweites Mittelalter (Bodensee-Bibliothek 3), Sigmaringen ³1983, S. 155. Dahinter stand die Vorstellung einer unbedingten Staufertreue der Tanne/Waldburg/Winterstetten, die durch die Quellen nicht gedeckt ist.
32 MGH DD F. II/2, Nr. 249, S. 161f.
33 MGH DD F. II/2, Nr. 224, S. 119–121 (1214). Der Erstbeleg Eberhards 1205 mit seinen Onkeln Bertold und Eberhard MGH DD Ph., Nr. 111, S. 250–252.
34 MGH DD F. II/3, Nr. 638, S. 418–420 (1220). Max GRAF ZU WALDBURG-WOLFEGG, Konrad von Tanne-Winterstetten (1207–1243), in: Die Waldburg in Schwaben (Anm. 3), S. 29–32.
35 Zuletzt 1215 als Konrad v. Tanne: MGH DD F. II/2, Nr. 306, S. 270–272.
36 MGH DD F. II/3, Nr. 591, S. 327–331 (Weingarten, 1220, Kg. Friedrich II. für Ottobeuren; Konrad und Eberhard v. Winterstetten); MGH DD F. II/5, Nr. 973, S. 85–86; Nr. 996, S. 142–146 (Capua und Ferentino, 1223, Ks. Friedrich II. für den Deutschen Orden; Schenk Eberhard v. Winterstetten); aber ebd. Nr. 1133,

Hoftag König Friedrichs II. in Hagenau als „von Waldburg" genannt;[37] ob ihm bei eben dieser Gelegenheit die Waldburg verliehen worden war? Nach kurzer Unsicherheit setzte sich der – vielleicht prestigeträchtigere – Name „von Waldburg" durch.[38]

Wie schon unter Philipp, so bot unter Friedrich II. der Dienst für den König Gelegenheiten, Schwaben zu verlassen: Schenk Eberhard von Tanne-Winterstetten war 1223 in Capua und Ferentino, Truchsess Eberhard von Tanne-Waldburg 1224 in Catania als Zeuge anwesend, als Friedrich den Deutschen Orden privilegierte, Schenk Eberhard ein weiteres Mal 1225 in San Germano.[39] Dieser Schenk Eberhard scheint sich dem Kreuzzug Friedrichs II. angeschlossen zu haben; er starb 1227 oder später *transmarinis partibus*.[40]

Doch waren dies eher die Ausnahmen. Die Masse der Belege dokumentiert den Königsdienst des Truchsessen Eberhard von Tanne-Waldburg und des Schenken Konrad von Tanne-Winterstetten in Süddeutschland. Die Zeugenreihen der Königsurkunden zeigen, dass sich Truchsess Eberhard von Waldburg vom Frühjahr 1214 an bis zur Rückreise Friedrichs II. nach Italien im August 1220 wenigstens einmal jährlich am Hof aufhielt und vermehrt in den letzten beiden Jahren der Anwesenheit Friedrichs in Deutschland: 1214 in Hagenau und Speyer, 1215 in Ulm, 1216 in Konstanz und Nürnberg, 1217 in Ulm und Nürnberg, 1218 in Ulm, 1219 in Hagenau und Augsburg, 1220 in Weingarten, Worms und Augsburg – und dies häufig in Begleitung des Schenken Konrad von Winterstetten.[41] Die Konzentration auf den Südwesten ist klar zu erkennen; an Friedrichs II. Fahrten nach Lothringen, an den Niederrhein, nach Sachsen und Thüringen nahmen die beiden wohl nicht teil.

Dienste dieser Ministerialen, die über die Bezeugung königlicher Rechtsgeschäfte hinausgingen, sind gelegentlich angesprochen. In seinem Schutzbrief für die Prämonstratenserabtei Rot an der Rot bestimmte König Friedrich II. 1215, dass diesem Stift zugefügte Schäden durch den Truchsessen und andere vom König autorisierte Richter abgeurteilt werden sollten.[42] Den Schutz der Zisterzienserabtei Salem vertraute Friedrich II. 1216 seinem Marschall, dem Truchsessen und dem Schultheißen von Überlingen an.[43] Sodann veranlasste Friedrich II. 1218 die Benediktinerabtei Kempten, ihre Münzprägung einzustellen. Die Einkünfte aus der Kemptener Münze, die der Abtei dadurch verloren gingen, sollten der Kanzler des Königs, Bischof Konrad von Metz, und Truchsess Eberhard von Waldburg abschätzen und ausgleichen.[44] Das Wirken des Truchsessen Eber-

---

S. 478–481 (San Germano, 1225, Ks. Friedrich II. für die Domkirche von Speyer; Schenk Eberhard v. Tanne).

37  MGH DD F. II/3, Nrn. 556–561, S. 262–276; Nr. 570, S. 289f.

38  Zuletzt im August 1220 als Truchsess v. Tanne: MGH DD F. II/3, Nr. 651, S. 439–441.

39  Truchsess Eberhard: MGH DD F. II/5, Nrn. 1057–1059, S. 283–290; Schenk Eberhard: Anm. 36.

40  Acta s. Petri in Augia, hg. von Franz Ludwig Baumann, in: ZGO 29 (1877), S. 1–128, hier S. 83 (Stiftung seiner Witwe Guta, Tochter des Truchsessen Heinrich v. Waldburg).

41  Nachgewiesen in MGH DD F. II/2 und 3.

42  MGH DD F. II/2, Nr. 309, S. 278f.: *Insuper omnis querimonia eiusdem cenobii seu incommodum ab aliquo eis illatum dapifero et aliis regie auctoritatis iudicibus pronuntietur.*

43  MGH DD F. II/2, Nr. 375, S. 407: *Cuius rei executionem ... nostris iniunxmus offitiatis, precipue autem marshalco et dapifero et de Vbirlingin sculteto, fidelibus nostris.*

44  MGH DD F. II/3, Nr. 454, S. 62–64.

hard von Waldburg als Schiedsrichter ist ferner noch durch die Weißenauer Chronik überliefert.[45]

Kurzum: Truchsess Eberhard von Waldburg war nicht nur mit alltäglichen Rechtsakten im Umfeld des Königs befasst, sondern als Schiedsrichter wirkte er im Auftrag des Königs bei der Wahrung der öffentlichen Ordnung in Oberschwaben mit. König Friedrich II. festigte die herausgehobene Stellung Eberhards von Waldburg, als er 1220 nach Italien zurückkehrte. Truchsess Eberhard war zu diesem Zeitpunkt vermutlich schon in fortgeschrittenem Alter, was den König veranlasst haben mochte, Eberhards Neffen Konrad von Winterstetten mit einzubeziehen; bei dieser Gelegenheit dürfte er Konrad auch den Titel des Schenken für Schwaben verliehen haben, den er spätestens 1222 auf seinem Siegel führte.[46]

Am ausführlichsten berichtet wiederum die Weißenauer Chronik über diese Vorgänge. Die Acta sancti Petri in Augia verzeichnen einen Streit dieses Stifts mit den Bürgern von Ravensburg um Weiderechte, der sich um oder nach 1220 ereignet haben dürfte. Auf Bitten von Weißenau schlichteten der Truchsess Eberhard von Waldburg, der Schenk Konrad von Winterstetten und andere Ministeriale des Königs den Streit auf einem Gerichtstag in Ravensburg. Von Truchsess Eberhard heißt es bei dieser Gelegenheit, er habe die Verwaltung des Landes (*gubernationem terre*) im Namen des Königs (*ex parte regis*) innegehabt.[47] Zudem bezeichnet die Weißenauer Chronik den Truchsessen Eberhard als einen männlichen Verteidiger des Klosters, der zu dieser Zeit als ein Prokurator der königlichen Würde (*regie dignitatis procurator*) gewirkt habe; vom Schenken Konrad von Winterstetten heißt es im selben Zusammenhang, er habe von der königlichen Majestät ebenfalls die Prokura über Schwaben empfangen und weise regiert.[48]

Diese erzählende Quelle erfährt ihre urkundliche Bestätigung durch einen Vertrag zwischen dem Kloster Salem und Rudolf von Ramsberg aus dem Jahre 1222, welcher vom Truchsessen Eberhard von Waldburg und dem Schenken Konrad von Winterstetten bestätigt wurde; diese beiden seien Prokuratoren des Landes und der Obliegenheiten des Königs gewesen (*procuratores terre et regalium negotiorum*).[49] 1225 schlichtete Schenk Konrad von Winterstetten einen Streit zwischen der Abtei Salem und der Stadt Villingen um Weiderechte, wobei er seine Zuständigkeit mit seiner Prokura über die königliche Stadt Villingen begründete (*nos vero, qui civitatem Vilingin auctoritate domini regis, qui*

---

45 Acta s. Petri in Augia (Anm. 40), S. 66ff.
46 Codex diplomaticus Salemitanus, Bd. 1 (Anm. 27), Nr. 125, S. 163: „schildförmiges gelbes Wachssiegel, dreieckig, im Siegelfelde drei übereinander gestellte rechts schreitende Löwen. Umschrift: +CVNRADVS PINCERNA IN SUEVIA", Abb. ebd. Taf. IV, Nr. 11.
47 Acta s. Petri in Augia (Anm. 40), S. 68: [...] *ad petitionem Eberhardi, dapiferi de Walpurc, qui gubernationem terre ex parte regis tenebat tunc temporis, simulque ad petitionem Eberhardi, pincerne de Winterstetten, et aliorum regis ministerialium* [...].
48 Acta s. Petri in Augia (Anm. 40), S. 108: *Sciendum est, quod liberalis dominus Eberhardus, dapifer de Waltburc, regie dignitatis procurator, ecclesiam nostram viriliter defensavit, regiam maiestatem placabilem nobis et ad cuncta postulata favorabilem exhibuit* [...], S. 109: *Sciendum est, quod prudens et discretus dominus Cuonradus, pincerna de Wintersteten, merito virtutum Sueviam procurandam susceperat ab imperatoria maiestate et sapienter regebat.*
49 Codex diplomaticus Salemitanus, Bd. 1 (Anm. 27), Nr. 125, S. 162f.: [...] *qui eo temporis* [sic] *procuratores terre et regalium negotiorum extiterant.*

*diebus illis eam tenuit, procuravimus*).⁵⁰ Der Inhalt der Prokura im staufischen Herzogtum Schwaben ist nicht präzise bestimmbar: Sie war mit der Rechtsprechung in Vertretung des Herzogs verbunden, zunächst für das staufische Hausgut, dann auch für das Reichsgut, wobei im 13. Jahrhundert nicht mehr zwischen herzoglichen und königlichen Rechten unterschieden wurde.⁵¹

Der König und Kaiser Friedrich II. muss der Treue und den Möglichkeiten dieser beiden Ministerialen fest vertraut haben. Als Friedrich Deutschland verließ, überließ er den beiden nicht nur die Prokura in Schwaben, sondern, mehr noch, sowohl die Reichsinsignien als auch seinen unmündigen Sohn und präsumtiven Thronfolger Heinrich. Die zeitnah um 1230 verfasste Chronik des Propstes Burchard von Ursberg berichtet, Friedrich II. habe im Jahre 1221 die Krone und die übrigen Insignien des Reichs seinem Ministerialen und Truchsessen Eberhard zur Aufbewahrung auf der Waldburg anvertraut; seinen Sohn Heinrich habe er zu seinem Ministerialen und Schenken Konrad zur Aufzucht und Erziehung auf die Burg Winterstetten geschickt.⁵² Damit waren die beiden oberschwäbischen Ministerialen mitverantwortlich für die Kontinuität des staufischen Herrscherhauses geworden.

Diese Aufgabe besaß eine starke sakrale Komponente. Im Investiturstreit und in der Vorbereitung des Wormser Konkordates war eine funktionale Trennung von Kirche und Reich, ein profanes Kaisertum denkbar geworden. Demgegenüber betrieben Friedrich I. Barbarossa und ganz besonders Friedrich II. eine intensive Resakralisierung des Kaisertums und des kaiserlichen Hauses. In diesem Sinne war die Sorge für die Reichsinsignien und den Thronfolger neben dem profanen Sicherheitsaspekt ganz besonders eine sakrale Verpflichtung.⁵³ Die Reichsinsignien kamen dementsprechend nicht einfach in einen Tresor: Sie wurden in der Kapelle der Waldburg nicht nur von Kriegern bewacht;

---

50 Codex diplomaticus Salemitanus, Bd. 1 (Anm. 27), Nr. 139, S. 176–178.
51 Hans NIESE, Die Verwaltung des Reichsgutes im 13. Jahrhundert. Ein Beitrag zur deutschen Verfassungsgeschichte, Innsbruck 1905, S. 267–272; BRADLER, Ministerialität (Anm. 3), S. 431–439; Helmut MAURER, Der Herzog von Schwaben. Grundlagen, Wirkungen und Wesen seiner Herrschaft in ottonischer, salischer und staufischer Zeit, Sigmaringen 1978, S. 291–300.
52 Burchardi Chronicon (Anm. 15), S. 292–294: *Et insignia imperii, videlicet coronam et alia, remittit in Alamanniam, faciens ea custodiri sub potestate Eberhardi de Tanne ministerialis et dapiferi sui, in castro Walpurc. Filium quoque Hainricum iam circiter VIII annos habentem nutriendum et gubernandum commisit Cuonrado de Tanne, pincerne et ministeriali suo, in Winterstetten, qui eorundem ministerialium et aliorum principum interventu postmodum a patre suo et principibus rex constituitur et Aquisgrani coronatur, cum patre suo imperium adepturus.* Zum Problem des unmündigen Königs in staufischer Zeit: Thilo OFFERGELD, Reges pueri. Das Königtum Minderjähriger im frühen Mittelalter (MGH Schriften 50), Hannover 2001, S. 797–814; Theo KÖLZER: Ein König im Übergang? Sizilien während der Minderjährigkeit Friedrichs II., in: Festschrift für Eduard Hlawitschka zum 65. Geburtstag, hg. von Karl Rudolf SCHNITH/Roland PAULER (Münchener historische Studien, Abteilung Mittelalterliche Geschichte 5), Kallmünz 1993, S. 341–358.
53 In diesem Sinne: Volkard HUTH, Reichsinsignien und Herrschaftsentzug. Eine vergleichende Skizze zu Heinrich IV. und Heinrich (VII.) im Spiegel der Vorgänge von 1105/6 und 1235, in: Frühmittelalterliche Studien 26 (1992), S. 287–330, hier bes. S. 318f.; Jürgen PETERSOHN, Über monarchische Insignien und ihre Funktion im mittelalterlichen Reich, in: HZ 266 (1998), S. 47–96, hier S. 87–95; Max GRAF ZU WALDBURG-WOLFEGG, Der Reichsschatz auf der Waldburg, in: Die Waldburg in Schwaben (Anm. 3), S. 69–75.

zwei Chorherren aus Weißenau hielten über mehrere Jahre eine Gebetswache, wofür König Heinrich (VII.) ihr Stift mit einer Pfründe an der Pfarrkirche von Bregenz belohnte.[54] Seiner Rolle als Hüter der Reichsinsignien mag es entsprochen haben, wenn Truchsess Eberhard von Waldburg sowohl 1222 bei der Krönung Heinrichs (VII.) als auch 1227 von dessen Gemahlin Margarete in Aachen zugegen war.[55]

Die Rolle des Schenken Konrad von Winterstetten als Prokurator in Schwaben und Erzieher König Heinrichs erinnert an einen großen Vorläufer, nämlich Markward von Annweiler, Reichstruchsess unter Kaiser Heinrich VI., seit 1198 Prokurator des Königreichs Sizilien, seit 1201 Vormund König Friedrichs.[56] Diese Parallele zeigt zugleich die Grenzen dessen auf, was ein Ministeriale in Schwaben erreichen konnte. Denn Markward von Annweiler stieg im Reichsdienst in Italien in den Fürstenrang auf, als Herzog der Romagna und Markgraf von Ancona. In Deutschland waren die Macht und das Selbstbewusstsein der Fürsten zu gefestigt, um dem Schenken Konrad von Winterstetten eine solche Karriere zu erlauben; selbst die Spitzen der Ministerialität reichten nicht an den Hochadel heran. Friedrich II. trug dem Rechnung, indem er keineswegs nur den Schenken Konrad von Winterstetten zum Vormund des Thronfolgers bestimmte, sondern ganz besonders auch Fürsten: Erzbischof Engelbert von Köln, Herzog Ludwig von Bayern, vielleicht Bischof Otto von Würzburg.[57]

In der Folgezeit hielten sich Truchsess Eberhard von Waldburg und Schenk Konrad von Winterstetten überaus häufig in der Umgebung König Heinrichs (VII.) auf – häufiger als jeder andere in Urkunden Heinrichs genannte Zeuge, und dies nicht nur in der

---

54 Acta s. Petri in Augia (Anm. 40), S. 79–81: *Regnante Henrico, glorioso Romanorum rege, apud castrum Walpurch regalia reposita sunt. Cui castro, quia ecclesie sancti Petri in Augia loco et familiaritate coniuncta est, eadem ecclesia duos illic in obsequium regis canonicos ad seruandum ea et seruiendum instituit pluribus annis, ob cuius reuerentiam et deuotionem et ob eternam remunerationem dominus rex proprietatem cuiusdam prebende parrochialis ecclesie in Brigantio, que ad eum iure hereditario spectabat [...] predicte donauit ecclesie Augensi, ita videlicet ut [...] proprietas et ius patronatus prebende memorate prefate cederet ecclesie integraliter.* Datierung auf 1228 durch: WUB, Bd. 5: 1253–1260, Stuttgart 1889, Nachdruck Aalen 1974, Nachtrag Nr. 31, S. 420–422; Dazu Burchardi Chronicon (Anm. 15), S. 292–294; VOCHEZER, Waldburg (Anm. 2), S. 63, bezieht in seine Darstellung ein Dokument aus dem Wolfegger Archiv ein, das nach Auskunft von Herrn Bernd M. Mayer derzeit nicht auffindbar ist.

55 Peter THORAU, König Heinrich (VII.), das Reich und die Territorien. Untersuchungen zur Phase der Minderjährigkeit und der „Regentschaften" Erzbischof Engelberts I. von Köln und Herzog Ludwigs I. von Bayern (1211) 1220–1228 (Jahrbücher des Deutschen Reichs unter Heinrich [VII.] 1), Berlin 1998, S. 183, S. 294f. Die Anwesenheit des Truchsessen von Waldburg bei der Krönung Heinrichs (VII.) ist nicht direkt belegt, sondern aus seiner Anwesenheit am gleichzeitigen Aachener Hoftag zu erschließen: Reg. Imp., Bd. 5, 1, 1, hg. von Johann Friedrich BÖHMER/Julius FICKER, Wien/Köln/Weimar 1881, Nr. 3875, S. 702; Abdruck: Historia diplomatica Friderici secundi, Bd. 2, 2, hg. von Jean Louis Alphonse HUILLARD-BRÉHOLLES, Paris 1853, Nachdruck Turin 1963, S. 754f., wo allerdings von einem *Henricus dapifer* die Rede ist. Dabei muss es sich um einen Irrtum handeln, da ansonsten während des gesamten Jahres Truchsess Eberhard den König begleitete: VOCHEZER, Waldburg (Anm. 2), S. 65.

56 Zu ihm: Jan Ulrich KEUPP, Dienst und Verdienst. Die Ministerialen Friedrich Barbarossas und Heinrichs VI. (Monographien zur Geschichte des Mittelalters 48), Stuttgart 2002, S. 250–285; Hubert HOUBEN, Markward von Annweiler. Ein staufischer Ministeriale aus süditalienischer Sicht, in: Kaiser, Könige und Ministerialen, hg. von Franz SCHMIDT, Annweiler am Trifels 2006, S. 55–76.

57 Die Belegstellen bei: Christian HILLEN, Curia Regis. Untersuchungen zur Hofstruktur Heinrichs (VII.) 1220–1235 nach den Zeugen seiner Urkunden, Frankfurt a. M. u. a. 1999, S. 158–162.

schwäbisch-fränkischen Zentrallandschaft von Heinrichs Königtum, sondern auch auf seinen Fahrten nach Sachsen und Lothringen 1224 oder über die Alpen 1232; in diesem Jahr sind sie auch als Hofräte (*consiliarii curie*) belegt, gemeinsam mit Abt Konrad von St. Gallen, Markgraf Hermann von Baden und Gottfried von Hohenlohe.[58] Schenk Eberhard von Winterstetten, der Bruder Konrads, begleitete sie bis zum Sommer 1227 häufiger; gelegentlich war auch Friedrich von Waldburg, der Sohn des Truchsessen Eberhard, mit dabei.[59]

Da möchte man wissen, welchen Einfluss Truchsess Eberhard von Waldburg und Schenk Konrad von Winterstetten aus ihrer Nähe zu König Heinrich (VII.) tatsächlich bezogen. Die zeitgenössischen Ansichten divergieren: Papst Honorius III. hat die beiden schlicht übersehen; jedenfalls betrachtete er 1220 den Edelfreien Heinrich von Neuffen als denjenigen, dem Friedrich II. die Sorge für seinen Sohn und ganz Schwaben anvertraut hätte.[60] Auf der anderen Seite berichtet der Chronist Burchard von Ursberg, die Erhebung Heinrichs zum König sei maßgeblich auf Betreiben des Truchsessen Eberhard und des Schenken Konrad zustande gekommen.[61] Insgesamt werden wir gut daran tun, die Macht der beiden Ministerialen nicht zu überschätzen. Nur einmal sehen wir sie jenseits der Bezeugung königlicher Urkunden mit einer Angelegenheit des Reichs befasst, nämlich als die Freilassung König Waldemars II. von Dänemark aus der Gefangenschaft Graf Heinrichs von Schwerin und das künftige Verhältnis Dänemarks zum Reich verhandelt wurden. Truchsess Eberhard und Schenk Konrad beschworen 1223 in Nordhausen den Vorvertrag für Kaiser Friedrich II. und König Heinrich (VII.); im darauffolgenden Jahr war Truchsess Eberhard von Waldburg als *nuntius imperii* zugegen, wohl in Dannenberg, als die Dänen und der Graf von Schwerin einen Vertrag schlossen.[62] Dass Truchsess Eberhard oder Schenk Konrad die Geschicke des Reichs mitgestalteten, wird man daraus nicht ableiten können.

Ferner möchte man wissen, wie die beiden ihre Loyalität zu Kaiser Friedrich II. und König Heinrich (VII.) ausbalancierten, als deren Verhältnis problematisch wurde. Hier scheint die Bindung an den Kaiser stärker als das Nahverhältnis zum König gewesen zu sein. Möglicherweise achtete Kaiser Friedrich II. darauf, aus der Ferne den Einfluss auf den Truchsessen von Waldburg und die Schenken von Winterstetten zu wahren.[63] Als

---

58 WUB, Bd. 3: 1213–1240, Stuttgart 1871, Nachdruck Aalen 1974, Nr. 823, S. 318f.
59 Die Belegstellen bei: HILLEN, Curia Regis (Anm. 57), S. 307–309; zur Bewertung ebd. S. 102–104.
60 MGH Epp. saec. XIII, Bd. 1, hg. von Karl RODENBERG, Nr. 133, S. 97 (a. 1220): *Nobili viro Henrico de Niffen cruce signato. Ad preces karissimi in Christo filii nostri Friderici, illustris regis Siciliae in Romanorum imperatorem electi, qui filium suum et totam Sueviam tue cure commisit ...*
61 Burchardi Chronicon (Anm. 15), S. 294: *qui [sc. Henricus] eorundem ministerialium et aliorum principum interventu postmodum a patre suo et principibus rex constituitur et Aquisgrani coronatur.*
62 MGH Const. 2, Nr. 98, S. 121–125 (1223, Conventio cum comite Swerinensi de tradendis regibus Daniae); ebd. Nr. 101, S. 127–129 (1224, Conventio praevia de liberatione regum Daniae); zum Vorgang: Hans-Otto GAETHKE, Knud VI. und Waldemar II. von Dänemark und Nordalbingien 1128–1227. Teil III und Schluß, in: Zeitschrift der Gesellschaft für Schleswig-Holsteinische Geschichte 121 (1996), S. 7–44, bes. S. 14–17; THORAU, Heinrich (VII.) (Anm. 55), S. 202–216.
63 Truchsess Eberhard ist 1225 einmal als Truchsess des Königs (*dapifer domini regis*) aufgeführt: Tiroler Urkundenbuch, I. Abt.: Die Urkunden zur Geschichte des deutschen Etschlandes und des Vintschgaus, Bd. II: 1200–1230, bearb. von Franz HUTER, Innsbruck 1949, Nr. 849, S. 261. Im folgenden Jahr

Heinrich (VII.) im Frühjahr 1232 nach Italien fuhr, um Friedrich II. den Gehorsam zu versprechen, begab sich Schenk Konrad ebenfalls nach Italien, wo er allerdings am Hof des Kaisers und nicht des Königs nachgewiesen ist.[64] Schenk Konrad wandte sich von Heinrich (VII.) ab, als der Konflikt mit dessen Vater Kaiser Friedrich II. eskalierte; zuletzt bezeugte er im August 1234 eine Urkunde Heinrichs; danach ist er nicht mehr in Heinrichs Umfeld nachgewiesen. Truchsess Eberhard musste sich nicht mehr festlegen: Er ist für den Vormonat zuletzt belegt und scheint um diese Zeit verstorben zu sein.[65]

Friedrich II. hielt sich vom Frühsommer 1235 bis in den Herbst des folgenden Jahres und noch einmal im Jahr 1237 in Deutschland auf. Schenk Konrad von Winterstetten besuchte einige Hoftage Friedrichs II. in Schwaben und im Elsass, einmal auch in Speyer; in den Südosten des Reichs folgte er ihm nicht.[66] Danach wiederholte sich in gewisser Weise die Konstellation der 1220er-Jahre: Der Kaiser war abwesend und der im Februar 1237 gewählte König Konrad IV. unmündig; die Rechte des Reichs mussten wieder von einer Reihe geistlicher und weltlicher Fürsten sowie Reichsministerialen gehandhabt werden. Unter ihnen befand sich Schenk Konrad von Winterstetten, der wie zuvor unter verschiedenen Titeln als kaiserlicher Statthalter in Schwaben auftrat, etwa 1239 als Schenk des Kaisers und Präfekt von Schwaben (*nobilis miles [...] pincerna domini Friderici imperatoris et prefectus Suevie*),[67] 1240 als Schenk des Königs und Prokurator Schwabens (*pincerna domini regis et Sweuie procurator*).[68] Die Prokura verpflichtete ihn erneut zur Abhaltung von Schiedsgerichten; mit einbezogen war nun sein Vetter, Truchsess Otto Bertold von Waldburg, so 1239 bei einem Schiedsgerichtsverfahren zwischen den Äbten von Kempten und Isny. In den beiden am gleichen Tag darüber ausgestellten Urkunden ist Konrad einmal als königlicher, einmal als kaiserlicher Hofschenk aufgeführt.[69]

1240 bestätigte König Konrad IV. den Entscheid seines *familiaris et fidelis* Konrad von Winterstetten zwischen dem Augustinerchorherrenstift Rottenbuch und dem Prämonstratenserstift Steingaden; im Falle einer Zuwiderhandlung sollte die Strafe dem Schenken bezahlt werden oder, wenn er nicht mehr lebte, dem, der die kaiserliche Macht dann vertrete (*pincernae, si superviveret, vel tenenti insignia imperialia post eius obitum*).[70] Die

---

bezeugte er eine Urkunde König Heinrichs (VII.) dagegen unmissverständlich als kaiserlicher Hoftruchsess (*imperialis aule dapifer*) gemeinsam mit Eberhard und Konrad von Winterstetten, den kaiserlichen Hofschenken (*imperialis aule pincerne*): WUB, Bd. 3 (Anm. 58), Nr. 717, S. 200f. Wieviel Gewicht man der unterschiedlichen Begrifflichkeit beimessen darf, ist ungewiss; einige Jahre später scheinen *regalis* und *imperialis curia* gleichbedeutend verwendet worden zu sein, siehe unten Anm. 69.
64 Reg. Imp., Bd. 5, 1, 1 (Anm. 55), Nrn. 1956, 1961, 1968, 1974, S. 389–392.
65 VOCHEZER, Waldburg (Anm. 2), S. 94; HILLEN, Curia Regis (Anm. 57), S. 103f., betrachten beide als entschiedene Parteigänger Kaiser Friedrichs II.
66 Belege bei VOCHEZER, Waldburg (Anm. 2), S. 91–95.
67 WUB, Bd. 6: 1261–1268, Stuttgart 1894, Nachdruck Aalen 1974, Nachtrag Nr. 19, S. 461f.
68 WUB, Bd. 4 (Anm. 4), Nachtrag Nr. 137, S. 434f.
69 WUB, Bd. 3 (Anm. 58), Nr. 936, S. 440: *regalis aule pincerna de Wintersteten et dapifero de Walpurk*, Nr. 937, S. 441f.: *procurantibus tandem Cvnrado, imperialis aule pincerna de Wintersteten, et Ottobertolt, dapifero de Walpurch*.
70 Monumenta Raitenbuchensia, in: Monumenta Boica, Bd. 8, München 1767, S. 1–116, hier Nr. XVI, S. 25f.

Formulierung könnte auch bedeuten, dass Schenk Konrad die Reichsinsignien in seiner Obhut hatte. Dies wird bezweifelt, weil es dafür keine weiteren Belege gibt; angesichts der Parallelen zur Situation der 1220er-Jahre mag man es immerhin für möglich halten.[71] Weiter beauftragte König Konrad IV. den Schenken Konrad von Winterstetten mit dem Einzug der Reichssteuer in Zürich.[72] Zur gleichen Zeit bezeugte Schenk Konrad mehrfach Urkunden des Königs, zuletzt 1242, wo dieser ihn zu seinen königlichen Räten (*consiliarii et fideles nostri*) zählte.[73] Bald darauf verstarb er; die schwäbische Schenkenwürde ging auf seinen Schwiegersohn Konrad von Schmalegg über.[74]

Die beiden folgenden Generationen der Ministerialen von Waldburg, die Söhne und Enkel des Truchsessen Eberhard, mussten die Krise und das Ende der staufischen Herrschaft bewältigen. Das scheint ihnen ohne größere Verwerfungen gelungen zu sein. Truchsess Otto Bertold setzte zunächst den Weg seines Vaters fort: 1239 finden wir ihn als Schiedsrichter an der Seite des Schenken Konrad von Winterstetten; mithin mochte er seinem Vater als Prokurator in Schwaben gefolgt sein.[75] Im Sommer 1240 begleitete er König Konrad IV. durch Oberschwaben.[76] Im Oktober 1241 bezeugte er die Schutzurkunde Konrads IV. für das Zisterzienserinnenkloster Baindt, das von seinem Vetter, dem Schenken Konrad von Winterstetten, gegründet worden war.[77]

Zu eben dieser Zeit geriet das Königtum Konrads IV. in eine schwere Krise, weil sich eine starke, antistaufische Fürstenopposition bildete, die 1246 den Landgrafen Heinrich Raspe von Thüringen zum Gegenkönig wählte.[78] Von einer Beteiligung des Truchsessen Otto Bertold von Waldburg an den Kämpfen Konrads mit seinen Gegnern erfahren wir nichts; als Prokurator trat in diesen Jahren nicht er, sondern der Edelfreie Bertold von Trauchburg in Erscheinung.[79] Immerhin blieb Truchsess Otto Bertold auf Seiten der Staufer. 1247 war er noch einmal in Augsburg bei König Konrad IV., als er den Grafen von

---

71  Dagegen VOCHEZER, Waldburg (Anm. 2), S. 96, der für diesen Fall *custodire* statt *tenere* erwarten würde; unentschieden HUTH, Reichsinsignien (Anm. 53), S. 319; dafür Max BUCHNER, Die Hut der Krönungsinsigien in Frankreich und in Deutschland im Mittelalter, in: Festschrift Eduard Eichmann zum 70. Geburtstag, hg. von Martin GRABMANN, Paderborn 1940, S. 21–67, hier S. 63.
72  Notitia de precariis civitatum et villarum (1241), in: MGH Const. 3, S. 1–6, hier S. 5.
73  Historia diplomatica Friderici secundi, Bd. 6, 2, hg. von Jean Louis Alphonse HUILLARD-BRÉHOLLES, Paris 1861, Nachdruck Turin 1963, S. 830–832.
74  Die Belege: BRADLER, Ministerialität (Anm. 3), S. 499f. Ein bemerkenswerter Überrest aus Konrads Leben und Wirken ist sein in Dresden verwahrtes Schwert: Rudolf RAUH, Die Inschrift auf dem Schwert des Truchsessen Konrad von Waldburg-Winterstetten. Ein epigraphischer Datierungsversuch, in: ZWLG 14 (1955), S. 306–308.
75  WUB, Bd. 3 (Anm. 58), Nr. 936, S. 440.
76  Reg. Imp., Bd. 5, 1, 2, hg. von Johann Friedrich BÖHMER/Julius FICKER, Innsbruck 1882, Nrn. 4428–4430, S. 805f. (Biberach, mit Ulrich v. Warthausen; Weingarten, mit den Truchsessen Ulrich und Heinrich v. Warthausen sowie den Truchsessen Bertold und Heinrich v. Rohrdorf; Überlingen). Dazu die Darstellung bei VOCHEZER, Waldburg (Anm. 2), S. 292–294.
77  WUB, Bd. 4 (Anm. 4), Nachtrag Nr. 124, S. 440f. (mit Truchsess Ulrich v. Warthausen).
78  Thomas ZOTZ, Schwaben und das Königtum Heinrich Raspes, in: Heinrich Raspe – Landgraf von Thüringen und römischer König (1227–1247). Fürsten, König und Reich in spätstaufischer Zeit, hg. von Matthias WERNER (Jenaer Beiträge zur Geschichte 3), Frankfurt a. M. 2003, S. 105–124, bes. S. 115–122; Odilo ENGELS, Die Staufer, Stuttgart ⁵1993, S. 155f.
79  BRADLER, Ministerialität (Anm. 3), S. 436.

Merkenberg ein Eigengut als Ersatz für ein Lehen zukommen ließ, das er dem Kloster Baindt verkauft hatte; in seiner Urkunde darüber bezeichnete er sich als kaiserlichen Hoftruchsess (*imperialis aule dapifer*) und den König als seinen Herrn, was hier als Lehenherr aufgefasst werden mag.[80] Ob Truchsess Otto Bertold im Jahr darauf Konrads Privilegienbestätigung für die Benediktinerabtei Weingarten bezeugte, ist ungewiss, da die diesbezügliche Urkunde gefälscht ist.[81] Bei diesen Gelegenheiten gelangten mehrfach seine Neffen in die Zeugenreihen königlicher Urkunden, nämlich die Truchsessen Bertold und Heinrich von Rohrdorf und die Truchsessen Ulrich und Heinrich von Warthausen.[82]

Soweit also zu den Ministerialen von Tanne, Waldburg und Winterstetten im Gefüge der staufischen Herrschaft in Oberschwaben. Die Übersicht wäre aber unvollständig, ließe man ihre geistlichen Angehörigen außer vor. Zwingend müssen noch ein Bruder und ein Sohn des Truchsessen Eberhard von Tanne-Waldburg erwähnt werden, nämlich Heinrich von Tanne und Eberhard von Waldburg, die nacheinander, von 1233 bis 1248 und von 1248 bis 1274, Bischöfe von Konstanz waren und damit als Fürsten des Reichs in Oberschwaben wirksam werden konnten. Das Eintreten Bischof Heinrichs von Tanne für die Staufer kann als komplementär zur Rolle der weltlichen Waldburger bzw. Winterstetter aufgefasst werden: Als Konstanzer Dompropst war er zugleich Protonotar Kaiser Friedrichs II., für den er in den frühen 1220er-Jahren in Italien tätig war; ab 1224 war er der erste Notar König Heinrichs (VII.). Als Bischof von Konstanz bekämpfte er 1235 im Auftrag Kaiser Friedrichs II. die Anhänger Heinrichs (VII.). Zuletzt fiel er aber 1246 vom gebannten Kaiser ab.[83]

Bischof Eberhard von Waldburg setzte ab 1248 zunächst die Politik seines Onkels und Vorgängers fort, um in den 1260er-Jahren noch einmal an die prostaufische Tradition der Waldburger in der ersten Jahrhunderthälfte anzuknüpfen: Er gehörte zu denjenigen schwäbischen Großen, die für den minderjährigen Herzog Konradin eintraten; Bischof Eberhard stellte ihm sogar zeitweilig sein Schloss Arbon zur Verfügung. Dafür stattete Konradin ihn mit Herrschaftsrechten in Schwaben aus.[84] Die Anwesenheit des Thronprätendenten mobilisierte ein letztes Mal die oberschwäbischen Ministerialen für das staufische Königtum; Bischof Eberhard brachte gelegentlich seine Neffen in die Umgebung Konradins, nämlich Truchsess Eberhard von Waldburg, Truchsess Bertold von Waldburg-Rohrdorf und Truchsess Walter von Waldburg-Warthausen.[85] Es ist kein dar-

---

80  WUB, Bd. 5 (Anm. 54), Nachtrag Nr. 58, S. 444f. (mit Truchsess Heinrich v. Warthausen, den Otto Bertold hier als seinen Bruder anspricht [sollte *fratruelis* statt *frater* gemeint sein?], und seinem Neffen Truchsess Bertold v. Rohrdorf).
81  WUB, Bd. 4 (Anm. 4), Nr. 1114, S. 176f.
82  Belege in den vorstehenden Anm. 76–80.
83  Umfassend Detlev ZIMPEL, Die Bischöfe von Konstanz im 13. Jahrhundert (1206–1274) (Freiburger Beiträge zur mittelalterlichen Geschichte 1), Frankfurt a. M. u. a. 1990, S. 63–139, bes. S. 66–88.
84  ZIMPEL, Bischöfe (wie Anm. 83), S. 140–155; Harald DERSCHKA, Die Ministerialen des Hochstiftes Konstanz (VuF, Sonderbd. 45), Stuttgart 1999, S. 405–411.
85  Truchsess Bertold v. Waldburg bezeugt Konradins Testament 1263: Reg. Imp., Bd. 5, 1, 2 (Anm. 76), Nr. 4786, S. 888 (= Monumenta Boica, Bd. 30/1, München 1834, Nachdruck 1964, Nr. 804, S. 333–335); Truchsess Walter v. Warthausen und Bischof Eberhard als Zeugen für Konradin (Augsburg, 1266): Reg. Imp., Bd. 5, 1, 2 (Anm. 76), Nr. 4807, S. 891 (= Monumenta Boica, Bd. 30/1, Nr. 810, S. 344–348); Truchsess

über hinausgehendes Engagement dieser weltlichen Waldburger für Konradin zu erkennen, in auffallendem Gegensatz zu den Zeiten der Minderjährigkeit Heinrichs (VII.) und Konrads IV. Mit dieser Episode endet der gemeinsame Weg der Waldburger und der Staufer.

Es existiert ein Pfennig des 13. Jahrhunderts, der zwei Kronen mit der erläuternden Inschrift „chrona" zeigt (Abb. 3) und uns ein Bilderrätsel aufgibt: Der Wulstring und der Perlkreis weisen ihn als einen Pfennig des Bodenseeraumes nach dem Vorbild der bischöflichen Konstanzer Pfennige aus, aber es fehlt ein Wahrzeichen, das ihn einer der bekannten Münzstätten zuordnete. Es gibt zwei ansprechende, wenngleich unbeweisbare Deutungen dieses Pfennigs: Hubert Graf Waldburg-Wolfegg hält ihn gewissermaßen für eine Gedenkmünze Bischof Heinrichs von Tanne auf die Verwahrung der Reichsinsignien auf der Waldburg; Julius Cahn vermutet, Bischof Eberhard von Waldburg habe mit diesem Pfennig auf das künftige König- und Kaisertum seines Schützlings Konradin verweisen wollen.[86]

3   Pfennig des 13. Jahrhunderts aus dem Bodenseeraum, einseitig auf dünnes Silberblech geprägt, Gewicht ca. 0,5 g, Durchmesser ca. 2 cm (Foto: Ulrich Klein, Stuttgart, Landesmuseum Württemberg)

Ich fasse zusammen: Die Ministerialen von Tanne/Waldburg/Winterstetten waren Pfeiler der staufischen Herrschaft in Oberschwaben – nicht aus Selbstlosigkeit, sondern weil ihnen der Dienst für die staufischen Herzöge und Könige Ansehen und Einfluss verschaffte, solange eine tragfähige staufische Herrschaft bestand. Die Voraussetzungen dafür lagen noch in welfischer Zeit, insofern der Herrschaftsausbau unter Herzog Welf VI. weit vorangeschritten war und den Ministerialen von Tanne, insbesondere aber denen von Waldburg eine prominente Stellung im Herrschaftsgefüge Oberschwabens zukam. Diesen Vorrang bauten sie unter den Staufern weiter aus, ab 1167 als herzogliche Ministeriale, seit der Zeit König Philipps als Reichsministeriale. Am intensivsten dienten Truchsess Eberhard von Waldburg und Schenk Konrad von Winterstetten dem Reich

---

Eberhard v. Waldburg bezeugt Konradins Testament (Augsburg, 1266, für den Pfalzgrafen, mitbesiegelt v. Bischof Eberhard): Reg. Imp., Bd. 5, 1, 2 (Anm. 76), Nr. 4811, S. 892 = Monumenta Boica, Bd. 30/1, Nr. 813, S. 350–353); Karl HAMPE, Geschichte Konradins von Hohenstaufen, Leipzig ²1940, S. 36f.
86   Hubert GRAF WALDBURG-WOLFEGG, Gedanken über die früheste Geschichte unserer Familie, Kisslegg 1986, S. 39f.; Julius CAHN, Münz- und Geldgeschichte von Konstanz und des Bodenseegebietes im Mittelalter bis zu Reichsmünzgesetz von 1559 (Münz- und Geldgeschichte der im Großherzogtum Baden vereinigten Gebiete 1), Heidelberg 1911, S. 115; Ulrich KLEIN/Rainer ULMER, Concordantiae Constantienses (CC). Tabellarischer Katalog der Bodensee-Brakteaten: Beiträge zur Süddeutschen Münzgeschichte 2001. Festschrift zum 100jährigen Bestehen des Württembergischen Vereins für Münzkunde e.V., Stuttgart 2001, S. 27–160, hier Nr. 24, S. 52.

unter Kaiser Friedrich II., in dessen Namen sie als Prokuratoren des staufischen Haus- und Reichsguts in Oberschwaben auftraten.[87] In den Niedergang der Staufer ließen sie sich nicht hineinziehen, sieht man vom vergeblichen Eintreten Bischof Eberhards von Waldburg für Konradin ab.

---

87 Damit ist zugleich die Grenze ihrer Wirksamkeit abgesteckt; in diese Richtung weist folgender Literaturbefund: Nach SCHÜTTE, Philipp (Anm. 13), S. 453f., S. 447f., S. 481–483, zählten sie zu den „wichtigsten Personen im Umfeld Philipps von Schwaben" (so der Kolumnentitel); nach HILLEN, Curia Regis (Anm. 57), S. 102, waren sie „Vertraute König Heinrichs (VII.)" und „Zeugen aller wichtigen Regierungshandlungen". Demgegenüber kommt ein bedeutender Teil der Literatur zu Friedrich II. ohne die Tanne-Waldburg-Winterstetten aus: Ernst KANTOROWICZ, Kaiser Friedrich der Zweite, Stuttgart ²1991. David ABULAFIA, Frederick II. A Medieval Emperor, London 1988; Hubert HOUBEN, Kaiser Friedrich II. (1194–1250). Herrscher, Mensch, Mythos, Stuttgart 2008; einzelne Belege bei: Wolfgang STÜRNER, Friedrich II. 1194–1250, Darmstadt ³2009.

# *Volumus, quod ministeriales de Waltse ad ducatum pertinent*

## Der Übergang der Herren von Wallsee und der Herrschaft Waldsee von den Welfen zu den Staufern 1181*

KAREL HRUZA

*Dem Andenken Helmut Maurers gewidmet***

## Einleitung

Im Jahr 1364, zu einer Zeit, als die Welle der Neugründungen von Burgen bereits verebbt war, genehmigte Herzog Rudolf IV. von Österreich in einer bemerkenswerten Urkunde Eberhard (V.) von Wallsee(-Linz) den Bau einer Burg und führte als einen Grund für seine Erlaubnis an:

> Und wan der erwirdig name dez egenanten geslechts Walsse yecz und nyndert ist in unserm lande ze O̊sterreich von vesten wegen, darumb haben wir dieselben newn vest genant Walsse der wort, daz derselb name Walsse nicht vertilgt noch des vergezzen werde, sunder daz des also ewichleich in unsern landen werde gedacht.[1]

Die neue Burg, als deren Taufpate Herzog Rudolf auftrat, hatte keinen Vorgängerbau und existiert heute als Ruine Oberwallsee in Oberösterreich.[2] Ihr Bauherr Eberhard von

---

\* In diesem Aufsatz wird das sich nach seinem ursprünglichen Sitz, dem oberschwäbischen Ort *Walahse*, später Waldsee, nennende Ministerialengeschlecht wie in der Forschung üblich mit Herren von Wallsee bezeichnet, während für die Ortschaft, die Herrschaft und das Chorherrenstift der Name Waldsee verwendet wird.

\*\* Vorliegenden Beitrag widme ich dem Andenken an meinen langjährigen akademischen Lehrer an der Universität Konstanz und im Stadtarchiv Konstanz Prof. Dr. Helmut Maurer (1936–2018).

1 Urkundenbuch des Landes ob der Enns Bd. 8, Wien 1883, Nr. CXCI vom 30.10.1364. Zum adeligen Burgenbau in Österreich siehe etwa: Heike KRAUSE/Thomas KÜHTREIBER, Hochmittelalterliche Transformationsprozesse und ihre Wirkung auf das Siedlungsbild Österreichs, in: Tradition – Umgestaltung – Innovation. Transformationsprozesse im hohen Mittelalter, hg. von Eike GRINGMUTH-DALLMER/Jan KLÁPŠTĚ (Praehistorica 31), Praha 2013, S. 221–269.

2 Zur Burg, gelegen auf dem Klausberg bei Bad Mühllacken im Mühlviertel, siehe: Herbert E. BAUMERT/Georg GRÜLL, Burgen und Schlösser in Oberösterreich. Mühlviertel und Linz, 3. erw. Aufl. Wien 1988, S. 61–64; Dehio-Handbuch. Die Kunstdenkmäler Österreichs. Oberösterreich, Bd. 1: Mühlviertel, Horn/Wien 2003, S. 127–129.

Wallsee amtierte als Hauptmann ob der Enns, d. h. er fungierte als höchster Vertreter des Landesherrn in Oberösterreich,³ und er gehörte zum damals in den österreichischen Herzogtümern weitverzweigten Geschlecht der Herren von Wallsee.⁴ Dessen Angehörige zählten zur Spitzengruppe des Herrenstandes in Nieder- und Oberösterreich und in der Steiermark. Sie bekleideten zahlreiche hohe landesherrliche Ämter und waren maßgeblich am Auf- und Ausbau habsburgischer Landesherrschaft in Österreich beteiligt. Zeitgleich konnten sie zahlreiche eigene Herrschaften und Rechtstitel erwerben und ausbauen. In summa hatten sie alle anderen Familien des Herrenstandes in den österreichischen Herzogtümern sowohl an politischem Einfluss als auch an ökonomischer Stärke hinter sich gelassen: „Am eindrucksvollsten verlief der kometenhafte Aufstieg der Wallseer, deren verschiedene Familienzweige reichen Herrschaftsbesitz in allen habsburgischen Ländern erwarben, so daß sie zeitweise zum führenden Adelsgeschlecht Österreichs wurden."⁵

Eine weitere Urkunde Herzog Rudolfs mag von Interesse sein: Im Jahr 1358 hieß es in seiner großen Intitulatio bei Aufzählung seiner Herrschaften unter anderem, er sei *herre* [...] *ze Walse*.⁶ Da es 1364 aber keine Burg bzw. Herrschaft namens Wallsee in „seinem Land zu Österreich" gab, wie seine eigene, oben angeführte Urkunde auswies, sollten wir diese rudolfinische Herrschaft *Walse* zumindest außerhalb der österreichischen Erblande suchen. Noch zwei weitere Punkte sollen erwähnt werden: Im Jahr 1349 fällte ein Schiedsgericht in Wien, das sich mit Erbangelegenheiten von Damen aus dem Hause Wallsee zu beschäftigen hatte, einen Spruch. Einige der Bestimmungen wurden getroffen, nachdem in Wien *fumf erber von Swaben, di yeczunt hie sint*, nach *ir land recht* bestimmte Fälle entschieden hatten.⁷ Im Jahr 1355 gründeten die Herren von Wallsee in Schlierbach, gelegen im oberösterreichischen Kremstal, ein Kloster. Sie besiedelten es mit Nonnen aus dem oberschwäbischen Zisterzienserinnenkloster Baindt.⁸

Fassen wir diese Punkte zusammen, so ergibt sich folgendes Bild: Die mächtigen Herren von Wallsee verfügten in der Mitte des 14. Jahrhunderts über keine namengebende Burg in Österreich. – Bestimmte Fälle ihrer Erbangelegenheiten in Österreich wurden

---

3 Zu ihm siehe: Max DOBLINGER, Die Herren von Walsee. Ein Beitrag zur österreichischen Adelsgeschichte, in: Archiv für österreichische Geschichte 95 (1906), S. 235–577, hier S. 274–291; und Karel HRUZA, Die Herren von Wallsee. Geschichte eines schwäbisch-österreichischen Adelsgeschlechts (1171–1331) (Forschungen zur Geschichte Oberösterreichs 18), Linz 1995, gemäß Register, zu 1364 S. 273f.
4 Siehe allgemein: DOBLINGER, Walsee (Anm. 3).
5 So Peter FELDBAUER, Herren und Ritter (Herrschaftsstruktur und Ständebildung – Beiträge zur Typologie der österreichischen Länder aus ihren mittelalterlichen Grundlagen, Bd. 1), München/Wien 1973, S. 39. Siehe auch die relevanten Stellen in: DERS., Der Herrenstand in Oberösterreich. Ursprünge, Anfänge, Frühformen, München/Wien 1972; Alphons LHOTSKY, Geschichte Österreichs seit der Mitte des 13. Jh. (1281–1358) (Veröffentlichungen der Kommission für Geschichte Österreichs 1), Wien 1967; Alois NIEDERSTÄTTER, Die Herrschaft Österreich. Fürst und Land im Spätmittelalter (Österreichische Geschichte 1278–1411), Wien 2001.
6 Rappoltsteinisches Urkundenbuch, Bd. 1 759–1500. Quellen zur Geschichte der ehemaligen Herrschaft Rappoltstein im Elsaß, hg. von Karl ALBRECHT, Colmar 1891, Nr. 715 zum 9. 2. 1358.
7 Notizenblatt. Beilage zum Archiv für Kunde österreichischer Geschichtsquellen, Bd. 2, Wien 1852, S. 315f. Nr. 2. Zu der Angelegenheit siehe: HRUZA, Herren von Wallsee (Anm. 3), S. 281–285.
8 Karel HRUZA, Die Herren von Wallsee und Kloster Baindt, in: Baindt – Hortus Floridus. Festschrift zur 750-Jahrfeier der Klostergründung 1240–1990, hg. von Otto BECK (Großer Kunstführer Schnell & Steiner 173), München/Zürich 1990, S. 3–79.

um dieselbe Zeit nach schwäbischem Recht verhandelt. – Sie holten – ebenfalls in jener Zeit – oberschwäbische Nonnen für eine Klostergründung nach Oberösterreich – Herzog Rudolf IV. nannte damals eine Herrschaft *Walse* sein eigen.

Dieser Sachverhalt verlangt nach einer Erklärung für das Zueinander von österreichischen und schwäbischen Aspekten in der Geschichte der Herren von Wallsee und vermag hoffentlich auch die Neugier der Leser zu wecken. Wenn wir uns nun auf die Spuren der Herren von Wallsee begeben, stoßen wir auch zum Kernthema des vorliegenden Tagungsbandes vor, nämlich der Übernahme welfischer Herrschaft in Oberschwaben durch die Staufer.

## Ministerialen der Welfen

Die älteste urkundliche Nennung der Herren von Wallsee führt uns mitten hinein ins welfische Oberschwaben des 12. Jahrhunderts. Unter den anwesenden Zeugen einer am 31. März 1171 in Oberteuringen bei Ravensburg ausgestellten Urkunde Herzog Heinrichs des Löwen stehen *Gebehardus* und *Chônradus de Walehsê*.[9] Vor ihnen ist der möglicherweise mit ihnen verwandte *Fridericus de Dahsberc* zu finden.[10] Zu dieser Quelle gesellt sich die Erwähnung eines *Cuonradus de Walsen miles* im Nekrolog des Prämonstratenserstiftes Weißenau.[11] Ein Eintrag in der so genannten Weißenauer Gütergeschichte überliefert schließlich, dass vermutlich dieser Konrad, nämlich *Dominus Cuonradus, miles de Waltse*, dem Stift Geld unterschlagen hatte und diesem als Wiedergutmachung 15 Mark Silber übergab, *ut eius memoria perpetuo aput nos teneatur*.[12] Das sind leider alle „welfischen" Quellen zu den Herren von Wallsee, aber das Wenige ist aussagekräftig genug: Die Prädikate *dominus* und *miles* verweisen auf ihre ständische und funktionale Qualität als Herrschaft ausübende Ritter, die sie mit ihrer Testierfähigkeit unterstrichen.[13] Sie sind werdende Niederadelige und *ministeriales* (Dienstmannen) eines mäch-

---

9   Beste Drucke in: MGH Laienfürsten- und Dynastenurkunden, Bd. 1: Die Urkunden Heinrichs des Löwen, Herzogs von Sachsen und Bayern, bearb. von Karl JORDAN, Leipzig/Weimar 1941–1949 (= MGH DD HL.), Nr. 85; Codex Diplomaticus Salemitanus. Urkundenbuch der Cistercienserabtei Salem, Bd. 1, hg. von Friedrich VON WEECH, Karlsruhe 1883, Nr. 15; WUB, Bd. 4, Stuttgart 1882, S. 368f., Nachtrag Nr. LXVIII.
10  Zu den Herren von Wallsee-Dachsberg siehe: HRUZA, Herren von Wallsee (Anm. 3), S. 305–312.
11  MGH Necrologia Germaniae, Bd. 1, hg. von Franz Ludwig BAUMANN, Berlin 1888, S. 159 zum 15. Mai.
12  Acta s. Petri in Augia, hg. von Franz Ludwig BAUMANN, in: ZGO 29 (1877), S. 1–128, hier S. 113, um die Mitte des 13. Jahrhunderts aufgezeichnet: *De Waltse antiquus dierum. Dominus Cuonradus, miles de Waltse, qui multam pecuniam congregatam ecclesiis disperserat, dedit nobis XV marcas, ut eius memoria perpetuo aput nos teneatur. Supra notatis igitur de Walse dominis defunctis cum orationibus peragimus anniversarium.* Mit geringen Abweichungen abgeschrieben in der Chronik des Weißenauer Abtes Jakob Murer (1523–1533) mit Abbildung des Wallseer Wappens (Handschrift im Gesamtarchiv Fürst Waldburg zu Zeil und Trauchburg, Schloss Zeil). Ebd. findet sich auch das von Baumann wiedergegebene *antiquus dierum*. Der Eintrag kann sich nur auf den von 1171 bis ca. 1230 fassbaren Konrad beziehen, da dieser Name nach ihm bei den Wallseern nur noch bei einem Geistlichen auftaucht. Zu den Acta sancti Petri in Augia siehe den Beitrag von Johannes WALDSCHÜTZ in diesem Band.
13  Die ständische Qualität der Wallseer unterstreicht auch, dass sie mit großer Wahrscheinlichkeit den ersten Propst des 1181 konstituierten Augustiner-Chorherrenstifts in Waldsee sowie zu Beginn des 13. Jahrhunderts einen Abt in der Benediktinerabtei Einsiedeln stellten, siehe unten.

tigen Fürsten.¹⁴ Sie benennen sich nach ihrem Sitz und sind – so scheint es zumindest – durchaus wohlhabend. Ihr namengebender Sitz *Walehsê* wurde seit dem Spätmittelalter *Waltse* genannt; es ist das heutige, mitten in Oberschwaben gelegene (Bad) Waldsee. *Walehsê* bedeutet „See der Welschen" und rekurriert auf keltisch-romanische Bevölkerung, welche die landnehmenden Alemannen im Frühmittelalter am Ort des heutigen Waldsee vorfanden.¹⁵

Die Urkunde Heinrichs des Löwen vom März 1171 enthält die einfache Bestätigung einer Schenkung,¹⁶ die Otto von Hasenweiler, Ministeriale Heinrichs – *ministerialis meus*, wie es in der Urkunde Heinrichs heißt – dem Kloster Salem getätigt hatte. Die Schenkung geschah durch die Hand Heinrichs und in der Funktion als Seelgerätstiftung für ihn, da zu lesen ist: *pro remedio animarum nostrarum [...] per manum meam legittime donavit*. Die Beurkundung wurde während eines der seltenen Aufenthalte Herzog Heinrichs in Oberschwaben vollzogen. Aufmerksamkeit hat die lange Liste der damals anwesenden Zeugen der Beurkundung (*Huius donationis testes sunt videntes et audientes*) gefunden, weil der Herzog südlich von Ravensburg zahlreiche Grafen, Edle und Ministeriale um sich versammeln konnte, so die Grafen von Heiligenberg, von Kirchberg, von Veringen und von Zollern. Wenig beachtet wurde bisher der Umstand, dass für Herzog Heinrichs Aufenthalt in Oberteuringen noch weitere Quellen existieren, welche mit der Urkunde vom 31. März 1171 die Annahme unterstreichen, dass der Herzog dort einen größeren Hoftag abgehalten hat.¹⁷

Nach dem Jahr 1174 überließ Abt Diethelm von Reichenau in einer Urkunde dem Kloster Salem unter anderem tauschweise eine Wiese und bestätigte damit einen Rechtsakt seines Vorgängers Ulrich von 1166.¹⁸ Die Wiese hatte Herzog Heinrich der Löwe

---

14   Siehe allgemein: Thomas ZOTZ, Die Formierung der Ministerialität, in: Die Salier und das Reich, Bd. 3: Gesellschaftlicher und ideengeschichtlicher Wandel im Reich der Salier, hg. von Stefan WEINFURTER unter Mitarbeit von Hubertus SEIBERT, Sigmaringen 1992, S. 3–50.
15   Siehe: Karel HRUZA, Der Haistergau. Zur Geschichte einer oberschwäbischen Siedlungslandschaft (Veröffentlichungen des Stadtarchivs Bad Waldsee B 6), Bad Waldsee 1986, S. 17; DERS., 1200 Jahre Haisterkirch. Die Frühzeit Haisterkirchs und des Haistergaues bis ins 11. Jahrhundert, in: Haisterkirch. Beiträge zur Geschichte des Haistergaus 805–2005, Bad Waldsee 2005, S. 5–26, hier S. 7. Zur Geschichte Waldsees im Mittelalter siehe: DERS., Herren von Wallsee, S. 351–395; Michael BARCZYK/Günther KIEMEL, Bad Waldsee – Zeugnisse aus Zeit und Zeitung, Bad Waldsee 1984, S. 13–90.
16   Siehe oben Anm. 9.
17   Auf die nachfolgend angeführten Quellen aus Salem machte bereits Günther BRADLER, Studien zur Geschichte der Ministerialität im Allgäu und in Oberschwaben (Göppinger Akademische Beiträge 50), Göppingen 1973, S. 343, aufmerksam, allerdings mit einer falschen Wiedergabe des Sachverhalts, ebenso fast wortgleich DERS., Welfische Ministeriale in Schwaben, in: Die Welfen. Landesgeschichtliche Aspekte ihrer Herrschaft, hg. von Karl-Ludwig Ay/Lorenz MAIER/Joachim JAHN (Forum Suevicum. Beiträge zur Geschichte Oberschwabens und der benachbarten Regionen 2), Konstanz 1998, S. 117–134, hier S. 123: „Auf der Reichenau, deren Vogt er war, bestätigte Heinrich einen Tauschvertrag über Güter in Teuringen, die an das Kloster Salem übertragen worden waren." Siehe aber: HRUZA, Herren von Wallsee (Anm. 3), S. 69, Anm. 7.
18   Zu 1166 siehe: Codex Diplomaticus Salemitanus, Bd. 1 (Anm. 9), Nr. 10 zum 14. 9. 1166. Bestätigung Abt Ulrichs von Reichenau über einen Gütertausch zwischen Kloster Salem und Swigger von Gundelfingen: *Ante dictus etiam Swicgerus, qui eodem prato a duce H[einrico] de Saxonia nostro aduocato beneficiatus fuerat, ipsius ducis assensu et uoluntate primo cum sepedictis fratribus coram H[einrico]*

▶ 1   Urkunde Herzog Heinrichs des Löwen vom 31. März 1171 (Foto: Generallandesarchiv Karlsruhe)

VOLUMUS, QUOD MINISTERIALES DE WALTSE AD DUCATUM PERTINENT

als Reichenauer Lehen besessen und an Ritter Swigger von Gundelfingen weiterverliehen, welcher die Wiese an Salem übergab. In der Urkunde Abt Diethelms wurde festgehalten, dass das Rechtsgeschäft nach getätigter Lehensauflassung in Anwesenheit und unter Vermittlung Herzog Heinrichs *apud uillam Tivringen* vollzogen worden war: *Pratum etiam quoddam a Swigero de Gundoluingen cambierunt, quod assensu fratrum nostrorum et ministerialium ecclesie nostre, sicut et cetera omnia quecumque a nobis habere probantur eis tradentes, apud uillam Tivringen, mediante duce Henrico, nostro aduocato, confirmauimus, qui a nobis ipsum pratum, ab eo uero Swigerus in beneficio habebat, hoc autem duci Swigerus, dux uero nobis, ideo ut fratribus in Salem daremus, resignauit [...]*.[19] In einer Urkunde von 1189 für Kloster Salem bestätigte Abt Diethelm von Reichenau mehrere Rechtsgeschäfte, so auch nochmals ebendieses: *Pratum igitur quoddam eidem claustro contiguum et eorum pratis interiacens, quod dux H[einricus] inter cetera ab ecclesia nostra per manus bone memorie Vlrici abbatis predecessoris mei et ab ipso Swicherus de Gvndelwingen in beneficio habebat, idem Swicherus duci, dux etiam ipsi abbati ea ratione resignavit, ut prefati cenobii fratribus iure concambii daretur. Quod et tunc factum est uoluntate eiusdem ducis, tunc aduocati nostri, assensu etiam fratrum nostrorum ac ministerialium ecclesie nostre, quod et consequenter demum a nobis post ipsum apud uillam Twringen coram eodem duce et cum ipso legittime confirmatum est.* Des Weiteren ist zu lesen: *Testes huius facti sunt hii: Vlricus abbas Augensis, qui et fecit. Diethalmus abbas, qui idem factum coram duce et cum duce confirmauit.* Dieses Rechtsgeschäft wird in der Urkunde von 1189 auf den 14. September 1166 datiert, und zwar mit derselben Datierungszeile wie in der oben angeführten Urkunde dieses Datums.[20] Entscheidend ist jedoch die Stelle, in der Diethelm darauf verweist, dass der Akt der Übergabe der Wiese an Salem 1166 unter Abt Ulrich geschah, deren Bestätigung aber später unter ihm in Anwesenheit Herzog Heinrichs vollzogen wurde.

Für diese soeben skizzierte rechtliche Handlung Heinrichs des Löwen *apud uillam Tivringen*, die letztlich nach 1166 und vor 1174 geschehen sein muss, kommt am besten sein bezeugter Aufenthalt in Oberteuringen Ende März 1171 in Frage.[21] Zusammengefasst heißt das, dass Heinrich am oder um den 31. März 1171 ebendort weitere Rechtsgeschäfte als das in seiner Urkunde festgehaltene getätigt und bestätigt hat. Wurde die Schenkung des Otto von Hasenweiler in einer Urkunde schriftlich niedergelegt, so wurden die Rechtsakte über die Wiese des Swigger von Gundelfingen wahrscheinlich nur mündlich (und symbolisch?) vollzogen. Ein (Urkunden-)Deperditum Herzog Heinrichs kann aus

---

*comite atque fratre suo C[onrado] aduocato de sancto monte concambium istud fecit.* Oberteuringen als Ort der Handlung wird in dieser Urkunde nicht angeführt.

19  Codex Diplomaticus Salemitanus, Bd. 1 (Anm. 9), Nr. 16.
20  Codex Diplomaticus Salemitanus, Bd. 1 (Anm. 9), Nr. 40 von 1189 (ohne Tag und Monat). Die zitierte Stelle der Urkunde ist zum 14. 9. 1166 datiert, jedoch entspricht der Text nicht vollständig jenem der anderen Urkunde von 1166, siehe ebd. Nr. 16.
21  Gemäß seinem Itinerar ist Heinrich im Frühjahr 1166 in Bayern nachgewiesen, danach war er erst wieder 1171 in Süddeutschland (Oberteuringen) zugegen, nach 1171 ist er in Oberschwaben nicht mehr fassbar, siehe Johannes HEYDEL, Das Itinerar Heinrichs des Löwen, in: Niedersächsisches Jahrbuch 6 (1929), S. 1–166, hier S. 134–141, zu 1166 auch S. 62–65, zu 1171 S. 72–74. Ein postulierter Aufenthalt Heinrichs 1166 in Ulm, siehe ebd. S. 62 und 134, beruht auf einer Urkundenfälschung, siehe MGH DD HL., S. 25, Kommentar zu Nr. 17.

den Quellenaussagen nicht eindeutig erschlossen werden. Für einen nur mündlichen Vollzug spricht zudem der Umstand, dass sich die zuständigen Autoritäten der Reichenau und Salems (und möglicherweise andere involvierte Personen) veranlasst sahen, die Rechtsakte über Swiggers Wiese mehrmals, nämlich nach 1174 und 1189 schriftlich festzuhalten.

In der Urkunde Herzog Heinrichs vom 31. März 1171 werden mehr als 50 namentlich und nicht namentlich genannte Zeugen angeführt. Aus der Reichenauer Urkunde von 1189 erfahren wir zudem, dass Abt Diethelm von Reichenau und höchstwahrscheinlich auch Swigger von Gundelfingen in Oberteuringen anwesend waren, möglicherweise dürfte auch der Abt von Salem vor Ort gewesen sein. Herzog Heinrichs Aufenthalt in Oberschwaben im Jahr 1171 hat Thomas Zotz in der derzeit besten Studie zu Heinrichs Wirken in Schwaben wie folgt skizziert: „Wenn offenbar bereits um 1170 [...] Heinrich der Löwe als (künftiger) Herr des Welfenhauses galt [...], dann erscheint sein [...] Aufenthalt in Schwaben, Ende März 1171 in Oberteuringen südwestlich von Ravensburg, in klarerem Licht. Schon bisher hat die Forschung die dort ausgestellte Herzogsurkunde [...] als Zeichen des Interesses Heinrichs an seinen oberschwäbischen Rechten und Besitzungen aufgefasst. [...] Man gewinnt den Eindruck, daß Heinrich der Löwe damals im März 1171 als Territorialherr des Südwestens seine hiesigen Getreuen, seine *amici*, demonstrativ um sich versammelt hat [...]." Ziel war die politische Mobilisierung seines „personalen Netzwerks" in Oberschwaben, durchaus auch mit antistaufischer Zielsetzung.[22]

Die damals in Oberteuringen als Zeugen tätigen Gebhard (I.) und Konrad (I.) von Wallsee können als welfische Ministeriale qualifiziert werden, die in die *familia* der Wel-

---

22 Thomas Zotz, Heinrich der Löwe und Schwaben. Nähe und Distanz in persönlicher und räumlicher Hinsicht, in: Heinrich der Löwe. Herrschaft und Repräsentation, hg. von Johannes Fried/Otto Gerhard Oexle (VuF 57), Ostfildern 2003, S. 311–345, hier S. 336f. und 333. Siehe auch: Ders., Heinrich der Löwe und die Welfen in Schwaben, in: Heinrich der Löwe und seine Zeit. Herrschaft und Repräsentation der Welfen 1125–1235. Katalog der Ausstellung Braunschweig 1995, 3 Bde., hg. von Jochen Luckhardt/Franz Niehoff, München 1995, hier Bd. 2, Essays, S. 69–77. Die genaueren Umstände von Herzog Heinrichs Aufenthalt in Schwaben 1171 sind nicht bekannt. Zur weiteren Literatur siehe: Karl Jordan, Heinrich der Löwe. Eine Biographie, München 1979, S. 174 bemerkt. „Zu Beginn des Jahres begab er sich von Sachsen für mehrere Wochen nach Bayern. Im März führte ihn sein Weg nach Schwaben in die welfischen Stammlande nördlich des Bodensees, wo sich bei einem Hoftag in dem kleinen Ort Obertheuringen südlich von Ravensburg zahlreiche schwäbische Grafen, Herren und welfische Ministeriale um ihn versammelten. Ob er damals in Schwaben auch mit seinem Onkel Welf VI. zusammengetroffen ist und mit ihm die Frage, wer dessen Erbe sein soll, erörtert hat, wissen wir nicht." Noch knapper ist Joachim Ehlers, Heinrich der Löwe. Eine Biographie, München 2008, S. 214. Siehe auch: Bradler, Ministerialität (Anm. 17), S. 341–345, hier S. 343f.: „Heinrich der Löwe, der von einer auffallend großen Zahl welfischer Ministerialer aus Oberschwaben begleitet wurde, scheint 1171 wegen der Regelung des von Welf VI. zu erwartenden Erbes den Bodenseeraum aufgesucht und gleichzeitig weiterführende politische Kontakte angeknüpft oder wiederaufgenommen zu haben. Seit dem Jahre 1171 tritt uns Heinrich der Löwe als ernstzunehmender Rivale der Staufer in Oberschwaben und im Bodenseeraum entgegen." Vgl. fast gleichlautend Ders., Heinrich der Löwe in Oberschwaben. Eine antistaufische Position im Herzogtum Schwaben, in: Beiträge zur Landeskunde Nr. 2, April 1978 (Regelmäßige Beilage zum Staatsanzeiger für Baden-Württemberg), S. 1–7, hier S. 4. Zuletzt Ders., Welfische Ministeriale (Anm. 17), S. 123 f und 133.

fenherzöge eingebunden waren und dem welfischen *dominium* angehörten.²³ Die schwäbischen Ministerialen der Welfen hat zuvorderst Günther Bradler untersucht und die Wallseer dabei zur „Spitzengruppe der welfischen Ministerialität" gezählt.²⁴ Diese Einordnung ist aus den wenigen „welfischen" Quellen, in welchen Wallseer erwähnt werden, nicht ableitbar. Ebenso ist eine Trennung der welfischen Ministerialen in ihrer Zugehörigkeit zu Welf VI. oder Heinrich dem Löwen kaum zu vollziehen.²⁵ Aber: Die dürftige Präsenz Heinrichs in Schwaben ist hier ausschlaggebend, Welf VI. war der anwesende Herr vor Ort.

Nach allem standen Waldsee und die dortigen Ministerialen in der Mitte des 12. Jahrhunderts unter welfischer Herrschaft. Waldsee und seine höchstwahrscheinlich bereits damals errichtete Burg bzw. Befestigungsanlage waren Teil des für das welfische Herrschaftszentrum im Schussental strategisch wichtigen Burgenringes nördlich und östlich des Altdorfer Waldes.²⁶ Zu ihm gehörten noch die Burgen Waldburg, Tanne, Bergatreute,

---

23 Zur Herkunft der Herren von Wallsee und ihrer Einbindung in die Herrschaft der Welfen siehe: Karel HRUZA, Omne patrimonium suum cum ministerialibus. Zur Herkunft welfischer Dienstmannen in Oberschwaben am Beispiel der Herren von Wallsee, in: Welf IV. – Schlüsselfigur einer Wendezeit. Regionale und europäische Perspektiven, hg. von Dieter BAUER/Matthias BECHER unter Mitarbeit von Alheydis PLASSMANN (ZBLG Beiheft 24 [Reihe B]), München 2004, S. 382–419. Die Historia Welforum Cap. I berichtet: *Praefecerant [Welfen] etiam familiae suae tam maiori quam minori unum de maioribus curiae, quem nominabant advocatum, qui vice sua pro omnibus suis staret coram regibus seu ducibus vel aliis iudicibus et in quacumque causa vel querimonia pro eis responderet.* Siehe: Quellen zur Geschichte der Welfen und die Chronik Burchards von Ursberg, hg. und übersetzt von Matthias BECHER unter Mitarbeit von Florian HARTMANN/Alheydis PLASSMANN (FSGA 18b), Darmstadt 2007, S. 36. Die Acta sancti Petri in Augia S. 19f. berichten: *dux Welfo [VI.] habuit dominium totius terrae tam super ministeriales quam super castra et predia [...].* Welf VI. erlaubte 1152 in einem Diplom für Stift Ittingen Schenkungen von Angehörigen seiner *familia* an dieses Stift (*si quelibet persona familie nostre*), wobei er zur *familia* zuvorderst die Ministerialen zählte: *He[c] autem persone de eadem familia intererrant*, es folgt eine Aufzählung welfischer Ministerialen in der Zeugenreihe, siehe: Thurgauisches Urkundenbuch, Bd. 2, bearb. von Ernst LEISI/Johannes MEYER/Friedrich SCHALTEGGER, Frauenfeld 1917, Nr. 35. Die welfischen Ministerialen waren nach diesen Quellen eindeutig in die *familia* ihres Herren eingebunden.
24 BRADLER, Ministerialität (Anm. 17), S. 332f. (Zitat S. 332). Vgl. auch Karl BOSL, Die Reichsministerialität der Salier und Staufer, 2 Bde. (Schriften der MGH 10), Stuttgart 1950/51, S. 412f., und Werner RÖSENER, Hofämter an mittelalterlichen Fürstenhöfen, in: DA 45 (1989), S. 485–550, hier S. 495 und S. 525f. Die Wallseer wegen eines einzigen „welfischen" Urkundenbelegs zu einer „Spitzengruppe" zu zählen, ist zu hoch gegriffen. Auch die spätere, besser fassbare und nicht zu gewichtige Stellung der Wallseer als staufische Reichsministeriale spricht dagegen, siehe: HRUZA, Herren von Wallsee (Anm. 3), S. 91–130.
25 Vgl. BRADLER, Ministerialität (Anm. 17), S. 332.
26 Vgl. BRADLER, Ministerialität (Anm. 17), S. 582, und auch Rudolf KIESS, Forsten in Oberschwaben während des Mittelalters, in: Ulm und Oberschwaben 40/41 (1973), S. 69–122, hier S. 96 (Karte) und 101f.: „Wir können davon ausgehen, daß die Welfen den Altdorfer Wald als Teil des Fiskus Schussen innehatten und ringsherum von ihnen abhängige Klöster und Ministerialen saßen, die den Wald nutzten und teilweise auch an Rodungen beteiligt waren." Zum Burgenbau von Ministerialen vgl. Andreas Chr. SCHLUNK, Königsmacht und Krongut. Die Machtgrundlage des deutschen Königtums im 13. Jahrhundert – und eine neue historische Methode, Stuttgart 1988, S. 117f. Zu den oberschwäbischen Burgen der Herren von Wallsee siehe: HRUZA, Herren von Wallsee (Anm. 3), S. 381–387; DERS., Rettet Neuwaldsee! Zu den oberschwäbischen Burgen der Herren von Wallsee, in: Im Oberland. Kultur – Geschichte – Natur. Beiträge aus Oberschwaben und dem Allgäu 15, H. 2 (2004), S. 20–27; Stätten der Herrschaft und

Aulendorf und Otterswang. Waldburg und Tanne sicherten Nabelstellen des Altdorfer Waldes. Waldsee lag an der aus dem Schussental zur Donau führenden alten, auf die Spätantike zurückgehenden Straße. Die dortige, vermutlich schon im Mittelalter aufgegebene Burg stand direkt an dieser durch Waldsee führenden Straße auf dem heute noch Burghalde genannten Hügel. Gemäß einem Bericht des Chronisten Otto von St. Blasien erlebten Waldsee und das südlich gelegene Gaisbeuren 1166 eine Bewährungsprobe.[27] Während der so genannten „Tübinger Fehde" stieß der staufische Herzog Friedrich IV. (von Rothenburg) mit einem böhmischen Heer bis hierher vor, um die Welfen zu bedrängen, zog aber wieder ab.[28] Der Schutzring um Altdorf-Ravensburg aus Burgen und Altdorfer Wald zeigte Wirkung, und vermutlich waren die welfischen Wallseer in diese Auseinandersetzung involviert.

## Welfisch-staufische Erbvereinbarung

Zu den zentralen „Ereignissen" der mittelalterlichen Geschichte Schwabens zählt zweifellos der zwischen Herzog Welf VI., dessen Sohn und einziger Erbe Welf VII. 1167 verstorben war, und Kaiser Friedrich I. ausgehandelte und um 1180 sukzessive vollzogene Übergang welfischer Herrschaftsrechte (*patrimonium* bzw. *hereditas* Welfs VI.) an die Staufer, den Ferdinand Opll wie folgt skizziert: „Wohl auf diesem Hoftag [Mitte Januar 1179 in Worms] trifft [Kaiser] Friedrich auch ein Abkommen mit seinem Oheim Herzog Welf (VI.), gemäß dem Welf sein Eigengut, das er zuvor in einem Abkommen Herzog Heinrich [dem Löwen] zugesagt hat, nach dem Ausbruch des Streites zwischen diesem und dem Kaiser aber dem Herrscher und dessen Söhnen überläßt. Friedrich findet seinen Oheim mit Gold und Silber ab und übernimmt dessen Erbe *lege gencium* [...]. Einiges davon behält er für sich zurück, den Rest überträgt er unter Hinzufügung einiger staufischer Eigengüter an Welf (VI.) zu Lehen."[29] Der primäre Grund für Welfs VI. Abkehr von

---

Macht. Burgen und Schlösser im Landkreis Ravensburg (Oberschwaben. Ansichten und Aussichten 9), hg. von Hans Ulrich RUDOLF, Ostfildern 2013, S. 110–114 und S. 124–126 (nicht immer korrekt).

27 Ottonis de sancto Blasio chronica, hg. von Adolf HOFMEISTER (MGH SS rer. Germ. 47), Hannover 1912, S. 21: *Interim dux Fridericus de Rotinburc educto Boemico exercitu Welfonem insequitur ac apud Gaiziburron morantem prima noctis vigilia de repente facto incursu Welfonem expergefactum cum suis in castrum Ravensburc fugavit.* Vgl. auch Historia Welforum (Anm. 23), S. 84. Gaisbeuren liegt südlich von Waldsee an der Straße ins Schussental.

28 Zur „Tübinger Fehde" siehe: Karin FELDMANN, Herzog Welf VI. und sein Sohn. Das Ende des süddeutschen Welfenhauses (mit Regesten), Diss. Phil. Tübingen 1971, S. 64f.; BRADLER, Ministerialität (Anm. 17), S. 421f.; Helmut MAURER, Der Herzog von Schwaben. Grundlagen, Wirkungen und Wesen seiner Herrschaft in ottonischer, salischer und staufischer Zeit, Sigmaringen 1978, S. 248f.; Steffen PATZOLD, Konflikte im Stauferreich nördlich der Alpen, in: Verwandlungen des Stauferreichs. Drei Innovationsregionen im mittelalterlichen Europa, hg. von Bernd SCHNEIDMÜLLER/Stefan WEINFURTER/Alfried WIECZOREK, Darmstadt 2010, S. 144–178, hier S. 155–157.

29 Johann Friedrich Böhmer, Reg. Imp. IV.2. Die Regesten des Kaiserreiches unter Friedrich I. 1152 (1122)–1190, Lieferungen 1–4, neubearb. von Ferdinand OPLL, Wien/Köln/Weimar 1980–2011, 3. Lieferung 1168–1180, Nr. 2477. Siehe auch: DERS., Friedrich Barbarossa, Darmstadt ³1998, S. 124f., und die unten in Anm. 31 angegebene Literatur. Zum „Ereignis" siehe etwa: Struktur und Ereignis, hg. von Andreas SUTER/Manfred HETTLING (Geschichte und Gesellschaft Sonderbd. 19), Göttingen 2001; Thomas

seinem Neffen Heinrich dem Löwen ist in dessen Weigerung zu suchen, seinen söhnelosen Onkel im Gegenzug für die Überlassung der süddeutschen *hereditas* der Welfen mit großen finanziellen Zuwendungen abzufinden. Die damaligen Vorgänge gehören in ein großes Thema der hochmittelalterlichen Geschichte des römisch-deutschen Reiches, nämlich das Mit- und Gegeneinander der Hochadelsfamilien der Welfen und Staufer.[30]

Wie viele andere „Ereignisse" des Hochmittelalters kann auch dieses Geschehen der welfisch-staufischen Erbvereinbarung aufgrund dürftiger Aussagen der Quellen letztlich nur skizzenhaft und anhand einzelner – freilich fallweise aussagekräftiger – Mosaiksteine vom Historiker rekonstruiert werden.[31] Zwei dieser Mosaiksteine sind Urkunden, die einmal in loser (1178) und das andere Mal in sehr enger Verbindung (1181) zu den Herren von Wallsee stehen. So führt die nach 1171 chronologisch folgende urkundliche Erwähnung der Wallseer mitten in den Vollzug der Erbvereinbarung: Am 25. Dezember 1178 übernahm der junge Staufer Friedrich, Sohn Kaiser Friedrichs und Herzog von Schwaben, im welfischen Vorort Altdorf in einer von ihm ausgestellten Urkunde welfische Herrschaftsrechte (Abb. 4 im Beitrag von Thomas Zotz).[32] Auf Wunsch der Brüder des

---

RATHMANN, Ereignisse Konstrukte Geschichten, in: Ereignis. Konzeptionen eines Begriffs in Geschichte, Kunst und Literatur, hg. von DEMS., Köln 2003, S. 1–19.

30  Wie neue Literatur zeigt, hält das wissenschaftliche Interesse an diesem „alten" Thema unvermindert an, siehe etwa: Staufer und Welfen. Zwei rivalisierende Dynastien im Hochmittelalter, hg. von Werner HECHBERGER/Florian SCHULLER, Regensburg 2009.

31  Zu dieser Erbvereinbarung siehe grundlegend FELDMANN, Herzog Welf VI. (Anm. 28); DIES., = Katrin [sic] BAAKEN, Herzog Welf VI. und seine Zeit, in: Welf VI. Wissenschaftliches Kolloquium zum 800. Todesjahr Welfs VI. im Schwäbischen Bildungszentrum Irsee (Irseer Schriften 3), hg. von Rainer JEHL, Sigmaringen 1995, S. 9–28, hier S. 23–26; MAURER, Herzog von Schwaben (Anm. 28), S. 246–252 und auch S. 268–300; ZOTZ, Heinrich der Löwe und Schwaben (Anm. 22), S. 336–343, und die Beiträge von DEMS. und Heinz KRIEG in diesem Band. Von der Bezeichnung der Erbvereinbarung als „Erbvertrag", wie in der älteren Literatur oft geschehen, wird man heute absehen. Damit korrigiere ich auch HRUZA, Herren von Wallsee (Anm. 3), S. 84f. – Ein interessantes Parallelbeispiel bildet die 1186 zwischen dem erbenlosen und kranken Markgraf Otakar IV. von Steiermark und Herzog Leopold V. von Österreich erzielte Erbvereinbarung, gemäß der die Steiermark beim 1192 erfolgten Tod des Markgrafen dem Herzog zufiel, der unverzüglich von Kaiser Heinrich VI. mit der Mark belehnt wurde, siehe Karl SPREITZHOFER, Georgenberger Handfeste. Entstehung und Folgen der ersten Verfassungsurkunde der Steiermark, Graz/Wien/Köln 1986. Diese Erbvereinbarung wurde in einer ausführlichen Urkunde festgehalten, die aufschlussreiche Einblicke in die Problematik und Themenbereiche eines solchen Erbfalls bietet.

32  Thurgauisches Urkundenbuch, Bd. 2 (Anm. 23), Nr. 56, und WUB, Bd. 2, Stuttgart 1858, Nr. CDXIX (beide zu 1179). Die Datierung auf 1178 findet sich bereits in: Regesta Episcoporum Constantiensium Bd. 1, 517–1293, bearb. von Paul LADEWIG/Theodor MÜLLER, Innsbruck 1895, S. 117, Nr. 1043. Siehe auch: Peter JOHANEK, Die Frühzeit der Siegelurkunde im Bistum Würzburg (Quellen und Forschungen zur Geschichte des Bistums und Hochstifts Würzburg 20) Würzburg 1967, S. 275, Anm. 39; FELDMANN, Herzog Welf VI. (Anm. 28), Reg. 157. Zur Urkunde, die in Teilen als Vorlage für eine nicht vollzogene Empfängerausfertigung auf Kaiser Heinrich VI. von 1191/2 diente, siehe: Elisabeth MARTHALER, Die Diplome Kaiser Friedrichs I. und Heinrichs VI. für Kreuzlingen, in: Thurgauische Beiträge zur vaterländischen Geschichte 77 (1941), S. 10–34, hier 22–29; zum geplanten Heinrich-Diplom siehe: MGH Die Urkunden Heinrichs VI., bearb. von Heinrich APPELT/Bettina PFERSCHY-MALECZEK, BB 200 (MGH Datenbank: mgh.de/datenbanken/diplomata/urkunden-heinrichs-vi) (= MGH DD H. VI.); Die Zeit der Staufer. Geschichte – Kunst – Kultur (Ausstellungskatalog), Bde. 1–4, Stuttgart 1977, Bd. 1, S. 4. Nr. 6 (zu 1179); Heinrich der Löwe und seine Zeit, Bd. 1 Katalog, S. 269, Nr. D76 (mit kleiner Abbildung der Urkunde). Peter WEISS,

2  Eberhard (I.) und Berthold (I.) von Wallsee in der Zeugenreihe der Urkunde vom 25. Dezember 1178 (Foto: Staatsarchiv Thurgau, Frauenfeld)

Augustiner-Chorherrenstiftes St. Ulrich im bei Konstanz gelegenen Kreuzlingen und auf Rat Welfs VI. empfing Friedrich zuvor im Besitz Welfs stehende Vogteirechte über verschiedene, sich im Besitz des Stifts befindende Orte unter der Bedingung, das Kloster und dessen Hintersassen in Schutz zu nehmen.

Bemerkenswert ist der zeitliche Ablauf, denn Herzog Friedrich vermerkt in der Urkunde: *Abbas siquidem eiusdem congregationis cum fratribus suis ad nos ueniens in remissionem omnium delictorum nostrorum et parentum nostrorum consilio prefati nostri proauunculi Welfonis eandem aduocatiam hac conditione nobis commendavit, ut post post obitum ducis Welfonis uel eius spontaneam resignationem ut ab omni inuasione tyrannorum et malorum hominum eos et familiam sancti Odalrici defendemus [...]*. Ebenso gingen *eadem conditione* Güter des Stifts, die Graf Rudolf von Pfullendorf in Besitz hatte, an Friedrich. Des Weiteren verkündete dieser in der Urkunde: *Preterea ministerialibus nostris, qui ex donatione prefati ducis Welfonis ad nos pertinent, dandi et conferendi tam sua quam se ipsos ad predictum beati Odalrici monasterium liberam concedimus potestatem*. Zu diesen Ministerialen Friedrichs, an welche sich die Schenkungserlaubnis richtete und die mittels einer Schenkung (*donatio*) bereits dem staufischen Herzog angehörten, zählten möglicherweise auch die Wallseer, denn sie stehen in der von Welf VI. angeführten Zeugenreihe der Urkunde in Gesellschaft bekannter oberschwäbischer Ministerialengeschlechter: *Chunradus de Shuzenriet. Dieto de Ravinisburch. Fridericus de Walburch. Eberhardus de Walhse. Eberhardus de Tanne. et frater suus Bertolfus. Bertolfus de Walhse.*

Frühe Siegelurkunden in Schwaben (10.–12. Jahrhundert) (Elementa Diplomatica 6), Marburg a. d. L. 1997, hat Urkunden nur bis zum Jahr 1102 bearbeitet. Für diese Herzogsurkunde (feierliche Ausfertigung mit Arenga) zeichnet der kaiserliche Kanzler Gottfried (von Spitzenberg-Helfenstein) verantwortlich: *Testes huius rei sunt Gotefridus cancellarius imperatoris et scriba [!] imperatoris huius priuilegii [...]*, der auch in der Recognitionszeile des Friedrich I.-Diploms vom 12.5.1181 (siehe unten) aufscheint, zu ihm siehe: MGH Die Urkunden der deutschen Könige und Kaiser X, Die Urkunden Friedrichs I., Bde. 1–5, bearb. von Heinrich APPELT, Hannover 1975–1990 (= MGH DD F. I), hier Bd. 5 Einleitung, Verzeichnisse, S. 19. Die Urkunde Herzog Friedrichs hat die Datierungszeile *anno dominice incarnationis. M.C.LXX.VIII. Indictione .XII. VIII. kal. Jan. anno imperii. friderici imperatoris romanorum .XXVI. [...]*. Die 8. Kalenden des Januars ergeben das Tagesdatum 25. Dezember. Genau an diesem Weihnachtstag wurde gemäß dem Usus (Weihnachtsstil und Indictio Romana) der kaiserlichen Kanzlei sowohl das Jahr als auch die (Zahl der) Indiktion gewechselt. In diesem Fall war der 25.12.1178 (nach heutiger Zählung) der erste Tag des Jahres 1179, an dem auch die Indiktion von 11 auf 12 wechselte. Falsch sind zum Jahr 1179, aber auch zu 1178, die Regierungsjahre Kaiser Friedrichs berechnet. Die Datierung der Urkunde auf den 25.12.1178 ist prinzipiell gerechtfertigt, womit ich auch meine in der Weingartner Tagung geäußerten Zweifel zurücknehme.

Die von Friedrich verkündeten rechtlichen Bestimmungen sollten gemäß dem Urkundentext erst in der Zukunft wirksam werden, wenn Welf VI. „resignieren", also die Rechte endgültig an Friedrich übertragen würde bzw. wenn er starb. Das fügt sich bestens zu der oben angeführten Beobachtung, nach der die Erbvereinbarung zwischen Welf VI. und Kaiser Friedrich einige Tage später, im Januar 1179, in Worms (oder möglicherweise bereits zuvor in Ulm[33]) zum Abschluss gebracht wurde. Mit gewisser Sicherheit kann angenommen werden, dass über die Sache auch im Dezember in Altdorf verhandelt wurde, zumal sich dort eine durchaus illustre Gesellschaft versammelt hatte. Neben Herzog Welf VI. und sechs Grafen, nämlich von Berg, Kirchberg, Pfullendorf und Ronsberg, waren die Bischöfe von Chur und Konstanz und der Abt von Kempten zugegen. Auffallend ist die Anwesenheit des kaiserlichen Kanzlers Gottfried und die Funktion Bischof Bertholds von Konstanz, über den es am Schluss der Urkunde vom Dezember 1178 heißt, die Sache sei geschehen *presidente Constantiensi kathedre Bertolfo venerabili episcopo*. Möglicherweise hatte der anscheinend nicht in Altdorf anwesende Kaiser den Konstanzer Bischof Berthold (von Bussnang) um die Verhandlungsführung gebeten, auch aus dem Grund, dass der Kaiser damals die „Regierungsgeschäfte" für seinen jungen Sohn führte, das Geschehen in Altdorf somit nicht als selbstständiges politisches Handeln des Herzogs bewertet werden kann.[34] Als Ausfluss des Tags zu Altdorf darf das in der Urkunde, für deren rechtmäßige Herstellung Gottfried zu sorgen hatte, festgehaltene Rechtsgeschäft gelten, aber auch die Abtretung anderer Rechtstitel Welfs VI., – und zwar Verfügungsrechte über Ministerialen – könnte ebendort vollzogen worden sein.

In diesem Zusammenhang muss die Frage nach den Aufenthaltsorten Kaiser Friedrichs I. in diesen Tagen gestellt werden. In den Regesta Imperii werden die Aufenthaltsorte bzw. Handlungen des Kaisers wie folgt chronologisch aufgelistet: Am 11. November 1178 wurde der Kaiser – vermutlich in Speyer – nach seiner Rückkehr aus Italien von den Fürsten empfangen; im November oder Dezember 1178 hielt er einen Hoftag in Ulm; am 25. Dezember feierte er das Weihnachtsfest in Würzburg; in der Zeit vom 6. bis zum 13. Januar hielt er einen Hoftag in Worms, an dem wie oben bereits erwähnt unter anderem vermutlich auch die mit Welf VI. erzielte Erbvereinbarung [endgültig] beschlossen wurde.[35] Für das Weihnachtsfest in Würzburg gibt es zwei chronikalische Quellenbelege: Der eine nennt Würzburg als Ort, der andere einen Hoftag in Schwaben.[36] Der historische Kontext der Herzogsurkunde vom 25. Dezember 1178 lässt es ratsam erscheinen,

---

33 Siehe etwa: Zotz, Heinrich der Löwe und Schwaben (Anm. 22), S. 339.
34 Siehe etwa: Klaus Schreiner, Die Staufer als Herzöge von Schwaben, in: Zeit der Staufer (Anm. 32), Bd. 3, S. 7–19, hier S. 13f.
35 Reg. Imp. IV. 2,3 Nr. 2461, 2463, 2465, 2476 und 2477.
36 Reg. Imp. IV. 2,3 Nr. 2465. Die so genannte Continuatio Gerlaci abbatis Milovicensis hat zu 1178 den Eintrag: [...] *in nativitate Christi Fridericus vocatione imperatoris interest curiae ipsius celeberrimae tunc temporis in Suevia, loco qui dicitur*. Der Ortsname wird jedoch nicht genannt, siehe: MGH SS 17, hg. von Georg Heinrich Pertz, Hannover 1861. Die Fortsetzung der Chronica Regia Coloniensis hat die Stelle: *Imperator natale Domini apud Herbipolim, quae et Wirzeburg celebrat, curiam vero in octava epiphaniae Wormaciae habuit* [...], siehe MGH SS rer. Germ. in us. schol., hg. von Georg Waitz, Hannover 1880, S. 129f. Freilich hat hierbei die Kölner Chronik zunächst als die genauere und verlässlichere Quelle zu gelten.

die möglichen Aufenthaltsorte des Kaisers noch einmal zu überprüfen, was im Rahmen vorliegender Arbeit nicht geleistet werden kann.

Von Interesse ist zudem die Rolle des Kreuzlinger Stifts als Petent und die Angabe, Abt und Brüder wären persönlich bei Herzog Friedrich – möglicherweise ebenfalls in Altdorf – vorstellig geworden. Das gibt ein eindeutiges Zeugnis über vor der Urkundenausstellung erfolgte Verhandlungen und vor allem auch darüber, dass die von der Erbvereinbarung betroffenen „Objekte", nämlich die unter welfischer Herrschaft stehenden „Untertanen", die selbst wiederum Herrschaftsträger sein konnten, und solche Personen und Gemeinschaften, die von welfischen Rechten tangiert wurden, in die Verhandlungen einbezogen wurden. Es wird ersichtlich, dass die Erbvereinbarung nicht primär den Charakter eines einsam von Welf VI. getroffenen, nach „unten" gerichteten Diktats aufweist, sondern zumindest in bestimmten Bereichen auch als Produkt einer konsensualen Politik zwischen Herrscher und Beherrschten aufgefasst werden kann.[37] Ähnliches ist bei der österreichisch-steirischen Erbvereinbarung von 1186 zu beobachten, bei der die Mitwirkung verschiedener betroffener Gruppen in der zugehörigen Urkunde Herzog Otakars festgehalten wurde und in der es unter anderem heißt: *Communicato igitur meliorum nostrorum prudenti consilio nobilissimum [...] Veruntamen ne aliquis de successoribus suis [des Erben Leopold] paterni moris simul et mutue familiaritatis obliviscens in ministeriales et provinciales nostros inpie crudeliterve presumat agere, iura nostrorum secundum petitionem ipsorum scripto statuimus comprehendere ac privilegio munire.*[38]

Die Bedeutung der Herzogsurkunde von 1178 für den Herrschaftsauf- und ausbau der Staufer hat Helmut Maurer treffend beschrieben: „Friedrich Barbarossas Sohn Herzog Friedrich V. von Schwaben bekam somit um die Jahreswende 1178/1179 nicht nur erste Befugnisse über einzelne welfische Besitzungen und Rechte zugesprochen; er erhielt zugleich die Anwartschaft auf ein – gleich seinem Herzogtum – vom Reiche zu Lehen gehendes Fürstentum und damit überdies die Anwartschaft auf die Lehensherrlichkeit über die ein ‚Reichsfürstentum' entscheidend mitausmachenden edelfreien Vasallen."[39] Und eben zu diesem ehemals welfischen „Reichsfürstentum" zählten neben den edlen Vasallen auch Ministerialen, so die Herren von Wallsee.

## Ministerialen der Staufer

Die Geschichte der Herren von Wallsee und des Augustiner-Chorherrenstifts Waldsee bietet die einzigartige Möglichkeit, den welfisch-staufischen Herrschaftsübergang konkret vor Ort und an deutlich fassbaren rechtlichen Bestimmungen aufzuzeigen. Aus dieser Perspektive gehen die Waldsee betreffenden Vorgänge in ihrem Informationsgehalt über jene, die 1178 das Stift Kreuzlingen berührten, hinaus. Die im Folgenden zu diskutierende Quelle ist ein am 12. Mai 1181 auf einem kaiserlichen Hoftag in Ulm ausgestelltes

---

37 Diese Beobachtung gilt auch für den Übergang welfischer Herrschaft an (den landfremden Erben) Welf IV., siehe: HRUZA, *Omne patrimonium suum cum ministerialibus* (Anm. 23).
38 Siehe: SPREITZHOFER, Georgenberger Handfeste (Anm. 31), S. 12–21, Zitat S. 12.
39 MAURER, Herzog von Schwaben (Anm. 28), S. 250.

IN NOMINE SANCTE ET INDIVIDUE TRINITATIS FREDERICUS DIVINA FAVENTE CLEMENTIA ROMANORUM IMPERATOR AUGUSTUS

Noverint omnes imperii nostri fideles, quod nos de parrochiali ecclesia in walse collegium fecim(us) et conventum fratrum de regula sancti Augustini ibidem constituimus. cum hac libertate, ut cum vacaverit prepositura, plenam fratres potestatem hanc eligendi prepositum deo et hominibus complacentem. Factum est et etiam consilio et consensu hermanni constanciensis ep(iscop)i, q(uo)d p(re)positus loci illius et subditi sui n(u)lla obediencia et sub iectione teneant(ur) archidiacon(is) et decanis, set una sui obediant ep(iscop)i. Prepositus p(re)posituram de manu ducis sueuorum recipiat, nec ull(am) hac potestate bona ecclesie illius alienandi ut obligandi. Q(uo)d si fecerit in irritum reducat. Dux sueuorum et p(re)positus ecclesie in walse, ipsum locum et bona ei attinentia manuteneant et defendant. It(em) si ministeriales corporis et animi copotes fuerint, et p(ro)pria sua, ut res mobiles eide(m) quantu(m) ordeyr voluerint, licentiam nostram concedim(us) et g(e)rmam(?) n(on) forte p(ro)p(ri)e legitima habeant. It(em) ecclesialibus libris et hominibus eius, gediconis hoc dam privilegii, ut null(us) hominum eos qui ad ipsum locum p(er)tinent, nomine beneficii vendicet. Volumus eria(m) ut ministeriales hanc habeant potestatem, ut ibi(n)cu(m)q(ue) obierint et sepulturam expecti(e)runt in eadem ecclesia sine contradictione obtineant. Horum eria(m) esse volum(us) q(uo)d ministeriales de walse ad ducatum p(er)tinent, et de g(e)ditione sui imp(er)is illi n(on) duci sueuorum respondere debent. It(em) statuim(us) q(uo)d p(re)positus eiusdem loci n(on) iu(s) n(on) potestate hat res et bona ecclesie distrahendi nomine pignoris ut beneficii ut vendicioni(s). Ut g(itur) hec omnia rata et incomutabilia p(er)maneant p(re)sente pagina imperiali sigillo iussim(us) insigniri et n(ost)r(e) maiestatis auctoritate corroborari. Statuentes ut q(ui) p(re)senti privilegio obviare attemptaverit. C libr(a)s auri p(ro) satisfactione copo(n)at. dimidia part(em) n(ost)r(e) camer(e) reliqua ipsi claustro assignatus. Hu(ius) rei tes(tes) sunt.

B(er)toldus ep(iscopu)s constanciensis. Luetpardus de walse. Conradus. B(er)toldus eubardi fili(us). B(er)toldus et lu(t)pardi de tanne. B(er)toldus de nuthertaue. heinricus de wintesteden.

Et alii q(uam) plures.

Ego Godefrid(us) imp(er)at(oris) aule cancellarius vice Christiani maguntini archiep(iscop)i et archicancellarii recognovi.

Acta sunt h(ec) anno d(omini)ce incarnacionis M(illesim)o C(entesim)o LXXVI Ind(ictione) VIIII.

Regnante d(omi)no Friderico Ro(manorum) imp(er)atore glo(rio)s(issi)mo.

Anno regni ei(us) XXV imp(er)ii u(ero) XXVII. Dat(um) ulme iiij id(us) maii feliciter amen.

feierliches – allerdings ohne Arenga ausgefertigtes – Diplom Kaiser Friedrichs I. für das Augustiner-Chorherrenstift in Waldsee.[40] Es stammt aus dem ehemaligen Stiftsarchiv und wird heute im Stadtarchiv Ulm verwahrt; der Text wird unten im Anhang abgedruckt.

Kaiser Friedrich verkündete in der Urkunde, *quod nos de parrochiali ecclesia in Waltse collegium fecimus et conventum fratrum de regula sancti Augustini ibidem constituimus cum hac libertate, ut, cum vacaverit prepositura, plenam fratres potestatem habeant eligendi prepositum deo et hominibus complacentem.* Demgemäß bezeichnete er sich als Gründer des Augustiner-Chorherrenstiftes.[41] Um so interessanter ist die nachfolgende Stelle: *Factum est etiam consilio et consensu Hermanni Constanciensis episcopi, quod prepositus loci illius et subditi sui nulla obedientia et subiectione teneantur archidiaconis et decanis, set tantum suis obediant episcopis.* Beim erwähnten Bischof von Konstanz kann es sich nur um Hermann (I.) handeln, der im November 1165 starb.[42] Dieser Passus verweist daher auf vor 1165 getroffene Vereinbarungen, oder genauer: Die Befreiung von der Jurisdiktion der Archidiakone und Dekane durch Hermann I. verweist auf die Konstituierung der Propstei vor 1165. Mit wem Bischof Hermann allerdings die Freistellung vereinbart hatte, ob mit König bzw. Kaiser Friedrich I. oder einem anderen Herrschafts-

40 Bester Druck in: MGH DD F. I, Bd. 4 Die Urkunden Friedrichs I. 1181–1190, Nr. 808; WUB, Bd. 2 (Anm. 32), Nr. CDXXVI; Johann Friedrich Böhmer, Reg. Imp. IV. 2. (Anm. 29), 4. Lieferung Nr. 2594, und 3. Lieferung, Nr. 1520a. Siehe auch: Rainer Maria HERKENRATH, Die Reichskanzlei in den Jahren 1181 bis 1190 (Österreichische Akademie der Wissenschaften – Phil. Hist. Kl., Denkschriften 175), Wien 1985, S. 110, Nr. 4321 mit Teilabbildung der Urkunde im Tafelanhang. Beste farbige Abbildung der ganzen Urkunde, deren Siegel verloren ist, in: Schätze der Stadtgeschichte. Das Archiv der Stadt Ulm, hg. von Michael WETTENGEL, Ulm 2015, S. 60. Die Beschreibung S. 61 ist fehlerhaft, denn ein „eigenhändiger Vollziehungsstrich" ist im Monogramm Kaiser Friedrichs nicht vorhanden, ebenso sollte der beste Druck (MGH) angegeben werden. Frühe kopiale Überlieferung der *literae fundatorialium* in einem für das Stift ausgestellten, notariell beglaubigten Vidimus (Pergamentlibell) Abt Georgs des St. Georg-Klosters in Isny vom 16.1.1492 (Hauptstaatsarchiv Stuttgart, B 513, U 9, S. 1f.), und Insert in einer Bestätigung Kaiser Friedrichs III. vom 23. 11. 1479, Graz (ebd. S. 6–8). Wohl erst nach der Stiftsaufhebung 1788 gelangte das Diplom in Privatbesitz (?) und im weiteren Verlauf ins Stadtarchiv Ulm. Als Ergänzung zur MGH-Edition sei angegeben: Von der Plica wurde rechts außen ein horizontal längliches Stück Pergament abgeschnitten oder könnte bereits vor der Mundierung wegen des Pergamentschnitts gefehlt haben. Auf der Rückseite steht von neuzeitlichen Händen mit Tinte: *Original Stifftbrieff Monasterii Canonicorum Regularium St. Augustini Oppido in Waldsee a Friderico primo Romanorum Imperatore Anno 1181;* dazu (als Archivsignaturen?): .a., Li C, A, 4|1, B 1/1; mit Bleistift: 1181, 1181 Mai 12. Eine Hand des 12. Jahrhunderts hinterließ die Federprobe: *n e n n n n.*

41 Die historische Tradition im Stift Waldsee sah im 16. Jahrhundert Friedrich als Gründer, so Jonas HAENLIN, dortiger Kanoniker, in einer Descriptio Oppidi Waldseensis: *Fridericus Barbarossa Fundator Monasterii Waldseensis Can. Reg.* (Hauptstaatsarchiv Stuttgart, Handschrift 250 der Sammlung J 1, S. 14.)

42 Vgl. auch Regesta Episcoporum Constantiensium, Bd. 1, 517–1293, bearb. von Paul LADEWIG/Theodor MÜLLER, Innsbruck 1895 (ND Glashütten i. T. 1970), Nr. 1001. Den Bearbeitern war diese Stelle schon aufgefallen, vgl. Nr. 1000. Hermanns Pontifikat dauerte von 1138 bis 1165, Friedrich erklomm den römisch-deutschen Thron 1152. Daraus schloss Ursula-Renate WEISS, Die Konstanzer Bischöfe im 12. Jahrhundert, Sigmaringen 1975, S. 98, Anm. 197, die Befreiung der Propstei sei zwischen 1152 und 1165 erfolgt. Freilich ist der Urkundentext aber nicht eindeutig dahingehend zu lesen, dass die Abmachungen Bischof Hermanns (mit wem auch immer) bereits vor 1165 realisiert worden wären. Des Weiteren fällt auf, dass es vor 1165 eine Archidiakonatsorganisation gab, in welche die 1181 zum Stift erhobene Pfarrkirche in Waldsee eingebunden war.

◂ 3   Urkunde Kaiser Friedrichs I. vom 12. Mai 1181
(Foto: Stadtarchiv Ulm)

träger, ist nicht zu erfahren. Die in Friedrichs Privileg nachfolgenden Bestimmungen sind Ausfluss der im Mai 1181 erfolgten Verhandlungen über die Stiftsgründung.

Die Ausstellung des Diploms ist in gewisser Weise dem Zufall des kaiserlichen Itinerars geschuldet: Friedrich I. hielt sich im April 1181 in Konstanz auf, wo er unter anderem in die urkundliche Bestätigung der Gründung des Augustiner-Chorherrenstiftes Truttenhausen involviert war.[43] Am 5. Mai war der Kaiser bereits in Ulm anwesend, um den oben erwähnten Hoftag abzuhalten, an dem auch Herzog Friedrich, Herzog Welf VI. und König Heinrich VI. teilnahmen.[44] Der Weg von Konstanz führte den Kaiser und sein Gefolge mit großer Wahrscheinlichkeit auf der seit der Spätantike existierenden Straße über Meersburg ins Schussental (Ravensburg, Altdorf) und durch den Altdorfer Wald weiter über Waldsee, Biberach und Laupheim nach Ulm. Es ist gut vorstellbar, dass Friedrich I. bei seinem – wie auch immer langen – Aufenthalt in Waldsee etwa von Klerikern oder den Herren von Wallsee mit der Situation des dortigen Augustiner-Chorherrenstifts konfrontiert wurde. Das Problem lag auf dem Tisch, wurde verhandelt und schließlich in Ulm mit Friedrichs I. Diplom zu einem für das Stift erfolgreichen Ende gebracht. Dass die Wallseer und möglicherweise auch einige Kleriker im kaiserlichen Gefolge von Waldsee nach Ulm zogen, kann angenommen werden. Zumindest die Wallseer sind schon am 5. Mai in Ulm nachgewiesen.[45]

Stellen wir das Diplom von 1181 in einen weiteren historischen Kontext, so wird ersichtlich, dass der Kaiser nicht als der primäre Gründer des Stifts gelten kann.[46] Die Welfen waren, in gewissem Gegensatz zu den Staufern, bereits in früher Zeit Förderer der Kanonikerstifte. Bedeutend sind hier Welfs VI. Beziehung zu Propst Otto von Rottenbuch, einer welfischen Gründung, und zum Stift San Frediano in Lucca sowie seine Sympathien für Papst Alexander III.,[47] und auch Heinrich der Löwe stand den Kanonikerstiften nicht ablehnend gegenüber.[48] Neben den Prämonstratenserstiften Weißenau und Rot an der Rot hatten die Welfen Einfluss auf die Augustiner-Chorherrenstifte Kreuzlingen und Ittingen, wobei hier zudem das Wirken Bischof Hermanns I. auffällt, der mehrmals mit Welf VI. zusammenkam.[49] Die Anfänge des Stifts Waldsee sind jedenfalls in der Mitte des 12. Jahrhunderts zu suchen und gehören zu den letzten Ausläufern der Gründungswelle von Kanonikerstiften im süddeutschen Raum. Der Gründungsvorgang in Waldsee dürfte zunächst ins Stocken geraten sein und wurde schließlich 1181

---

43 Siehe Johann Friedrich Böhmer, Reg. Imp. IV. 2. (Anm. 29), 4. Lieferung Nr. 2587–2590.
44 Siehe ebd. Nr. 2592.
45 Ebd.
46 Anders dagegen OPLL in Reg. Imp. (wie Anm. 29); BRADLER, Ministerialität (Anm. 17), S. 427; Michael BARCZYK/Paul SCHURER, Kirche und Stift St. Peter zu Waldsee (Veröffentlichungen des Stadtarchivs Bad Waldsee B 3), Bad Waldsee 1979, S. 22f.; HERKENRATH, Reichskanzlei (Anm. 40), S. 110.
47 Siehe etwa: FELDMANN, Herzog Welf VI. (Anm. 28), S. 52f., DIES. = BAAKEN, Herzog Welf VI. (Anm. 31), S. 25–28.
48 Vgl. die Empfänger seiner Urkunden bei HEYDEL, Itinerar Heinrichs des Löwen (Anm. 21); MGH DD HL., und siehe die relevanten Stellen bei: JORDAN, Heinrich der Löwe (Anm. 22), und EHLERS, Heinrich der Löwe (Anm. 22).
49 Siehe FELDMANN, Herzog Welf VI. (Anm. 28), Reg. 24, 25, 34, 36–41, 57, 67, 84, 89, 109, 116.

4 Stilisierte Darstellung des Augustiner-Chorherrenstifts Waldsee im 17. Jahrhundert (aus: Michael Barczyk/Günther Kiemel, Bad Waldsee – Zeugnisse aus Zeit und Zeitung, Bad Waldsee 1984, S. 204)

beendet.[50] Auch der Aspekt, dass bei den für das neue Stift zuständigen geistlichen wie weltlichen Herrschaftsträgern vor Ort im Zuge der staufischen Herrschaftsübernahme der Wunsch nach einer kaiserlichen Gründungsurkunde aufkam, mit welcher die zuvor möglicherweise sukzessive erfolgte „Gründung" der Propstei eine neue und „bessere", und vor allem endgültige Qualität erhalten sollte, muss in Betracht gezogen werden. Somit wäre das Diplom als eine „verspätete Gründungsurkunde" des Waldseer Stifts anzusehen.

Aus allem ergibt sich, dass die Propstei Waldsee unter welfischem Einfluss in welfischer Zeit konzipiert wurde. Die Frage nach der steuernden Kraft der Gründung, nach der reformtragenden Personengruppe, kann genauer nicht beantwortet werden. Ob hierbei welfische Ministeriale, wie im Falle Weißenaus oder Ittingens, beteiligt waren, ist

---

50 Die kaiserliche Verfügung des Diploms *Item censualibus liberis et hominibus cuiusque conditionis hoc damus privilegium, ut nullus hominum eos qui ad ipsum locum pertinent, nomine beneficii vendicet* verweist auf eine bereits existierende Grundherrschaft des Stiftes und somit zugleich darauf, dass das „Stift" schon vor 1181 Bestand hatte.

nicht auszumachen; in Frage kämen zuerst die Wallseer.⁵¹ Sie stellten Pröpste, möglicherweise bereits 1181 mit Berthold den ersten Propst, und sind später als Stiftsvögte greifbar,⁵² und sie hatten in der alten Pfarr- und neuen Stiftskirche zu Waldsee ihre Grablege. Daher kommt 1181 die Bestimmung Kaiser Friedrichs im Diplom: *Volumus etiam, ut ministeriales hanc habeant potestatem, ut ubicumque obierint et sepulturam expetierint in eadem ecclesia sine contradictione obtineant.* Obwohl dieses Recht allgemein an Ministeriale gerichtet ist, dürfte es vor allem die Wallseer betroffen und vermutlich ihrer Bitte entsprochen haben, althergebrachte Gewohnheiten nicht anzutasten. Auch die von Friedrich erteilte Erlaubnis *Item si ministeriales corporis et animi compotes fuerint et predia sua vel res mobiles eidem conventui contradere voluerint, licentia nostra concedimus et confirmamus, nisi forte prolem legitimam habeant*, richtete sich an die Wallseer und an Ministeriale der Umgebung, freilich nicht an mehrmals von Historikern ins Spiel gebrachte „Stiftsministeriale",⁵³ über welche das neue Stift nicht verfügte. Gemäß diesen Ausführungen kann das Waldseer Stift vorsichtig als ein „Hauskloster" der Wallseer angesehen werden. Mit der Konstituierung des Stifts erfuhr der Ort Waldsee eine neue Qualität, denn der namengebende Sitz der Wallseer trug nun vermehrt den Charakter eines Mittelpunktes „adeliger Herrschaft". Die Stiftsgründung war ein maßgebender Faktor bei der Herrschaftsbildung der Wallseer und zugleich bei der Stadtwerdung Waldsees.⁵⁴

Aber zurück zum Diplom Kaiser Friedrichs. Eines seiner Hauptanliegen war die Festlegung der Stellung des Stifts zu den weltlichen Herrschaftsträgern, deswegen bestimmte er: *Prepositus preposituram de manu ducis Sueuorum recipiat nec ullam habeat potestatem bona ecclesie illius alienandi vel obligandi. Quod si fecerit, in irritum reducatur. Dux*

---

51  Durchaus vorstellbar ist ein Zusammengehen von bischöflichen, welfisch-dynastischen und Interessen der Ministerialen von Wallsee, vgl. Stefan WEINFURTER, Neuere Forschungen zu den Regularkanonikern im Deutschen Reich des 11. und 12. Jahrhunderts, in: HZ 224 (1977), S. 379–397, S. 391f. Die Waldseer Gründung fügt sich in die von Weinfurter ebd. gemachten allgemeinen Beobachtungen: Sichtbare Mitwirkung des Bischofs, Besitzsicherung, freie Propstwahl und eine „Art bischöfliche Schutzherrschaft, welche die Vogteigewalten einzuschränken suchte". Der maßgebliche Teil der Niederkirchenorganisation in der Siedlungslandschaft Haistergau, in der Waldsee lag, dürfte eine Leistung der Abtei Weißenburg sein, siehe: HRUZA, Herren von Wallsee (Anm. 3), S. 21–51. Die Ursprünge des Waldseer Stifts könnten in einer Art „Korporation" von (Land-)Priestern der ehemaligen Weißenburger Grundherrschaft im Haistergau zu suchen sein. Diese Priester, durch lange Zugehörigkeit zu Weißenburg traditionell verbunden, hätten nach dem Ende der Herrschaft dieses Klosters in der zweiten Hälfte des 11. Jahrhunderts schließlich in einer Gemeinschaft von Weltgeistlichen, eben in einem Stift regulierter Kanoniker, ihre Organisationsform gefunden.
52  Siehe ausführlich: HRUZA, Herren von Wallsee (Anm. 3), S. 75–77.
53  BRADLER, Ministerialität (Anm. 17), S. 427; BARCZYK/SCHURER, Kirche und Stift St. Peter (Anm. 43), S. 22; SCHREINER, Die Staufer als Herzöge von Schwaben (Anm. 34), S. 13; Hans-Georg HOFACKER, Die schwäbischen Reichslandvogteien im späten Mittelalter (Spätmittelalter und Frühe Neuzeit – Tübinger Beiträge zur Geschichtsforschung 8), Stuttgart 1980, S. 53; Benjamin ARNOLD, German Knighthood 1050–1300, Oxford 1985, S. 109; sehen hinter diesen Ministerialen solche des neuen Stifts. Das ist aus dem Textzusammenhang der Urkunde und in Hinsicht auf ein Augustiner-Chorherrenstift zu verwerfen. Bereits Aloys SCHULTE, Der Adel und die deutsche Kirche im Mittelalter, Darmstadt ³1958 (Erstaufl. Stuttgart 1910), S. 122f., konnte eine Ministerialität bei Augustiner-Chorherrenstiften nicht nachweisen.
54  Siehe: HRUZA, Herren von Wallsee (Anm. 3), S. 351–366.

*Sueuorum et prepositus ecclesie in Waltse ipsum locum et bona ei attinentia manuteneant et defendant.* Der Herzog wurde so in einer vogtähnlichen Stellung beschrieben und – vorsichtig ausgedrückt – zum Eigenkirchenherrn bestimmt. Der Anspruch wurde formuliert, das Stift als eine staufisch-herzogliche Kirche anzusehen. Ob die Wallseer schon damals in herzoglichem Auftrag vogtähnliche Funktionen ausübten, muss ebenso offen bleiben wie das Verhältnis von staufischer Eigenkirche zu niederadeligem Hauskloster.[55]

Auch die rechtliche Stellung der Herren von Wallsee regelte Kaiser Friedrich, wenn es heißt: *Notum etiam esse volumus, quod ministeriales de Waltse ad ducatum pertinent et de conditione sui iuris nulli nisi duci Sueuorum respondere debent.* Bei dieser Erklärung zu staufischen Herzogsministerialen fallen die Zuweisung als Zubehör (Pertinenz) an das „Herzogtum", modern gesagt an eine „staatliche Institution", und die *conditio sui iuris* auf. Die verfassungsrechtlichen Aspekte des bzw. im Herzogtum Schwaben hat Helmut Maurer analysiert und dabei auch die Urkunde von 1181, die interessante Aspekte aufwirft, angeführt.[56] Die Erwähnung einer *conditio* der Ministerialen gibt den Hinweis, dass anscheinend eine definierte althergebrachte rechtliche Stellung dieser Ministerialen existiert hat. Aus dem Blickwinkel der allgemeinen Rechtsgeschichte der Ministerialen ist das freilich nicht überraschend.[57] Leider lassen sich über diese *conditio* keine näheren Angaben machen, von einem Dienstrecht sollte aber nicht gesprochen werden. Eines freilich ist klar: Die Einflussnahme anderer Herrschaftsträger, auch des Königs oder Kaisers, auf die Wallseer sollte vermieden werden. Ihre Namen erfahren wir aus der Zeugenreihe: *Euerhardus de Waltse et Conradus, Bertoldus Euerhardi filius.* Die Wallseer waren demgemäß am Hoftag des Kaisers in Ulm anwesend und erlebten dort eine wesentliche Statusänderung. Sie verließen (endgültig) die *familia* des welfischen „Titularherzogtums" und traten in jene des Herzogs von Schwaben ein. Da sie als Herren der Ortschaft bzw. Herrschaft Waldsee anzusehen sind, ging mit ihnen diese an die Staufer über.

Von Interesse ist die Frage nach dem Charakter von Friedrichs Diplom. Es handelt sich um eine Urkunde, die sowohl neues Recht konstituierte als auch altes Recht bestätigte. Zuvorderst gehört das Stück in den Rahmen staufischer Territorial- und Hausmachtpolitik, nämlich insofern, als die Erwerbungen der staufisch-welfischen Erbver-

---

55 Aus der „Herzogsvogtei" wurde im Zuge der Vermischung von Reichs-, Herzogs- und staufischem Hausgut eine „Reichsvogtei" über das Stift, siehe: HRUZA, Herren von Wallsee (Anm. 3), S. 160f. und 164f.
56 MAURER, Herzog von Schwaben (Anm. 28), S. 281: „Nicht mehr in Einklang zu bringen mit der klaren Definition, die die Historiographie und die Urkunden des beginnenden 13. Jahrhunderts für die verschiedenen Herrschaftskomplexe der Herzöge von Schwaben bereithalten, ist es aber, wenn Friedrich Barbarossa in Jahre 1181 die Ministerialen von Waldsee im heutigen Oberschwaben, die aus der Ministerialität Welfs VI. stammten und die damit eindeutig zu dem angeblich vom Herzogtum getrennten Patrimonium Welfs VI. gezählt werden müssen, als Zubehör des Herzogtums, des *ducatus* Schwaben, bezeichnet […]."
57 Bei der österreichisch-steirischen Erbvereinbarung von 1186 fand die althergebrachte rechtliche Stellung der Ministerialen eine explicite Erwähnung, siehe: SPREITZHOFER, Georgenberger Handfeste (Anm. 31), S. 20: *Itaque mihi dilectissimum ducem Austrie Liupoldvm, consanguineum meum, filiumque suum Fridaricvm, si mihi supervixerint, heredes designavi, ministeriales more ministerialium, proprios iure propriorum dando.*

einbarung dem staufischen Herzog zugeschlagen wurden. Das Diplom konstituierte staufische Herrschaft in Waldsee und über die lokalen „kleinen" Herrschaftsträger, und es bestätigte eine Stiftsgründung und alte Gewohnheiten. Die staufisch-welfische Erbvereinbarung kam wie erwähnt am Jahreswechsel von 1178 zu 1179 zustande; Welf VI. starb 1191. Doch bereits 1181 herrschten die Staufer in Waldsee, das demnach früh an diese übergeben wurde und vielleicht zu jenen Gütern zu zählen ist, die der Kaiser *in signum possessionis sibi retinuit*.

Friedrichs Interesse am Ort Waldsee lässt sich erklären: Für ihn zählte dessen bereits angeführte strategische Lage, hinzu trat der wirtschaftliche Faktor Waldsees, der größten Ansiedlung zwischen Biberach und Altdorf-Weingarten. Zudem dürfte die Herrschaft Waldsee einen verhältnismäßig beachtlichen Umfang aufgewiesen haben.[58] Für den geübten Machtpolitiker Friedrich sollte Waldsee dementsprechend so schnell als möglich unter staufische Herrschaft geraten. Das war dann auch das wahre Anliegen Friedrichs bei der Ausstellung des Diploms von 1181.

Die neuen Erwerbungen wurden wie gesehen dem Herzog von Schwaben zugewiesen, aber das Wissen um ihre Herkunft blieb lange erhalten. Die Chronisten Otto von St. Blasien und der Weingartner Fortsetzer der Chronik Hugos von St. Viktor wussten noch zu Beginn des 13. Jahrhunderts zu berichten, dass der staufische Herzog von Schwaben neben dem Herzogtum und dem Pfullendorfer Erbe die *hereditas Welfonis* bzw. das *patrimonium Altorfensium* erhalten hatte. Und der Weingartner Fortsetzer Hugos führt auch aus, dass nach dem Tode Kaiser Friedrichs I. und seines Sohnes Friedrich, des schwäbischen Herzogs, und nach dem Tode Welfs VI. dieses *patrimonium* mit allen seinen Pertinenzen – er nennt ausdrücklich auch *ministeriales* –, mittels Erbgang Kaiser Heinrich VI. zufiel.[59]

Aufgeworfen wurde auch die Frage nach „Doppelministerialen" der Welfen und Staufer im Zeitraum 1179 bis 1191.[60] Mit der direkten Zuordnung der Wallseer an das Herzogtum Schwaben 1181 ist für diese schnell eine Antwort gefunden. Auf dem Hoftag zu Ulm 1181 wurde am 5. Mai ein Tauschgeschäft zu Gunsten des Stifts Rot (a. d. Rot) bestätigt. Ob die am Ende der Zeugenreihe unter den *ministeriales* aufscheinenden *dominus Eberhardus et filius eius Bertholdus et patruus ipsius Chonradus de Walechse*[61] als welfische oder schon staufische Ministeriale fungierten, kann getrost offen bleiben. In das Rechtsgeschäft war Welf VI. involviert, es geschah *in conspectu Romani imperatoris Fri-*

---

58 Die oberschwäbische Herrschaft der Wallseer lässt sich seit dem 13. Jahrhundert näher fassen, siehe: HRUZA, Herren von Wallsee (Anm. 3), S. 335–404.
59 Ottonis de sancto Blasio chronica (Anm. 27), S. 30; Hugonis et Honorii Chronicorum Continuationes Weingartenses, hg. von Ludwig WEILAND, in: MGH SS 21, Hannover 1869, S. 473–480, hier S. 477: *Quibus ex ordine rerum ita dispositis, nobile patrimonium cum praediis necnon advocatiis et ministerialibus Friderico Romanorum imperatori, filio videlicet sororis suae et filiio illius Friderico duci Suevorum sub iure possessionis contulit* [Welf VI.]. *Quibus in expeditione Hierosolimitana mortuis, idem Welfo propter inatam familiaritatem et consanguinitas lineam, praedictum patrimonium cum omnibus suis pertinentiis Heinrico illustri Romanorum imperatori sub hereditaria possessione contradidit.*
60 Die von BRADLER, Ministerialität (Anm. 17), S. 418–420, erfolgte Zuordnung der Wallseer zu einer welfisch-staufischen „Doppelministerialität" ist weder zu beweisen noch zu widerlegen.
61 WUB, Bd. 2 (Anm. 32), Nr. CDXXV, und ebd. Bd. 11, Stuttgart 1913, S. 574; Johann Friedrich Böhmer, Reg. Imp. IV. 2 (Anm. 29), 4. Lieferung, Nr. 2592; FELDMANN, Herzog Welf VI. (Anm. 28), Reg. Nr. 166.

derici, und auch dessen Söhne Heinrich und Friedrich waren zugegen. In einer 1185/87 von Herzog Friedrich V. ausgestellten Urkunde für St. Ulrich und Afra in Augsburg steht in der von Welf VI. angeführten Zeugenreihe *Perihtoldus de Walse*.[62] Ihm folgen die ausdrücklich als dem staufischen Aussteller zugehörig bezeichneten Brüder von Hohenberg, diesen folgt Eberhard von Tanne, zu jener Zeit ebenfalls staufischer Ministeriale.[63] Auch das gibt keinen Grund, den Wallseer als Ministeriale den Welfen zuzuordnen.

Soweit zu erkennen, verlief der Übergang welfischer Ministerialität in staufische Dienste allgemein konfliktlos und andauernd und gibt den Hinweis auf eine gelungene konsensuale Politik zwischen hohen und niederen Herrschaftsträgern. Im konkreten Fall heißt das, dass welfische Ministeriale, wie das höhere Gefolge Welfs VI. überhaupt, in das Zustandekommen der welfisch-staufischen Erbvereinbarung eingebunden waren, wobei es den Ministerialen zuvorderst um die Sicherung und Bestätigung ihrer althergebrachten Rechte gegangen sein dürfte.[64] Günther Bradler vertrat aber auch die Meinung, dass „Heinrich der Löwe 1194 […] über seine Ministerialen in Oberschwaben und deren Schenkungen an das Kloster Salem seine südschwäbische (väterliche) Erbschaft wieder zu beanspruchen" versuchte.[65] Die zugehörigen Quellen stützen diese Ansicht jedoch nicht, denn Heinrich erlaubte den ehemals welfischen Gefolgsleuten Konrad und Gerung von *Sulgin* ([Bad] Saulgau oder Obersulgen), die er (nur) als *nostri fideles* ansprach, Güter an Salem zu übergeben, was auch zu Gunsten seines Seelenheils geschehen sollte. Diese Erlaubnis diente der nachträglichen Sicherung eines Rechtsgeschäfts, das 1193 von Kaiser Heinrich VI. vollzogen worden war, und sollte mögliche Ansprüche Herzog Heinrichs auf ehemals welfische, seit ca. 1180 staufische und nunmehr Salemer Güter ausschließen.[66] Die Initiative für die beiden Urkunden Herzog Heinrichs

---

62 Die Urkunden des Reichsstifts St. Ulrich und Afra in Augsburg 1023–1440, bearb. von Richard HIPPER, Augsburg 1956, Nr. 13; vollständig bei Franz Ludwig BAUMANN, Forschungen zur schwäbischen Geschichte, Kempten 1899, S. 205f.; und Monumenta Boica, Bd. 23, München 1815, S. 3f. Vgl. auch FELDMANN, Herzog Welf VI. (Anm. 28), Reg. Nr. 181.
63 Vgl. BRADLER, Ministerialität (Anm. 17), S. 409f. und 420, der ihn aber als welfisch-staufischen „Doppelministerialen" anspricht.
64 Siehe auch das Beispiel oben in Anm. 37. Bei der österreichisch-steirischen Erbvereinbarung von 1186 kam den Ministerialen eine bedeutende Rolle zu, siehe: SPREITZHOFER, Georgenberger Handfeste (Anm. 31), S. 64.
65 BRADLER, Ministerialität (Anm. 17), S. 345.
66 Heinrich verkündete am 2.4.1194 in Braunschweig, *quod nos assensu filiorum nostrorum predium quoddam duorum fratrum de Sulgin, videlicet Conradi clerici nostri fidelis et Gerungi laici fratris ipsius, quod situm est in […], vendi permittimus venerabilibus dominis et fratribus et amicis nostris monachis et monasterio tituli ecclesie de Salem et pro remedio anime nostre filiorumque nostrorum hanc venditionem de nostro factam patrimonio ratam habemus statuentes, ne quis a prefato monasterio […] prescripta bona alienare presumat.* Siehe: MGH DD HL., Nr. 129. Ob der bisher in den gleichen Zeitraum gereihte, nicht datierte und kopial überlieferte Brief (ebd., Nr. 130) Heinrichs und seiner Söhne an *universis ministerialibus suis in Sueuia* [!], in dem er diesen Güterschenkungen, -verkäufe und -tausche an bzw. mit Salem genehmigt, nicht in eine frühere Zeit zu setzen wäre, sollte geprüft werden. Am 13.5.1193 hatte Heinrich VI. ihm von *ministeriales nostri* Gerung und Konrad von *Sulegen* zwecks weiterer Schenkung an Salem übergebenes Allod an ebendieses Kloster geschenkt und hatte zuvor auf Intervention der Tradenten von einer Versammlung seiner Getreuen mittels deren *sentencia* feststellen lassen, dass er die *libera facultas* habe, die Schenkung zu vollziehen. Siehe MGH DD H. VI. BB 295. Die ebd. im Kommentar geäußerte Vermutung, die Urkunde Heinrichs VI. sei bis zur Schenkungser-

dürfte von Seiten des Klosters und dessen Wohltätern ausgegangen sein, kaum motu proprio von Heinrich dem Löwen.[67]

## Ausblick ins 13. und 14. Jahrhundert

Im Zeitraum von 1171 bis 1185/87 sind die Herren von Wallsee als welfische und nachfolgend staufische Ministeriale in den Quellen fassbar.[68] Dann aber klafft, abgesehen von einer Ausnahme,[69] eine Überlieferungslücke von mehr als 40 Jahren, und erst zum Jahr 1226 liegen wieder Quellenbelege für die Wallseer vor. Im Dienst der staufischen Herrscher erklommen die Wallseer anscheinend aber keine höheren Positionen, ihre Namen werden – etwa im Gegensatz zu den Ministerialen von Tanne-Waldburg oder von Winterstetten – nicht als hervorzuhebende Gehilfen der Staufer in den Quellen angeführt. Immerhin zog ein Eberhard (II.?) von Wallsee im Jahr 1235 mit anderen staufertreuen Gefolgsleuten in die Steiermark und nach Oberösterreich, um dort Kaiser Friedrich II. zu empfangen und sich ihm anzuschließen.[70] Zu dieser Zeit hatte sich die verfassungsrechtliche Stellung der Wallseer wie die der anderen staufisch-herzoglichen Ministerialen bereits dergestalt gewandelt, dass sie als Ministeriale der römisch-deutschen Herrscher, als Reichsministeriale zu qualifizieren sind. Diese reichsunmittelbare Position wahrten die Herren von Wallsee während und über das Interregnum im römisch-deutschen Reich hinaus.[71] In der zweiten Hälfte des 13. Jahrhunderts treten uns die Wallseer dementsprechend als reichsunmittelbare Niederadelige entgegen, die Burgen und eine zugehörige Herrschaft ihr Eigen nennen durften, die Wappen und Siegel führten, die Klöster, zuvorderst das Zisterzienserinnenkloster Baindt, unterstützten, in das auch ihre Töchter eintraten, und die Ehen mit benachbarten Adeligen schlossen, etwa mit den Truchsessen von Waldburg. Das zum Jahr 1266 erstmals in einem Wachssiegel, das an einer Urkunde Eberhards (III.) von Wallsee für Kloster Baindt hängt, überlieferte Wappen der Wallseer zeigt einen silbernen (weißen) Balken in schwarzem Feld.[72] Dieses Wallseer-Wappen übernahm die Stadt Waldsee im 14. Jahrhundert unter Beibehaltung der Farben und Anfügung der drei Attribute (Korn-)Schaufel, Fisch und (Marien-)Stern, welche neben und über dem Wappenschild platziert wurden, und führt es noch gegenwärtig als ihr Stadtwappen.[73]

---

laubnis Herzog Heinrichs „toter Buchstabe" geblieben, ist in dieser Stringenz wohl falsch, siehe die stichhaltigen Ausführungen bei: ZOTZ, Heinrich der Löwe und Schwaben (Anm. 22), S. 342f.
67  Siehe ebd.
68  Siehe: HRUZA, Herren von Wallsee (Anm. 3), S. 91–130
69  Die Ausnahme ist der Wallseer Abt Berthold von Einsiedeln, siehe: HRUZA, Herren von Wallsee (Anm. 3), S. 95–103.
70  HRUZA, Herren von Wallsee (Anm. 3), S. 108f.
71  HRUZA, Herren von Wallsee (Anm. 3), S. 131–139.
72  Siehe: HRUZA, Herren von Wallsee (Anm. 3), S. 455–478. Die Farben des Wappens sind erst einige Jahrzehnte später überliefert.
73  Der älteste Hinweis auf die Existenz eines Siegels der Stadt Waldsee stammt aus dem Jahr 1338, das älteste erhaltene Siegel aus dem Jahr 1372, siehe: Holger BUCK, Recht und Rechtsleben einer oberschwäbischen Landstadt – Das Stadtrecht von Waldsee, Bergatreute 1993, S. 56f.

▶5  Urkunde Eberhards (III.) von Wallsee vom 28. August 1266 (Foto: Karel Hruza, Vorlage: Gesamtarchiv Fürst von Waldburg zu Wolfegg und Waldsee, Schloss Wolfegg)

6  Siegel Eberhards (III.) von Wallsee von 1266 mit dem Wappenschild der Herren von Wallsee (Foto: Karel Hruza, Vorlage: Gesamtarchiv Fürst von Waldburg zu Wolfegg und Waldsee, Schloss Wolfegg)

7  Siegel Wolfgangs (I.) von Wallsee von 1288 mit dem Wappenschild der Herren von Wallsee (Foto: Karel Hruza, Vorlage: Gesamtarchiv Fürst von Waldburg zu Wolfegg und Waldsee, Schloss Wolfegg)

Einen entscheidenden Schritt vollzogen die Wallseer mit dem engen Anschluss an König Rudolf I. (von Habsburg).[74] Mit großer Wahrscheinlichkeit in seinem militärischen Gefolge zogen sie, nämlich Eberhard (III.) von Wallsee und seine vier Söhne Eberhard (IV.), Heinrich (I.), Ulrich (I.) und Friedrich (I.), im Jahr 1278 gegen König Otakar II. von Böhmen nach Österreich und willigten nach der für Rudolf siegreichen Schlacht gegen Otakar ein, dort zu verbleiben. Sie sollten dem neuen Herzog von Österreich, Albrecht, einem Sohn Rudolfs, zur Seite stehen. Beide, der Herzog wie die Wallseer, waren als Schwaben Landfremde in Österreich und stießen zunächst stellenweise auf erheblichen, auch bewaffneten Widerstand. Und beide setzten sich letztlich, auch unter Anwendung militärischer Gewalt gegen aufständische Adelige und Bürger, in ihren Positionen durch. In der Folge bauten sowohl der Herzog als auch die Wallseer ihre Machtbasis Stück für Stück auf und aus. Bereits im Jahr 1288 waltete Eberhard (III.) von Wallsee als *iudex provincialis* ob der Enns, amtierte also als (oberster) Richter in einem von einem eigenen Landrecht definierten „Land".[75] Der weitere Aufstieg der Wallseer zu politisch

---

74  HRUZA, Herren von Wallsee (Anm. 3), S. 141–178.
75  HRUZA, Herren von Wallsee (Anm. 3), S. 317. Max WELTIN, Vom „östlichen Baiern" zum „Land ob der Enns", in: Tausend Jahre Oberösterreich. Das Werden eines Landes. Katalog zur Ausstellung des Landes Oberösterreich 1983 zu Wels, 2 Bde., Wels 1983, hier Bd. 1, S. 23–51; sowie in: DERS., Das Land und sein

führenden Landherren in den österreichischen Herzogtümern wurde oben bereits erwähnt. Diese fast schon wundersame mittelalterliche „Karriere" der Wallseer von verhältnismäßig unbedeutenden schwäbischen Rittern zu hohen österreichischen Landherren kam auch dem Straßburger Chronisten Mathias von Neuenburg zu Gehör, der sie bald nach 1340 in signifikante Worte zu kleiden wusste und dabei auch Tatkraft und Wohlstand der Wallseer anführte: *Reliquit autem rex* [Rudolf I.] *cum filio suo duce Alberto multos Swevorum in Wienna, quorum unius, scilicet de Walse, liberi postea propter eorum constancie virtutes ditissimi sunt effecti, ita quod, qui per pedes venerant Austriam, finaliter decem milium marcarum redditus habuerunt.*[76]

8 Siegel der Stadt Waldsee 1372 (Foto: Karel Hruza, Vorlage: Stadtarchiv Ravensburg)

Die großen Möglichkeiten eines eigenen Herrschaftsaufbaus in Österreich ließen für die Wallseer ihre schwäbischen Positionen, die weitaus geringere Karrierechancen boten, immer mehr in den Hintergrund treten. Das offenbarte sich auch in nur noch seltenen Aufenthalten der Wallseer in ihrer oberschwäbischen Heimat. Dennoch erwirkten sie im Jahr 1298 vom neuen römisch-deutschen König Albrecht I., dem sie in dessen Zeit als Herzog so tatkräftig beigestanden hatten, die Verleihung der Ravensburger Stadtrechte an den Ort Waldsee.[77] Die Wallseer sahen – im Einklang mit König Albrecht I. – ihr Hauptbetätigungsfeld weiterhin in Österreich, sodass der Bruch mit Schwaben nur noch eine Frage der Zeit wurde. Nachdem die schwäbische, also noch in Schwaben geborene Generation der vier Söhne Eberhards (III.) von Wallsee gestorben war, verkauften im Jahr 1331 ihre Erben, nämlich zehn Herren von Wallsee, ihre Herrschaft in Oberschwaben an die Herzöge von

---

Recht. Ausgewählte Beiträge zur Verfassungsgeschichte Österreichs im Mittelalter, hg. von Folker REICHERT/Winfried STELZER (Mitteilungen des Instituts für Österreichische Geschichtsforschung Erg.-Bd. 9), Wien/München 2006, S. 205–232.

76 Die Chronik des Mathias von Neuenburg, hg. von Adolf HOFMEISTER (MGH SS rer. Germ., Nova Series 4), Berlin ²1955, B cap. 21, S. 35.

77 Siehe HRUZA, Herren von Wallsee (Anm. 3), S. 193–195, zur Stadtwerdung Waldsees S. 351–366; und DERS., 700 Jahre Stadtrecht in Waldsee. Die Stadtrechtsverleihung König Albrechts I. von 1298, in: Im Oberland. Kultur – Geschichte – Natur. Beiträge aus Oberschwaben und dem Allgäu 9, H. 1 (1998), S. 3–7; BUCK, Recht und Rechtsleben (Anm. 70).

Österreich.⁷⁸ Mit diesem Verkauf fand die Geschichte der Wallseer in Schwaben ihr Ende. Von nun an waren die Wallseer nicht mehr in Schwaben landsässig, und von nun an besaßen sie keine namengebende Burg mehr.⁷⁹ Vor diesem Hintergrund wird ersichtlich, warum die Wallseer später in Österreich eine Burg errichten lassen und diese nach ihrem Familiennamen Wallsee benennen, warum Herzog Rudolf IV. als Herr zu Waldsee auftrat, warum schwäbisches Landrecht für bestimmte Fälle der Wallseer in Österreich zur Anwendung kam. Und es war die alte Bindung an Oberschwaben, welche die Wallseer veranlasste, eine Klosterneugründung im oberösterreichischen Schlierbach mit Zisterzienserinnen aus Baindt zu besiedeln.

Die oberschwäbische Herrschaft der Wallseer hatte zum Zeitpunkt ihres Verkaufs 1331 beachtliche Ausmaße: Burg und Stadt Waldsee, Vogtei des Stifts Waldsee, die Burgen Neuwaldsee, Warthausen, Schweinhausen, Laupheim, Eberhardzell und Schwarzach mit Leuten, Gütern, Gerichten, Vogteien sowie allen Nutzen und Rechten.⁸⁰ 11 000 Mark lötiges Silber Konstanzer Gewichts war dieser Besitzkomplex damals den habsburgischen Käufern wert, die diese Summe freilich nicht in barem Geld ablösten. Es stellt sich auch die Frage, wie dieser große Besitzkomplex der scheinbar in Oberschwaben nicht so mächtigen Wallseer entstanden sein könnte. Um einer Antwort näher zu kommen, bietet sich ein Rückblick ins frühe Mittelalter an. Mit großer Wahrscheinlichkeit war es der ostfränkische König Ludwig der Deutsche, welcher um die Mitte des 9. Jahrhunderts der Benediktinerreichsabtei Weißenburg im Elsaß einen großen Güterkomplex in den oberschwäbischen Gauen Rammagau und Haistergau überließ.⁸¹ Diesen Besitz dürften die Karolinger mittels Konfiskationen von Gütern alemannischer Adelsfamilien erlangt haben. Mit diesem Güterkomplex, der als große klösterliche Grundherrschaft fassbar ist, sicherte die eng mit Ludwig verbundene Abtei Weißenburg einen großen Abschnitt der vom Bodensee zur Donau bei Ulm führenden Straße. Als Weißenburger Güterorte sind im Haistergau Waldsee, Haisterkirch und Reute namentlich in den Quellen angeführt, dazu über 130 Hufen. Im Rammagau waren es Laupheim, (Ober-)Holzheim und Baustetten mit über 70 Hufen. Dieser Besitz befand sich in der zweiten Hälfte des 11. Jahrhunderts noch in Weißenburger Hand. Vermutlich während des so genannten Investiturstreits konnten die propäpstlich agierenden Welfen im letzten Drittel des 11. Jahrhunderts die oberschwäbischen Güter der königstreuen Reichsabtei Weißenburg zumindest in Teilen an sich ziehen. Und zwar in der Weise, dass es ihnen gelang, die in Weißenburger Quellen nachweisbare weltliche Führungsgruppe der klösterlichen *familia* im Haistergau, möglicherweise auch im Rammagau, an sich zu binden.⁸² Teile dieser elitären, ehemals Weißenburg unterstehenden Personengruppe, nämlich klösterliche Ministeriale, dürften zu Ministerialen der Welfen umfunktioniert worden sein; in ihnen können wir direkte oder zumindest funktionale Vorfahren der Herren von Wallsee annehmen.

---

78  HRUZA, Herren von Wallsee (Anm. 3), S. 268–277.
79  Zu den oberschwäbischen Burgen der Wallseer siehe oben Anm. 26.
80  Siehe ausführlich: HRUZA, Herren von Wallsee (Anm. 3), S. 335–404.
81  Siehe: HRUZA, Haistergau (Anm. 15), S. 45–52; DERS., Herren von Wallsee (Anm. 3), S. 17–20.
82  Siehe ausführlich: HRUZA, *Omne patrimonium suum cum ministerialibus* (Anm. 23).

Es ist unschwer zu erkennen, dass der geographische Umfang der Herrschaft Waldsee von 1331 durchaus jenem des leider nicht genauer greifbaren, oberschwäbischen Weißenburger Güterkomplexes ähnelt. Es kann mit aller gegebenen Vorsicht die These formuliert werden, dass es den frühen Herren von Wallsee bzw. ihren Vorgängern gelang, basierend auf ihrer Führungsfunktion innerhalb der Weißenburger Grundherrschaft, eine verhältnismäßig große Zahl von Klostergütern zu usurpieren und als ihr Eigengut zu ersitzen.[83] Dieser „Besitz" bildete den Kern ihrer Herrschaft, die sie unter einem „welfischen Dach" über Jahrzehnte halten und weiter ausbauen konnten. Und dank dieser ihrer Herrschaft verfügten sie bis ins 14. Jahrhundert über ein ökonomisch verhältnismäßig starkes Substrat, das ihnen zuletzt auch beim Anschluss an König Rudolf I. Vorteile verschaffte.[84] Die Wallseer, über die wir während welfischer und staufischer Zeit nur wenig erfahren, könnten materiell und machtmäßig weitaus besser situiert gewesen sein, als bisher angenommen. Ob das etwa zur Folge hatte, dass sie – auch vor dem Hintergrund althergebrachter Rechte – auf eine stärkere aktive Anbindung an Welfen und Staufer verzichten konnten, darf gefragt werden. Es ist von daher auch zu bedauern, dass über die *conditio sui iuris* von 1181 für die Wallseer keine konkreten Angaben gemacht werden können.

Sicher ist, dass die Herren von Wallsee aus den drei bzw. vier großen Herrschaftswechseln, die sie vollziehen mussten oder wollten, politische und soziale Vorteile ziehen konnten: Die Übergänge von der Reichsabtei Weißenburg in die große Herrschaft der Welfen im 11. Jahrhundert, von diesen in das staufische Herzogtum Schwaben grob 100 Jahre später, die Wandlung der Stellung der Wallseer zu Reichsministerialen zu Beginn des 13. Jahrhunderts und schließlich die enge Bindung an habsburgische Könige und Herzöge. All das scheint zumindest aus heutiger Sicht für die Herren von Wallsee karriere- und besitzfördernd gewesen zu sein, und es sieht zudem danach aus, dass sie als Ministeriale bzw. Niederadelige während des 12. und 13. Jahrhunderts als Meister konsensualer Überlebenspolitik agierten. Das soeben beschriebene Beispiel der Herren von Wallsee führt auch zu der Anregung, das bisherige Bild von Ministerialität weiter zu differenzieren und zu flexibilisieren. Die Bandbreite sozialer, politischer und ökonomischer Spielräume und Möglichkeiten von *ministeriales* könnte im 12. und 13. Jahrhundert noch größer gewesen sein, als bisher angenommen. Es ist nicht zuletzt die reiche Niederadelslandschaft im mittelalterlichen Oberschwaben, die viel Quellenmaterial bietet, um solche historischen Themenfelder zu untersuchen.

---

83 Diese These beruht auf Beobachtungen zum Besitz Weißenburgs und der Wallseer in Oberschwaben (siehe: HRUZA, Haistergau [Anm. 15]; DERS., Herren von Wallsee [Anm. 3], S. 335–404) und bedarf einer wissenschaftlichen Vertiefung, die vor allem die Geschichte der (auch nur möglicherweise) betroffenen Güterorte im Detail aufrollt. Es soll hier jedenfalls nicht postuliert werden, dass alle Orte, die sich im 14. Jahrhundert in Besitz der Wallseer befanden, seit dem ausgehenden 11. Jahrhundert dauerhaft zur Herrschaft Waldsee gehörten. Bei vielen wallseeischen Orten des 14. Jahrhunderts sind andere Vorbesitzer in den Quellen zu eruieren. Erst wenn zum vielschichtigen und komplizierten historischen Geflecht von Personen, Besitz, Rechten usw. im betroffenen Raum neue Analysen vorliegen, wird sich die Frage nach Genese und Veränderung der Herrschaft Waldsee in Oberschwaben befriedigender beantworten lassen.

84 Siehe: HRUZA, Herren von Wallsee (Anm. 3), S. 175–177.

## Anhang

Urkunde Kaiser Friedrichs I. für das Augustiner-Chorherrenstift Waldsee, gegeben zu Ulm am 8. Mai 1181.
Nach dem Druck in: MGH Die Urkunden der deutschen Könige und Kaiser X, Die Urkunden Friedrichs I., Bd. 4 Die Urkunden Friedrichs I. 1181–1190, bearb. von Heinrich APPELT, Hannover 1990, Nr. 808.

*In nomine sancte et individue trinitatis. Fridericus divina favente clementia Romanorum imperator augustus.*

*Noverint omnes imperii nostri fideles, quod nos de parrochiali ecclesia in Waltse collegium fecimus et conventum fratrum de regula sancti Augustini ibidem constituimus cum hac libertate, ut, cum vacaverit prepositura, plenam fratres potestatem habeant eligendi prepositum deo et hominibus complacentem. Factum est etiam consilio et consensu Hermanni Constanciensis episcopi, quod prepositus loci illius et subditi sui nulla obedientia et subiectione teneantur archidiaconis et decanis, set tantum suis obediant episcopis. Prepositus preposituram de manu ducis Sueuorum recipiat nec ullam habeat potestatem bona ecclesie illius alienandi vel obligandi. Quod si fecerit, in irritum reducatur. Dux Sueuorum et prepositus ecclesie in Waltse ipsum locum et bona ei attinentia manuteneant et defendant. Item si ministeriales corporis et animi compotes fuerint et predia sua vel res mobiles eidem conventui contradere voluerint, licentia nostra concedimus et confirmamus, nisi forte prolem legitimam habeant. Item censualibus liberis et hominibus cuiusque conditionis hoc damus privilegium, ut nullus hominum eos, qui ad ipsum locum pertinent, nomine beneficii vendicet. Volumus etiam, ut ministeriales hanc habeant potestatem, ut ubicumque obierint et sepulturam expetierint in eadem ecclesia sine contradictione obtineant. Notum etiam esse volumus, quod ministeriales de Waltse ad ducatum pertinent et de conditione sui iuris nulli nisi duci Sueuorum respondere debent. Item statuimus, quod prepositus eiusdem loci nec ius nec potestatem habeat res et bona ecclesie distrahendi nomine pignoris vel beneficii vel vendicionis. Ut igitur hec omnia rata et incommutabilia permaneant, presentem paginam imperiali sigillo iussimus insigniri et nostre maiestatis auctoritate corroborari statuentes, ut, qui presenti privilegio obviare attemptaverit, L libras auri pro satisfactione componat, dimidiam partem nostre camere, reliquam ipsi claustro assignaturus. Huius rei testes sunt: Bertoldus episcopus Constanciensis, Euerhardus de Waltse et Conradus, Bertoldus Euerhardi filius, Bertoldus et Euerhardus de Thanne, Bertoldus de Nirtherhaue, Heinricus de Wintherseden et alii quam plures.*

*Signum domini Friderici Romanorum imperatoris invictissimi.*

*Ego Godefridus imperialis aule cancellarius vice Christiani Maguntini archiepiscopi et archicancellarii recognovi.*

*Acta sunt hec anno dominice incarnationis M°C°LXXXI°, indictione XIIII$^a$, regnante domino Friderico Romanorum imperatore gloriosissimo, anno regni eius XXX°, imperii vero XXVII°; dat. Ulme IIII° idus maii; feliciter amen.*

# Die Staufer
# und die oberschwäbischen Städte

Nina Gallion

## Auf dem Weg nach Steingaden

Als Welf VI. 1191 im Alter von 76 Jahren, krank und in seinen letzten Lebensjahren erblindet, in Memmingen verstorben war, überführten eigens dazu verpflichtete Ministeriale seinen Leichnam ins Kloster Steingaden. So berichtet es die Continuatio Staingademensis, die kurze Fortsetzung der Historia Welforum, die im Kloster entstand.[1] In Steingaden war bereits Welf VII., der Sohn Welfs VI., beigesetzt worden, an dessen Seite nun auch der Vater bestattet werden sollte. Als der Leichenzug auf seinem Weg dorthin Kaufbeuren erreichte, stieß der eben aus Italien zurückgekehrte Heinrich VI. hinzu und erwies seinem Großonkel so das letzte Geleit – „eine Auszeichnung, von der wir annehmen, daß Gott selbst sie dem ehrwürdigen Fürsten zuteil werden ließ", wie es in der Continuatio heißt.[2]

Die Szenerie indes war von doppelter Symbolik, denn die Gegenwart des staufischen Kaisers besiegelte eine Entwicklung, die bereits 1167 ihren Anfang genommen hatte. Nachdem es nämlich Friedrich I. Barbarossa, Heinrichs Vater, beim vierten Italienzug gelungen war, Rom zugunsten des von ihm unterstützten Papstes Paschalis III. einzunehmen, waren große Teile des Heeres von einer plötzlichen Seuche dahingerafft wor-

---

[1] Continuatio Staingademensis, in: Monumenta Welforum antiqua, hg. von Ludwig Weiland (MGH SS rer. Germ. [43]), Hannover 1869, S. 41–44, hier S. 43: *Uxori quoque sue Oute nobilissime et castissime femine a Transalpinis partibus ad se vocate reconciliatus est, et sic demum Mammingen, ubi frequencius morabatur, infirmitate gravi correptus, anno etatis sue 76. plenarie penitens diem clausit extremum. Inde sublatus a suis ministerialibus, quos ipse vivens ad hoc fide data constrinxerat, versus Staingadem deportatur.*
[2] Continuatio Staingademensis (Anm. 1), S. 43: *Sed in ipso transitu, talem honorem ut putamus honorabili principi Divinitate deferente, Hænricus imperator ex Italia regressus occurrit in Buorron, et illuc exanimi corpore delato exequias eius satis honesto celebravit obsequio.* Siehe auch die folgende Übersetzung: Historia Welforum cum continuatione Steingadementi, in: Quellen zur Geschichte der Welfen und die Chronik Burchards von Ursberg, hg. von Matthias Becher (FSGA 18b), Darmstadt 2007, S. 34–91, hier S. 91.

den, unter ihnen auch Welf VII.³ Diese Katastrophe hatte – Glück im Unglück – für Friedrich I. einen erheblichen Gütertransfer zur Folge: Viele Adelsgeschlechter, die im Heerlager ihren einzigen Erben verloren und damit einen dynastischen Schicksalsschlag von großer Tragweite erlitten hatten, darunter Graf Rudolf von Pfullendorf und die Herren von Biberach, überließen ihre Besitzungen dem Staufer, der seine schwäbische Herrschaftsbasis dadurch bis in den äußersten Süden ausbauen konnte.⁴ Bald darauf schloss sich auch Herzog Welf VI. an, der nach dem Verlust seines Sohnes zunächst seinen Neffen Heinrich den Löwen zum Erben auserkoren hatte, sich dann aber, als Heinrich die notwendigen Zahlungen hinauszuzögern versuchte, kurzerhand für seinen anderen Neffen Friedrich I. entschied und 1179 sehr zum Verdruss des Löwen eine entsprechende Erbabsprache mit dem Staufer traf.⁵ Der Fuldaer Codex der Historia Welforum präsentiert daher in seiner berühmten Darstellung des welfischen Stammbaums Barbarossa und seine Söhne als legitime Nachfolger der Welfen,⁶ was (wenigstens in Hinsicht auf die oberschwäbische Erbmasse) schon bald darauf Realität werden sollte.

Für das Totengeleit Welfs VI. im Jahr 1191 bedeutet das, dass Heinrich VI. seinem Großonkel nicht nur die letzte Ehre erweisen wollte. Durch seine Anwesenheit dürfte er darüber hinaus in symbolträchtiger Weise allen Augenzeugen in und um Kaufbeuren vor Augen geführt haben, dass der Übergang der welfischen Güter und Rechte in Oberschwaben in den Besitz seiner Familie, insbesondere seines Bruders Konrad II., des am-

---

3  Peter HERDE, Die Katastrophe vor Rom im August 1167. Eine historisch-epidemologische Studie zum vierten Italienzug Friedrichs I. Barbarossa (Sitzungsberichte der Wissenschaftlichen Gesellschaft an der Johann-Wolfgang-Goethe-Universität Frankfurt am Main 27/4), Stuttgart 1991; Karin FELDMANN, Herzog Welf VI. und sein Sohn, Diss. Tübingen 1971, S. 71f.; Knut GÖRICH, Friedrich Barbarossa. Eine Biographie, München 2011, S. 413–421.

4  Siehe z. B. Heinz KRIEG, Zur politischen ‚Großwetterlage' im Hochmittelalter. Oberschwaben zwischen Staufern und Welfen, in: Alte Burg und Ort der Stille. 1000 Jahre Ramsberg im Linzgau, hg. von Jakobus KAFFANKE (Hegau-Bibliothek 155), Meßkirch 2012, S. 39–60, hier S. 53f.; Franz Xaver VOLLMER, Besitz der Staufer (bis 1250). Beiwort zur Karte 5,4 (Historischer Atlas von Baden-Württemberg, Erläuterungen), Stuttgart 1976, S. 3; Günther BRADLER, Heinrich der Löwe in Oberschwaben. Eine antistaufische Position im Herzogtum Schwaben, in: Beiträge zur Landeskunde 2 (1978), S. 1–7, hier S. 3. Vgl. auch den Beitrag von Thomas ZOTZ in diesem Band.

5  Die Regesten des Kaiserreiches unter Friedrich I. 1152 (1122)–1190, Bd. 3: 1168–1180, bearb. von Ferdinand OPLL (Reg. Imp. IV/2,3), Wien u. a. 2001 (künftig Reg. Imp. IV/2,3), Nr. 2477, S. 230f. Siehe auch Thomas ZOTZ, Heinrich der Löwe und Schwaben. Nähe und Distanz in persönlicher und räumlicher Hinsicht, in: Heinrich der Löwe. Herrschaft und Repräsentation, hg. von Johannes FRIED/Otto Gerhard OEXLE (VuF 57), Stuttgart 2003, S. 311–345, hier S. 336–341; Heinrich BÜTTNER, Staufer und Welfen im politischen Kräftespiel zwischen Bodensee und Iller während des 12. Jahrhunderts, in: Schwaben und Schweiz im frühen und hohen Mittelalter. Gesammelte Aufsätze von Heinrich Büttner, hg. von Hans PATZE (VuF 15), Sigmaringen 1972, S. 337–392, hier S. 380–383; BRADLER, Heinrich der Löwe (Anm. 4), S. 4f.; FELDMANN, Herzog Welf VI. (Anm. 3), S. 76–79 und S. 86–91.

6  Fulda, Hochschul- und Landesbibliothek, D II (Weingartener Welfenchronik), fol. 13v. Siehe dazu auch Werner HECHBERGER, Graphische Darstellungen des Welfenstammbaums. Zum „welfischen Selbstverständnis" im 12. Jahrhundert, in: AKG 79 (1997), S. 269–297, hier S. 270f. und S. 291f.; Otto Gerhard OEXLE, Welfische Memoria. Zugleich ein Beitrag über adlige Hausüberlieferung und die Kriterien ihrer Erforschung, in: Die Welfen und ihr Braunschweiger Hof im hohen Mittelalter, hg. von Bernd SCHNEIDMÜLLER (Wolfenbütteler Mittelalter-Studien 7), Wiesbaden 1995, S. 61–94, hier S. 79f.; KRIEG, Zur politischen ‚Großwetterlage' (Anm. 4), S. 52–54.

tierenden Herzogs von Schwaben, nun endgültig seinen Abschluss gefunden hatte. Gerade für Kaufbeuren war dies von besonderer Bedeutung, weil das Kloster Ottobeuren, das sich 1167 nach dem Aussterben der Edelherren von Beuren Welf VI. hatte beugen müssen, nun erneut Anspruch auf die Marktsiedlung erhob.[7] Heinrich VI. ließ sich davon aber nicht beirren, sondern sorgte unmittelbar nach dem Tod Welfs VI. für staufische Präsenz in Kaufbeuren.

Durch die diversen Erbfälle seit 1167, unter denen das welfische Erbe besonders hervorragt, konnten die Staufer ihren Einflussbereich bis über die Donau hinaus erweitern. Der folgende Beitrag widmet sich aber nicht den neuen Besitzungen in ihrer Gänze, sondern verengt den Fokus auf die hinzugewonnenen präurbanen Siedlungen wie Kaufbeuren, die spätestens im 13. Jahrhundert zu Städten avancieren sollten. In dieser Phase zwischen vorstädtischem Charakter und erfolgter Stadtwerdung ist daher zu fragen, wie es um die Beziehungen der Staufer zu den oberschwäbischen Zentren stand, wie selbige in die staufische Herrschaft integriert wurden und welchen Einfluss die schwäbische Kaiserdynastie auf die aufstrebenden Siedlungen auszuüben vermochte.

Die Beantwortung dieser Fragen ist nicht ohne Weiteres möglich, weil als zentrale Studie nach wie vor die Dissertation Karl Otto Müllers über die Entstehung der oberschwäbischen Reichsstädte von 1912 zu gelten hat[8] und weil nach Otto Feger eine neuere „vergleichende Verfassungsgeschichte des Städtewesens in Oberschwaben und um den Bodensee" eine Forschungslücke darstellt,[9] die bis heute noch nicht zufriedenstellend geschlossen werden konnte. Auch der vorliegende Beitrag kann dies nicht leisten, vermag aber zumindest eine Reihe von Hinweisen in vergleichender Perspektive zu geben. Dafür muss zunächst geklärt werden, welche Orte in Oberschwaben überhaupt von diesen Besitzwechseln betroffen waren und folglich Eingang in die weitere Analyse finden sollen. Im zweiten Schritt gilt es dann zu beleuchten, wie sich die staufische Stadtherrschaft im Rahmen der weiteren Entwicklungen gestaltete. Die Schwerpunkte liegen dabei auf der wirtschaftlichen Prosperität, wofür die Reichssteuerliste von 1241 als Anhalts-

---

7   Karl Otto MÜLLER, Die oberschwäbischen Reichsstädte. Ihre Entstehung und ältere Verfassung (Darstellungen aus der württembergischen Geschichte 8), Stuttgart 1912, S. 126; Helmut LAUSSER, Die urbane Formung. Vor- und Frühgeschichte Kaufbeurens, in: Die Stadt Kaufbeuren, Bd. 1: Politische Geschichte und Gegenwart einer Stadt, hg. von Jurgen KRAUS/Stefan FISCHER, Thalhofen 1999, S. 10–41, hier S. 22f. Vgl. die Darstellung im Chronicon Ottenburanum, hg. von Ludwig WEILAND, in: MGH SS 23, Hannover 1874, S. 609–630, hier S. 622: *Idem abbas cupiens requirere monasterio predium in Buron, quod imperator Heinricus post decessum Welfonis ducis monasterio iniuste abstulerat, eundem imperatorem apud Noricum et postea apud Wormaciam adiit, et ab eo literas ad fratrem eius Kunradum ducem Swevie pro querimonia sua terminanda impetravit. Sed quia idem dux, antequam hec fierent, vita decessit, predictus abbas dolens pro dampno ecclesie, prescriptum imperatorem, qui tunc morabatur in Apulia, tercia vice apud Barum adiens pro eodem predio convenit et, acceptis iterum ab eo literis ad Philippum fratrem eiusdem imperatoris, ducem Swevie, ad patriam est reversus. Sed ipso labore magno et expensis plurimis propter iniusticiam ipsorum principum et avariciam nichil utilitatis est consecutus.* Siehe dazu auch die deutsche Übersetzung bei Helmut LAUSSER, Burgsiedlung und Stauferstadt. Vom *praedium Buron* zur *stat ze Beuren* (Kompendium der Quellen zur Geschichte Kaufbeurens im Mittelalter 1), Thalhofen 2005, S. 150.
8   MÜLLER, Die oberschwäbischen Reichsstädte (Anm. 7).
9   Otto FEGER, Zur Entstehung der oberschwäbischen Städte, in: Ulm und Oberschwaben 33 (1953), S. 7–19, hier S. 7.

punkt dienen kann, den Verwaltungsformen und der Einbindung der Ministerialität. An der Wende vom 12. zum 13. Jahrhundert und darüber hinaus vollzog sich aber auch die Entwicklung hin zur Bürgergemeinde, was die Gelegenheit bietet, dem Verhältnis von Stadtgründung und Stadtwerdung nachzuspüren und die Rolle der Staufer als Stadtförderer kritisch zu betrachten. Der letzte Teil beschäftigt sich mit dem Niedergang der Staufer und den daraus resultierenden urbanen Auswirkungen.

## Die Untersuchungsbeispiele

Ehe Friedrich I. Barbarossa im Jahr 1152 seine Königsherrschaft antrat, reichte der Wirkungskreis der frühen Staufer nur bis zur Donau, aber nicht weiter südlich.[10] Friedrich jedoch richtete seinen Blick zunehmend auf Oberschwaben. Im Gegensatz zu seinem Onkel Konrad III. unterhielt er ein sehr gutes Verhältnis zu Welf VI. und zählte Graf Rudolf von Pfullendorf zu seinen treuesten Anhängern, um nur zwei Beispiele zu nennen.[11] Zu einer enormen Besitzakkumulation führten dann die oben erwähnten Erbschaften ab 1167, die im Falle Welfs VI. schon ab 1179 ein Kondominium mit Friedrich I. und dessen Sohn Herzog Friedrich V. und eine schrittweise Integration des welfischen Titularherzogtums in das staufische Herzogtum Schwaben zur Folge hatten.[12] Dies zog erhebliche Veränderungen des süddeutschen Herrschaftsgefüges nach sich, wobei eine frappante Verdichtung im Raum Ravensburg und Buchhorn als den einstigen Zentren welfischer Herrschaft das Schwergewicht des Welfenerbes anzeigt.[13]

Konzentriert man sich auf die im Raum Oberschwaben existierenden späteren Städte, dann ist vorab festzuhalten, dass im 12. Jahrhundert wahrscheinlich keiner dieser Orte bereits als Stadt gelten konnte. Es handelte sich vielmehr fast durchgängig um Marktsiedlungen, deren urbane Transformation schon mehr oder weniger weit fortgeschritten war, aber erst in den kommenden Jahrzehnten ihren Abschluss finden sollte. Mit dem welfischen Erbe kamen gleich sieben dieser Siedlungen an die Staufer, nämlich 1.) der Burgflecken Ravensburg, der im 12. Jahrhundert in Verbund mit der Klostergründung Weingarten zum welfischen Stammsitz aufstieg und der von Welf VI. stark gefördert

---

10 Vgl. die Karte „Besitz der Staufer (bis 1250)", bearb. von Franz Xaver VOLLMER, in: Historischer Atlas von Baden-Württemberg, hg. von der Kommission für geschichtliche Landeskunde in Baden-Württemberg, Stuttgart 1976, Karte 5,4. Die Besitzungen der frühen Staufer sind braun markiert. Siehe auch VOLLMER, Besitz der Staufer (Anm. 4), S. 1f.

11 KRIEG, Zur politischen ‚Großwetterlage' (Anm. 4), S. 49f.; Karl SCHMID, Graf Rudolf von Pfullendorf und Kaiser Friedrich I. (Forschungen zur oberrheinischen Landesgeschichte 1), Freiburg im Breisgau 1954; Odilo ENGELS, Friedrich Barbarossa und die Welfen, in: Welf VI. Wissenschaftliches Kolloquium zum 800. Todesjahr Welfs VI. im Schwäbischen Bildungszentrum Irsee vom 5. bis 8. Oktober 1991, hg. von Rainer JEHL (Irseer Schriften 3), Sigmaringen 1993, S. 59–74, hier S. 65–67.

12 Herzog Friedrich V. wurde beteiligt, weil das Herzogtum Schwaben im Gegensatz zur Königswürde erblich war und eine Eingliederung der welfischen Besitzungen auf diese Weise nachhaltiger zu bewerkstelligen war. Siehe dazu BRADLER, Heinrich der Löwe (Anm. 4), S. 5. Siehe auch Anm. 5.

13 Vgl. die Karte „Besitz der Staufer (bis 1250)" (wie Anm. 10). Die zwischen 1152 und 1210 erworbenen Besitzungen sind rot markiert. Siehe auch VOLLMER, Besitz der Staufer (Anm. 4), S. 3.

1  Die im Reichssteuerverzeichnis von 1241 aufgeführten Städte in Oberschwaben (nach Hansmartin Schwarzmaier, Staufisches Land und staufische Welt im Übergang, Sigmaringen 1978, S. 41, Kartografie: Axel Bengsch)

worden war,[14] 2.) Buchhorn, das von den gleichnamigen Grafen an die Welfen gekommen war,[15] 3.) Memmingen, das sich bereits früh in welfischer Hand befunden hatte, schon um 1130 mit einem Markt ausgestattet worden war und wie Ravensburg unter Welf VI. einen großen Aufschwung erlebte,[16] 4.) das schon erwähnte Kaufbeuren, in den Quellen häufig nur als „Beuren" bezeichnet, das von den gleichnamigen Edelherren an die Welfen übergegangen war,[17] 5.) die kleine Siedlung Schongau, Vorgänger des heutigen Alten-

---

14  Alfons DREHER, Geschichte der Reichsstadt Ravensburg und ihrer Landschaft von den Anfängen bis zur Mediatisierung 1802, Bd. 1, Weißenhorn 1972; MÜLLER, Die oberschwäbischen Reichsstädte (Anm. 7), S. 35–94; Peter EITEL, Ravensburg, in: Handbuch der baden-württembergischen Geschichte, Bd. 2: Die Territorien im Alten Reich, hg. von Meinrad SCHAAB/Hansmartin SCHWARZMAIER (Veröffentlichung der Kommission für geschichtliche Landeskunde in Baden-Württemberg), Stuttgart 1995, S. 693–696; Handbuch der historischen Stätten Deutschlands, Bd. 6: Baden-Württemberg, hg. von Max MILLER (†)/Gerhard TADDEY (Kröners Taschenausgabe 276), Stuttgart, 2., verb. u. erw. Aufl. 1980 (künftig HHSt 6), S. 644–647.
15  Jürgen OELLERS, Das mittelalterliche Buchhorn, in: Friedrichshafener Jahrbuch für Geschichte und Kultur 6 (2014), S. 8–29; Michael BORGOLTE, Buchhorn und die Welfen, in: ZWLG 47 (1988), S. 39–70; MÜLLER, Die oberschwäbischen Reichsstädte (Anm. 7), S. 216–229; Fritz MAIER, Friedrichshafen. Heimatbuch, Bd. 1: Die Geschichte der Stadt bis zum Beginn des 20. Jahrhunderts, Friedrichshafen 1983; Hansmartin SCHWARZMAIER, Buchhorn, in: Handbuch der baden-württembergischen Geschichte (Anm. 14), S. 670–672; HHSt 6 (Anm. 14), S. 228–231.
16  MÜLLER, Die oberschwäbischen Reichsstädte (Anm. 7), S. 95–120; Die Geschichte der Stadt Memmingen, Bd. 1: Von den Anfängen bis zum Ende der Reichsstadt, hg. von Joachim JAHN/Hans-Wolfgang BAYER, Stuttgart 1997; Michael M. C. DAPPER, Das welfische Memmingen. Archäologisch betrachtet, in: Die Welfen. Landesgeschichtliche Aspekte ihrer Herrschaft, hg. von Karl-Ludwig AY (Forum Suevicum 2), Konstanz 1998, S. 173–196; Handbuch der historischen Stätten, Bd. 7: Bayern, Teil 1: Altbayern und Schwaben, hg. von Hans-Michael KÖRNER/Alois SCHMID (Kröners Taschenausgabe 324), Stuttgart 2006 (künftig HHSt 7/1), S. 479–486.
17  Die Stadt Kaufbeuren, Bd. 1 (Anm. 7); MÜLLER, Die oberschwäbischen Reichsstädte (Anm. 7), S. 121–136; HHSt 7/1 (Anm. 16), S. 371–373.

stadt und Keimzelle des heutigen Schongau,[18] 6.) die Klostersiedlung Kempten, deren urbaner Beginn als *Cambodunum* den spätantiken Niedergang des Römischen Reiches nicht überdauert hatte und deren Vogtei die Welfen von den Grafen von Marstetten erlangt hatten,[19] und schließlich 7.) Wangen, eine Marktsiedlung des Klosters St. Gallen, deren Vogtei einstmals von den Udalrichingern versehen worden war.[20] Hinzu gesellen sich 8.) das von den Herren von Biberach an Friedrich I. vererbte Biberach an der Riß[21] und 9.) das 1180 von Graf Rudolf von Pfullendorf vererbte Pfullendorf[22]. Das Ensemble wird komplettiert durch 10.) die am Bodensee liegende Marktsiedlung Überlingen, die schon 1079 (damals noch ohne Markt) mit dem Herzogtum Schwaben an Barbarossas Großvater Friedrich gelangt war,[23] und durch 11.) das mit einer staufischen Vogtei verbundene Lindau[24], das schon im 9. Jahrhundert im Zuge der Gründung eines adligen Damenstifts entstanden war.

---

18  Rolf KIESSLING, Schongau als wirtschaftlicher Zentralort. Straße, Stadt und Handel vom frühen bis zum beginnenden Spätmittelalter, in: Der Welf 8 (2004/05), S. 185–207; Ludwig HOLZFURTNER, Vom welfischen Stützpunkt zum staufischen Landgericht Schongau 1070–1268, in: Der Welf 8 (2004/05), S. 156–167; HHSt 7/1 (Anm. 16), S. 760f.
19  Geschichte der Stadt Kempten, hg. von Volker DOTTERWEICH/Karl FILSER/Pankraz FRIED u. a., Kempten 1989; Kempten, bearb. von Peter BLICKLE (Historischer Atlas von Bayern, Teil Schwaben 6), München 1968; MÜLLER, Die oberschwäbischen Reichsstädte (Anm. 7), S. 282–314; HHSt 7/1 (Anm. 16), S. 380–386.
20  Alois SCHNEIDER, Wangen im Allgäu (Archäologischer Stadtkataster Baden-Württemberg 17), Stuttgart 2001; Albert SCHEURLE, Wangen im Allgäu. Das Werden und Wachsen der Stadt, Wangen, 3., erw. Aufl. 1950; Karl Friedrich EISELE, Wangen, in: Handbuch der baden-württembergischen Geschichte (Anm. 14), S. 742f.; MÜLLER, Die oberschwäbischen Reichsstädte (Anm. 7), S. 374–403; HHSt 6 (Anm. 14), S. 854–856.
21  Geschichte der Stadt Biberach, hg. von Dieter STIEVERMANN, Stuttgart 1991; Alois SCHNEIDER, Biberach an der Riß (Archäologischer Stadtkataster Baden-Württemberg 7), Stuttgart 2000; MÜLLER, Die oberschwäbischen Reichsstädte (Anm. 7), S. 230–250; Kurt DIEMER, Biberach, in: Handbuch der baden-württembergischen Geschichte (Anm. 14), S. 663–666; HHSt 6 (Anm. 14), S. 80–82. Siehe dazu auch den Eintrag in der Chronik des Otto von St. Blasien, hg. von Adolf HOFMEISTER (MGH SS rer. Germ. [47]), Hannover/Leipzig 1912, Kap. 21, S. 29f.: *Preter hec multorum nobilium, qui heredibus carebant, predia donatione vel precio acquisivit, utpote illius de Swabeggi, de Warthusin, de Bibra et de Horningin et de Swainhusin et de Biedirtan et de Lenziburch et de Werde, multorumque aliorum in aliis regionibus, que nobis incerta sunt.* Siehe auch Reg. Imp. IV/2,3 (wie Anm. 5), Nr. 1781, S. 3f.
22  Peter SCHRAMM, Kleine Geschichte der Reichsstadt Pfullendorf, Pfullendorf 2013; MÜLLER, Die oberschwäbischen Reichsstädte (Anm. 7), S. 194–215; Franz GÖTZ, Pfullendorf, in: Handbuch der baden-württembergischen Geschichte (Anm. 14), S. 690–692; HHSt 6 (Anm. 14), S. 631f. Siehe dazu auch den Eintrag in der Chronik des Propstes Burchard von Ursberg, hg. von Oswald HOLDER-EGGER/Bernhard von SIMON (MGH SS rer. Germ. [16]), Hannover/Leipzig ²1916, S. 49: *Per singulas quoque civitates iudicibus constitutis recessit ab Italia cepitque in partibus Alamannie multa predia nunc emptione, nunc procerum donatione seu quacumque successione fiscali vel hereditaria conquirere. Rudolfus quippe comes de Phullendorf omnia sua predia contulit imperatori.* Siehe auch Reg. Imp. IV/2,3 (wie Anm. 5), Nr. 1781, S. 3f.
23  Alois SCHNEIDER, Überlingen (Archäologischer Stadtkataster Baden-Württemberg 34), Esslingen 2008; MÜLLER, Die oberschwäbischen Reichsstädte (Anm. 7), S. 137–170; Franz GÖTZ, Überlingen, in: Handbuch der baden-württembergischen Geschichte (Anm. 14), S. 728–730; HHSt 6 (Anm. 14), S. 807f.
24  Lindau, bearb. von Manfred OTT (Historischer Atlas von Bayern, Teil Schwaben 5), München 1968; Geschichte der Stadt Lindau im Bodensee, hg. von Karl WOLFART, 2 Bde., Lindau 1909; MÜLLER, Die oberschwäbischen Reichsstädte (Anm. 7), S. 333–373; HHSt 7/1 (Anm. 16), S. 447–449.

Diese elf Fallbeispiele, die zugleich alle auf der Reichssteuerliste von 1241 vertreten sind,[25] sollen für die weitere Analyse staufisch geprägter Siedlungen und Städte als Untersuchungsobjekte dienen. Unberücksichtigt bleibt dabei Leutkirch, das erst um 1240 zusammen mit dem Nibelgau von Graf Rudolf von Montfort an Friedrich II. gelangte und in der Reichssteuerliste von 1241 nicht enthalten ist.[26] Außer Acht bleiben auch die Vogteien von Buchau, Mengen und Saulgau, die sich zum Teil zwar nominell in königlichstaufischer Hand befanden, faktisch aber von den Ansprüchen anderer Adelsgeschlechter überlagert wurden, sodass eine eindeutige Zuordnung der später einsetzenden Stadtwerdungsprozesse nicht möglich ist.[27] Die hochmittelalterliche Geschichte der beiden bedeutenden Zentren Konstanz und Augsburg schließlich war zwar eng mit der staufischen Dynastie verbunden, jedoch handelte es sich um Bischofsstädte, auf die die Staufer lediglich mittelbar durch Privilegienvergabe einwirken konnten;[28] die Beleuchtung dieser Wechselwirkung wäre eines eigenen Aufsatzes würdig. Darüber hinaus verfügte Oberschwaben als reichhaltige Kulturlandschaft zwischen Donau, Lech und Bodensee über zahlreiche weitere Siedlungen, die sich zu Städten mausern sollten; diese verblieben allerdings in der Verfügungsgewalt regionaler und lokaler Adelsgeschlechter und spielen damit für die folgende staufizentrierte Untersuchung keine Rolle.[29]

---

25  Constitutiones et acta publica imperatorum et regum, Bd. 3: 1273–1298, hg. von Jakob SCHWALM (MGH Const. 3), Hannover/Leipzig 1904–1906 (künftig MGH Const. 3), S. 1–5.
26  MÜLLER, Die oberschwäbischen Reichsstädte (Anm. 7), S. 176.
27  Die Vogteirechte in Buchau wurden von den Grafen von Veringen und den Grafen von Grüningen ausgeübt: MÜLLER, Die oberschwäbischen Reichsstädte (Anm. 7), S. 325. Bei Mengen ist unklar, ob die Stadtwerdung von den Grafen von Montfort, den Grafen von Veringen oder den Staufern angestoßen wurde: Peter EITEL, Oberschwaben als Städtelandschaft, in: Oberschwaben, hg. von Hans-Georg WEHLING (Schriften zur politischen Landeskunde Baden-Württembergs 24), Stuttgart u. a. 1995, S. 151–173, hier S. 153. Für die städtischen Anfänge Saulgaus werden die Truchsessen von Waldburg, aber auch Friedrich II. genannt: HHSt 6 (Anm. 14), S. 694.
28  Georg KREUZER, Das Verhältnis von Stadt und Bischof in Augsburg und Konstanz im 12. und 13. Jahrhundert, in: Stadt und Bischof. 24. Arbeitstagung in Augsburg 15.–17. November 1985, hg. von Bernhard KIRCHGÄSSNER (Stadt in der Geschichte 14), Sigmaringen 1988, S. 43–64; Christof PAULUS, Vom Charakter der Herrschaft. Überlegungen zu den bischöflichen Prägungen der Stauferzeit, in: Jahrbuch des Vereins für Augsburger Bistumsgeschichte 48 (2014), S. 149–172; Heinrich BÜTTNER, Die Hohenstaufen im Bodenseeraum und zu Konstanz während des 12. Jahrhunderts, in: DERS., Mittelrhein und Hessen. Nachgelassene Studien, hg. von Alois GERLICH (Geschichtliche Landeskunde 33), Stuttgart 1989, S. 101–107; Konstanz zur Zeit der Staufer, hg. vom Rosgarten Museum Konstanz aus Anlaß der 800. Wiederkehr des Konstanzer Friedens 1183, Konstanz 1983; Joachim JAHN, Topographie, Verfassung und Gesellschaft der mittelalterlichen Stadt. Das Beispiel Augsburg, in: Mit dem Zehnten fing es an. Eine Kulturgeschichte der Steuer, hg. von Uwe SCHULTZ, München 1986, S. 9–41; Geschichte der Stadt Augsburg von der Römerzeit bis zur Gegenwart, hg. von Gunther GOTTLIEB/Wolfram BAER/Joseph BECKER, Stuttgart 1984, hierin vor allem: Pankraz FRIED, Augsburg unter den Staufern (1132–1268), S. 127–132; Wolfram BAER, Das Stadtrecht vom Jahre 1156, S. 132–134; DERS., Der Weg zur königlichen Bürgerstadt (1156–1276), S. 135–140.
29  Zu nennen sind (ohne Anspruch auf Vollständigkeit) z. B. Ehingen (in der Hand der Grafen von Berg), Isny (Siedlung der Grafen von Altshausen bzw. Veringen), Markdorf (in Besitz der gleichnamigen edelfreien Herren und zuvor des Grafen Otto von Buchhorn sowie des Grafen von Bregenz), Meßkirch (in der Verfügung der Grafen von Rohrdorf und der Truchsessen von Waldburg), Mindelheim (Siedlung des gleichnamigen Ortsadels), Munderkingen (im Besitz der Herren von Emerkingen), Riedlingen (in der Hand der Grafen von Veringen), Scheer an der Donau (Siedlung der Grafen von Montfort), Sigma-

Nina Gallion

# Die Staufer und die städtische Entwicklung in Oberschwaben

## Stadtwerdungsprozesse

Nach der Bestandsaufnahme soll in einem ersten Schritt die Ausgestaltung der staufischen Herrschaft vor Ort in den Blick genommen und nach der Entwicklung der genannten Fallbeispiele in der Stauferzeit gefragt werden. Mit dieser Frage ist der Fokus auf die Stadtwerdungsprozesse gelegt, die sich den historisch Forschenden aufgrund ihrer Komplexität und ihrem Mangel an Überlieferung gerne entziehen und nur sehr näherungsweise beschrieben werden können. Als Indizien dienen dabei unter anderem, soweit überhaupt tradiert, Stadtrechtsurkunden, die einzeln betrachtet jedoch keine absolute Aussagekraft beanspruchen dürfen. Pfullendorf beispielsweise erhielt seine Stadtrechte im Jahr 1220 von Friedrich II.,[30] doch zeigt dieser Sachverhalt allein noch nicht an, welche Stufe der Stadtwerdungsprozess inzwischen erreicht hatte, ob die Stadtrechtsverleihung also schon den Abschluss des Prozesses bildete oder ob sie den Prozess überhaupt erst anstoßen oder fördern sollte. Für Pfullendorf ist bekannt, dass die Siedlung schon 1182 einen großen Umfang hatte und im frühen 13. Jahrhundert als *civitas Phullendorf* erwähnt wird.[31] Diese Nennung steht allerdings in Zusammenhang mit dem erheblichen Güterverlust unter der Herrschaft Philipps von Schwaben und Ottos IV., die der so genannte Pfullendorfer Zettel dokumentiert.[32] Er stellt die entfremdeten Besitzungen und Rechte zusammen und richtete sich an Friedrich II., der daraufhin

ringen (in der Verfügung der gleichnamigen Grafen sowie des Grafen von Hirschberg), Tettnang (im Besitz der Grafen von Bregenz und der Grafen von Montfort), Waldsee (Siedlung der gleichnamigen Herren) und Wurzach (in der Hand der Reichsministerialen von Waldburg-Tanne). Siehe z. B. HHSt 6 (Anm. 14), S. 49–51 (Bad Waldsee), S. 53 (Bad Wurzach), S. 167–169 (Ehingen), S. 377–379 (Isny), S. 511f. (Markdorf), S. 523–525 (Meßkirch), S. 541f. (Munderkingen), S. 661f. (Riedlingen), S. 698f. (Scheer), S. 738–742 (Sigmaringen) und S. 791–793 (Tettnang); HHSt 7/1 (Anm. 16), S. 494–497 (Mindelheim). Zur geographischen Definition Oberschwabens siehe die Homepage der Gesellschaft Oberschwaben für Geschichte und Kultur, URL: http://www.gesellschaft-oberschwaben.de/cms/ (16.06.2018) sowie die Karte auf der Homepage des Oberschwaben-Portals, URL: http://www.oberschwaben-portal.de/ (16.06.2018).

30 Eine Edition der entsprechenden Urkunde mit Übersetzung findet sich bei Edwin Ernst WEBER, Stadtrechts-Verleihung an Pfullendorf durch König Friedrich II. – Urkunde vom 2. Juni 1220 (GLAK D 26), in: Hohenzollerische Heimat 45 (1995), S. 28–30. Neuedition: Die Urkunden Friedrichs II., bearb. von Walter KOCH unter Mitwirkung von Klaus HÖFLINGER, Joachim SPIEGEL und Christian FRIEDL (MHG Diplomata 14/3), Hannover 2010, Nr. 638, S. 418–420. Siehe auch z. B. Josef F. GRONER, Pfullendorf, königlich-staufische Stadt. Die Stadterhebungsurkunde Friedrichs II. vom 2.6.1220 in ihrer geschichtlichen und kulturellen Umwelt, Pfullendorf ²1986; MÜLLER, Die oberschwäbischen Reichsstädte (Anm. 7), S. 201f.

31 MÜLLER, Die oberschwäbischen Reichsstädte (Anm. 7), S. 197 und S. 202.

32 Der Pfullendorfer Zettel ist zu finden in: WUB, URL: www.wubonline.de (16.06.2018) (künftig WUB), Bd. 3, Nr. N23 und N24, S. 481–484; SCHMID, Graf Rudolf von Pfullendorf (Anm. 11), S. 297, Nr. 112. Hier findet sich auch die Erwähnung Pfullendorfs als *civitas Phullendorf*. Siehe dazu und zur Datierungsproblematik v. a. Wolfgang METZ, Staufische Güterverzeichnisse. Untersuchungen zur Verfassungs- und Wirtschaftsgeschichte des 12. und 13. Jahrhunderts, Berlin 1964, S. 94–97.

tätig wurde und „in Erwägung der Verluste und Schäden, welche das Reich bisher aus der (Besitz-)Zerstreuung unseres trefflichen Dorfes in Pfullendorf erlitten hat",[33] das Stadtrecht verlieh. Diese Privilegierung diente also offensichtlich der Konsolidierung Pfullendorfs, dessen weitere Entwicklung dadurch zweifelsohne befeuert wurde.

Im Falle Buchhorns erfolgte die Stadtrechtsverleihung erst 1275 unter Rudolf von Habsburg, und als *civitas* erscheint die Siedlung am Bodensee auch erst ein Jahr zuvor.[34] Doch auch solche Ersterwähnungen – der Stadt, der Befestigung, der Bürger etc. – sind lediglich Indizien und erlauben keine eindeutige Rekonstruktion des Urbanisierungsprozesses. Zwar sind sie beliebt beim heutigen Stadtmarketing, weil ihnen großes Jubiläumspotential innewohnt; jedoch handelt es sich bei ihnen in der Regel um reine Überlieferungszufälle. Buchhorn könnte schon weit vor den 1270er-Jahren als Stadt gegolten haben: Immerhin wurde es um 1200 neu gegründet, indem man die alte Siedlung verlegte und postwendend mit dem Bau einer frühen Befestigung begann.[35] Sein Markt ist allerdings erst 1219 bezeugt,[36] womit es sich bei Buchhorn um die späteste Marktgründung der hier zu besprechenden Fallbeispiele handeln könnte. Nichtsdestoweniger war bis zur Herrschaft Rudolfs von Habsburg noch viel Zeit für die weitere städtische Entwicklung.

Ein drittes Beispiel zeigt, dass viele Indizien zusammengenommen durchaus Prozesse städtischer Verdichtung signalisieren und beschreiben können. So soll sich Überlingen bereits um die Wende vom 12. zum 13. Jahrhundert zur Stadt gewandelt haben – womit es zusammen mit Lindau zu den ältesten Städten unter den Fallbeispielen zählen würde.[37] Im Jahr 1212 diente es als Stützpunkt für das Heer Ottos IV. in dessen Kampf gegen Friedrich II.; es muss sich dafür angeboten haben, weil es wahrscheinlich schon gut befestigt war.[38] Erstmals genannt wird die Stadtbefestigung tatsächlich erst im Jahr

---

33 WEBER, Stadtrechts-Verleihung (Anm. 30), S. 28: *Regalis eminentie interesse decernimus inveterata renovare, dissipata ad honorem et utilitatem imperii recolligere, destructa queque restaurare atque ad eorum relevationem regie eminentie robur et benivolentiam omnimodis adhibere. Considerantes dampna atque lesiones que et quas hactenus sustinuit imperium ex dispersione optime ville nostre in Pfullendorf, ex innata quoque nobis munificentia compassi laboribus et erumpnis quas incole ipsius ville nimio ignis impetu et voracitate nuper sunt perpessi; nolentes super omnia quod ipsi de cetero a malefactoribus et pacis inimicis conculcentur et dampna seu incommoda patiantur sicut hucusque multis retro temporibus perpessi sunt, presertim cum locus idem cum onmibus attinentiis suis paterna hereditate ad nos propie dinoscatur pertinere, locum ipsum in perpetuam instituimus libertatem, in funo eiusdem loci civitatem de cetero esse volentes […].*
34 WUB (Anm. 32), Bd. 7, Nr. 2396, S. 282 (Erwähnung als *civitas*), und Nr. 2516, S. 377f. (Erteilung des Stadtrechts).
35 Andrea BRÄUNING, Zur Entstehung des mittelalterlichen Buchhorn (Friedrichshafen). Ergebnisse der Vorbereitung des „Archäologischen Stadtkatasters", in: Denkmalpflege in Baden-Württemberg N. F. 23 (1994), S. 76–88, hier S. 84f.
36 SCHWARZMAIER, Buchhorn (Anm. 15), S. 671; Württembergisches Städtebuch, hg. von Erich KEYSER (Deutsches Städtebuch IV/2,2), Stuttgart 1962, S. 352.
37 MÜLLER, Die oberschwäbischen Reichsstädte (Anm. 7), S. 147, S. 344f. und S. 408.
38 Burchard von Ursberg bezeichnet Überlingen als *oppidum*. Siehe die Chronik des Propstes Burchard von Ursberg (Anm. 22), S. 109: *Audito vero adventu ipsius* [= Friedrichs II.] *Otto imperator interim venerat de Turingia volens comprehendere aut interficere adversarium suum; ipseque manebat in opido Uberlingen, sed a multis derelictus non poterat occurrere sepe dicto F*[*riderico*] *ad pugnam.* Siehe auch MÜLLER, Die oberschwäbischen Reichsstädte (Anm. 7), S. 147.

1220, und beinahe auf dem Fuße folgt 1226 die erste Erwähnung als *civitas*.[39] Um dieselbe Zeit, aber auch schon vorher und danach hielten sich Friedrich II. und sein Sohn Heinrich (VII.) gelegentlich in Überlingen auf[40] – was die Stadt wirtschaftlich zu bewältigen vermochte. 1240 war sie gemeinsam mit Lindau und Ravensburg Mitglied des Konstanzer Münzbundes, und auf das Jahr 1244, nur vier Jahre später, datiert das älteste Überlinger Stadtsiegel.[41]

### Die wirtschaftliche Entwicklung

Obschon die eigentliche Stadtwerdung also kein singuläres Ereignis war, sondern sich über mehrere Jahrzehnte erstreckte, zeigt sich im Vergleich doch eine gemeinsame Wurzel der späteren Entwicklung: Nahezu alle Fallbeispiele verfügten zunächst über einen Markt, der ihnen in einer ansonsten stark agrarisch geprägten Region den Aufstieg zu Wirtschaftsstandorten ermöglichte. Auch hierbei lassen sich die eigentlichen Entstehungen nicht zuverlässig datieren, doch dürfte es sich bei Lindau, Memmingen, Ravensburg, Überlingen und Kempten um die ältesten Märkte unter den Fallbeispielen handeln. Während der Lindauer Markt bereits im 10. Jahrhundert entstanden sein soll und im 11. Jahrhundert vom Festland in die heutige Insellage gebracht wurde, existierte der Memminger Markt wohl schon um 1130, der Ravensburger Markt bereits 1152 und auch der Überlinger Markt schon in den 1150er-Jahren.[42] Auch der Kemptener Abt verfügte wahrscheinlich schon im 12. Jahrhundert über ein Marktrecht.[43] Ein in wirtschaftlicher Hinsicht attraktiver Punkt profitierte dabei von einer günstigen Verkehrslage, wie sie in den genannten Fällen vorliegt; man kann daher auch im Falle Schongaus, das an der Straße von Oberitalien nach Nürnberg gelegen war, das Bestehen eines frühen Marktes vermuten.[44] Noch in welfischer Zeit dürfte Kaufbeuren einen Markt erhalten haben und vielleicht auch Buchhorn, dessen Markt aber erst für das Jahr 1219 eindeutig belegt ist.[45] Der Markt von Wangen wurde in der zweiten Hälfte des 12. Jahrhunderts durch den Abt

---

39  WUB (Anm. 32), Bd. 3, Nr. 715, S. 197f. (Erwähnung als *civitas*). Im Jahr 1211 ist Überlingen bereits mit der Bezeichnung *urbs* belegt. Vgl. Franz Ludwig BAUMANN, Acta Salemitana, in: ZGO 31 (1879), S. 47–140, hier S. 101: *Ab Alberone cognomine Rex de Vbirlingen et ab uxore sua Livegardi emit uenerabilis Ebirhardus abbas et fratres de Salem domum in Vbirlingen et extra urbem in uilla curtem cum omnibus appenditiis suis, insuper pratum et ortum extra urbem pro LX V libris Constantiensis monete.* Zur Stadtmauer siehe SCHNEIDER, Überlingen (Anm. 23), S. 40.

40  MÜLLER, Die oberschwäbischen Reichsstädte (Anm. 7), S. 147; SCHNEIDER, Überlingen (Anm. 23), S. 39f.

41  MÜLLER, Die oberschwäbischen Reichsstädte (Anm. 7), S. 10 und S. 151.

42  MÜLLER, Die oberschwäbischen Reichsstädte (Anm. 7), S. 140, S. 340 und S. 407; EITEL, Oberschwaben (Anm. 27), S. 153; HHSt 6 (Anm. 14), S. 644 und S. 807f.; HHSt 7/1 (Anm. 16), S. 447; SCHNEIDER, Überlingen (Anm. 23), S. 39; Andreas SCHMAUDER, Markt im hohen Mittelalter. Entstehung, Erstnennung 1152 und Bedeutung für Stadt und Umland, in: Die Zeit der Händler. 850 Jahre Markt in Ravensburg, hg. von DEMS. (Historische Stadt Ravensburg 3), Konstanz 2002, S. 9–36.

43  Pankraz FRIED, Anfänge und Frühgeschichte von Stadt und Bürgertum, in: Geschichte der Stadt Kempten (Anm. 19), S. 90–97, hier S. 92; MÜLLER, Die oberschwäbischen Reichsstädte (Anm. 7), S. 290.

44  HHSt 7/1 (Anm. 16), S. 760; Bayerisches Städtebuch, Teil 2, hg. von Erich KEYSER/Heinz STOOB (Deutsches Städtebuch V/2), Stuttgart u. a. 1974, S. 623f.

45  MÜLLER, Die oberschwäbischen Reichsstädte (Anm. 7), S. 407. Zu Buchhorn siehe Anm. 36.

von St. Gallen gegründet, wohingegen die Märkte von Pfullendorf und Biberach auf Friedrich I. zurückgehen könnten.[46] Für einen erheblichen Aufschwung der Marktorte sorgte spätestens Friedrich II. im Jahr 1218, als er alle entsprechenden Siedlungen von der Gerichtsbarkeit durch Grafen und Landrichter befreite.[47] Dies verdeutlicht die Relevanz der Märkte über rein wirtschaftliche Belange hinaus und lässt bereits die zunehmende Autonomie der aufkommenden Bürgergemeinden erahnen.

Für die weitere ökonomische Entwicklung im 13. Jahrhundert kann die Reichssteuerliste von 1241 als wichtige Quelle Auskunft geben, da Steuerbeträge mitunter Rückschlüsse auf die wirtschaftliche Potenz der Steuerpflichtigen zulassen. Die Liste enthält die steuerlichen Abgaben von insgesamt 95 Städten, Dörfern, Höfen, Verwaltungsbezirken und Judengemeinden in der westlichen Hälfte des römisch-deutschen Reiches, die sich in königlichem oder staufischem Besitz befanden.[48] Die Aufstellung mag ursprünglich jährlich entstanden sein, woraufhin immer nur das aktuellste Exemplar aufbewahrt wurde, was sich bis 1241 fortsetzte. In diesem Jahr begannen die kriegerischen Auseinandersetzungen am Niederrhein, die den Einzug von Steuern unmöglich machten, sodass die Liste von 1241 zur Letzten ihrer Art wurde.[49] Die oberschwäbischen Fallbeispiele sind in der Reichssteuerliste allesamt enthalten, und zwar aufsteigend mit den folgenden Beträgen:

| | |
|---|---|
| Buchhorn und Wangen | 10 Mark Silber, |
| Pfullendorf und Schongau | 30 Mark Silber, |
| Kempten und Ravensburg | 50 Mark Silber, |
| Überlingen | 50 Mark Silber (zuzüglich 82,5 Mark Silber für die Ausgaben des Königs), |
| Biberach und Memmingen | 70 Mark Silber, |
| Kaufbeuren | 90 Mark Silber, |
| Lindau | 100 Mark Silber.[50] |

---

46 MÜLLER, Die oberschwäbischen Reichsstädte (Anm. 7), S. 202, S. 233, S. 378 und S. 407; HHSt 6 (Anm. 14), S. 80, S. 631 und S. 855; EITEL, Oberschwaben (Anm. 27), S. 153.

47 Die Urkunden Friedrichs II. (Anm. 30), Nr. 445, S. 44f., Die Regesten des Kaiserreichs unter Philipp, Otto IV., Friedrich II., Heinrich (VII.), Conrad IV., Heinrich Raspe, Wilhelm und Richard. 1198–1272, hg. von Julius FICKER (Reg. Imp. V/1,1), Innsbruck 1881 (künftig Reg. Imp. V/1,1), Nr. 941, S. 224.

48 MGH Const. 3 (Anm. 25), S. 1–5. Eine Trennung von Haus- und Reichsgut sowie von kirchlichen Lehen und Vogteien bestand zu diesem Zeitpunkt noch nicht. Siehe zur Reichssteuerliste auch METZ, Staufische Güterverzeichnisse (Anm. 32), S. 98–115; Gero KIRCHNER, Die Steuerliste von 1241. Ein Beitrag zur Entstehung des staufischen Königsterritoriums, in: ZRG GA 70 (1953), S. 64–104; Jakob SCHWALM, Ein unbekanntes Eingangsverzeichnis von Steuern der königlichen Städte aus der Zeit Kaiser Friedrichs II. (mit 1 Tafel), in: NA 23 (1898), S. 517–553; Benno HILLIGER, Die Reichssteuerliste von 1242, in: HV 28 (1934), S. 88–118. Hilliger datierte die Steuerliste auf der Basis numismatischer Überlegungen in das Jahr 1242, was jedoch widerlegt wurde. Vgl. etwa KIRCHNER, Die Steuerliste von 1241 (Anm. 48), S. 73–77.

49 METZ, Staufische Güterverzeichnisse (Anm. 32), S. 115.

50 MGH Const. 3 (Anm. 25), S. 4, Nr. 80 (Biberach), Nr. 81 (Schongau), Nr. 82 (Kaufbeuren), Nr. 83 (Memmingen), Nr. 84 (Altdorf und Ravensburg), Nr. 85 (Pfullendorf), Nr. 86 (Wangen), Nr. 87 (Buchhorn), Nr. 88 (Lindau), Nr. 90 (Überlingen), und S. 5, Nr. 91 (Kempten).

Welche Schlüsse lassen sich mit aller Vorsicht daraus ziehen? Die Klostersiedlung Lindau und das ehemals welfische Kaufbeuren hatten die Nase vorn und kamen auf die höchsten Beträge. Die Lindauer Summe von 100 Mark Silber kann vielleicht (wie bei Kempten und Wangen) als Pfandgeld für die Ablösung der Klostervogtei verstanden werden. Der vergleichsweise hohe Betrag korrespondiert dabei mit dem hohen Alter der Siedlung am Bodensee und seiner mutmaßlich weiter fortgeschrittenen wirtschaftlichen Entwicklung; dies mag aber gleichermaßen für das jüngere Kaufbeuren gelten, das der Abt von Ottobeuren im späten 12. Jahrhundert nicht ohne Grund zurückgefordert haben wird.[51] Überlingen hatte eine Gesamtsumme von 132,5 Mark Silber aufzubringen, wovon aber nur 50 Mark Silber die eigentliche Steuer darstellten, während die restlichen 82,5 Mark Silber bei einem Aufenthalt Konrads IV. angefallen waren.[52] Der staufische König hatte die Summe anscheinend als Darlehen vorgestreckt, um sie dann im Zuge der Reichssteuer wieder einzutreiben. Da sich die Staufer vergleichsweise häufig in Überlingen aufhielten, mag dies ein gängiges Procedere gewesen sein. Für Kempten notiert die Auflistung eindeutig, dass es sich bei dem Betrag von 50 Mark Silber um eine Zahlung für die Vogtei handle.[53] Dies rekurriert auf den im Jahr 1218 zwischen Friedrich II. und dem Kemptener Abt Heinrich III. von Burtenbach geschlossenen Vertrag, nach dem der staufische König gegen eine jährliche Zahlung von 50 Mark Silber auf die Vogtei verzichtete.[54] Die Schlusslichter bilden Buchhorn und Wangen mit nur 10 Mark Silber. Dies könnte auf einen verzögerten städtischen Aufschwung hindeuten, der im Falle Wangens vielleicht aus der starken Abhängigkeit vom Kloster St. Gallen resultierte und im Falle Buchhorns für eine späte Marktgründung spricht.[55] Allerdings ist bei allen Beträgen zu berücksichtigen, dass etwaige Steuernachlässe möglicherweise nicht vollständig schriftlich festgehalten wurden, sodass mancher niedrige Betrag falsche Assoziationen wecken könnte.

Zieht man die Gesamtliste, die ein Steuerspektrum von 2 Mark bis 300 Mark bietet, vergleichend heran, dann zeigt sich, dass Biberach und Memmingen beispielsweise mit ihren 70 Mark Silber zwischen Ulm und Konstanz eingruppiert sind.[56] Ein unmittelbarer Vergleich verbietet sich dabei zwar, dennoch dürfte es um die wirtschaftliche Entwicklung Biberachs und Memmingens nicht schlecht bestellt gewesen sein. Auch lassen sich die Summen mit ihren Querverweisen auf Ulm und Konstanz als weiteres Indiz für die

---

51  Vgl. Anm. 7.
52  MGH Const. 3 (Anm. 25), S. 4, Nr. 90: *Item de Vberlingen L mr., et solvent pro expensis regis LXXXII mr. et dim.* Siehe dazu auch Metz, Staufische Güterverzeichnisse (Anm. 32), S. 102–104.
53  MGH Const. 3 (Anm. 25), S. 5, Nr. 91: *Item de advocatia in Cemton L mr. [...]*.
54  Reg. Imp. V/1,1 (Anm. 47), Nr. 951, S. 225f. Heinrich (VII.) bestätigte den Vertrag im Jahr 1224: Die Regesten des Kaiserreichs unter Philipp, Otto IV., Friedrich II., Heinrich (VII.), Conrad IV., Heinrich Raspe, Wilhelm und Richard. 1198–1272, hg. von Julius Ficker (Reg. Imp. V/1,2), Innsbruck 1882, Nr. 3919, S. 710. Siehe auch Müller, Die oberschwäbischen Reichsstädte (Anm. 7), S. 291; Peter Blickle, Klosterherrschaft im Mittelalter. Zur Entstehung des stift-kemptischen Territorialstaats, in: Geschichte der Stadt Kempten (Anm. 19), S. 79–89, hier S. 81f.
55  Müller, Die oberschwäbischen Reichsstädte (Anm. 7), S. 383.
56  MGH Const. 3 (Anm. 25), S. 4, Nr. 79: *Cives de Vlma LXXX mr.* Und S. 4, Nr. 89: *Item Constancia libera est ad unum annum propter incendium; que solvere consuevit LX mr., medietatem imperatori et medietatem episcopo.*

abgeschlossene Stadtwerdung Biberachs und Memmingens auffassen.⁵⁷ In dieser Hinsicht teilen sich Ravensburg und Kempten ihren Rang unter anderem mit dem kleinen, wohl gerade erst zur Stadt gewordenen Weil der Stadt.⁵⁸ Buchhorn und Wangen werden nur noch von den Judengemeinden zu Schwäbisch Hall, Ulm, Überlingen, Lindau, Donauwörth und Böpfingen sowie von den Dörfern Odenheim, Geuderthem und Essingen unterboten,⁵⁹ was für eine spätere Stadtwerdung sprechen mag. Lindau liegt passabel auf Rang 10 und befindet sich dabei in bester Gesellschaft, da beispielsweise auch Nördlingen und Dortmund 100 Mark Silber abzuführen hatten.⁶⁰ Von den Spitzenreitern Oberwesel, das mit 300 Mark Silber für die Vogteiablösung plus 20 Mark Silber für die dortige Judengemeinde veranschlagt war, und Frankfurt, das 250 Mark Silber zu zahlen hatte, war es aber noch weit entfernt.⁶¹

## Administrative Formen und die Bedeutung der Ministerialität

Wenn als Nächstes die administrativen Formen in staufischer Zeit im Mittelpunkt der Betrachtung stehen, so stößt man unmittelbar auf die so genannten Ämter. Bei den Ämtern handelte es sich um Verwaltungsbezirke, in die die Staufer ihre Güter einteilten und die von königlichen Beamten, den Ammännern, geleitet wurden. Dies hatte den Vorteil, dass die Beamten weisungsgebundene Funktionsträger waren und somit im Vergleich zur Belehnung die Gefahr geringer blieb, dass die betreffenden Güter entfremdet würden – was aber dennoch vorkam, wie der schon erwähnte Pfullendorfer Zettel beweist, der zugleich die Existenz des staufischen Amtes Pfullendorf, eines vormaligen Burgbezirks, belegt.⁶² Die Amtleute, die anfänglich noch funktional differenziert wurden und als Bezirks- und Stadtbeamte begegnen (so etwa in Ravensburg),⁶³ sind für fast alle Fallbeispiele relativ früh, größtenteils noch im frühen 13. Jahrhundert nachgewiesen. Für

---

57 MÜLLER, Die oberschwäbischen Reichsstädte (Anm. 7), S. 99, S. 237 und S. 408; EITEL, Oberschwaben (Anm. 27), S. 152.
58 MGH Const. 3 (Anm. 25), S. 3, Nr. 59: *Item de Wila lb. C hal. ad edificium.* Zur Umrechnung der Pfund Heller siehe auch die deutsche Übersetzung in: Quellen zur deutschen Verfassungs-, Wirtschafts- und Sozialgeschichte bis 1250, hg. von Lorenz WEINRICH (FSGA 32), Darmstadt, 2., um einen Nachtrag erw. Aufl. 2000, S. 510–519, hier S. 515 mit Anm. 7.
59 MGH Const. 3 (Anm. 25), S. 3, Nr. 31: *Item de Govderthem VI mr.* S. 3, Nr. 54: *Item de Otenhem VI mr.* [...]. S. 3, Nr. 62: *Item Iudei de Hallis VIII mr.* S. 4, Nr. 77: *Item de Essingen V mr.* S. 5, Nr. 99: *Item Iudei de Vlma VI mr.* S. 5, Nr. 101: *Item Iudei de Werda et de Bopphingen II mr.* S. 5, Nr. 102: *Item Iudei de Vberlingen II mr.* Und S. 5, Nr. 103: *Item Iudei de Lindov II mr.*
60 MGH Const. 3 (Anm. 25), S. 2, Nr. 20: *Item cives de Dritmvnden C mr. Col.* S. 4, Nr. 70: *Item cives de Nordelingen C mr. pro enormitate commissa.* Zu den Münzverhältnissen in der Reichssteuerliste siehe METZ, Staufische Güterverzeichnisse (Anm. 32), S. 99f.
61 MGH Const. 3 (Anm. 25), S. 2, Nr. 1: *De Frankenfurt CC et L mr.* S. 2, Nr. 11: *Item Wesela libera est ad quatuor annos propter hoc, quod redemit advocaciam pro CCC marcis. Iudei ibidem XX mr.*
62 Vgl. Anm. 32. Zum Amt Pfullendorf siehe auch Kurt SCHREM, Das staufische Amt Pfullendorf, in: Pfullendorfer Heimatheft 1 (2011), S. 7–29. Zur Ämterbildung siehe Dietmar WILLOWEIT, Die Entwicklung und Verwaltung der spätmittelalterlichen Landesherrschaft, in: Deutsche Verwaltungsgeschichte, Bd. 1: Vom Spätmittelalter bis zum Ende des Reiches, hg. von Kurt G. A. JESERICH/Hans POHL/Georg-Christoph VON UNRUH, Stuttgart 1983, S. 66–143, hier v. a. S. 84–86 und S. 93–96.
63 MÜLLER, Die oberschwäbischen Reichsstädte (Anm. 7), S. 50.

Überlingen findet sich der Beleg für einen herzoglichen Ammann bereits 1191, wohingegen die Amtleute von Pfullendorf und Ravensburg in den 1210er-Jahren auftreten; der Ravensburger Ammann etwa wird erstmals 1218 erwähnt.[64] Die Ammänner von Kaufbeuren und Biberach sind für die Jahre 1224 und 1239 bezeugt.[65] In allen Fällen setzten die Staufer ihre Amtleute selbst ein, ohne dass dabei die Gemeinde zunächst eine Rolle gespielt hätte. Mit der Einrichtung der Ämter ging in der Regel auch die Installation von Gerichtsbezirken einher (wie in Kaufbeuren im frühen 13. Jahrhundert),[66] was bereits Hinweise auf das ausgesprochen vielfältige Aufgabenspektrum der Amtleute liefert: Als königliche Vertreter übten sie (spätestens ab 1218 in Ablösung der zuständigen Grafen oder Landrichter) die hohe Gerichtsbarkeit innerhalb des Verwaltungsbezirkes aus und saßen den späteren Stadtgerichten vor, wo sie auch in Fällen der niederen Gerichtsbarkeit Recht sprachen (so zum Beispiel in Memmingen), sie verwalteten die staufischen Güter, führten die Aufsicht über das Marktwesen und die Steuereinziehung und hatten den militärischen Oberbefehl inne.[67] Aufgrund dieser Fülle an Tätigkeiten konnten die Ammänner weitere Beamte einsetzen. So gab es in Lindau zum Beispiel noch einen Münzer, der die Münzstätte leitete, und einen Zöllner, der sich um die Belange des Marktes kümmerte.[68] Lediglich bei den Klostervogteien, also bei Lindau, Kempten und Wangen, wurden die Ammänner vom Abt beziehungsweise der Äbtissin eingesetzt.[69] Der mittelbare Zugriff der Staufer über die Klostervogtei barg dabei durchaus Konfliktpotential, weil sich die Klöster in der Regel weniger dominante Vögte wünschten. Vom Vertrag Friedrichs II. mit dem Kemptener Abt von 1218 war bereits die Rede; eine ähnliche Regelung hat vielleicht auch die Äbtissin des Damenstifts Lindau getroffen, wohingegen sich Wangen beziehungsweise der Abt von St. Gallen von Friedrich II. 1217 versprechen ließ, die Vogtei nie in andere als königliche Hände zu geben.[70]

Die Frage nach den Personalien jener Ammänner und Offizialen steht zugleich in engem Zusammenhang mit der Bedeutung der Ministerialität für die betrachteten Fallbeispiele. Hier lässt sich zunächst feststellen, dass mit dem Übergang der fremden Güter und Besitzungen an die Staufer auch die fremden Ministerialen zu staufischen wurden. Diese Vorgänge beschleunigten sich insbesondere durch die mangelnde Trennung von Haus-, Herzogs- und Reichsgut und ermöglichte ebenjenen Dienstmannen den Aufstieg

---

64 Zu Ravensburg siehe MÜLLER, Die oberschwäbischen Reichsstädte (Anm. 7), S. 48; EITEL, Ravensburg (Anm. 14), S. 694. Zu Überlingen und Pfullendorf siehe MÜLLER, Die oberschwäbischen Reichsstädte (Anm. 7), S. 140, S. 148 und S. 197; SCHNEIDER, Überlingen (Anm. 23), S. 37.
65 Zu Biberach siehe WUB (Anm. 32), Bd. 3, Nr. 931, S. 434f. Zu Kaufbeuren siehe LAUSSER, Burgsiedlung (Anm. 7), Nr. 76, S. 154–156. Siehe auch MÜLLER, Die oberschwäbischen Reichsstädte (Anm. 7), S. 126 und S. 237.
66 MÜLLER, Die oberschwäbischen Reichsstädte (Anm. 7), S. 126.
67 Zu den Aufgaben der Amtleute siehe MÜLLER, Die oberschwäbischen Reichsstädte (Anm. 7), S. 9, S. 55, S. 105 (zu Memmingen), S. 128, S. 149, S. 260 und S. 347; WILLOWEIT, Die Entwicklung (Anm. 62), S. 100–102.
68 MÜLLER, Die oberschwäbischen Reichsstädte (Anm. 7), S. 346.
69 MÜLLER, Die oberschwäbischen Reichsstädte (Anm. 7), S. 293, S. 345 und S. 384.
70 WUB (Anm. 32), Bd. 3, Nr. 600, S. 63f.; Reg. Imp. V/1,1 (Anm. 47), Nr. 892, S. 215.

bis in die Reichsministerialität.[71] Für die oberschwäbischen Fallbeispiele spielten die Ministerialen in zweifacher Hinsicht eine wichtige Rolle: Sie waren es, die als Ammänner die Verwaltung vor Ort übernahmen. So finden wir in Biberach zum Beispiel (wie im Übrigen vielerorts) die Truchsessen von Waldburg-Warthausen und die Schenken von Winterstetten-Otterswang in der Rolle der königlichen Stellvertreter.[72] Die Verwaltung Überlingens wurde an den staufischen Ministerialen Ulrich von Reischach übergeben.[73] Und in Memmingen füllten lange Zeit Angehörige der aus Kempten stammenden Ministerialenfamilie Mozo die Position des Stadtammanns aus.[74] Dies verweist auf die zweite bedeutsame Rolle der Dienstmannen, die sich auf die Stadtwerdungsprozesse entscheidend auswirkte: In allen Fallbeispielen bestanden die frühen urbanen Führungsgruppen zu einem großen Teil aus Ministerialen. Dies galt ebenso für die Stiftsministerialität in Lindau, Kempten und Wangen, wo die bedeutende Familie Wermeister über ministeriale Wurzeln verfügte, wie für alle anderen Städte, etwa Ravensburg, Biberach und Memmingen, wo viele Bürger eine entsprechende Herkunft hatten.[75] Dies war von hoher Bedeutung für das bald einsetzende Streben nach kommunaler Selbstverwaltung mit höherer Autonomie.

## Die Entstehung der Stadtgemeinden

Damit ist ein Thema angesprochen, das für die urbane Entwicklung an der Wende vom 12. zum 13. Jahrhundert charakteristisch ist. Denn der „Wandel der Stadt um 1200", so der Titel eines Tagungsbandes von 2013,[76] vollzog sich nicht nur in administrativer und wirtschaftlicher Hinsicht, sondern es kam auch zu neuen gesellschaftlichen Strukturen, indem sich die Gemeinden formierten. Die entstehenden oberschwäbischen Städte stan-

---

71 Siehe z. B. BRADLER, Heinrich der Löwe (Anm. 4), S. 6f.; DERS., Die Entstehung von Städten und die Ministerialität in Oberschwaben und im Allgäu, in: Stadt und Ministerialität. Protokoll der IX. Arbeitstagung des Arbeitskreises für südwestdeutsche Stadtgeschichtsforschung Freiburg i. Br. 13.–15. November 1970, hg. von Erich MASCHKE/Jürgen SYDOW (Veröffentlichungen der Kommission für geschichtliche Landeskunde in Baden-Württemberg B 76), Stuttgart 1973, S. 74–91, hier v. a. S. 87–89; Arno BORST, Staufische Herrschaft in Südwestdeutschland, vor allem am Bodensee, in: Landkreisnachrichten aus Baden-Württemberg 16/3 (1977), S. 80–84, hier S. 82. Zur Bedeutung der Reichsministerialität siehe auch Karl BOSL, Die Reichsministerialität der Salier und Staufer. Ein Beitrag zur Geschichte des hochmittelalterlichen deutschen Volkes, Staates und Reiches (MGH Schriften 10), 2 Bde., Stuttgart 1950/51.
72 MÜLLER, Die oberschwäbischen Reichsstädte (Anm. 7), S. 238; Dieter STIEVERMANN, Biberach im Mittelalter, in: Geschichte der Stadt Biberach (Anm. 21), S. 209–254, hier S. 212f.
73 MÜLLER, Die oberschwäbischen Reichsstädte (Anm. 7), S. 148; SCHNEIDER, Überlingen (Anm. 23), S. 37.
74 BRADLER, Die Entstehung (Anm. 71), S. 80; Joachim JAHN, Von der welfischen Marktsiedlung zur Reichsstadt Memmingen im Mittelalter bis zur Mitte des 14. Jahrhunderts, in: Die Geschichte der Stadt Memmingen (Anm. 16), S. 75–161, hier S. 112–116.
75 BRADLER, Die Entstehung (Anm. 71), S. 86f. (zur Familie Wermeister) und S. 91; HHSt 6 (Anm. 14), S. 855; Württembergisches Städtebuch (Anm. 36), S. 478.
76 Wandel der Stadt um 1200. Die bauliche und gesellschaftliche Transformation der Stadt im Hochmittelalter. Archäologisch-historischer Workshop. Esslingen am Neckar, 29. und 30. Juni 2011, hg. von Karsten IGEL/Michaela JANSEN/Ralph RÖBER u. a. (Materialhefte zur Archäologie in Baden-Württemberg 96), Stuttgart 2013.

den im frühen 13. Jahrhundert noch in starker Abhängigkeit von ihren königlichen Stadtherren und deren Stellvertretern bei nur geringen kommunalen Handlungsspielräumen. Die Biberacher beispielsweise konnten auf die Einsetzung ihres Ammanns keinerlei Einfluss nehmen.[77] In Kaufbeuren zog der Ammann in wichtigen Angelegenheiten immerhin alle Bürger hinzu (ohne dass sich dies bereits institutionalisiert hätte), wohingegen er in weniger wichtigen Dingen nur ein paar besonders angesehene Bürger befragte.[78] In Überlingen verfuhr der Ammann ganz nach seinem Gutdünken.[79] Die beratende Funktion, die hier punktuell aufblitzt und die noch um den Beisitz im Stadtgericht ergänzt werden kann, darf allerdings schon als Vorbote größerer kommunaler Autonomie gelten. Sie nahm, reichsweit und stadtextern betrachtet, durch den Thronstreit zwischen Philipp von Schwaben und Otto IV. mit seinen machtpolitischen Verwerfungen erstmals an Fahrt auf und resultierte innerstädtisch daraus, dass es in den werdenden Städten aufgrund des demographischen Wachstums (dem erst die Pest im 14. Jahrhundert Einhalt gebot) zu einer dichten Besiedlung kam, dass daraus Großbauprojekte mit erheblichem organisatorischem Aufwand entstanden und dass sich Handel und Gewerbe differenzierten.[80] Die Bürgergemeinde trat auf den Plan, was sich, zeitlich ein wenig versetzt, auch in Oberschwaben beobachten lässt. In Kaufbeuren zum Beispiel erscheinen die Bürger in einem Rechtsstreit Konrads IV. mit seinem Ministerialen Volkmar von Kemnat 1240 erstmals als selbstständig handelnde Partei, auf die es Rücksicht zu nehmen galt.[81] In Biberach wird in den späten 1250er-Jahren die *communitas civitatis* fassbar, die an der Seite ihres Verwalters das städtische Spital in ihren Schutz nahm.[82] In Memmingen war ein Schirmbrief Konradins von 1266 für das dortige Antoniterkloster gleichermaßen an den Ammann und an die Gesamtgemeinde gerichtet.[83] Und in einer Pfullendorfer Verkaufsurkunde von 1257 schließlich führt die Zeugenliste neben dem Ammann elf Bürger als Zeugen auf, was an eine frühe Form des Rats denken lässt.[84] Der Rat als Inbegriff kommunaler Selbstverwaltung, der im nordalpinen Reich ab ca. 1200

---

77 MÜLLER, Die oberschwäbischen Reichsstädte (Anm. 7), S. 238; STIEVERMANN, Biberach (Anm. 72), S. 211 und S. 213.
78 MÜLLER, Die oberschwäbischen Reichsstädte (Anm. 7), S. 129; LAUSSER, Die urbane Formung (Anm. 7), S. 33.
79 MÜLLER, Die oberschwäbischen Reichsstädte (Anm. 7), S. 149; Badisches Städtebuch, hg. von Erich KEYSER (Deutsches Städtebuch IV/2,1), Stuttgart 1959, S. 395.
80 Siehe dazu mit weiterführender Literatur Karsten IGEL, Gesellschaftlicher Wandel – städtischer Wandel? Zur Formierung urbaner Gesellschaften im 12. Jahrhundert, in: Wandel der Stadt um 1200 (Anm. 76), S. 31–46.
81 LAUSSER, Burgsiedlung (Anm. 7), Nr. 78, S. 159f.
82 WUB (Anm. 32), Bd. 5, Nr. 1504, S. 269–271, hier S. 270: *Itaque ut supradicta robur habeant firmitatis et penitus maneant inconvulsa, domini O. Ber. de Walpurc et de Warthusen dapiferi et communitas civitatis de Biberah presentem kartam sigillorum suorum munimine roborarunt, magistrum et nuncios dicti hospitalis sub suam specialem recipientes proteccionem, ipsos in omnibus negociis suis in districtibus eorum pro reverencia Iesu Christi volentes plenius expedire, ita quod exinde fructum senciant peroptatum.* Siehe auch MÜLLER, Die oberschwäbischen Reichsstädte (Anm. 7), S. 237f.; DIEMER, Biberach (Anm. 21), S. 663.
83 MÜLLER, Die oberschwäbischen Reichsstädte (Anm. 7), S. 108; JAHN, Von der welfischen Marktsiedlung (Anm. 74), S. 124f.
84 MÜLLER, Die oberschwäbischen Reichsstädte (Anm. 7), S. 205f.; Badisches Städtebuch (Anm. 79), S. 342.

belegt ist, ließ in Oberschwaben allerdings noch ein wenig auf sich warten. In Kempten und Ravensburg soll er schon in staufischer Zeit bestanden haben, ist wortwörtlich aber erst in den 1270er-Jahren belegt.[85] Am frühesten taucht er in Überlingen auf, wo schon 1241 die *consiliarii civitatis* Erwähnung finden und zehn Jahre später ein Gemeindesiegel folgt.[86] Die Schlusslichter dieser Entwicklung sind Biberach und Wangen, wo der Rat erst am Ende des 13. Jahrhunderts bzw. zu Beginn des 14. Jahrhunderts genannt wird.[87]

## Stadtgründung vs. Stadtwerdung – die Rolle der Staufer

Nachdem nun manches über die urbane Entwicklung Oberschwabens in staufischer Zeit geschrieben worden ist, soll auch die Rolle der Staufer bei all diesen Vorgängen kritisch beleuchtet werden. Die meisten der betrachteten Siedlungen dürften während der Stauferherrschaft zu Städten geworden sein und Heinz Stoob bezeichnet diese Phase von 1150 bis 1250 als die Phase der „Gründungsstadt älteren Typs",[88] wobei das Stichwort „Gründung" stets den herrschaftlichen Anteil der Stadtentstehung betont. Entsprechend hob die ältere Literatur diesen Aspekt über Gebühr hervor und schloss daran ein bis heute nachwirkendes Loblied auf die Staufer an, die die Stadt als reichs- und territorialpolitisches Instrument erkannt und eine geradezu planmäßige Städtepolitik betrieben hätten.[89] Schon Jürgen Sydow gab aber zu bedenken, dass auch Gründungsstädte wachsen und die Unterschiede zwischen gewachsenen und gegründeten Städten fließend seien.[90] Es stellt sich daher die Frage, wieviel Innovation und bewusstes Handeln tatsächlich von den Staufern ausging und wieviel aus der Kombination mehrerer Faktoren geschah, also eigendynamisch ohne gezieltes herrschaftliches Einwirken. Die neuere Forschung, die sich zunehmend von Begriffen wie „Städtepolitik" und „Stadtgründung"

---

85 Müller, Die oberschwäbischen Reichsstädte (Anm. 7), S. 51f. und S. 293f.; Fried, Anfänge (Anm. 43), S. 94; Eitel, Ravensburg (Anm. 14), S. 694.
86 Müller, Die oberschwäbischen Reichsstädte (Anm. 7), S. 150f.; Schneider, Überlingen (Anm. 23), S. 43.
87 Zu Biberach siehe WUB (Anm. 32), Bd. 10, Nr. 4563, S. 274. Siehe auch Müller, Die oberschwäbischen Reichsstädte (Anm. 7), S. 384; Diemer, Biberach (Anm. 21), S. 664; Eisele, Wangen (Anm. 20), S. 742.
88 Heinz Stoob, Kartographische Möglichkeiten zur Darstellung der Stadtentstehung in Mitteleuropa, besonders zwischen 1450 und 1800, in: Ders., Forschungen zum Städtewesen in Europa, Bd. 1: Räume, Formen und Schichten der mitteleuropäischen Städte. Eine Aufsatzfolge, Köln u. a. 1970, S. 15–42, hier S. 33.
89 Siehe dazu mit weiteren Literaturhinweisen Nina Kühnle, Wege zur Stadt – Südwestdeutsche Kleinstadtgründungen in der ersten Hälfte des 13. Jahrhunderts, in: Wandel der Stadt um 1200 (Anm. 76), S. 131–148, hier S. 139. Auch Otto Feger hält eine Stadt nur als herrschaftliche Gründung für möglich und hebt die Bedeutung der Staufer hervor: Feger, Zur Entstehung (Anm. 9), S. 8f. und S. 13. Auf S. 14 schreibt er: „Jedenfalls ist Oberschwaben im frühen 13. Jahrhundert erstmals mit einem System von Städten durchsetzt worden; man möchte sagen, planmäßig. Die Staufer haben als erste in dem völlig agrarischen Land, in dem es nur wenige Märkte gegeben hat, den Gedanken der städtischen Korporation, der städtischen Wirtschaft und der Stadtbürgerschaft als politischen Faktor eingeführt."
90 Jürgen Sydow, Städte im deutschen Südwesten. Ihre Geschichte von der Römerzeit bis zur Gegenwart, Stuttgart u. a. 1987, S. 76.

distanziert und stärker auf die Bürger als zu beachtende Interessensgruppe abhebt, sieht die staufische Städteförderung stark in die königliche Territorialpolitik eingebettet. Hier stellten die Städte mit ihren Funktionen als befestigte Orte, Verwaltungszentren und finanzielle Einnahmequellen ein praktisches Mittel zum Zweck dar.[91] Verengt man den Blick wieder auf Oberschwaben, dann ist vorsichtig auf die Einführung moderner Verwaltungsformen durch die Staufer zu verweisen, die – wie zu sehen war – in den präurbanen Siedlungen wiederum manche Entwicklungen anstießen. Ob insbesondere die kommunalen Entwicklungen im Sinne Friedrichs I. sein konnten, der schlechte Erfahrungen mit den selbstbewusst auftretenden oberitalienischen Städten gemacht hatte, ist zu bezweifeln.[92] Insgesamt geriet das Königtum aber zeitlich und institutionell bedingt zu einem Vorreiter des urbanen Trends,[93] was sich durch die Personalunion der schwäbischen Herzogsdynastie und der Königswürde besonders in Süddeutschland niederschlagen sollte. Darüber hinaus gibt es die folgenden drei Punkte zu bedenken. Erstens: Die Entwicklung der Siedlungen mag in einigen Fällen schon in vorstaufischer Zeit vorbereitet worden sein; man denke nur an die Aktivitäten Welfs VI., der Ravensburg und Memmingen erheblich förderte, oder an die zum Teil schon vor der staufischen Ortsherrschaft bestehenden Märkte. Zweitens: Im Vergleich zeigt sich vielmals, dass ältere Städte gegenüber jüngeren Städten einen (wenigstens im Mittelalter) häufig nicht mehr einzuholenden Entwicklungsvorsprung genossen, weil sie zum Beispiel über weitaus bessere Verkehrslagen verfügten.[94] Dies kann in der Retrospektive suggerieren, dass die „Gründer" dieser Städte besonders klug vorgegangen seien. Und drittens: Die Quellen für die staufische Periode etwa in Oberschwaben fließen so spärlich, dass, wenn überhaupt, vorwiegend herrschaftliche Aktivitäten auf uns gekommen sind, während andere Vorgänge der Stadtwerdung nicht bewusst wahrgenommen und schon gar nicht schriftlich überliefert wurden. Eine generalisierende oder gar die Staufer als besondere Städteförderer akzentuierende Betrachtungsweise ist in dieser Hinsicht also kaum möglich.

---

91 Zur territorialpolitischen Bedeutung der staufischen Städteförderung siehe z.B. Fred Schwind, Friedrich Barbarossa und die Städte im Regnum Teutonicum, in: Friedrich Barbarossa. Handlungsspielräume und Wirkungsweisen des staufischen Kaisers, hg. von Alfred Haverkamp (VuF 40), Sigmaringen 1992, S. 469–499; Ferdinand Opll, Stadt und Reich im 12. Jahrhundert (1125–1190) (Forschungen zur Kaiser- und Papstgeschichte des Mittelalters 6), Wien u. a. 1986; Bernhard Diestelkamp, König und Städte in salischer und staufischer Zeit. Regnum Teutonicum, in: Stadt und Herrschaft. Römische Kaiserzeit und Hohes Mittelalter, hg. von Friedrich Vittinghoff (HZ Beiheft 7), München 1982, S. 247–297; Heinrich Koller, Zur Stadtpolitik der Staufer in Süddeutschland, in: Die Alte Stadt 5 (1978), S. 317–349. Stellvertretend für die neuere Stadtgeschichtsforschung im Allgemeinen sei genannt (mit weiterführenden Literaturhinweisen): Oliver Auge/Gerhard Fouquet/Christian Hagen u. a., Städtische Gemeinschaft und adlige Herrschaft in der mittelalterlichen Urbanisierung ausgewählter Regionen Zentraleuropas. Ein Kieler Forschungsprojekt, in: JbRG 34 (2016), S. 15–49.
92 Schwind, Friedrich Barbarossa (Anm. 91), S. 470 und S. 499; Heinz Stoob, Formen und Wandel staufischen Verhaltens zum Städtewesen, in: Ders., Forschungen (Anm. 88), S. 51–72, hier z. B. S. 53 und S. 58.
93 Sydow, Städte (Anm. 90), S. 77–94; Wolfgang Eggert, Städtenetz und Stadtherrenpolitik. Ihre Herausbildung im Bereich des späteren Württemberg während des 13. Jahrhunderts, in: Stadt und Städtebürgertum in der deutschen Geschichte des 13. Jahrhunderts, hg. von Bernhard Töpfer (Forschungen zur mittelalterlichen Geschichte 24), Berlin 1976, S. 108–228, hier z. B. S. 110 und S. 133.
94 Siehe z. B. Kühnle, Wege zur Stadt (Anm. 89), S. 136, S. 138 und S. 140.

## Das Ende der staufischen Herrschaft in Oberschwaben

Die Überlieferungsproblematik macht sich auch bemerkbar, wenn wir den Blick abschließend auf die Fallbeispiele am Ende der staufischen Herrschaft richten. Denn auch für den Zeitraum von der Ächtung Friedrichs II. bis zum Tod Konradins gibt es nur wenige Nachrichten. Überlingen blieb den Staufern weiterhin treu ergeben und ließ sich von den gegnerischen Kräften nicht erobern – entgegen den Plänen des Gegenkönigs Wilhelm von Holland, der beabsichtigt hatte, die Stadt am Bodensee an Bischof Eberhard von Konstanz zu verpfänden.[95] Unter Konradin, dem letzten schwäbischen Herzog, bildete das südöstliche Schwaben eine wichtige Grundlage seiner Herrschaft, was sich in seinem Itinerar wie auch an einigen der Fallbeispiele zeigt: Memmingen blieb ebenso in seiner Verfügungsgewalt wie Kaufbeuren, das er 1266 von seiner Mutter Elisabeth von Bayern, die es als Wittum innehatte, zurücktauschen konnte.[96] Hier stellte er noch 1264 eine Urkunde aus, übrigens für das Kloster Steingaden, wo mehr als 70 Jahre zuvor Welf VI. beigesetzt worden war.[97] Pfullendorf stand während des Interregnums unter dem Schutz des schon erwähnten Bischofs Eberhard von Konstanz aus dem Geschlecht der Truchsessen von Waldburg, den Konradin als Stellvertreter in Schwaben eingesetzt hatte und der vielleicht ein Auge auf die Linzgau-Stadt geworfen haben mag.[98]

Nach dem Tod Konradins und spätestens mit dem Regierungsantritt Rudolfs von Habsburg wurden die hier betrachteten Untersuchungsobjekte allesamt zu Reichsstädten, was den schon oben skizzierten urbanen Emanzipationsprozess beschleunigte und was sich auch in den Privilegien niederschlug, die der habsburgische König den neuen Reichsgliedern zuteilwerden ließ.[99] Zwar versuchten die Brüder der Elisabeth von Bayern, also die Onkel Konradins, Kaufbeuren als ehemaliges Wittum ihrer Schwester für sich zu beanspruchen, doch sie scheiterten damit.[100] Und wie erging es den Klostervogteien von Kempten, Lindau und Wangen? Die Kemptener Vogtei zog Rudolf von Habsburg nicht an sich, sondern bestätigte den Vertrag Friedrichs II. von 1218; er verzichtete also

---

95  Die Urkunden Heinrich Raspes und Wilhelms von Holland 1246–1252, bearb. von Dieter Hägermann/Jaap G. Kruisheer (MGH Diplomata 18/1), Hannover 1989, Nr. 149, S. 195f. Siehe auch Müller, Die oberschwäbischen Reichsstädte (Anm. 7), S. 156; Schneider, Überlingen (Anm. 23), S. 42.
96  Müller, Die oberschwäbischen Reichsstädte (Anm. 7), S. 108 und S. 126; Lausser, Die urbane Formung (Anm. 7), S. 28; Jahn, Von der welfischen Marktsiedlung (Anm. 74), S. 124f.
97  Müller, Die oberschwäbischen Reichsstädte (Anm. 7), S. 130; Lausser, Die urbane Formung (Anm. 7), S. 28.
98  Müller, Die oberschwäbischen Reichsstädte (Anm. 7), S. 207.
99  Siehe z. B. Die Regesten des Kaiserreichs unter Rudolf, Adolf, Albrecht, Heinrich VII. 1273–1313, hg. von Oswald Redlich (Reg. Imp. VI/1), Innsbruck 1898 (künftig Reg. Imp. VI/1), Nr. 337, S. 96, und Nr. 394f., S. 112. Siehe auch Eitel, Oberschwaben (Anm. 27), S. 156; Müller, Die oberschwäbischen Reichsstädte (Anm. 7), S. 11–29. Allgemein zu den Privilegierungen Rudolfs von Habsburg siehe Christine Edith Janotta, Reich und Stadt im 13. Jahrhundert. Die Reichsstadtpolitik der Staufer und Rudolfs von Habsburg vornehmlich am Beispiel der süddeutschen Reichsstädte, Habil. Salzburg 1985, S. 297–371.
100  Müller, Die oberschwäbischen Reichsstädte (Anm. 7), S. 130; Lausser, Die urbane Formung (Anm. 7), S. 28.

weiterhin auf die Vogtei und erhielt im Gegenzug regelmäßig einen Geldbetrag.[101] Die Wangener Vogtei verpfändete der Ministeriale Rudolf von Tanne 1267 für 200 Mark Silber an das Kloster St. Gallen selbst. Auch hier pochte Rudolf von Habsburg aber auf die Einhaltung des Vertrags von 1217, nach dem die Vogtei nie hätte verpfändet werden dürfen.[102] Lindau stand noch 1272 unter der Herrschaft der Äbtissin, wurde aber nur drei Jahre später (ebenso wie Kempten und Wangen) den Reichsstädten gleichgestellt.[103]

## Schlusswort

Für Friedrich I. gewann Oberschwaben zunehmend an Bedeutung. Die Region war bedeutsam für seine Italienpolitik, weil sie den Zugang zu den wichtigen Alpenpässen sicherte. Außerdem trugen die Gebietsgewinne, die sogleich herrschaftlich durchdrungen wurden, zur Festigung der staufischen Herrschaft bei. Die hier bestehenden Marktorte will Arno Borst als „Schaltstelle zwischen Reichsgewalt und Regionalverwaltung" verstanden wissen, ganz Oberschwaben als „Herzstück staufischer Herrschaft in Deutschland".[104] Auch wenn man diesen Einschätzungen nicht vorbehaltlos zustimmen will, kann man doch sagen, dass die Staufer für die Einführung moderner Verwaltungsformen sorgten, dass die noch präurbanen Siedlungen unter ihrer Herrschaft zu Städten avancierten und dass sich aufgrund der mangelnden Trennung von Haus- und Reichsgut eine direkte Verbindung zu den späteren Reichsstädten mit ihrer vielfältigen spätmittelalterlichen Geschichte ziehen lässt.[105] Nichtsdestoweniger darf die Bedeutung der oberschwäbischen Städte für die Staufer nicht überschätzt werden, denn es gab auch noch andere Elemente ihrer Herrschaft, wie zum Beispiel die dortigen Klöster.[106] Und nicht zuletzt darf nicht vergessen werden, dass mit Blick auf die staufische Herrschaft im Welfenland so manche wichtige Grundlage noch auf die Welfen selbst zurückgegangen sein dürfte.

---

101  Reg. Imp. VI/1 (Anm. 99), Nr. 373, S. 106. Siehe auch MÜLLER, Die oberschwäbischen Reichsstädte (Anm. 7), S. 292; BLICKLE, Klosterherrschaft (Anm. 54), S. 81f.
102  Reg. Imp. VI/1 (Anm. 99), Nr. 1398, S. 334. Siehe auch MÜLLER, Die oberschwäbischen Reichsstädte (Anm. 7), S. 384f.; EISELE, Wangen (Anm. 20), S. 742; HHSt 6 (Anm. 14), S. 855.
103  MÜLLER, Die oberschwäbischen Reichsstädte (Anm. 7), S. 353 und S. 355.
104  BORST, Staufische Herrschaft (Anm. 71), S. 82f.
105  Siehe dazu den Beitrag von Rolf KIESSLING in diesem Band.
106  Siehe dazu die Beiträge von Hans Ulrich RUDOLF und Johannes WALDSCHÜTZ in diesem Band.

# Ökonomiewechsel und Stärkung des kommunalen Elements

## Burg und Stadt Ravensburg im Spätmittelalter

Andreas Schmauder

### Zur Vorgeschichte: das welfisch-staufische Ravensburg

Mit der Klostergründung Weingarten, der Errichtung der Veitsburg, der Markt- und Stadtgründung Ravensburg sowie der Stiftung des Klosters Weißenau (1145) haben die Welfen und ihre Ministerialen dem Schussental im hohen Mittelalter seine Prägung verliehen.

Einen wesentlichen Schritt zur Machtfestigung im Süden bedeutete der Bau einer Burg, die erstmals 1088 erwähnt wird. Als Burgsitz wählten die Welfen den Veitsberg, der seinen Namen nach einer später in die Burg einbezogenen St. Veitskapelle erhielt. Dort ist für das 10. Jahrhundert archäologisch bereits eine welfische Fluchtburg nachgewiesen. Als der maßgebliche Bauherr der Burg gilt Welf IV. († 1101). Die Belehnung Welfs IV. mit der Würde eines Herzogs von Bayern 1070 hat den Ausbau der Burg wohl wesentlich beeinflusst und die Verlagerung des welfischen Herrschaftssitzes von Altdorf auf die Ravensburg bedingt. Diese Vorgänge waren Anfang des 12. Jahrhunderts offensichtlich soweit gediehen, dass sich die Welfen 1122 bereits als *duces de Ravenespurc*[1] bezeichnen konnten. Der Name Ravensburg erscheint hier urkundlich zum ersten Mal. Dem welfischen Herzog Heinrich dem Schwarzen, der 1126 auf der Ravensburg verstarb, scheint die Burg als Hauptresidenz gedient zu haben.[2]

---

1 Staatsarchiv Schaffhausen U 61.
2 Zur welfisch-staufischen Zeit von Burg und Stadt Ravensburg vgl. im Folgenden: Peter Eitel/Dorothee Ade-Rademacher, Ravensburg, in: Stadtluft, Hirsebrei und Bettelmönch, hg. von Nikolaus Flüeler, Stuttgart 1992, S. 145–150; Andreas Schmauder, Markt im hohen Mittelalter, in: Zeit der Händler – 850 Jahre Markt in Ravensburg, hg. von Andreas Schmauder, Konstanz 2002, S. 9–36; Alfons Dreher, Geschichte der Reichsstadt Ravensburg, Bd. 1, Weißenhorn 1972, S. 48–104; Andreas Schmauder, Ravensburg: ehemalige Welfenburg, in: Stätten der Herrschaft und Macht, hg. von Hans Ulrich Rudolf, Ostfildern 2013, S. 329–334; Wolfgang Deiseroth, Ravensburg, Ortskernatlas Baden-Württemberg, hg.

Die Welfen dürften noch im 11. Jahrhundert unterhalb der Burg mit der Anlage eines Suburbiums begonnen haben, das am Schnittpunkt zweier alter Fernstraßen (Donau – Bodensee und Allgäu – Bodensee) sowie an einer Schussenfurt lag. Die zunächst wohl vornehmlich eigenen Dienstmannen vorbehaltene Ansiedlung entwickelte sich beiderseits des Burgweges, der heutigen Marktstraße. An seiner höchsten Stelle entstand die 1109 erstmals erwähnte Michaelskapelle.

Wohl bereits damals erhielt die Ansiedlung einen Markt, der 1152 erstmals erwähnt wird. Den Marktbezirk bildete die Marktstraße, in der heute noch Hinweise auf älteste Baustrukturen zu finden sind. Bei einer archäologischen Grabung wurde im Innenhof des heutigen Humpis-Quartiers ein Steinhaus aus dem 11. Jahrhundert entdeckt, das einem Lederhandwerker als Werkstatt und Wohnhaus diente. Es gehört zu den ältesten erhaltenen mittelalterlichen Steinhäusern im städtischen Umfeld in Baden-Württemberg. Das heutige Gebäude Marktstraße 59, dessen Rückseite zum Gänsbühl ein romanisches Zwillingsfenster aufweist, wird im vorderen Bereich bis heute von Eichenbalken getragen, die aus dem Jahr 1179/80 datieren. In weiteren Gebäuden der Marktstraße sind Reste von Steinhäusern nachgewiesen, die auf das 12. Jahrhundert zurückgehen. Mit der Verleihung des Marktrechts, spätestens aber mit dem Ausbau der Burg im 12. Jahrhundert, dürfte die Siedlung ihre erste Umwehrung erhalten haben, die wohl den Südteil der heutigen Oberstadt umfasste. Zu den beiden frühen Kapellen kam um die Mitte des 12. Jahrhunderts als Stiftung der Welfen noch die Kirche St. Christina südlich des Veitsbergs dazu.[3]

Mit dem durch den Tod Welfs VII. 1167 schon nahenden und 1191 endgültigen Ende der Welfenherrschaft im Süden übernahmen die Staufer den gesamten welfischen Besitz in Schwaben. Von dem Machtwechsel profitierten die Veitsburg und Ravensburg: Die Burg wurde zum Hauptsitz der königlichen Reichs- und staufischen Hausgutverwaltung in Schwaben ausgebaut. Zu dieser Zeit erstreckte sich die Burganlage mit Bergfried, Palas, Burgkapelle und Umfassungsmauer wohl über das gesamte 225 Meter lange und 80 Meter breite Gipfelareal und gehörte damit zu den größten hochmittelalterlichen Burganlagen Südwestdeutschlands. Auch wurde Ravensburg königliche Münzstätte. Die hier im 12. und 13. Jahrhundert geprägten Geldstücke zeigen bereits das Bild einer Torburg, wie es dann später ganz ähnlich im Stadtwappen begegnet.[4]

Die Errichtung der staufischen Zentralverwaltung auf der Ravensburg hatte ein starkes Anwachsen der Bevölkerung zur Folge und leitete einen Prozess der städtischen Emanzipation ein: Um 1220 wird das Gemeinwesen erstmals als *universitas burgensium* bezeichnet, Mitte des 13. Jahrhunderts taucht der Begriff *civitas* (Bürgerschaft) auch als Beleg städtischer Selbstverwaltung in den Quellen auf. Das früheste Stadtsiegel datiert aus der Zeit um 1266/67. An der Spitze des Gemeinwesens stand ein königlicher Ammann, der den benachbarten Burgus Altdorf mitverwaltete. Auch im Reichssteuerverzeichnis von 1241 bildeten Altdorf und Ravensburg einen Steuerbezirk.[5]

---

vom Landesdenkmalamt Baden-Württemberg, Stuttgart 1988, S. 9–11; Beate SCHMID, Bauarchäologie im Ravensburger Humpisquartier, Stuttgart 2009.
3 SCHMAUDER, Ravensburg (Anm. 2).
4 SCHMAUDER, Ravensburg (Anm. 2).
5 EITEL/ADE-RADEMACHER, Ravensburg (Anm. 2).

Mit der Anlage der heutigen Herrenstraße fand eine erste große Stadterweiterung statt. Das neu gewonnene Areal wurde in die Umwehrung einbezogen und durch vier Tore gesichert: das Obertor im Osten, das niedere Tor im Westen, das Kästlinstor im Süden und das Frauentor im Norden. Wichtigste Baumaßnahme im Zuge dieser Stadterweiterung war die Errichtung einer neuen und größeren Kirche: Zunächst als Filiale der Pfarrkirche von Altdorf entstand dort eine *nova capella Sanctae Mariae*, die 1274 als *ecclesia*, als Pfarrkirche, ausgewiesen wurde. Das städtische Gebilde erstreckte sich nun auf die Größe der heutigen Oberstadt.

Von dem Machtwechsel hin zu den Staufern profitierte auch Weißenau: Diesem vermachte Philipp von Schwaben nicht nur die Kirche St. Christina, sondern auch die zum alten fränkischen Fronhof gehörigen umfangreichen Güter westlich und südlich Ravensburgs, die für die weitere Stadtentwicklung wesentlich werden sollten.[6]

## Reichsfreiheit: Neue kommunale Qualität

Nach dem Ende der Stauferzeit setzte sich der schon eingeleitete Prozess der städtischen Verselbstständigung mit dem Ausbau der kommunalen Selbstverwaltung mit großer Dynamik fort, dies nun allerdings in Konkurrenz zur Veitsburg, die auch von den Nachfolgern der Staufer als Machtbasis ihrer Territorialpolitik genutzt wurde.

König Rudolf von Habsburg erhob die Burg 1274 zum Hauptsitz der oberen Reichslandvogtei Schwaben. Die Kaiser und Könige wählten sich Stellvertreter, die in der Funktion von Landvögten auf der Veitsburg amtierten und die Verwaltung der Reichsgüter in Oberschwaben wahrnahmen. Seit 1336 übten die Truchsessen von Waldburg mit Unterbrechungen immer wieder dieses Amt aus oder übertrugen es Stellvertretern. Als Amtsträger des Königs beanspruchten die Landvögte eine Art Oberaufsicht über die Stadt, ein Umstand, der zu häufigen Reibereien zwischen der aufstrebenden Reichsstadt und der Landvogtei führte, zumal die Landvogtei zunehmend zu einem Instrument habsburgischer Territorialpolitik wurde. Noch in der ersten Hälfte des 14. Jahrhunderts scheint die Ravensburg so repräsentativ ausgestaltet gewesen zu sein, dass der Habsburger König Friedrich der Schöne und seine Gemahlin Isabella von Aragón 1315 Hochzeitsfeierlichkeiten auf der Ravensburg abhielten. Auch in den Auseinandersetzungen der folgenden Jahre zwischen den Gegenkönigen Friedrich dem Habsburger und Ludwig dem Bayern hatte die oberschwäbische Burg offensichtlich eine strategische Position. Nach dem Tod Friedrichs beispielsweise griff der Bayer Ludwig nach der Ravensburg, zog die Landvogtei ein und übertrug sie später seinem Sohn Stephan, der zeitweise auf der Burg amtierte. Spätestens 1346 mit dem Übergang des Königtums an Karl IV. aus dem Hause Luxemburg verlor die Burg an Bedeutung und wurde wohl allmählich auf die Nordspitze reduziert. Auf der ältesten erhaltenen Ansicht – die zugegebenermaßen sehr schemenhaft ist – in der Bauernkriegschronik des Weißenauer Abts Jacob Murer von 1525 sind ein

---

6 EITEL/ADE-RADEMACHER, Ravensburg (Anm. 2).

überhöht dargestellter Palas, ein freistehender Bergfried und außerhalb der eigentlichen Burganlage die Veitskapelle zu sehen.[7]

Zwei Jahre, nachdem die Ravensburg Hauptsitz der Landvogtei Schwaben geworden war, nämlich 1276, sicherte sich Ravensburg das Privileg einer Reichsstadt, wobei nur ein schon länger mit dem Zerfall der staufischen Herrschaft bestehender Status bestätigt wurde. 1286 übertrug ihr Rudolf von Habsburg auch die Rechte von Überlingen; dies bedeutete direkte Unterstellung unter König und Reich, Freiheit von fremden Gerichten, Rechtsgleichheit aller Stadtbewohner, Ausdehnung des Marktfriedens, Festlegung des Markttages auf Samstag und Versprechen des Königs, die Stadt niemals zu verpfänden. Zehn Jahre später verlieh ihr Adolf von Nassau die noch umfangreicheren Stadtrechte von Ulm. Die neuen Privilegien festigten das patrizisch-bürgerliche Gemeinwesen, gaben seiner Wirtschaft erheblichen Aufschwung und führten zu weiterem Ausbau in den folgenden Jahrzehnten.[8]

Einflussreichste Person in der jungen Reichsstadt war zunächst der königliche Ammann, der Rat und Gericht vorstand. Zu den privilegierten Schichten zählten die Patrizier, darunter adelige Kaufleute, die sich wiederum gegenüber nichtadeligen Kaufleuten abgrenzten. Beide Gruppen schlossen sich später zur Wahrnehmung ihrer Rechte und zur Demonstration ihres Führungsanspruches in sogenannten Gesellschaften zusammen: die Patrizier seit um 1380 in der „Gesellschaft zum Esel", die nichtadeligen Kaufleute in der „Ballengesellschaft". Das rasche Anwachsen der Handwerkerschaft hatte in der ersten Hälfte des 14. Jahrhunderts die Gründung von acht Zünften zur Folge, unter denen die Schneider den größten politischen Einfluss gewannen, die Weber zu den ärmsten und politisch am wenigsten einflussvollen gehörten. Seit 1340 besaßen die Zünfte Mitspracherecht im Rat der Stadt und bei der Einsetzung des Bürgermeisters. Als um 1330 das neue Amt des Bürgermeisters eingeführt wurde, verdrängte dieser wenig später den königlichen Ammann von der Spitze des Rats. Spätestens mit der Einführung einer Zunftverfassung 1348 gingen die politische Führung sowie die Zuständigkeit für die Legislative und Exekutive innerhalb des städtischen Territoriums ganz auf den 21-köpfigen Rat der Stadt über, dem nun der Bürgermeister als Stadtoberhaupt vorstand. Außerdem gehörten dem Gremium der Ammann, elf gewählte Räte (überwiegend Patrizier) und acht Zunftmeister an. Die Zuständigkeit für die Hoch- und Blutgerichtsbarkeit lag beim zwölfköpfigen Stadtgericht, dessen Vorsitz der Ammann führte. Die drei führenden Familien an der Spitze der Stadt, welche die frühen Ammänner und Bürgermeister stellten, waren die Holbein, Humpis und Wolfegger; die aus Altdorf stammenden Humpis gehörten schon zu staufischer Zeit zu den hervorgehobensten Familien in der Stadt, werden in Zeugenreihen nach dem Ammann genannt, die Holbein waren kleine und die Wolfegger bedeutende staufische Ministeriale.[9]

---

7 SCHMAUDER, Ravensburg (Anm. 2).
8 EITEL/ADE-RADEMACHER: Ravensburg (Anm. 2).
9 EITEL/ADE-RADEMACHER: Ravensburg (Anm. 2); Alfons DREHER, Das Patriziat der Reichsstadt Ravensburg. Von den Anfängen bis zum Beginn des 19. Jahrhunderts, Stuttgart 1966, S. 81f., 84–87, 159; Peter EITEL, Die oberschwäbischen Reichsstädte im Zeitalter der Zunftherrschaft, Stuttgart 1971.

Ende des 13. Jahrhunderts setzte offensichtlich ein starker Zuzug nach Ravensburg ein, vornehmlich von Bewohnern des früheren Welfensitzes Altdorf. Diesen Zuwanderern überließ das Kloster Weißenau seinen Geländebesitz an der Westseite der Stadt, auch wurde der Bereich des Oberlaufs des Flattbachs besiedelt, wo die Vorstadt Ölschwang entstand, die mit St. Leonhard eine eigene Kapelle erhielt. Dort entstanden ab 1393 die ersten der um 1500 wohl fünf Ravensburger Papiermühlen, die in der Produktion von Ravensburger Kanzleipapier einschlägig wurden. Ab 1330 wurde begonnen, die neu entstandene Unterstadt an die Oberstadt anzuschließen, was mit der Entschädigung des Klosters Weißenau 1357 einen vorläufigen Abschluss fand. Nachdem die Unterstadt gesichert war, wurde die alte westliche Staufermauer mit ihren Toren abgetragen und der Graben zugeschüttet, was den großen Platz zwischen Oberstadt und Unterstadt, den heutigen Marienplatz, entstehen ließ. Die aus staufischer Zeit stammenden Stadttore Obertor und Frauentor blieben erhalten, mit dem Untertor und dem Kästlinstor wurden zwei neue Stadttore errichtet, damit war die zweite Stadterweiterung abgeschlossen. Als Ausdruck städtischen Selbstbewusstseins wurde 1386 am neuen Platz ein stattliches Rathaus und 1425 bis 1429 an der höchsten Stelle der Stadt der 51 Meter hohe Mehlsack als Fingerzeig reichstädtischer Freiheit gegenüber dem Landvogt errichtet.[10]

Mit der wirtschaftlichen und gesellschaftlichen Festigung der bürgerlichen Stadtherrschaft ging auch die städtebauliche Ausprägung Hand in Hand: Während die Oberstadt und ein Teil der Bachstraße den wohlhabenden Kaufmannsschichten für ihre Residenzen, Kontore und Gesellschaftshäuser vorbehalten blieben, siedelten sich in der Unterstadt vornehmlich Handwerker an, im nördlichen Teil, im Bereich der heutigen Judengasse, seit 1330 auch Juden, die 1429/30 aufgrund eines Ritualmordvorwurfes vertrieben oder ermordet wurden.

Für eine langfristige kirchliche Prägung der Stadt waren die Errichtung der heutigen Pfarrkirche Liebfrauen im 14. Jahrhundert, die Errichtung der Pfarrkirche St. Jodok in der Unterstadt 1380 bis 1385, die Errichtung eines Karmeliterklosters ab 1344 und die Stiftung eines Franziskanerinnenklosters Ende des 14. Jahrhunderts entscheidend.

Vom Stiftungsboom in der Stadt profitierten nicht nur die Pfarrkirchen und die Bettelorden, sondern am meisten die Spitäler. Aufgrund bürgerlicher Stiftungen entstand vor 1279 das spätere Leprosenspital Heilig-Kreuz, vor 1297 das Heilig-Geist-Spital als Armenspital, 1408 das Seelhaus als Pilgerherberge und in der ersten Hälfte des 15. Jahrhunderts das Bruderhaus zur Verpflegung und Betreuung von ursprünglich zwölf armen Bürgern. Es ist davon auszugehen, dass die Stiftungsgüter und der gesamte weltliche Bereich der Ravensburger Spitäler von Anfang an der städtischen Aufsicht und Kontrolle unterstellt waren, und es sich damit – wie zeitgleich in vielen anderen oberschwäbischen Reichsstädten – bereits bei der Gründung um kommunalisierte Spitäler gehandelt hat. In der Urkunde der Erstnennung des Heilig-Geist-Spitals treten Bürgermeister und Rat an erster Stelle als verantwortlich handelnde Fürsprecher auf.[11]

---

10 EITEL/ADE-RADEMACHER, Ravensburg (Anm. 2); DEISEROTH, Ravensburg (Anm. 2).
11 Andreas SCHMAUDER, Die Gründung des Spitals, in: Macht der Barmherzigkeit – Lebenswelt Spital, hg. von DEMS., Konstanz 2000, S. 15–35, hier S. 18–25.

ANDREAS SCHMAUDER

# Wirtschaft: europaweiter Fernhandel und Erwerb von Grundherrschaften

Bereits im 13. Jahrhundert begegnen Ravensburger Kaufleute im Leinwandhandel mit Genua, 1394 war der Ravensburger Kaufmann Henggi Humpis in Barcelona aktiv und 1400 exportierte Onofrius Muntprat aus Konstanz rote Korallen aus Barcelona. Doch vor allem im 15. Jahrhundert entwickelte sich Ravensburg zu einer bedeutenden Fernhandelsstadt im Bodenseeraum.

Seit spätestens 1406 haben sich die drei genannten einflussreichen Fernhandelsfamilien Humpis und Mötteli aus Ravensburg und Muntprat aus Konstanz zu einer Handelsgesellschaft zusammengeschlossen, um in großem Stil in den Katalonien-Handel insbesondere mit Barcelona einzusteigen.[12] Die Hauptpersonen der ersten Stunde waren alle erfolgreiche Fernhandelskaufleute:

– Henggi Humpis (ca. 1346–1429) und sein Neffe Jos Humpis (ca. 1379–1454) waren beide erfahrende Barcelona-Kaufleute, mehrfache Bürgermeister und Stadtammänner der Reichsstadt Ravensburg, deren Familie seit Generationen dem Patriziat der Reichsstadt angehörte.[13]
– Lütfried Muntprat († 1447), dessen aus der Lombardei stammende Familie Erfahrung im Barcelona- und im Venedig-Handel aufwies, gehörte dem Patriziat in Konstanz an und bekleidete mehrfach Rats- und Bürgermeisterämter.[14]
– Rudolf Mötteli († 1426) war Bürger von Ravensburg, ohne nachweisbare Patriziatszugehörigkeit und ohne städtische Ämterlaufbahn.[15]

Alle drei Familien waren aufs Engste verwandt und verschwägert. Mit dem Zusammenschluss zu einer Handelsgesellschaft gehörten deren Gründer zu den Pionieren des oberdeutschen Katalonien-Handels. Auf dieser Grundlage gelang es den nachfolgenden beiden Generationen eine Handelsgesellschaft aufzubauen, die auf den wichtigsten europäischen und mediterranen Märkten präsent war. Sie wird in den Quellen als *magna societas* der Humpis bezeichnet und ist in die Literatur als Große Ravensburger Handelsgesellschaft oder Humpisgesellschaft eingegangen. Die Handelsgesellschaft unter der Leitung der Familie Humpis mit Sitz in Ravensburg verfügte über ein Netz von zeitweise 13 Niederlassungen und mehreren Agenturen in West-, Süd- und Mitteleuropa. Zu den wichtigsten Geliegern (Zweigniederlassungen) gehörten neben Barcelona noch Valencia, Genua, Mailand, Brügge, Genf und Nürnberg.

---

12 Meike KNITTEL, Barcelona – llotja, drassanes i Santa Maria del Mar (Die Humpis in Europa 2), Ravensburg 2015, S. 28 f.
13 KNITTEL, Barcelona (Anm. 12), S. 15; Alfons DREHER, Geschichte der Reichsstadt Ravensburg und ihrer Landschaft, Bd. 2, Weißenhorn 1972, S. 639 f., 644; DREHER, Patriziat Ravensburg (Anm. 9), S. 84–87, 200–207; Helmut MAURER, Konstanz im Mittelalter. Von den Anfängen bis zum Konzil (Geschichte der Stadt Konstanz, Bd. 1), Konstanz ²1996, S. 258–260.
14 DREHER, Patriziat Ravensburg (Anm. 9), S. 261 f.; Aloys SCHULTE, Geschichte der Grossen Ravensburger Handelsgesellschaft (Deutsche Handelsakten des Mittelalters und der Neuzeit, Bd. 1), Stuttgart 1923, S. 190–193. Künftig SCHULTE, GRHG, Bd. 1; KNITTEL, Barcelona (Anm. 12), S. 15.
15 SCHULTE, GRHG, Bd. 1 (Anm. 14), S. 187; DREHER, Patriziat Ravensburg (Anm. 9), S. 211.

Insbesondere in Barcelona und Genua nahmen die Ravensburger unter den oberdeutschen Kaufleuten eine nahezu monopolartige Stellung ein. Haupthandelsprodukt war anfänglich die oberschwäbische Leinwand aus Flachsgarn und auch Barchent, ein Mischgewebe aus Leinwand und Baumwolle. Die Handelsgesellschaft kontrollierte einen Großteil des Leinwandexports aus einem der größten Textilreviere im Süden des Alten Reichs, der Region Bodensee/Oberschwaben.

Von Genua aus engagierte sich die Handelsgesellschaft seit den 1420er-Jahren in großem Stil auch im Handel mit spanischer Merino-Wolle. In Tortosa, Peñíscola und Valencia ließ sie regelmäßig erhebliche Mengen Wolle verladen und nach Savona in Ligurien verschiffen, von wo aus die piemontesischen und lombardischen Wolltuchverleger beliefert wurden. Mehr als ein Drittel der nachweislich in diesem Zeitraum nach Ligurien importierten spanischen Wolle fuhr unter dem Zeichen der Humpisgesellschaft. Die Gesellschaft mischte sich erfolgreich in die Versorgung der oberitalienischen und auch der dalmatinischen Tuchindustrie mit spanischer Wolle ein. Sie machte Genua bald zu einem zentralen Ort ihres ganz Mittel- und Westeuropa umspannenden Filialnetzes und kontrollierte lange Zeit einen großen Teil des Güterverkehrs zwischen Katalonien, Ligurien, der Lombardei und Oberdeutschland.[16]

In Barcelona gelang es der Gesellschaft in den 1440er-Jahren zu den bedeutendsten Exporteuren von Safran und roter Koralle zu avancieren. An erster Stelle stand Safran. 7712 Pfund hat die Gesellschaft 1443 exportiert. Das macht 47 Prozent am gesamten Safranexport aus. Damit war die *Companyia de Jous Ompis* Marktführer beim Export von Safran. An zweiter Stelle bei den Exportwaren stand mit einer Größenordnung von 344 Pfund die rote Koralle, bedeutende Grundlage für Schmuck und religiöse Gegenstände.[17] Die Gesellschaft war insbesondere in diesen beiden Städten auf vielfältige Art und Weise in das personelle Beziehungsgefüge der mediterranen Geschäftswelt integriert und in den unterschiedlichsten Sparten des mediterranen Handels tätig. Seit der Mitte des 15. Jahrhunderts gehörten zum Warenportfolio alle weiteren hochwertigen Gebrauchs- und Luxusgüter aus dem Orient und ganz Europa, die Konjunktur hatten. Die Gesellschaft kennzeichnete dabei nicht etwa der Handel in vorgegebenen Pfaden, die Fortführung etablierter Handelsverbindungen oder familiärer Traditionen. Ihr Potential war es stattdessen, sich bietende Möglichkeiten auf gesamteuropäischer Ebene zu erkennen und mit unternehmerischem Risiko umzusetzen. Bis 1530 gehörte die *magna societas* zu den erfolgreichsten europäischen Großhandelsunternehmen. Dieses erfolgreiche Eingreifen der Humpisgesellschaft in den mediterranen Woll-, Safran- und Korallenhandel konnte nur gelingen, weil sie einen Großteil der ehemals selbstständig im westlichen Mittelmeer tätigen Kaufleute des Bodenseeraums sukzessive in ihre Reihen aufgenommen hatte und über geraume Zeit den Genua- und Barcelona-Handel faktisch monopolisierte.[18] Zu Spitzenzeiten waren 40–50 Kaufmannsfamilien vornehmlich aus Ravens-

---

16 Marco VERONESI, Oberdeutsche Kaufleute in Genua, 1350–1490. Institutionen, Strategien, Kollektive (Veröffentlichungen der Kommission für geschichtliche Landeskunde in Baden-Württemberg B 199), Stuttgart 2014.
17 KNITTEL, Barcelona (Anm. 12), S. 109.
18 VERONESI, Genua (Anm. 16).

burg, Konstanz, Lindau und St. Gallen sowie weiterer Reichsstädte im Raum Bodensee/ Oberschwaben als Mitgesellschafter eingebunden. Die Gründung um 1406 und das erfolgreiche Wirken der Ravensburger Handelsgesellschaft bis zu ihrer Auflösung 1530 bedeutete nicht nur ein neues Kapitel in der europäischen Wirtschaftsgeschichte, es bedeutete eine Blütezeit für Ravensburg und die Reichsstädte am Bodensee sowie eine enorme Entfaltung und einen Bedeutungsgewinn für die Handel treibenden Kaufmannsfamilien. Schon bald galten die Pioniere des Katalonien-Handels den Zeitgenossen als „sagenhaft" reich: Noch die Zimmerische Chronik berichtet vom sprichwörtlichen Reichtum der Mötteli,[19] Lütfried Muntprat stuften die Zeitgenossen als „weitaus reichsten Bürger Schwabens und der Schweiz" ein.[20]

Bei allen drei Patrizierfamilien lässt sich in besonderer Weise der Zusammenhang zwischen Reichtum, Ansehen und der Bekleidung angesehener Ratsämter aufzeigen: Aus der weitverzweigten Familie Humpis befanden sich zumeist zwei Vertreter im reichsstädtischen Rat bzw. Stadtgericht. Zwischen 1406 und 1530 beanspruchte die Familie insgesamt 46 Mal auf ein Jahr die beiden Spitzenpositionen in der Regierung der Reichsstadt, die des Bürgermeisters und die des Stadtammanns. Wie im Falle von Henggi, Jos, Onofrius, Hans und Konrad Humpis waren dies zugleich die Regierer der Großen Handelsgesellschaft.[21]

Zum Selbstverständnis dieser wirtschaftlich und politisch erfolgreichen Oberschicht in Ravensburg gehörte eine qualifizierte oder adelige bzw. adelsähnliche Lebensführung mit entsprechenden Konventionen. Dies ging einher mit qualifiziertem Konsum und Besitz: Die Handel treibende Oberschicht beanspruchte für sich die besten Wohnlagen innerhalb der Reichsstädte, in Ravensburg war die Marktstraße d i e bevorzugte Wohnlage. Die Regierer aus der Ratzenrieder Linie der Humpis wohnten in der Marktstraße 59. Die Marktstraße 12, ein in den 1440er-Jahren aus drei Gebäuden errichteter eindrucksvoller Wohnkomplex, war das Stammhaus der Waltramser Linie, die Regierer der Handelsgesellschaft aus der Ravensburger Linie residierten in den Gebäudekomplexen Marktstraße 21 und Marktstraße 45.[22] Die Ravensburger Mötteli bewohnten möglicherweise das Gebäude Marktstraße 26, einen imposanten, 1416 erbauten Wohnkomplex.[23]

Am Humpis-Quartier in Ravensburg, dem größten und besterhaltenen Wohnquartier einer Patrizierfamilie des Spätmittelalters in Süddeutschland, lässt sich die typische Beschaffenheit eines repräsentativen Patrizierkomplexes bis heute exemplarisch ablesen: Der auf Vorgängerbauten eventuell von Henggi Humpis errichtete Wohnkomplex des Regierers Hans Humpis besteht aus einem Vordergebäude in der Marktstraße von 1435 und einem Rückgebäude in der Roßbachstraße, verbunden mit einem Zwischengebäude, gruppiert um einen Innenhof.

---

19  DREHER, Patriziat Ravensburg (Anm. 9), S. 212.
20  MAURER, Konstanz im Mittelalter, Bd. 1 (Anm. 13), S. 258.
21  Alfons DREHER, Geschichte der Reichsstadt Ravensburg, Bd. 2, Weißenhorn 1972, S. 639–646.
22  Beate FALK, Kaufmannskontore und Adelssitze. Die Humpishäuser in Ravensburg, Biberach 1996, S. 23–26.
23  Beate FALK/Andreas SCHMAUDER, Historische Stadtrundgänge. Ravensburg mit Schmalegg und Weißenau, Ravensburg 2003, S. 45.

Neben den Patrizierquartieren entstanden in diesem Zeitraum zahlreiche Kaufhäuser wie das Lederhaus, das Kornhaus oder das Waaghaus sowie die beiden Mangen.

Durch die enormen Gewinne aus dem europaweiten Großhandel war es den Kaufmannsfamilien in noch intensiverer Form möglich, die materiellen Grundlagen für ihren Lebensunterhalt in einem weiteren Bereich auszubauen: dem Erwerb von Landbesitz, der stabile Zins- und Grundrenteneträge einbrachte. Für die führende Familie Humpis der Handelsgesellschaft und ihr weit verzweigtes Familiennetz lässt sich ein beinahe atemberaubender Erwerb von Herrschaften häufig mit Herrensitz, Gerichts- und Kirchenrechten, Dörfern, Leibeigenen, Acker- und Rebland, Waldungen und Weihern nachweisen. Beginnend mit dem Erwerb von Burg und Herrschaft Siggen durch Ital Humpis 1433, folgten in kurzen Abständen durch die sich herausbildende Linie Waltrams umfangreiche Erwerbungen unterschiedlicher Herrschaften: 1437 die Wallfahrtskirche Pfärrich, 1447 Burg und Herrschaft Brochenzell, 1448 der Burgstall Samletshofen, 1461 durch Heirat die Herrschaft Waltrams und 1480 Burg Senftenau. Frick Humpis von der Ravensburger Linie der Familie erwarb 1454 Schloss und Herrschaft Bettenreute. Mit dem Erwerb von Burg und Herrschaft Ratzenried 1454 begründete Jos Humpis die Ratzenrieder Linie, die dort ab 1501 auch das Untere Schloss erbaute.[24]

Was die Kaufmannsfamilien exzessiv vorexerzierten, wurde auch zur Erwerbs- und Herrschaftspolitik des kommunalisierten Heilig-Geist-Spitals, wenn auch in bescheidenerem, doch nicht zu unterschätzendem Umfang. Insbesondere im 15. und 16. Jahrhundert erwarb das Heilig-Geist-Spital vom umliegenden Adel und von Ravensburger Patrizierfamilien zahlreiche grundherrschaftliche Objekte. Zum Mittelpunkt der Grundherrschaft wurden Wolpertswende-Mochenwangen-Hatzenturm mit 51 Lehengütern und Bavendorf mit neun Höfen sowie umfangreichen Zehntrechten.[25] Zentraler Erwerb der Reichsstadt selbst war 1413 der Erwerb der Herrschaft Schmalegg von den Grafen von Werdenberg.

Das im 15. Jahrhundert zwischen 4000 und 4500 Einwohner zählende Ravensburg nahm entsprechend seiner wirtschaftlichen Bedeutung eine noble Mittelposition im Bund der Bodenseestädte ein. Auch einige Gelehrte brachte die Stadt hervor: beispielsweise den Historiographen am Hofe Kaiser Maximilians I. Ladislaus Sunthaim († 1513) und die Humanistenbrüder Michael (Theologe, † 1527) und Gabriel (Arzt und Naturforscher, † 1543) Hummelberg.

Als Folge der Reformation, die 1544 bis 1546 eingeführt wurde, entschied sich die Stadt für konfessionelle Parität und gehörte damit neben Augsburg, Biberach und Dinkelsbühl zu den nach dem Augsburger Religionsfrieden von 1555 vier bikonfessionellen Reichsstädten.

---

24 Dreher, Patriziat Ravensburg (Anm. 9), S. 200–207; Schulte, GRHG, Bd. 1 (Anm. 14), S. 174–182.
25 Gebhard Strodel, Das Heilig-Geist-Spital Ravensburg, Tübingen 1958.

## Zusammenfassung

Mit der Kommunalisierung des Ammannamtes, der Kommunalisierung der Kirche durch die Ansiedlung von Bettelorden (Karmeliter, Franziskanerinnen), der Kommunalisierung der städtischen Spitäler und der Öffnung der Ratsgremien für eine politische Partizipation der Zünfte war Ravensburg seit der Reichsstadtzeit im Innern starken Veränderungen unterworfen. Es entstand ein städtisches Gebilde von neuer kommunaler Qualität.

Auch nach außen präsentierte sich die boomende Reichsstadt in neuer Qualität, insbesondere auch in Konkurrenz zu vielen im Niedergang begriffenen Adelsherrschaften: Die einflussreichen Patrizierfamilien, auch die kommunalen Spitäler und die Bürgergemeinde selbst erwarben in großem Stil Grundherrschaften, ordneten das sie umgebende Land wesentlich stärker auf die Stadt zu, als dies im 12. und 13. Jahrhundert der Fall war oder als es bei Landstädten des 15. Jahrhunderts zu beobachten ist. Einer massiven Veränderung war die spätmittelalterliche Stadt im ökonomischen Bereich unterworfen. Die Kaufmannsfamilien agierten erfolgreich auf den mediterranen Märkten mit dem zentralen Exportgut der Textilregion Bodensee-Oberschwaben, der Leinwand, und mit mediterranen Luxusgütern aller Art.

# Vom Zentralort zur autonomen Stadt
## Memmingen und die oberschwäbischen Reichsstädte in nachstaufischer Zeit

ROLF KIESSLING

Es gehört zu den geläufigen Einsichten der Stadtgeschichtsschreibung, die oberschwäbischen Reichsstädte des Spätmittelalters in ihrer Genese auf die welfischen und staufischen Vorstufen zurückzuführen, die im 11./12. Jahrhundert entstanden: Soweit sie welfischen Ursprungs waren, gingen sie nach dem Tod Welfs VI. zumindest teilweise an die Staufer über, entzogen sich dann unter den Bedingungen des Interregnums der bis dahin bestimmenden königlichen Herrschaft, verselbstständigten sich und entfalteten eine weitgehende Autonomie.[1]

Freilich lässt sich dieser Weg nicht so ohne weiteres im Sinne einer einfachen Fortsetzung oder eines Ausbaus der hochmittelalterlichen Ansatzpunkte beschreiben, denn gerade in Oberschwaben ist die Zahl der Fälle, bei denen sich aus den prä- und frühurbanen Ausformungen die späteren Reichsstädte herausschälten, begrenzt: Von den welfischen Ansatzpunkten gehörte der Markt Ravensburg dazu,[2] bei Biberach blieb er eher spekulativ;[3] sicher ist der Befund bei Memmingen, das als *oppidum* als ein bevorzugter Aufenthaltsort Welfs VI. galt. Die Übertragung von dessen Erbe an die Staufer nach seinem Tod 1191 leitete in diesen Fällen den Ausbau zur Stadt ein – erstaunlicherweise erhielt keine der welfischen Siedlungen in deren Phase als Herrschaftsträger in dieser Region Stadtqualität. Das gilt auch für Schongau, denn es wurde erst mit einer Verlegung des welfischen präurbanen Ortes – später als „Altenstadt" bezeichnet – durch die Staufer

---

[1] Nach wie vor grundlegend Karl Otto MÜLLER, Die oberschwäbischen Reichsstädte. Ihre Entstehung und ältere Verfassung (Darstellungen aus der Württembergischen Geschichte 8), Stuttgart 1912; zur neueren stadtgeschichtlichen Forschung Ostschwabens Rolf KIESSLING, Die Urbanisierung einer Region. Zur Entwicklung der Städtelandschaft Oberschwaben im Spätmittelalter, in: Oberschwaben. Mitteilungen der Gesellschaft Oberschwaben, Jg. 1/H. 2 (1999), S. 34–55; Rolf KIESSLING, Städte und Märkte vom Hochmittelalter bis zur Gegenwart in Schwaben, in: Historischer Atlas von Bayerisch-Schwaben, hg. von Hans FREI/Pankraz FRIED/Franz SCHAFFER (Veröffentlichungen der Schwäbischen Forschungsgemeinschaft), 2. neu bearb. Aufl., 4. Lieferung, Karte IV, 1, Augsburg 1998.
[2] Vgl. dazu den Beitrag von Andreas SCHMAUDER in diesem Band.
[3] Detlev STIEVERMANN, Biberach im Mittelalter, in: Geschichte der Stadt Biberach, hg. von DEMS./Volker PRESS/Kurt DIEMER u. a., Stuttgart 1991, S. 209–254, hier S. 210f.

an die Lechschleife zur Stadt aufgewertet. Es geriet dann aber wie Landsberg, der präurbane Stützpunkt Heinrichs des Löwen an der Salzstraße nach Westen, unter wittelsbachischen Einfluss, und beide wurden zu Territorialstädten des Herzogtums Bayern.[4] Andererseits kam die alte staufische Städtereihe an der Donau von Gundelfingen über Lauingen bis Höchstädt als „Konradinisches Erbe" an die Wittelsbacher.[5] Anders formuliert: Die vorschnell angenommene Reihenfolge von der welfischen präurbanen Siedlung über die staufische Aufwertung zur Stadt im Kontext der „Reichsterritorialpolitik" und ihre anschließende Verselbstständigung zusammen mit den Reichsvogteistädten zu Reichsstädten ist kein einfaches Entwicklungsmuster, sondern der jeweilige Weg war durchaus unterschiedlicher Natur und vollzog sich in einer erheblichen Spannbreite von Möglichkeiten.

Aufschlussreicher erscheint deshalb ein anderer Zugang, der über den Stadtbegriff. Hatte, funktional betrachtet, „Stadt" in welfisch-staufischer Zeit nicht einen grundlegend anderen Inhalt als bei der Reichsstadt? Vollzog sich nicht ein langfristiger Prozess des Wandels der Aufgabenstellungen und damit auch der inneren Strukturen? Inwiefern ergaben sich daraus letztlich auch ganz andere Beziehungsfaktoren zu ihrem Umland? Es soll also im Folgenden vor allem darum gehen, diese Veränderungen zu erfassen und zu beschreiben.

Ausgangspunkt war danach im Hochmittelalter die Stadt als zentraler Ort multifunktionaler Art: der Verwaltung von Güterkomplexen des Stadtherrn, der Initiierung und Kontrolle eines Warenaustausches mit den Instrumenten des Marktes, der Münze und des Verkehrs, kirchlich geprägt und ideell zum „heiligen" Ort aufgewertet durch Klöster und Stifte, mit Leben erfüllt von einer sich zur Bürgergemeinde zusammenschließenden Personengruppe.

Der Wendepunkt in Richtung „Reichsstadt" war mit den großen Privilegien König Rudolfs von Habsburg gegeben, der die königlichen Städte für die Unterstützung seiner Politik einsetzte und ihnen dafür erhebliche Zugeständnisse machte. Das am 25. Januar 1286 in Augsburg ausgestellte Privileg, mit dem Rudolf den *cives imperii* der Stadt Memmingen die inzwischen ausgebildeten Rechte und Freiheiten bestätigte, ihnen die Zugehörigkeit ihrer *civitas* zum Reich versicherte und den weiteren Ausbau des Rechtes versprach, konnte eine neue Perspektive eröffnen, wenn es auf Dauer angelegt war.[6] Das Memminger Rudolfinum gehörte bekanntlich zu einer Serie von ganz ähnlichen Urkunden, in denen der 1273 neu gewählte König 1286 auch Kaufbeuren, Ravensburg und Wangen parallele Rechte zugestand; bezieht man den weiteren zeitlichen Umkreis mit ein, so gehörten dazu auch die Privilegien für Lindau 1274/75, Buchhorn 1275, Augsburg 1276,

---

4 Vgl. dazu Rolf KIESSLING, Schongau als wirtschaftlicher Zentralort. Straße, Stadt und Handel vom frühen bis zum beginnenden Spätmittelalter, in: Peiting – Schongau – Altenstadt. Der Siedlungsraum bis ins 14. Jahrhundert (Der Welf. Jahrbuch des Historischen Vereins Schongau – Stadt und Land 2004/05), Schongau 2005, S. 185–207.
5 Vgl. dazu den Katalog Staufisches Erbe im bayerischen Herzogtum. Ausstellung des Bayerischen Hauptstaatsarchives München zum 700. Todestag Konradins von Hohenstaufen, München 1968.
6 Dazu ausführlich Joachim JAHN, Von der welfischen Marktsiedlung zur Reichsstadt, in: Die Geschichte der Stadt Memmingen. Von den Anfängen bis zum Ende der Reichsstadt, hg. von Joachim JAHN/Wolfgang BAYER, Stuttgart 1997, S. 75–162, hier S. 129–134.

Biberach 1282 und Kempten 1289, denn sie bekamen damit den Status der „Reichszugehörigkeit" zugesagt. Schon Karl Otto Müller hat diesen Vorgang im Kontext der Ausformung der oberschwäbischen Reichsstädte als Städtegruppe sehr detailliert dargelegt.[7] Dass der Prozess der Reichsstadtwerdung damit jedoch noch keineswegs als abgeschlossen gelten konnte, bleibt festzuhalten. Dass damit aber nicht nur ein Rechtsstatus fixiert war, der eine neue Phase der Stadt in der Reichsgeschichte einleitete, sondern damit auch eine neue Qualität dessen verbunden war, wie das Phänomen Stadt in dieser Epoche zu verstehen ist, wird im Folgenden zu erläutern sein. Drei Aspekte sollen dabei im Mittelpunkt stehen: Zum ersten mit der Blickrichtung auf die innerstädtischen Verhältnisse so markante Faktoren wie die Entwicklung der Verfassung und der Gesellschaft, zum anderen mit der Blickrichtung nach außen die Entfaltung der „stadtbezogenen Politik" also der Schaffung eines eigenständigen „Umlandes", und zum dritten die daraus resultierenden Konsequenzen für die Teilhabe an der regionalen Politik.

## Aspekte der inneren Entwicklung

Dass die staufische Städtepolitik einen wichtigen Teil der Erfassung und Durchdringung von Räumen darstellte, ist seit langem Communis Opinio. Gerade in Schwaben ist diese Urbanisierung von den großen Zentren bis in die Ebene der Kleinstädte sehr schön zu verfolgen.[8] Sie hatte neben der herrschaftlichen Komponente, der „Reichslandpolitik" als flächig angelegter Zusammenfassung und Strukturierung des Reichsbesitzes,[9] auch eine wirtschaftliche Komponente: Zu erinnern ist an die mehr oder weniger systematische Förderung der Infrastuktur,[10] insbesondere in „Messelandschaften", wie sie auch für Süddeutschland rekonstruiert werden konnten.[11] Diese Strukturen erfuhren seit dem ausgehenden 13. Jahrhundert verschiedene Veränderungen, wie sich an drei gewichtigen Faktoren zeigen lässt.

### Wandel des Ammannamtes

Als staufisches Instrument der Verwaltung und Rechtsprechung mit umfangreichen Kompetenzen ausgestattet und mit Reichsministerialen besetzt, wurde aus dem Ammann

---

7  MÜLLER, Oberschwäbische Reichsstädte (Anm. 1).
8  Rolf KIESSLING, Kleinstädte und Märkte als regionalpolitische Instrumente. Ostschwaben vom 14. bis zum 16. Jahrhundert, in: Städtelandschaften in Altbayern, Franken und Schwaben, Studien zum Phänomen der Kleinstädte während des Spätmittelalters und der Frühen Neuzeit, hg. von Helmut FLACHENECKER/Rolf KIESSLING (Beihefte der ZBLG Reihe B 15), München 1999, S. 243–288.
9  Zu Schwaben etwa Raymund KOTTJE/Pankraz FRIED, Die Staufer in Augsburg, Schwaben und im Reich, Augsburg 1977.
10  Vgl. dazu Ulf DIRLMEIER, Friedrich Barbarossa – auch ein Wirtschaftspolitiker?, in: Friedrich Barbarossa. Handlungsspielräume und Wirkungsweisen des staufischen Kaisers, hg. von Alfred HAVERKAMP (VuF 40), Sigmaringen 1992, 501–518.
11  Franz IRSIGLER, Jahrmärkte und Messesysteme im westlichen Reichsgebiet bis ca. 1250, in: Europäische Messen und Märktesysteme in Mittelalter und Neuzeit, hg. von Peter JOHANEK/Heinz STOOB (Städteforschung A 39), Köln u. a. 1996, S. 1–33.

als Vertreter des Königs in der „Königslandstadt"[12] nach und nach ein städtischer Funktionsträger. Wie das konkret aussah, lässt sich am Fall Memmingen genauer beobachten.[13] Dort amtierten zwischen 1258 und 1282 die Mozo; sie hatten für die Ablieferung der Reichssteuer zu sorgen, zogen den Zins von den Hofstätten ein, ebenso die Gefälle aus den Mühlen und dem Markt sowie die Strafgelder; zu ihren Aufgaben gehörte zudem der Schutz und Schirm der Klöster und ihrer Besitzungen, und ihnen unterstanden die *thelonearii*, die Münzmeister, die ihren Schlagschatz abzuführen hatten. Diese Position ist prinzipiell auch noch für die Zeit Rudolfs von Habsburg anzusetzen, doch verschoben sich nun die Gewichte gegenüber dem inzwischen etablierten städtischen Rat: Schon 1266 hatte Konradin einen Schirmbrief für das Antonierstift ausgestellt, der als Adressaten den Ammann und die *universitas civium* nannte. Erwachsen aus der Funktion als Zeugen der Urkunden verfügte der Rat seit 1270 über ein eigenes Siegel. Wenn in einer Urkunde von 1285 dieses Siegel noch vor dem des Antonierpräzeptors und des Ammanns angekündigt und eine Gruppe von *viri literati et discreti* hervorgehoben wurde, desgleichen 1288 in der Reihenfolge die Bürgerschaft vor dem Ammann platziert war, dann wird damit eine gewisse Dynamik der Entwicklung sichtbar.[14] Der nächste Schritt war das Zugeständnis König Heinrichs VII. in seinem Privileg von 1312, in dem er der Bürgerschaft das Vorschlags- und Einspruchsrecht bei der Besetzung des Ammanns zugestand. Konsequenterweise folgte dann 1350 die Übertragung des Amtes an die Bürgerschaft, d.h. nun war seine Integration in die städtische Ämterhierarchie abgeschlossen.[15]

Diese Kommunalisierung des Spitzenamtes der Stadt war ein genereller Vorgang, der sich je nach Situation oft lange hinzog. Selbst in der Bischofsstadt Augsburg vollzog sich die Übernahme der Stadtvogtei in grundsätzlich ähnlicher Form und konnte erst in der ersten Hälfte des 15. Jahrhunderts abgeschlossen werden,[16] und in Kempten sogar erst im Kontext des Bauernkrieges mit dem „Großen Kauf" von 1525, in dem der Abt des Reichsstiftes seine restlichen Rechte an die Bürgerstadt abtrat.[17] Dabei ist aber zu berücksichtigen, dass die Inhaber dieser Spitzenämter ursprünglich nicht nur für die Stadt selbst, sondern auch für ein *officium*, einen weiter gefassten Bezirk, zuständig waren – wie das für mehrere Städte belegt ist: In Überlingen war der Ammann bzw. Schultheiß zugleich *procurator undique in terra ista*, in Lindau fungierte er neben seiner Funktion als Marktrichter und Stadtvogt auch „als königlicher Vogt für das ganze Grundherrschaftsgebiet" des Stifts, in Ravensburg galt noch Heinrich von Schmalegg 1270 als „Ver-

---

12  Zur Terminologie und Typologie zusammenfassend Eberhard ISENMANN, Die deutsche Stadt im Mittelalter. 1150–1550. Stadtgestalt, Recht, Verfassung, Stadtregiment, Kirche, Gesellschaft, Wirtschaft, Wien u. a. ²2012, S. 281–296.
13  MÜLLER, Die oberschwäbischen Reichsstädte (Anm. 1), S. 107–110, JAHN, Von der welfischen Marktsiedlung zur Reichsstadt (Anm. 6), S. 110–116.
14  JAHN, Von der welfischen Marktsiedlung zur Reichsstadt (Anm. 6), S. 127f., 134.
15  Rolf KIESSLING, Die Stadt und ihr Land. Umlandpolitik, Bürgerbesitz und Wirtschaftsgefüge in Ostschwaben vom 14. bis ins 16. Jahrhundert (Städteforschung A 29), Köln/Wien 1989, S. 268.
16  Vgl. dazu Rolf KIESSLING, Bürgerliche Gesellschaft und Kirche in Augsburg im Spätmittelalter (Abhandlungen zur Geschichte der Stadt Augsburg 19), Augsburg 1971, S. 54–57.
17  Vgl. dazu Pankraz FRIED, Anfänge und Frühgeschichte von Stadt und Bürgertum, in: Geschichte der Stadt Kempten, hg. von Volker DOTTERWEICH/Karl FILSER/Pankraz FRIED u. a., Kempten 1989, S. 90–97, hier S. 96.

walter der ehemals königlichen bzw. staufischen Güter um die Stadt, also „sozusagen als Unterlandvogt".[18]

Mit der Kommunalisierung war nun aber eine Herauslösung der Stadt aus dieser flächigen Struktur verbunden. Besonders deutlich wird das bei Kaufbeuren: Dass sich auch hier das Gewicht vom Ammannamt auf die Bürgerschaft verschob, wird schon in der Übernahme des Siegels zwischen 1287 und 1298 deutlich, aber das *officium Buron* erscheint nun abgelöst vom Schongauer *officiatus*, und es wurde durch Verpfändungen von erheblichen Teilen des städtischen Umlandes räumlich weiter eingeschränkt, auch wenn noch einzelne Dörfer als Grundstock des späteren städtischen Territoriums übrigblieben.[19] Je nach Ausgangslage bei der Verteilung der Reichsrechte und -güter tendierte also die Entwicklung auf eine Abgrenzung der Stadt als nunmehriger Reichsstadt von ihrem Umland; die noch vorhandenen Bindungselemente der städtischen Frühzeit, über die sie als Königslandstädte bzw. Vogteistädte noch verfügten, wurden weitgehend gekappt bzw. blieben nur mehr rudimentär erhalten, sodass die herrschaftliche Zentralität anschließend von Seiten des Rates neu aufgebaut werden musste.

## Verhältnis Stadt und Kirche

Für die Einschätzung des Phänomens „Stadt" und seiner Entwicklung stellte das Verhältnis zur Kirche einen wesentlichen Faktor dar. Hier wirkten die welfisch-staufischen Ansatzpunkte der frühen Klöster und Stifte weiter. Selbst wenn man die komplexe Gemengelage in einer Bischofsstadt wie Augsburg[20] oder Konstanz[21] außen vor lässt, bleiben doch noch eine Reihe von Interferenzen zwischen Bürgerschaft und Kirche auch in den anderen oberschwäbischen Reichsstädten übrig. Es ging um die Stellung der Klöster und Stifte gegenüber der städtischen Gemeinde und um die Einflussnahme auf die Pfarreien, Spitäler und religiösen Stiftungen. Die Kommunalisierung der Kirche wurde zu einem wichtigen Anliegen, stieß aber auch an ihre Grenzen, soweit sie sich aufgrund des Kirchenrechts der Einbindung in die Bürgerstadt entzog. Dabei erwies sich die „Pflegschaft" als vielfältig nutzbares Instrument zur Erweiterung der städtischen Kompetenzen.[22]

---

18 MÜLLER, Die oberschwäbischen Reichsstädte (Anm. 1), S. 148 (Überlingen), 347 (Lindau), 56 (Ravensburg).
19 MÜLLER, Die oberschwäbischen Reichsstädte (Anm. 1), S. 130, 133; vgl. auch Stefan DIETER, Die urbane Prägung. Kaufbeuren im späten Mittelalter (1315 bis 1525), in: Die Stadt Kaufbeuren, Bd. 1: Politische Geschichte und Gegenwart einer Stadt, hg. von Jürgen KRAUS/Stefan FISCHER, Thalhofen 1999, S. 43–63, hier S. 44.
20 Vgl. dazu nach dem Überblick von KIESSLING, Bürgerliche Gesellschaft und Kirche (Anm. 16), S. 31–38, jetzt zum Forschungsstand Christoph PAULUS, Augsburg, in: Die deutschen Königspfalzen, Bd. 5, Teilband 3: Bayerisch-Schwaben, hg. von Capar EHLERS/Helmut FLACHENECKER/Bernd PÄFFGEN u. a., Göttingen 2016, S. 145–149.
21 Helmut MAURER, Konstanz im Mittelalter (Geschichte der Stadt Konstanz, Bd. 1: Von den Anfängen bis zum Konzil), Konstanz 1989.
22 Zur grundlegenden Entwicklung und zum Forschungsstand ISENMANN, Deutsche Stadt (Anm. 12), S. 625–641.

Das Beispiel Memmingen bietet dafür wieder einige Anhaltspunkte: Aus welfischer Zeit stammten das Schottenkloster St. Nikolaus und die Pfarrkirche St. Martin, aus staufischer die Antoniterniederlassung.[23] Die Präzeptorei der Antoniter erwies sich als der schwierigste Fall, denn einige Ansätze, bürgerliche Präzeptoren zu etablieren, von denen einer 1414 in einer Phase wirtschaftlicher Schwäche auch das Bürgerrecht annahm, blieben Zwischenspiele – das Stift wahrte seine Selbstständigkeit.[24] Diese Annahme des Bürgerrechts ist anderswo wie z. B. in Augsburg im 15. Jahrhundert sehr viel breiter für die Chorherrenstifte und selbst die Benediktinerabtei St. Ulrich und Afra belegt.[25] Für die bürgerlichen Interessen aber dürfte der Zugriff auf die Pfarrkirchen noch fundamentaler gewesen sein. In Memmingen war die Hauptkirche St. Martin 1214 durch Friedrich II. der Antoniter-Präzeptorei inkorporiert worden; ein Einfluss auf die Kirche konnte deshalb nur über die Heiligenpfleger ausgeübt werden.[26] Da immerhin bis zur Reformation 25 Messstiftungen von bürgerlichen Familien oder vom Rat selbst erfolgt waren, dazu kamen 238 Jahrtage sowie die regelmäßigen und außerordentlichen Prozessionen, dürfte der Einfluss der Heiligenpfleger nicht gering gewesen sein – wurde doch beispielsweise das bekannte Chorgestühl von ihnen 1501 in Auftrag gegeben. Noch gewichtiger war zweifellos die Stiftung einer Prädikatur durch die Vöhlin 1479, denn sie befriedigte das Bedürfnis nach Predigt.

Aber auch die anderen geistlichen Institutionen in Memmingen waren von dieser Entwicklung betroffen: Das Schottenkloster, das nur noch als Propstei St. Nikolaus versehen wurde, spielte zwar keine große Rolle in der Stadt, doch sorgte der Rat dafür, dass sie 1498 in den Augustiner-Eremiten-Konvent inkorporiert wurde; das Kirchengebäude wurde Anfang des 16. Jahrhunderts abgerissen.[27] Bei den Augustiner-Eremiten aber waren spätestens seit 1448 bürgerliche Pfleger tätig – sie tauchen wohl nicht zufällig beim Neubau der Klosterkirche auf –, und zudem erhielt der Rat die Mitwirkung bei der Besetzung einer weiteren Prädikatur, einer bürgerlichen Stiftung von 1438, zugestanden.[28] Die Konsequenz einer Kontrolle bis hin zur Frage der Klosterreform ist gut nachzuverfolgen, darf aber auch in Form von Rechtshilfe zumindest angenommen werden – wie das andernorts der Fall war. Ähnliches gilt für den Konvent der „Grauen Schwestern", der Augustinerinnen von St. Elsbeth, seit 1432. Am stärksten aber war bekanntlich die „Kommunalisierung" bei den Spitälern, und die war in Memmingen besonders ausgeprägt:[29] Die förmliche Teilung 1365/67 in ein städtisches Unterspital für die „Bedürftigen" – mit der Masse des Besitzes – unter der Ratspflegschaft und ein Oberspital für die noch ver-

---

23  Zum Forschungsstand bis 1250 Rolf KIESSLING, Memmingen, in: Königspfalzen (Anm. 20), S. 231–233.
24  Ausführlich Adalbert MISCHLEWSKI, Klöster und Spitäler in der Stadt, in: Memmingen, hg. von JAHN/BAYER, (Anm. 6), S. 247–291, hier S. 253–258.
25  KIESSLING, Bürgerliche Gesellschaft und Kirche (Anm. 16), S. 150–155.
26  MISCHLEWSKI, Klöster und Spitäler (Anm. 24), S. 251–253.
27  MISCHLEWSKI, Klöster und Spitäler (Anm. 24), S. 286–291.
28  Hannnes LAMBACHER, Klöster und Spitäler, in: Memmingen, hg. von JAHN/BAYER (Anm. 6), S. 293–348, hier S. 294–309.
29  Dazu ausführlich Hannes LAMBACHER, Das Spital der Reichsstadt Memmingen. Geschichte einer Fürsorgeanstalt, eines Herrschaftsträgers und wirtschaftlichen Großbetriebes und dessen Beitrag zur Entwicklung von Stadt und Umland (Memminger Forschungen 1), Kempten 1991, S. 36–59; zusammenfassend LAMBACHER, Klöster und Spitäler (Anm. 28), S. 319–336.

bliebenen Kreuzherren als Ordensgemeinschaft sorgte für eine nahezu vollständige Integration der Institution in die Verfügungsgewalt der Bürgergemeinde.

Dass diese Tendenz in allen Städten mehr oder weniger erfolgreich war, ist unbestritten. Man wird auch feststellen dürfen, dass das Gewicht dieser bürgerlichen Pflegschaften umso größer war, je stärker das ökonomische und politische Potential der Bürgergemeinde ausfiel – und das war in Oberschwaben ohne Zweifel bei den Reichsstädten gegeben. Mit diesen Kommunalisierungsbestrebungen gegenüber den kirchlichen Institutionen zielten die städtischen Magistrate jedenfalls darauf, den städtischen Raum in seiner Gesamtheit der Bürgerschaft zuzuordnen und „Fremdkörper" zumindest soweit zu adaptieren, wie es die Rechtslage zuließ.

### Ausbau des Bürgerrechts

Der Ausbau des Bürgerrechts stärkte die kommunale Grundstruktur der Stadt – auch wenn kein generell gleiches, sondern ein abgestuftes Recht galt und der so oft zitierte Satz „Stadtluft macht frei" deshalb nicht als gültige Norm für alle Stadtbewohner missverstanden werden darf.[30] Noch bis zum Ende des 14. Jahrhunderts waren auch in Memmingen Leibeigene zu registrieren.[31] Für die innere Entwicklung bedeutsamer war das Problem der politischen Partizipation breiterer Schichten der Bürgerschaft, die sich in den „Bürgerkämpfen" des 14. Jahrhunderts zu Wort meldete und in der Regel in einer Öffnung der Ratsgremien niederschlug. In Memmingen waren Ammann, Bürgermeister, Rat, Zunftmeister und Gemeinde am 9. November 1347 *mit gemainem rat vnd mit guotem willen ainer zunft lieplichen vnd frwntlichen vberain sigen komen* und hatten damit die Spannungen überwunden.[32] Diese Vorgänge sind in ihrer Spannbreite und in ihren Varianten oft beschrieben und viel diskutiert worden.[33] Bedeutsam erscheinen aber auch die Konsequenzen für die Gestaltung städtischer Politik nach innen wie nach außen, waren doch die Ergebnisse des Ringens um die Struktur der Ratsverfassungen mit klaren Interessen der jeweiligen Gruppierungen verbunden.

Bei den oberschwäbischen Reichsstädten hatte sich bekanntlich der Typus einer „Zunftverfassung" weitgehend durchgesetzt, bei dem die ehemaligen allein Ratsberechtigten als eigene „Herrenzunft" (Kaufbeuren), als „Müßiggängerzunft" (Kempten) oder „Großzunft" (Memmingen) in das Verfassungssystem integriert wurden – während in den beiden größeren Reichsstädten Ulm und Augsburg ein Kompromiss gefunden wurde, bei dem sie als eigenständige Gruppierung eingebunden waren.[34] Die Beschickung des Kleinen Rates als zentraler Entscheidungsinstanz aus den Zunftgremien, zugleich

---

30 Vgl. Bernd FUHRMANN, Bürger als Hörige: eine Erscheinung auch des Spätmittelalters, in: JbRG 29 (2011), S. 15–33.
31 Rolf KIESSLING, Memmingen im Spätmittelalter, in: Memmingen, hg. von JAHN/BAYER (Anm. 6), S. 163–245, hier S. 168.
32 KIESSLING, Memmingen im Spätmittelalter (Anm. 31), S. 170–179, Zitat S. 170.
33 Vgl. zum Forschungsstand ISENMANN, Deutsche Stadt (Anm. 12), S. 251–263.
34 Vgl. dazu Rolf KIESSLING, Städtischer Republikanismus. Regimentsformen des Bürgertums in oberschwäbischen Stadtstaaten im ausgehenden Mittelalter und in der beginnenden Frühneuzeit, in: Politische Kultur in Oberschwaben, hg. von Peter BLICKLE, Tübingen 1993, S. 175–205.

aber auch die Konstituierung eines Großen Rates mit dem Charakter einer Vertretung der „Gemeinde", erzeugte jenen verfassungsgeschichtlichen Dualismus, der bis zum Ende des Alten Reiches bestehen blieb – und für zahlreiche Neuauflagen des Konfliktes sorgte, bei denen die patrizisch-kaufmännische Oberschicht zwar eine obrigkeitliche Auffassung des Stadtregiments etablieren, aber nicht immer auch ihre Interessen durchsetzen konnte. Da im gleichen Kontext auch die Verbindung von Bürgerrecht und Zunftrecht deklariert wurde, behielten die Vertreter der Zunftbürgerschaft erheblichen Einfluss auf die städtische Politik – auch und nicht zuletzt in ihren Beziehungen zum Umland.

## Die neuen Außenbeziehungen der autonomen Stadt

Die neue Form der Stadt in Gestalt der reichsstädtischen Bürgergemeinde mit weitgehender Autonomie war offenbar der Anspruch, unter dem ihre Politik stand – auch wenn sie nicht wirklich vollständig umgesetzt werden konnte, hatte doch der Kaiser als oberster Stadtherr zu gelten, der immer zu Eingriffen berechtigt war und im Konfliktfall auch tätig wurde. Wesentlich erscheint, dass dieser Status eine neue Form von Außenbeziehungen nach sich zog. Besonders gewichtig erwiesen sich für die weitere Entwicklung die herrschaftlichen und ökonomischen Umlandbeziehungen.

### Herrschaftliche und rechtliche Umlandbeziehungen

Lange Zeit stand in der Forschung die Territorienbildung im Mittelpunkt der Diskussion um das herrschaftliche Ausgreifen der Reichsstadt auf das Land, weil sie im Kontext der spätmittelalterlichen Herrschaftsentwicklung ihren eigenständigen Stellenwert sichtbar machte und sich die Ergebnisse nicht zuletzt in der historischen Karte niederschlagen, aber auch als Erfolgsgeschichte in der ständischen Auseinandersetzung mit Fürsten und Adel erscheinen konnte.[35] Inzwischen ordnet man diesen Zugriff in den weiter gefassten Kontext einer Absicherung des städtischen Umlandes ein, der aus verschiedenen Komponenten bestand und auch dann eine Rolle spielte, wenn sich daraus kein fassbares Ergebnis im Sinne der Ausbildung von Landeshoheit entwickelte – wofür Augsburg als besonders markanter Fall stehen kann.[36] Memmingen war demgegenüber erfolgreich,

---

35 Vgl. dazu etwa für Süddeutschland Peter BLICKLE, Zur Territorialpolitik der oberschwäbischen Reichsstädte, in: Stadt und Umland, hg. von Erich MASCHKE/Jürgen SYDOW (Veröffentlichungen der Kommission für geschichtliche Landeskunde in Baden-Württemberg, Reihe B 82), Stuttgart 1974, S. 54–71; Werner LEISER, Territorien süddeutscher Reichsstädte. Ein Strukturvergleich, in: ZBLG 38 (1975), S. 967–981; Gerd WUNDER, Reichsstädte als Landesherrn, in: Zentralität als Problem der mittelalterlichen Stadtgeschichtsforschung, hg. von Emil Meynen (Städteforschung A 8), Köln/Wien 1979, S. 79–91.
36 Vgl. dazu Rolf KIESSLING, Herrschaft – Markt – Landbesitz. Aspekte der Zentralität und der Stadt-Land-Beziehungen spätmittelalterlicher Städte an ostschwäbischen Beispielen, in: Zentralität, hg. von MEYNEN (Anm. 35), S. 180–218.

und die Bestandteile dieses territorialen Ausbaus lassen sich gut rekonstruieren:[37] Zum einen legte der Erwerb von Besitzrechten von Seiten der Bürgerschaft selbst in einem Konglomerat sehr unterschiedlicher Größen und Ausformungen die Grundlage, erst spät am Ende des 15. Jahrhunderts griff der Rat selbst in gleicher Richtung ein, während in Ulm der Rat in dieser Hinsicht schon sehr viel früher gegenüber dem umliegenden Adel erfolgreich war.[38] Eine zweite Komponente waren die Grundherrschaften der Stiftungen und des Heilig-Geist-Spitals; hier konnte das bereits angeschnittene Instrument der Kirchenpflegschaften greifen. Die Unterordnung aller ländlichen Hintersassen, die *uns und den vnsern gehören*, wie das beispielsweise 1512 formuliert wurde, signalisierte auch bei ihnen die Zuordnung auf die Bürgergemeinde.[39] Ein anderes Instrument, das in die gleiche Richtung ging, war die räumliche und personale Ausweitung des Bürgerrechts, auch wenn es sich nur teilweise als zukunftsträchtig erwies: Die Aufnahme von Pfahlbürgern spielte nur bis in die erste Hälfte des 15. Jahrhunderts eine Rolle; demgegenüber konnte der Landadel mit einem spezifischen Paktbürgerrecht samt seinen Besitzungen vielfach eingebunden werden, und in einer Reihe von Fällen auch die auf dem Land gesessenen Klöster und Stifte.

Ansätze für eine überwölbende Ordnungskompetenz der Stadt stellten sich nach und nach ein: Eines davon war das *Straiffen*, eine Art *policeylicher* Kontrolle des jeweils eigenen Umlandes, das in Memmingen seit den 1460er-Jahren zu beobachten ist, ehe dann 1524 ein eigener „Landammann" eingesetzt wurde und der Stadt nach langwierigen Bemühungen schließlich 1548 in einem Vertrag mit der Landvogtei Oberschwaben *die hohe Obrigkeit* für das Gebiet, *so weit ihr zwing vnnd benn, trib vnd tratten geen*, übertragen wurde.[40] Ein derartiges Konglomerat von Besitz- und Rechtstiteln war aber auch im Fall des Scheiterns einer solchen übergreifenden Landeshoheit durchaus geeignet, das Umland der Stadt abzusichern, wie das selbst bei Augsburg gut zu verfolgen ist – und es lässt sich auch räumlich recht präzis von den gleichgerichteten Intentionen der Nachbarstädte abgrenzen.

Im Prinzip war dieser Vorgang nichts anderes, als was zur gleichen Zeit als Territorienbildung der Fürsten, Grafen und Herren bzw. Klöster und Stifte ablief. Doch im Falle der Stadt war die qualitative Bedeutung eine andere: Die Bürgergemeinde war nicht mehr Objekt einer präterritorialen Raumkonzeption, sondern agierte nun als Subjekt. Dabei bleibt freilich festzuhalten, dass die führenden Ratsbürger aus der ehemaligen Ministerialität bzw. aus aufgestiegenen Kaufleuten sich nun ihrerseits selbst gesellschaftlich auf der Ebene des Niederadels zu positionieren suchten[41] – erinnert sei an die

---

37 Dazu ausführlich Kiessling, Die Stadt und ihr Land (Anm. 15), S. 273–351.
38 Vgl. dazu Otto Hohenstatt, Die Entwicklung des Territoriums der Reichsstadt Ulm im 13. und 14. Jahrhundert (Darstellungen aus der württembergischen Geschichte, Bd. 6), Stuttgart 1911.
39 Kiessling, Die Stadt und ihr Land (Anm. 15), S. 326–344, Zitat S. 353.
40 Kiessling, Die Stadt und ihr Land (Anm. 15), S. 338.
41 Dazu: Zwischen Nicht-Adel und Adel, hg. von Kurt Andermann/Peter Johanek (VuF 53), Stuttgart 2001; vgl. zu Augsburg Rolf Kiessling, Das Patriziat in Augsburg vom 15. bis ins 17. Jahrhundert, in: Bürgermacht & Bücherpracht. Augsburger Ehren- und Familienbücher der Renaissance, hg. von Christoph Emmendörfer/Helmut Zäh, Luzern 2011, S. 19–36.

Herrentrinkstuben als Orte der Begegnung,[42] aber auch die standespolitische Abgrenzung in den Turnierordnungen seit den 1470er-Jahren.[43]

## Regelungen des Marktzugangs

Auf der anderen Seite der tendenziell polarisierten städtischen Gesellschaft standen die gewerblichen Zünfte; sie agierten in der gleichen Weise für ihre Belange, im Bereich der korporativen Kommunikation, in der sozialen Fürsorge und insbesondere im Sektor der Wirtschaft, bei dem die Beziehungen zum Umland schon deshalb von besonderem Gewicht waren, weil aus ihm die Versorgung der Stadt erfolgen musste. Abgesehen von den vielfältigen Regelungen der Marktbeschickung, insbesondere dem ständigen Kampf gegen den „Fürkauf", dem die Manipulation der Preisgestaltung unterstellt wurde, waren die Interessen der Handwerke darauf gerichtet, die Rohstoffzufuhr vom Land zu sichern. Der Textilherstellung als dominantem Exportgewerbe kam dabei in Oberschwaben eine Führungsrolle zu, denn der Kampf um die Abwehr der Landweber erscheint seit dem 15. Jahrhundert als durchgängiges Problem.[44] Die Lösung des Konfliktes zwischen den kaufmännisch-unternehmerischen Interessen an der Optimierung des Produktionsaufkommens und den zünftigen Interessen am eigenen Auskommen erfolgte dabei je nach Stadt in verschiedenen Richtungen: Die Spannweite reichte von der unbeschränkten Zulassung, wie sie in Ulm favorisiert wurde, bis zur konsequenten Abwehr, wie sie lange Zeit in Oberschwaben angestrebt wurde. Insgesamt lief die Entwicklung jedoch weitgehend auf eine Kompromisslösung zu, der eine Kooperation zwischen Stadt und Land zugrunde lag: Den Landwebern wurde die Zulieferung von Halbfabrikaten – den „Wepfen" oder „Schnellern", also dem normgerecht gezettelten Kettgarn – oder der Rohware zugestanden, die Endfertigung bzw. Veredelung in der Bleiche bzw. mit der Färbung blieb der städtischen Produktion vorbehalten.

Das Instrument, das dafür eingesetzt wurde, war die Bannmeile, das Gebot an die Produzenten, ausschließlich die ordentlichen Märkte zu beschicken; es wurde sehr differenziert gehandhabt und konnte je nach Größe der Stadt bzw. dem Produktionsvolumen der Zunft zwischen zwei und acht Meilen (15 bzw. 60 km) differieren. Zunächst wurde diese Regelung von den einzelnen Städten – und zwar nicht nur den Reichsstädten – für die Zufuhr von Getreide, dann auch für Fleisch, Fische, Schmalz, Obst und Gemüse eingesetzt, spätestens seit dem ausgehenden 15. Jahrhundert aber auf Rohstoffe

---

42 Vgl. Geschlechtergesellschaften, Zunft-Trinkstuben und Bruderschaften in spätmittelalterlichen und frühneuzeitlichen Städten, hg. von Gerhard FOUQUET/Matthias STEINBRINK/Gabriel ZEILINGER (Stadt in der Geschichte 30), Ostfildern 2003.

43 Thomas ZOTZ, Adel, Bürgertum und Turnier in deutschen Städten vom 13. bis 15. Jahrhundert, in: Das ritterliche Turnier im Mittelalter. Beiträge zu einer vergleichenden Formen- und Verhaltensgeschichte des Rittertums, hg. von Josef FLECKENSTEIN, Göttingen 1985, S. 450–499.

44 Dazu die entsprechenden Passagen in KIESSLING, Die Stadt und ihr Land (Anm. 15); sowie Rolf KIESSLING, Oberschwaben – eine offene Gewerbelandschaft. Wirtschaftliche Entwicklungen und Republikanismus, in: Verborgene republikanische Traditionen in Oberschwaben, hg. von Peter BLICKLE, Tübingen 1998, S. 25–55; für die weitere Entwicklung Rolf KIESSLING, Ländliches Gewerbe im Sog der Proto-Industrialisierung? Ostschwaben als Textillandschaft zwischen Spätmittelalter und Moderne, in: Jahrbuch für Wirtschaftsgeschichte 2 (1998), S. 49–78.

wie Wolle, Tierhäute und nicht zuletzt auf einheimischen Flachs ausgedehnt. Memmingen stieß sogar noch zu einer weitergehenden Lösung vor, als es 1476 auf der Basis eines Übereinkommens der Zünfte mit der Einrichtung des „Allgäuer Leinwandbundes" eine gemeinsame Lösung mit den Nachbarn fand, die immerhin bis 1532 wirksam blieb.[45] Die Zuordnung des Umlandes auf die Stadt und die Kooperation mit den Herrschaftsträgern des Hinterlandes konnte dabei mit und ohne eigenes Territorium gehandhabt werden – und sie war zumindest so weit erfolgreich, wie die Kontrollmethoden reichten, die zu dieser Zeit zur Verfügung standen.

Die oberschwäbischen Reichsstädte ordneten also im 14. und 15. Jahrhundert „ihr Land" auf ihr Zentrum zu, getragen von der gesamten Bürgergemeinde, von der kaufmännisch-unternehmerischen Oberschicht wie der zünftigen Handwerkerschaft. Diese Strukturelemente einer neuen Zentralität werden besonders klar sichtbar, wenn man sie mit dem Gegenmodell konfrontiert. Die fürstlichen Territorien gingen vielfach den Weg einer Strukturierung des „Landes" mit Städten als zentralen Orten weiter – wie er in den Ansätzen der welfischen und vor allem staufischen Politik sichtbar wurde. So fügten etwa die bayerischen Herzogtümer Städte und Märkte – die in Bayern die Funktion von Kleinstädten übernahmen – in das System einer flächig angelegten Organisation ein, die über die Landgerichte aufgebaut wurde.[46] Auf herrschaftlicher Ebene wird das etwa darin sichtbar, dass die Ratsmitglieder von den Landesbehörden konfirmiert werden mussten und der Finanzaufsicht der Rentmeister unterstellt waren und dass in der Gerichtsbarkeit der Landrichter bzw. Pfleger über der Bürgerstadt stand. Freilich gibt es eine bezeichnende Ausnahme: Die ehemalige staufische Stadt Lauingen an der Donau verfügte über eine privilegierte Stellung, die sie selbstbewusst aus dieser Tradition ableitete – einschließlich der Hochgerichtsbarkeit, die 1437 von Bayern-Landshut akzeptiert wurde, während diese den eigenen Residenzstädten erst im 16. Jahrhundert zugestanden wurde.[47] Auf wirtschaftlicher Ebene wurden nach und nach den städtischen Zünften auch die Landhandwerker zugeordnet. Diese Entwicklungen schlugen zwar erst in der Frühen Neuzeit voll durch, aber sie waren schon im Spätmittelalter angelegt.[48] Die Bürgerstadt blieb hier eine eher untergeordnete Größe, die Stadt war ein zentraler Ort für die Landesherrschaft, in der nicht zuletzt Funktionsträger der Herzöge bestimmend blieben.

---

45  Kiessling, Die Stadt und ihr Land (Anm. 15), S. 481–498.
46  Vgl. dazu Wilhelm Volkert, Das spätmittelalterliche Städtewesen, in: Handbuch der bayerischen Geschichte, Bd. II: Das Alte Bayern, hg. von Max Spindler/Andreas Kraus, München ²1988, S. 578–592; zum Vergleich auch Rolf Kiessling, Die Stadt in Bayern, Franken und Schwaben – vom Mittelalter bis zur Schwelle des modernen Staates, in: Kommunalarchive – Häuser der Geschichte. Quellenvielfalt und Aufgabenspektrum, hg. von Dorit-Maria Krenn/Michael Stephan/Ulrich Wagner, Würzburg 2015, S. 9–40.
47  Kiessling, Die Stadt und ihr Land (Anm. 15), S. 534–541, hier S. 538.
48  Vgl. dazu detailliert Carl A. Hoffmann, Landesherrliche Städte und Märkte im 17. und 18. Jahrhundert. Studien zu ihrer ökonomischen, rechtlichen und sozialen Entwicklung in Oberbayern (Münchener Historische Studien, Abt. Bayerische Geschichte 16), Kallmünz 1997; Ders., Territorialstaat und landesherrliche Politik in Altbayern. Aspekte des Verhältnisses in der Frühen Neuzeit, in: Städtelandschaften hg. von Flachenecker/Kiessling (Anm. 8), S. 81–112.

## Auf dem Weg zur regionalen Politik

Mit den komplexen herrschaftlichen wie wirtschaftlichen Außenbeziehungen hatten die Reichsstädte einen Status erlangt, der sie als selbstständige politische Handlungsträger erscheinen ließ, die in ihren jeweiligen Regionen sowohl alleine wie gemeinsam agieren konnten. Das wurde bereits von Kaiser Ludwig dem Bayern anerkannt, als er sie in der Organisation der regionalen Landfrieden mit eigenständiger Position einbezog:[49] Das Bündnis vom 4. Oktober 1330, das den Auftakt für die weiteren bis 1340 bildete, umfasste zwei Teilregionen, das östliche Schwaben und das westliche Oberbayern. In Ostschwaben waren neben den kaiserlichen Landvögten verschiedene „Herren" – der Bischof von Augsburg, Graf Berthold von Graisbach-Marstetten gen. von Neuffen, die Grafen von Oettingen, die Herren von Mindelberg sowie die Fraß von Wolfsberg und Berchtold Truchseß von Kühlenthal als Repräsentanten des aufsteigenden Niederadels – einbezogen; in Oberbayern aber stand der Viztum Heinrich von Gumppenberg an der Spitze, also ein regionaler Funktionsträger. Die Gruppe der Städte nennt die Reichsstädte von Nördlingen und Donauwörth über Augsburg, Ulm und Biberach bis Memmingen und Kaufbeuren – kurz darauf am 6. Dezember trat noch Kempten bei –, freilich auch Füssen und Dillingen, die beiden Städte des Hochstifts Augsburg, dazu die wittelsbachischen Städte Lauingen, Landsberg und Schongau sowie München, Ingolstadt und Weilheim.

Die signifikante Rolle, die den Städten als Zentren der Exekutive des Landfriedens zugedacht war, spiegelt sich in der Bestimmung, dass die (Reichs-)Städte die „ihr nächstgesessenen Herren und Edelleute" zum Beitritt aufforderten und sie fünf Vertreter der neun Exekutoren stellen sollten. Ein räumlich definierter „Umland"-Bezug wurde dadurch hergestellt, dass die „Nacheile" bei Raubdelikten denen aufgetragen wurde, die „dem Tatort am nächsten" gelegen waren. Die Städte machten jedenfalls das Rückgrat der Organisation aus. Die Erneuerung des Bündnisses von 1333 basierte auf den gleichen Prinzipien, und selbst die räumliche Ausdehnung nach Niederschwaben und in den Bodenseeraum 1331 bzw. die inhaltliche auf den Kontext der Königswahl 1340 behielt zumindest die grundsätzliche Struktur der Exekutive bei. Sie erscheint damit als Ausdruck einer Situation, in der das „Land" auf die Städte als zentrale Orte zu orientiert war, wobei in Schwaben die Reichsstädte an der Spitze standen – und damit in der sich ausformenden Städtelandschaft die Führung übernahmen.

Dieser Ansatz war langfristig wirksam. Ohne die Phase der Schwäbischen Städtebünde und die Konfrontation mit den Fürsten in den Städtekriegen des ausgehenden 14. Jahrhunderts weiter ausführen zu müssen, bei der die Reichsstädte immerhin ihren Status behaupten konnten, erscheint entscheidender, dass dann eine Phase der interständischen Bündnisse folgte, die einen neuen Weg wiesen. Schon in der ersten Hälfte

---

49 Vgl. dazu Die Urkunden und Akten der oberdeutschen Städtebünde vom 13. Jahrhundert bis 1549, Bd. I: Vom 13. Jahrhundert bis 1347, hg. von Konrad RUSER, Göttingen 1979, hier Nr. 541; zum Folgenden Rolf KIESSLING, Städtebünde und Städtelandschaften im oberdeutschen Raum – Schwaben und Altbayern im Vergleich, in: Städtelandschaft – Städtenetz – zentralörtliche Gefüge. Ansätze und Befunde zur Geschichte der Städte im hohen und späten Mittelalter, hg. von Monika ESCHER/Alfred HAVERKAMP/Frank G. HIRSCHMANN (Trierer Historische Forschungen 43), Mainz 2000, S. 79–116.

des 15. Jahrhunderts kam es zu einer „Lokalisierung der Friedensgewalt"[50], und die räumlich begrenzten Städtebündnisse der zweiten Jahrhunderthälfte mündeten schließlich in eine „Regionalisierung der Politik", die auf den Interessenausgleich und die Kooperation zwischen „Nachbarn", d.h. auch der adeligen und klösterlichen Kleinterritorien, zulief.[51] Während Augsburg als angehende Metropole Ostschwabens eher verhalten operierte und stärker auf die Selbstständigkeit setzte,[52] gingen die oberschwäbischen Reichsstädte weiterhin eher den gemeinsamen Weg mit den Nachbarn. Memmingen schloss etwa 1453 und 1460 mit Ulm, Leutkirch, Giengen und Aalen, 1463 mit Ulm, Kempten, Biberach, Gmünd, Isny, Leutkirch und Aalen ein Bündnis, 1484 nur noch mit Ulm, Isny und Leutkirch, also in einer räumlich deutlich reduzierten Konzeption. Auf der anderen Seite stand 1464 die Aussöhnung mit den Herzögen von Bayern-München und 1483 das Bündnis mit Erzherzog Sigmund von Tirol, deren konkurrierender Vorstoß nach Oberschwaben pariert werden sollte.[53] So gesehen waren die Städtebünde als Teil des ständischen Konflikts mit Fürsten und Adel nur eine Übergangsphase des ausgehenden 14. und beginnenden 15. Jahrhunderts. Immerhin stellten sie sicher, dass der bis dahin erreichte Entwicklungsvorsprung der Reichsstädte auf politischer Ebene stabilisiert und anschließend weiter ausgebaut werden konnte. Und aus dieser Perspektive war der Zusammenschluss des Schwäbischen Bundes von 1488 als einer ständeübergreifenden Konstruktion nur die logische Konsequenz dieser Entwicklung. Die Bedeutung als ausgleichende regionale Vereinigung mit der hohen Wirksamkeit seiner „Austrägalgerichtsbarkeit" ist bekannt und braucht hier nicht weiter erörtert zu werden.[54] Weniger bekannt, aber nicht weniger bedeutsam erscheint jedoch, dass auch die alltägliche Versorgungspolitik auf diesem Weg mit dem Instrument der regionalen Übereinkünfte eine Lösung fand, die zumindest zeitweise funktionierte.[55]

Die Entwicklungsfaktoren waren bekanntlich seit der zweiten Hälfte des 15. Jahrhunderts zunehmend von Engpässen in der Versorgung mit Nahrungsmitteln bestimmt:[56] Die sich häufenden Notlagen in den Hungerkrisen, die sich aus dem rasanten Bevölkerungs-

---

50 Heinz ANGERMEIER, Königtum und Landfriede im deutschen Spätmittelalter, München 1966, S. 406–420, Zitat S. 420.
51 Dazu KIESSLING, Die Stadt und ihr Land (Anm. 15), S. 768–775.
52 Vgl. dazu Karl SCHNITH, Die Reichsstadt Augsburg im Spätmittelalter (1368–1493), in: Geschichte der Stadt Augsburg von der Römerzeit bis zur Gegenwart, hg. von Gunther GOTTLIEB/Wolfram BAER/Joseph BECKER, Stuttgart ²1985, S. 153–166.
53 Mit Einzelbelegen KIESSLING, Die Stadt und ihr Land (Anm. 15), S. 344–351; KIESSLING, Memmingen im Spätmittelalter (Anm. 31), S. 234–239.
54 Vgl. umfassend Horst CARL, Der Schwäbische Bund 1488–1534. Landfrieden und Genossenschaft im Übergang vom Spätmittelalter zur Reformation (Schriften zur südwestdeutschen Landeskunde 24), Leinfelden-Echterdingen 2000.
55 Zum Folgenden Rolf KIESSLING, Die „Nachbarschaft" und die „Regionalisierung" der Politik. Städte, Klöster und Adel in Ostschwaben um 1500, in: Europa 1500. Integrationsprozesse im Widerstreit: Staaten, Regionen, Personenverbände, Christenheit, hg. von Ferdinand SEIBT/Winfried EBERHARD, Stuttgart 1987, S. 262–287; Rolf KIESSLING, Die Überwindung herrschaftlicher Grenzen durch regionale Zusammenarbeit. Ostschwaben im 15./16. Jahrhundert, in: Menschen und Grenzen in der Frühen Neuzeit, hg. von Wolfgang SCHMALE/Reinhard STAUBER (Innovationen Bd. 2), Berlin 1998, S. 155–170.
56 Vgl. dazu jetzt die entsprechenden Kapitel bei Rolf KIESSLING/Frank KONERSMANN/Werner TROSSBACH, Grundzüge der Agrargeschichte, Bd. 1: Vom Spätmittelalter bis zum Dreißigjährigen Krieg (1350–1650), Köln u. a. 2016.

anstieg ergaben und die Getreidepreise in die Höhe trieben, die die Versorgung mit Fleisch aus Ostmitteleuropa, für Schwaben insbesondere aus Ungarn und Böhmen, als Ausweg nach sich zogen,[57] aber auch und nicht zuletzt der Bezug von Flachs aus dem Umland der Städte, der die eminente Produktionssteigerung im Textilgewerbe nur mehr bedingt auffangen konnte, forderten die reichsstädtische Politik im herrschaftlich vielgestaltigen Schwaben geradezu auf, die Kooperation mit den Nachbarn anzuvisieren. Was sich mit dem Weberbund von 1476 zwischen den Zünften bereits abzeichnete, nämlich zu Übereinkünften zu kommen, die regional ausgerichtet und flächig konstruiert waren, entwickelte sich zunehmend zu einem Modell, das auf andere Wirtschaftsbereiche übertragen werden konnte und dabei Adelsherrschaften und Klöster als Partner einbeziehen ließ – die ihrerseits ein hohes Interesse an einer Optimierung der Marktbeziehungen hatten. So kam es beispielsweise zwischen 1491 und 1540 zu gemeinsamen Regelungen des Getreidehandels, 1542/43 auch des Viehhandels – wenn das auch nur einzelne Ergebnisse gegenüber der wesentlich dichteren Abfolge von Regelungen im Textilsektor waren, so markieren sie doch eine neuartige Dimension der regionalen Politik. Damit waren die Reichsstädte zu gleichberechtigten Partner der Territorialherren geworden. Die schon angedeutete personelle Verflechtung der reichsstädtischen Oberschicht mit dem Landadel, ihre wichtige Rolle als Räte in den territorialen Regierungen wie im Reichsdienst mochte die Aussicht auf die Wirksamkeit solcher Lösungen erhöht haben – wenn auch nicht von Gleichrangigkeit gesprochen werden kann.

Diese Linien lassen sich sogar noch weiterziehen bis zu den spektakulären Vorgängen, die man als „Italienische Option" bezeichnen kann: In der Anfangsphase des Schmalkaldischen Krieges, als die Kontingente der oberschwäbischen Reichsstädte ihr jeweiliges Umland besetzten und der Reformation zuzuführen versuchten, schien am Horizont eine Aufteilung Oberschwabens in Stadtrepubliken auf.[58] Freilich blieb das wegen des weiteren Kriegsverlaufs eine Episode, aber diese Zukunftsperspektive weist auch zurück auf die Anfänge und den Verlauf der umlandbezogenen Politik.

## Fazit

Die zeitlich sehr weit ausgreifenden Überlegungen zur Politik der Reichsstädte haben den Ansatzpunkt, das Erbe der Welfen und Staufer, in den Hintergrund gerückt. Ziel der Überlegungen aber war es, die Weichenstellung der nachstaufischen Zeit, beginnend mit dem ausgehenden 13. Jahrhundert, in ihrer Relevanz aufzuzeigen: Der damals eingeschlagene Weg zum Status der Reichsstadt, zur (fast) autonomen Stadt, die von einer Gemeinde prinzipiell gleichberechtigter Bürger getragen wurde – weshalb ihr die Quali-

---

57  Dazu jüngst Anna-Maria GRILLMEIER, Fleisch für die Stadt. Ochsenimporte nach Augsburg und Schwaben im 15. und 16. Jahrhundert. Importumfang, Organisation und Infrastruktur (Studien zur Geschichte des bayerischen Schwaben 44), Augsburg 2018.
58  Vgl. dazu Rolf KIESSLING: Eine italienische Option? Zur Politik der schwäbischen Reichsstädte in der Mitte des 16. Jahrhunderts, in: Faszinierende Frühneuzeit. Reich, Frieden, Kultur und Kommunikation 1500–1800. Festschrift für Johannes Burkhardt zum 65. Geburtstag, hg. von Wolfgang E. J. WEBER/ Regina DAUSER, Berlin 2008, S. 95–112.

tät der Herrschaftsausübung noch im 16. Jahrhundert abgesprochen wurde –, löste diese kommunale Organisation zunächst aus ihren alten räumlichen Beziehungen heraus; sie verlor ihre Einbindung in eine flächig angelegte präterritoriale Politik und wurde zumindest tendenziell zu einer „Insel" im herrschaftlichen Raum der jeweiligen Region. Somit mussten diese Bürgerstädte die Beziehungen zum Umland – nicht zuletzt aus Gründen der eigenen Versorgung – erst wieder neu aufbauen, und dabei waren sie gerade in Schwaben erfolgreich, da es letztlich nicht nur darum ging, ein eigenes Territorium zu generieren, sondern darum, die Beziehungen in die Umgebung zu verdichten und zu kontrollieren. Die Reichsstädte begriffen sich somit selbst als Zentren eines mehr oder weniger ausgedehnten Umlandes und wurden als solche Partner der territorialen Herrschaftsträger. Sie bildeten damit zwar eine eigene Gruppe eines eigenständigen Typs mit durchaus sehr individuellen Zügen, aber sie stellten nur das Gerüst der sich formierenden Städtelandschaft dar; denn dazu gehörten auch die kleinen und mittleren Landstädte, mit denen ebenfalls ein Geflecht von Beziehungen aufgebaut wurde.

Erst mit der Aufhebung des Reichsstadtstatus durch die modernen Staaten des beginnenden 19. Jahrhunderts wurde wieder ein Wendepunkt erreicht: Die Mediatisierung zog eine weitgehende Rückkehr zur Stadt als zentralem Ort nach sich, d. h. als Verwaltungsmittelpunkt, der auch durch die anschließende verfassungsmäßige Verankerung der Selbstverwaltungsrechte nur bedingt aufgehoben wurde.

# Memoria Welforum

## Die Welfen in der Erinnerungskultur der Mönche des Klosters Weingarten 1056–1803 mit Ausblicken auf die nachklösterliche Zeit

Hans Ulrich Rudolf

## Die Welfen und Weingarten

Fast alle geschichtlichen und kulturellen Besonderheiten, welche Weingarten vor anderen vergleichbaren Orten auszeichnen, verdankt die Stadt dem Adelsgeschlecht der Welfen. Deren Residenz befand sich seit dem 9./10. Jahrhundert bis ca. 1056 auf der Anhöhe (dem später so genannten „Martinsberg") über dem bis 1865 „Altdorf" genannten Ort. Als Welf IV. die Residenz um 1050 auf die nahe Ravensburg zu verlegen begann, gründete er 1056 in der bisherigen Residenz mit Mönchen aus Altomünster ein später „Weingarten" genanntes benediktinisches Eigen- oder Hauskloster, in das er auch seine Familiengrablege verlegte (Abb. 1). Die kulturelle, politische, religiöse und wirtschaftliche Zentralität des Ortes, zuerst als Welfenresidenz und danach als Kloster und Wallfahrtsort, bewirkte, dass sich aus dem ursprünglichen Alamannendorf allmählich eine stadtähnliche Siedlung entwickelte.

Von besonderer Bedeutung war das Jahr 1094, als das welfische Ehepaar Herzog Welf IV. (1056–1101) und Judith von Flandern den Mönchen testamentarisch neben Landgütern auch Judiths reiche Haus-Capella, bestehend aus kostbaren Handschriften, liturgischen Geräten, Gewändern, Reliquien und insbesondere einer Blut-Christi-Reliquie (Abb. 2 und 3), vermachten.[1]

Zu diesem sog. „Heiligen" oder „Kostbaren Blut" (*preciosissimus sanguis*), das man auf die Kreuzigung Christi auf Golgotha zurückführte, entwickelte sich rasch eine bedeutende Wallfahrt, die das Kloster angesehen und reich machte. Die Reliquie war

---

1 Zur Geschichte der Verehrung des Weingartener Kostbaren Bluts vgl. ausführlich Hans Ulrich Rudolf, Die Heilig-Blut-Verehrung im Überblick. Von den Anfängen bis zum Ende der Klosterzeit (1094–1803), in: 900 Jahre Heilig-Blut-Verehrung in Weingarten 1094–1994, hg. von Norbert Kruse/Hans Ulrich Rudolf im Auftrag des Heilig-Blut-Kuratoriums, unter Mitarbeit von Rupert Feneberg/Rolf Schaubode/Bruno Schmid/Markus Talgner, Sigmaringen 1994, S. 3–51.

1   Ein Welfenlöwe in Weingarten. Wer vom äußeren Klosterhof her durch den Innenhof des Schlossbaus zur Kirche strebt, den begrüßt seit dem 4. Juli 1999 ein originalgetreuer Bronzeabguss der weltberühmten Löwenplastik, die Herzog Heinrich der Löwe um 1166 vor seiner Pfalz Dankwarderode bei Braunschweig als eine der ersten großen Metallskulpturen des Mittelalters hatte aufstellen lassen. Der Weingartener Löwe soll weniger an Herzog Heinrich erinnern, sondern als altes Welfenwappen an den Ursprung der Welfenfamilie seit dem 9. Jahrhundert in Altdorf (heute: Stadt Weingarten) und an die Welfengruft, die sich wenige Meter entfernt in der ehemaligen Klosterkirche befindet (Foto: Hans Ulrich Rudolf).

auch der Anlass zu dem seit 500 Jahren bestehenden Brauchtum des sog. „Weingartener Blutritts", der heute mit gegen 3000 Teilnehmern zu Pferd größten Reiterprozession Europas, die alljährlich am Freitag nach Himmelfahrt, am sog. „Blutfreitag", stattfindet.[2]

Ausgangspunkt und Ziel des Wallfahrtsritts ist die Basilika (1715–1724) inmitten der im 18. Jahrhundert barockisierten Klosteranlage auf dem Martinsberg, eine der größten Barockkirchen nördlich der Alpen.

Als im Jahre 1803 infolge der Säkularisation Weingarten mit Altdorf vereinigt und das bisherige „Altdorf-Weingarten" 1865 zur Stadt erhoben wurde, nahm diese den Namen des berühmteren ehemaligen Klosters an: „Weingarten".

---

2   S. Hans Ulrich RUDOLF, Die Geschichte des Blutritts im Überblick. Von den Anfängen bis zur Gegenwart, in: 900 Jahre Heilig-Blut-Verehrung (Anm. 1), S. 701–754.

2 und 3   Heilig-Blut-Reliquiare. Links das unter Abt Berthold (1200–1231) um 1217 geschaffene (vermutlich) erste Weingartener Reliquiar. Rechts das zum 900-Jahr-Klosterjubiläum 1956 neu geschaffene heutige (fünfte) Reliquiar (Foto: Stadtarchiv Weingarten u. Basilika/Kirchengemeinde St. Martin)

Es war das Verdienst der Mönche des ersten Klosters auf dem Martinsberg, zwischen 1056 und 1803 die vielfältigen Wohltaten der Welfen immer in Erinnerung zu halten und ihr wertvollstes Erbe, die Reliquie des „Kostbaren Blutes Christi", zu pflegen. Diese Erinnerungskultur ist nach dem Ende der Klosterzeit nicht kontinuierlich und nicht ungeschmälert weiter gepflegt worden, sondern hat nach der Säkularisation, im 19./20. Jahrhundert, einen beträchtlichen Bedeutungsverlust erfahren. Die Tradition des Blutritts ausgenommen, ist sie erst seit der 2. Hälfte des 20. Jahrhunderts durch die moderne Geschichts- und Kulturwissenschaft wieder aufgegriffen und weiterentwickelt worden.

## Die Welfen im frommen Andenken der Mönche
### Die Jahr- oder Todestage der Stifter Judith und Welf

Es war in Klöstern – und zumal in Eigenklöstern, wie dem 1056 gegründeten Kloster Weingarten – selbstverständlich, dass ihre Mönche/Nonnen Tag und Nacht für das Seelenheil ihrer Gründer/Stifter zu beten hatten. Hinzu trat in Weingarten die regelmäßige indirekte Memoria anlässlich der liturgischen (Abb. 4) und karitativen Aufgaben, zu denen die Mönche aufgrund der großzügigen Schenkungen Judiths und Welfs IV. von 1094³ verpflichtet waren.

## Pflicht zum liturgischen Totengedächtnis

Wenn die Mönche jährlich am 12. November das Kirchweihfest feierten, dann erinnerten sie sich mit besonderer Dankbarkeit der welfischen Stifter. Das belegt das Messbuch Abt Bertholds (1200–1231), das sog. „Berthold-Sakramentar" von 1217,⁴ durch eine ganzseitige Miniatur des sog. „Bertholdmeisters" zu diesem Tag (Abb. 4). Diese zeigt einen vor dem Altar knienden (welfischen) Fürsten.⁵

Die Schenkungsurkunde, das Testament Judiths von 1094, bestimmt unter den Pflichten der beschenkten Mönche: „Darüber hinaus ist für ewige Zeiten bestimmt, täglich eine Messe für ihre Seelenruhe zu feiern; an den großen Festtagen aber, weil es da nicht erlaubt ist, eine Totenmesse zu feiern, und wann sonst es eine andere Notwendigkeit erfordert, soll diese vorher oder nachher gefeiert werden." Wichtig war dem Testament Judiths auch die Speisung der Hungrigen, also die Fürsorge für die Armen: „Dies aber sind die festgesetzten jährlichen Nahrungsmittelabgaben, die jedes Jahr täglich [d. h. an den Jahrtagen] an 12 Arme aus den Speichern der Mönche zum Heil der Seelen der beiden Stifter verteilt werden sollen: 26 Malter Dinkel, 40 Malter Roggen für Brot; als Zukost weitere 10 Malter Dinkel, zehn Malter Hülsenfrüchte, vier Schafe; drei Schweine, vierzig Malter Hafer zu einem Getränk, zwei Scheffel Salz,

4   Kirchweihfest im sog. Berthold-Sakramentar. Ein durch die Krone als Fürst ausgezeichneter Beter kniet unter einer Kuppel und einem Radleuchter; er könnte auf den Klostergründer Welf IV. hindeuten (Quelle: Berthold-Sakramentar. Miniatur des Bertholdmeisters zum Kirchweihfest am 12.11. im Messbuch des Abts Berthold. New York, Pierpont Morgan Library and Museum, MS M. 710, fol. 127r).

---

3   Lat. Urkunde in: WUB, Bd. 2, Nr. 245, S. 302f. – Dt. Übersetzung von Norbert KRUSE, in: Der Weg des Heiligen Bluts von Mantua nach Altdorf-Weingarten, in: 900 Jahre Heilig-Blut-Verehrung (Anm. 1), S. 68–70.
4   Vgl. den Kommentarband zur Faksimileausgabe 1995: Das Berthold-Sakramentar. Kommentarband, hg. von Felix HEINZER/Hans Ulrich RUDOLF, Graz 1999.
5   New York: Pierpont Morgan Library and Museum, MS M. 710, fol. 127r.

drei Mark für Kleidung. Weiter sollen an diesem Jahrtag [d.h. ihres Todes] 100 Arme gespeist werden; dafür sollen ebenfalls aus dem Speicher der Mönche ausgeteilt werden: 1½ Scheffel Dinkel für Brot, fünf Krüge Bier, ein Scheffel Hülsenfrüchte und Brotstücke."

Vermutlich dachten die Mönche auch an die im „Weingartener Totenbuch" (Necrologium Weingartense)[6] aus dem 12./13. Jahrhundert überlieferten Todestage der einzelnen welfischen Stifter. In welchem zahlenmäßigen und zeitlichen Umfange das geschah, entzieht sich freilich (noch) unserer Kenntnis.

## Die Aufgabe der Geschichtsschreibung

Zu den Aufgaben der Mönche des welfischen Hausklosters, die die Buchkultur schon 1056 aus ihrem Ursprungskloster Altomünster mitgebracht hatten, gehörte auch die Pflege der Geschichte der Stifterfamilie. Das erste Werk, veranlasst wohl durch die im Jahre 1123 erfolgte Heiligsprechung des der Welfenfamilie entstammenden Konstanzer Bischofs Konrad (um 900–975), war vermutlich die Genealogia Welforum (Welfisches Geschlechtsregister) (1123/1126).[7] In der Folge entstanden auch die Annales Welfici Weingartenses (Weingartener Welfenannalen)[8] mit annalistischen Nachrichten zu den Welfen zwischen 1101 und 1184.

5   Hauptschiff der (zweiten) Klosterkirche, um 1630. Innenansicht der romanischen flachgedeckten Säulenbasilika (1122–1715), die zum Chor hin durch einen gotischen Lettner abgeschlossen wird (Quelle: Kol. Federzeichnung von Pater Gabriel Bucelin von 1630. Standort und Foto: Stuttgart: Württ. Landesbibliothek, HB V 4a, fol. 194r).

---

6   Necrologium Weingartense, hg. von Franz Ludwig BAUMANN, in: MGH Necrologia Germaniae, Bd. 1, Berlin 1888, S. 221–232.
7   Genealogia Welforum, hg. von Georg WAITZ, in: MGH SS 13, Hannover 1881, S. 733f. Dazu Georg WAITZ, Über eine alte Genealogie der Welfen, in: Abh. der Berliner Akademie der Wissenschaften, Berlin 1881, S. 1-15.
8   Annales Welfici Weingartenses, Lat. Text mit dt. Übersetzung, in: Historia Welforum, hg. von Erich KÖNIG, Stuttgart/Berlin 1938 (ND Sigmaringen 1978), S. 86–95.

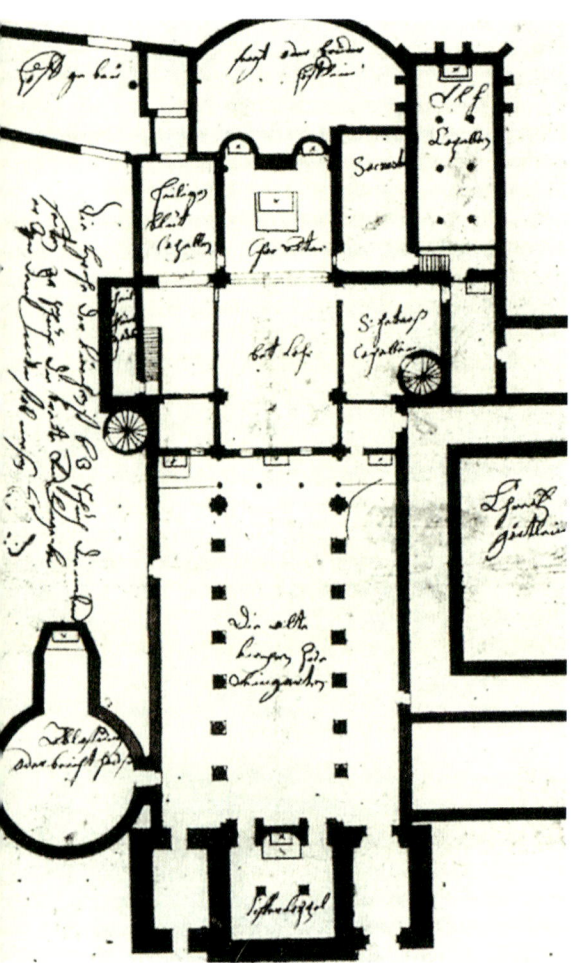

6   Grundriss der Klosterkirche („Münster II"). Das Aufmaß der alten Klosterkirche entstand um 1700 als Vorbereitung für den barocken Neubau. Die Beschriftungen weisen auf die damaligen Nutzungen hin, z. B. „Stifterkappel" (Oswaldkapelle) und „Heiligen Blutt Capellen" (Heilig-Blut-Kapelle) (Foto: Auer Lehrgang 5, S. 178 f. [Privatbesitz]/Stadtarchiv Weingarten).

Als Hauptwerk der Weingartener Klostergeschichtsschreibung galt lange Zeit die Historia Welforum (Welfengeschichte),[9] die erste Geschichtsdarstellung eines europäischen Herrschergeschlechts, die sich stark auf die o. g. Genealogia Welforum stützte. Sie war aber nicht – wie aufgrund einer Weingartener Abschrift fälschlich angenommen worden war – im Kloster Weingarten entstanden, sondern um 1170, vermutlich im Auftrag Herzog Welfs VI., durch einen Geistlichen am Welfenhof in Memmingen verfasst worden. Erst später entstand im Kloster Weingarten die o. g. Abschrift der Urfassung der Historia mit Erweiterungen.[10]

## Ein Monument der Welfenmacht
### Die (zweite) Klosterkirche

Das Repräsentationsbedürfnis der Welfen, und speziell das Herzog Welfs IV. (1056–1101), erforderte, dass ihr Haus- und Grabkloster eine ansehnliche Klosterkirche erhielt, die den Anspruch und die Machtstellung des Geschlechts ausdrückte. Wahrscheinlich verhinderte aber der Investiturstreit (1056–1122) eine rasche Realisierung dieser Bauabsicht. Der Kirchenbau wurde erst 1124 unter Welfs Sohn Herzog Heinrich dem Schwarzen (1101–1126) und Abt Kuno von Waldburg (1109–1132) in Angriff genommen. Die Bauzeit erstreckte sich über viele Jahrzehnte; dies war wohl nicht nur der Größe der 82 m langen Säulenbasilika mit Flachdach geschuldet (Abb. 5 und 6), sondern auch der wechselhaften Entwicklung der welfischen Machtstellung in jener Zeit. Am 12. November 1182 wurde der Bau endlich unter Herzog Welf VI. (1126–1191) und Abt Werner von Markdorf (1181–1188) durch Bischof Berthold

---

9   Fulda: Hessische Hochschul- und Landesbibliothek, Cod. D II, hg. von Ludwig WEILAND, in: MGH SS 21, Hannover 1869, S. 454–471; dazu: KÖNIG, Historia Welforum (Anm. 8), S. IX. Heinrich Canisius hatte sie bereits 1601 herausgegeben unter dem Titel *Historia de Gwelfis principibus auctore Altorfensi sive Weingartensi monacho*, Ingoldstadt 1601. Neuausgabe: KÖNIG, Historia Welforum (Anm. 8).
10   Berlin: Staatsbibliothek: Ms. lat. Quart. 795, fol. 70r–83r.

von Konstanz (1174–1183) geweiht; er zählte lange Zeit zu den größten Kirchbauten des Abendlandes.

## Die Kapelle St. Oswald mit der Welfengrablege

Nachdem die Welfen ihre toten Familienangehörigen zuerst in der Klosterkirche des 1155/56 aufgelösten und von Altdorf nach Altomünster verpflanzten Frauenklosters an der Scherzach beigesetzt hatten, wurden sie beim Bau der Klosterkirche (1124–1182) auf dem Martinsberg dort in eine neue Grablege, die sog. „Oswaldkapelle", transloziert. Diese fand ihren Platz im Westen, zwischen den beiden Turmschäften, quasi am Eingang in die Pilgerkirche. Mit Altar und Orgel war sie voll als „Gegenchor" ausgebildet. Ihre Ausgestaltung um 1630 ist uns durch eine kolorierte Federzeichnung Pater Gabriel Bucelins (1599–1681) überliefert (Abb. 7).[11] Damals erinnerten außer dem Wappenschild der Welfen an der Chorschranke auch 12 Tafelgemälde an die dort (angeblich) bestatteten Familienmitglieder. Die Kapelle wurde 1715 zum Auftakt des Neubaus der Basilika mitsamt der übrigen romanischen Klosterkirche abgebrochen; die Gebeine wurden später in eine neue Krypta (s. u.) transferiert.

## Die Heilig-Blut-Kapelle(n)[12]

Die Aufbewahrung der kostbaren Heilig-Blut-Reliquie und der Ort ihrer Verehrung wechselten mehrmals in der Geschichte des Klosters.[13] Ihr ursprünglicher Aufbe-

7 Die Oswald- oder Welfengrabkapelle, 1122–1715 (Kolorierte Federzeichnung von Pater Gabriel Bucelin, um 1630. Foto: Stuttgart, Württ. Landesbibliothek: HB V 3, fol. 180r).

---

11  Stuttgart: Württ. Landesbibliothek, HB V 3, fol. 180r.
12  S. Hans Ulrich RUDOLF, Kapellen-Altäre-Reliquiare. Die Aufbewahrung des Heiligen Bluts im Überblick, in: 900 Jahre Heilig-Blut-Verehrung (Anm. 1), S. 251–280.
13  Hans Ulrich RUDOLF, Kapellen-Altäre-Reliquiare (Anm. 12).

8 Die Heilig-Blut-Kapelle (1599–1715). Das Reliquiar befand sich in der Heilig-Blut-Lade auf dem Altar. Die Statuen an der Südseite stellen die Stifterin Judith sowie die Päpste Leo III. und Leo IX. dar, zu deren Zeiten die Reliquie (804 und 1048) aufgefunden worden sein soll (kolorierte Federzeichnung von Pater Gabriel Bucelin, um 1642, Foto: Stuttgart, Württ. Landesbibliothek, HB V 7, fol. 602r).

wahrungsort ist unsicher/umstritten. Von 1276 bis 1487 befand er sich – gut zugänglich für die Pilger – in einer Kapelle im Schaft des nordwestlichen Turms, neben der „Oswaldkapelle", um danach bis 1599 in den zentralen Chor vor dem Mönchschor „verlegt" zu werden. Als der päpstliche Nuntius Hieronymus Graf Portia das Kloster 1595 im Geiste der Tridentinischen Reform visitierte, bemängelte er, die Ströme der Wallfahrer würden das Officium der Mönche stören. Daraufhin wurde die Reliquie 1599 feierlich in eine nördlich des Chors eigens hergerichtete Kapelle, die ehemalige Königsegger oder Heilig-Geist-Kapelle, übertragen. Mehrere kolorierte Federzeichnungen Pater Gabriel Bucelins von 1642 zeigen den Innenraum dieser neuen Heilig-Blut-Kapelle und Details ihrer Ausstattung.[14] An den Wänden erinnerten z. B. Statuen an die welfischen Stifter Judith und Welf IV. (Abb. 8).

## Welfen- und Staufermemoria – auch zum Schutz des Klosters

### Ansippung der Hohenstaufen an die Welfen

Entsprechend der juristischen Denkweise der Zeit waren Rechtsansprüche umso sicherer und unbestreitbarer, je älter sie waren. Die Weingartener Mönche versuchten den Wechsel der Klostervogtei von den Welfen auf die Hohenstaufen zu glätten. Was lag näher, als den Dynastiewechsel 1191 von Herzog Welf VI. auf Kaiser Friedrich I. Barbarossa und seine Nachkommen quasi als innerfamiliäre Erbfolge zu sehen und darzustellen. Über Barbarossa, den Sohn des staufischen Schwabenherzogs Friedrich II. und Judiths, der Tochter des Welfenherzogs Heinrich des Schwarzen (1101–1126), sippten sie die Hohenstaufen quasi an die Welfen an. Alle Rechts- und Besitzansprüche des Klosters erhielten dadurch nicht nur den Schutz der kaiserlichen Autorität, sondern auch den der zeitgenössischen welfischen Macht; sie wurden zudem über die Welfen als Klosterstifter weit in die Vergangenheit zurückgeführt.

14 Gabriel BUCELIN, in: Stuttgart, Württ. Landesbibliothek, HB V 7, fol. 600r, fol. 601r und fol. 603r. Abbildungen bei Hans Ulrich RUDOLF, Kapellen-Altäre-Reliquiare (Anm. 12).

## Der Welfenstammbaum[15]

Diese Denkweise zeigt bildhaft der berühmte Welfenstammbaum: Diese Ende des 12. Jahrhunderts im Kloster Weingarten entstandene erste (bekannte) Darstellung eines Adelsgeschlechts in der Metapher des Baumes beschließt das älteste Weingartener Nekrolog (Totenbuch). Der Stammbaum endet in seinem letzten (groß dargestellten) Seitentrieb mit Kaiser Friedrich I. Barbarossa (Abb. 1a im Beitrag von Heinz Krieg). In der heutigen Handschriftenüberlieferung[16] folgt auf das Weingartener Nekrolog die Historia Welforum. Diese wird eingeleitet durch eine ebenfalls berühmte Abbildung, die Kaiser Friedrich I. Barbarossa inmitten seiner Söhne König Heinrich VI. und Herzog Friedrich von Schwaben zeigt (Abb. 1b im Beitrag von Heinz Krieg).[17] Die heute aufeinander folgenden beiden Buchmalereien standen sich ursprünglich nicht gegenüber, sondern gehörten als Abschlussbild (Stammbaum) und Einleitungsbild (Barbarossa) zu selbstständigen, ursprünglich getrennten Manuskripten und wurden erst später, quasi zum Ausdruck einer gedachten inneren Verwandtschaft, „vereinigt".

## Urkundenfälschungen im 13. Jahrhundert

Solange das Kloster in der Schutzvogtei der im Reich, besonders in Süddeutschland und Italien, mächtigen Welfen gestanden hatte, waren die Weingartener Mönche und ihr Kloster vor Übergriffen sicher gewesen. Nachdem der Welfenbesitz unter den Söhnen Heinrichs des Schwarzen (1101–1126), Welf VI. und Heinrich der Stolze, aufgeteilt worden war, entwickelten sich zwei Linien. Der Sohn Heinrichs des Stolzen, Herzog Heinrich der Löwe, übernahm überwiegend den norddeutsch-sächsischen Welfenbesitz und errichtete sich die Pfalz Dankwarderode bei Braunschweig. Als sein Onkel Herzog Welf VI., der den süddeutschen Besitz innehatte, nach dem Tod seines Sohnes Welf VII. 1167 ohne Erben blieb, gelang es seinem staufischen Neffen Kaiser Friedrich I. Barbarossa (1152–1189) durch einen geschickten Schachzug, von Herzog Welf VI. die Ansprüche auf dessen italienischen und süddeutschen Anteil des Welfenbesitzes käuflich zu erwerben – anstelle Heinrichs des Löwen! Nach dem Tod Herzog Welfs VI., der sich neben seinem Sohn in dem von ihm gegründeten Kloster Steingaden begraben ließ, ging 1191 der süddeutsche Welfenbesitz dann tatsächlich in staufische Hand über. Weingarten rückte dadurch freilich an den Rand des politischen Interesses der Staufer. Diese konzentrierten sich unter den Kaisern Heinrich VI. (1189–1197) und Friedrich II. (1215–1250) stärker auf Italien und Sizilien und waren infolgedessen meist aus dem Reich abwesend. Ihre zahlreichen Klostervogteien konnten sie daher nicht persönlich wahrnehmen, sondern mussten sie ihren Ministerialen anvertrauen. Auch die Vogtei über den Weingartener Klosterbesitz kam so in die Hände von Ministerialen. Als dann die staufische Machtstellung unter Kaiser

---

15  Hans Ulrich RUDOLF, Der Weingartener Welfenstammbaum – Urtyp aller Stammbäume?, in: Kunst im Exil. Kunstwerke aus dem Landkreis Ravensburg in aller Welt, hg. von der Kreissparkasse Ravensburg, konzipiert von Kai-Michael SPRENGER; red. von Gebhard Haggenmiller/Axel Schlabitz/Kai-Michael Sprenger (Zeitzeichen 2009), Ravensburg 2009, S. 6–9 mit Abb.
16  Handschrift heute Fulda: Hessische Hochschul- und Landesbibliothek, D II, fol. 13v.
17  Ebd. D II, fol. 14r.

Friedrich II. ins Wanken geriet und mit dem Ende der Staufer, in der Zeit des sog. Interregnums (1254–1273), schließlich „verschwand", zögerten die Untervögte nicht, ihre Vogteirechte zu Übergriffen auch auf den Weingartener Klosterbesitz zu missbrauchen. Der Widerstand und die Klagen der Mönche bewirkten angesichts ihrer schlechten Beweislage und der im Interregnum schwachen Königsmacht wenig.

Zur Abwehr weiterer Übergriffe und zur Rettung des ehemals staufischen Reichsguts erklärte König Rudolf von Habsburg (1273–1291) in einer gefälschten Urkunde von 1274 Weingarten zur Reichsabtei und forderte seinen Reichslandvogt Hugo von Werdenberg auf, einige Reichsministerialen – darunter die Schenken von Winterstetten, die Truchsessen von Waldburg und die Herren von Liebenau – vor das königliche Hofgericht zu laden, weil sie sich Weingartener Vogteirechte angemaßt oder sie missbraucht hatten.

Gleichzeitig versuchten aber die Weingartener Mönche, sich der Gefahren auch auf andere Weise zu erwehren. In hektischer Aktivität fälschten gegen Ende des 13. Jahrhunderts zwei unbekannte Mönche, die sog. „Fälscher A" und „Fälscher B", wichtige Urkunden von Kaisern, Königen, Fürsten und Päpsten, indem sie sich echter Urkunden aus dem Klosterarchiv bedienten, ihnen zentrale Formulierungen und die echten Siegel entnahmen und daraus geschickt neue Urkunden veränderten Inhalts schufen. Die Mönche wollten sich dadurch keineswegs betrügerisch neue Besitz- und Rechtstitel erschleichen, sondern nur solche vorhandenen Rechte absichern, für die sie keine Urkunden vorweisen konnten. Da die „innere Wahrheit" der Fälschungen nicht oder nur geringfügig im Widerspruch zu den realen Verhältnissen stand, erkannten König Rudolf und seine Nachfolger solche Fälschungen immer wieder an und legalisierten sie dadurch.[18]

Das Interesse an einem Traditionsanschluss der Staufer an die Welfen wird auch aus den o.g. Urkundenfälschungen deutlich. Die Fälscher ließen z.B. in gefälschten Urkunden die staufischen Kaiser Friedrich I. und Heinrich VI. den Herzog Welf IV. als „Vorfahr unseres Adelsgeschlechts" oder als „unser väterlicher [d.h. von Vaterseite her] Vorfahr" bezeichnen.[19]

## Das Stifterbüchlein von ca. 1500[20]

Nach dem Übergang der Landvogtei Schwaben mit der Schutzvogtei über das Kloster an die Habsburger im 15. Jahrhundert geriet das Kloster – wie andere im Amtsbereich und Umkreis der Landvogtei gelegene Klöster und Herrschaften – in Gefahr, unter die Landesherrschaft des Habsburgers Maximilian I. zu geraten, der damals versuchte, das alte (staufische) Herzogtum Schwaben zu restituieren. Das Kloster wehrte sich dagegen u.a. mit dem Verweis auf die 1191 an die Staufer übergegangene welfische Stiftervogtei und

---

18 Wilfried KRALLERT, Die Urkundenfälschungen des Klosters Weingarten, in: Archiv für Urkundenforschung 15 (1938), S. 235–304, hier 275.
19 Urkunde Friedrichs I. vom 29.5.1155 (WUB, Bd. 2, Nr. 350, S. 83) und Urkunde Heinrichs VI. vom 4.4.1193 (WUB, Bd. 2, Nr. 475, S. 284).
20 Vgl. Hans Ulrich RUDOLF, Kostbare Buchmalerei als politisches Manifest – Das Weingartener Stifterbüchlein, in: Im Oberland 19, H.1 (2008), S.11–19 mit Abb. DERS, Das „Stifterbüchlein" als Mittel der Publizistik, in: Vom Dorf der Alamannen zur Stadt des Heiligen Bluts. Weingarten gestern und heute, hg. von Hans Ulrich RUDOLF, Lindenberg 2015, S. 90–91, hier 90f. Abb.

9  Herzog Welf IV. Miniatur aus der Prunkfassung des um 1500 geschaffenen Welfischen „Stifterbüchleins" (Foto: Stuttgart, Württ. Landesbibliothek, Cod. Hist. Q 584, fol. 25v)

10  Judith von Flandern. Miniatur aus der Prunkfassung des um 1500 geschaffenen Welfischen „Stifterbüchleins" (Foto: Stuttgart, Württ. Landesbibliothek, Cod. Hist. Q 584, fol. 26r)

die von König Rudolf (1273–1291) 1274 verbriefte Reichsunmittelbarkeit. In diesem Zusammenhang ließ das Reichsstift zum Ende des 15. Jahrhundert das sog. „Stifterbüchlein" schreiben und ausmalen – auswärts, da das Kloster seit dem 14. Jahrhundert kein dazu fähiges Skriptorium mehr besaß. Die ausdrücklich dem Habsburger Maximilian I. als dem Kaiser (1493–1519) und nicht als dem habsburgischen Landesherrn gewidmete Schrift trägt den Titel Historia Guelphica cum iconibus (Geschichte der Welfen mit Bildern).[21] Sie verweist in Bild und Wort auf die lange Reihe der welfischen Stifter und Klostervögte sowie auf ihre staufischen Nachfolger, die Kaiser Friedrich I. Barbarossa, Heinrich VI., Philipp von Schwaben und Friedrich II. (Abb. 9–13), und erwähnt Wohltaten, die das Kloster von ihnen erfahren hatte. Am Schluss werden auch noch die sog.

---

21  Stuttgart: Württ. Landesbibliothek, Cod. hist. quart. 584 (Prunkfassung: vollständig ausgemalt und goldverziert).

11  Kaiser Friedrich I. Barbarossa als „Welfe". Der Sohn der Welfentochter Judith wird ganz selbstverständlich unter die Welfen eingeordnet. Miniatur aus der Prunkfassung des um 1500 geschaffenen Welfischen „Stifterbüchleins" (Foto: Stuttgart, Württ. Landesbibliothek, Cod. Hist. Q 584, fol. 43r)

12  Welf IV. – Stifterbüchlein: Originalfassung. Miniatur aus dem vermutlich ältesten Exemplar der drei erhaltenen Fassungen des um 1500 geschaffenen Welfischen „Stifterbüchleins". Es fehlt das Rahmenwerk und die Goldverzierung der Prunkfassung (Foto: Stuttgart, Hauptstaatsarchiv, B 515 Hs. 5b, fol. 17r, Welf IV.).

„Heilig-Blut-Schriften"[22] aus dem 13. Jahrhundert aufgeführt, welche die Geschichte und Segenswirkung der Heilig-Blut-Reliquie beschreiben. Durch die Betonung des sakralen Ansehens des Stifts sollte dessen Widerstand gegen die versuchte Mediatisierung durch Habsburg unterstützt werden.

Die Bedeutung der Schrift erhellt auch aus der Tatsache, dass das Werk auch noch in zwei weiteren Fassungen erhalten ist, einer relativ originalgetreuen Kopie und einer Abschrift (oder Entwurfsfassung?).[23]

22  Text und Kommentar s. Norbert KRUSE, Die historischen Heilig-Blut-Schriften der Weingartener Klostertradition, in: 900 Jahre Heilig-Blut-Verehrung (Anm. 1), S. 77–123.
23  Stuttgart: Hauptstaatsarchiv, B 515 Hs. 5b (älteste Fassung?), und B 515 Hs. 5a (flüchtige, unfertige Kopie).

13  Welf IV. – Stifterbüchlein: Kopie, um 1500. Flüchtige und fehlerhafte Kopie des „Originals". Die Umrisse der Stifter wurden im Pausverfahren übernommen. Miniatur aus der Kopie des (ohne Kolorierung und Blattgoldverzierung) um 1500 geschaffenen Welfischen „Stifterbüchleins" von HStA B 515 Hs. 5a (Foto: Stuttgart, Hauptstaatsarchiv, B 515 Hs. 5a, fol. 12v, Welf)

14  Spätmittelalterliches Fresko. Die einst farbigen Fresken mit den Darstellungen welfischer und staufischer Herrscher zierten einst die Südwand des Seitenschiffs der romanischen Basilika. Beim Bau der schmäleren Barockkirche musste die Südwand zur Stütze des Nordflügels des Kreuzgangs stehen bleiben. Südwand der Barockbasilika und alte romanische Südwand umrahmen seither das schmale sog. „Bruderhöfle". Die Postkarte zeigt den Zustand um 1900 (Foto: Postkarte, Iris Herzogenrath, Weingarten).

## Welfenfresken

Um dieselbe Zeit oder etwas früher war die Innenwand des südlichen Seitenschiffes der romanischen Basilika mit einem Fresko (Abb. 14) der welfischen und staufischen Stifter ausgestattet worden.[24] Beim Neubau der schmäleren barocken Basilika blieb die Außenwand des ehemaligen Seitenschiffs, die zugleich als Nordwand des Kreuzgangs diente, erhalten und wurde zur Südwand des sog. „Welfen-" oder (später) „Bruderhöfles" zwischen der Außenmauer der barocken Basilika und der Nordwand des spätgotischen Kreuz-

---

24  Foto mit Zustand um 1900, in: Weingarten gestern und heute, hg. von Hans Ulrich Rudolf, Lindenberg 2015, S. 59.

15 Spätmittelalterliche Judithbüste. Die 65 cm hohe Büste Judiths mit dem Attribut eines Reliquienschreins ist die älteste (bekannte) plastische Darstellung dieser Stifterin. Sie soll von dem Konstanzer Bildschnitzer Heinrich Yselin stammen, der 1477 auch 12 Büsten für das Weingartener Chorgestühl geschaffen hat (Foto: Hannover: Niedersächs. Landesmuseum).

gangs. Ungeschützt Wind und Wetter ausgesetzt, waren sie dort noch Mitte des 19. Jahrhunderts relativ gut und bis Anfang des 20. Jahrhunderts einigermaßen sichtbar (Abb. 14).[25]

## Heilig-Blut-Propaganda und Welfenmemoria
### Die Heilig-Blut-Tafel von 1489

Die Heilig-Blut-Reliquienschenkung von 1094 bot neben der Verpflichtung zu den Jahrtagen und der Gründungsgeschichte des Klosters unablässig Anlass, sich dankbar der Welfen zu erinnern. Als Abt Kaspar Schiegg (1477–1491) das Klosterleben zu reformieren versuchte, vergaß er neben der Neuausstattung der Kloster- und Wallfahrtskirche durch

---

25 Theodor KOTSCH (1818–1864), Ravensburg und Weingarten. Das Stammschloss und die Gruft der Welfen, der Erlauchten Ahnen Eurer Majestät König Georg V. von Hannover meinem allergnädigsten Landesherrn. VIII Aquarellzeichnungen nach der Natur. Album 1856: [Museum] Kreissparkasse Ravensburg. Die Ansicht zeigt in der Mitte die staufischen Kaiser; die welfischen Ahnen waren damals schon stark verblasst.

ein neues Chorgestühl, einen Flügelaltar und eine große Glocke (Hosanna) auch nicht die Förderung der Heilig-Blut-Verehrung. Dazu ließ er 1489 für den Chor, wo damals die Reliquie aufbewahrt wurde, einen besonderen Flügelaltar (heute sog. „Heilig-Blut-Tafel") anfertigen. An Werktagen blieb er geschlossen und zeigte auf zwei Tafeln das Stifterehepaar Judith von Flandern und Herzog Welf IV. (Abb. 16). An Festtagen dagegen veranschaulichten die Innenseiten der aufgeklappten Flügel den Pilgern in 24 Bildern und erklärenden Texten die Heilig-Blut-Legende, die Geschichte von Herkunft und Auffindung der Reliquie sowie ihren Weg nach Altdorf bis zur Schenkung durch Judith an das Kloster Weingarten (Abb. 17).

Um die Stifter und die Heilig-Blut-Geschichte gleichzeitig sehen zu können, hat man nach 1806, als das Werk in den Besitz des Königs von Württemberg gelangt war, beide Seitenflügel aus Fichtenholz gespalten, die 24 Einzelbilder der Geschichte (Abb. 17) in einem gemeinsamen Rahmen vereinigt und die Stifter in separaten Rahmen daneben gehängt; so kann man sie noch heute im Landesmuseum Württemberg in Stuttgart bewundern.[26]

16  Heilig-Blut-Tafel – Werktagsansicht. Abbildungen der Stifter Welf IV. und Judith (Foto: Stuttgart, Landesmuseum Württemberg, P. Frankenstein / H. Zwietasch)

Als in Weingarten bekannt geworden war, dass das Blut Christi in Mantua 804, unter Kaiser Karl dem Großen, schon einmal aufgefunden worden und dann wieder verloren gegangen war, gaben die Mönche eine neue Heilig-Blut-Tafel in Auftrag. Das 1604 fertiggestellte neue Werk (Abb. 18) verkürzt die Geschichte – unter Verzicht auf welfische

---

26  Die Tafel ist heute im Landesmuseum Württemberg in Stuttgart ausgestellt. Eine ausführliche Beschreibung findet sich bei Norbert Kruse, Die Weingartener Heilig-Blut-Tafel von 1489 (Kleinode 1), Ravensburg 1994.

▸ 17  Heilig-Blut-Tafel 1489 – Gesamtansicht. Bildgeschichte vom Ursprung und vom Weg der Reliquie über Mantua nach Weingarten in 24 Szenen (Foto: Stuttgart, Landesmuseum Württemberg, Hendrik Zwietasch)

Hie nach volget die histori des hailgen plůts cristi wie das selb in dis wirdig gothus kam͛ Er ist am ersten wie der ritter longinus unserm herrn sin syt offnet und verwret sine kinder ougen an dem blůt gots wurden sehend und gelöubig ⁊c.

Wie mit grosser gotsforcht und demůt longinus das kostbar plůt cristi under dem hailgen crutz in ain bixly sturmlin do uf und behielt vor der erlöuterung der hailgen fůssen der iuden ⁊c

Hie nach dem und der ritter longinus sich verzych siner dienst... schafft und sich bescholtt mit gelichem clait der hailgen zwelfbotten liess er sich von inen rostn und der cristenlichen ordnung berichten

Hie unserstaundner durhächtung der ... ritter longinus von iersalem ůber in mantua ze gan und wit in mantua des hailgen plůts cristi in grossen eren

... mit vergangen ziten und diegesch... ... mächten blind geborn den ... ... her an einem brod origen gebe... ...wirdigschafft... ...gaistlichen münnen riechen ze erhöben

Wie gros des selig bisch Adlbero den gewünst ... zemaln ze erkrauen die offnung des fürschatz und in ingnus der... haischte im von got rügschafft und zů ...ze überkomen aine gesicht ⁊c

Zů dise ziten von geschicht wegen der hailgen kilchen und uss göttlicher fürsehung waren zergen zů... künig heinrich Bepst... ... cam am ersten vor den kaiser ⁊c

Wie mit grossem gevatter kaiser haim... schafft und behaltung des verborgen... zemaln am bapst Leo und boni... ze erraten die dry mit ainander und gen ämtigend globend und zeren ⁊c

... kaiser by sant endnus capell ain scho... ... benedict ordnot das wider der... ... beziet und verborgen den kaiser ... mit grosser wirde ind'n fronalter ⁊c

Hie uss grossem gebet ward von den von mantuen dem bapst ain trost des hailgen schaz mit gewalt... ... und mit imthart gerümet der glichen den kaiser ... mit imbrich inschweden und behielt das mit andacht in grossen eren ⁊c

... der pöntlich schaz inabschaiden des kaisers und schëpi long... die ingroder wurde betrielen den neuen abschaden underschatten summten kaiser ainigen tochter iudithe er...

Wie nachdem und balwins... geredlich ...

...ten bekeren der hailig ritter longinus tu... | ...ie erfundē ze mauren grosse durchbrechūg vnd ze ru... | Unlang darnach vnd der hailig ritter longinus... | Hie wirt alfred vnd ein göttlich...

...köstlicher kuntschafft unverzogen hüben sich uff... | Hie bekerēt der bapst leo den blinden Adilberg von im... | Hie nach söllicher offenung des blinden pītz at, der bapst... | ie oft menschlich er forcht das sült ly...

...vn frow Juditha grosz zeland. droben... | Hie besteet vnd meret hertzog gwelf den gotzhuß... | Die gnadē herzog gwelf sine husfrowē fudith... | Hie zü frölichen widerkert er gibt frow Juditha...

1482

18  Aus der Heilig-Blut-Tafel von 1604. 1604 war in Weingarten eine neue Heilig-Blut-Tafel entstanden. Abgebildet ist Judiths Schenkung der Reliquie an Abt Walicho. Die Unterschrift lautet: „Fraw Judita nach Absterben ihres ersten Gemahles vermählet sich mit Herzog Welffen dem vierten, so auch ein Stiffter dises Gottshauses, welchem Gottshaus sie hernach das heiligste Bluett der Seithen Christi auf ewig aufgeopfert. Judita starb umb das Jahr 1094, den 5. Martii und ruhet alhie im Gottshaus begraben". Basilika Weingarten (Foto: Kirchengemeinde St. Martin)

19   Die Stifter Welf IV. und Judith von Flandern, 17. Jahrhundert. Kopie von Pater Gabriel Bucelin nach dem „Stifterbüchlein" (Foto: Stuttgart: Württ. Landesbibliothek, HB V 4a, fol. 70 u. fol. 72)

Szenen mit Ausnahme der Schenkung 1094 – auf acht Bilder, die um einen (heute verlorenen) Mittelteil mit der Kreuzigung Christi gruppiert worden waren.[27]

## Pater Gabriel Bucelin (1599–1681)

Im 17. Jahrhundert erwuchs dem Kloster Weingarten nicht nur ein aktiver Förderer der Heilig-Blut-Verehrung, sondern auch ein unermüdlicher, vielseitiger Universalgelehrter, der sich auch mit der Vergangenheit des Klosters unter hagiologischen, heraldischen, historiographischen, liturgischen (Abb. 4) und numismatischen Fragestellungen beschäftigte. In seinem vielseitigen, nur partiell gedruckten Werk finden sich – nach einer Jugendschrift über die Welfen und das Kloster Weingarten[28] – auch zahlreiche Abbil-

---

27   Vgl. Rainer JENSCH, Das Heilige Blut in der Bildenden Kunst, in: 900 Jahre Heilig-Blut-Verehrung (Anm. 1), S. 209–249, hier S. 215–217 und Hans Ulrich RUDOLF, Die Heilig-Blut-Verehrung im Überblick (Anm. 1), S. 23–26.
28   Thomas STUMP, Mit Stift und Zirkel. Gabriel Bucelin, Sigmaringen 1976, S. 37.

dungen von Welfen in Nachzeichnungen nach dem „Stifterbüchlein", deren Mitglieder er teilweise nach lebenden Vorlagen phantasievoll skizzierte und kolorierte (Abb. 19).[29]

## Der barocke Neubau der Kloster- und Wallfahrtskirche

### Das Heilige oder kostbare Blut

1715 brach das Stift die Klosterkirche wegen angeblicher „Baufälligkeit" ab, um einen großartigen barocken Neubau zu errichten (1715–1724). Die Hauptabsicht war, dem Blut Christi und den Pilgern einen angemessenen Ort der Verehrung zu bereiten. Die Reliquie sollte in den Mittelpunkt des kreuzförmigen Kirchengrundrisses rücken. Zwar war der neue (erste) Wallfahrtsaltar mit der Reliquie anfangs der „Kreuzaltar" im nördlichen Querschiff, doch war diese Lösung entweder von vornherein eine provisorische gewesen oder sie hat sich in der Praxis nicht sehr bewährt. Jedenfalls wurde schon wenige Jahre später, 1731, unter der Kuppel zwischen Pilgerkirche und Mönchschor ein neuer, und nun völlig zentraler Heilig-Blut-Altar errichtet (Abb. 20). In einem schmiedeeisernen Tresor in seiner Rückwand wurde die Reliquie an den gewöhnlichen (Werk-)Tagen unsichtbar verwahrt, um nur an Festtagen hervorgeholt, auf dem Altar ausgesetzt und zum Segen verwendet zu werden.

Auch den Pilgern wird die Bedeutung der dort bewahrten Reliquie schon früh deutlich. Aus der Ferne schon begrüßt sie der goldene Glanz der großen feuervergoldeten Heilig-Blut-Reliquie auf dem Frontispiz der Kirche. Und wenn sie dann durch das Westportal eintreten,

20  Ursprünglicher Heilig-Blut-Altar von 1731 (–1879). Es fehlen Tabernakel, Leuchterbank und Antependium, alle aus Silber, die den Namen „Silberaltar" begründet hatten und Opfer der Säkularisation wurden (Lithographie von Josef Bayer, um 1870. Foto: Stadtarchiv Weingarten).

---

29  Gabriel BUCELIN, Stuttgart : Württ. Landesbibliothek, HB V 1. – Vgl. Gabriel BUCELIN, Welfenporträts: Stuttgart: Württ. Landesbibliothek, HB V 4a, z. B. fol. 70 und fol. 72.

21  Welfenstifter Welf IV. und Judith. Die Stuckkartusche zeigt die Stifter Welf und Judith. Weitere Kartuschen zeigen andere, in der Welfengruft beigesetzte Mitglieder der Welfenfamilie. Die steife Haltung der Dargestellten verweist auf das Welfische „Stifterbüchlein" (vgl. Abb. 10 und 12) als Vorlage (Basilika: Deckenfresko von C. D. Asam 1718–1720. Foto: Kirchengemeinde St. Martin, Weingarten).

erzählt ihnen das erste zentrale Deckenfresko von Cosmas Damian Asam die Herkunft des „Kostbaren Blutes" aus der Seitenwunde Christi und verheißt ihnen seine vielfältigen Wunderkräfte.

## Das Welfengedächtnis

Bei aller barocken Pracht und Heilig-Blut-Frömmigkeit erlitten das Welfengedächtnis und seine Pflege keine Einbuße: Auch den Pilgern wurden/werden beim Eintritt früh die Wohltaten der Stifter beispielhaft vor Augen gestellt: In den Quertonnen links und rechts des Heilig-Blut-Frescos im Mittelschiff erinnern 2 × 7 = 14 stuckumrahmte Medaillons mit Porträts und Inschriften, ebenfalls von Asam, an die in der Welfengruft bestatteten Stifter der Welfenfamilie (Abb. 21). Die nach dem Vorbild des o. g. „Stifterbüchleins" von 1500 etwas steif gemalten Abbildungen führen damit gleichsam die Tradition der in der vorherigen romanischen Klosterkirche im Westen befindlichen einstigen Grabkapelle des hl. Oswald fort.

Beim Neubau waren auch die (toten) Stifter stärker in den Mittelpunkt der Kirche und in enge räumliche Nähe zur Heilig-Blut-Reliquie gerückt. Ihre Gebeine waren nun in einer Gruft zu Füßen des Kreuzaltars oder ursprünglichen Heilig-Blut-Altars geborgen worden, wo sie bis heute ruhen (Abb. 22).

22  Welfengruft. Die halbrunde klassizistische Ballusterbegrenzung vor dem „Kreuzaltar" (Altargemälde von Giulio Benso) markiert den dahinter liegenden Abgang in die 1752–1760 erneuerte Welfengruft (Foto: E. Fesseler/Stadtarchiv Weingarten).

## Ölgemälde und grafische Werke des 17. und 18. Jahrhundert

So lange – zuerst im Schlossbau, ab 1950 dann im Konvent um den Kreuzgang – der aus Erdington stammende Benediktinerkonvent des zweiten Klosters („Neu-Weingarten" 1922–2010) noch existierte, fanden sich in seinen Räumen noch zahlreiche weitere Gemälde aus dem Bestand des ersten Benediktinerklosters (1056–1803) versammelt.

Auch in der Innenausstattung des Schlossbaus dürfte vielfältig nicht nur der Ordenstradition und der Reichsprälaten/Äbte gedacht worden sein, sondern auch des Heiligen Bluts und der welfischen Stifter. Trotz der durch die Säkularisation erfolgten wech-

23   Welf IV. Ölporträt aus dem 17./18. Jahrhundert (Maler unbekannt. PH Weingarten, Schlossbau, Audienzsaal. Foto: Hans Ulrich Rudolf)

24   Judith von Flandern mit Tongefäß als Reliquiar (?) des Hl. Bluts (Maler unbekannt. PH Weingarten, Schlossbau, Audienzsaal. Foto: W. Braig)

selhaften Raumnutzungen und der dabei erlittenen großen Verluste künden von der klösterlichen Tradition noch einige Werke der Malerei und der großformatigen Grafik.

U. a. sind eine Anzahl von Porträts erhalten, welche (spätestens) seit der Renovierung des Schlossbaus um 1950 im Audienzsaal aufgehängt wurden. Die vermutlich im 17. Jahrhundert gemalten und aus unterschiedlichen Zyklen stammenden Bilder[30] zeigen neben berühmten Benediktinern und Weingartener Äbten auch die Stifter Welf II., Welf III., Welf IV. (Abb. 23), Judith (Abb. 24) und Heinrich den Schwarzen. Wo sie ursprünglich einmal hingen, konnte bisher freilich nicht ermittelt werden.

Bis zur Auflösung des Klosters 2010 hing im Kreuzgang eine in Öl auf Leinwand gemalte Darstellung der Übergabe der Heilig-Blut-Reliquie 1094 durch Judith von Flandern an Abt Walicho (1088–1108) (Abb. 18), ein Werk Philipps von Greißing (?), um 1730.[31]

Eine Anzahl vor allem grafischer Werke entstand auch anlässlich der seit dem 17. Jahrhundert immer regelmäßig gefeierten Jubiläen der Klostergründung und der Schenkung der Heilig-Blut-Reliquie. Zum sechshundertjährigen Heilig-Blut-Jubiläum 1694 schuf der Salemer Zisterziensermönch und Spiritual der Nonnen des Zisterzienserinnenklosters Baindt, Pater Eugen Speth OCist, eine Jubiläumstafel (Abb. 25), welche die Heiligen des Klosters sowie zahlreiche geistliche und weltliche Personen aus der Geschichte des Klos-

---

30   Pädagogische Hochschule Weingarten, Audienzsaal. Dazu Norbert KRUSE, Die historischen Heilig-Blut-Schriften (Anm. 22), S. 106–107.
31   Dazu JENSCH, Das Heilige Blut (Anm. 27), S. 217.

25  Jubiläumstafel zum Jahr 1694, dem 600. Jahrestag der Schenkung der Heilig-Blut-Reliquie (Ehem. Kloster Weingarten/jetzt Abtei Beuron. Foto: W. Braig, Ravensburg)

26   Jubiläumstafel 1755 (1756). Zum 700. Jahrestag der Stiftung des Klosters Weingarten. Das Kloster steht unter dem Schutz des Heiligen Bluts und seiner Heiligen und Klosterpatrone. Zu Füßen vier welfische Stifter (Welf II. bis Welf IV. und Judith). Gemälde von Johann Konrad Wengner (Ehem. Kloster Weingarten, jetzt Kloster Beuron. Foto: W. Braig, Ravensburg)

ters, darunter auch die Stifterfamilie, um das Reliquiar des Heiligen Bluts gruppierte.[32] Unter dem Reliquiar ist die Welfenfamilie abgebildet: Links sehen wir Herzog Welf IV. und Judith mit Hofstaat und rechts zahlreiche mittelalterliche und neuzeitliche Welfenfürsten. Szenen aus der Geschichte der Heilig-Blut-Reliquie umrahmen das ganze Blatt.

Im Jahr 1732 schuf der Ravensburger Maler Ludwig Scheuch eine in Öl auf Leinwand gemalte Stiftertafel, auf der in eine Bühnenarchitektur 44 Porträts eingefügt sind. Entsprechend dem als Vorlage dienenden Welfischen „Stifterbüchlein" (s. o.), aus dem viele Porträts kopiert sind, beginnt die Welfenprosopographie – gewissermaßen „anachronistisch" – mit dem habsburgischen Kaiser Maximilian (1493–1519). Wie in der Vorlage werden auch hier die sechs staufischen Könige und Kaiser Friedrich I. Barbarossa, Heinrich VI., Philipp, Friedrich II., Heinrich (VII.), Konrad IV. angefügt. Die Abbildung mit dem Titel „Pro Gloria – Pro Memoria" (Zu Ruhm und Gedächtnis) mündet in dem unter der Kuppel von Engel gehaltenen Doppelporträt des Habsburgerkaisers Karl VI. (1711–1740)

32   JENSCH, Das Heilige Blut (Anm. 27), S. 234–238.

und seiner welfischen (!) Gemahlin Elisabeth Christine von Braunschweig-Wolfenbüttel.³³

In der Tradition der Tafel von 1694 steht auch die Jubiläumstafel von 1755 (Abb. 26), ein Gemälde von Konrad Wengner aus Anlass des 700-Jahr-Jubiläums des Klostergründung. Unter dem Heiligenhimmel, über der nach dem Idealplan fertiggemalten Klosteranlage, finden sich paarweise vier an ihren Fürstenkronen erkennbare Welfen mit ihren Knappen.³⁴

Im Nachgang zum Jubiläum folgte 1756 nach der Vorlage von Wengners Jubiläumstafel ein Kupferstich der Gebrüder Joseph und Johannes Klauber/Augsburg.³⁵

Seit dem beginnenden 17. Jahrhundert wurden für das Kloster in wachsender Auflage und breiter Motiv- und Qualitätsstreuung auch kleine Andachtsbildchen gedruckt sowie Heilig-Blut-Medaillen geprägt. Sie dienten den unterschiedlichsten Zwecken: als Wallfahrtsandenken, Belege für absolvierte Wallfahrten, Pilgerausweise, Quittungen für von Ablassausstellern gemachte Heilsversprechen, oder sie stellten – soweit geweiht – auch Heilskraft in Aussicht. Ihr zentrales Motiv war zumeist das von einem Strahlenkranz umgebene Heilig-Blut-Reliquiar, das von sehr unterschiedlichen Bildmotiven begleitet werden konnte. Selten griffen sie bildliche Anspielungen auf die Welfen auf. Eine Ausnahme ist der Stich des Niederländers C. Gallo. Er zeigt über dem Reliquiar Weingartener Heilige und Patrone und darunter die beiden Stifter Welf IV. und Judith.³⁶

## Geschichtswissenschaft im ausgehenden 18. Jahrhundert

Die Aufklärung mit ihrer fundamentalen Kritik an der Kirche und speziell am Mönchswesen motivierte auch die Mönche Weingartens zu verstärkten Bemühungen, ihre Daseinsberechtigung gegenüber aufklärerischen Forderungen nach Säkularisation und Verstaatlichung des Kirchenvermögens zu beweisen. So betrieben sie auf dem Hintergrund der allmählich aufblühenden modernen Geschichtswissenschaft z. B. auch die Sicherung und Publikation der im Klosterarchiv aufbewahrten handschriftlichen historischen Quellen. Der Weingartener Archivar und Prior Pater Gerhard Hess (1731–1802) veröffentlichte 1781 den Prodromus Monumentorum Guelfi-

27  Staatswappen des nassau-oranischen Streustaats Fulda. Wappen der Teilregionen „Fürstentümer Fulda" und „Corvey" sowie „Grafschaft Dortmund" und „Herrschaft Weingarten" (unten rechts) (Foto: Den Haag: Koninklijk Huisarchief)

---

33  Rainer JENSCH, Die Stiftertafel von 1732, K 17, in: 900 Jahre Heilig-Blut-Verehrung (Anm. 1). Katalog, S. 107f.
34  Abbildung und Beschreibung s. JENSCH, Das Heilige Blut (Anm. 27), S. 239–240.
35  Stuttgart, Württ. Landesbibliothek, HB V, 10, fol. 73r. Dazu JENSCH, Das Heilige Blut (Anm. 27), S. 240–241.
36  Vgl. Text und Abbildung JENSCH, Das Heilige Blut (Anm. 27), S. 244f.

corum³⁷, den er dem Abt Dominikus II. Schnitzer (1745–1784) gewidmet hat. Der vorausgeschickte Katalog der Äbte des Klosters dient als Gliederung und Strukturierung zahlreicher Quellen und Urkunden zur Klostergeschichte aus dem Klosterarchiv.

Einige Jahre nach diesem „Vorläufer" (Prodromus), 1784, gab Hess dann die Monumentorum Guelficorum Pars Historica heraus, eine Sammlung mittelalterlicher Geschichtswerke mit Nachrichten zur Welfengeschichte³⁸ aus Annalen, Chroniken, Nekrologien und Viten, Werken aus der Historiographie der Mönche Weingartens und anderer schwäbischer Klöster.

Zu einer wissenschaftlichen und publizistischen Beschäftigung mit den nun leichter benutzbaren Originalquellen kam es offensichtlich nicht mehr. Denn bereits zwanzig Jahre später war das Kloster Weingarten verschwunden. Es war durch den sog. „Reichsdeputations-Hauptschluss" von 1803 aufgehoben worden, und der ehemalige Klosterbesitz bildete als „Herrschaft Weingarten" zusammen mit den „Fürstentümern Fulda und Corvey" sowie der „Grafschaft Dortmund" (Abb. 27) das neu geschaffene Fürstentum Nassau-Oranien-Fulda.³⁹ Bereits drei Jahre später, nach Napoleons Sieg im Preußisch-Französischen Krieg 1806, wurde der nassau-oranische Kleinstaat durch Napoleons Willkür wieder völlig aufgelöst und die „Herrschaft Weingarten" dem 1806 zum Königreich erhobenen Württemberg eingegliedert.

28  Das heutige Wappen der Stadt Weingarten. Der von Rot und Silber quadrierte Schild stammt aus dem 1555 durch Karl V. verliehenen Wappen des Reichsfleckens Altdorf. Die Löwen erinnern an die Welfen und halten oben einen Adlerschild (Reichsfreiheit!) und einen Bindenschild (habsburgische Landvogtei!). Der Herzschild kam 1865 bei der Stadterhebung hinzu und erinnert als „redendes" Wappen an das Kloster „Weingarten".

---

37  Gerhard Hess, Prodromus Monumentorum Guelficorum seu Catalogus Abbatum Imperialis monasterii Weingartensis a potentissimis illius nobilissimae gentis principibus fundati insigniterque dotati, Augsburg 1781.
38  Monumentorum Guelficorum pars historica seu scriptores rerum Guelficarum ex vetustissimis codicibus membranaceis eruti plerique hactenus inediti, hg. von Gerhard Hess, Kempten 1784.
39  Hans Ulrich Rudolf, Aus den Niederlanden ins Oberland. Das Haus Oranien Nassau und die Herrschaft Weingarten 1802–1806, in: Alte Klöster-Neue Herren. Die Säkularisation im deutschen Südwesten, hg. von Hans Ulrich Rudolf, Ostfildern 2006, S. 463–470. Ders., „Ich unterwerfe mich willig dem Schicksale ..." Das Ende des Weingartener Klosterlebens 1802–1809, in: Ebd. S. 477–492. Dazu kurz im Überblick s. Hans Ulrich Rudolf, Säkularisation und Mediatisierung, in: Weingarten gestern und heute (Anm. 20), S. 183–189.

29  Rathaus mit Welfenzyklus. Der beim Bau des (heutigen) Rathauses 1673 angebrachte Freskenzyklus von Johann Jakob Felle mit der Welfensage wurde 1856 bei einer erneuten Renovierung übermalt (Gemälde von Moriz Jacob von etwa 1850. Foto: Stadtarchiv Weingarten)

## Die Welfen in der nachklösterlichen, bürgerlichen Zeit (19. Jahrhundert)

Das abrupte Ende des Reichsstifts Weingarten im Jahre 1803, der zweimalige Einzug einer landfremden Herrschaft und Beamtenschaft (1803, 1806), die Vertreibung der ehemaligen Mönche aus dem Kloster (1809) sowie ihre allmähliche Abwanderung und ihr Tod, aber auch der Wegtransport des Kirchenschatzes (1809) mit der Blut-Reliquie, des Archivs und der Bibliothek (beide 1812) brachten ein fast totales Ende der bisherigen Triebkräfte des traditionellen Welfengedächtnisses. Lediglich Gebäude und Räume, insbesondere der Audienzsaal mit dem Deckengemälde von Gottfried Bernhard Götz und die Klosterkirche mit der Welfengruft und den Fresken von Cosmas Damian Asam, sowie die Heilig-Blut-Reliquie mit ihrer Wallfahrts- und Blutfreitagstradition blieben als teils stumme Zeugen zurück. Das Interesse und die Erinnerung an die Welfen verblassten.

Dagegen blühte im 19. Jahrhundert in der bürgerlichen Gesellschaft Altdorf-Weingartens umso stärker das Interesse an der im Ort schon früher entstandenen und – z. B. bei der Bemalung des Rathauses (Abb. 29) – gepflegten, im Kloster aber anscheinend weitgehend ignorierten Welfensage auf.[40] Sie findet sich seit 1822 auch nachweisbar im

---

40  Eine frühe Sammlung verschiedener Versionen der Sage findet sich bei Michael Grimm, Versuch einer Geschichte des ehemaligen Reichsfleckens und des jetzt noch so berühmten Wallfahrtsortes Altdorf, gen. Weingarten, nebst seiner Umgebung, Ravensburg 1864, S. 32–38.

30   Welfensage am Schulhaus/Amtshaus. Das 1865 zur Stadterhebung eingeweihte „Neue Schulhaus" (später „Altes Schulhaus" bzw. seit 1962 „Amtshaus") wurde quasi als Ersatz für das frühere Rathausfresko (vgl. Abb. 29) mit einem später mehrmals restaurierten Fresko mit der Welfensage geschmückt (Foto: Daniel Hartmann/Stadtarchiv Weingarten).

Repertoire des Weingartener Theaterlebens. Anfangs ein jahreszeitlich gebundenes Fastnachtsspiel[41], wurde die Welfensage seit Anfang des 20. Jahrhunderts zum allgemeinen Heimatspiel.[42]

Im Jahre seiner Stadterhebung 1865 erhielt Weingarten nicht nur ein neues Wappen (Abb. 28), sondern auch ein neues Schulhaus (das heutige „Amtshaus"). Dessen Fassade erhielt ein Fresko mit Szenen der Welfensage von Fidelis Schabet (Abb. 30).

Ein Anstoß zu einer ernsthafteren Beschäftigung mit der welfischen Vergangenheit kam von außen. Nachdem 1837 die Personalunion des Königreichs Hannover mit dem Königreich Großbritannien beendet worden war, erinnerte sich der (blinde) König Georg V. von Hannover (1837–1866) seiner frühen Vorfahren im Raum Altdorf-Weingartens und Ravensburgs. 1852 besuchte er Weingarten und Ravensburg. Er fand die Welfengruft in der Basilika baufällig und den Sarg seiner Ahnen halb zerfallen. Spontan gab er den Auftrag

---

41   Die Welfensage wurde 1826, 1862, 1892, 1900 und 1908 meist vor dem Gasthof „Zum Hirschen" aufgeführt.
42   V. a. infolge Martin SCHWÄGLER, Die Welfensage. Ein großes Volks- und Ritterspiel, Weingarten 1910, das in den Sommermonaten von ca. 300 Schauspielern und Statisten aufgeführt wurde. Eine neue Fassung von Eduard Eggert wurde 1925 auf der Klostertreppe aufgeführt. Aus Gründen von Wetter und Aufwand wurde dies nicht mehr wiederholt.

31   Welfengruft. Sarkophag von Anselm Sickinger, 1860 (Foto: Stadtarchiv Weingarten)

zu ihrer Erneuerung durch den bayerischen Baumeister Leo von Klenze (Abb. 31–32). Am 21.5.1860 wurde die restaurierte und neu ausgestattete Gruft feierlich eingeweiht.

Noch bevor 1866 Preußen das Königreich Hannover annektierte und als „Provinz Hannover" ihrem Staatsgebiet einverleibte, hatte 1864 der ehemalige Altdorfer Schulmeister Michael Grimm eine Heimatgeschichte veröffentlicht[43], die neben der Beschreibung der Kirche und der Welfenfresken auch in einem Kapitel an die süddeutschen Welfen erinnerte.[44]

43   GRIMM, Versuch einer Geschichte (Anm. 40).
44   GRIMM, Versuch einer Geschichte (Anm. 40), S. 11–60.

MEMORIA WELFORUM

32  Welfengruft. Kaiser Heinrich II. und Judith, 1860. Zwei Ölgemälde auf Blech von Moritz Jacob (Foto: W. Braig)

Nur wenig später erschien dann aus der Feder des aus Leutkirch stammenden katholischen Geistlichen und späteren württembergischen Landtagsabgeordneten Ferdinand Eggmann (1827–1912) eine erste – allerdings wenig verbreitete – quellenorientierte Geschichtsdarstellung der Welfen im südlichen Oberschwaben.[45] Sie blieb auf lange Zeit die letzte nennenswerte monographische Arbeit über die Welfen aus unserem Raum.

45  Karl Alexander Ferdinand EGGMANN, Der hochberühmten Welfen Ursprung, Abstammung, Thaten und Ruhestätten. Nach größtentheils neuen und quellenhistorischen Nachrichten dargestellt und ausgedehnt über den ehemaligen Argen-, Linz- und Schussengau, sowie über die wichtigsten welfischen Burgen, Klöster und Orte in Schwaben und Bayern, Ravensburg 1866.

# Das Prämonstratenserstift Weißenau
## Geschichte, Erinnerung und Förderer im Spiegel der Acta sancti Petri in Augia

Johannes Waldschütz

Für Günther Bradler war Kloster Weißenau ein „welfisches Hauskloster", Arno Borst charakterisierte es als „Hauskloster [...] Heinrichs des Löwen", Stefan Petersen zählte es jüngst zu den welfischen Stiften.[1] Dagegen resümierte Hansmartin Schwarzmaier, dass Weißenau zwar „im welfischen Einflussbereich, nicht aber als welfisches Hauskloster" errichtet worden sei.[2] Schließlich bezeichnete Sabine Penth das Kloster als unter staufischer Vogtei stehende „welfisch-ministerialische Gründung".[3]

Woher kommt diese Unsicherheit in der Einordnung des 1145 wenige Kilometer südwestlich von Ravensburg gegründeten Prämonstratenserstifts (Abb. 1)? Als Gründer bezeichnet die klosterinterne Überlieferung der sogenannten Acta sancti Petri in Augia den welfischen Ministerialen Gebizo von Ravensburg.[4] Er habe den Klosterort Abt Otino von Rot übergeben, damit dieser dort ein Prämonstratenserstift errichte. Gebizos Stiftung – so macht eine Urkunde von 1152 deutlich – wurde allerdings durch die Hand seines Herrn, des welfischen Herzogs Heinrich des Löwen, vollzogen, der das Kloster im gleichen Zug erstmals privilegierte und dadurch als Garant für dessen Freiheit agierte.[5] 1164 schließlich bestätigte der staufische Kaiser Friedrich Barbarossa die Freiheit der Wei-

---

1 Günther Bradler, Studien zur Geschichte der Ministerialität im Allgäu und in Oberschwaben (Göppinger Akademische Beiträge 50), Göppingen 1973, S. 82, 335; Ders., Welfische Ministeriale in Schwaben, in: Die Welfen. Landesgeschichtliche Aspekte ihrer Herrschaft, hg. von Karl-Ludwig Ay/Lorenz Maier/Joachim Jahn (Forum Suevicum 2), Konstanz 1998, S. 117–134; hier S. 126; Arno Borst, Hermann. Prämonstratenser in Weißenau, in: Mönche am Bodensee 610–1525, hg. von Dems. (Bodensee-Bibliothek 5), Sigmaringen 1978, S. 209–227, hier S. 221; Stefan Petersen, Prämonstratensische Wege nach Rom. Die Papsturkunden der fränkischen und schwäbischen Stifte bis 1378, Köln/Weimar/Wien 2015, S. 126.
2 Hansmartin Schwarzmaier, Die monastische Welt der Staufer und Welfen im 12. Jahrhundert, in: Von Schwaben bis Jerusalem. Facetten staufischer Geschichte, hg. von Sönke Lorenz/Ulrich Schmidt (Veröffentlichung des Alemannischen Instituts 61), Sigmaringen 1995, S. 241–260, hier S. 248.
3 Sabine Penth, Prämonstratenser und Staufer. Zur Rolle des Reformordens in der staufischen Reichs- und Territorialpolitik, Husum 2003, S. 70, 199.
4 Franz Ludwig Baumann, Acta s. Petri in Augia, in: ZGO 29 (1877), S. 1–128, hier S. 9.
5 MGH DD HL., Nr. 18, S. 26f.

1  Das Kloster Weißenau noch mit der romanischen Klosterkirche in einem Gemälde von Johann Andreas Rauch (1622), Öl auf Leinwand (Stadtarchiv Ravensburg [Schefold 6200], Foto: Wikimedia Commons)

ßenauer Prämonstratenser von einer adligen Vogtei und unterstellte das Kloster seinem kaiserlichen Schutz.[6]

Mit Gründung, Privilegierung und Vogtei sind drei für die Verortung eines Klosters zu einem Adelsgeschlecht zentrale Aspekte angesprochen, aber beileibe nicht die einzigen. Beziehungen eines Klosters zu einer oder mehreren Adelsfamilien spiegeln sich auch in Schenkungen an die Klöster, in Klostereintritten, Bestattungen, im Totengedenken sowie in Konflikten und Auseinandersetzungen.[7] In diesem Beitrag will ich untersuchen, wie sich die komplexe Gründungssituation der Weißenau in den späteren Quellen spiegelt, wie diese Quellen die Geschichte und die Förderer des Klosters erinnern und wie

---

6  MGH DD F. I,2, Nr. 470, S. 381f.
7  Vgl. für diesen Zugriff: Johannes Waldschütz, Interaktion und Erinnerung. Reformklöster und ihre gräflichen Stifterfamilien in Schwaben (11.–12. Jh.), in: Comtes et abbayes dans le monde franc. Francie occidentale, Francie orientale et Bourgogne. Fin IXe – fin XIe siècle, hg. von Tristan Martine (trajectoires. Travaux des Jeunes Chercheurs du CIERA, Hors série 2), 2017, URL: https://journals.openedition.org/trajectoires/2300 (aufgerufen am 2. 9. 2018).

sich das Kloster in späterer Zeit zu diesen einzelnen Gruppen in Bezug setzte. Dabei wird ein besonderer Blick darauf zu richten sein, wie in den in spätstaufischer Zeit entstandenen Acta sancti Petri in Augia die damals schon längst aus Oberschwaben verschwundenen Welfen, die noch präsenten Staufer und deren beider Ministerialität in ihrer Beziehung zum Kloster Weißenau erinnert werden.

## Die Acta sancti Petri in Augia

Der heute in der Vadianischen Bibliothek in St. Gallen aufbewahrte Codex ist keine einheitliche Quelle, sondern bestand einst aus drei, vielleicht sogar vier kodikologischen Einheiten, die Ende des 15. Jahrhunderts oder Anfang des 16. Jahrhunderts zu einem Buch zusammengebunden wurden.[8] Blickt man auf die einzelnen Teile, so versammelt ein ursprünglich erster Band eine wohl um 1220 verfasste Gründungsgeschichte, eine

### Die Acta sancti Petri in Augia gemäß der Handschrift VadSlg Ms. 321

| Band | Seite im Codex | Charakterisierung | Verfasser | Entstehungszeit |
|---|---|---|---|---|
| I | 1 | | | |
|  | 5–20 | Gründungsgeschichte | | um 1220 |
|  | 20–75 | Urkunden bis zum Jahr 1220 | | um 1220 |
|  | 75–116 | Fortsetzung: Urkunden bis zum Jahr 1232 | | ca. 1232 |
|  | 117–221 | Traditionen bis zum Jahr 1224 | | um 1220/4 |
|  | 221–228 | Fortsetzung: Traditionen bis zum Jahr 1229 | | ca. 1232 |
| II | 273–302 | Weißenauer Chronik, Teil 1 | | nicht vor 1257 |
|  | 303–305 | Weißenauer Chronik, Teil 2 | Abt Heinrich? | vor 1266 |
|  | 307–348 | Weißenauer Jahrtagsgeschichte | Propst Hermann | |
| III? | 349–366 | Traditionen bis zum Jahr 1252 | Abt Heinrich? | um 1266 |
| III/IV | 367–443 | Zinsrodel von 1335 und 1338 | | |
|  | 448–450 | Zinsrodel der Kirche St. Christina | | |
| Verloren: | | Traditionen 1252–1266 (durch Baumann anhand anderer Quellen rekonstruiert) | | um 1266 |

8 Kantonsbibliothek St. Gallen, Vadianische Sammlung, MS. 321: https://www.e-codices.unifr.ch/de/list/one/vad/0321, dort auch die Beschreibung von Rudolf GAMPER und Monika STUDER; BAUMANN, Acta s. Petri (wie Anm. 4), S. 1–6 ging noch von vier kodikologischen Teilen aus.

mehrfach ergänzte Sammlung von Urkundenabschriften bis zum Jahr 1232 sowie eine vom Herausgeber Franz Ludwig Baumann als „Gütergeschichte" bezeichnete Quelle. Es handelt sich hierbei um den Versuch, alle Gütertransaktionen des Klosters in einem Text zu bündeln. Auch dieser Teil wurde um 1220 begonnen und dann mehrfach fortgesetzt. Anders als Baumann annimmt, dürfte die „Gütergeschichte" jedoch nicht auf mündlicher Überlieferung beruhen, sondern aus schriftlichen Vorlagen zusammengetragen worden sein.[9] Die Anlage des ersten Teilbands – Gründungsgeschichte, Kopialbuch und Traditionen – war offensichtlich von der 30 Kilometer entfernt gelegenen Zisterze Salem inspiriert.[10] Wahrscheinlich hatte Propst Ulrich II. von Kloster Weißenau die Salemer Klostergeschichte ausleihen und ein ähnliches Werk in Kloster Weißenau anlegen lassen.

Wie die Traditionsbücher und Kartulare der Hirsauer Reformklöster ein Jahrhundert zuvor war es multifunktional und von verschiedenen Themen und Diskursen geprägt.[11] Diese Quellen vereinen den Diskurs über den klösterlichen Besitz mit dem der Verwaltung dieser Güter. Sie thematisieren aber auch die sakral-memorialen Elemente der Besitzübertragungen, schildern das Leben der adligen Gründer und Wohltäter und suchen durch die Erzählung der Klostergeschichte eine klösterliche Identität zu stiften. In meiner Doktorarbeit wende ich mich gegen Versuche, diese Quellen nur eindimensional einem Diskurs zuzuweisen oder einen solchen als weitaus wichtigsten zu bestimmen. Die Multiperspektivität und Multifunktionalität der Quellen sind ihr Charakteristikum! Die Acta sancti Petri sind weder vorwiegend rechtlich, wie der Editor Franz Ludwig Baumann meinte, noch vorwiegend sakral, wie Wilfried Schöntag erst kürzlich postulierte.[12] Gleichwohl kann im Vergleich mit ähnlichen Quellen herausgearbeitet werden, welche Diskurse in einer bestimmten Quelle bzw. auch in ihren einzelnen Teilen vorherrschten und welche zurücktraten.

Die zweite kodikologische Einheit besteht aus einer zwischen 1257 und 1266 in zwei Teilen entstandenen Weißenauer Chronik sowie einem zur gleichen Zeit entstandenen, kleinen Werk des Weißenauer Propstes Hermann II.[13] Mit diesem Text wollte Hermann die Jahrtagsfeiern für die Wohltäter des Klosters neu ordnen. Entweder auch zu diesem zweiten Buch gehörig oder ursprünglich sogar ein eigenes kleines Büchlein war eine

---

9   BAUMANN, Acta s. Petri (wie Anm. 4), S. 2, zur Entstehung ähnlicher Quellen vgl. Fritz GRÜNER, Schwäbische Urkunden und Traditionsbücher. Ein Beitrag zur Privaturkundenlehre des früheren Mittelalters, in: Mitteilungen des Instituts für Österreichische Geschichtsforschung 33 (1912), S. 1–78, passim, zusammenfassend, S. 76–78 und künftig Johannes WALDSCHÜTZ, Traditionsbuch, Klosterchronik, Kartular w(chronik), Güterverzeichnis? Gedanken zum Umgang mit einem schwer definierbaren Genre am Beispiel schwäbischer Quellen des Hochmittelalters, in: Cartulaire et ordonnancement, hg. von Claire DE CAZANOVE, erscheint 2020.

10  BAUMANN, Acta s. Petri (wie Anm. 4), S. 2.

11  Vgl. dazu Stephan MOLITOR, Das Traditionsbuch. Zur Forschungsgeschichte einer Quellengattung und zu einem Beispiel aus Südwestdeutschland, in: Archiv für Diplomatik 36 (1990), S. 61–92, der von Funktionen spricht und WALDSCHÜTZ, Traditionsbuch (wie Anm. 9) mit dem Begriff Diskurse.

12  Wilfried SCHÖNTAG, Memoria, Traditionsbildung und Geschichtsschreibung in den schwäbischen Prämonstratenserstiften im 12. und 13. Jahrhundert, in: Rottenburger Jahrbuch für Kirchengeschichte 25 (2006), S. 227–249, S. 237.

13  Vgl. Anm. 8.

Fortsetzung jener Traditionensammlung, die wir bereits aus dem ersten Buch kennen.[14] Enthalten sind Gütertransaktionen der Jahre von 1232 bis 1252. Danach bricht die Überlieferung der Traditionen im St. Galler Codex ab; Franz Ludwig Baumann konnte jedoch auch den letzten, heute verlorenen Teil dieser Traditionen rekonstruieren, sodass wir davon ausgehen können, dass dieses Werk bis 1266 fortgeführt wurde.[15] Der dritte bzw. vierte Teil der Acta sancti Petri in Augia besteht aus mehreren Zinsrodeln aus der Mitte des 14. Jahrhunderts. Anders als die zuvor beschriebenen Quellen, sind sie für die Betrachtung von Geschichte, Erinnerung und Förderern weniger geeignet und werden deshalb in diesem Beitrag nicht näher beleuchtet.

Die beiden ersten kodikologischen Einheiten ermöglichen dagegen die Untersuchung, wie im Prämonstratenserstift Weißenau zu bestimmten Zeiten die eigene Geschichte und insbesondere die Gründung sowie die Wohltäter und Förderer des Klosters erinnert wurden. Mit dem ersten Buch ist der Blick in die 1220er-Jahre zu richten, also in jene Zeit, in der Friedrich II. und sein Sohn Heinrich (VII.) die Geschicke des Reichs lenkten. Die Welfen hatten dagegen ihre süddeutschen Besitzungen schon fast 40 Jahre aufgegeben und der welfische Kaiser Otto war 1218 nach vierjährigem Thronkampf mit Friedrich gestorben. Das zweite Buch ist dagegen wohl um 1260 entstanden,[16] also in jener Zeit, die traditionell als Interregnum bezeichnet wird. Zwar hat die Forschung zurecht hervorgehoben, dass es sich dabei keinesfalls um eine „schreckliche Zeit" (Friedrich Schiller) handelte,[17] aber nach dem Tod des letzten staufischen Königs Konrad 1254 und der weitgehenden Machtlosigkeit seines Sohnes Konradin war es insbesondere für nahe an die Staufer angelehnte Adlige und Klöster auch eine Phase der (Neu-)Orientierung.

## Gründung und Entwicklung des Klosters im Spiegel der Urkunden

Zunächst soll der Blick auf jene Urkunden gerichtet werden, die direkt nach der Gründungsgeschichte in das erste Buch der Acta sancti Petri kopiert wurden.[18] Die älteste er-

---

14 Von BAUMANN, Acta s. Petri (wie Anm. 4), S. 6 als eigenes Büchlein tituliert, bei GAMPER/STUDER, Beschreibung (wie Anm. 8) zur zweiten kodikologischen Einheit gerechnet.
15 Franz Ludwig BAUMANN, Der Schluß der Weißenauer Gütergeschichte, in: ZGO 42 (1888), S. 359–373.
16 BAUMANN, Acta s. Petri (wie Anm. 4), S. 5.
17 Vgl. u. a. Martin KAUFHOLD, Deutsches Interregnum und europäische Politik. Konfliktlösungen und Entscheidungsstrukturen 1230–1280, Zugl.: Heidelberg, Univ., Habil.-Schr., 1999 (MGH Schriften 49), Hannover 2000, zusammenfassend, S. 485; Karl-Friedrich KRIEGER, Rudolf von Habsburg, Darmstadt 2003, S. 43 und Marianne KIRK, „Die kaiserlose, die schreckliche Zeit". Das Interregnum im Wandel der Geschichtsschreibung vom ausgehenden 15. Jahrhundert bis zur Gegenwart. Teilw. zugl.: Düsseldorf, Univ., Diss., 1998 (Europäische Hochschulschriften Reihe 3, Geschichte und ihre Hilfswissenschaften 944), Frankfurt am Main 2002, hier S. 426–462 zum Bild des Interregnums von den 1950er-Jahren bis zur Jahrtausendwende.
18 Kantonsbibliothek St. Gallen, Vadianische Sammlung, MS. 321, S. 20–116 (S. 20–75 von einer ersten Hand, S. 75–81 von einer zweiten, S. 85–100 dritten und S. 101–116 von einer vierten). Eine Übersicht liefert BAUMANN, Acta s. Petri (wie Anm. 4), S. 83–92 mit Teileditionen unedierter Teile und Verweis auf die älteren Editionen im Württembergischen Urkundenbuch.

2 Herzog Heinrich der Löwe mit Herzogshut und Schwert (Marginalie in den Acta sancti Petri in Augia, St. Gallen, Kantonsbibliothek, Vadianische Sammlung, VadSlg Ms. 321, fol. 48, www.e-codices.ch)

haltene Urkunde entstand 1152, sieben Jahre nach der Gründung. Mit ihr bekräftigte Heinrich der Löwe (Abb. 2), dass er „auf Bitten meines Ministerialen Gebizo, dem alle diese im Schussengau gelegenen Eigengüter gehörten, und mit Zustimmung meines Onkels Welf" die Gründungsausstattung dem Kloster des hl. Petrus in der Au geschenkt habe.[19] Zugleich gab er die pauschale Erlaubnis, dass alle seine Dienstmannen in das genannte Kloster eintreten und an dieses schenken durften. Zuletzt befreite er das Kloster von der Zollentrichtung auf dem Ravensburger Markt. Heinrich der Löwe übernahm also nicht nur die Treuhandschaft für seinen Ministerialen Gebizo, sondern ist auch – wohl gemeinsam mit seinem Onkel Welf VI. – der erste Förderer des Klosters.

Spitzenzeuge dieser Übertragung war König Friedrich Barbarossa. Er war es, der die zweite ausführlicher zu betrachtende Urkunde für das Kloster ausstellte. 1164 nahm Friedrich Barbarossa (Abb. 3) das Kloster in seinen Schutz und bestätigte ihm alle seine Besitzungen.[20] Außerdem gewährte er dem Kloster die Vogtfreiheit und unterstellte es allein dem Römischen Kaiser. Im gleichen Zug sicherte er dem Kloster die Wahl des eigenen Propstes zu und gewährte seinen Getreuen – wie zuvor Heinrich der Löwe – eine pauschale Schenkungserlaubnis an das Kloster. Wenn in der Zeugenliste nach Herzog Friedrich von Staufen auch Herzog Welf und dessen Sohn Welf VII. erscheinen, so ist diese Urkunde wohl kaum als gezielte Aktion des Staufers gegen die Welfen zu sehen. Weißenau wurde nicht „der welfischen Einflusssphäre entzogen und an die Staufer gebunden", wie noch Ursula Riechert und Sabine Penth meinten.[21] Diese Lesart scheint im lange postulierten stau-

---

19 MGH DD HL., Nr. 18, S. 26f.: *rogatu cuiusdam ministerialis mei Gebezen, cuius hec allodia fuerunt sita in pago Scuzengow, assentiente patruo meo Welphone*, vgl. die Übersetzung bei Helmut BINDER, Die Quellen zur Gründung des Klosters, in: 850 Jahre Prämonstratenserabtei Weißenau 1145–1995, hg. von DEMS., Sigmaringen 1995, S. 37–60, hier S. 40.
20 MGH DD F I.,2, Nr. 470, S. 381f., Übersetzung bei BINDER, Quellen (wie Anm. 19), S. 42f.
21 Vgl. PENTH, Prämonstratenser und Staufer (wie Anm. 3), S. 87 (Zitat) und Ursula RIECHERT, Oberschwäbische Reichsklöster im Beziehungsgeflecht mit Königtum, Adel und Städten (12. bis 15. Jahrhundert). Dargestellt am Beispiel von Weingarten, Weißenau und Baindt. Zugl.: Berlin, Freie Univ., Diss., 1984 (Europäische Hochschulschriften Reihe 3, Geschichte und ihre Hilfswissenschaften 301), Frankfurt am Main 1986, S. 182f.

fisch-welfischen Gegensatz begründet zu liegen, der von Werner Hechberger und anderen in den vergangenen Jahren – zumindest für die hier untersuchte Zeit – als Konstrukt erwiesen wurde.[22] Vielmehr – so scheint mir – wurde das junge Kloster durch das Reichsoberhaupt in seinem Status erhöht. Es spricht deshalb einiges dafür, die beiden Welfen als Initiatoren der Urkunde zu sehen, wurde diese doch auf jenem Hoftag ausgestellt, auf dem Friedrich Barbarossa auf Bitten Welfs VI. auch die Freilassung der zahlreichen Gefangenen aus der Tübinger Fehde erreichen konnte.[23]

Aufmerken lässt, welche Begründung Barbarossa für sein Handeln angab. Er handelte „um des ewigen Lohnes willen und in der Hoffnung auf zukünftigen Frieden und Ruhe, schließlich auch für unser eigenes Glück und Wohl wie das unserer lieben Gemahlin, Kaiserin Beatrix, und des jungen Friedrich, unseres lieben Sohnes"[24] – eine in dieser Persönlichkeit und der Sorge um den erst kürzlich geborenen Sohn bemerkenswerte Begründung des kaiserlichen Handelns!

Die genannte Urkunde bildete den Auftakt für eine Vielzahl von Urkunden, die von staufischen Königen und Herzögen für das Kloster Weißenau ausgestellt wurden: Sabine Penth verzeichnet mehr als 15 staufische Urkunden für die Weißenau.[25] An kein anderes Prämonstratenserstift – mit der Ausnahme der welfischen Gründung Steingaden – gin-

3  Kaiser Friedrich Barbarossa mit Krone, Szepter und Reichsapfel (Marginalie in den Acta sancti Petri in Augia, St. Gallen, Kantonsbibliothek, Vadianische Sammlung, VadSlg Ms. 321, fol. 34, www.e-codices.ch)

---

22  Staufer & Welfen. Zwei rivalisierende Dynastien im Hochmittelalter, hg. von Werner HECHBERGER/ Florian SCHULLER, Regensburg 2009, bes. S. 184–200.
23  Vgl. den Beitrag von Matthias BECHER in diesem Band.
24  BINDER, Quellen (wie Anm. 19), S. 41, lateinisch: intuitu eterne retributionis et spe future pacis et quietis et pro nostra nostreque karissime consortis Beatricis imperatricis et iunioris Friderici, nostri carissimi filii, prosperitate et salute, vgl. MGH DD F. I,2, Nr. 470, S. 381.
25  Vgl. PENTH, Prämonstratenser und Staufer (wie Anm. 3), S. 197 und die Auflistungen auf den S. 181–193.

gen so viele Urkunden. So bestätigten die staufischen Könige Friedrich Barbarossa, Heinrich VI., Friedrich II., Heinrich (VII.) und Konrad IV. ebenso Weißenauer Privilegien und Besitzungen wie die schwäbischen Herzöge Friedrich V., Konrad, Philipp und Konradin.[26] Außerdem erlaubten sie Schenkungen der Getreuen, gewährten Zollfreiheit und schenkten bisweilen auch selbst an das Kloster.[27] Herauszuheben ist in diesem Kontext die Schenkung Philipps von Schwaben. Er übergab 1197 – noch als schwäbischer Herzog – die oberhalb von Ravensburg, unweit der Veitsburg gelegene Kapelle St. Christina an das Kloster im Schussental.[28] Zugleich wurde das Kloster aber auch weiterhin von den Welfen gefördert. Welf VI. erscheint immer wieder als Förderer des Klosters. Mehrfach schenkte er selbst an die Weißenau, etwa 1180 den Hof in Fidazhofen, mehrfach bestätigte er Schenkungen seiner Ministerialen und Getreuen.[29]

Welfen und Staufer erscheinen also ungefähr gleichbedeutend als Förderer des Klosters, wenn auch in unterschiedlichen Rollen: Welf VI. förderte das Kloster direkt durch Schenkungen, die Staufer erscheinen dagegen zunächst nur in der Rolle Friedrich Barbarossas als Reichsoberhaupt. Erst nach dem Übergang der welfischen Besitzungen in Süddeutschland an die Staufer wurden diese gehäuft für Kloster Weißenau tätig, allerdings zunächst ein schwäbischer Herzog aus staufischer Familie. Friedrich V. erlaubte 1186 seinen *fideles* Schenkungen an das Kloster und befreite dieses von Zöllen.[30] Nach dem Tod Welfs VI. stellten dann 1192 sowohl König Heinrich VI. als auch sein Bruder Herzog Konrad von Schwaben Privilegien für Kloster Weißenau aus.[31]

In ihrer Urkundentätigkeit nahmen die Staufer explizit auf ihre welfischen Vorgänger Bezug: Friedrich spricht von den *antecessores nostri*, den Herzögen Heinrich und Welf, auch Heinrich und Konrad erwähnen beide Welfen im Anschluss an die Bestätigungen von Vater und Bruder explizit. Heinrich (VII.) sprach sogar davon, dass das Kloster von seinen Vorfahren gegründet worden sei.[32] Auch der Blick auf die Urkunden zeigt also keinen staufisch-welfischen Gegensatz, sondern zunächst ein Zusammenwirken und daran anschließend ein Anknüpfen der Staufer an ihre welfischen Vorfahren.

---

26 PENTH, Prämonstratenser und Staufer (wie Anm. 3), S. 179, 193 und zu Konrad IV. PETERSEN, Prämonstratensische Wege (wie Anm. 1), S. 216.
27 Vgl. PENTH, Prämonstratenser und Staufer (wie Anm. 3), S. 193 (Annahme von Schenkungen staufischer Ministerialer und Getreuer), S. 185 (Zoll-, Steuer und Abgabenbefreiungen) und S. 181f. (Schenkungen).
28 BAUMANN, Acta s. Petri (wie Anm. 4), S. 20; MGH DD Phil. 13.
29 BAUMANN, Acta s. Petri (wie Anm. 4), S: 19f. (Fidazhofen), S. 22 (Feurerfeld), S. 62 (Hunzistobel) für eigene Schenkungen, S. 15f., 19, 22 und 52 für Fälle von Bestätigung und Anwesenheit, ausführlich unten S. 228.
30 Friedrich VI. (1186): WUB Online, Bd. II., Nr. 448, WUB Online, Bd. II., Nr. 502, http://www.wubonline.de/?wub=675, Stand: 14.6.2018.
31 Heinrich VI. (Weißenburg, 1192 März 24): WUB Online, Bd. II., Nr. 471, http://www.wubonline.de/?wub=719, Stand: 14.6.2018; Konrad von Schwaben (nach 1192 März 24): WUB Online, Bd. II., Nr. 448, WUB Online, Bd. II., Nr. 472, http://www.wubonline.de/?wub=718, Stand: 14.6.2018.
32 *Ab avitis successoribus nostris noscitur fundatum*, vgl. die am 9. Mai 1224 in Weingarten ausgestellte Urkunde: WUB Online, Bd. III., Nr. 448, http://www.wubonline.de/?wub=1027, Stand: 14.6.2018.

## Die erzählenden Quellen zur Gründung und Entwicklung des Klosters

Bevor der Blick auf die erzählenden Quellen in den Acta sancti Petri in Augia zu richten ist, rücken zunächst zwei kurze, in Handschriften des Klosters enthaltene Texte in den Blick. Eine erste, wohl kurz nach 1180, aber noch im 12. Jahrhundert verfasste und in leoninischen Hexametern gehaltene Notiz wurde auf dem letzten Blatt einer Handschrift des Speculum ecclesie des Honorius Augustodunensis eingetragen. Die Verse nennen Gebizo als Gründer, betonen dann aber die Bedeutung Herzog Welfs VI. für die weitere Entwicklung des Klosters und lehnen sich in ihrer Formulierung an ein Zitat aus dem ersten Korintherbrief an:

> „Auf Gebizos Schenkungen erheben sich diese Fundamente; was er gut gepflanzt hat, hat Herzog Welf dann bewässert, indem er der Stiftung/der Mitgift des Petrus Fidazhofen übergab. Was er auch immer hinzugefügt hat, das ließ Gott zusammenwachsen, denn er verlieh Gedeihen, das reiche Ernte bringt. Wenn das gefällt, dann schreibt diese Verse über euer Bild, weil sie besser als die vorigen; die Verse aber über den König lasst stehen."[33]

Der Text macht deutlich, dass bereits im späten 12. Jahrhundert im Kloster eine Auseinandersetzung mit der Vergangenheit stattfand. Er nimmt auf heute nicht mehr bekannte Bilder Bezug, die sich ähnlich wie in den Acta sancti Petri in Augia in einem Codex, aber auch im Kirchen- oder Klostergebäude als Supraporten befunden haben könnten. Neben einem Bild über Gebizo und Welf muss es demnach ein weiteres Bild über einen König (vermutlich Friedrich Barbarossa) gegeben haben, mit dessen Begleitversen der anonyme Autor zufrieden war.

Die Vielfalt der Möglichkeiten, die Gründung zu schildern, macht ein zweiter, nur unwesentlich längerer Bericht deutlich. Er nennt im nüchternen Stil den Gründungspropst Hermann und den ganzen Konvent als Handelnde. Sie hätten 1145 diesen Ort „zu Ehren des hl. Apostels Petrus gegründet und rechtmäßig in Besitz genommen" und 1156 dann den „Grundstein des Klosters" gelegt.[34] Weder Gebizo noch die Welfen werden in dem Bericht erwähnt. Die staufischen Herrscher Konrad III. und Friedrich Barbarossa werden nur als Teil der Datumsformel zusammen mit den jeweiligen Päpsten genannt. In diesem zweiten Bericht rücken also also die klosterinternen Akteure in den Blick.

---

33 *Ista Gebezonis surgunt fundamina donis /qui bene plantavit dux welfo deinde rigavit / Baronie dotem contradens Vidanishoven / Quisque quod adiecit Deus hoc concrescere fecit / Dans incrementa, quae grana ferunt opulenta/ Si placet istos versus picture vestre superscribite quia meliores sunt prioribus/ versus tamen de rege super picturam suam scriptos habete*: St. Petersburg Erm. lat. 22, fol. 172r, vgl. dazu mit Abbildung der Handschrift und Hinweis auf die ältere Literatur Elke WENZEL, Die mittelalterliche Bibliothek der Abtei Weißenau, Frankfurt am Main/Berlin u. a. 1998, S. 118 und S. 51–54; vgl. auch BINDER, Quellen (wie Anm. 19), S. 43 und S. 53 mit Anm. 7. Die Transkription ist im Wesentlichen dem Beitrag von Wenzel entnommen, wurde aber aufgrund der Abbildung korrigiert (*qui bene plantavit* statt *que bene plantavit*). Die Übersetzung wurde vom Verfasser aufgrund der Übersetzungen von Binder und Wenzel erarbeitet.

34 St. Petersburg Erm. Lat. 5, fol. 54v, vgl. WENZEL, Bibliothek (wie Anm. 33), S. 50–54 und BINDER, Quellen (wie Anm. 19), S. 44.

4  Gebizo übergibt das Kloster (Marginalie in den Acta sancti Petri in Augia, St. Gallen, Kantonsbibliothek, Vadianische Sammlung, VadSlg Ms. 321, fol. 5, www.e-codices.ch).

Dazu passt, dass dieser kurze Erzählung in eine Bibelhandschrift, also einen sakralen Text, eingetragen ist.

Die erste ausführliche Behandlung von Klostergründung und Klostergeschichte geschah erst im ersten Buch der Acta sancti Petri in Augia. Mit diesem ist der Blick in die 1220er-Jahre zu richten, mehr als 30 Jahre nachdem sich die Welfen von ihren süddeutschen Besitzungen getrennt hatten. Das erste Buch der Acta sancti Petri beginnt mit einer kurzen Gründungsgeschichte.[35] Auch hier wird *Gebezo de Ravenspurc* als Gründer genannt. Er habe den Ort an Abt Otino von Rot zur Gründung eines Prämonstratenserklosters übergeben. Die Rolle Heinrichs des Löwen wird nicht erwähnt, ebenso wenig wird Gebizo als Dienstmann oder Ministeriale der Welfen vorgestellt, er erscheint vielmehr als Adliger (*nobilis vir*). Eine solche Überhöhung des Rangs des Gründers ist durchaus nicht ungewöhnlich. Ein Blick in die Edition macht jedoch deutlich, dass der Beginn der Weißenauer Gründungsgeschichte unmittelbar vom Vorbild der Acta Salemitana abhängt. Ausgetauscht wurden nur die Jahreszahlen, Orden und der Name des Gründers.[36] Die Bezeichnung *nobilis vir* übernahm man offenbar ebenfalls vom Salemer Gründer Guntram von Adelsreute. So groß ist die Anlehnung an das Salemer Vorbild, dass sogar behauptet wird, Kloster Weißenau sei bald nach der Gründung durch Abt Otino zu einer Abtei gemacht worden. Erst im Anschluss an diese Episode wird die Gründungsgeschichte unabhängig vom Salemer Vorbild weitererzählt. Als handelnde Personen erscheinen Gebizo und Abt Otino von Rot. Beide hätten dafür gesorgt, dass das Kloster dem Heiligen Stuhl gegen den üblichen Zins von einem Byzantiner unterstellt wurde.[37] Anschließend habe Otino Hermann, einen klugen und tatkräftigen Mann, als Propst eingesetzt. Dann wird aus-

---

35  BAUMANN, Acta s. Petri (wie Anm. 4), S. 8f.
36  Vgl. BAUMANN, Acta s. Petri (wie Anm. 4), S. 3 und die Stellen in Petitdruck auf S. 8f.
37  BAUMANN, Acta s. Petri (wie Anm. 4), S. 9.

führlich vom Bau des Klosters unter Propst Hermann und den Reliquien in der Klosterkirche gesprochen,³⁸ schließlich – ebenfalls nach Salemer Vorbild – die Gründung eines Frauenklosters in Maisental berichtet, auch hier inklusive eines Berichts über den Bau der Kirche und die vorhandenen Reliquien.³⁹ Als Schenker der Maisentaler Kirche wird Ortolf von Biegenburg genannt. Dessen durch die ca. 40 Jahre später verfasste Weißenauer Chronik bekannte Verwandtschaft zum Weißenauer Gründer Gebizo bleibt jedoch unerwähnt.⁴⁰ Abgeschlossen wird der Gründungsbericht durch die Erwähnung der Bestätigungsurkunde Heinrichs des Löwen 1152. Nach der „ersten Gründung" habe Gebizo sich zum Wohl des Ortes bis nach Merseburg begeben, wo er vor König Friedrich Barbarossa und Heinrich dem Löwen seine Gründung öffentlich bekannt gemacht hat.⁴¹ Diese Schilderung ist in zwei Hinsichten bemerkenswert. Zunächst wird Gebizo als Aktivpart vorgestellt, Heinrich der Löwe dagegen sei nicht von sich aus tätig geworden, sein Wirken für das Kloster bleibt eigenartig flach. Dagegen wird Welf VI. hervorgehoben. In der im Gründungsbericht enthaltenen Zeugenliste wird das schlichte *Welfo* der Urkunde in *Welfo nobilis dux* aufgewertet.

Zusammenfassend ist der Gründungsbericht des ersten Buchs der Acta äußerst knappgehalten. Ausführlich wird er nicht im Hinblick auf den genauen Bericht der Gründungsabläufe, sondern beim Bau der Kirchen und insbesondere bei deren Ausstattung mit Reliquien. Jenseits des Texts ist aber ein Blick auf die Gestaltung im Codex zu richten. Zwei Personen der Gründungsgeschichte werden durch Bilder besonders hervorgehoben. Es sind jene beiden, die wir auch bereits aus den zwei kurzen Gründungsberichten in den Weißenauer Handschriften kennen: Gebizo von Ravensburg wird als adliger Klostergründer dargestellt (Abb. 4),⁴² der – wie in der damaligen Ikonographie üblich – ein Modell der Kirche darreicht. Propst Her-

5   Propst Hermann (Marginalie in den Acta sancti Petri in Augia, St. Gallen, Kantonsbibliothek, Vadianische Sammlung, VadSlg Ms. 321, fol. 7, www.e-codices.ch)

---

38   BAUMANN, Acta s. Petri (wie Anm. 4), S. 10–12.
39   BAUMANN, Acta s. Petri (wie Anm. 4), S. 12f.
40   Vgl. unten S. 233.
41   BAUMANN, Acta s. Petri (wie Anm. 4), S. 15.
42   St. Gallen, Kantonsbibliothek, VadSlg Ms. 321, f. 5, https://www.e-codices.ch/en/list/one/vad/0321 (aufgerufen am 8.10.2018).

mann erscheint in Mönchsgewand mit der Bibel in der Hand (Abb. 5).[43] Die Ikonographie des Gründungsberichts der Acta sancti Petri betont also beide Seiten, den weltlichen Gründer als auch den geistlichen ersten Propst des Klosters.

## Welfen und Staufer im Kartular und Traditionenverzeichnis der Acta sancti Petri in Augia

Direkt auf diese Gründungsgeschichte folgt im ersten Buch der Acta sancti Petri eine Reihe von Urkundenkopien: zunächst solche der Päpste, dann der Kaiser und Könige, schließlich der Herzöge, der Bischöfe und zum Schluss der Äbte.[44] Eine tiefere inhaltliche Analyse der Urkunden kann in diesem Beitrag nicht erfolgen. Im Hinblick auf die Komposition der Acta ist es jedoch interessant zu untersuchen, wie diese Urkunden in den Acta sortiert wurden. Denn die von Philipp von Schwaben ausgestellte Urkunde[45], mit der er die Kapelle St. Christina an Kloster Weißenau schenkte, wird nicht – wo sie hingehören würde – unter den herzoglichen Urkunden geführt, sondern steht unter den königlichen Urkunden. Man wollte vermutlich die Bedeutung der Schenkung Philipps, die bereits erwähnte Kapelle St. Christina oberhalb Ravensburgs, würdigen. Auch ikonographisch bekam Philipp damit einen hervorgehobenen Platz (Abb. 6). Sein Bild war das siebte (nach Gebizo und Propst Hermann, nach den Päpsten Innozenz III. und Honorius und nach den Königen Friedrich Barbarossa und Heinrich VI. und noch vor Friedrich II.). Erst dann folgten die Herzöge Heinrich der Löwe, Friedrich V. und Konrad und schließlich vier Konstanzer Bischöfe.

Nach 1220 wurde in mehreren Fortsetzungen Urkunden nachgetragen,[46] darunter zahlreiche Urkunden Heinrichs (VII.) und Friedrichs II. Allerdings erfolgte keine strenge Sortierung nach dem Rang mehr. Mal wurden Urkunden zeitlich, mal thematisch und zuletzt doch noch einmal nach dem Rang geordnet, dann aber in anderer Reihenfolge als wir es bisher kennen. Heinrich (VII.) hatte dem Kloster die Pfründe der Bregenzer Pfarrkirche geschenkt.[47] Bei den einige Seiten später kopierten Bestätigungsurkunden erscheint zunächst das Privilegium Friedrichs II. von 1232[48] und erst danach die zeitlich

---

43 St. Gallen, Kantonsbibliothek, VadSlg Ms. 321, f. 7, https://www.e-codices.ch/en/list/one/vad/0321 (aufgerufen am 8.10.2018).
44 Acta sancti Petri in Augia, St. Gallen, Kantonsbibliothek, VasDSlg Ms. 321, S. 20–116, zur Entstehungsgeschichte BAUMANN, Acta s. Petri (wie Anm. 4), S. 4, 83–92 mit der Übersicht der Urkunden.
45 Vgl. oben Anm. 28.
46 Vgl. Acta sancti Petri in Augia, St. Gallen, Kantonsbibliothek, VasDSlg Ms. 321, S. 75–116 und die Übersicht BAUMANN, Acta s. Petri (wie Anm. 4), S. 87–92.
47 Ausgestellt in Weingarten, 1226 November 6, vgl. Acta sancti Petri in Augia, St. Gallen, Kantonsbibliothek, VasDSlg Ms. 321, S. 78–82, Edition: WUB Online, Bd. III., Nr. 719, http://www.wubonline.de/?wub=1083, Stand: 14.6.2018.
48 Ausgestellt in Cividale, 1232 Mai 1, vgl. Acta sancti Petri in Augia, St. Gallen, Kantonsbibliothek, VasDSlg Ms. 321, S. 110–112, Edition: WUB Online, Bd. III., Nr. 812, http://www.wubonline.de/?wub=1217, Stand: 14.6.2018

6  König Philipp von Schwaben mit Krone, Szepter und Reichsapfel (Marginalie in den Acta sancti Petri in Augia, St. Gallen, Kantonsbibliothek, Vadianische Sammlung, VadSlg Ms. 321, fol. 40).

zuvor erfolgten Bestätigungen Papst Gregors IX. von 1228 und 1230.[49] Angesichts des Konflikts zwischen Papst und Kaiser liegt es nahe zu vermuten, dass zur Zeit der Aufzeichnung dieser Urkunden im Jahr 1232 der Kaiser die größere Bedeutung für das Kloster hatte als der Papst.

Welf VI. dagegen fand in diesem ersten urkundlichen Teil keine Berücksichtigung. Dies hat nichts mit seiner Bedeutung für Kloster Weißenau zu tun, sondern liegt darin begründet, dass dem Kompilator der Urkundenabschriften keine Urkunde Welfs VI. vorgelegen hatte, die den Kriterien des ersten Teils entsprochen hätte. Einfache Schenkungen an das Kloster wurden in diesem Teil nicht gesammelt – Philipps von Schwaben Urkunde taucht wegen der darin ebenfalls erhaltenen Privilegienbestätigung auf. Die Schenkungen und Schenkungsbestätigungen wurden wie alle anderen Gütertransaktionen im dritten Teil des ersten Buches der Acta sancti Petri in Augia versammelt. Damit ist der Blick auf dieses Traditionenverzeichnis zu richten.

Welf VI. erscheint in diesem mehrfach aktiv zugunsten des Klosters tätig. Gleich mehrfach bestätigt er Schenkungen seiner Dienstleute, etwa seiner Ministerialen Hermann von Dietenbach und Bernhard von Aulendorf.[50] Zweimal bestätigte er Schenkungen von Personen, die als *ioculator* bezeichnet werden, also als Spaßmacher: zu Beginn der Acta der *ioculator Falchelin*, der sein Haus mit Zustimmung Herzog Welfs VI. an Kloster Weißenau verkaufte, später *Rŏdegerus, quidam ioculator*, sozusagen ein Spaßmacher im Ruhestand, der sein Gut in Ettmannsschmid für sein Seelenheil an Kloster Weißenau schenkte.[51] Auch eine vermeintlich spröde Quelle wie die Traditionen des Klosters Weißenau machen so Welfs Liebe zum höfischen Leben deutlich! An anderer Stelle des Traditionenverzeichnisses wird ein Ereignis nach Welfs Regierungszeit datiert (*temporibus enim ducis Welphonis facta est hoc uenditio*).[52] Vor allem aber berichten die Acta mehrfach von Schenkungen Welfs VI. an

---

49  Vgl. Acta Sancti Petri in Augia, St. Gallen, Kantonsbibliothek, VasDSlg Ms. 321, S. 112–115, 1228 April 26 (Rieti), WUB Online, Bd. III., Nr. 741, http://www.wubonline.de/?wub=1125, Stand: 14.6.2018 und 1230 Oktober 7 (Anagni), WUB Online, Bd. III., Nr. 781, http://www.wubonline.de/?wub=1175, Stand: 14.6.2018.
50  BAUMANN, Acta s. Petri (wie Anm. 4), S. 21f. (Hermann von Dietenbach), S. 28 (Bernhard von Aulendorf).
51  BAUMANN, Acta s. Petri (wie Anm. 4), S. 15f. (Falchelin) und S. 52 (Rüdiger).
52  BAUMANN, Acta s. Petri (wie Anm. 4), S. 18.

7 Herzog Welf VI. mit Herzogshut und Herrschaftssymbol (Marginalie in den Acta sancti Petri in Augia, St. Gallen, Kantonsbibliothek, Vadianische Sammlung, VadSlg Ms. 321, fol. 125)

Kloster Weißenau. Die größte dieser Schenkungen war ein Hof in Fidazhofen, heute zur Ravensburger Ortschaft Eschach gehörig.[53]

Anlässlich des Berichts über diese Schenkung holt der unbekannte Verfasser des Traditionenverzeichnisses ein wenig aus und schildert die Herrschaft Welfs VI. im Jahr 1180, also bereits nach der Übergabe der süddeutschen Güter an Friedrich Barbarossa. Zu dieser Zeit habe Kaiser Friedrich regiert. Der besagte Welf habe aber die Herrschaft über das gesamte Land, sowohl über die Ministerialen als auch über die Burgen und Güter, gehabt *(dominium totius terre tam super ministeriales, quam super castra et predia)*. Eines dieser Güter sei der Hof in Fidazhofen gewesen. Weil er in der Nähe des Klosters gelegen sei, hätten Propst Ortolf und die Brüder lange Zeit darauf hingearbeitet, dass der Herzog das Gut verkaufe oder umsonst gebe *(uenderet, aut gratis daret)*. Da dieser Herzog aber ein äußerst gnädiger Mann *(homo magnae pietatis)* gewesen sei,[54] habe er schließlich deren Bitte erhört und für wenig Geld *(accepta modica pecunia)*, nämlich nur 50 Pfund, den Hof in Fidazhofen mit allem Zubehör übergeben. Die beeindruckende Liste der zum Hof gehörigen Güter lässt das Geschäft trotz des durchaus nicht geringen Preises für das Kloster lohnenswert erscheinen. Vor allem aber spricht das eindeutige Loblied auf Welf VI. eine deutliche Sprache. Im Kloster war man sich der großzügigen Gabe des Welfen bewusst. An dieser Stelle der Acta wurde Welf auch mit einem Bild verewigt (Abb. 7), sein unglücklicher Sohn Welf VII. erscheint im Traditionenverzeichnis dagegen kein einziges Mal, ebenso wenig wie Heinrich der Löwe.

Kann man aufgrund dieser Nennungen Weißenau als welfisches Kloster ansprechen? Dies scheint mir zweifelhaft: Trotz allen Lobes für Welf VI. wird dieser in der Schilderung der Acta sancti Petri nur dann für das Kloster tätig, wenn er darum gebeten wurde. So stellen die Acta im Hinblick auf die Schenkungen seiner Dienstleute, immer diese – und nicht den Herzog – als aktiven Teil

---

53 Vgl. etwa BAUMANN, Acta s. Petri (wie Anm. 4), S. 19f. Weitere Schenkungen betreffen Feurerfeld, (Ebd., S. 22) und Hinzistobel (Ebd., S. 62).
54 Zur Übersetzung von *pietas* mit Gnade vgl. Thomas ZOTZ, Ludwig der Fromme oder Ludwig der Gnädige? Zur Herrschertugend der „pietas" im frühen und hohen Mittelalter, in: Nova de veteribus. Mittel- und neulateinische Studien für Paul Gerhard Schmidt, hg. von Andreas BIHRER/Elisabeth STEIN, Leipzig 2004, S. 180–191.

dar. Selbst anlässlich von Welfs Schenkung betont der Kompilator der Acta, dass sich Propst und Brüder schon lange um das Gut bemüht hatten.[55] Im Übrigen war 1152 auch Heinrich der Löwe nur tätig geworden, weil Gebizo von Ravensburg zu ihm nach Merseburg gereist war.[56] Gemäß dem ersten Buch der Acta sancti Petri in Augia standen die Welfen der Entwicklung des Klosters zwar nicht im Wege. Weißenau blieb aber in erster Linie ein Kloster der welfischen Ministerialität!

Wie werden die Staufer im Traditionenverzeichnis beschrieben? Friedrich I. Barbarossa erscheint nur als Bezugspunkt bei der Datierung von Urkunden. Schenkungen und Verkäufe seien zur Regierungszeit Kaiser Friedrichs (*regnante Friderico imperatore*) geschehen.[57] Ähnliches gilt für Heinrich VI.[58] Aktiv tätig erscheinen dagegen die staufischen Herzöge: Friedrich V. von Schwaben stimmte 1186 – im Jahr seiner Privilegierung des Klosters – auch einer Schenkung seines Dienstmanns Werner von Torkenweiler zu und ein nicht näher genannter schwäbischer Herzog bestätigte die Schenkung seines Ministerialen Hermann, *miles vzerme Hage*.[59] Es war aber vor allem Philipp von Schwaben, der im Traditionenverzeichnis große Aufmerksamkeit bekam. Durch seine noch als Herzog von Schwaben 1197 getätigte Schenkung der Kapelle St. Christina blieb er dem Kloster auch in seiner Zeit als König verbunden. So stimmte Philipp einer Schenkung seines Ministerialen Werner, *miles uzerme Hage*, des Sohnes des oben genannten Hermann, zu und war bei der Lösung eines Streits mit Hermann von Raderach 1204 in Weingarten zugegen.[60] Mehrfach erscheinen auch Heinrich und Eberhard von Waldburg, die Philipp von Schwaben, Friedrich II. und Heinrich (VII.) als Truchsessen dienten. Beide schenkten Güter an Weißenau und vermittelten in Streitfällen zugunsten des Klosters.[61] Auch Philipps eigene Schenkung an Weißenau, die Kapelle St. Christina, wird im Traditionenverzeichnis nochmals erwähnt. Ausführlich wird geschildert, welche Güter zu ihr gehörten,[62] allerdings wird Philipp nicht erneut angeführt. Offenbar genügte es, dass er im Urkundenverzeichnis als Schenker genannt wurde. Gleichwohl erfährt Philipp in einem chronikalischen Einschub des Traditionenverzeichnisses eine fast persönliche Würdigung. Anlässlich seiner Ermordung ist dort vom *piissimo Philippo rege* die Rede. Philipp erhält damit eine ähnlich euphorische Erinnerung wie zuvor Welf VI.[63]

---

55 So ging der *ioculator* Falchelin an den Hof Welfs (BAUMANN, Acta s. Petri (wie Anm. 4), S. 19 und beim *ioculator* Rüdiger wird betont, dass dieser aus Liebe zu Gott und für sein Seelenheil die Schenkung getätigt habe (Ebd., S. 56). Zur Schenkung Welfs VI. vgl. ebd., S. 19: *uenerabilis Ortolfus, prepositus Augensis, et fratres sui diu laborauerunt aput predictum ducem, ut eandem curtem ecclesie eorum uel uenderet, aut gratis daret. Ipse uero dux, quia homo fuit magne pietatis, ad ultimum acquieuit peticioni eorum.*
56 Vgl. oben S. 220 mit Anm. 19.
57 BAUMANN, Acta s. Petri (wie Anm. 4), S. 10 (*regnante Friderico rege*) sowie S. 17, 18, 19, 52, 59.
58 BAUMANN, Acta s. Petri (wie Anm. 4), S. 19, 33.
59 BAUMANN, Acta s. Petri (wie Anm. 4), S. 16, 30.
60 BAUMANN, Acta s. Petri (wie Anm. 4), S. 17, 18.
61 BAUMANN, Acta s. Petri (wie Anm. 4), S. 25 (Schenkung Heinrichs von Waldburg), S. 64 (Schenkung Eberhards von Waldburg) sowie S. 62f. und 66 (als Streitschlichter). Außerdem S. 55, 57, 63, 64, 65, 67, 68, 77, 78, 81 (Eberhard) und S. 54, 55, 83 (Heinrich).
62 BAUMANN, Acta s. Petri (wie Anm. 4), S. 20.
63 BAUMANN, Acta s. Petri (wie Anm. 4), S. 39: *Piissimo Philippo rege circa festum sancti Johannis Baptiste a palatino comite de Wittilinspach occiso.*

Blickt man auf Friedrich II. und dessen Sohn Heinrich (VII.), lassen sich eine ganze Reihe von Kontakten zum Kloster Weißenau nachweisen. Friedrich II. übergab Weißenau, gleich als er nach Alemannien kam und Otto nach Sachsen wich (*tempore illo, quo Otto imperator cessit ad Saxones, et rex Fridericus primo uenit ad Alemannos*), den von seinem Ministerialen Hermann von Schnetzenhausen gehaltenen Zins in Fidazhofen.[64] 1219 oder Anfang 1220 schenkte er das Gut in Hohenriet im Altdorfer Wald an Weißenau.[65] Außerdem berichten die Kompilatoren der Acta über die Kreuzzugspläne Friedrichs oder erwähnen ganz lapidar, dass der König einen Garten in Ravensburg besessen habe.[66] Friedrichs Sohn Heinrich (VII.) schenkte 1226 die Pfarrkirche in Bregenz an das Kloster, Friedrich bestätigte die Schenkung 1232. Ähnlich wie bei der Schenkung Philipps von Schwaben sind die eigentlichen Urkunden im Urkundenteil enthalten, doch das Traditionenverzeichnis berichtet ausführlich von dem um die Pfarrkirche entstandenen Streit und weiß, dass die Kirche dem Kloster als Gegenleistung für die geistliche Betreuung der seit der Zeit Heinrichs VI. auf der Waldburg gelagerten Reichskleinodien übereignet wurde.[67]

Versucht man das Bild der Staufer im Traditionenverzeichnis der Acta zusammenzufassen, so bleibt festzuhalten, dass sich offenbar seit Philipps von Schwaben Schenkung der Kapelle St. Christina der Kontakt zum Kloster Weißenau intensivierte. Philipp, aber auch Friedrich II., kommen anders als ihre Vorgänger immer wieder in den Acta sancti Petri vor. Offenbar blieb Welf VI. – solange er in und um Ravensburg präsent war – die beherrschende Figur im Raum und damit auch für das Kloster Weißenau. Erst nach seinem Tod verstärkten die Staufer den Kontakt zum Kloster, das seinerseits das großzügige Wirken Philipps von Schwaben, Friedrichs II. und Heinrichs (VII.) würdigte. Dabei wurden die Notizen zu Friedrich II. und Heinrich (VII.) fast zeitgleich zu deren Handeln gemacht, wurde das Traditionenverzeichnis doch wohl um 1220 erstmals aufgezeichnet und bis 1232 mehrfach ergänzt.[68]

Diese Förderung und Würdigung darf nicht darüber hinwegtäuschen, wer die maßgeblichen Förderer des Klosters Weißenau waren. Es handelte sich um die welfische und dann die staufische Ministerialität, sowie die niederen Adligen und freien Leute aus dem Schussental, und in geringerem Maße auch aus dem nahen Allgäu und dem Linzgau. Ursula Riechert hat herausgearbeitet, dass von den 151 in den Acta sancti Petri berichteten Schenkungen 70 von Ministerialen getätigt wurden.[69] Unter diesen gehörten die meisten zur Ministerialität der Staufer, Welfen und des Reichs. Neben den Ministerialen

---

64 BAUMANN, Acta s. Petri (wie Anm. 4), S. 39.
65 BAUMANN, Acta s. Petri (wie Anm. 4), S. 57f.
66 BAUMANN, Acta s. Petri (wie Anm. 4), S. 21 (Garten) und S. 72 (Kreuzzug).
67 Der Bericht im Traditionenverzeichnis siehe BAUMANN, Acta s. Petri (wie Anm. 4), S. 79–81, für die Schenkungsurkunden vgl. oben Anm. 47, 48.
68 Vgl. Tabelle, S. 217.
69 RIECHERT, Oberschwäbische Reichsklöster (wie Anm. 21), S. 383 mit den Zahlen sowie S. 382–389 mit einer Nennung der betreffenden Familien. Eine erneute Untersuchung der Schenkungen an Kloster Weißenau wäre einen eigenen Aufsatz wert. Dabei müsste neben die rein quantitative Analyse der Zahl der Schenkungen auch deren Qualität, also deren Größe, betrachtet sowie der zur Schenkung führende Aushandlungsprozess und etwaige Konflikte betrachtet werden.

spielten aber auch freie Leute und der regionale Adel eine wichtige Rolle.[70] Ab dem zweiten Jahrzehnt des 13. Jahrhunderts schenkten vermehrt auch Stadtbürger an Kloster Weißenau.[71] Während diese im Fall von Ravensburg auch aus der regionalen Ministerialität und dem Ortsadel der umliegenden Orte erwuchsen, dürfte die Förderung von Bürgern aus Überlingen und in geringerem Maß auch aus Buchhorn und Lindau mit dem Wirken der Staufer Heinrich (VII.) und Friedrich II. zusammenhängen.

## Das zweite Buch der Acta sancti Petri: Weißenauer Chronik und Jahrtagsgeschichte

Abschließend soll der Blick auf das in den 1260er-Jahren entstandene zweite Buch der Acta sancti Petri gerichtet werden. Dabei rückt der Blick zunächst auf die sogenannte Weißenauer Chronik. Dieses Werk schmückt die karge Gründungsgeschichte des ersten Buchs mehr als 100 Jahre nach der Gründung ausführlich aus. Die Grundstruktur aber bleibt die gleiche. Als Gründer wird Gebizo von Ravensburg bezeichnet. Die Quelle berichtet ausführlich, dass dieser auf der Ravensburg bzw. Veitsburg gesessen habe und so reich gewesen sei, dass er jährlich 1500 Schweine erwirtschaftete.[72] Auch in dieser Gründungsgeschichte arbeitete Gebizo mit Otino von Rot zusammen, auch hier reiste er 1152 zu Heinrich dem Löwen nach Sachsen, um die Bestätigung seines Herrn zu erhalten. Allerdings weiß dieser Bericht, dass Gebizo bald danach auf dem Markt zu Ravensburg von einem Bauern erstochen wurde und deshalb weitere Schenkungen nicht habe durchführen können.[73] Er sei in Weingarten und nicht in Weißenau bestattet worden, weil die Weißenauer Kirche zu diesem Zeitpunkt noch nicht gebaut worden war und noch kein geweihter Friedhof bestand. Die auf die Gründung des Klosters folgende Geschichte wird dann im Stil von Gesta Abbatum oder besser gesagt Prepositorum erzählt.[74] Es sind die Weißenauer Pröpste, die der unbekannte Verfasser und sein Fortsetzer als für das Gedeihen des Klosters maßgebliche Männer stilisiert. Deren Herkunft bleibt meistens unbekannt, nur Ulrich I. (1183–1191) soll dem Geschlecht der von Tanne entstammt sein.[75] An diese Reihe der Pröpste und dann Äbte, die bis zu Heinrich (1257–1266) reicht, schließt ein kurzer Bericht über die Weihe der Kirche im Jahr 1172 und eine ausführliche Auflistung von deren Reliquien sowie von Altarweihen an.[76] Die Weißenauer Chronik beschränkt sich fast vollständig auf die inneren Akteure des Klosters. Weder Welfen noch Staufer – sieht man von Heinrich dem Löwen ab – werden erwähnt. Auch die für das Kloster so wichtigen Ministerialenfamilien und Adelsfamilien der Region fin-

---

70 RIECHERT, Oberschwäbische Reichsklöster (wie Anm. 21), S. 380–382 für die Freien und S. 390–308 für den Adel.
71 RIECHERT, Oberschwäbische Reichsklöster (wie Anm. 21), S. 294–315, bes. S. 299–301 und 315–319.
72 BAUMANN, Acta s. Petri (wie Anm. 4), S. 92–95, die Übersetzung bei BINDER, Quellen (wie Anm. 19), S. 48–50.
73 Dazu und zum Folgenden: BAUMANN, Acta s. Petri (wie Anm. 4), S. 95.
74 BAUMANN, Acta s. Petri (wie Anm. 4), S. 96–100.
75 BAUMANN, Acta s. Petri (wie Anm. 4), S. 96.
76 BAUMANN, Acta s. Petri (wie Anm. 4), S. 100–104.

den nur dann Erwähnung, wenn einer der Pröpste wie Ulrich I. von Tanne zweifelsfrei aus ihren Reihen stammte.

Es ist der zweite Teil des zweiten Buchs, der Welfen, Staufer und Ministerialen wieder in den Blickpunkt des Geschehens rückt: die wohl von Propst Hermann verfasste „Jahrtagsgeschichte".[77] Arno Borst sah in dieser faszinierenden Quelle eine „Sozialgeschichte der vielschichtigen Umwelt" des Klosters.[78] Karl Pellens hat jedoch zu Recht den zutiefst liturgischen Charakter der Quelle betont und vermutet, dass es sich dabei um einen Erlass Propst Hermanns gehandelt hat, mit dem er eine „verbindliche Anordnung" der Jahrtage erreichen wollte, quasi „ein Grundgesetz der Liturgie des Klosters".[79]

Man mag im Detail zu einer leicht anderen Einschätzung der *causa scribendi* kommen. Ich würde den beschreibenden anstelle des verordnenden Aspekts höher bewerten und Hermanns Ziel eher darin sehen, dem Konvent in der Zeit nach dem Tod des letzten staufischen Königs Konrad Sicherheit zu geben und die für den Konvent identitätsstiftenden Beziehungen zur Umwelt des Klosters zu skizzieren. Unabhängig von der Diskussion um die *causa scribendi* zeigt die Quelle jedoch aufs Deutlichste, welche Wohltäter im Kloster um 1260 eine besondere Wertschätzung genossen.

Hermann ordnete die Wohltäter des Klosters in Gruppen. An erster Stelle stehen die Bischöfe von Konstanz, derer aufgrund ihrer Weihetätigkeiten gedacht wurde, aber auch weil sie das Kloster durch die Übertragung von Zehnten der Pfarrkirchen und die ausgestellten Privilegien stärkten.[80] An diese schließen auswärtige Bischöfe an. Hermann nennt sie mit dem Geldbetrag, den sie zur Unterstützung des Klosters gaben (*in subsidium ecclesie nostre*).[81] Erst dann kommen die römischen Kaiser: Wörtlich genannt werden Friedrich I., Heinrich VI. und Friedrich II.[82] Otto IV., der zumindest in einem Fall an einer Schenkung an Weißenau mitwirkte, wird ebenso unterschlagen wie der gegenüber dem Kloster großzügige König Heinrich (VII.). Es werden offenbar nur diejenigen Könige erwähnt, deren feierliches Privileg in das Urkundenverzeichnis des ersten Bands der Acta aufgenommen wurde. Den Urkunden entsprechend lobt die Jahrtagsgeschichte die Befreiung des Klosters von der Vogtei und den königliche Schutz, außerdem die Schenkungserlaubnis für die Ministerialen, die Befreiung von Zöllen und die Erlaubnis Holz aus den Wäldern zu sammeln. Friedrich II. wird aufgrund seiner Schenkung der Bregenzer Pfründe und des Guts in Hohenriet besonders gewürdigt. Deutlich heraus sticht aber vor allem die Würdigung Philipps von Schwaben, der mit seiner Frau Irene einen eigenen, besonders zu feiernden Gedenktag erhielt.

Im nächsten Kapitel gilt das Gedenken den *ducibus provinciarum*. Es heißt dort, dass aller freigiebiger Herren, der Herzöge Schwabens, aber auch der anderer Provinzen, nämlich

---

77 Der Titel nach dem Editor Baumann, im Original *De Anniversariis sollempnibus benefactorum et familiarum nostrorum*, vgl. BAUMANN, Acta s. Petri (wie Anm. 4), S. 104–126.
78 BORST, Hermann (wie Anm. 1), S. 223.
79 Karl PELLENS, Die Weißenau in der Zeit Propst Hermanns II. (1237–1257). „Bruder Hermann" ordnet Umfeld und Jahreskreis, in: 850 Jahre Prämonstratenserabtei Weißenau (wie Anm. 19), S. 97–119, hier S. 102.
80 BAUMANN, Acta s. Petri (wie Anm. 4), S. 105.
81 BAUMANN, Acta s. Petri (wie Anm. 4), S. 105f.
82 Dazu und zum Folgenden: BAUMANN, Acta s. Petri (wie Anm. 4), S. 106.

Heinrich von Sachsen und Bayern, Friedrich und Konrad von Schwaben und Welf und Welf von Spoleto (gemeint sind Welf VI. und Welf VII.), aufgrund der Freiheitsprivilegien, aber auch der Wohltaten gedacht werden soll.[83] Die Formulierung lässt nicht nur wegen der Zuordnung aufhorchen. Offenbar assoziierte Hermann die Welfen kaum noch mit deren oberschwäbischer Heimat. Sie werden stattdessen mit Sachsen und Bayern verbunden. Zugleich bringt er die Herzöge in eine ganz eigene, wohl von Nord nach Süd geordnete Reihe. Anschließend an diese pauschale Würdigung aller Herzöge wird Welf VI. aufgrund seiner Schenkung des Prädiums Fidazhofen gesondert hervorgehoben. Sein gleichnamiger Sohn Welf VII. wird dagegen überhaupt nur dieses eine Mal in den ganzen Acta sancti Petri erwähnt.

An die Herzöge schließt ein Kapitel über Graf Manegold von Rohrdorf und seine Frau Agnes an, dann erst kommt – dem Rang entsprechend – der Gründer Gebizo.[84] Hier wird ganz im Sinne der Chronik betont, dass Gebizo noch mehr gegeben hätte, wenn er nicht plötzlich verstorben wäre.[85] Anschließend hebt Hermann hervor, dass Gebizos Schwester Liutgart nach dessen Tod weitere Güter gegeben habe, und auch die große Stiftung des Guts Maisental durch Gebizos Verwandten Ortolf von Biegenburg wird gewürdigt. Für alle drei sei je ein Jahrtag zu feiern.

Dann folgen die Jahrtage von Ministerialenfamilien aus der Region: Zunächst für die „großzügigen Herren von Waldburg, die nach ihrem Amt als Truchsessen bezeichnet werden" (Friedrich und Heinrich von Waldburg), anschließend fünf weitere Gedenktage zu Ehren von namentlich genannten Mitgliedern der Familie von Waldburg.[86] Bei drei Waldburgern wird ein geplantes oder durchgeführtes Begräbnis erwähnt.[87] Es folgen Konrad Schenk von Winterstetten, zweimal die von Summerau und Liebenau, dann die von Ringgenburg, von Fronhofen, von Schmalegg, von Biegenburg, von Baumgarten, von Löwental, von Ummendorf und Raderach, von Waldsee, von Arbon und von Kemnat sowie schließlich Heinrich von Oberhofen.[88] Es handelt sich fast ausschließlich um welfische, staufische und reichsministerialische Familien, lediglich die von Arbon waren Ministerialen des Konstanzer Bischofs. Es bleibt festzuhalten, dass drei Jahrtagen für alle Könige und Herzöge insgesamt 22 Gedenktage für regionale Ministeriale entgegenstehen. In ihnen wird die „Trägerschicht" des Klosters Weißenau sichtbar. Diese Anniversarien noch genauer zu vergleichen und Eigenheiten in der Schilderung und damit der Erinnerung dieser Trägerschicht herauszuarbeiten, wäre eine lohnende Aufgabe, die in diesem Beitrag ausgespart bleiben muss. Nach den zahlreichen Ministerialen stehen eine Reihe wohl als Freie anzusprechende Adlige, aber auch ungenannte Pilger und Pries-

---

83  BAUMANN, Acta s. Petri (wie Anm. 4), S. 106.
84  BAUMANN, Acta s. Petri (wie Anm. 4), S. 197. BORST, Hermann (wie Anm. 1), S. 222 weist daraufhin, dass nach dem Grafen Manegold eigentlich Graf Albert von Achalm erscheinen müsste, der dem Kloster die wichtige und große Grangie in Bernloch bei Reutlingen übergab, dazu BAUMANN, Acta s. Petri (wie Anm. 4), S. 40–45. In der Jahrtagsgeschichte fehlt er jedoch aus unerklärlichen Gründen.
85  Vgl. dazu und zum Folgenden: BAUMANN, Acta s. Petri (wie Anm. 4), S. 107f.
86  BAUMANN, Acta s. Petri (wie Anm. 4), S. 108f.
87  Dies sind Adelheid, die erste Frau Truchsess Eberhards, dessen Sohn Heinrich sowie Ulrich von Waldburg. BAUMANN, Acta s. Petri (wie Anm. 4), S. 109.
88  BAUMANN, Acta s. Petri (wie Anm. 4), S. 109–114.

ter.⁸⁹ Gegen Ende wird dann deutlich, dass 1260 – bei Abfassung des zweiten Buchs – erwartungsgemäß die Städte eine wichtigere Rolle einnahmen als noch um 1220, als das erste Buch zusammengestellt worden war. Damals wurden Bürger aus Ravensburg, Kempten, Lindau, Überlingen und Zürich aufgrund ihrer Schenkungen gelobt und dem ewigen Gedächtnis der Mönche empfohlen.⁹⁰

## Fazit

Auch wenn Hermann die sogenannten Jahrtagsgeschichten explizit nach innen richtete und bekannte, dass er „nichts Anderes gesucht habe, als das ewige Heil der Verstorbenen und der Lebenden",⁹¹ so macht die Quelle doch in komprimierter Form das personale Umfeld des Klosters Weißenau von der Gründung bis um ca. 1260 deutlich. Sie mahnt zugleich, den Einfluss der Welfen und der Staufer auf das Kloster nicht zu überschätzen. Zwar beförderten diese durch großzügige Privilegien dessen Wohlergehen, aber den materiellen Reichtum und die Vielzahl der Güter gewann Kloster Weißenau von der selbstbewussten und häufig durchaus eigenständig agierenden oberschwäbischen Ministerialität. Das andere Werk des zweiten Buchs, die Weißenauer Chronik, betonte dagegen die Leistungen der Pröpste für das Gedeihen des Klosters. Obgleich beide Werke dezidiert nach innen gerichtet sind, spiegeln sie, wie sich das Kloster Weißenau um 1266 verortete: tief mit den regionalen Ministerialen und Adligen verbunden, aber auch stolz auf die Leistung der Pröpste zum Aufbau des Klosters. Die Funktion beider Quellen war nicht auf die liturgisch-sakrale Sphäre beschränkt, sie dürften auch einen Akt der Selbstvergewisserung in unruhiger Zeit dargestellt haben.

Das erste Buch ist dagegen ein klassisches Kartular des 13. Jahrhunderts. Vom Salemer Vorbild inspiriert, vereinigte es einen kurzen Gründungsbericht mit Urkundenabschriften und den Traditionen. Mehr als 75 Jahre nach der Gründung verfasst, wird daraus nicht nur deutlich, wer das Kloster besonders förderte (die Ministerialen!), sondern auch welche Welfen und Staufer im Kloster eine besondere Wertschätzung erfuhren. Verglichen mit ähnlichen Werken treten administrative, aber auch sakral-memoriale Belange eher zurück. Vielmehr scheint es sich bei diesem Kartular um ein Dokument der Besitzsicherung, aber auch der Geschichtsschreibung und der Identitätsstiftung gehandelt zu haben. In Bezug auf alle drei Punkte aber gibt es wesentliche Einblicke in das Verhältnis und die Erinnerung an Welfen, Staufer und deren Ministerialität. Kehrt man damit auf die eingangs diskutierte Frage zurück, ob man Weißenau als welfisches oder welfisch-ministerialisches Hauskloster bezeichnen kann, so wird vor allem deutlich, dass das Hausklosterkonzept nur schlecht auf Weißenau anzuwenden ist.⁹² Zwar kann

---

89 BAUMANN, Acta s. Petri (wie Anm. 4), S. 115f.
90 BAUMANN, Acta s. Petri (wie Anm. 4), S. 116f.
91 BAUMANN, Acta s. Petri (wie Anm. 4), S. 119: *Notum sit cunctis huivs ecclesie professis, me in hac descriptione et ordinatione anniuersariorum nil aliud quesisse, nisi defunctorum ac uiuorum perpetuam salutem.*
92 Zur Kritik an diesem Konzept vgl. Jürgen DENDORFER, Gescheiterte Memoria? Anmerkungen zu den „Hausklöstern" des hochmittelalterlichen Adels, in: ZWLG 73 (2014), S. 17–38.

man die welfisch-staufische Ministerialität als Trägerschicht des Klosters identifizieren, doch nur durch das Zusammenwirken von dieser mit ihren welfischen und staufischen Herren konnte das Kloster gedeihen! Welfen und Staufer – auch das macht das erste Buch der Acta deutlich – standen dabei nicht unbedingt in einem Gegensatz. Vielmehr werden in ihrem Handeln gegenüber dem Kloster unterschiedliche Rollen deutlich: die Welfen als regionale Herzöge, die den Schenkungen der lokalen Ministerialität zustimmten und das Kloster auch selbst begünstigten; die Staufer als Kaiser und Könige des Reichs, die das Kloster unter ihren Schutz stellten und mit Rechten ausstatteten. Die Privilegien und Traditionen geben zudem Einblick in den Charakter von Welfs VI. Herrschaft und seine Vorliebe für das höfische Leben. Sie machen zuletzt deutlich, dass die Staufer nach dem Tod Welfs VI. auch die Rolle der Welfen gegenüber dem Kloster übernahmen. Es ist kein Zufall, dass Philipp von Schwaben als erster Staufer auch eine Schenkung an das Kloster tätigte.

Mit Ausnahme der in das Kartular inserierten Urkunden sind die in diesem Beitrag untersuchten Quellen aus der Perspektive des Prämonstratenserstifts Weißenau geschrieben und selbst die Reihung der Urkunden verrät den ordnenden Geist der Weißenauer Mönche. Die hier betrachteten Quellen widmen sich der Besitzsicherung der Güter und (zumindest in der Jahrtagsgeschichte) dem liturgischen Gedenken, sie spiegeln aber in besonderem Maß auch Geschichtsbild und Selbstverständnis des Klosters und seiner Mönche wieder. Im Hinblick auf beide Punkte, Geschichtsbild und Selbstverständnis, nimmt die Erzählung der Gründung des Klosters eine zentrale Rolle ein. Während zwei frühe kurze Gründungsgeschichten entweder die Leistung des weltlichen Stifters Gebizo oder die des Gründungspropsts Hermann betonen, vereint die am Beginn der Acta Sancti Petri stehende Gründungsgeschichte beide Perspektiven. Obwohl teilweise von der Salemer Vorlage abhängig, vermittelt die Gründungsgeschichte so ein Zusammenwirken von weltlicher und geistlicher Macht – ein Eindruck, der auch in der Bebilderung deutlich wird: Gebizo und Propst Hermann illustrieren mit ihren beiden Bildern die Gründungsgeschichte. Dieses beidseitige Bemühen um das Kloster wird auch im weiteren Verlauf des ersten Buchs deutlich. Urkundenreihe und Traditionenverzeichnis spiegeln durch die Auswahl der Quellen zwar vorrangig das Handeln der externen Akteure, der Kompilator vergisst allerdings nie zu erwähnen, dass die Mönche sich um den Erwerb der Güter oder die Bestätigung von Rechten besonders bemühten.

Die im zweiten Buch der Acta sancti Petri enthaltenen Quellen loten das Verhältnis von klosterinternen und klosterexternen Akteuren und Akteurinnen neu und auf unterschiedliche Weise aus. Während die Weißenauer Chronik zwar das grundsätzliche Zusammenwirken beider Seiten bei der Gründung beibehält, betont sie im weiteren Verlauf das Wirken der Pröpste, die Jahrtagsgeschichte dagegen das Wirken der externen Förderinnen und Förderer. Wie sich das Kloster zu diesen Förderern in Bezug setzte, hatte sich im Lauf der Jahrzehnte jedoch verändert. Mehr noch als im ersten Buch scheint das Wissen über die Herrschaft der Welfen in Oberschwaben verloren gegangen zu sein, zumindest aber an Bedeutung verloren zu haben. Auch die Könige spielen nur noch eine untergeordnete Rolle. Bei der im Interregnum verfassten Quelle stehen die Bischöfe von Konstanz als lokale Ordnungsmacht an erster Stelle, erst dann folgen Könige und Herzöge. Allein durch die Zahl der Jahrtage werden die lokale Ministerialität und der entstehende niedere Adel als besondere Trägerschicht des Klosters deutlich. Wenn um 1260 zudem zum ersten Mal Stadtbürger explizit genannt werden, so verweist dies auf die sich wandelnden politischen und sozialen Bedingungen in der Zeit des Interregnums. Die in den Acta sancti Petri in Augia enthaltenen Quellen spiegeln also nicht nur das sich wandelnde Selbstverständnis des Klosters, sondern auch die sich wandelnde Lage des Reichs im Allgemeinen. Sie sind zwar zuerst Quellen der Klostergeschichte, können aber auch einen Blickwinkel auf die Wahrnehmung der welfischen und staufischen Herrschaft in Oberschwaben sowie die Bedeutung von deren Ministerialität werfen.

# Zur Welfen-Memoria
# in Steingaden und Rottenbuch[*]

Franz Fuchs

Tod in Memmingen! Am 13. Dezember 2010 wurde in dieser Stadt im Fuggergarten am Schweizerberg ein monumentales Reiterstandbild Herzog Welfs VI. enthüllt.[1] Die vom Bildhauer Helmut Ackermann[2] entworfene und in einer Straubinger Gießerei hergestellte Bronzefigur soll laut Inschrift am Piedestal an den 1191 in dieser Stadt verstorbenen Welf VI. erinnern, der neben seinen Funktionen als Herzog von Spoleto, Markgraf von Tuszien, Fürst von Sardinien und Korsika, Herzog von Baiern (mit „ai" und nicht mit „ay" geschrieben) auch Herr über die Stadt Memmingen gewesen sei. Das ungesattelte Pferd ohne Trense und Halfter treibt mit dem linken Vorderhuf eine Sphaira vor sich her. Nach der bei der Enthüllung des Denkmals in Anwesenheit des Künstlers gehaltenen Rede des städtischen Kulturamtsleiters soll dies zum Ausdruck bringen, dass der Dargestellte es verstanden habe, auf der „Bühne der Großen" seiner Zeit eine Rolle zu spielen. Die kleine nackte Frauenfigur, welche der Herzog als einziges Attribut in der ausgestreckten rechten Hand hält, soll hingegen auf die „Lebenslust" des 12. Jahrhunderts hinweisen: „Aus der Trauer um den Sohn Welf VII. im Jahr 1167 entstand die Hinwendung zu anderen Zielen. Mildtätigkeit und Kunstsinn, aber auch leidenschaftliche Feste".[3]

---

[*] Die Vortragsform wurde beibehalten; dem Text wurden lediglich Anmerkungen mit den wichtigsten Quellen- und Literaturbelegen hinzugefügt.

[1] Das Reiterstandbild wurde an dem Ort aufgestellt, wo man die alte Welfenburg vermutet; über die Figur informiert ein Wikipedia-Artikel mit reichem Bildmaterial: https://de.wikipedia.org/wiki/Reiterstandbild_Welf_VI. (zuletzt aufgerufen am 12.10.2018).

[2] Zum Zeichner und Bildhauer Helmut Ackermann (1936–2017), der schon 2004 ein Modell für das Reiterstandbild vorgelegt hatte, vgl. Allgemeines Künstlerlexikon. Die bildenden Künstler aller Zeiten und Völker. Mitherausgegeben und begründet von Günter Meissner, Bd. 1: A – Alanson, München/Leipzig 1992, S. 253 sowie https://de.wikipedia.org/wiki/Helmut_Ackermann (zuletzt aufgerufen am 12.10.2018).

[3] So nach der offiziellen Rathausmitteilung der Stadt Memmingen: https://www.memmingen.de/aktuell/nachrichten-und-termine/rathausinformationen/archiv/singlenews-archiv/news/detail/News/reiterstandbild-im-fuggergarten-enthuellt.html (zuletzt aufgerufen am 12.10.2018).

Für den Historiker ist es ein Leichtes, die mittelalterliche Vorlage für diese Deutung der Figur ausfindig zu machen. Die letzten Jahre Welfs VI.,[4] sein Siechtum und Sterben in Memmingen werden nur in einem Geschichtswerk ausführlicher beschrieben, nämlich in der sogenannten „Steingadener Fortsetzung" der Historia Welforum, die kurz nach dem Tod des Herzogs im Jahre 1191 entstanden sein dürfte.[5] Der unbekannte Verfasser schildert darin die letzten 24 Jahre seines Protagonisten und teilt diesen Zeitraum gewissermaßen in zwei Abschnitte ein. Zuerst zeigt er Welf als Verschwender, der nach dem Tode seines Sohnes ausschließlich bestrebt war, ein glänzendes Leben zu führen; er soll sich vor allem dem Waidwerk, Tafelfreuden und anderen Lüsten (*conviviis et voluptatibus*) hingegeben und – fern von seiner frommen Gemahlin – viel Geld *in amore muliercularum* vergeudet haben. Dieses verschwenderische und nicht gerade gottgefällige Treiben sei aber durch die Tatsache abgemildert worden, dass er trotz dieser wenig tugendhaften Lebensweise die Sorge um sein Seelenheil keineswegs vernachlässigt und viele Klöster, besonders aber seine Lieblingsgründung Steingaden, reich beschenkt habe. Durch die Gnade Gottes sei dem stets von Fortuna begünstigten Herzog vor seinem Lebensende noch ein „Damaskus" beschieden worden, ausgelöst durch die von Gott als dem Vater aller Barmherzigkeit über ihn verhängte Erblindung. Dieses schwere Schicksal habe er mit staunenswerter Geduld und Würde ertragen, fortan ein sehr einfaches Leben geführt, allen „Gelüsten" entsagt, sich mit seiner überaus frommen und keuschen Gemahlin Uta wieder versöhnt und seine Freigiebigkeit im Almosenspenden noch weiter gesteigert. Durch vollkommene Reue vorbereitet, sei er in Memmingen einen guten Tod gestorben.[6] Merkwürdigerweise enthält der Steingadener Bericht keine Angaben zum Zeitpunkt seines Ablebens; das korrekte Datum, den 15. Dezember 1191, überliefert nur

---

4  Zu Welf VI. vgl. immer noch grundlegend Karin FELDMANN, Herzog Welf VI. und sein Sohn. Das Ende des süddeutschen Welfenhauses [mit Regesten]. Diss. Phil. Tübingen 1971; Katrin BAAKEN, Herzog Welf VI. und seine Zeit, in: Welf VI. Wissenschaftliches Kolloquium zum 800. Todesjahr Welfs VI. im Schwäbischen Bildungszentrum Irsee vom 5. bis 8. Oktober 1991, hg. von Rainer JEHL (Irseer Schriften 3), Sigmaringen 1993, S. 9–28; Bernd SCHNEIDMÜLLER, Die Welfen. Herrschaft und Erinnerung (819–1252), Stuttgart ²2014, passim.

5  Die Steingadener Fortsetzung der Historia Welforum, in: Historia Welforum, neu hg., übers. und erl. von Erich KÖNIG (Schwäbische Chroniken der Stauferzeit 1), Stuttgart/Berlin 1938, S. 69–75; ferner Quellen zur Geschichte der Welfen und die Chronik Burchards von Ursberg, hg. von Matthias BECHER unter Mitarbeit von Florian HARTMANN/Alheydis PLASSMANN (FSGA 18b), Darmstadt 2007, S. 87–91; vgl. zu diesem Geschichtswerk zusammenfassend Peter JOHANEK, Art. Historia Welforum, in: VL, Bd. 4, Berlin u.a. 1983, Sp. 61–65 und die Nachträge in VL, Bd. 11, Berlin u.a. 2004, Sp. 681f.; weitere Literatur findet sich im Netz unter Historia Welforum, http://www.geschichtsquellen.de/repOpus_02836.html, (zuletzt aufgerufen am 25.3.2019).

6  Steingadener Fortsetzung der Historia Welforum (Anm. 5), S. 72; Quellen zur Geschichte der Welfen (Anm. 5), S. 88: *Tandem pater misericordiarum, qui flagellat omnem filium, quem recepit, et hunc, dum iam metas senectutis transisset, temptatione caecitatis corripuit. Quod flagellum sic patienter et honeste sustinuit, ut a paucis vix sciri potuerit. Extunc elemosinis magis intentit, a consuetis delectationibus temperavit, libidinem frugalitate mutavit, spiritualibus hominibus, sed praecipue Staingadmensi loco toto desiderio subvenire satagebat. Uxori quoque suae Outae, nobilissimae et castissimae feminae, a Transalpinis partibus ad se vocatae reconciliatus est et sic demum Mammingen, ubi frequentius morabatur, infirmitate gravi correptus, anno aetatis suae LXXVI, plenarie poenitens diem clausit extremum.*

die zeitnahe Weingartner Fortsetzung der Chronik des Hugo von St. Viktor,[7] wobei der Sterbetag durch eine ganze Reihe von zeitnahen Nekrolog-Einträgen bestätigt wird.[8] Die Steingadener Continuatio bietet indessen weitere Informationen zu den Beerdigungsfeiern für den Herzog: Seine Ministerialen, die er zu Lebzeiten eidlich dazu verpflichtet hatte, hätten den Leichnam in feierlicher Prozession von Memmingen nach Steingaden überführt, wo er vom Augsburger Bischof Udalschalk (1184–1202) in Anwesenheit einer großen Schar von Prälaten, Adeligen und Rittern neben seinem Sohn bestattet wurde.[9] Dem Trauerzug war unterwegs bei Kaufbeuren der eben aus Italien zurückkehrende Kaiser Heinrich VI. begegnet, der dem Kondukt seines Großonkels eine kurze Strecke das Ehrengeleit gab und dann seine Straße weiterzog. Diese Nachricht des Steingadener Chorherren passt präzise zum Itinerar des Kaisers, der am 11. Dezember 1191, vier Tage vor dem vielfach bezeugten Todestag Welfs, noch in Chiavenna urkundete, das Weihnachtsfest aber bereits in Hagenau feierte. Auf dem Weg dorthin kam er nachweislich auch durch Memmingen und Ulm.[10]

Das Kloster Steingaden, das Welf VI. im Frühjahr 1147 unmittelbar vor seinem Aufbruch zum zweiten Kreuzzug auf seinem Allodbesitz gestiftet und reich dotiert hat,[11] dürfte von Beginn an als neue Grablege für die süddeutschen Welfen vorgesehen gewesen sein. Dafür spricht nicht zuletzt ein ausdrückliches Zeugnis aus dem Benediktiner-

---

7 E Continuatione Chronici Hugonis a S. Victore Weingartensi, in: Historia Welforum (Anm. 5), S. 94; Quellen zur Geschichte der Welfen (Anm. 5), S. 98: *Anno MCXCI XVIII Kal. Januarias Welfo nobilis Altorfensis, principum nostrorum illustrissimus, Heinrici ducis videlicet et Wulfhildis filius carne solutus migravit a saeculo.* Vgl. dazu FELDMANN, Welf VI. (Anm. 4), S. 95.
8 Zusammengestellt bei FELDMANN, Welf VI. (Anm. 4), S. 95 Anm. 182.
9 Steingadener Fortsetzung der Historia Welforum (Anm. 5), S. 72f.; Quellen zur Geschichte der Welfen (Anm. 5), S. 90: *Inde sublatus a suis ministerialibus, quos ipse vivens ad hoc fide data constrinxerat, versus Staingadem deportatur. Sed in ipso transitu, talem honorem ut putamus honorabili principi Divinitate deferente, Haenricus imperator ex Italia regressus occurit in Buorron et, illuc exanimi corpore delato, exequias eius satis honesto celebravit obsequio. Imperatore vero iter suum aggrediente, corpus venerabile cum multo comitato abbatum, praepositorum, clericorum, hominum nobilium et militum tam suorum quam comprovincialium ad praescriptum locum deducitur, ubi ab Augustensi episcopo Oudulschalco, amicorum eius intimo, honore condigno iuxta filium sepultus quiescit.*
10 Vgl. J. F. Böhmer, Reg. Imp. IV. Ältere Staufer, Dritte Abteilung: Die Regesten des Kaiserreiches unter Heinrich VI. 1165 (1190)–1197. Nach Johann Friedrich Böhmer neubearbeitet von Gerhard BAAKEN, Köln/Wien 1972, S. 82f., Nr. 199 bis Nr. 201a. Vgl. dazu auch die Nachträge und Ergänzungen bearbeitet von Katrin und Gerhard BAAKEN (†), Mainz 2015, S. 68, N 195 (als elektronische PDF-Ressource abrufbar unter: http://www.regesta-imperii.de/fileadmin/user_upload/downloads/Baaken_Heinrich_VI.pdf [zuletzt aufgerufen am 12.3.2019]).
11 Zur Gründung und Ausstattung von Steingaden vgl. FELDMANN, Welf VI. (Anm. 4), S. 23f.; Hans PÖRNBACHER, Steingaden 1147–1997. Festschrift zur 850-Jahr-Feier, Weißenhorn 1997, S. 14–16; Johanna LAUCHS-LIEBEL, Steingaden und die Gründung des Prämonstratenserstiftes, in: Das ehemalige Prämonstratenserstift Steingaden. Beiträge zur 850-Jahr-Feier, hg. von Ingrid HAASER (Der Welf 4, Jahrbuch des Historischen Vereins Schongau-Stadt und Land 1996/97), Schongau 1997, S. 38–59; zuletzt mit reicher Literatur Stefan PETERSEN, Die süddeutschen Prämonstratenserstifte. Anfänge – Regionale Vernetzung – Kurienkontakte, Habil. masch. Würzburg 2008, S. 165–171; das Kapitel über die bayerischen Prämonstratenser-Gründungen wurde nicht abgedruckt in: DERS., Prämonstratensische Wege nach Rom. Die Papsturkunden der fränkischen und schwäbischen Stifte bis 1378 (Studien und Vorarbeiten zur Germania Pontificia 10), Köln u. a. 2015. Herrn Kollegen Petersen (MGH, München) sei für seine Unterstützung auch an dieser Stelle herzlich gedankt.

kloster Weingarten, wo der Großvater des Herzogs, Welf IV., eine Sepultur für sein Haus errichtet hatte, welche durch die Neugründung in der Diözese Augsburg gewissermaßen abgelöst wurde.[12] Nach Steingaden ließ der Herzog die Gebeine seines Sohnes Welf VII. überführen, der im September 1167 bei Siena als Opfer einer Seuche den Tod gefunden hatte;[13] mit dem Bericht über dessen Beisetzung in diesem Prämonstratenserstift bricht der ursprüngliche Text der Historia Welforum ab.[14]

Als Begräbnisort Welfs VII. und als geplante Grablege für Welf VI. wird Steingaden auch in einigen noch im Original erhaltenen Urkunden Papst Alexanders III. angesprochen. In einem zweifellos echten Schreiben vom 23. Mai 1177 teilte der Papst Abt Konrad von Steingaden mit, dass Herzog Welf ihm angezeigt habe, dass die Kirche von Steingaden, die er auf seinem eigenen Grund erbaut habe, in welcher sein Sohn bestattet sei und welche er für sich als Begräbnisort erwählt habe (*que est in suo fundo edificata et apud quam filius eius est tumulatus et ipse tumulari elegit*), auf Bitten Welfs vom Freisinger Bischof geweiht worden sei; er bestätigt diese Konsekration, nimmt das Kloster in seinen Schutz und verbietet dem Augsburger Bischof, die Weihe anzufechten und das Stift durch ungebührliche Abgaben zu belasten.[15] Diese Aussage über die Grablege der Welfen in Steingaden wird in einer am 10. Juni 1177 ausgestellten Urkunde dieses Papstes wörtlich wiederholt.[16]

Steingadens Gründungsjahr 1147 und die Übergabe an den Prämonstratenser-Orden sind durch die Osterhofener Annalen bezeugt;[17] die ersten Chorherren kamen nach

---

12  E Continuatione Chronici Hugonis a S. Victore (Anm. 7), S. 94; Quellen zur Geschichte der Welfen (Anm. 5), S. 98: *In montanis etiam claustrum Steingadim dictum a primaria fundatione constituit, quod suae providit sepulturae, quod et consecratione et multa dote ditavit.* Auch FELDMANN, Welf (Anm. 4), S. 23 Anm. 87, hält es für wahrscheinlich, dass Steingaden schon bei der Gründung als künftige Sepultur der süddeutschen Welfen vorgesehen war.

13  Vgl. FELDMANN, Welf VI. (Anm. 4), S. 71 mit Anm. 354; nach dem Bericht der Historia Welforum (hg. KÖNIG [Anm. 5], S. 68, Quellen zur Geschichte der Welfen [Anm. 5], S. 86) sollen die Gebeine nach Auskochen des Leichnams (*carnibus per excoctionem consumptis*) überführt worden sein; vgl. dazu Romedio SCHMITZ-ESSER, Der Leichnam im Mittelalter. Einbalsamierung, Verbrennung und die kulturelle Konstruktion des toten Körpers (Mittelalter-Forschungen 48), Ostfildern 2014, S. 212, 244 mit Anm. 370.

14  Historia Welforum, hg. KÖNIG (Anm. 5), S. 68; Quellen zur Geschichte der Welfen (Anm. 5), S. 86: *Translata sunt autem et ossa Gwelfonis nostri et in monasterio Staingadimo a patre suo fundato reposita sunt.*

15  JL 12867, vgl. Albert BRACKMANN, Germania Pontificia 2,1: Provincia Maguntinensis I: Dioceses Eichstetensis, Augustensis, Constantiensis, Berlin 1923, S. 77, Nr. 5, hier zitiert nach dem Druck in: Die Tegernseer Briefsammlung des 12. Jahrhunderts, hg. von Helmut PLECHL unter Mitarbeit von Werner BERGMANN (MGH Epistolae. Die Briefe der deutschen Kaiserzeit 8), Hannover 2002, S. 54; vgl. dazu Johanna LAUCHS-LIEBEL, Zur Frage der Diözesanzugehörigkeit des Prämonstratenserklosters Steingaden, in: Beiträge zur altbayerischen Kirchengeschichte 36 (1985), S. 49–60, zuletzt PETERSEN, Prämonstratenserstifte (Anm. 11), S. 163f.

16  JL 12867; das Privileg ist ediert bei Albert BRACKMANN, Die Kurie und die Salzburger Kirchenprovinz (Studien und Vorarbeiten zur Germania pontificia 1), Berlin 1912, S. 233f. sowie bei LAUCHS-LIEBEL, Diözesanzugehörigkeit (Anm. 16), S. 59; vgl. dazu BRACKMANN, Germania Pontificia 2,1 (Anm. 15), S. 77, Nr. 7; zuletzt PETERSEN, Prämonstratenserstifte (Anm. 11), S. 163 mit Anm. 760.

17  Annales Osterhovenses, hg. von Wilhelm WATTENBACH, in: MGH SS 17, Hannover 1861, S. 541: *Anno domini 1147 fundatur ecclesia Staingabnensis a Gwelfone duce ordini Premonstratensium.* Vgl. FELDMANN, Welf VI. (Anm. 4), S. 23 mit Anm. 81; zuletzt PETERSEN, Prämonstratenserstifte (Anm. 11), S. 162.

Steingaden aus dem Welfenstift Rot an der Rot, das als Mutterkloster der neuen Stiftung gilt.[18] Mit einer am 11. August 1154 ausgestellten Augsburger Bischofsurkunde setzt die urkundliche Überlieferung ein; hier wird das Stift als *ecclesia ab illustri duce Welfone noviter in Christo plantata* bezeichnet.[19] Die herausragende Stellung dieses Stifts auf welfischem Allodialgut wird nicht zuletzt durch die Tatsache bestätigt, dass allein aus dem 12. Jahrhundert elf Papsturkunden für Steingaden überliefert sind.[20] Ein ebenfalls noch als Original erhaltenes Diplom des Stifters vom Jahr 1183 sichert die Grundausstattung und den später hinzugekommenen Besitz und stellt das Stift unter päpstlichen Schutz.[21]

Zu beachten ist auch die Lage der neuen Gründung, welche vom alten Welfensitz Peiting, nach welchem Welf VI. bei seiner ersten urkundlichen Erwähnung auch benannt wird,[22] nur zwölf Kilometer und vom Augustiner-Chorherrenstift Rottenbuch, das vom Großvater des Stifters, Herzog Welf IV., unter Mitwirkung von Bischof Altmann von Passau als Reformkloster gegründet worden war,[23] nur acht Kilometer entfernt liegt. Zwischen Schongau und Peiting teilte sich die alte Fernstraße, die der alten Via Claudia Augusta folgend von Augsburg nach Oberitalien führte, in einen „oberen" und einen „unteren Weg"; am Anfang des „unteren Weges" (*strata inferior*), der zunächst entlang der Ammer über Partenkirchen und Mittenwald zum Brenner verlief, befand sich Rottenbuch; Steingaden lag am Beginn des „oberen Weges", auf welchem man über Füssen, Reutte und den Fernpass ins Etschtal gelangte.[24]

---

18 Vgl. LAUCHS-LIEBEL, Steingaden (Anm. 11), S. 38; PÖRNBACHER, Steingaden (Anm. 11), S. 14; zuletzt PETERSEN, Prämonstratenserstifte (Anm. 11), S. 165 mit dem Hinweis, dass Steingaden im ältesten Ordensverzeichnis, das ca. 1217 in der Abtei Berne (Niederlande) angelegt wurde, als *filia Rote* geführt wurde; vgl. Gregor M. VAN DER VELDEN, Documenten betreffende de Orde van Prémontré, verzameld door Merselius van Macheren in 1445, in: Analecta Praemonstratensia 58 (1982), S. 35–95, hier S. 73.
19 Gedruckt in: Monumenta Boica, Bd. 6, München 1766, S. 481, Nr. 1.
20 BRACKMANN, Germania Pontificia 2,1 (Anm. 15), S. 75–78; PETERSEN, Prämonstratensische Wege (Anm. 11), S. 325f.
21 Gedruckt in: Monumenta Boica, Bd. 6 (wie Anm. 19), S. 492, Nr. 10.
22 Vgl. FELDMANN, Welf VI. (Anm. 4), Regest Nr. 1: *domnus Welf de Pitengowe*. Die nicht datierte Schenkungsurkunde für das Augustinerchorherrenstift Berchtesgaden ist vor 1140 anzusetzen.
23 Zur Geschichte Rottenbuchs im 11. und 12. Jahrhundert noch grundlegend: Jakob MOIS, Das Stift Rottenbuch in der Kirchenreform des XI.–XII. Jahrhunderts. Ein Beitrag zur Ordens-Geschichte der Augustiner-Chorherren (Beiträge zur altbayerischen Kirchengeschichte 19), München/Freising 1953; ferner dessen gesammelte Aufsätze zu diesem Stift in: DERS., Die Stiftskirche Rottenbuch, hg. von Albrecht BÖGLE (Die Kirchen und Kapellen des Augustinerchorherrenstiftes Rottenbuch 1), Rottenbuch, 2., erw. und überarb. Aufl. 2000; zur Gründung zuletzt Franz FUCHS, Die Anfänge Rottenbuchs, in: Welf IV. Schlüsselfigur einer Wendezeit. Regionale und europäische Perspektiven, hg. von Dieter R. BAUER/Matthias BECHER (ZBLG. Beiheft B 24), München 2004, S. 261–279, hier S. 262–265.
24 Zur Benutzung dieser Straße im 12. Jahrhundert vgl. Christoph HAIDACHER, Verkehr am Oberen Weg im Mittelalter, in: Von der Via Claudia Augusta zum Oberen Weg. Leben an Etsch und Inn. Westtirol und angrenzende Räume von der Vorzeit bis heute, hg. von Rainer LOOSE (Schlern Schriften 334), Innsbruck 2006, S. 67–86; zum mittelalterlichen Straßensystem in Südbayern vgl. Uta LINDGREN, Alpenübergänge von Bayern nach Italien 1500–1850. Landkarten–Straßen–Verkehr, München 1986 sowie den Überblick bei Alois KOCH, Straßen (Mittelalter/Frühe Neuzeit), publiziert am 23.5.2012; in: Historisches Lexikon Bayerns, URL: https://www.historisches-lexikon-bayerns.de/Lexikon/Stra%C3%9Fen_(Mittelalter/Fr%C3%BChe_Neuzeit) (aufgerufen am 2.2.2019). – Bereits Wilhelm STÖRMER, Fernstraße

Die beiden so nahe beieinanderliegenden Welfengründungen, das Augustiner-Chorherrenstift Rottenbuch in der Diözese Freising und das Prämonstratenser-Stift Steingaden in der Diözese Augsburg, haben bis zu ihrer Aufhebung durch die Säkularisation im Jahre 1803 die Erinnerung an die Stifterfamilie gepflegt und aufrechterhalten. Davon zeugt eine Fülle von historiographischen, liturgischen und monumentalen Zeugnissen, die sich aus beiden Stiften aus dem späten Mittelalter und der frühen Neuzeit erhalten haben. So sind allein aus Rottenbuch zwei Handschriften der Historia Welforum mit der Steingadener Fortsetzung überliefert,[25] welche das Bild der Dynastie für die Nachwelt bestimmen sollte. In Rottenbuch standen selbstverständlich der Stifter Welf IV. und seine Gemahlin Judith im Mittelpunkt aufwendiger Memorialfeiern, für die aus der Mitte des 18. Jahrhunderts ausführliche Beschreibungen vorliegen. Das jährliche Anniversar fand nicht am Sterbetag des Stifters statt, sondern wurde jeweils neu festgelegt, für das Fest wurden Einladungskarten an die Äbte der umliegenden Klöster verschickt, der Tag wurde vorher auch in den Pfarreien der Umgebung verkündet. Am Gedenktag wurde in der Klosterkirche ein *castrum doloris* aufgestellt, und nach dem feierlichen Requiem fand eine Brotspende statt, wobei meist zwischen drei- und viertausend Laibe Brot zum Gedächtnis der Stifter verschenkt wurden.[26]

In den Nekrologen Rottenbuchs, deren Überlieferung nur in spätmittelalterlichen und frühneuzeitlichen Handschriften fassbar ist,[27] haben aber auch Welf VI. und sein gleichnamiger Sohn Niederschlag gefunden. Franz Ludwig Baumann konnte für seine Ausgabe dieser Totenbücher in den Monumenta Germaniae Historica nur zwei Münchner Codices heranziehen: Clm 1034 aus der zweiten Hälfte des 15. Jahrhunderts und Clm 1447, der ein im Jahre 1707 angelegtes Mortilogium dieses Stifts überliefert. Da die ältere Handschrift Lücken aufweist und die Einträge vom 13. bis zum 26. August und vom 3. bis zum 31. Dezember fehlen, hat der Editor den Eintrag zu Welf VI. aus der jüngeren Handschrift abgedruckt, wo der Herzog zum 14. Dezember, dem richtigen Sterbetag, als *Illustrissimus dux Guelfo VI., fundator monasterii Staingadensis* verzeichnet wurde.[28] Auffällig ist allerdings der Befund zu Welf VII.: Schon Karin Feldmann hat darauf aufmerksam gemacht, dass der *Welff puer* nur in Rottenbuch zum 14. Juli memoriert wurde,[29] was sich weder mit dem gut bezeugten Sterbetag am 11. oder 12. September noch mit einem an-

---

und Kloster. Zur Verkehrs- und Herrschaftsstruktur des westlichen Altbayern im frühen Mittelalter, in: ZBLG 29 (1966), S. 299–343, hier S. 303–306, hatte auf die Wichtigkeit der alten Handelswege für die Anlage von Klöstern im frühen Mittelalter hingewiesen.

25 München Bayerische Staatsbibliothek, Clm 12202a (13. Jahrhundert) und daraus abgeschrieben Clm 12202b (15. Jahrhundert); in der jüngeren Handschrift, die in den einschlägigen Ausgaben nicht herangezogen wurde, dient die Historia Welforum als Einleitung zu einem Kopialbuch; vgl. dazu FUCHS, Anfänge Rottenbuchs (Anm. 23), S. 277 mit Anm. 65.

26 Vgl. dazu die Belege bei FUCHS, Anfänge Rottenbuchs (Anm. 23), S. 278.

27 Necrologium Raitenbuchense, hg. von Franz Ludwig BAUMANN, in: MGH Necrologia, Bd. 3, Berlin 1905, S. 109–115, hier S. 109; vgl. dazu FUCHS, Die Anfänge Rottenbuchs (Anm. 23), S. 265.

28 Necrologium Raitenbuchense (Anm. 27), S. 115.

29 Necrologium Raitenbuchense (Anm. 27), S. 113; vgl. dazu FELDMANN, Welf VI (Anm. 4), S. 71 mit Anm. 354.

genommenen Beisetzungstag in Steingaden in Einklang bringen lässt;[30] da der Leichnam des bei Siena verstorbenen Herzogs wohl kurz nach dem Hinscheiden abgekocht wurde,[31] scheint es unwahrscheinlich, dass die Transferierung der Gebeine von Siena nach Steingaden erst über zehn Monate später erfolgte. Dass das Gedenken an den jungen Herzog in Rottenbuch tatsächlich an diesem Tag feierlich begangen wurde, belegt ein bislang noch ungedrucktes Nekrolog, welches Jakob Mois in der Kapitelsbibliothek in Rottenbuch wieder entdeckt hat.[32] Diese Handschrift wird heute im Archiv des Erzbistums München und Freising aufbewahrt und enthält eine kalligraphische Abschrift von zwei Rottenbucher Totenbüchern, welche der letzte Propst dieses Stifts, Herkulan Schweiger († 1830), gegen Ende des 18. Jahrhunderts aus einem heute verlorenen Codex angefertigt hat; die Vorlage, die der Kopist möglichst getreu wiederzugeben versuchte, dürfte im ausgehenden 13. Jahrhundert entstanden sein, doch reicht seine älteste Schicht bis in die Gründungszeit des Stifts zurück.[33] In diesem Textzeugen findet sich nun im ersten Teil (Nekrolog A), der den Mitgliedern des Stifts, der Gründerfamilie und den besonderen Wohltätern des Klosters vorbehalten war, zum 14. Juli der mit roter Tinte hervorgehobene Eintrag *Welfo puer*, welcher sich nur auf Welf VII. beziehen kann.[34] Es fällt allerdings auf, dass in diesem Nekrolog, dessen Dezember-Teil erhalten ist, Welf VI. überhaupt fehlt; handelt es sich dabei um eine Überlieferungslücke oder wollten die Rottenbucher Kanoniker im Spätmittelalter das Gedenken für diesen Herzog exklusiv dem nur wenige Kilometer entfernten Prämonstratenser-Konvent überlassen?

Aus Steingaden ist keine mittelalterliche Nekrolog-Handschrift erhalten.[35] Überhaupt stand das Schicksal der Steingadener Büchersammlung unter keinem guten Stern; als einziges bayerisches Kloster wurde dieses Stift im Bauernkrieg fast ganz zerstört, als die oberschwäbischen Bauern den Lech überschritten und am 12. und 13. Mai 1525 die Kirche mit dem gesamten Gebäudekomplex niederbrannten.[36] Während damals offensichtlich ein beachtlicher Teil der Originalurkunden gerettet werden konnte, ging die

---

30 FELDMANN, Welf VI. (Anm. 4), S. 71 mit Anm. 354 vermutet, dass der im Jahr 1552 entstandenen Steingadener Mortilogium als Gedenktag genannte 14. November den Begräbnistag Welfs VII. bezeichnen könnte, doch ist dieser Tag der gesamten Stifterfamilie vorbehalten; vgl. Necrologium Steingadense, hg. von Franz Ludwig BAUMANN, in: MGH Necrologia, Bd. 1, Berlin 1888, S. 35–37, hier S. 37.
31 Siehe oben Anm. 13.
32 MOIS, Stift Rottenbuch (Anm. 23), S. 189 mit Anm. 150.
33 München, Archiv des Erzbistums München und Freising, Nachlass Clemens Braun, Nr. 65; vgl. dazu FUCHS, Anfänge Rottenbuchs (Anm. 23), S. 265–268.
34 München, Archiv des Erzbistums München und Freising, Nachlass Clemens Braun, Nr. 65, p 14.
35 Necrologium Steingadense (Anm. 30), S. 35–37 benutzt ein 1552 angelegtes Mortilogium des Stifts (München, Bayerische Staatsbibliothek, Clm 1013). Weitere Steingaden Totenbücher aus dem 16. bis 18. Jahrhundert sind zusammengestellt bei Hermann HAUKE, Das sogenannte Necrologium aus Steingaden, in: Das ehemalige Prämonstratenserstift Steingaden (Anm. 11), S. 74–104, hier S. 74f. sowie Norbert BACKMUND, Profeßbücher oberbayerischer Prämonstratenserklöster 2. Teil: Steingaden, in: Beiträge zur altbayerischen Kirchengeschichte 35 (1984), S. 135–190, hier S. 136f.
36 Vgl. Sigfrid HOFMANN, Steingadener Chronik 1, Steingaden 1983, S. 41f.; ein Votivbild des 16. Jahrhunderts, das den Brand des Klosters darstellt, ist abgebildet bei Hans PÖRNBACHER, Steingaden, Weißenhorn 1983, S. 5.

Bibliothek weitgehend in den Flammen auf.[37] Auch die Grablege der beiden Welfenherzöge in der Klosterkirche wurde damals vernichtet; vielleicht stammt der um 1200 entstandene Wappenstein mit dem steigenden Löwen, der als Spolie in einem Privathaus in Steingaden vermauert war und heute im Bayerischen Nationalmuseum aufbewahrt wird, von der ursprünglichen Sepultur.[38] Noch im Jahr der Zerstörung begann man unter Abt Johann Dimpt (1523–1535) mit dem Wiederaufbau der Kirche und der Erneuerung der Stiftergräber im Chor.[39] Überhaupt bemühte sich das Stift bis zu seiner Auflösung durch die Säkularisation, die Erinnerung an die Stifter wachzuhalten. Die Gedenkfeier

[37] Die aus Steingaden erhaltenen Codices sind zum größeren Teil nachmittelalterlich oder wurden erst nach 1525 für die Klosterbibliothek erworben; vgl. dazu die Zusammenstellung der erhaltenen Handschriften bei Sigrid KRÄMER, Handschriftenerbe des deutschen Mittelalters, Teil 2 (Mittelalterliche Bibliothekskataloge Deutschlands und der Schweiz, im Auftrag der Bayerischen Akademie der Wissenschaften, hg. von Bernhard BISCHOFF, Ergänzungsband 1, 2), München 1989, S. 738. Bislang noch nicht ausgewertet ist ein gegen Ende des 16. Jahrhunderts angelegter *Catalogus librorum veterum auctorum M. S., qui in taberna libraria coenobii S. Ioannis Baptistae in Staingaden Ordinis Praemonstratensis conflagrata praeter alia pleraque aedificia Bibliotheca illato incendio a seditiosis Suevie rusticis ANNO DOMINI M D XXV die XII Maii asservantur*, welcher in München, Bayerisches Hauptstaatsarchiv, Oefeleana 37 erhalten ist. Dieser bei Stefan KELLNER/Annemarie SPETHMANN, Historische Kataloge der Bayerischen Staatsbibliothek München (Catalogus codicum manu scriptorum Bibliothecae Monacensis 11), Wiesbaden 1996, übersehene Bibliothekskatalog verzeichnet neben anderen auch folgende, heute verschollene Handschrift: *Thomae de Kempis de imitatione Christi libri 4. Quibus innexa est relatio quaedam de fundatione cuiusdam monasterii Scotorum ordinis S. Benedicti prope Memingam et poenitentia Guelphonis Sexti. Acceperunt hunc libellum mutuum Weingartenses anno superiori. Scriptus est in chartam in 4 a canonico quodam, qui nobis nunc non occurrit*. Die Schrift über die angebliche Buße Welfs VI., für die sich auch die Mönche von Weingarten interessierten, ist nichts anderes als Teil VI der um die Mitte des 13. Jahrhunderts entstandenen Regensburger Schottenlegende; vgl. Pádraig A. BREATNACH, Die Regensburger Schottenlegende – Libellus de fundacione ecclesiae consecrati Petri (Münchener Beiträge zur Mediävistik und Renaissance-Forschung 27), München 1977, S. 275–310. Dieser fiktive Bericht über die vermeintliche Sühneleistung Welfs und die Gründung des Memminger Schottenklosters ist seit dem 15. Jahrhundert auch selbstständig überliefert (so in München, Bayerische Staatsbibliothek, Cgm 227, fol. 196–207; als *Vita Velphonis auctore anonymo monacho Memmingensi* findet sich der Text auch in München, Bayerische Staatsbibliothek, Oefeleana 307).
[38] Vgl. dazu Ulrich SCHÄFER, Wappenstein von der Grablege der Welfen in Steingaden, in: Heinrich der Löwe und seine Zeit. Herrschaft und Repräsentation der Welfen 1125–1235. Katalog der Ausstellung Braunschweig 1995, Bd. 1, hg. von Jochen LUCKHARDT/Franz NIEHOFF, München 1995, S. 96–98 mit Abbildung und weiterführender Literatur.
[39] So nach dem Bericht der *Isogoge regiminis antistitum coenobii Stangadensis*, einer im Jahre 1609 in Prosa und Versen abgefassten Klostergeschichte, die nur in einer Handschrift der Bayerischen Staatsbibliothek überliefert ist: ... *monasterium in seditiosa rusticorum coniuratione a Sueviae agricolis combustum est, transierunt enim pedites Licum prope Walthenhoffen 12 Mai et die sequenti coenobium (omnibus bonis prius direptis) igne vastarunt, quod statim eodem anno abbas idem* [Johannes Dimpt] *coepit magnifice reaedificare, cuius item maximam partem praeclare pristinae dignitati ac formae restituit, chorum etiam et sepulchrum fundatorum ac alia multa pulchre instauravit.* (Clm 1463, fol. 52ʳ). Vgl. zu diesem Werk Alois SCHMID, Die Geschichtsschreibung des Prämonstratenserstiftes Steingaden, in: Das ehemalige Prämonstratenserstift Steingaden (Anm. 11), S. 165–181, hier S. 168f. Der anonyme Verfasser der *Isagoge*, ein Schulmeister (*scholae magister*), von dem nur die Initialen F. I. M bekannt sind, hat 1608 ein leider nicht überliefertes Epos über Welf VI. verfasst, welche er im Hexastichon an den Leser erwähnt: *Anno praeterito vates rudiore Minerva // Eiusdem cecini maxima gesta ducis* (Clm 1463, fol. IIIʳ). Sollte dieser Schulmeister unter den Konventualen von Steingaden zu suchen und das F. mit Frater aufzulösen sein, dann kämen die Kanoniker Johannes Mausberger († 27. 2. 1616) oder Johan-

1  Letzte Rast oder Vorbereitung zur Kreuznagelung Christi (Epitaph für die Stifter des Klosters Steingaden). Allgäuer Meister, 2. Hälfte 16. Jahrhundert (Bayerische Staatsgemäldesammlungen, Füssen, Staatsgalerie im Hohen Schloss © Christian Mitko – ARTOTHEK)

für die Stifter Welf VI., dessen Gemahlin Uta von Schauenburg und deren Sohn Welf VII. wurden spätestens um die Mitte des 16. Jahrhunderts auf einen jeweils zu bestimmenden Tag in der zweiten Hälfte des Monats November zusammengelegt,[40] an dem das *Anniversarium pro fundatoribus* mit einem feierlichen Gottesdienst und einer Almosenspende begangen wurde. Für den Zeitraum von 1715 bis 1727 ist eine Art Konvents-Diarium erhalten,[41] das nähere Informationen über diese Feiern enthält. So erfahren wir, dass beim Stiftergedenktag am 26. November 1716 an ungefähr 4000 Personen Brot und Fleisch verteilt wurde.[42] Im Jahr darauf, in welchem dieser Feiertag am 23. November begangen wurde, waren es sogar *ultra 4000*, während zum 28. November 1719 nur 3500 Menschen zur Almosenverteilung erschienen.[43] Ein erheblicher Einbruch an Besuchern ist für den 28. November 1724 verzeichnet, da wegen eines Unwetters nur

2a/b   Welf VI. und Welf VII. als Stifter des Klosters Steingaden. Sog. Necrologium von Steingaden (Bayerische Staatsbibliothek München, Clm 1007, fol. 2r und v)

nes Moser († 27.1.1626) als Verfasser in Frage; vgl. zu ihnen BACKMUND, Professbücher (Anm. 35), S. 166, 170.

40   Necrologium Steingadense (Anm. 30), S. 37 (zum 14. November): *Gwelfonis ducis Suevie et Bavarie, fundatoris nostri monasterii Staingadensis, Ute coniugis eius et Gwelfonis iunioris filii eius.*

41   München, Bayerisches Hauptstaatsarchiv, Steingaden KL 12; SCHMID, Geschichtsschreibung (Anm. 39), S. 171 bezeichnet diese Aufzeichnungen als „sehr schwer lesbare Notizen zur Zeit, die gewiß von keiner besonderen Ergiebigkeit sind, aber doch wegen der dürftigen Überlieferung derartiger Materialien gerade in Bayern zumindest eine Erwähnung verdienen".

42   München, Bayerisches Hauptstaatsarchiv, Steingaden, KL 12, p 7 (zum 26. November 1716): *Annniversarium pro fundatoribus serenissimis celebratum est cum consueta elemosina panis et carnis et circiter 4000 hominum adfuerunt.*

43   Ebenda p.12 (zum 23. November 1717) und p. 20 (zum 28. November 1719).

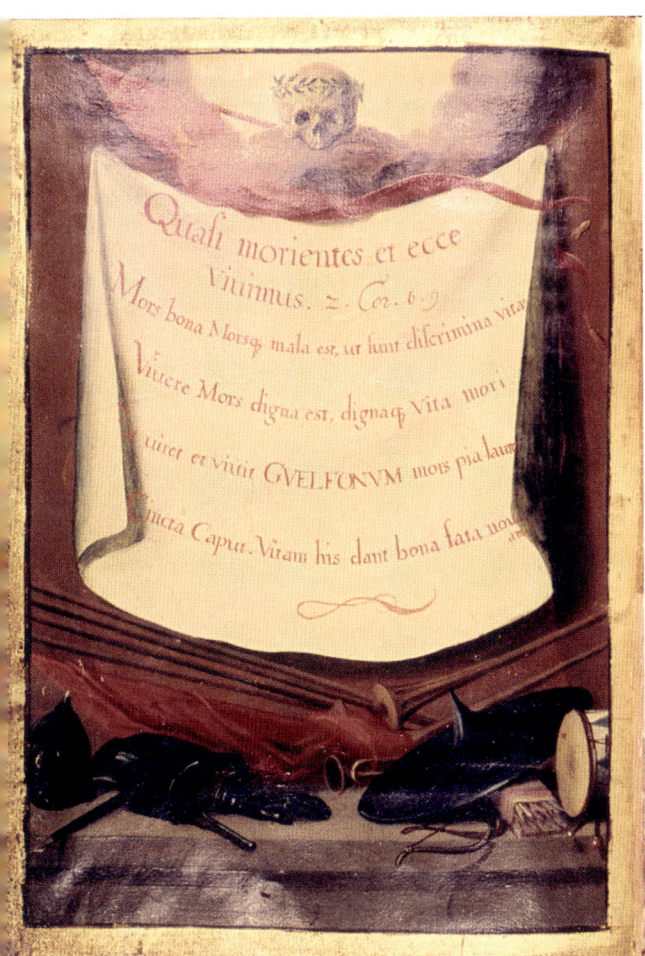

2000 Menschen zum *Carnevale*, wie das Stifterfest wegen der Fleischspenden auch genannt wurde, den Weg nach Steingaden aufnehmen konnten.[44] Als im November des Folgejahres sich die Anzahl der Besucher wieder auf 3700 Personen erhöhte, war man auf derartigen Ansturm nicht vorbereitet, sodass die Fleisch- und Brotvorräte nicht ausreichten.[45]

Nicht zuletzt wurde das Gedenken an die Gründer in Steingaden auch durch bildliche Darstellungen zum Ausdruck gebracht, wobei zumeist beide in der Klosterkirche begrabenen Herzöge gemeinsam als Stifterpaar gezeigt werden, so etwa auf einem heute in der Staatsgemäldesammlung in Füssen aufbewahrten um 1570 entstandenen Epitaph (Abb. 1) oder in dem prachtvollen Necrologium aus Steingaden (Clm 1007) (Abb. 2), in welchem Welf VI. und Welf VII. mehrmals abgemalt sind.[46] In der heutigen barocken Stiftskirche sind fünf monumentale Darstellungen der beiden Herzöge zu bewundern, von denen wenigstens die von dem Münchener Bildhauer Johann Baptist Straub 1747 in Bleiguss mit Marmorumrandung ausgeführten Epitaphien und die von Johann Georg Bergmüller 1751 vollendeten Fresken

---

44  Ebenda p. 38 (zum 28. November 1724): *Anniversarium pro fundatoribus nostris cum elemosina consueta panis et carnis, fuit tempestas horrida adeo, ut munus non multum 2000 se extendit.* Der Terminus *carnevale* für das Stifterfest ebenda p. 44 (zum 28. November 1725) und p. 61 zum 28. November 1726.
45  Ebenda p. 44 (zum 28. November 1725).
46  Eine frühere Abbildung des heute in der Füssener Staatsgemäldesammlung aufbewahrten Gemäldes findet sich im Sammelband von JEHL, Welf VI. (Anm. 4), nach S. 104; die Stifterdarstellung des Necrologium bereits bei HAUKE, Das sogenannte Necrologium (Anm. 35), S. 79f. Reiches Bildmaterial enthält auch PÖRNBACHER, Steingaden (Anm. 11), passim.

3  Welfengenealogie im Münster zu Steingaden. Fresko in der Vorhalle, um 1600 (Foto: Franz Fuchs)

erwähnt seien.[47] Das wohl eindrucksvollste Zeugnis der Steingadener Welfenmemoria ist das monumentale Wandbild der Welfengenealogie in der gotischen Vorhalle zur Kirche (Abb. 3); dieses unter Abt Gallus Theininger (1580–1606) entstandene, im 18. Jahrhundert übertünchte und erst 1951 wiederentdeckte Fresko endet mit der Darstellung des Leichenzuges, welcher die Überreste des Herzogs von Memmingen nach Steingaden brachte.[48]

---

47  Vgl. zuletzt Nathalie KRUPPA, Illuminierte Herrscher. Bildliche Erinnerungen an die frühen Welfen in ihren süddeutschen Klöstern, in: Niedersächsisches Jahrbuch für Landesgeschichte 80 (2008), S. 241–282, hier S. 265–269.

48  Vgl. Hans PÖRNBACHER, Die Welfengenealogie in Steingaden. Zur Exkursion am 7. Oktober 1991, in: JEHL, Welf VI. (Anm. 4), S. 117–120; KRUPPA, Illuminierte Herrscher (Anm. 47), S. 252–255; zu den Inschriftenresten der Genealogie vgl. zuletzt die Dokumentation in: Die Deutschen Inschriften des Landkreises Weilheim-Schongau, gesammelt von Manfred MERK, für die Kommission eingerichtet von Ramona BALTOLU/Christine STEININGER (Die Deutschen Inschriften 84), Wiesbaden 2012, S. 159–164.

# Die Bedeutung des Raumes Oberschwaben für das spätmittelalterliche Königtum

Paul-Joachim Heinig

Rund 200 Jahre Reichsgeschichte in der ebenso kleinteiligen wie ereignisreichen und gut erforschten „königsnahen Landschaft" (Ober-) Schwaben[1] auf knappem Raum auf den Begriff zu bringen[2], stößt auf mancherlei Bedenken[3]. Denn zu entfalten ist eine Entwicklung vom Königs- oder Reichsland der Spätstaufer bis hin zur Organisation aller Reichsunmittelbaren im sog. Schwäbischen Bund[4] und der neuen Präsenz des Königtums mit

---

[1] Klaus Graf, Das „Land" Schwaben im späten Mittelalter, in: Regionale Identität und soziale Gruppen im deutschen Mittelalter, hg. von Peter Moraw (Zeitschrift für historische Forschung, Beiheft 14), Berlin 1992, S. 127–164; Franz Quarthal, Historisches Bewußtsein und politische Identität. Mittelalterliche Komponenten im Selbstverständnis Oberschwabens, in: Oberschwaben. Geschichte und Kultur, hg. von Peter Eitel/Elmar Kuhn, Konstanz 1995, S. 15–99; Alois Niederstätter, Das Haus Habsburg und Oberschwaben im späten Mittelalter, in: BC-Heimatkundliche Blätter für den Kreis Biberach, 29, Sonderheft (2006), S. 24–34; Franz Brendle, Oberschwaben, der Kaiser und das Reich, ebd. S. 54–66; Elmar L. Kuhn, Oberschwaben. Eine Region als politische Landschaft, Bewusstseinslandschaft, Geschichtslandschaft, in: Ulm und Oberschwaben 55 (2007), S. 51–113.

[2] Ohne im weiteren die einzelnen Beiträge und ihre VerfasserInnen zu nennen, sei hinsichtlich der allgemeinen Grundlagen sowie der genannten Familien und Personen verwiesen auf das Handbuch der baden-württembergischen Geschichte, Bd. 1,2: Vom Spätmittelalter bis zum Ende des Alten Reiches, hg. von Meinrad Schaab/Hansmartin Schwarzmaier, Stuttgart 2000; Bd. 2: Die Territorien im Alten Reich, hg. von Meinrad Schaab/Hansmartin Schwarzmaier, Stuttgart 1995; Geschichte Schwabens bis zum Ausgang des 18. Jahrhunderts, neu hg. von Andreas Kraus (Handbuch der bayerischen Geschichte, begr. von Max Spindler, Bd. 3, 2), 3., neu bearb. Aufl. München 2001.

[3] Im Weiteren werden natürlich nicht alle, sondern nur die nötigsten Ereignisse, Entwicklungen, Personen etc. durch Quellen und Literatur belegt. Grundlagen bieten Paul-Joachim Heinig, Kaiser Friedrich III. (1440–1493) – Hof, Regierung und Politik (Forschungen zur Kaiser- und Papstgeschichte. Beihefte zu Johann Friedrich Böhmer, Reg. Imp. 17), 3 Teile, Köln u. a. 1997; Ders., Centres and Peripheries of Power, in: The Origins of the German Principalities, 1100–1350. Essays by German Historians, ed. by Graham Loud/Jochen Schenk, Abingdon et al. 2017, S. 207–219; Ders., Reich und Adel in der Epoche Kaiser Friedrichs III., in: König, Fürsten und Reich im 15. Jahrhundert, hg. von Franz Fuchs/Paul-Joachim Heinig/Jörg Schwarz (Forschungen zur Kaiser- und Papstgeschichte des Mittelalters. Beihefte zu Johann Friedrich Böhmer, Reg. Imp. 29), Wien u. a. 2009, S. 193–211; Ders., Von Überdehnung zu Verdichtung? Formen, Inhalte und Wege ritteradeliger Kommunikation mit Kaiser Friedrich III., in: Kommunikationsnetze des Ritteradels im Reich um 1500, hg. von Joachim Schneider (Geschichtliche Landeskunde 69), Stuttgart 2012, S. 35–65.

[4] Horst Carl, Der Schwäbische Bund 1488–1534. Landfrieden und Genossenschaft im Übergang vom Spätmittelalter zur Reformation (Schriften zur südwestdeutschen Landeskunde 24), Leinfelden-Echterdingen 2000.

Maximilian I. (1486/93–1519), auch als „Fürst in Schwaben"[5]. In grundsätzlicher Übereinstimmung mit der von Klaus Graf vorgenommenen Polarisierung zwischen „Erosion" und „Revitalisierung"[6] lassen sich folgende Zwischenetappen hervorheben: Revindikation der im Interregnum erlittenen Güter- und Rechteverluste und Schaffung von Reichslandvogteien[7], Verlust der geopolitischen Mittellage Schwabens während des böhmenzentrierten Königtums Karls IV. (1346/47–1378) bei gleichzeitiger Abscheidung Niederschwabens durch Akzeptanz der hegemonialen Rolle Württembergs, Bemühungen des reichsexternen Luxemburgers Sigismund (1410/11–1437) um eine schwäbische Ersatzhausmacht[8], neuerlicher Bedeutungseinbruch in der Herrschaftskrise des peripheren Königtums Friedrichs III. (1440–1493), und schließlich dessen oberschwäbisch geprägte Rückkehr zum traditionellen Regierungssystem und monarchisch-monistisches Stauferrevival mit obrigkeitlicher Ausübung alter und Konstituierung „neuer" Königsrechte, Schutzversprechen, Reichskirchenregiment, rigorosem Fiskalismus usw.[9]

Vorauszusetzen sind folgende allgemeine Rahmenbedingungen der spätmittelalterlichen Entwicklung von König und Reich:[10] Die wegen der Mittellosigkeit des Königtums im (Binnen-)Reich unabdingbar werdende Hausmacht der Könige, also das eigene territorial-erbländische Substrat. Die dynastische und geopolitische Diskontinuität des Königtums durch vierzehn Könige aus eher acht als sechs verschiedenen Häusern zwischen 1248/54 und 1440.[11] Die über ggf. nicht faktisch, aber doch formal verbliebenes Reichsgut,

---

5 Peter RAUSCHER, Schwaben als Schnittstelle zwischen Kaiser und Reich, Die Bedeutung einer Region für die habsburgische Reichspolitik ca. 1500–1740, in: Grenzüberschreitungen. Die Außenbeziehungen Schwabens in Mittelalter und Neuzeit, hg. von Wolfgang WÜST/Georg KREUZER/David PETRY (Zeitschrift des Historischen Vereins für Schwaben 100), Augsburg 2008, S. 409–430.
6 So Klaus GRAF, Schwaben und Schweizer – regionale Identitäten im Konflikt. Vortrag auf der gemeinsam mit Dieter Mertens veranstalteten Tagung Schwabenkrieg/Schweizerkrieg in Freiburg im Breisgau am 12. Mai 2000, veröffentlicht am 15. Dezember 2014 auf „Archivalia" https://archivalia.hypotheses.org/2799; HEINIG, Von Überdehnung (Anm. 3), spricht ähnlich von Überdehnung und mehrphasiger Verdichtung.
7 Grundlegend ist Hans-Georg HOFACKER, Die schwäbischen Reichslandvogteien im späten Mittelalter (Spätmittelalter und frühe Neuzeit 8), Stuttgart 1980.
8 So Sabine WEFERS, Das politische System Kaiser Sigmunds (Veröffentlichungen des Instituts für Europäische Geschichte Mainz 138; Beiträge zur Sozial- und Verfassungsgeschichte des Alten Reiches 10), Stuttgart 1989, z. B. S. 37.
9 Siehe dazu Paul-Joachim HEINIG, Monarchismus und Monarchisten am Hof Friedrichs III., in: König und Kanzlist, Kaiser und Papst. Friedrich III. und Enea Silvio Piccolomini in Wiener Neustadt, hg. von Franz FUCHS/Paul-Joachim HEINIG/Martin WAGENDORFER (Forschungen zur Kaiser- und Papstgeschichte des Mittelalters. Beihefte zu Johann Friedrich Böhmer, Reg. Imp. 32), Wien u. a. 2013, S. 151–179.
10 Ausführlicher dazu z. B. die einleitenden Kapitel von HEINIG, Kaiser Friedrich III. (Anm. 3), S. 1–31, auch DERS., Von Überdehnung (Anm. 3), S. 38–42.
11 Es ist zweckmäßig, an dieser Stelle neuere allgemeine, für die weiteren Ausführungen aufschlussreiche Literatur zu den spätmittelalterlichen Herrschern zu subsumieren. Ohne die einzelnen Beiträge und ihre VerfasserInnen zu spezifizieren, sind die einschlägigen Biographien des Bandes Die deutschen Herrscher des Mittelalters. Historische Portraits von Heinrich I. bis Maximilian I. (919–1519), hg. von Bernd SCHNEIDMÜLLER/Stefan WEINFURTER, München 2003, ab S. 340, noch derart aktuell und nachgefragt, dass sich der Verlag zu einer zweiten Auflage entschlossen hat. Des Weiteren zu Heinrich VII. Rom 1312: Die Kaiserkrönung Heinrichs VII. und die Folgen. Die Luxemburger als Herrscherdynastie von gesamteuropäischer Bedeutung, hg. von Sabine PENTH/Peter THORAU (Forschungen zur Kaiser- und Papstgeschichte des Mittelalters. Beihefte zu J. F. Böhmer, Reg. Imp. 40), Köln u. a. 2016. Zu

Reichslehen und Reichsrechte (wie Städte, Abgaben, Landvogteien, Hofgericht Rottweil etc.) hinaus gleichwohl bestehenden Kontinuitätselemente in Gestalt königsnaher Personengruppen entsprechend dem Modell der zonalen Reichsgliederung.[12] Die Vorstellung einer „offenen Verfassung", die durch gleichsam kostenlose Teilhabe der Fürsten und Reichsunmittelbaren am Reich geprägt war und in der zweiten Hälfte des 15. Jahrhunderts durch Verdichtungsprozesse beendet wurde. Die im Zeitalter konsensualer Herrschaft und – technisch – der Reskripttechnik strukturelle Wechselwirkung königlicher Regierung mit den regionalen Herrschaftsträgern, von denen die Wirksamkeit des Königtums in Richtung eines „Gebens und Nehmens" erfordert wurde.

Dementsprechend mag das Thema unter drei Aspekten erschlossen werden: der Bedeutung zuerst materieller, dann personeller Ressourcen Oberschwabens für das Königtum,[13] also der Blick auf Oberschwaben als Rekrutierungslandschaft für das königliche Regierungssystem, und schließlich der Bedeutung Oberschwabens als Wirkungsbereich des Königtums.

## Krise und Transformation der materiellen Ressourcen

Die schwäbischen Früchte der staufischen Königslandpolitik, die im Interregnum belastet worden waren, sind von Rudolf von Habsburg (1273–1291) zwar noch einmal aufgesammelt und organisiert worden[14], im weiteren Zeitalter des „institutionalisierten Dynastie-

---

Ludwig dem Bayern die Beiträge des Jubiläumsbandes Ludwig der Bayer (1314–1347). Reich und Herrschaft im Wandel, hg. von Hubertus SEIBERT, Regensburg 2014. Generell zu den Luxemburgern Heilige, Helden, Wüteriche. Herrschaftsstile der Luxemburger (1308–1437), hg. von Martin BAUCH/Julia BURKHARDT/Tomáš GAUDEK u. a. (Forschungen zur Kaiser- und Papstgeschichte des Mittelalters. Beihefte zu J.F. Böhmer, Reg. Imp. 41), Köln u. a. 2017. Zu Karl IV. Uwe TRESP, Karl IV. und der Adel der Wenzelskrone, in: Ecclesia als Kommunikationsraum in Mitteleuropa (13.–16. Jahrhundert), hg. von Eva DOLEŽALOVÁ/Robert ŠIMŮNEK, München 2011, S. 81–117, und Martin BAUCH, Divina favente clemencia. Auserwählung, Frömmigkeit und Heilsvermittlung in der Herrschaftspraxis Kaiser Karls IV. (Forschungen zur Kaiser- und Papstgeschichte des Mittelalters. Beihefte zu J. F. Böhmer, Reg. Imp. 36), Köln u. a. 2015; Kaiser Karl IV. 1316–2016. Katalog der ersten Bayerisch-Tschechischen Landesausstellung (Nationalgalerie Prag und Germanisches Nationalmuseum Nürnberg), hg. von Jiří FAJT/Markus HÖRSCH, Prag 2016. Zu Wenzel die Arbeiten von Ivan HLAVÁČEK, in: Höfe, Residenzen, Itinerare, hg. von DEMS./Mlada HOLÁ/M. JERÁNKOVÁ u. a., Prag 2011. Zu Sigismund: Kaiser Sigismund (1368–1437). Zur Herrschaftspraxis eines europäischen Monarchen (Forschungen zur Kaiser- und Papstgeschichte des Mittelalters, hg. von Karel HRUZA/Alexandra KAAR, Beihefte zu J. F. Böhmer, Reg. Imp. 31), Wien u. a. 2012. Zu Friedrich III. s. oben Anm. 3. Zu Maximilian Manfred HOLLEGGER, Maximilian I. (1459–1519). Herrscher und Mensch einer Zeitenwende, Stuttgart 2005.

12 Grundlegend Peter MORAW, Von offener Verfassung zu gestalteter Verdichtung. Das Reich im späten Mittelalter 1250–1490 (Propyläen Geschichte Deutschlands 3), Berlin 1985, S. 175; danach HEINIG, Centres (Anm. 3), S. 215.

13 Siehe dazu nach einem differenzierten Modell schon Paul-Joachim HEINIG, Reichsstädte, Freie Städte und Königtum 1389–1450. Ein Beitrag zur deutschen Verfassungsgeschichte (Veröffentlichungen des Instituts für Europäische Geschichte Mainz 108; Beiträge zur Sozial- und Verfassungsgeschichte des Alten Reiches 3), Wiesbaden 1983.

14 Franz QUARTHAL, Königslandschaft, Herzogtum oder fürstlicher Territorialstaat. Zu den Zielen und Ergebnissen der Territorialpolitik Rudolfs von Habsburg im schwäbisch-nordschweizerischen

wechsels" zwischen den rivalisierenden Häusern Habsburg[15], Luxemburg und Wittelsbach jedoch zu einer disponiblen, im Gesamtbestand vor allem seit Karl IV. rapide abnehmenden Werbe- und Belohnungsmasse degradiert worden. Ob bei böhmenzentrierter Schwerpunktverlagerung planmäßig oder – eher – nicht:[16] Karl IV. hat den Ansatz Ludwigs des Bayern (1314–1347) fortgesetzt, die „durch abhängige Beamte nicht mehr isoliert verwertbaren Reichsrechte in die Hand der treuesten hochadeligen Diener zu übergeben, um sie auf diesem Umweg für das Reich nutzbar zu machen",[17] wobei der strukturelle Begehrlichkeitskonflikt zwischen Habsburg-Österreich, Bayern, Württemberg und den Mindermächtigen der Region den Königen eine Schaukelpolitik ebenso ermöglichte wie aufzwang, und er hat den gestreckten Systemwechsel von ordentlichen zu außerordentlichen Einkünften irreversibel gemacht. Dass er zur Erpressung der seinen dynastischen Zielen dienenden Sondersteuern sogar militärischen Zwang gegen den „ersten" Schwäbischen Städtebund anwandte und ab Anfang Oktober 1376 einen ganzen Monat lang die Reichsstadt Ulm von einem starken Reichsheer belagern ließ, hat keiner seiner Nachfolger wiederholt. Das gesäte Misstrauen aber blieb ebenso bestehen wie das Dilemma der fehlenden, weil verpfändeten „regelmäßigen" Einnahmen aus den halbhundert Reichsstädten,[18] was allein bei den Jahressteuern der oberschwäbischen Städte von Altdorf bis Wangen immerhin weit über 3000 Pf. Hl. (plus Augsburg ca. 800 Pf. Hl.) waren.[19]

---

Raum, in: Rudolf von Habsburg (1273–1291). Eine Königsherrschaft zwischen Tradition und Wandel, hg. von Egon BOSHOF/Franz-Reiner ERKENS (Passauer historische Forschungen 7), Köln u. a. 1993, S. 125–138.

15   Siehe zur Dynastie Karl-Friedrich KRIEGER, Die Habsburger im Mittelalter. Von Rudolf I. bis Friedrich III., Stuttgart u. a. 1994; Die Habsburger im deutschen Südwesten. Neue Forschungen zur Geschichte Vorderösterreichs, hg. von Franz QUARTHAL/Gerhard FAIX, Stuttgart 2000; Paul-Joachim HEINIG, Art.: Habsburg [Rudolf I.–Ferdinand III. (1273–1657)], in: Höfe und Residenzen im spätmittelalterlichen Reich. Ein dynastisch-topographisches Handbuch, hg. von Werner PARAVICINI (Residenzenforschung 15), Bd. I: Dynastien und Höfe, Ostfildern 2003, S. 85–96.

16   Undiskutiert bleibt hier die von Malte PRIETZEL, Das Heilige Römische Reich im Spätmittelalter, Darmstadt 2004, S. 73 wiederholte These von Ernst Schubert (†), hinter der Dezimierung des Reichsguts habe die „kühle Überlegung" Karls IV. gestanden, „dass zukünftige römische Könige ihre Funktionen nur noch dank ihres Hausbesitzes wahrnehmen könnten. Dann aber müsste zwangsläufig stets die luxemburgische Familie den König stellen, weil sie über die größte Hausmacht verfügte. Das römische Königtum sollte geradezu an die Dynastie Karls IV. gekettet werden".

17   Peter MORAW, König, Reich und Territorium im späten Mittelalter. Prosopographische Untersuchungen zu Kontinuität und Struktur königsnaher Führungsgruppen, ms. Habil.-schrift der Universität Heidelberg 1971, S. 488; s. neben anderen Arbeiten z. B. DERS., Über den Hof Kaiser Karls IV., in: Deutscher Königshof, Hoftag und Reichstag im späten Mittelalter, hg. von Peter MORAW (VuF 48), Stuttgart 2002, S. 77–103.

18   Karl-Friedrich KRIEGER, König, Reich und Reichsreform im Spätmittelalter (Enzyklopädie deutscher Geschichte 14), 2., durchges. Aufl. München 2005, S. 32 hat im Anschluss an Götz LANDWEHR, Die rechtshistorische Einordnung der Reichspfandschaften, in: Der deutsche Territorialstaat im 14. Jahrhundert, hg. von Hans PATZE, Teil I (VuF 13), Sigmaringen 1970, S. 97–116, prägnant formuliert, dass „die Verschleuderung von Reichskammergut unter Ludwig dem Bayern und Karl IV. sowie später unter Sigismund geradezu katastrophale Ausmaße" erlangt habe.

19   LANDWEHR, Reichspfandschaften (Anm. 18), S. 99–101 belegt ein theoretisches jährliches Steueraufkommen der insgesamt 65 fränkischen, schwäbischen und elsässischen Reichsstädte von annähernd

König Sigismund tätigte während des Konstanzer Konzils nicht weniger als 57 Pfand- und sonstige Verfügungen über Stadtsteuern, Judensteuern usw., um seine Aufenthaltskosten zu begleichen, und ausgangs der 1420er-Jahre folgte ein neuerlicher Schwall mit teilweise vieljährigen Vergaben. Die oberschwäbischen Stadtsteuern hat er anfangs der 1430er-Jahre für 2000 fl. den Brüdern von Bodman verpfändet. Von diesen löste sie Marquard Brisacher d. A., der aus Konstanz stammende Protonotar Sigismunds, Albrechts II. und Friedrichs III., welcher aufgrund dienstlicher Befassung mit Finanzangelegenheiten gleichsam Insiderwissen besaß und wohl auch in die Fälschungen seines Kanzlers Kaspar Schlick verstrickt war,[20] im Jahr 1438 aus und erhielt sie nun seinerseits von seinem königlichen Herrn verpfändet, und zwar für nunmehr 5200 fl. Ob er die zusätzlichen 3200 fl. kreditierte, ob es sich um aufgelaufenen Dienstsold handelte, wir wissen lediglich: Brisacher stand für Bedürfnisse des Königs ein, wie z. B. für den Kauf von Kleinodien oder die Begleichung von Schulden bei seinem Konstanzer Mitbürger Ulrich Goldast,[21] dessen 300 fl. auf Brisachers Pfandsumme geschlagen wurden, sodass der Herrscher in und mit seinem eigenen „Angestellten" gleichsam über ein bankartiges Finanzinstitut verfügte, welches wiederum mit anderen Geldgebern korrespondierte. Nicht zufällig ließ sich Brisacher von seinem königlichen Schuldner genehmigen, den steuerlichen Pfandbesitz an die Bodman weiter zu verpfänden, also an seine weiterhin interessierten Vorgänger. Stattdessen aber setzte Brisacher seinen weit darüber hinausgehenden gesamten Reichspfandbesitz in Höhe von 9500 fl. ein, um 1443/44 von Albrecht von Klingenberg dessen Anteil an der Herrschaft Bürglen im Thurgau zu erwerben.[22] Auch diese Personalbeziehung setzte sich bis zu Maximilian I. fort.

Nachdem Sigismund von Luxemburg durch extensive Verpfändung der städtischen Einkunftstitel „den Spielraum seiner Nachfolger wesentlich eingeschränkt" hatte,[23] hat Friedrich III. zwar mehrfach Revindikationen versucht und in größerem Maße Steuerrückstände ermitteln lassen. Aufs Ganze gesehen gelang ihm aber nur, seinem Sohn und Nachfolger ein wenig mehr regelmäßige Steuereinkünfte zu hinterlassen. Im Großen jedoch war seine „Stadtsteuerpolitik [...] ein Mißerfolg". Er „konnte sich noch so sehr auf seine Machtvollkommenheit oder – im Kriegsfall – auf Notstandslehren berufen, die Städte erkannten seinen Anspruch auf die Steuern nicht an".[24]

---

15000 Pf. Hl., die als Bareinkünfte in der überwiegend agrarischen Gesellschaft höchst interessant waren.
20 Dazu zuletzt Petr ELBEL/Andreas ZAJIC, Die zwei Körper des Kanzlers? Die „reale" und die „virtuelle" Karriere Kaspar Schlicks unter König und Kaiser Sigismund – Epilegomena zu einem alten Forschungsthema I–III, in: Mediaevalia historica Bohemica 15,2 (2012), S. 47–143, 16,1 (2013), S. 55–212, 16, 2 (2013), S. 73–157.
21 Dieser besaß die Burg Helmsdorf bei Immenstadt am Bodensee, erlitt aber als Gläubiger Kaiser Sigismunds usw. große Schäden vor dem Kammergericht Friedrichs III.
22 Diesen veräußerte sein gleichnamiger Sohn und Erbe aber schon drei Jahre später an die Mitbesitzer von Sax, s. Peter F. KRAMML, Kaiser Friedrich III. und die Reichsstadt Konstanz (1440–1493) (Konstanzer Geschichts- und Rechtsquellen 29), Sigmaringen 1985, S. 74f. Zu den späteren Herrscherbeziehungen der Klingenberger und ihrem (ober-) schwäbischen Netzwerk s. HEINIG, Von Überdehnung (Anm. 3), S. 61f.
23 KRAMML, Friedrich III. und Konstanz (Anm. 22), S. 98.
24 KRAMML, Friedrich III. und Konstanz (Anm. 22), S. 77f.

Umso bemerkenswerter ist, dass dieser bezüglich seiner Finanzausstattung „bettelarme" Habsburger das von seinen luxemburgischen Vorgängern so schamlos praktizierte Mittel der Ausplünderung der Juden nicht eingesetzt zu haben scheint. König Wenzel (1376–1400/1419) hatte den skrupellosen Umgang seines Vaters mit den „königlichen Kammerknechten" fortgesetzt und sich z. B. von den 38 Mitgliedern des Schwäbischen Städtebundes pauschal 40 000 fl. dafür zahlen lassen, dass die Städte zu Mitgläubigern der Adelsschulden bei den folglich teilenteigneten Juden wurden.[25] Sein Bruder und Nachfolger Sigismund tat sich durch einfallsreich erfundene außerordentliche Judensteuern hervor, die ihm alles in allem 200 000 fl. erbracht haben mögen.[26] Dazu rechnen auch Strafzahlungen, die Städte wegen Vergehen gegen die „eigenen" Juden leisten mussten, wie 1429/30 Ravensburg (und Lindau), wo ein Teil der Judengemeinde wegen eines Ritualmordvorwurfes, ein zweites Mal nach 1349, auf dem Scheiterhaufen verbrannt und der andere Teil vertrieben wurde.

Hatte schon sein Bruder in Abstützung auf die Reichsstädte die unmittelbare Wirksamkeit königlicher Herrschaft in Schwaben steigern wollen, so war König Sigismunds „Reichspolitik vor allem Politik in Schwaben, auf dessen Stände er seine Herrschaft im Reich zu gründen"[27] und sich mit Hilfe seiner dortigen engsten Ratgeber eine „Ersatzhausmacht" zu schaffen gedachte. Dem entsprach sowohl die Wahl des Konzilsortes Konstanz (dann auch Basels) als auch sein harsches Vorgehen gegen die habsburgische Konkurrenzgewalt Herzog Friedrichs IV. von Österreich (1415). Indem er diese den adeligen und städtischen Regionalgewalten zu willkommener Beute vorwarf, gewann er breite Unterstützung einschließlich der Eidgenossen und der Truchsessen von Waldburg[28], denen er die Reichslandvogtei mit der Burg Ravensburg, dem Aufsichtsrecht über die Reichspfandschaften sowie dem Schirmrecht über die oberschwäbischen Reichsklöster anheimgab.[29]

Von den weiteren materiellen oder geldwerten Aspekten der weitgefächerten Interessenkonfiguration des Königtums an Oberschwaben lassen sich hier das Bündniswesen

---

25 Karel HRUZA, ‚Anno domini 1385 do burden die iuden [...] gevangen'. Die vorweggenommene Wirkung skandalöser Urkunden König Wenzels (IV.), in: Wege zur Urkunde, Wege der Urkunde, Wege der Forschung. Beiträge zur europäischen Diplomatik des Mittelalters, hg. von Karel HRUZA/Paul HEROLD (Forschungen zur Kaiser- und Papstgeschichte des Mittelalters. Beihefte zu Johann Friedrich Böhmer, Reg. Imp. 24), Wien u. a. 2005, S. 117–167, hier: S. 155.
26 Karel HRUZA, König Sigismund und seine jüdischen Kammerknechte, oder: Wer bezahlte „des Königs neue Kleider"?, in: Kaiser Sigismund (Anm. 11), S. 75–136, hier: S. 81f., der Ravensburger Fall S. 86–95.
27 HOFACKER, Reichslandvogteien (Anm. 7), S. 299.
28 Grundlegend Joseph VOCHEZER, Geschichte des fürstlichen Hauses Waldburg in Schwaben, 3 Bde., Kempten 1888–1907. Die distanzierten Herrscherbeziehungen der Waldburger in der zweiten Hälfte des 15. Jahrhunderts erweist HEINIG, Kaiser Friedrich III. (Anm. 3), S. 367–370 passim; s. auch Martin ZÜRN, Waldburg, Adelsfamilie, publiziert am 03.02.2015; in: Historisches Lexikon Bayerns, www.historisches-lexikon-bayerns.de/Lexikon/Waldburg,_Adelsfamilie (aufgerufen am 25.07.2017).
29 Siehe dazu Ursula RIECHERT, Oberschwäbische Reichsklöster im Beziehungsgeflecht mit Königtum, Adel und Städten (12. bis 15. Jahrhundert). Dargestellt am Beispiel von Weingarten, Weißenau und Baindt (Europäische Hochschulschriften, Geschichte und ihre Hilfswissenschaften 301), Frankfurt a. M. u. a. 1986.

und die Kriegsunterstützung,³⁰ das – auch militärische – Reisegeleit,³¹ die Durchsetzung rechtlicher und ordnungspolitischer Erlasse,³² die Pfründenversorgung geistlicher Gefolgsleute, der Nachrichtentransport und die Informationsgewinnung³³ nur kursorisch nennen. Die erwähnenswerte Hilfe zu den Romzügen zwecks Erwerbs der Kaiserkrone bestand elementar in der persönlichen gefolgschaftlichen Teilnahme der Lehnsleute. Nicht zuletzt Kommunen lösten das verpflichtende Truppenkontingent gern durch einen Geldbetrag ab, was auch den bargeldbedürftigen Herrschern nicht unlieb war. In Italien ließen sich auch Söldner kaufen, wie die Beispiele Heinrichs VII., Ludwigs des Bayern und Ruprechts von der Pfalz zeigen.³⁴ Gleichwohl blieb es besonders ehrenvoll und ermöglichte weitere Bedürfnisse zu befriedigen (Kurie), dem König persönlich „über Berg" zu folgen. Welche Bedeutung die oberschwäbischen Herrschaftsträger und Städte dabei hatten, zeigt sich exemplarisch bei Friedrich III. (1452),³⁵ als mit 60 von 217 persönlichen und kommunalen Teilnehmern (insgesamt 17 Reichsstädte) über ein Viertel aus der uns interessierenden Region stammte.³⁶

---

30 Schon in den Hussitenkriegen zeigten sich trotz der Verpfändung an die Waldburger die verbliebenen Funktionen der oberschwäbischen Landvogtei für das Königtum in Reichskriegen („Reichskriegsverfassung"), in welche die städtischen und klösterlichen Aufgebote noch 1429 und 1438 dem Befehl des Reichslandvogtes unterstellt wurden. (Weingarten ließ sich reversieren, dass es dem Landvogt nicht als solchem, sondern nur als Führer des Reichsaufgebots unterstellt werde, Hofacker, Reichslandvogteien [Anm. 7], S. 303.)

31 Als Friedrich III. 1471 nach 27 Jahren erstmals wieder einen Reichstag im engeren Reichsgebiet persönlich leiten wollte, forderte er vor der Abreise aus Graz insgesamt zwanzig schwäbische Kommunen auf, 200 Reisige nach Passau zu entsenden und ihm von dort das Geleit nach Regensburg zu geben, RTA 22,2 S. 320 Nr. 93b2. Weniger verpflichtend, aber doch dieser Rubrik zugehörig, ist die Anfang April 1477 an zahlreiche Reichsstände, v.a. Reichsstädte wie Biberach, gerichtete Bitte Friedrichs III. Begleiter zur Brautfahrt seines Sohnes Maximilian nach Frankfurt zu schicken, s. Actenstücke und Briefe zur Geschichte des Hauses Habsburg im Zeitalter Maximilian's I., hg von Joseph Chmel (Monumenta Habsburgica, I. Abt., Bd. 1), Wien 1854, S. 142–144 Nr. 39; das an Köln gerichtete Ersuchen jetzt in den Regesten Kaiser Friedrichs III. (1440–1493). Nach Archiven u. Bibliotheken geordnet, begr. von Heinrich Koller, hg. von Paul-Joachim Heinig/Christian Lackner/Alois Niederstätter, H. 33: Die Urkunden und Briefe aus den Archiven und Bibliotheken des Landes Niedersachsen (mit Ausnahme der HAB Wolfenbüttel), bearb. von Paul-Joachim Heinig, Wien u. a. 2018, Nr. 286.

32 Es bezeichnet namentlich die Reichs- und die Freien Städte als Ausführungsorgane herrscherlicher Wirksamkeit, wie sie technisch durch Mandate vermittelt werden, Gerichtsurteile bis hin zu Ächtungen zu exekutieren, Schutz- und Friedensfunktionen auszuüben wie etwa die Privilegien Dritter zu wahren, Dritten sonstwie zu helfen.

33 Siehe z.B. Wolfgang Wüst, Süddeutsche Reichsstädte als Informationsdrehscheibe, in: Grenzüberschreitungen (Anm. 5), S. 305–325.

34 Siehe z.B. Stephan Selzer, Deutsche Söldner im Italien des Trecento (Bibliothek des Deutschen Historischen Instituts in Rom 98), Tübingen 2001.

35 Dies fußt auf den Teilnehmerlisten dieses Romzugs und den zugehörigen Verzeichnissen, wer alles damals auf der Tiberbrücke den Ritterschlag erhielt, bei Achim Thomas Hack, Ein anonymer Romzugsbericht von 1452 (PS-Enenkel) mit den zugehörigen Personenlisten (Zeitschrift für deutsches Altertum und deutsche Literatur, Beiheft 7), Stuttgart 2007.

36 Die Listen von Hack (Anm. 35) weisen 217 namentlich genannte persönliche und kommunale Teilnehmer plus Gefolge mit insgesamt 1534 Pferden aus. Schon bei einer überschlägigen Zuordnung ergeben sich an die 60 Vertreter aus der uns interessierenden Region. Mit Namen werden aus den oberschwäbischen Reichsstädten als individuelle oder kommunale Vertreter namentlich genannt die

Mit dem Romzug und Itinerar[37] generell wichtig erschien den Historikern seit dem hochmittelalterlichen Fodrum[38] das fortbestehende Gastungsrecht, welches bei weit überwiegender Absenz doch zumindest von König Sigismund – zur Konzilszeit – und von Friedrich III. – nach seiner Flucht vor der ungarischen Invasion – in Anspruch genommen wurde. Bemerkens- wie erinnernswert gleichermaßen ist fraglos auch, dass Friedrich der Schöne und seine Gemahlin Isabella/Elisabeth am 28. April 1315 in Ravensburg in Gegenwart vieler Fürsten eine erneute Hochzeitszeremonie – vielleicht analog einer Festkrönung – absolvierten.[39] Im Itinerar Ludwigs des Bayern gewann Schwaben gegenüber den ersten Habsburgern nicht an Bedeutung hinzu, während das Elsass die seine verlor. Auch Kaiser Karl IV. hat sich mit seiner nicht unregen Reisefreudigkeit keine Königslandschaft geschaffen oder schaffen wollen, sodass der klassische Itinerarforscher eine überdeutliche „Verlagerung des Schwergewichtes" nach Böhmen mit seiner Residenz Prag diagnostiziert, welches die Kraftlinien des Reichs auf sich zieht und aus-

Bucher und Murr aus Isny, Brisacher aus Konstanz, Bützel und Nukom aus Lindau, Fetzer aus Ulm, Gebhart aus Schwäbisch Gmünd, Schinderli aus Ravensburg (?) und Tummayer aus Kempten. An Grafen, Freiherren und Ritter werden genannt Vertreter der Familien Bodman, Freyberg, Landau, Laubenberg, Montfort, Pappenheim, Randegg, Rechberg, Sulz, Truchseß Waldburg, Vogt von Summerau und Werdenberg-Heiligenberg. Hack, Romzugsbericht (Anm. 35), S. 165 weist darauf hin, dass ein Schreiber und Kammerdiener Graf Heinrichs VI. von Fürstenberg die Teilnahme seines Herrn nicht allzu viel später verewigt hat, s. Michel Schryber, Thaten des Grafen Heinrich VI. von Fürstenberg, ed. Sigmund Rietzler, in: Fürstenbergisches Urkundenbuch, Bd. 3, Tübingen 1878, Nr. 371, S. 275–278, hier S. 275.
37  Theodor Mayer, Das deutsche Königtum und sein Wirkungsbereich, (wieder) in: Ders., Mittelalterliche Studien. Gesammelte Aufsätze, Darmstadt 1963, S. 28–44, hier S. 34; vgl. auch Franz Quarthal, Residenz, Verwaltung und Territorialbildung in den westlichen Herrschaftsgebieten der Habsburger während des Spätmittelalters, in: Die Eidgenossen und ihre Nachbarn im Deutschen Reich des Mittelalters, hg. von Peter Rück unter Mitwirkung von Heinrich Koller, Marburg 1991, S. 61–85.
38  So klassisch Carlrichard Brühl, Fodrum, Gistum, Servitium regis. Studien zu den wirtschaftlichen Grundlagen des Königtums im Frankenreich und in den fränkischen Nachfolgestaaten Deutschland, Frankreich und Italien vom 6. bis zur Mitte des 14. Jahrhunderts (Kölner historische Abhandlungen 14), Köln/Graz 1968; für Oberschwaben Alois Niederstätter, Königseinritt und -gastung in der spätmittelalterlichen Reichsstadt, in: Feste und Feiern im Mittelalter, hg. von Detlef Altenburg (Symposion des Mediävistenverbandes 3), Sigmaringen 1991, S. 491–500.
39  Dies setzt voraus, dass Friedrich nach seiner am 31. Januar 1314 in Judenburg gefeierten und vollzogenen Hochzeit im Oktober 1314 zum römisch-deutschen König gewählt worden war. Näheres ergibt sein Schreiben an König Jayme II. von Aragón vom 23. Mai 1315 aus Basel (Regesta Habsburgica. Regesten der Grafen von Habsburg und der Herzoge von Österreich aus dem Hause Habsburg. III. Abteilung: Die Regesten der Herzoge von Österreich sowie Friedrichs des Schönen als deutschen Königs von 1314–1330, bearb. von Lothar Gross, Innsbruck 1922–1924 Nr. 228), er habe alle Städte und Burgen, den Adel und die gesamten Einwohner Schwabens und des Elsass, *quod partem pociorem et cor Alemanie reputamus*, unterworfen und für seine Sache gewonnen, seine Gattin aus Österreich zu sich berufen und zu Ravensburg in Schwaben am 28. April in Gegenwart vieler Fürsten feierlich Hochzeit gehalten, worauf Elisabeth auf dem nach Basel berufenen Hoftage am 11. Mai (Pfingsttage) von Erzbischof Heinrich von Köln gekrönt worden sei. Weil Stefanie Dick, Isabella von Aragón und Friedrich der Schöne. Heiratspolitik im Zeichen des Königtums, in: Die mittelalterliche Thronfolge im europäischen Vergleich, hg. von Matthias Becher (VuF 84), Ostfildern 2017, S. 165–180 die Königswahl und -krönung nicht in Rechnung stellt, kommt sie zu irrigen Vermutungen. Jetzt auch Die Königserhebung Friedrichs des Schönen im Jahr 1314. Krönung, Krieg und Kompromiss, hg. von Matthias Becher/Harald Wolter von dem Knesebeck, Köln u. a. 2017.

gehen lässt. Dass Oberschwaben am Rand des politischen Systems des Luxemburgers stand, wird durch die lediglich 38 Belege dieses Begriffs in den Regesta Imperii sicher nicht korrekt indiziert, ist aber grundsätzlich unbestreitbar.

Ein Blick auf das Itinerar Friedrichs III. bringt Erstaunliches zutage: Von seiner Wahl zum König 1440 bis zum Jahr 1473 hat der Habsburger in Schwaben im Prinzip keine persönliche Präsenz gezeigt. Er hat das Binnenreich zwar auch nur dreimal bereist, aber außer punktuell am äußeren Rand (Augsburg) ist er – aus Osten oder sogar Innsbruck kommend – auf seinen Reisen 1442, 1444 und 1471 östlich bzw. westlich an Oberschwaben vorbeigezogen, also durch Bayern und das Elsass an den Hochrhein bei Basel. Auch 1473 zog er durch Bayern nach Augsburg, wo er am 25. April eintraf und einen Reichstag abhielt. Er verharrte dort bis auf Abstecher im Wechsel mit Ulm, um dann über Geislingen und Schloss Helfenstein, Göppingen, Esslingen, Stuttgart usw. zu einem langen Aufenthalt bei Schwester und Schwager in Niederbaden zu ziehen. Die beiden Folgejahre war er punktuell in Augsburg, Nördlingen und Donauwörth, aber nicht in Oberschwaben. Erst bei seiner Flucht ins Reich vor den herannahenden ungarischen Scharen ab Anfang Juni 1485 reiste der Kaiser über Innsbruck nach und durch Schwaben,[40] wo er vor allem bei den Reichsstädten Gastung sowie Rat und Hilfe suchte, von diesen aber sogleich auch mit dem Schicksal ihrer Schwesterstadt Nördlingen und der radikalen Expansionspolitik Herzog Georgs von Bayern-Landshut konfrontiert wurde. Stationen der Route waren Füssen, Kempten, Memmingen, Ulm, Biberach, Ravensburg, Lindau, Buchhorn, Konstanz (Ausflüge auf die Reichenau und die Mainau), Überlingen, Stockach, Pfullendorf, Tuttlingen, Rottweil, Reutlingen, Niederbaden. Aus Richtung Nürnberg kommend, war er 1487 erneut in Schwaben und feierte in Ulm sogar das Weihnachtsfest. Weiter ging es über Memmingen und Stams nach Innsbruck und wieder zurück nach Kempten und Stuttgart, ehe er zum Feldzug gegen die Flamen aufbrach. Die Rückreise mit dem Zielort Innsbruck führte ihn wieder durch unsere Region, und zwar über Markgröningen, Esslingen und Göppingen nach Ulm, von wo er über Memmingen und Kempten rechtzeitig zum Weihnachtsfest Innsbruck erreichte und mehrere Monate nicht verließ.

Der seit Karl IV. andauernde Systemwechsel von ordentlichen zu außerordentlichen Einkünften hat in der Regierungszeit Friedrichs III. einen Höhepunkt erlangt zum einen im Rahmen eines rigorosen Fiskalismus,[41] welcher nicht nur die Legitimations- und Rechtsbedürfnisse sowie die Privilegieninteressen einschließlich der fälligen Kanzleigebühren „vergoldete", sondern auch und vor allem Verfehlungen mit horrenden Bußen

---

40 Siehe HEINIG, Kaiser Friedrich III. (Anm. 3), S. 818–844 und in Bd. 3 das tabellarische Gesamtitinerar.
41 Unter den randglossierten Stichworten „staatlicher Fiskalismus" und „Verhältnis von Innen- und Außenpolitik" bewertet Erich MEUTHEN, Das 15. Jahrhundert, überarb. von Claudia MÄRTL (Oldenbourg Grundriß der Geschichte 9), München ⁴2006, S. 28, den von allen Herrschaftsträgern in Europa praktizierten Fiskalismus als eine „Durchgangsstufe, um die Organisationsgewalt der künftigen Nationalwirtschaften zu bilden". Konkret s. Karl-Friedrich KRIEGER, Rechtliche Grundlagen und Möglichkeiten römisch-deutscher Königsherrschaft im 15. Jahrhundert, in: Das spätmittelalterliche Königtum im europäischen Vergleich, hg. von Reinhard SCHNEIDER, 1987 (VuF 32), S. 465–489, hier S. 488.

und Strafzahlungen belegte. Auch war diese Regierung durchzogen von unablässigen Anstrengungen, anlassgebunden außerordentliche allgemeine Reichssteuern zu erheben – besser: zu vereinbaren – und einzutreiben (Reichsmatrikel, Aufgebote usw.). Dass dies bei reichsweit geringem Ertrag am ehesten in „königsnahen" Landschaften wie Oberschwaben erfolgreich war, ist aufgrund der Sanktionierbarkeit der Forderungen verständlich, doch spricht auch dort das Schicksal des „Gemeinen Pfennigs" Bände.

Festzuhalten ist an dieser Stelle zunächst die enorme Bedeutung der regulären und (nach deren Versiegen) der außerordentlichen Geldeinkünfte und das durchgängige Interesse an der Sicherung bzw. Vermehrung dieser Ressourcen von König und Reich. Dem dienten im 15. Jahrhundert, als Reichsaufgebote in Folge innerer wie äußerer Konflikte unablässig wurden (gegen Hussiten, Türken, Burgund, Ungarn, Frankreich usw.), die Bemühungen, die oberschwäbischen Reichsunmittelbaren vor anderweitiger Überherrschung zu bewahren.

## Oberschwaben als Rekrutierungslandschaft für das königliche Regierungssystem

Hier hat Peter Moraw die Forschung ja erstmals konsequent auf die königsnahen Personenverbände in den ehemals staufischen Königslandschaften gestoßen,[42] welche nach der Ministerialenzeit mit jedem der spätmittelalterlichen Könige gleich welcher Dynastie in Kontakt getreten sind und somit auch im angeblich so zerrissenen Zeitalter der offenen Verfassung eine Kontinuität zentralgewaltlicher Wirksamkeit vermittelten.[43] Der von ihm herausgearbeitete schwäbische Verband, der auf der Ebene des Hochadels bis zu den Staufern und beim Niederadel bis zum Beginn des späten Mittelalters zurückreicht (lediglich das Bürgertum war weniger kontinuitätsstark), „setzte im vollen Sinne unter Ludwig d. B. ein und überdauerte alle Dynastien" bis zum Ende des Zeitalters.[44] Dabei übernahmen einzelne aktive Herrscher, wie namentlich Karl IV., nicht nur die „Beziehungen und Verflechtungen, die von Ludwig dem Bayern herrührten", sondern begründeten neue Traditionen, „die dann über seine Regierungszeit hinaus kontinuitätsbildend weiterwirkten, während andere ältere Zusammenhänge inzwischen wieder abstarben".[45]

---

42 Moraw, König, Reich und Territorium (Anm. 17). Vielfach erwähnt in dem Sammelband Stand und Perspektiven der Sozial- und Verfassungsgeschichte zum römisch-deutschen Reich. Der Forschungseinfluss Peter Moraws auf die deutsche Mediävistik, hg. von Christine Reinle (Studien und Texte zur Geistes- und Sozialgeschichte des Mittelalters 10), Affalterbach 2016.
43 Dazu auch Karl-Heinz Spiess, Zwischen König und Fürsten, Das politische Beziehungssystem südwestdeutscher Grafen und Herren im späten Mittelalter, in: Grafen und Herren in Südwestdeutschland vom 12. bis ins 17. Jahrhundert, hg. von Kurt Andermann/Clemens Joos (Kraichtaler Kolloquien 5), Epfendorf 2006, S. 13–34.
44 Moraw, König, Reich und Territorium (Anm. 17), S. 206.
45 Moraw, König, Reich und Territorium (Anm. 17), S. 515.

Für erstere stehen am Ende unseres Zeitraums z. B. die Grafen von Fürstenberg⁴⁶ und von Thierstein,⁴⁷ für die in der luxemburgischen Epoche „auf der Strecke gebliebenen" z. B. die hochrangig dienstbaren Herzöge von Teck⁴⁸ sowie die Herren von Ellerbach⁴⁹ und von Rechberg-Hohenrechberg.⁵⁰ Dass die letztgenannten in den Besitz eines Teils der Tecker Reichslehen gelangten und an die Frundsberg weitergaben, die dann eine neue eigene Diensttradition beim Königtum begründeten, zeigt, dass die königsnahen Traditionen dieser Familien in ihren inner-, speziell oberschwäbischen Beziehungsgeflechten fortwirkten. Besonders tragisch endete der von Karl IV. aus ordnungspolitischen Gründen unterstützte, von Kloster Weingarten und den Waldburger Truchsessen aber massiv behinderte Versuch der Grafen von Helfenstein,⁵¹ ihren im Konflikt mit Württemberg niedergehenden Hausbesitz nördlich der Donau durch Reichspfänder in Oberschwaben zu kompensieren. Durch die württembergischem Dienstadel zuzuschreibende Ermordung Graf Ulrichs V., des kaiserlichen Landvogts und Landfriedens-

---

46  Als Territorialkonkurrenten der Habsburger seit König Rudolf I. haben sich die Fürstenberger dem Königtum erst nach 1471 zugewandt und unter den veränderten geopolitischen Voraussetzungen Maximilians I. sogleich einen ersten Höhepunkt erfahren, s. HEINIG, Kaiser Friedrich III. (Anm. 3), S. 943f.
47  Nach HEINIG, Kaiser Friedrich III. (Anm. 3), S. 362–366; auch Dorothea A. CHRIST, Zwischen Kooperation und Konkurrenz. Die Grafen von Thierstein, ihre Standesgenossen und die Eidgenossenschaft im Spätmittelalter, Zürich 1998.
48  Eine Generation nach den Helfensteinern wurde auch die königsnahe Tradition der Herzöge von Teck, die Herzog Friedrich († 1390) als Vorgänger der Oettinger in der Augsburger Vogtei fortgesetzt hatte, nach allmählichem Niedergang durch Aussterben (1432 bzw. 1439) abrupt beendet. In der Tat erscheinen die Teck v. a. unter Karl IV. in rund 120 und unter Sigismund noch in rund 30 Herrscherurkunden, doch weit überwiegend geht es jahrzehntelang nur noch um die ihnen von Karl IV. für 1000 Mark Silber verpfändete Stadtsteuer von Augsburg. Siehe MORAW, König, Reich und Territorium (Anm. 17), S. 489; die Sigismund-Bestätigung von 1413 bei Johann Friedrich Böhmer, Reg. Imp. XI: Die Urkunden Kaiser Sigmunds (1410–1437), verzeichnet von Wilhelm ALTMANN, ND d. Ausg. Innsbruck 1896–1900 (in einem Bd.) Hildesheim 1968, Nr. 627. Zuletzt, auch zur Königswahlthese um Konrad II. († 1292) Rolf GÖTZ, Die Herzöge von Teck. Herzöge ohne Herzogtum (Schriftenreihe des Stadtarchivs Kirchheim unter Teck 33), Kirchheim Teck 2009.
49  Die mit habsburgischer Diensttradition gepaarte, antiwittelsbachische Königsnähe der Herren von Ellerbach ist seit König Adolf von Nassau belegt und kulminierte unter Karl IV. im Marschallamt, s. MORAW, König, Reich und Territorium (Anm. 17), S. 203–205. So feierten die Ellerbach erhebliche familiäre Erfolge durch Konnubium mit den Grafen von Montfort und den Marschällen von Pappenheim, ein gleichnamiger Enkel des Marschalls wurde Bischof von Augsburg, ein Verwandter Protonotar König Ruprechts.
50  Siehe außer HEINIG, Kaiser Friedrich III. (Anm. 3), S. 952–954 z. B. die Beiträge des Sammelbandes Die 3-Kaiserberge und das Stauferland: Landschaft, Geschichte und Kultur zwischen Fils- und Remstal, hg. von Raimund M. ROTHENBERGER, Schwäbisch Gmünd 2014. Die Tecker Reichslehen gelangten an den Reichserbmarschall Haupt II. von Pappenheim und nach dessen Tod (1439) z.T. an dessen Schwager, Irmgards von Teck († 1432) Sohn Bero I. von Rechberg von Hohenrechberg († 1462), von welchem Kaiser Friedrich III. die Augsburger Steuer nach 1452 revindizierte. Beros vier Söhne haben von der relativen Königsnähe ihrer Vorfahren seit staufischer Ministerialität nur die Weitergabe an die Frundsberg gerettet. Den Zenit hatte Graf Wilhelm II. († wohl 1453) als Rat König Sigismunds erreicht, er wurde mit den königsnahen Helfenstein und Oettingen in der Ahnenprobe in der St. Georgs-Kirche zu Weikersheim beigesetzt.
51  Zu ihrem Königsdienst z. B. MORAW, König, Reich und Territorium (Anm. 17), S. 490; HOFACKER, Reichslandvogteien (Anm. 7), S. 265f.

hauptmanns in Oberschwaben,[52] fand die helfensteinische Regionalmacht und Königsnähe 1372 ein jähes Ende. Achtzig Jahre später waren die Grafen von Oettingen das prominenteste Opfer der Herrschafts- und Beziehungskrise des neu-habsburgischen Königtums.[53] Das von den Staufern bis zum Ende der Luxemburger Epoche zweifellos wichtigste königsnahe, substratreiche und mit den Herrschern mehrfach sogar verschwägerte[54] Geschlecht Ostschwabens mit bedeutender Ausstrahlung in Oberschwaben hatte mit den Hofmeistern der drei Könige von 1400–1439 den Höhepunkt seiner politischen Geltung überschritten und sank ohne genügend Eigensubstrat zum Schutzbefohlenen gegenüber dem Zugriff Herzog Georgs von Niederbayern ab.[55]

Der Anteil Oberschwabens an dem rund 150 Jahre recht stabilen Regierungssystem des spätmittelalterlichen Königtums betrug zwischen zehn und zwanzig Prozent: Er wird bei Karl IV. auf zehn von 107 Räten beziffert,[56] bei Sigismund auf 10–12 von insgesamt 57 weltlichen Räten und Ratsgleichen und ebenso viele an den über 70 ausdrücklichen „Dienern". Im Dienst Friedrichs III. standen über die gesamte halbhundertjährige Regierungszeit insgesamt 46 weltliche Räte aus Schwaben.[57] Ihr gut zehnprozentiger Anteil an allen Räten ist der höchste Anteil unter allen historischen Landschaften des Binnenreichs. Er vergrößert sich noch überproportional, wenn man die aus Schwaben stammenden oder dort ansässigen Räte geistlichen Standes und die kanzleigebundenen Räte hinzurechnet, v.a. alle drei Bischöfe von Augsburg, drei Bischöfe und mehrere Domherren von Konstanz sowie Äbte von Kempten und St. Gallen, je ein Abt der schutzbedürftigen Prämonstratenserklöster Schussenried sowie Roggenburg und Ursberg in Ostschwaben.

Allerdings durchlitt diese tradierte Konstellation des Regierungssystems nach der Königswahl Friedrichs III. (1440) zunächst eine tiefe Krise von rund zwei Jahrzehnten.[58] Während sich Protonotare aus Konstanz, Rottweil und Wemding in der Reichshofkanzlei zu etablieren vermochten und ein Bürgerlicher aus Göppingen sogar zum Kanzler aufstieg, wurden viele der traditionell königsnahen Herrschaftsträger nicht integriert, son-

---

52 Der Landfrieden brachte den hohen und niederen Adel dagegen auf, namentlich auch Graf Eberhard den Greiner von Württemberg. In dessen Auftrag wurde sein Helfensteiner Kontrahent auf der Rückreise von Heidelberg, wo er mit Pfalzgraf Ruprecht konspiriert hatte, von württembergischen Gefolgsleuten überfallen und auf das Schloss Ramstein bei Schramberg gebracht, wo er im Turm gefangen gehalten wurde. Weder militärische noch finanzielle Befreiungen durch den Städtebund gelangen. Vielmehr wurde der Graf am 7. Mai 1372 in seiner Zelle ermordet.
53 HEINIG, Kaiser Friedrich III. (Anm. 3), S. 366–367.
54 Die bemerkenswerte Heirat Elisabeths von Oettingen mit Markgraf Johann von Mähren, dem Bruder Karls IV. (1376), verband die Schwaben noch enger mit dem Kaiser und der Luxemburger Dynastie, prolongierte aber eben auch die Nähe zum römisch-deutschen Königtum an sich, s. dazu MORAW, König, Reich und Territorium (Anm. 17), S. 488f.
55 Klassisch zu diesem Reinhard STAUBER, Herzog Georg von Bayern-Landshut und seine Reichspolitik. Möglichkeiten und Grenzen reichsfürstlicher Politik im wittelsbachisch-habsburgischen Spannungsfeld zwischen 1470 und 1505 (Münchener Historische Studien, Abt. Bayerische Geschichte, 15), Kallmünz 1993.
56 MORAW, König, Reich und Territorium (Anm. 17), S. 488–491.
57 Zu Schwaben als Ratslandschaft unter Friedrich III. prosopographisch HEINIG, Kaiser Friedrich III. (Anm. 3), S. 308–387.
58 Zuletzt HEINIG, Von Überdehnung (Anm. 3), S. 38–42, das folgende ebd. S. 42–64.

dern von den „ortsnahen" Territorialfürsten der eigenen Dynastie (Tirol und Rottenburg/ Freiburg) sowie von Bayern und Württemberg „aufgesogen". Erst, als die Konkurrenz Erzherzog Albrechts VI. ausgeschaltet wurde und Sigmund „der Münzreiche" von Tirol in Oberschwaben ein verhältnismäßig geringes Integrationsvermögen entwickelte,[59] öffnete sich dem habsburgischen Kaiser in zwei Zeitschritten 1461/63 und 1470/71 das regionale Ratspotential, wobei anfangs überraschenderweise auch die Grafen von Württemberg mit Ulrich dem Vielgeliebten für einen teuer bezahlten Augenblick ihre notorische Distanz zum Königtum verließen. Demgegenüber kehrten die miteinander vernetzten und teils verwandten Grafen von Montfort, von Sulz,[60] von Werdenberg und von Zollern[61] sowie die Erbmarschälle von Pappenheim nach dem Tiefpunkt der Krise wieder zurück, ja, indem sie zwischen 1470 und dem Ende der 1480er-Jahre fast zwanzig Jahre lang die Inhalte, Strategien und Durchführung der Reichspolitik bestimmten, führten sie die traditionelle Symbiose zwischen Königtum und Oberschwaben auf einen Höhepunkt.

---

59 Siehe zu diesen beiden Habsburgern zuletzt Konstantin Moritz A. LANGMAIER, Erzherzog Albrecht VI. von Österreich (1418–1463). Ein Fürst im Spannungsfeld von Dynastie, Regionen und Reich (Forschungen zur Kaiser- und Papstgeschichte des Mittelalters. Beihefte zu Johann Friedrich Böhmer, Reg. Imp. 38), Köln u. a. 2015, und Peter SCHMID, Art. Sigmund (Siegmund, Sigismund[us]) „der Münzreiche", Erzherzog von Österreich, in: NDB, Bd. 24, Berlin 2010, S. 362–363.

60 Die Grafen von Sulz besaßen nicht nur ab 1317/1360 bis zu ihrem Aussterben das bedeutende kaiserliche Hofgericht in Rottweil als Erblehen, sondern wurden mit der Erwerbung der Landgrafschaft Klettgau die wohl bedeutendsten Herrschaftsträger im zentralen Bereich Vorderösterreichs, zwischen Oberschwaben und Elsass, Tirol, den Eidgenossen und Baden sowie Pfalz. Von dort aus ging Graf Rudolf II. (um 1360–1431) nach 1415 zu einer antihabsburgischen Haltung über, wurde 1427 König Sigismunds Rat und durfte die Reichssteuer von Reutlingen an sich erpfänden – eine für den süddeutschen Adel überaus attraktive Anlagemöglichkeit. In der ersten Hälfte der 1470er-Jahre gehörten die Brüder Rudolf und Alwig zu den wichtigsten Räten und Diplomaten Friedrichs III., und auch der älteste Bruder Johann stand als Hofrichter des Hofgerichts Rottweil in dessen Diensten. Diese Dienstbarkeit hat ihren Abstieg in die territorialpolitische Zweitrangigkeit ebenso wenig verhindert wie den Nachfahren des Grafen Hans von Lupfen (1388–1436) dessen ehemaliges Hofrichteramt bei König Sigismund.

61 Die traditionell habsburgnahen, auch mit allen anderen Grafenfamilien der Region verschwägerten Zollern kamen in der zweiten Hälfte des 14. Jahrhunderts wegen ihrer Teilungen sowie ihres territorialen und finanziellen Substratverlusts nicht mehr als erstrangige Königsdiener in Frage. Das änderte sich, als zur Zeit des Konstanzer Konzils die Brüder Eitelfritz I. († 1439) und Friedrich († 1436) auch König Sigismund gegen ihren älteren Bruder Friedrich XII., gen. der Öttinger († 1443), in Stellung brachten. 1415 nahm der König Eitelfritz I. zu täglichem Hofgesinde mit 500 fl. Jahrgeld an, 1418 erging im Bruderstreit die Reichsacht gegen „den Öttinger" und ab 1422 wurde die von diesem gehaltene Stammburg Zollern von seinem Bruder, dem Schwäbischen Städtebund und dem Grafen von Württemberg belagert. Nach zehnmonatiger Belagerung zerstörten die Verbündeten 1423 die Burg Zollern und erwirkten von König Sigismund das ewige und vom Städtebund kontrollierte Verbot ihres Wiederaufbaus, s. Reg. Imp. XI (Anm. 48), Nr. 1527, 2603, 3564, 5662. Der dritte Bruder Graf Friedrich von Zollern, der als Domherr zu Straßburg schon am Konstanzer Konzil teilgenommen hatte, begegnet ausgangs der 1420 Jahre ausdrücklich im diplomatischen und wohl auch Rats-Dienst König und Kaiser Sigismunds und wurde zu guter Letzt noch Bischof von Konstanz (1434–1436). So vermochte man sich auch gegen die Grafen von Württemberg als die schärfsten Rivalen um die zollerische Selbstständigkeit zu behaupten. Zu der seit Eitelfritz' I. Sohn Jos-Niklas I. (*1433–1488) deutlich fassbaren Herrschaftsgesundung und Herrschernähe s. HEINIG, Kaiser Friedrich III. (Anm. 3), S. 359–362 passim; generell z. B. Wolfgang NEUGEBAUER, Anfänge, Landesstaat und monarchische Autokratie bis 1740 (Die Hohenzollern, Bd. 1), Stuttgart 1996.

Als Derivat des Engagements der Hochadeligen, unter denen die von Karl IV. bis Friedrich III. durchgängig dem königlichen Regierungssystem angehörigen Grafen von Sulz hier übergangen werden, weil sie die bedeutendsten Impulse für die regionale Wirksamkeit der Zentralgewalt als Erblehensbesitzer des hier nicht eigens zu würdigenden kaiserlichen Hofgerichts zu Rottweil gesetzt haben,[62] kann man deuten, dass Friedrich III. in seiner „oberschwäbischen Epoche" sogar tägliche Hofämter einschlägig besetzt hat: Wie schon einmal unter Karl IV. mit einem Ellerbacher, wurde um 1470 für eine Dekade das Amt des Hofmarschalls sowie dasjenige des Küchenmeisters mit Allgäuer Rittern der Familien Vogt von Summerau[63] bzw. Sürg von Sürgenstein[64] besetzt, die sowohl den Grafen von Montfort, den Truchsessen von Waldburg und dem Jörgenschild als auch dem oberschwäbischen Handels- und Gewerbekapital nahestanden. Entscheidend war allerdings das neugeschaffene Amt des kaiserlichen Fiskalprokurators und „Staatsanwalts", welches ab 1463 nacheinander in der Hand eines rechtsstudierten Memmingers bzw. Ulmers aus der Umgebung Graf Haugs von Werdenberg war, welche zur Erledigung ihrer Aufgabe, Fehlverhalten anzuklagen und durch Anwendung repressiver Druckmittel finanzielle und militärische Hilfe für den bedrängten Kaiser zu erpressen, unabdingbar mit der oberschwäbischen „Hochfinanz" verwoben sein mussten.[65] Spätestens seit den Untersuchungen Wolfgang von Stromers[66] wissen wir, dass auch in Deutschland die politische Finanz von Bürgern und Handelsgesellschaften nicht erst in der Maximilian-Zeit einsetzt, wo natürlich das Beispiel der Fugger im Vordergrund steht. Bezogen auf unseren Raum ist in der ersten Hälfte des 15. Jahrhunderts die in St. Gallen zentrierte Diesbach-Watt-Gesellschaft zu nennen, deren nach Ravensburg übersiedelter Teilhaber Kaspar (von) Watt am Kammergericht Kaiser Friedrichs III. die prozessualen Folgen seiner Insolvenz ausfocht. Seit dem Engagement für König Sigismund während des Konstanzer Konzils haben die Memminger Vöhlin allein und mit ihren Partnern Meuting und Welser aus Augsburg bzw. Haintzel aus Ulm den Herrschern bis Maximilian I. gedient und z. B.

---

62 Das Hofgericht Rottweil selbst gehört aber natürlich an vorderster Stelle zu denjenigen wenn nicht territorialherrschaftlichen, so doch öffentlichen Kräften in Schwaben, die in höchstem Maße Impulse für die Wirksamkeit der Zentralgewalt mit einem Höhepunkt nach der Mitte des 15. Jahrhunderts gegeben haben; dazu zuletzt Ulrike Schillinger, Die Neuordnung des Prozesses am Hofgericht Rottweil 1572. Entstehungsgeschichte und Inhalt der Neuen Hofgerichtsordnung (Quellen und Forschungen zur höchsten Gerichtsbarkeit im Alten Reich 67), Köln u. a. 2016.

63 Nach Heinig, Kaiser Friedrich III. (Anm. 3), S. 74–78 passim; Jens Friedhoff, Die Herren von Summerau und ihre Burgen. Burg und Herrschaft im südöstlichen Oberschwaben und im Allgäu, in: Burgen und Schlösser 48 (2007), S. 34–46.

64 Heinig, Kaiser Friedrich III. (Anm. 3), S. 144f. passim; Kraus, Geschichte Schwabens (Anm. 2), S. 415f. Die Rolle Veit Sürgs in den Ravensburger Hexenprozessen thematisierte 2017 eine Ausstellung im Museum Humpis-Quartier.

65 Siehe etwa Markus Bittmann, „Wan ein furst gelt pedarf […]". Südwestdeutsche Adelige als Finanziers von König und Landesherren, in: Hochfinanz im Westen des Reiches 1150–1500, hg. von Friedhelm Burgard/Alfred Haverkamp/Franz Irsigler (Trierer historische Forschungen 31), Trier 1996, S. 307–326; Ders., Parteigänger, Indifferente, Opponenten. Der schwäbische Adel und das Haus Habsburg, in: Die Habsburger im deutschen Südwesten (Anm. 15), S. 75–88.

66 Wolfgang von Stromer, Oberdeutsche Hochfinanz 1350–1450, 3 Bde. (Vierteljahrschrift für Sozial- und Wirtschaftsgeschichte. Beihefte 55–57), Wiesbaden 1970; Peter Moraw, Königtum und Hochfinanz in Deutschland 1350–1450, in: ZGO 122 (1974), S. 23–34.

1488 den Reichsfeldzug zur Befreiung des letzteren aus der Haft in Brügge mitfinanziert.[67] Die Teilhaber der im Ausland *Compania magna de Alemania* genannten „Großen Ravensburger Gesellschaft"[68] der Ankenreute, Mötteli und Humpis, von denen z. B. Hans d. J. Humpis auch Reichslehen trug, waren unter Kaiser Friedrich III. vielfach am Kammergericht mit entsprechenden Kontakten zu den Höflingen engagiert. Da schält sich ein Adelige und Bürger umfassender herrschernaher Personenverband an der Nahtstelle zwischen Politik und Wirtschaft heraus, in dem den Ravensburger Humpis offenbar eine nicht unwichtige Stellung zukam.[69] Denn als Ital Humpis d. J. 1456 sein Ravensburger Bürgerrecht aufgab, wurde er ausgerechnet Hofmeister Graf Haugs von Werdenberg, des zum wichtigsten Rat des Kaisers aufsteigenden Schwaben; 1462 wurde Ital Vogt zu Waldburg und war anschließend wohl bis 1482 Rat und Amtmann des Abts von Weingarten.[70] In den kaiserlichen Rat führt auch die Ehe der Apollonia Humpis, der Tochter Fricks III., mit dem 1482 ins Ravensburger Bürgerrecht eintretenden Karl Brisacher,[71] denn dieser war der Sohn des früheren Protonotars Marquard d. Ä. Brisacher aus Konstanz, der der Ravensburger Handelsgesellschaft bekanntlich schon selbst nahegestanden hatte, und somit der Bruder des kaiserlichen Rats und Diplomaten Marquard d. J. Brisacher. Schließlich waren der dem kaiserlichen Rat Graf Haug von Montfort-Rothenfels nahestehende kaiserliche Küchenmeister Veit Sürg von Sürgenstein und dessen um 1480 in Ravensburg ansässiger und damals mit Ursula Humpis verheirateter Bruder Hans Mitglieder der dortigen Großen Handelsgesellschaft und vermittelten somit zwischen dem Herrscher und seinem Hof und dem großbürgerlichen Handelskapital.[72] Die schon 1380 gegründete Handelsfirma erlebte noch ein Hoch unter Maximilian I., scheiterte aber 1530 daran, dass sie sowohl die Kombination von Waren- und Bankgeschäft als auch jegliches Engagement bei der überseeischen Expansion verschmäht hatte.

Wie das oberschwäbische bürgerliche, kann auch das adelige Engagement für das Königtum an dieser Stelle nur kursorisch gewürdigt werden:[73] So haben die Grafen von Montfort-Tettnang/Bregenz nach den ersten Habsburgern bis Friedrich dem Schönen auch Ludwig dem Bayern sowohl in Italien als auch in der Reichsgutsverwaltung in

---

67 Im Jahr 1456 gewährte die ca. 1430 gegründete größte Augsburger Gesellschaft der Meuting dem Herzog Sigmund von Tirol ein Darlehen von 35 000 fl. und erhielt dafür das Recht, die Silberbergwerke in Schwaz im Inntal auszubeuten. Etwa gleichzeitig erwarben die Augsburger Welser Bergwerksanteile im sächsischen Freiberg. Sie fusionierten mit den Memminger Vöhlin, die schon zur Zeit des Konstanzer Konzils König Sigismunds gedient hatte und spätestens Mitte des Jahrhunderts eine der größten süddeutschen Gesellschaften im Waren-, Finanz- und Montanbereich mit besonderen Interessen im europäischen Südosten war. In den 1480er-Jahren war die Vöhlingesellschaft mit den Ulmern Haintzel an der Finanzierung der Reichskriegs zur Befreiung König Maximilians aus der Haft in Brügge beteiligt und auch später mit den Welsern für den Habsburger tätig.
68 Siehe den Beitrag von Andreas SCHMAUDER in diesem Band.
69 Siehe auch zu ihnen den Beitrag von Andreas SCHMAUDER in diesem Band.
70 Siehe zu allem Alfons DREHER, Das Patriziat der Reichsstadt Ravensburg. Von den Anfängen bis zum Beginn des 19. Jahrhunderts, Stuttgart 1966, S. 156.
71 DREHER, Patriziat (Anm. 70), S. 235.
72 Siehe zu allen genannten Familien HEINIG, Kaiser Friedrich III. (Anm. 3), im Register, sowie DERS., Reich und Adel (Anm. 3) und DERS., Von Überdehnung (Anm. 3).
73 Zum ritterlich-niederadeligen s. HEINIG, Von Überdehnung (Anm. 3).

Schwaben gedient.[74] Dies setzten mehrere Mitglieder der Linie Tettnang(-Rothenfels) für König Sigismund fort, dessen Einungspolitik sie gemeinsam mit den Grafen von Nellenburg und von Lupfen sowie den Pappenheimern steuerten.[75] Daran knüpfte Haug X. (XIII.) († 1491) an und wurde zusammen mit seinem Schwager Haug von Werdenberg einer der einflussreichsten Berater und Diplomaten Friedrichs III. Die Erhebung seiner Herrschaft Rothenfels zu einer üppig umgrenzten Reichsgrafschaft (1471) verschärfte den seit König Sigismund auch am Herrscherhof geführten Territorialwettstreit mit den Truchsessen von Waldburg,[76] die sich des Pfandbesitzes der Reichslandvogtei Oberschwaben aber vor allem deshalb nicht uneingeschränkt erfreuten, weil der Herrscher die Vogtei als bündnispolitisches Objekt gegenüber den expansiven Territorialfürsten instrumentalisierte (und zuletzt der „eigenen" Tiroler Linie zuwandte). Aufs Ganze gesehen mag es zutreffen, dass die Montforter unter den Habsburgern gelitten haben, ja dass sie „wie kaum ein anderes schwäbisches Dynastengeschlecht zu Opfern der habsburgischen Erwerbs- und Finanzierungspolitik" geworden sind, doch wird dadurch das Verständnismodell der zonalen Reichsgliederung („Königsnähe" etc.) nicht widerlegt.[77]

---

74 Wilhelm II. († 1354) war von Friedrich dem Schönen zu Ludwig dem Bayern übergegangen und hatte diesem auf dem Italienzug als Rat und Kriegshauptmann sowie als Generalvikar der Lombardei gedient, s. dies und das folgende bei MORAW, König, Reich und Territorium (Anm. 17), S. 489f. Sein Sohn Wilhelm III. († wohl 1379) war Karls IV. Rat und delegierter Reichshofrichter (1370), sein mit einer Ellerbach verheirateter Bruder Heinrich III. († 1408) weilte mehrfach am Prager Hof, hat aber überwiegend Ämter in der schwäbischen Reichsgutsverwaltung wahrgenommen und „den Bodenseeraum wenigstens zeitweise an den schwäbischen Regionalverband geknüpft" (MORAW, w. o.).

75 Zu König/Kaiser Sigismunds engsten Ratgebern schwäbischer Provenienz zählten der Reichserbmarschall Haupt von Pappenheim, der Hofmeister Graf Ludwig von Oettingen, die aus österreichischen Diensten übernommenen Grafen Hans von Lupfen und Eberhard von Nellenburg sowie die Vettern Frischhans und Hans Konrad von Bodman aus dem Hegauer Georgsviertel, welche die Brücke zum Bodenseebereich und den Eidgenossen schlugen. Graf Rudolf VI. von Montfort-Tettnang zu Scheer († 1440) war Sigismunds Rat, Landvogt in Schwaben und Hauptmann zu Augsburg, und auch sein Bruder Wilhelm V. († 1439) war Rat, Wilhelms Sohn Heinrich Hofrichter des Luxemburgers. Von den beiden Brüdern im Rat Kaiser Friedrichs III. war Haug X. (XIII.) († 1491) neben seinem Schwager Haug von Werdenberg einer der einflussreichsten Berater und Diplomaten. Siehe zu diesen HEINIG, Kaiser Friedrich III. (Anm. 3), S. 347–354 passim.

76 So wurde z. B. der 200 Jahre andauernde Streit um die Freien auf der Leutkircher Heide erst 1559 durch Kaiser Ferdinand I. entschieden. Siehe Catherine DE KEGEL-SCHORER, Die Freien auf Leutkircher Heide. Ursprung, Ausformung und Erosion einer oberdeutschen Freibauerngenossenschaft (Oberschwaben – Geschichte und Kultur 16), Epfendorf 2007; zuletzt Alexander KREY, Art. Leutkircher Heide, in: Handwörterbuch zur deutschen Rechtsgeschichte, hg. von Albrecht CORDES, 2., völlig überarb. und erw. Aufl., Bd. 1,3, Berlin 2005, Sp. 858–859.

77 Siehe gegen Angela KULENKAMPFF, Die Grafen von Montfort-Rothenfels und Montfort-Tettnang und ihr Kampf um ihre verbrieften Rechte 1453–1521, in: Montfort. Vierteljahresschrift für Geschichte und Gegenwart Vorarlbergs 49 (1997), S. 99–113 (das Zitat ebd. S. 99) und v. a. DIES., Die kaiserliche Politik in Schwaben 1464–1488. Ein Beitrag zur Persönlichkeit und politischen Bedeutung Kaiser Friedrichs III., in: MIÖG 106 (1998), S. 51–68 schon HEINIG, Reich und Adel (Anm. 3), S. 199 Anm. 17. Nicht etwa gefühlsgeleitete, sondern aufgrund der eigenen Lebensbedingungen interessengesteuerte „Königsnähe" (deshalb ja ursprünglich: königsnahe Landschaft!), Dienst für das Königtum, Dynasten usw. waren in der gesamten Weltgeschichte immer risikobehaftet, nirgendwo und niemals gab es eine Profitsicherheit, eine Vorteilsgewähr, die Beispiele des Fallierens und Unterliegens im territorialen Wettstreit sind Legion.

Der unstreitig einflussreichste Berater und Diplomat am täglichen, auch reisenden Hof Friedrichs III. war aber jahrelang Graf Haug XI. aus der seit Rudolf I. im Königsdienst nachweisbaren Familie von Werdenberg-[Trochtelfingen-Sigmaringen-]Heiligenberg[78], mütterlicherseits von den Grafen von Württemberg abstammend und deren Rat sowie später auch Landhofmeister. Er war schon als junger Mann in die Steiermark gekommen und hatte die Charge des Stäbelmeisters innoviert. Das weitgespannte familiäre Netzwerk verband Herrscherhof, andere Höfe und Heimat. So war ein Bruder bei ihm, ein weiterer regierte zuhause und ein vierter als Bischof von Augsburg. Von den Verwandten begründete außer den Montfortern (mit denen man die Gegnerschaft gegen die Waldburger teilte) z. B. der schon einmal in Bregenz tätig gewesene Schwager Graf Jos-Niklas von Zollern († 1488) im Herrscherdienst einen Wiederaufstieg seines Hauses und verstetigte ihn durch die Etablierung seiner Söhne auf dem Augsburger Stuhl bzw. als kaiserlicher Kammerrichter. Zu den engsten Kooperationspartnern zählten die Erbmarschälle von Pappenheim[79], von denen Haupt II. († 1439) die Beziehungen König Sigismunds zu Ritterschaft und Reichsstädten maßgeblich mitbestimmt hatte und sein Sohn Heinrich XII. († 1482), Begründer der Allgäuer und Stühlinger Linie, trotz seiner Niederlage als Reichspfleger Donauwörths (1458) gegen Niederbayern als Außenposten des Königtums, als Gesandter und Kommissar, Vertreter auf Reichs- und Städtetagen als „Spezialist" für den Zugriff auf – überwiegend städtische – Reichsabgaben geradezu unersetzbar war.[80]

In enger Beziehung zu den Pappenheimern stand eine mit Ausnahme der Fertilität ungewöhnlich erfolgreiche Familie, die sich als Beispiel für die enge, an der Iller

---

78  Siehe zu ihnen HEINIG, Kaiser Friedrich III. (Anm. 3), S. 333–347 passim; zu Haug XI. CARL, Der Schwäbische Bund (Anm. 4), S. 262–275.

79  Die Pappenheimer, „einst das wichtigste Reichsministerialengeschlecht aus dem fränkisch-schwäbischen Grenzraum mit einer glanzvollen Rolle unter den Staufern", sind laut MORAW, König, Reich und Territorium (Anm. 17), S. 424f. nicht nur dadurch als Kontinuitätsträger anzusehen, dass sie die Ehrenwürde des Reichs(unter-erb)marschalls bei feierlichen Anlässen bis zum Ende des Alten Reiches ausgeübt haben, sondern auch ganz real in der politischen Wirklichkeit des späten Mittelalters. Nach Heinrich VII. († 1319), der jedem König zwischen Rudolf I. und Ludwig dem Bayern gedient hat (nur bei Adolf von Nassau wurde er von einem Vertreter der Biberbacher Nebenlinie übertroffen), waren es bei Ludwig dem Bayern auch sein Sohn und sein Enkel Rudolf II. und Rudolf III. Des letzteren Sohn Heinrich VIII. (belegt 1334–1386) gehörte am Hof und im Regierungssystem Karls IV. auch deshalb zum engeren Kreis um den König, weil er Gatte einer Ellerbach war, sodass „Erbmarschall und beamteter Marschall aus beiderseitigem Interesse zusammengefunden haben … Im übrigen stellte das 14. Jahrhundert erst eine Anlaufs- und Umstellungsperiode dar. Der Aufstieg der Pappenheim vollendete sich wie bei den nah verwandten Weinsberg im 15. Jahrhundert" (MORAW w. o.). Eine überschlägige Durchsicht des urkundlichen Niederschlags der Pappenheimer Beziehungen zu Karl IV. und Wenzel (über ein Dutzend Belege in den neuen Reg. Imp. VIII (Work in Progress). Auszug aus der Reg. Imp. Plus-Datenbank der Diplome Kaiser Karls IV. auf Grundlage der Urkundensammlung der Arbeitsstellen „Reg. Imp. – Regesten Kaiser Friedrichs III. (1440–1493)" und „Monumenta Germaniae Historica – Constitutiones" an der BBAW, bearbeitet von Eberhard HOLTZ unter http://www.regesta-imperii.de/fileadmin/user_upload/downloads/ri_viii_karliv_holtz_2015.pdf) zeigt gegenüber dem Morawschen Bild erstaunlich wenige und v. a. einseitige, ja, sogar nachteilige Belege. Der wahre Aufstieg begann offenbar unter König Ruprecht (ein Dutzend Belege, auch in der Ratsfunktion) und setzt sich unter Sigismund (an die 200 Belege) beschleunigt fort bis Friedrich III. (ca. 350 Belege, davon bisher 140 Nennungen als Urkundenempfänger).

80  Zu den Pappenheimern in der zweiten Hälfte des 15. Jahrhunderts s. HEINIG, Kaiser Friedrich III. (Anm. 3), S. 370–376.

natürlich nicht inne haltende Verflochtenheit aller von uns genannten Familien und den nach dem frühen habsburgischen Königtum im 15. Jahrhundert fortgesetzten Personalaustausch[81] zwischen (Ober- und in diesem Falle: Ost-)Schwaben und den innerösterreichischen Erbländern anführen lässt: die Herren und Ritter von Rothenstein (auch „Rotenstein", „Rotenstain" oder „Rottenstein"), die von ihrer gleichnamigen Stammburg bei Bad Grönenbach nicht nur auf erhebliche Besitzungen im heutigen Regierungsbezirk Schwaben, sondern zeitweilig auch in der Schweiz und in Kärnten ausgriffen.[82] Für uns maßgeblich ist die ab 1409/14 selbstständig regierende Generation der Brüder Ludwig und Thomas von Rothenstein und ihrer Halbschwester Corona (oder Korona), die mit Haupt II. von Pappenheim († 1439) verheiratet war.[83] Die Herrschaft Woringen (südlich Memmingen), welche sie ihm zuführte, mussten beide schon 1417 an Rudolf Mötteli zu Ravensburg und seine Söhne verkaufen, über die sie nach dem Tod Walther Möttelis († 1473) an dessen Tochter Ursula kam, welche wenig später den kaiserlichen Rat, Kammergerichtsbeisitzer und Ritter Dr. leg. Anselm von Eyb († 1477)[84] heiratete.

Haupt II. von Pappenheim förderte seine beiden Schwäger bei König Sigismund, als dieser ihnen 1422 das Gericht in ihren Dörfern Altusried und Grönenbach verlieh, was sie sich zwanzig Jahre später von Friedrich III. bestätigen ließen[85]. Aus welchem Anlass und in welcher Absicht die Brüder ca. 1430/31 von einem Erolzheimer die Burg Leonstein oberhalb von Pörtschach am Wörthersee in Kärnten erwarben, ist unklar. Schon damals sind aber – wie später sicher belegt – Dienste bei den Habsburgern denkbar. Nicht zufällig wird ein Ludwig von Rothenstein 1436 unter den Reisebegleitern Herzog Friedrichs V., des späteren Kaiser Friedrichs III., ins Heilige Land genannt. Sowohl Ludwig, 1443 sogar ausdrücklich mit seinem Neffen Heinrich von Pappenheim zugunsten eines Heinrichs von Ellerbach,[86] als auch Thomas[87] sind in den folgenden Jahren in Diensten

---

81 Siehe dazu auch den Beitrag von Karel Hruza über die von Waldsee/Wallsee in diesem Band.
82 Grundlagen liefern Franz Ludwig Baumann u. Josef Rottenkolber, Geschichte des Allgäus, 4 Bde., ND (d. Aufl. Kempten 1881–1890) Aalen 1971–1973, hier: Bd. 2, S. 549–555; dann die Seite „Rothenstein (Adelsgeschlecht)". In: Wikipedia, Die freie Enzyklopädie. Bearbeitungsstand: 25. März 2018, 20:22 UTC.de.wikipedia.org/w/index.php?title=Rothenstein_(Adelsgeschlecht)&oldid=175400279 (Abgerufen: 15. April 2018, 14:53 UTC); Seite „Burg Rothenstein". In: Wikipedia, Die freie Enzyklopädie. Bearbeitungsstand: 25. März 2018, 12:17 UTC. de.wikipedia.org/w/index.php?title=Burg_Rothenstein&oldid=175379251 (Abgerufen: 15. April 2018, 14:55 UTC); www.woringen.de/rathaus/woringen/geschichte.
83 Für die meisten der im Weiteren genannten Personen sei verwiesen auf das Register zu Heinig, Kaiser Friedrich III. (Anm. 3).
84 Sein Grabstein steht im Chor der Woringer Kirche.
85 Reg. Imp. XI (Anm. 48), Nr. 5299; Joseph Chmel, Regesta chronologico-diplomatica Friderici IV. Romanorum regis, Wien 1838–1840 (ND Hildesheim 1962), Nr. 1302. Ein Gerichtskontakt zu Friedrich III. gegen Herzog Albrecht von Bayern wegen des Gerichts Wolfratshausen ist schon 1441 Juli 26 in Wiener Neustadt belegt, s. Regesten der Markgrafen von Baden und Hachberg 1050–1515, hg. von der badischen Historischen Kommission, Bd. 3 (–1453), bearb. von Heinrich Witte, Innsbruck 1907, Nr. 6139.
86 1443 hatten Ludwig und sein Neffe Heinrich von Pappenheim für den König 3400 fl. rh. in Ulm zu deponieren, welche der Stadtrat an Heinrich von Ellerbach auszahlen sollte, Chmel, Regg. (Anm. 85), Nr. 1379.
87 Herrscherbeziehungen und -dienste (z. B. als Pfleger von Rabenstein) sowie Teile eines hochrangigen Kärntner Netzwerkes von Thomas in den Jahren 1445–1468 belegen Chmel, Regg. (Anm. 85), Nr. 1894, 4865, 5331 und Regg. F. III. (Anm. 31), H. 18: Die Urkunden und Briefe aus dem ÖStA Wien, Abt.

des habsburgischen Herrschers, Ludwig auch in Diensten von dessen Bruder Erzherzog Albrecht VI.,[88] belegt. Beide nahmen wohl keine Besitzteilung vor, aber eine „Schwerpunktteilung", denn Thomas tritt in den folgenden Jahren überwiegend in Kärnten hervor, Ludwig hingegen in Oberschwaben. Erst nach dem Tod des Bruders († 1473) „residierte" der zum Alleinbesitzer gewordene Ludwig wechselnd auf Leonstein. Dort starb auch er († 1482), doch ließ ihn seine Gattin Jutta von Hürnheim († 1501) nach Grönenbach überführen und in der dortigen Stiftskirche St. Philippus und Jakobus (mit sehenswertem, wohl von dem Memminger Steinmetzen Niklas Türing d. Ä. geschaffenem Epitaph) beisetzen, welche sie beide 1479 als Kollegiat für zwölf Chorherren und einen Dekan zusammen mit einem Heilig-Geist-Spital gestiftet hatten.

Die von Friedrich III. lehnbare Herrschaft Leonstein in Kärnten erbten offenbar mit Burkhard von Ellerbach und Arbogast von Freyberg ebenfalls schwäbische Standesgenossen des Rothensteiners, welche sie an Gebhard Peuscher, einen aus Oberbayern stammenden Verwandten des dreißig Jahre zuvor bedeutendsten kaiserlichen Rats Ulrich Riederer, verkauften.[89] Im Unterschied dazu vermachte Ludwig von Rothenstein seinen gesamten oberschwäbischen Besitz, zu welcher auch die 1446 käuflich erworbene, von Österreich lehnbare Herrschaft Theinselberg bei Memmingen/Ottobeuren gehörte, welche bis 1424 im Besitz der Herzöge von Teck gewesen war, testamentarisch seinem Neffen Heinrich von Pappenheim, dem als Rat ebenfalls in kaiserlichen Diensten stehenden Sohn seiner Schwester Korona und Haupt Marschalls II. Die sofort einsetzenden Streitigkeiten zwischen den Pappenheimern und den lebenden Rothensteinern über das oberschwäbische Erbe[90] dauerten bis 1514, anschließend blieben die Pappenheimer bis 1692 im ununterbrochenen Besitz der Burg Rothenstein.

Wie die Rothensteiner und die Pappenheimer, so hatte ein ständisches Stockwerk höher Graf Haug XI. von Werdenberg, den Friedrich III. schon während des Reichskriegs gegen Karl den Kühnen durch die Wahl zum bevorzugten Begleiter in seinem zweispännigen Wagen ausgezeichnet hatte, ab 1480 den unwilligen Reichsständen die von ihm selbst miterarbeitete kaiserliche Argumentation einer Identität von Türken- und Ungarnkrieg nahezubringen, also die monarchisch geprägte und politisch praktizierte Vorstellung von der Identität von Reichs- und Hausmachtinteressen. Als 1486/87 der unter König Sigismund an den misstrauischen Bürgern gescheiterte Plan eines Bundes aus den Rittergesellschaften mit St. Jörgenschild und den Reichsstädten aufgegriffen wurde,

---

Haus-, Hof- und Staatsarchiv, T.1: Allgemeine Urkundenreihe, Familienurkunden und Abschriftensammlungen, 3. Fasz.: 1455–63, bearb. von Sonja DÜNNEBEIL/Paul HEROLD, Wien u. a. 2004, Nr. 232; H. 26: Die Urkunden und Briefe aus den Archiven und Bibliotheken der Tschechischen Republik, bearb. von Eberhard HOLTZ, Wien u. a. 2012, Nr. 364 sowie Urkundenbuch des Benedictiner-Stiftes St. Paul in Kärnten, hg. von Beda SCHROLL (Fontes rerum Austriacarum, 2. Abteilung, Diplomataria et acta, 39), Wien 1876, S. 469 Nr. 601f.

88 1446 Dezember 12, beglaubigte Herzog Albrecht von Österreich seinen Rat Ludwig von Rothenstein bei Markgraf Jakob von Baden, s. Regesten der Markgrafen von Baden 3 (Anm. 85), Nr. 6709.

89 Dazu ein kaiserliches Prozessmandat von 1489 Februar 13 aus Innsbruck bei CHMEL, Regg. (Anm. 85), Nr. 8377. Peuschers prächtiger Totenschild wird in der Kirche von Maria Wörth aufbewahrt.

90 Ein Beleg des kaiserlichen Kammergerichts von 1488 Januar 21, Innsbruck, in den Regg. F. III. (Anm. 31), H. 2: Die Urkunden und Briefe aus Klosterarchiven im Bayerischen Hauptstaatsarchiv (München), bearb. von Christine E. JANOTTA, Wien u. a. 1983, Nr. 210.

um nominell den Landfrieden zu vollziehen, faktisch aber ein Bollwerk gegen die aggressiv-expansive Territorialpolitik der Wittelsbacher aufzurichten, wurde der wesentlich an der Konzeption beteiligte Haug einer der Hauptleute des „kaiserlichen Bundes zu Schwaben", als dessen eigentlichen Initiator die Forschung ihn lange gewertet hat.[91] Sein und seiner oberschwäbischen Mitstreiter Einfluss dürfte bis in die Formulierungen der Verhandlungspapiere, Mandate und Verträge hinein gereicht haben, in welchen die vielbemühte Verantwortung der „Deutschen Nation" für das „heilige" Reich und dessen „deutsche Lande" aus den kaiserlichen Hilfsmandaten gegen Türken, Burgund, Ungarn und Frankreich gleichsam eine Ebene tiefer auf die Region projiziert wird.[92] Schon seine Instruktion für die allererste Verhandlungsrunde fußte auf Beteuerungen des Kaisers, in denen er sich außer zu seinen eigenen Beweggründen auch zur Bedeutung des „Landes zu Schwaben" bekannte, welches keinen eigenen Fürsten noch sonst jemanden mit einem *gemeyn uffsehen* habe denn ihn selbst als römischen Kaiser. Als solcher sei er verpflichtet, vor allen anderen Ländern (*in sunder fur ander land*) Schwabens Ehren und Würden sowie die ansässigen Reichsunmittelbaren beim Landfrieden und ihren überkommenen Reichsfreiheiten zu handhaben, damit sie ihm als ihrem „rechten Herrn" desto stattlicher zu dienen vermöchten. War damit „die Katze aus dem Sack" (woran aber ohnehin niemand zweifelte), drang der Kaiser im weiteren Verlauf noch empathischer in sie und appellierte an ihre eigene Verpflichtung gegenüber dem Land zu Schwaben, welches *ewer recht vatterlandt heist und ist, dem ir von gotlichem und naturlichem rechten fur andern ere und trewe pflichtig seid*. Die Umworbenen nahmen dies ernst und verbanden es mit dem eigenen Konzept der „Schwabenfreiheit", welche die adligen Insassen der Herrschaft Burgau 1494 natürlich auch gegen die Mediatisierungsversuche Habsburg-Österreichs geltend machten: *Sie seien frey Swaben / dann sie heten ainen herrn / als nämlich ainen hertzogen zu Swaben gehabt / um den wären sie kommen / als das am tag lige / darum so gehören si on alles mittel under das Haylig Römisch Reich*.[93]

Aber auch das Königtum und aktuell der habsburgische Kaiser haben im gesamten Spätmittelalter zumindest insoweit nicht enttäuscht, als unter dem traditionell starken Einfluss der schwäbischen Königsnahen zwar eine Schmälerung der materiellen Ressourcen Platz griff, aber die mehrfachen Anträge abgewiesen wurden, das als heimgefallenes Reichslehen behandelte Herzogtum Schwaben zu erneuern, um „als Zwischengewalt zwischen Reich und Reichsvasallen fungieren und eben diese dem Reich durch

---

91 Siehe dazu CARL, Der Schwäbische Bund (Anm. 4), bes. S. 21–40.
92 Eberhard ISENMANN, Kaiserliche Obrigkeit, Reichsgewalt und ständischer Untertanenverband. Untersuchungen zu Reichsdienst und Reichspolitik der Stände und Städte in der zweiten Hälfte des 15. Jahrhunderts, (masch. Habilitationsschrift, Tübingen 1982; Volltext unter http://kups.ub.uni-koeln.de/volltexte/2321/), z. B. T. II S. 369 passim, T. III S. 582 passim; HEINIG, Monarchismus (Anm. 9).
93 So zitiert Klaus GRAF, Aspekte zum Regionalismus in Schwaben und am Oberrhein im Spätmittelalter, in: Historiographie am Oberrhein im späten Mittelalter und in der frühen Neuzeit, hg. von Kurt ANDERMANN (Oberrheinische Studien 7), Sigmaringen 1988, S. 188 nach Franz QUARTHAL, Landstände und landständisches Steuerwesen in Schwäbisch-Österreich (Schriften zur südwestdeutschen Landeskunde 16), Stuttgart 1980, S. 34; s. auch zum schwäbischen Vorstreitrecht DERS., Schwaben und Schweizer (Anm. 6). Siehe auch die zahlreichen Belege in den Regg. F. III. (Anm. 31), H. 23: Die Urkunden und Briefe aus dem Landesarchiv Baden-Württemberg, Abt. Hauptstaatsarchiv Stuttgart, Bestand A 602, Württembergische Regesten, bearbeitet von Paul-Joachim HEINIG, Wien u. a. 2007.

Lehnrecht verbundenen Grafen und Edelfreien Schwabens an sich ziehen zu dürfen".[94] Gescheitert sind derlei Pläne und erst recht gegebenenfalls darüber hinausgehende österreichische Territorial- und Hegemonialambitionen nicht nur an den Eidgenossen und den mehr oder minder mächtigen Schwaben selbst, an die schon Karl IV. bei der Abwehr der ärgerlichen Anmaßungen seines Schwiegersohnes Rudolf IV. von Habsburg appelliert hatte, sondern auch und gerade an den einschlägig beratenen Herrschern selbst. Hundert Jahre nach Karl IV. seinem Schwiegersohn Rudolf IV. von Habsburg hat auch Friedrich III. seinem Verwandten Erzherzog Sigmund von Tirol eine Abfuhr erteilt, obwohl dieser ab 1474 in abgestuften Anträgen beteuerte, doch nur das gemeinsame Haus Österreich „mehren" zu wollen. Indem sein kaiserlicher Vetter dies ablehnte[95] und lediglich die Auslösung der Landvogtei Oberschwaben zugestand (1486), gab er seiner Stellung als Reichsoberhaupt den Vorzug vor seiner Rolle als Senior der Dynastie um den Preis von deren nachhaltiger „Selbstschädigung"[96].

## Die Bedeutung Oberschwabens als Wirkungsbereich[97] des Königtums

Eine Mediatisierung der oberschwäbischen Herrschaftsträger hätte das Königtum nicht nur der verbliebenen und der erhofften oder denkbaren Erträge und Leistungen beraubt, sondern auch einen (für manche Herrscher, wie Ruprecht von der Pfalz, geradezu einzigen) Kernraum intensiver königlicher Reichsherrschaft eliminiert, in welchem er außer legitimieren auch sanktionieren konnte. Dieser an sich unverkennbare Bedeutungszuwachs Oberschwabens im letzten Drittel des 15. Jahrhunderts lässt sich, soweit an der Beurkundungstätigkeit ablesbar, quantifizieren: Galten schon bei Karls IV. „hegemonialem" Königtum fast vierzig Prozent aller Urkunden im Jahrzehnt von 1356–1365 den drei königsnahen Regionen Franken, Mittelrhein und Schwaben, so vermehrt Schwaben seinen Anteil in fünf komplett überlieferten Beurkundungsjahren Fried-

---

94 Außer QUARTHAL, Königslandschaft (Anm. 14) auch Helmut MAURER, Karl IV. und die Erneuerung des Herzogtums Schwaben, in: Bll. f. dt. LG 114 (1978), S. 645–657, hier: S. 656; Hans-Georg HOFACKER, Die schwäbische Herzogswürde. Untersuchungen zur landesfürstlichen und kaiserlichen Politik im deutschen Südwesten im Spätmittelalter und in der frühen Neuzeit, in: ZWLG 47 (1988), S. 71–148.
95 Er wies die Ambitionen Sigmunds mit den Worten ab, es sei nicht seine *mainung, das sin k(ayserlich) g(naden) dem rich neme und dem hus Osterrich geben mug, oder dem hus Osterrich neme und dem rich gebe*, und verlieh ausdrücklich seiner herrschaftspolitischen Überzeugung Ausdruck, das „Land" Schwaben müsse Kaiser und Reich „ohn mittel" zugetan bleiben, wie QUARTHAL, Residenz (Anm. 37), S. 83 zutreffend hervorhebt, wobei er das Reich monistisch, nicht etwa dualistisch-ständisch verstand.
96 Axel METZ, Der Stände oberster Herr. Königtum und Landstände im süddeutschen Raum zur Zeit Maximilians I. (Veröffentlichungen der Kommission für geschichtliche Landeskunde B 174), Stuttgart 2009, S. 35.
97 Zu diesem Begriff, auch in Relation zu dem Modell der „Königsnähe" etc. s. HEINIG, Friedrich III. (Anm. 3), S. 874–880, wo dies S. 888–1050 für (Gesamt-) Schwaben (und Elsass) spezifiziert wird. Einen knappen Abriss für Friedrich III. und die Grafen von Württemberg bieten die Regg. F. III. H. 23 (Anm. 93), S. 16–27.

richs III. auf wenigstens ein Viertel, eher wohl fast auf ein Drittel der gesamten herrscherlichen Schriftgutproduktion (außer den Erbländern), und zwar mit zunehmender Tendenz. Dem entspricht z. B. auch, dass nahezu zwei Drittel aller Präbendare, die 1471–73 mittels sog. „Erster Bitten" auf Kirchenpfründen nominiert wurden, aus den Diözesen der drei königsnahen Landschaften Franken (34), (Ober-) Schwaben (32) und dem Mittelrhein-Main-Gebiet (29) stammten.[98] Wenig überraschend wurden diese auch als Kollationslandschaften überproportional frequentiert, wobei in dem an zweiter Stelle rangierenden Schwaben der hohe Anteil der gutsituierten Benediktinerklöster hervorsticht.

In Oberschwaben war der König nicht nur Legitimationsinstanz, sondern man konnte mit seinen in der Regel ja teuer zu bezahlenden Privilegien, Verleihungen, Verfügungen und Urteilen im politischen und juristischen Alltag der Region etwas anfangen, was nicht zuletzt die zahllosen Stellvertreterhandlungen von der Lehnsvereidigung bis zum kammergerichtlichen Zeugenverhör belegen, mit denen gerade Friedrich III. in (Ober-) Schwaben gleichsam täglich präsent war.[99] Hier bestand zudem mit der römisch-rechtlichen Neufundierung des Königtums als direkter Obrigkeit, der rigorosen Fiskalisierung, allgemeinen Besteuerung usw. ein höherer Bedarf als irgendwo sonst im gesamten Reich.[100] Und der Kaiser tat seit seiner und des Reichs inneren wie auch äußeren Anfechtung zu Beginn der 1470er-Jahre viel, um diesen Bedarf zu befriedigen. Deshalb und weil die „Unmittelbarkeits-Entscheidung" des Habsburgers nicht nur seiner Überzeugung, sondern auch den Grundkonstellationen und den dominierenden schwäbischen Ratgebern seiner letzten zwanzig Regierungsjahre entsprach, wurde zu guter Letzt (1487/88) auch noch der Verlust Schwäbisch-Österreichs usw. an die bayerischen Wittelsbacher verhindert.[101]

Nicht zu übersehen ist freilich der ansehnliche Anteil, den das Königtum selbst an dieser Bedeutung und Tendenz auch dadurch hatte, dass es von Ludwigs des Bayern Belagerung Burgaus[102] über die Disziplinierungen Württembergs und des Städtebunds durch Karl IV. sowie Österreichs durch Sigismund bis zu Friedrichs III. Reichskriegen

---

98  Siehe Heinig, Kaiser Friedrichs III. Preces-Register der Jahre 1473–1475, in: Ex ipsis rerum documentis. Festschrift für Harald Zimmermann zum 65. Geburtstag, hg. von Klaus Herbers/Hans-Henning Kortüm/Carlo Servatius, Sigmaringen 1991, S. 135–158, hier: S. 141–143 und 152 (Tabellen).
99  Siehe dazu unbedingt auch Ralf Mitsch, Das Kommissionswesen unter Kaiser Friedrich III., ursprgl. Habilitationsschrift Mannheim 2000, als elektronische PDF-Ressource (Johann Friedrich Böhmer, Reg. Imp., Works in Progress) unter www.regesta-imperii.de/fileadmin/user_upload/downloads/Mitsch_2015.pdf. Er belegt S. 763, 773–776 die Rolle der auch von uns herausgestellten Grafen sowie der Pappenheimer und der Waldburger und betont den herausragenden Platz der schwäbischen Reichsstädte als Impetranten wie als Delegaten.
100  Siehe dazu Heinig, Monarchismus (Anm. 9).
101  Dazu nach Susanne Wolf, Die Doppelregierung Kaiser Friedrichs III. und König Maximilians (1486–1493). Grundlagen und Probleme habsburgischer Reichsherrschaft am Ende des Mittelalters (Forschungen zur Kaiser- und Papstgeschichte des Mittelalters. Beihefte zu J. F. Böhmer, Reg. Imp. 25), Köln u. a. 2005 jetzt Christof Paulus, Machtfelder. Die Politik Herzog Albrechts IV. von Bayern (1447/1465–1508) zwischen Territorium, Dynastie und Reich (Forschungen zur Kaiser- und Papstgeschichte des Mittelalters. Beihefte zu Johann Friedrich Böhmer, Reg. Imp. 39), Köln u. a. 2015.
102  Klaus Freiherr von Andrian-Werburg, Die Belagerung von Burgau durch König Ludwig den Bayern im Winter 1324/25, in: Das obere Schwaben vom Illertal zum Mindeltal 3 (1956), S. 206–218.

gegen die Wittelsbacher, dem Konstanzer Bistumsstreit (1474–1480)[103] und der Verfolgung der „bösen" Innsbrucker Räte (wie der Herren von Zimmern) selbst Konflikte und Kriege heraufbeschworen hat oder darein verwickelt wurde,[104] durch die Oberschwaben in Mitleidenschaft gezogen wurde, ja man kann sagen, dass gerade im 15. Jahrhundert die gesamte Reichsgeschichte eines ihrer wenigen Zentren in Oberschwaben und seinen unmittelbaren Randzonen gehabt hat. Die regionalen Herrschaftsträger sind dadurch immer wieder zur Parteinahme für oder gegen das Königtum genötigt worden.[105] Weil dieses in seiner innen- wie vor allem außenpolitischen Wirksamkeit überdies zunehmend reichisch-„national" argumentierte,[106] war die in den 1450er- und 1460er-Jahren virulente Gefahr des „Schweizer werdens" (ober-) schwäbischer Reichsstände und Reichsstädte am Ende des Jahrhunderts weitgehend gebannt, sodass sogar Maximilians I. Niederlage im sog. Schweizerkrieg 1499 keine größere Absetzbewegung zur Folge hatte.[107] Für die Eidgenossen stand „Schwaben" für den Schwäbischen Bund, für die verhassten schwäbischen Landsknechte und vor allem „auch für Habsburg, das ja im benachbarten Oberschwaben als Hegemonialmacht mit der Landvogtei Schwaben und dem Landgericht Schwaben in Erscheinung trat".[108]

Indem der Kaiser im politischen Alltag tatsächlich den Anspruch zu realisieren suchte, allgemeiner Vogt der Kirche und Schirmer aller geistlichen Gotteshäuser zu sein (wörtlich *obrister und rechter vogt vnd herr* aller Stifter von der *oberkait vnd gerechtikait* von Kaiser und Reich), kann man durchaus von einem Revival des Reichskirchensystems

---

103 In diesem optierte der oberschwäbische Adel unterschiedlich, offenbar auch ständisch bedingt: Die Hegauer Ritter unterstützten ihren Freyberger Genossen, die im Dienst des Kaisers stehenden Grafen ihren „Standesgenossen" Waldburg-Sonnenberg, wobei einzelne, wie die Montfort-Tettnang, zusätzlich durch ihre Interessen und Vertreter im Konstanzer Domkapitel geleitet wurden. Auch die Haltung des Kaisers selbst dürfte von dieser Seite, ganz sicher aber von seinem vertrauten Rat und Diplomaten Thomas Prelokar von Cilli beeinflußt worden sein, dem damaligen Dompropst und späteren Bischof von Konstanz.
104 Ein Beispiel ist der Baseler Konzilsversuch des Andreas Jamometic 1483, der Kaiser und Papst erneut harsch entzweite, s. Jürgen PETERSOHN, Reichsrecht versus Kirchenrecht. Kaiser Friedrich III. im Ringen mit Papst Sixtus IV. um die Strafgewalt über den Basler Konzilspronuntiator Andreas Jamomctič 1482–1484. Forschungen und Quellen (Forschungen zur Kaiser- und Papstgeschichte des Mittelalters. Beihefte zu Johann Friedrich Böhmer, Reg. Imp. 35), Köln u. a. 2015.
105 Siehe z. B. auch Markus BITTMANN, Parteigänger, Indifferente, Opponenten. Der schwäbische Adel und das Haus Habsburg, in: Die Habsburger im deutschen Südwesten (Anm. 15), S. 75–88, hier S. 87f. die Zusammenfassung.
106 GRAF, Schwaben und Schweizer (Anm. 6) betont die „Wechselwirkung" eines „ständeübergreifenden schwäbischen Patriotismus'" und der „Ausbildung eines auf Deutschland bezogenen nationalen Diskurses".
107 Aus der vielfältigen Literatur zur Thematik Schwaben und Schweiz mit dem Fokus auf der eidgenössischen Allianz- und Mitgliedschaftsentwicklung (Basel und Schaffhausen 1501, zugewandte Orte Rottweil (seit 1463) sowie Kloster und Stadt St. Gallen und Mülhausen) s. Thomas A. BRADY, Turning swiss. Cities and Empire 1450–1550, Cambridge/London/New York 1985; dann die Beiträge des Sammelbandes Die Eidgenossen und ihre Nachbarn (Anm. 37); Helmut MAURER, Schweizer und Schwaben. Ihre Begegnung und ihr Auseinanderleben am Bodensee im Spätmittelalter (Konstanzer Universitätsreden 136), Konstanz 1983, ²1991; GRAF, Schwaben und Schweizer (Anm. 6).
108 So GRAF, Schwaben und Schweizer (Anm. 6).

mit den folgenden Merkmalen sprechen:[109] Beanspruchung der obersten Vogtei bei zunehmender Schutzbedürftigkeit der Kirchen; Einflussnahme auf die Ämterbesetzung in erfolgreicher Konkurrenz zu den Wahlgremien einerseits, dem Papsttum andererseits; Einflussnahme auf die Tagespolitik usw. der Amtsinhaber durch Temporalienleihe usw.; Integration von Bischöfen und Prälaten in das herrscherliche Regierungs- und politische System.

Aus oberschwäbischer Sicht hatte am Ende des Spätmittelalters die Intensivierung und Neufundierung der herrscherlichen Wirksamkeit die Hürden zu überwinden, die die konkurrierend-erfolgreiche wittelsbachische Territorial- und Hegemonialpolitik aufgerichtet hatte und weiter zu errichten suchte – genannt seien nur die bayerischen Übergriffe auf die reichsunmittelbaren Nachbarn in Burgau, Eichstätt, Donauwörth, Roggenburg und Regensburg. Aber auch in den bayerischen Teilherzogtümern selbst sowie in ihren nicht-schwäbischen Hegemonialbereichen warteten etliche Kräfte darauf, ihre Bemühungen zur Abwehr landesfürstlicher Vereinnahmung mit kaiserlichen Interessen verknüpfen, andere sogar, das ganze oberdeutsche politische System der Wittelsbacher zu Fall bringen zu können. Dies gelang: 1487/88 wurde der uns schon als düpierter Herzogsaspirant begegnete Sigmund von Tirol gezwungen, den Verkauf Schwäbisch-Österreichs an die Bayern zu revidieren.[110] Seit dann Maximilian I. zugleich römisch-deutscher König (und seit 1508 Kaiser) wie Herzog von Tirol einschließlich der sog. Vorderen Lande war, gewann Oberschwaben zusätzliche Bedeutung als Etappe der zentralen Wirkungsachse zwischen Italien und den Niederlanden, was z.B. auch die frühen Postkurse ab 1490 belegen, die nach einer einschlägigen Memminger Chronik von Innsbruck über Kempten oder Mindelheim, Pleß oder Boos nördlich von Memmingen, Pfuhl bei Ulm und Cannstatt nach Worms an den Rhein und weiter nach Flandern verliefen. Aufgrund des Pfandbesitzes der Reichslandvogtei in Oberschwaben (ab 1486) sowie des „kaiserlichen" Landgerichts auf Leutkircher Heide und in der Gepirs (Pirschgericht) beanspruchten er und seine Nachfahren eine „fürstliche Präeminenz".[111] Durch die damit verbundenen Hegemonialbestrebungen wurde die Reichsunmittelbarkeit der kleineren Herrschaftsträger in Schwaben erneut, nun von der habsburgischen Kaiserlinie selbst massiv bedroht. Die mit Friedrich III. einsetzende, von seinem Sohn Maximilian mit dem um 1500 angenommenen Titel eines „Fürsten in Schwaben" gesteigerte „Doppelgesichtigkeit des Hauses Habsburg im schwäbischen Raum" als Reichsoberhaupt und Territorialherr währte bis zum Ende des Alten Reiches.[112] Gleichwohl hat Franz Quarthal völlig zu Recht festgestellt: „Schwaben ist ein Land geblieben, das dem Kaiser

---

109 Dies belegt nachdrücklich PETERSOHN, Reichsrecht versus Kirchenrecht (Anm. 104). Zu oberdeutschen Frauenstiften s. Sigrid HIRBODIAN, Geistliche Fürstinnen im Südwesten des Reiches zwischen Familienbindung und Reichsbezug, in: König, Reich und Fürsten im Mittelalter. Festschrift für Karl-Heinz Spieß, hg. von Oliver AUGE (Beitrr. z. Gesch. d. Universität Greifswald 12), Stuttgart 2017, S. 369–386.
110 Dazu gründlich WOLF, Doppelregierung (Anm. 101), S. 72 passim.
111 HOFACKER, Reichslandvogteien (Anm. 7), S. 309 bemerkt zu Recht, „die Landvogtei diente als letzter Traditionsträger des staufischen Herzogtums zur Legitimierung der schwäbischen Fürstenwürde des Hauses Habsburg […]"
112 Siehe dazu z.B. METZ, Der Stände oberster Herr (Anm. 96).

unmittelbar zugetan blieb [...] Das Herzogtum Schwaben ist nicht zum Instrument habsburgischer Territorialpolitik geworden".[113]

Fazit: In traditioneller Symbiose haben Königtum und königsnahe Herrschaftsträger in Schwaben die krisenhaften Transformationsprozesse des Spätmittelalters durchstanden und wenigstens in Oberschwaben die territoriale Hegemonialisierung sowie den drohenden endgültigen Verlust von Einfluss und Ressourcen zu verhindern vermocht, nachdem Niederschwaben längst primär durch das dominant gewordene Württemberg mit dem Königtum verbunden war.

---

113 Quarthal, Residenz (Anm. 37), S. 83.

# Die Landvogtei Oberschwaben in der Frühen Neuzeit*

Franz Quarthal

Die Landvogtei Schwaben erwuchs aus der von König Rudolf eingerichteten Landvogtei Oberschwaben, die zeitweise mit der Landvogtei Niederschwaben verbunden war. Weil diese aber verschwand, da sie gegen Württemberg sich nicht durchsetzen konnte, blieben von letzterer nur einige wenige Reste an Schirmgeld und Gerichtsrechten, die vom Landvogt in Oberschwaben mit verwaltet wurden. Die Landvogtei Oberschwaben war ein Regalienbezirk, der dadurch eine stärkere Bedeutung erhielt, dass er mit dem Landgericht in Schwaben verbunden werden konnte und zusätzlich die Reichsrechte über den Verband der Freien auf der Leutkircher Heide ausüben konnte.

Die Landvogtei stand in ihrem Ansehen und ihrer Bedeutung mit verschiedenen Institutionen in Konkurrenz. Immer wieder sah man in ihr ein Relikt des untergegangenen Herzogtums Schwaben, ein Element der Königsherrschaft im schwäbischen Raum, einen Mosaikstein im Gefüge der habsburgischen Territorialpolitik und eine mit dem Schwäbischen Bund und dem Schwäbischen Kreis konkurrierende ältere Institution. Seit dem 17. Jahrhundert betrachteten insbesondere die Reichsfreien sie als ein Instrument Habsburgs, sie in ihren Freiheitsrechten einzuschränken. Durch den später noch eingehender zu behandelnden Johann Reinhard Wegelin, Jurist und Bürgermeister der Reichsstadt Lindau, erhielt die Landvogtei Oberschwaben eine Publizität innerhalb der politischen Öffentlichkeit im Deutschen Reich, die sie sonst nie erreicht hätte. Johann Reinhard Wegelins etwa gleichzeitig mit seinem bekannteren Werk „Gründlich-Historischer Bericht Von der Kayserlichen und Reichs Landtvogtey in Schwaben wie auch Dem Frey Kayserlichen Landtgericht auf Leutkircher Haid und in der Pirß" um 1760 erschienene vierbän-

---

* Die Vortragsform des Beitrags musste aus persönlichen Gründen beibehalten werden. Für Nachweise vgl. Franz Quarthal, Landstände und landständisches Steuerwesen in Schwäbisch-Österreich (Schriften zur südwestdeutschen Landeskunde 16), Stuttgart 1980, S. 38–56, 454–476; Eberhard Gönner/Max Miller, Die Landvogtei Schwaben, in: Vorderösterreich. Eine geschichtliche Landeskunde, hg. von Friedrich Metz, Freiburg 4., erw. Aufl. 2000, S. 407–420; Hans-Georg Hofacker, Die schwäbischen Reichslandvogteien im Spätmittelalter (Spätmittelalter und frühe Neuzeit. Tübinger Beiträge zur Geschichtsforschung 8), Stuttgart 1979; Ders., Die Landvogtei Schwaben, in: Vorderösterreich in der Frühen Neuzeit, hg. von Hans Maier/Volker Press, Sigmaringen 1989, S. 57–74; Georg Wieland, Das leitende Personal der Landvogtei Schwaben von 1486 bis 1806, in: Die Habsburger im deutschen Südwesten, hg. von Franz Quarthal/Gerhard Faix, Stuttgart 2000, S. 341–364.

dige Sammlung juristischer Dissertationen zu nahezu allen rechtlich relevanten Problemen in Schwaben vertiefte noch die breiten Perspektiven seiner Arbeit über die Landvogtei und das Landgericht in Schwaben: „Thesaurus rerum Suevicarum, seu: Dissertationum selectarum Volumen primum, de natalibus, migrationibus, bellis ac fatis vetustissimae gentis Suevicae. Cum praefatione ac Bibliotheca Scriptorum rerum Suevicarum. Fol. Lindaugiae. 1756. Thesaurus rerum Suevicarum. Volumen II. De Suevia sub Ducibus, cum Supplementis ad Bibliothecam Scriptorum rerum Suevicarum. ibidem 1757. Volumen III. De Suevia extinctis Ducibus libertati restituta. ibidem 1757. Volumen IV. De rebus et antiquitatibus Civitatum Imperialium in Suevia; cum Supplemento ulteriori et Repertorio universali. ibidem 1760."

Die einzige ältere Arbeit aus dem 16. Jahrhundert über die Landvogtei, die Abhandlung über die Gerechtsame und den territorialen Besitzstand der Landvogtei, blieb ungedruckt und wurde nach Wegelin nicht mehr rezipiert: „Beschreibung der Landvogtey in Ober- und Niderem Schwaben undt namblichen der obern Landtvogtey etc.", von Michael Lautherius, Landschreiber, verfasst 1589. Eine rein statistische Abhandlung blieb eine Handschrift aus dem frühen 18. Jahrhundert: Johann Jacob Heber, Beschreibung aller Dörfer, Weiler und Höfe in der obern und untern Landvogtei in Schwaben, verfasst 1707. Noch auszuwerten bleibt das von der staatlichen Archivverwaltung Baden-Württemberg 1998 herausgegebene Werk „Vorderösterreichische Regierung und Kammer 1753–1805: Oberamt Altdorf".

Habsburg verhielt sich im Falle von Streitigkeiten mit den Anstößern der Landvogtei wie in anderen Gebieten der Vorlande auch: Die zuständigen Behörden verfassten juristische Abhandlungen zum amtsinternen Gebrauch, man suchte aber nicht die politische Öffentlichkeit des Reiches, um eine Unterstützung des eigenen Rechtsstandpunktes zu finden. So verhielt es sich auch mit der nach 1752 verfassten „Beschreibung der Landvogtey in Ober und Niedern Schwaben Samt derselben Landtsfürstlichen glaitlichen, forstlichen, auch hoher und Niderer obrigkaithen".

Auch Johann Jakob Moser hat sich in seinem „Teutschen Staatsrecht" (1737–1754) ausführlich mit der Landvogtei Schwaben und dem Landgericht in Schwaben auseinandergesetzt, ohne dass dies bis jetzt einen stärkeren Einfluss auf die Forschung gehabt hätte.

## Geschichte der Landvogtei

Mit der Hinrichtung des Staufers Konradin am 29. Oktober 1268 starb das staufische Geschlecht aus, das über eine lange Periode den deutschen Südwesten beherrscht hatte. Eine der wesentlichen Aufgaben, die die deutschen Fürsten bei der Königswahl dem Habsburger Rudolf auftrugen, war die Revindikation des in der Endphase der Stauferherrschaft verlorengegangenen Reichs- und staufischen Hausgutes.

Unter Rudolf und seinen nächsten Nachfolgern wurden, zur Verwaltung des aus der Stauferzeit überkommenen oder wiedergewonnenen Reichsgutes, Landvogteien eingerichtet: im Elsass und Franken, im Speyergau, in der Wetterau sowie in Oberschwaben, Niederschwaben und Ostschwaben. Bereits ein Jahr nach seiner Königswahl hatte Rudolf einen ersten größeren Teil von Reichsgut in einer Landvogtei zusammengeführt. Da das schwäbische Herzogtum erloschen war, wurde ein Teil seiner Befugnisse auf die Landvögte übertragen.

In den Kämpfen zwischen staufischer und päpstlicher Partei nach 1241 war die staufische Verwaltungsorganisation in Schwaben weitgehend zerfallen und das Reichsgut und die staufische Ministerialität in die Hände gräflicher Dynasten geraten. Obwohl die staufische Hausgutverwaltung bis in die 1270er-Jahre in Oberschwaben weiterlebte, löste sich die *terra imperii* [...] *vacante Imperio Romano* auf.

Nach der Auflösung der staufischen Herrschaftsorganisation in Schwaben während des Interregnums stieg südlich von Rhein und Bodensee Graf Rudolf von Habsburg zum bedeutendsten Territorialherrn auf und schuf sich aus Eigengut, okkupiertem Reichsgut und Reichsvogteien „Landgrafschaften". In Oberschwaben hielten sich Reste der staufischen Prokuration, da hier mächtige Dynasten wie im nördlichen und südlichen Schwaben zunächst fehlten. Nach 1265 wurden hier die Montforter zur dominierenden Macht. Im nördlichen Schwaben wurden die Württemberger zum bedeutendsten Grafenhaus und begannen dort, ihre Herrschaft nach staufischem Vorbild zu organisieren.

Am 1. Oktober 1273 wurde Rudolf von Habsburg zum König gewählt. Seine wichtigste Aufgabe war, das *regnum multipliciter demembratum iusticia reformare*. Nur die Revindikation und Reorganisation des Reichsgutes konnte die Grundlage für ein Wiedererstarken des Königtums geben. Dazu wurde Rudolfs Königseid erweitert in dem Sinn, *daz er daz riche alle zit mere und nicht erme*. Auf dem Reichstag von Nürnberg 1274 wurde festgelegt, dass der König abhanden gekommene Reichsgüter auch mit Gewalt ans Reich zurückbringen dürfe. Um diese Revindikation zu organisieren, wurden seit 1274 in Schwaben Reichslandvogteien aufgebaut, die an spätstaufische Verwaltungsbezirke anknüpften. Im Süden entstand die Landvogtei Oberschwaben, die nicht mehr ganz die oberschwäbische Prokuration umfasste. Nördlich der Donau bis an die schwäbisch-fränkische Grenze erstreckte sich die Landvogtei Niederschwaben, an die sich die Wimpfener Landvogtei anschloss. Daneben bestand die Reichsvogtei Ulm. Von vornherein war klar, dass die Rückgewinnung des gesamten staufischen Hausgutes unmöglich und nur in Auseinandersetzung mit den Gewinnern des Interregnums zu erreichen war. Es kam für Rudolf deswegen darauf an, wirksame Stützen seiner Politik zu finden.

In Oberschwaben hatte er Reichsstädte und Reichsklöster auf seiner Seite. Als Reichslandvogt setzte Rudolf dort Hugo von Werdenberg ein. Der Aufbau einer Landvogtei Niederschwaben, die sich zwischen der von Wimpfen und Oberschwaben erstreckte, war schwieriger, weil hier die Grafen von Württemberg sich große Teile des staufischen Hausbesitzes im Remstal und am mittleren Neckar angeeignet hatten. Die Württemberger waren deswegen die stärksten Gegner der Politik Rudolfs und Graf Albrechts von Hohenberg als dessen Repräsentanten in Schwaben. Die persönliche Erbitterung in diesem Streit zeigt die Tatsache der Heftigkeit der Fehden, die zwischen Graf Albrecht als Führer der königlichen Partei und den Herzögen von Teck andererseits und später Graf Eberhard von Württemberg im November und im Januar 1285/86 durchgeführt wurden. Im Stil der Zeit zogen sie Raub, Brand und Plünderung der bekämpften Herrschaft nach sich.

Die Landvogtei Oberschwaben umfasste den Raum vom Bodensee bis zur Alb und etwa von der Linie Stockach-Sigmaringen bis zur Iller. Die Landvogtei Niederschwaben schloss sich nördlich davon an und erstreckte sich bis an die Grenzen des Herzogtums

Schwaben. Die Machtbefugnisse der 1378 in einer Hand vereinigten Landvogtei in Ober- und Niederschwaben waren zu Ende des 15. Jahrhunderts durch die erstarkten Partikulargewalten weitgehend eingeschränkt.

Die Landvogteien waren Bereiche meist ohne feste Grenzen, in denen Reichsstädte, ländliche Gerichtsbezirke, Reichswälder, Reichsdörfer und andere Rechte zusammengefasst waren. An der Spitze stand ein Landvogt, der in der Verwaltung des Reichsgutes weitreichende Befugnisse hatte. Ihm stand eine Stellvertretung des Königs zu und er hatte dessen Rechte gegenüber den einheimischen Dynasten und den Niederadligen zu wahren. Die aus welfisch-staufischem Besitz stammenden Territorialrechte, die Herrschaft über die Freien auf der Leutkircher Heide und das mit der Landvogtei verbundene oberschwäbische Landgericht boten Ausgangsmöglichkeiten für eine weitergehende Territorialbildung.

## Neuer Anfang der österreichischen Territorialpolitik unter Herzog Leopold III.: statt Reichsgutsverwaltung Integration in die Territorialhoheit der Habsburger

Mit Herzog Leopold III. von Habsburg, der 1379 im Neuberger Vertrag die habsburgischen Besitzungen westlich des Arlbergs zugesprochen bekam, erhielt die habsburgische Territorialpolitik in diesem Gebiet einen neuen Schwung. Leopold erwarb neue Besitzungen im Elsass, die Grafschaft Hohenberg am oberen Neckar und an der oberen Donau im Jahre 1381. Im Jahre 1379 hatte er auch die Reichslandvogtei Oberschwaben an sich gebracht. Durch seinen Tod in der Schlacht von Sempach 1386 brach seine Territorialpolitik westlich des Arlbergs zusammen, die Reichslandvogtei ging verloren. Seine Gegnerschaft zu König Wenzel hatte zur Folge, dass Wenzel die Landvogtei Schwaben anderweitig vergab.

Im Jahre 1415 verlieh König Sigismund die Landvogtei Schwaben für 6000 fl. an die Truchsessen von Waldburg. Halten wir kurz inne und vergleichen den Preis für die Übergabe der Landvogtei mit anderen Herrschaften. Für die Herrschaft Hohenberg vereinbarte Leopold III. einen Preis von 66 000 schweren Goldgulden, für die Herrschaft Ehingen, Schelklingen und Berg wurden etwa 34 000 fl. vereinbart, für die Herrschaft Teck boten Württemberg und Habsburg in Konkurrenz etwa 40 000 fl. Jedes Mal hatten die Herrschaftsinhaber die größte Mühe, den Kaufpreis aufzubringen. Ich will das hier nicht weiter ausführen, aber es dürfte klar werden, dass angesichts des niedrigen Kaufpreises der erwartete Ertrag aus den Herrschaftsrechten in der Landvogtei äußerst niedrig angesetzt worden war.

Diese Vergabe des Königs nicht an Friedrich IV. von Habsburg, sondern an einen Waldburger ordnet sich in die Strafmaßnahmen ein, die König Sigismund 1415 in Konstanz traf, um Herzog Friedrich IV., den damals mächtigsten Landesherrn im Alpenvorland westlich des Arlbergs und in Schwaben, zu bestrafen und zu schädigen, weil er dem vom Konstanzer Konzil abgesetzten Papst Johannes XXIII. zur Flucht verholfen hatte. Südlich des Rheins wurden die Eidgenossen mit dem Vollzug der Reichsacht beauftragt, nördlich des Bodensees und des Hochrheins rückten Adlige in die Position der Habsburger ein. Viele habsburgische Städte wurden zu Reichsstädten gemacht. Die Truchsessen von Waldburg rückten an die Stelle der Habsburger und waren auf dem Weg, die größten Territorialherren in Oberschwaben zu werden. Die Truchsessen waren eine im Reichsdienst groß gewordene ursprüngliche Ministerialenfamilie und waren im 14. und 15. Jahrhundert die hauptsächlichen Nutznießer des Ausfalls der Habsburger im schwäbischen Raum. Sie galten um 1420 mit ihrem Allod, mit Pfand- und Lehensbesitz als die größte Macht in Oberschwaben.

Der Preis für die Vergabung der Landvogtei lag, wie erwähnt, mit 6000 fl. extrem niedrig und zeigt, dass die Übergehung Friedrichs eine bewusste Bestrafung war und wohl auch von dem König als Stärkung der antihabsburgischen Kräfte gedacht war.

Die Waldburger erfüllten ihre Pflichten als Landvögte, ohne in die Rechte der Anstößer der Landvogtei störend einzugreifen. Dies änderte sich, als in Österreich 1439/40 König Friedrich an die Regierung kam und die Verwaltung der vorländischen Herrschaften seinem Bruder Albrecht VI. übertrug. 1444 übernahm Albrecht VI. die dortigen Herrschaften. Wenige Jahre später, im Jahre 1448, erließ König Friedrich einen Urteilsbrief, in dem er die Truchsessen Eberhard und Jörg von Waldburg anwies, Herzog Albrecht die Landvogtei Schwaben gegen Erlegung des Pfandschillings an sich lösen zu lassen. Dies war der Moment, in dem aus der Landvogtei Schwaben, aus einem Regaliendistrikt des Reiches, ein Instrument österreichischer Territorialpolitik wurde. Seit 1448 empfanden die Reichsstände in der Landvogtei Habsburg als territoriale Bedrohung.

In den nächsten Jahrzehnten ging es jedoch noch nicht um die Unterwerfung der Reichsfreien innerhalb der Landvogtei, des hohen und niederen Adels, der Reichsklöster und der Reichsstädte, sondern um eine Abwehr der bayerischen Expansionsversuche über die Grenzen des Herzogtums Bayern hinaus nach Westen, um die Grafschaft Marstetten und das Landgericht, um die Herrschaft Weißenhorn und nun auch um die Landvogtei Schwaben.

Albrecht von Bayern bat Kaiser Friedrich, seinem Haus die Landvogtei wegen der treuen Dienste seines Onkels Wilhelm zu verleihen. Friedrich behielt jedoch die Interessen seines Hauses im Auge, ermächtigte den Habsburger Albrecht VI. zur Pfandauslösung und ernannte ihn 1452 zum Landvogt. In zwei Reskripten wies Friedrich die Untertanen und die Geistlichkeit an, seinem Bruder gehorsam zu sein, was er wenig später für alle Untertanen wiederholte. Damit wird ein Untertänigkeitsverhältnis konstruiert, das es so zuvor nicht gegeben hatte. Auffällig ist, dass das Verhältnis der Landvogtei zum Adel noch außen vor blieb. Problematisch war, dass Albrecht den Pfandschilling, der sich nunmehr auf 13 200 fl. mehr als verdoppelt hatte, nicht aufbringen konnte, sodass die Landvogtei bis zur Erlegung des Pfandschillings bei den Truchsessen, die die Landvogtei restituiert hatten, als Afterpfand verblieb. Mit einiger Hartnäckigkeit unternahm Herzog Albrecht von Bayern einen zweiten Versuch, die Landvogtei zu erwerben. Friedrich lehnte erneut ab, Albrecht konnte wiederum nicht bezahlen und so einigte man sich, dass Truchsess Jakob die Landvogtei weiter als Afterpfand besitzen sollte. Zugleich wurde er Diener Albrechts VI. Dieser nutzte die neuerworbene Position eines Landvogtes, um die Herrschaftsmöglichkeiten der Landvogtei im Sinne eines neuzeitlichen Territoriums zu verdichten. Er versuchte, die Landvogtei zum alleinigen Schirmherrn in Schwaben zu machen.

Franz Quarthal

# Die Territorialisierung der Reichslandvogtei

Die Klöster Weingarten, Schussenried und Rot wurden aufgefordert, auf ihr Bürgerrecht in Städten zu verzichten und sich allein unter den Schirm der Landvogtei zu stellen. Untertanen, die als Bürger Schutz in anderen Städten gefunden hatten oder in ein Pfahlbürgerrecht gelangt waren, wurden ebenfalls aufgefordert, darauf zu verzichten und wieder der Landvogtei zu huldigen.

Im Mai 1458 trat Albrecht VI. im Zuge einer Erbeinigung zwischen Kaiser Friedrich, Herzog Sigmund und ihm die gesamten Vorlande an Herzog Sigmund ab. Dadurch trat jedoch in der Weiterentwicklung der Rechtsverhältnisse in der Landvogtei Schwaben keine Unterbrechung ein.

Friedrich weigerte sich aber konsequent, Sigmund die Stellung eines Herzogs von Schwaben zu verleihen. Er war nicht bereit, die Stellung des Reiches in Schwaben zugunsten einer Verbesserung der Rechtsstellung des Hauses Habsburg zu schmälern.

Er verpfändete sogar die Landvogtei je nach politischer Konstellation an unterschiedliche Herren, an Herzog Ludwig von Bayern, an Ulrich von Württemberg, auch an Sigmund von Tirol und an Albrecht von Bayern. Wirklich verwaltet wurde die Landvogtei in dieser Periode durch die Truchsessen von Waldburg als Landvögte oder Afterlandvögte. Aus Sorge vor den bayrischen Expansionsbestrebungen erklärte sich Truchsess Johann bereit, die Landvogtei wiederum an Herzog Sigmund abzutreten, der sie ihm aber, da er abermals die Pfandsumme nicht aufbringen konnte, erneut als Afterpfand überließ.

Nun aber ging Erzherzog Sigmund von Tirol einen Schritt weiter, um den Regalienbezirk Landvogtei zu einem Territorium zu machen. Er wies Truchsess Johann von Waldburg als seinen Landvogteiverweser an, von allen Prälaten, Äbtissinnen, Priorinnen, von Adel, Städten und anderen, die in die Landvogtei gehörten, die Huldigung zu fordern. Truchsess Johann, der sich der Brisanz und der Tragweite einer solchen Forderung bewusst war, riet von dieser „Neuerung" dringend ab. Wenn er wüsste, argumentierte er, wie er die Landvogtei *zu großem wesen* erweitern könnte, wolle er gerne dazu verhelfen.

Der habsburgische Versuch, eine Territorialisierung der Landvogtei Schwaben durchzusetzen, lässt sich also ziemlich genau auf die Zeit um 1480 datieren. Als Sigmund einsah, dass er sich nicht durchsetzen konnte, verzichtete er zunächst auf weitere Maßnahmen, achtete aber sorgfältig darauf, dass alle für den Ausbau der Landeshoheit wichtigen Rechte wie Hochgericht, Geleit, Schirm und Forstregal bewahrt wurden. Er beanspruchte Blutbann, Appellation, Steuern, *Raisen* (Kriegsdienst) und Erbhuldigung. Kaiser Friedrich war nur insoweit bereit, ihn zu unterstützen, als Reichsrechte und vom Reich und den Kaisern verliehene Privilegien nicht verletzt wurden. Relevant für die spätere Entwicklung war es, dass der Kaiser die Reichsrechte in diesem Raum hoch ansetzte und 1489 an die Herzöge von Bayern schrieb, dass die Mitglieder des Schwäbischen Bundes von den Fürsten nicht als Untertanen vorgefordert werden durften, da sie unmittelbar unter Kaiser und Reich stünden.

Wie offen die rechtliche Situation um 1481 noch war, ergibt sich aus dem Verhalten der Truchsessen und der Abteien Salem, Weißenau und Schussenried. Als sie 1481 aufgefordert wurden, nach ihrer Aufnahme in die Reichsmatrikel Steuern zu bezahlen, wandten sie sich an Erzherzog Sigmund, mit der Bitte, sie in der Reichsmatrikel mit zu vertreten, um der hohen Steuerlast zu entgehen. Die Frage Reichsstandschaft oder Landsässigkeit spielte also noch keine Rolle.

1486 endlich löste Sigmund die Landvogtei von den Truchsessen aus. Von da an sollte sie bis 1805 bei Habsburg bleiben. Es war selbstverständlich, dass bei einem Gebilde wie der Landvogtei Schwaben mit ihrer mittelalterlich offenen rechtlichen Struktur zu Ende des 15. Jahrhunderts jeder größere Herr versucht war, sie zumindest versuchsweise im Sinne der neuen Territorialherrschaft zu überformen.

Aus einer Aufzeichnung über die Rechte des Landvogts, die die an einem Erwerb der Landvogtei interessierten Herzöge von Bayern im letzten Drittel des 15. Jahrhunderts vornehmen ließen, wird der neue Charakter der landvogteilichen Herrschaft in dieser Periode deutlich. Der Landvogt beanspruchte nunmehr das Steuerrecht über alle Gerichtsuntertanen der Landvogtei. Die Reichsanlage der Schirmklöster Lindau, Salem, Weingarten, Petershausen, Rot an der Rot, Weißenau, Baindt, Heggbach, Gutenzell und Löwental legte er auf die Schirmklöster der Landvogtei um und demonstrierte damit, dass er die Hoheit im Namen des Reiches auszuüben hatte. Die Eigenleute von Weingarten und Weißenau berief er als Landschaft der Landvogtei ein und versuchte damit, den klösterlichen Untertanenverband in einen der Landvogtei umzuwandeln.

Das österreichische Vorgehen zu Ende des 15. Jahrhunderts gewann erheblich an Brisanz, als nach 1493, dem Tode Kaiser Friedrichs III., keine Möglichkeit mehr bestand, den Kaiser als Reichsoberhaupt als Schutzherrn gegen den Erzherzog von Tirol anzurufen, da nunmehr König Maximilian beide Funktionen in sich vereinigte. Der Exekutor der Politik Maximilians in Schwaben war der langjährige Vertraute der Habsburger, Hans Jakob von Landau, der bereits im Burgau und in der Landgrafschaft Nellenburg in ähnlicher Weise tätig gewesen war.

1515 unternahmen die Anstößer (oder Insassen) der Landvogtei nochmals einen Versuch, durch eine Auslösung der Landvogtei von Hans Jakob von Landau und deren Übertragung an Truchsess Wilhelm von Waldburg die Gefahr der Unterwerfung unter die Landvogtei zu entschärfen. Dies scheiterte, da König Maximilian die Anstößer der Landvogtei zu österreichischen Untertanen machen wollte. Es war das erklärte Ziel Maximilians in seinen letzten Regierungsjahren, die österreichische Herrschaft über Prälaten und Adel in der Landvogtei Schwaben durch eine Durchsetzung des Landsassiats zu zementieren. Schon bei den Verhandlungen über eine Verlängerung des Schwäbischen Bundes im Jahre 1512 hatte Maximilian – allerdings vergeblich – versucht, die Bundesstände dazu zu bewegen, Weingarten, Ochsenhausen und andere Klöster nicht mehr als Bundesglieder zu akzeptieren, da sie österreichische Stände seien. Als Maximilian wenige Jahre später 1515 die Anstößer der Landvogtei zu einem österreichischen Landtag einberief, suchten die betroffenen Herrschaften dagegen um eine Hilfe des Schwäbischen Bundes nach.

Angesichts des massiven Widerstandes und des Rückhalts, den die betroffenen Stände im Schwäbischen Bund fanden, musste Maximilian zurückstecken, den bisherigen Vogt Hans Jakob von Landau abberufen und ihn durch den gemäßigten, aus Nördlingen stammenden kaiserlichen Rat Niclas Ziegler ersetzen. Die Einsetzung erfolgte in der Form einer Verpfändung. Deswegen ist es verständlich, dass die Anstößer der Landvogtei einen erheblichen Teil der Pfandsumme aufbrachten.

Es ist hier nicht möglich, den langwierigen Kampf um die Landsässigkeit der Stände in der Landvogtei im Einzelnen nachzuzeichnen. Sogar ein von dem gutwilligen Niclas Ziegler für den 15. Juni 1523 für die Landvogtei Schwaben ausgeschriebener Landtag wurde trotz großen Aufwandes ein Fehlschlag. Als Erzherzog Ferdinands Innsbrucker Beauftragte baten, ihnen im Kloster Weingarten einen Saal für die Versammlung der potentiellen Stände zu überlassen, da in Altdorf, am Sitz des Landvogtes, kein für eine solche Versammlung geeigneter Raum zur Verfügung stand, bot man ihnen im Sommerhaus des Abtes in Nessenreben einen Raum an und beobachtete mit Vergnügen, wie der Landtagskommissar stundenlang vergeblich auf das Eintreffen der Geladenen wartete.

Keiner der Anwesenden war bereit, die landesfürstlichen Kredenzbriefe anzunehmen. Im Namen der Versammlung protestierte der Großkeller von Salem gegen die Ladung als eine nie dagewesene Neuerung und verwahrte sich, dass die Anwesenden *Insässen* der Landvogtei genannt würden. Er wolle nicht *beruft sin als ainer, der dem hus Osterrich oder der Landtvogtey underworfen, sy gehoren aun alles mittel dem hailigen reich zu.* Man wolle nicht mit Österreich verhandeln, bevor es nicht für alle Zeit verzichtet hätte, die Anstößer der Landvogtei auf einen weiteren Landtag zu beschreiben.

Auf einer Versammlung in Waldsee einigten sich die Anstößer auf ein weiteres Vorgehen: Diejenigen unter ihnen, die nicht Mitglieder des Schwäbischen Bundes waren, wollten sich auf dem nächsten Reichstag zu Nürnberg um Abwehr der österreichischen Mediatisierungsversuche bemühen, die anderen wollten auf der Versammlung des Bundes in Ulm Klage erheben. Man konnte sehen, wie sehr sich der Kreis der von Österreich Bedrohten ausgeweitet hatte. Zur ersten Gruppe gehörte die Äbtissin von Buchau, der Truchsess von Waldburg, die Herren von Rechberg, von Stein, von Erozheim, von Reichenstein, von Laubenberg, von Landau, von Roth, von Altmannshofen, von Freiberg, von Essendorf, von Prassberg, Schad von Mittelbiberach und die Stadt Lindau, zur zweiten die Deutschordenskommende Altshausen, die Klöster Salem, Weingarten, Ochsenhausen, Rot, Weißenau und Schussenried, Truchsess Wilhelm von Waldburg, Johann von Königsegg-Aulendorf, Johann Dionys von Königsegg, Burkhard Hans von Ellerbach sowie die Städte Memmingen, Biberach, Ravensburg, Wangen, Leutkirch und Buchhorn.

Es ist hier nicht der Raum, den weiteren Vorgang der Auseinandersetzung zwischen Österreich und den Anstößern der Landvogtei zu untersuchen. Wichtig war, dass es Habsburg angesichts des Schutzes der sich verfestigenden Reichsverfassung und des Rückhalts der Stände im Schwäbischen Bund bis 1534 unmöglich war, selbst mit kaiserlicher Unterstützung, eine auf größere Veränderungen des Herrschaftsgefüges in Schwaben abzielende Hausmachtpolitik innerhalb der Landvogtei Schwaben durchzusetzen. Auch ein Versuch Ferdinands, durch eine persönliche Begegnung mit den entscheidenden Prälaten und Adligen im Jahre 1526 zu einem besseren Ergebnis zu kommen, blieb erfolglos.

Auf dem Bundestag des Schwäbischen Bundes vom Februar 1529 musste Ferdinand seine Position gegenüber den anderen Anstößern der Landvogtei zurücknehmen. Er erklärte sich bereit, dass die *obermelten Anstösser zu einichen landtag ferner nit erfordert noch Insässen genennt werden sollen.* 1541 wurde die Auslösung der Landvogtei von den Truchsessen von Waldburg durch Österreich in einer wenig verbindlichen und verletzenden Form durchgeführt, ohne dass an der reichsrechtlichen Stellung der Adligen, Klöster und Reichsstädte prinzipiell etwas geändert werden konnte.

War also auf der Ebene der höheren Stände keine Veränderung mehr möglich, so suchte Habsburg durch einen Zugriff auf die Untertanen zu einer Intensivierung seiner Herrschaft zu gelangen. Parallel zu den Mediatisierungsversuchen bei Adel, Städten und Prälaten in der Landvogtei seit dem letzten Drittel des 15. Jahrhunderts liefen Versuche Habsburgs, einen direkten Zugriff auf die Steuerleistungen der adligen und klösterlichen Untertanen in der Landvogtei Schwaben zu erlangen. Der Schwäbische Bund gab Habsburg den Rechtsgrund für den Aufbau einer eigenen steuer- und *raispflichtigen* (kriegsdienstpflichtigen) Untertanenschaft. Bei den zersplitterten Rechtsverhältnissen im Bereich der Landvogtei war nicht eindeutig, über welche Herren – Grund-, Niedergerichts- oder Hochgerichtsherren – die Untertanen zur Bundespflicht herangezogen werden sollten. Dies nutzte Ferdinand, um eine Steuerpflicht an die Landvogtei zu konstruieren. Schon 1489 hatten Weingarten und Weißenau Klage geführt, dass der Landvogt ihre Untertanen gegen das Herkommen mit Steuern und *Raisen* beschwere. 1499 besetzte der von Maximilian eingesetzte Landvogt das Kloster Weingarten und entzog ihm mit Gewalt das Niedergericht und das Besteuerungsrecht über 565 Höfe.

Kaiser Friedrich hatte darauf gesetzt, durch eine rechtliche Fixierung der Reichsstandschaft, die in der Mitgliedschaft im Schwäbischen Bund ihren festen Ausdruck fand, eine Vermischung des Territorialbesitzes seiner Familie und der Fürsten und Herren und der Klöster in Süddeutschland zu erreichen. Diese rechtliche Fixierung sollte sich ein halbes Jahrhundert später mit der Versteinerung der alten Rechtsformen gerade als Hindernis erweisen, ein einheitliches Territorium zu schaffen. Sicher einmalig war der Weg, durch Druck auf die Untertanen ein eigenes österreichisches Territorium, eben die österreichische Landvogtei Schwaben, zu schaffen. Dies gab Habsburg die Möglichkeit, bei einem Scheitern der Territorialpolitik gegenüber den Reichsständen durch die Untertanen trotzdem zu einer „österreichischen" Lösung zu kommen.

Im Jahre 1523 berief der Landvogt Niclas Ziegler im Auftrag von Erzherzog Ferdinand am gleichen Tag wie Prälaten und Adel die Untertanen der Landvogtei nach Altdorf – eigentlich also Untertanen der in der Landvogtei gelegenen Klöster. Während Adel und Prälaten sich weigerten, in Altdorf zu erscheinen, kamen die Untertanen gegen den ausdrücklichen Willen der klösterlichen Grund- und Niedergerichtsherren zu der Versammlung. Um die Untertanen dem österreichischen Begehren gefügig zu machen, setzte der Landvogt durchaus auch billige Mittel ein. So ließ er nach der Bewilligung alle Anwesenden mit Wein traktieren.

In den nächsten Jahren behielt Österreich diese Politik bei. 1527 versammelten der Innsbrucker Kammerprokurator Dr. Jakob Frankfurter, Schweikhart von Gundelfingen und der Landschreiber der Landvogtei eine Anzahl Klosteruntertanen in Löwental, ließen sie dem Landvogt Hans von Fridingen schwören und forderten zugleich eine Geldhilfe für die Landvogtei. Es würde zu weit führen, alle Schritte aufzählen, mit denen die Untertanen zu österreichischen Untertanen gemacht werden sollten. Es gelang den österreichischen Beamten, eine ganze Anzahl von Leuten zu Untertanen der österreichischen Landvogtei zu machen, die schließlich eine feste Organisationsform fand, in 13 Ämter eingeteilt wurde und eine eigene Landschaft bildete. Von großer Bedeutung war es, dass es Habsburg gelang, das Landgericht in Schwaben mit der Landvogtei zu verknüpfen.

283

Franz Quarthal

# Die Landvogtei Oberschwaben im Geschichtsbild der Zeitgenossen

Für die Anstößer der Landvogtei war dieses Vorgehen Habsburgs klarer Rechtsbruch. Der kaiserliche Charakter der Landvogtei stand für sie unverbrüchlich fest. Allenfalls unterschied man zwischen einer kaiserlichen Landvogtei, die alt war und die bis auf Karl den Großen zurückreichte, und einer kleinen österreichischen, die aber nicht über die reichsfreien Klöster, Herren und Städte zu befehlen und zu richten hatte.

Der bereits eingangs erwähnte Johann Reinhard Wegelin aus Lindau (1689–1764), Sohn eines Bürgermeisters in Lindau und Bürgermeister daselbst, durch seinen „Thesaurus Rerum Suevicarum", eine vierbändige Sammlung juristischer Dissertationen (1752–1760), bis heute ein gelesener Schriftsteller, hat eine zweibändige Darstellung des rechtlichen Charakters der Schwäbischen Landvogtei und des Landgerichts in Schwaben geschrieben, die allein schon durch die Sammlung eines breiten Urkundenmaterials einen großen Wert besitzt.

Wegelin verfügte über eine breite juristische Erfahrung. Er hatte das Lyceum in Lindau besucht und bezog 1707 mit Jena eine der angesehenen Universitäten Deutschlands. Dort hatte der Jurist Johann Christian Lüning (1662–1740) unterrichtet, einer der besten Spezialisten für das Reichsrecht. 1712 griff Wegelin in das bekannte „Bellum Lindaviense" ein, in dem es um die Echtheit von Urkunden des Damenstifts Lindau ging. In Wien arbeitete er als sachsen-coburgischer Legationssekretär, wobei er bis zum Agenten beim Reichshofrat aufrückte und so die innere Struktur der juristischen Welt des Reiches aufs Beste kennenlernte. 1719 berief ihn die Stadt Lindau zum Ratskonsulenten und Kanzleiverwalter, wo er die Auseinandersetzung zwischen Rat und Bürgerschaft aufs glücklichste beenden konnte, was ihm einen weiteren Auftrag, die Schlichtung eines Streits zwischen dem Abt von Kempten und der Reichsstadt, eintrug, die er ebenfalls mit Erfolg zu Ende brachte. Auch als Bürgermeister von Lindau führte er seine juristische Tätigkeit fort. In dieser Zeit entstand die bereits kurz erwähnte zweibändige Schrift „Gründlich-Historischer Bericht Von der Kayserlichen und Reichs Landtvogtey in Schwaben, wie auch Dem Frey Kayserlichen Landtgericht auf Leutkircher Haid und in der Pirß. Aus den bewährtesten Geschichts-Schreibern und CCLXXV meistentheils noch unedirten Archival-Urkunden zusamengetragen, samt einer Tabula geographica vom Bezürck der Landtvogtey, der Leutkircher Haid und der Pirß, wie auch den ältern und neuern Landtgerichtlichen Insigeln" (2 Bände, 1755), die sich mit den seit dem 16. Jahrhundert unaufhörlich fortdauernden Zwistigkeiten zwischen dem schwäbischen Kreis und Österreich über die Landvogtei in Schwaben beschäftigte.

Wegelin wollte mit seiner Darstellung den wahren Charakter der Landvogtei sichtbar machen und erweisen, dass sie viel älter sei als die Rechtshandlungen König Rudolfs von Habsburg. Er schrieb, die Geschichtsschreiber und Publizisten hätten sich bisher ungemein *gezerret und zermartert*, wenn sie definieren und beschreiben wollten, *worinnen die Aigenschafft der schon von so vielen Jahrhundert her bekandten Kayserl. und Reichs Landtvogtey in Schwaben bestanden und was proprie das Amt der jeweiligen Kayserl. Landtvögte daselbst gewesen seye.* Ein Fehler habe in der ungenügenden Definition des Wortes Vogt und Vogtei gelegen. Sie hätten diesen Begriff für die Landvogtei niemals richtig definiert. Sie hätten auf den welfischen Ursprung gehen müssen. Wichtig sei, dass der Landvogt ein eingeschränktes Amt gehabt habe, aus welchem sich keine obrigkeitliche Gewalt, Herrlichkeit noch territoriale Souveränität ableiten ließe. Das Wort Landvogt bezeichne ein Amt oder Ministerium, aus dem sich keineswegs eine Herrlichkeit oder landesfürstliche Souveränität ableiten ließe.

Immer wieder hob Wegelin den ursprünglich welfischen Charakter der Landvogtei hervor: *Die Landtvogtey in Schwaben hat der Guelphischen Graffschafft Altorff, darein viel Städt gehöret haben,* succedirt *und die* Reliquias *des ganzen Hertzogthums Schwaben zusammen gefaßt.*

Dieser welfische Anteil an der Geschichte der Landvogtei wurde nach Wegelins Meinung weitgehend übersehen. Ihn zu berücksichtigen würde nicht nur die engere Geschichte der Landvogtei verständlich machen, sondern uns die Rezeption ihrer Geschichte und ihren Einfluss auf das Geschichtsdenken des frühneuzeitlichen Schwabens verstehen lassen. Die Frage des Rechtscharakters der Landvogtei Schwaben seit dem späten Mittelalter und der Frühen Neuzeit aber wurde im Rahmen der Rechtsverfassung des alten Reiches bis 1806 nicht mehr geklärt. Sie blieb ein Streitpunkt unter den Reichsjuristen und Rechtsgelehrten.

# Abkürzungen

| | |
|---|---|
| a. | anno |
| Abh. | Abhandlung(en) |
| ä. L. | ältere Linie |
| AKG | Archiv für Kulturgeschichte |
| BBAW | Berlin-Brandenburgische Akademie der Wissenschaften |
| Bll. f. dt. LG | Blätter für deutsche Landesgeschichte |
| DA | Deutsches Archiv für Erforschung des Mittelalters |
| fl. | Gulden |
| Fol. | Folio |
| FSGA | Ausgewählte Quellen zur deutschen Geschichte des Mittelalters. Freiherr vom Stein-Gedächtnisausgabe |
| HAB | Herzog August Bibliothek Wolfenbüttel |
| Hl. | Heller |
| HHSt | Handbuch der historischen Stätten Deutschlands |
| HV | Historische Vierteljahrschrift |
| HZ | Historische Zeitschrift |
| JbRG | Jahrbuch für Regionalgeschichte |
| JL | Philip JAFFÉ/Samuel LÖWENFELD, Regesta Pontificum Romanorum |
| j. L. | jüngere Linie |
| MGH | Monumenta Germaniae Historica |
| MGH Const. | MGH Constitutiones |
| MGH DD | MGH Diplomata |
| MGH SS | MGH Scriptores |
| MGH SS rer. Germ. | MGH Scriptores rerum Germanicarum in usum scholarum separatim editi |
| NA | Neues Archiv der Gesellschaft für ältere deutsche Geschichtskunde |
| ND | Nachdruck |
| NBD | Neue Deutsche Biographie |
| ÖStA | Österreichisches Staatsarchiv Wien |
| pag. | paginiert |
| Reg. Imp. | Regesta Imperii |
| Regg. | Regesten |
| RTA | Deutsche Reichstagsakten |
| VL | Die deutsche Literatur des Mittelalters. Verfasserlexikon |

## Abkürzungen

| | |
|---|---|
| VuF | Vorträge und Forschungen |
| WUB | Württembergisches Urkundenbuch |
| ZGO | Zeitschrift für die Geschichte des Oberrheins |
| ZBLG | Zeitschrift für Bayerische Landesgeschichte |
| ZRG GA | Zeitschrift der Savigny-Stiftung für Rechtsgeschichte. Germanistische Abteilung |
| ZWLG | Zeitschrift für Württembergische Landesgeschichte |

# Herausgeber und Autoren

MATTHIAS BECHER, geb. 1959, Studium der Fächer Geschichte und Politikwissenschaft in Konstanz, Promotion 1990, 1989–1998 Wissenschaftlicher Assistent an der Universität Paderborn, Lehrstuhlvertretungen in Regensburg und Tübingen, seit 1998 Professor für mittelalterliche Geschichte an der Universität Bonn, Sprecher des Sonderforschungsbereichs 1167 „Macht und Herrschaft. Vormoderne Konfigurationen in transkultureller Perspektive".
Veröffentlichungen u. a.: Eid und Herrschaft. Untersuchungen zum Herrscherethos Karls des Großen (1993); Rex, Dux und Gens. Untersuchungen zur Entstehung des sächsischen Herzogtums im 9. und 10. Jahrhundert (1996); Karl der Große (1999); (Hg. mit Dieter R. Bauer) Welf IV. – Schlüsselfigur einer Wendezeit (2004); (Hg.) Quellen zur Geschichte der Welfen und die Chronik Burchards von Ursberg (2007); Otto der Große (2012); (Hg.) Die mittelalterliche Thronfolge im europäischen Vergleich (2017); Macht und Herrschaft. Praktiken – Strukturen – Begründungen (2019).

HARALD DERSCHKA, geb. 1969, Studium der Fächer Geschichte und Philosophie in Konstanz, Promotion 1997, seither in verschiedenen Funktionen an der Universität Konstanz und freiberuflich tätig, seit 2011 als Privatdozent, seit 2019 als außerplanmäßiger Professor.
Veröffentlichungen u. a.: Die Reichenauer Lehenbücher der Äbte Friedrich von Zollern und Friedrich von Wartenberg (2018); Individuum und Persönlichkeit im Hochmittelalter (2014); Die Viersäftelehre als Persönlichkeitstheorie (2013); Fundmünzen aus Kempten (2007); Die Ministerialen des Hochstiftes Konstanz (1999).

FRANZ FUCHS, geb. 1953, ab 1995 Professor für Mittelalterliche Geschichte an der Universität Regensburg, seit 2002 Inhaber des Lehrstuhls für Mittelalterliche Geschichte und historische Hilfswissenschaften der Universität Würzburg. – Forschungsschwerpunkte: Geschichte des Frühhumanismus in Deutschland (seit 2001 Herausgeber des Pirckheimer Jahrbuchs für Renaissance- und Humanismusforschung) – Geschichte Kaiser Friedrichs III. – Geschichte der Regularkanoniker (Augustiner-Chorherren) im hohen und späten Mittelalter – Mittelalter-Epigraphik.

NINA GALLION (ehem. KÜHNLE), geb. 1980, Studium der Fächer Mittlere und Neuere Geschichte und Germanistik in Heidelberg, 2010–2014 Wissenschaftliche Mitarbeiterin an der Abteilung für Regionalgeschichte der Universität Kiel, Promotion 2015 in Kiel, 2014–2019 Wissenschaftliche Mitarbeiterin an den Universitäten Köln und Kiel, seit Herbst 2019 Stipendiatin der Philosophischen Fakultät der Universität Kiel.

Veröffentlichungen u.a.: Wir, Vogt, Richter und Gemeinde. Städtewesen, städtische Führungsgruppen und Landesherrschaft im spätmittelalterlichen Württemberg (1250–1534) (2017); (Hg. mit Kurt Andermann) Weg und Steg. Aspekte des Verkehrswesens von der Spätantike bis zum Ende des Alten Reiches (2018); (Hg. mit Oliver Auge und Thomas Steensen) Fürstliche Witwen und Witwensitze in Schleswig-Holstein (2019).

PAUL-JOACHIM HEINIG, geb. 1950, Studium der Fächer Geschichte, Germanistik, Philosophie, Pädagogik und Publizistik an den Universitäten Münster und Gießen. Promotion 1978 in Gießen, ebd. 1993 Habilitation. 1978–2014 Wissenschaftlicher Mitarbeiter, Geschäftsführer und Sekretär der „Deutsche(n) Kommission für die Bearbeitung der Regesta Imperii e.V." bei der Akademie der Wissenschaften und der Literatur in Mainz und ab 1993 apl. Professor für mittelalterliche Geschichte und Historische Hilfswissenschaften.
Veröffentlichungen u.a.: Reichsstädte, Freie Städte und Königtum 1389–1450 (1983); (Hg. mit Heinrich Koller [†], Christian Lackner, Alois Niederstätter) Regesten Kaiser Friedrichs III. nach Archiven und Bibliotheken geordnet (seit 1982); Kaiser Friedrich III. (1440–1493) – Hof, Regierung und Politik (1997); (Hg. mit Siegrid Jahns, Hans-Joachim Schmidt, Rainer Christoph Schwinges, Sabine Wefers) Reich, Regionen und Europa in Mittelalter und Neuzeit (2000); (Hg. mit Franz Fuchs, Jörg Schwarz) König, Fürsten und Reich im 15. Jahrhundert (2009); (Hg. mit Franz Fuchs, Martin Wagendorfer) König und Kanzlist, Kaiser und Papst. Friedrich III. und Enea Silvio Piccolomini in Wiener Neustadt (2013).

KAREL HRUZA, geb. 1961 in Aš, Studium der Fächer Geschichte und Politikwissenschaft in Konstanz und Wien, Promotion 1994 in Konstanz bei Prof. Dr. Helmut Maurer, 1995 Mitglied des Instituts für Österreichische Geschichtsforschung in Wien, seit 1998 Wissenschaftlicher Mitarbeiter am Institut für Mittelalterforschung der Österreichischen Akademie der Wissenschaften in Wien.
Veröffentlichungen u.a.: Die Herren von Wallsee. Geschichte eines schwäbisch-österreichischen Adelsgeschlechts (1171–1331) (1995); (Hg. mit Paul Herold) Wege zur Urkunde – Wege der Urkunde – Wege der Forschung. Beiträge zur europäischen Diplomatik des Mittelalters (2005); (Hg. mit Alexandra Kaar) Kaiser Sigismund (1368–1437) – Zur Herrschaftspraxis eines europäischen Monarchen (2012); (Hg.) Österreichische Historiker. Lebensläufe und Karrieren 1900–1945 3 Bde. (2008–2019).

ROLF KIESSLING, geb. 1941, Studium der Fächer Geschichte, Deutsch und Geographie an den Universitäten München und Erlangen, Promotion in München 1969, 1970–1992 Lehrer am Bayernkolleg Augsburg, 1976–1978 Stipendiat der DFG, 1985 Habilitation an der Universität München, 1992–1994 Professor für Theorie und Didaktik an der Geschichte an der Kath. Universität Eichstätt, 1994–2006 Inhaber des Lehrstuhls für Bayerische und Schwäbische Landesgeschichte an der Universität Augsburg.
Veröffentlichungen u.a.: Bürgerliche Gesellschaft und Kirche in Augsburg im Spätmittelalter (1971); Die Stadt und ihr Land. Umlandpolitik, Bürgerbesitz und Wirtschaftsgefüge in Ostschwaben vom 14. bis ins 16. Jahrhundert (1989); Kleine Geschichte Schwabens (2009); Jüdische Geschichte in Bayern. Von den Anfängen bis zur Gegenwart (2019).

HEINZ KRIEG, geb. 1966, Studium der Fächer Mittelalterliche Geschichte, Neuere und Neueste Geschichte und Philosophie in Freiburg i. Br., Promotion 1999 in Freiburg i. Br., 1997–1999 Wissenschaftlicher Angestellter im Sonderforschungsbereich 541 „Identitäten und Alteritäten", 1999–2009 Assistent an der Abteilung Landesgeschichte, seit WS 2009/2010 Akademischer Rat auf Lebenszeit an der Albert-Ludwigs-Universität Freiburg i. Br.
Veröffentlichungen u. a.: (Hg. mit Jürgen Dendorfer und R. Johanna Regnath) Die Zähringer. Rang und Herrschaft um 1200 (Ostfildern 2018); Das Thronbild in der Weingartener Handschrift der ‚Historia Welforum', in: BarbarossaBilder. Entstehungskontexte, Erwartungshorizonte, Verwendungszusammenhänge (Regensburg 2014), S. 146–159; Zur politischen ‚Großwetterlage' im Hochmittelalter: Oberschwaben zwischen Staufern und Welfen, in: Alte Burg und Ort der Stille. 1000 Jahre Ramsberg im Linzgau (Meßkirch 2012), S. 39–60; Herrscherdarstellung in der Stauferzeit. Friedrich Barbarossa im Spiegel seiner Urkunden und der staufischen Geschichtsschreibung (Ostfildern 2003).

JOHANNES KUBER, geb. 1987, Studium der Fächer Geschichte, Englisch und Sozialkunde für das Lehramt an Gymnasien in Regensburg und Dublin. Seit 2015 Dissertationsprojekt zum katholischen Klerus in der frühen Nachkriegszeit, 2017/18 Fachbereichsleiter Geschichte an der Akademie der Diözese Rottenburg-Stuttgart (in Elternzeitvertretung), seit 2018 Wissenschaftlicher Mitarbeiter im Lehr- und Forschungsgebiet Didaktik der Gesellschaftswissenschaften der RWTH Aachen.

FRANZ QUARTHAL, geb. 1943 in Gotha/Thüringen, Studium der Geschichte, Geographie, Germanistik, Romanistik und Philosophie in Tübingen, Wien, Paris, Promotion 1973 in Tübingen, 1970–1984 Assistent am Institut für geschichtliche Landeskunde und historische Hilfswissenschaften der Universität Tübingen, 1982 Habilitation an der Universität Tübingen, 1984–1989 ebenda apl. Professor, 1989–1990 Professor für neuere Geschichte und bayerische Landesgeschichte an der Universität Passau, 1990–2012 Ordentlicher Universitätsprofessor für Landesgeschichte an der Universität Stuttgart.
Veröffentlichungen u. a.: (mit Georg Wieland) Die Behördenorganisation Vorderösterreichs von 1753 bis 1805 und die Beamten in Verwaltung, Justiz und Unterrichtswesen (1977); Landstände und landständisches Steuerwesen in Schwäbisch-Österreich (1980); Vorderösterreich, in: Handbuch der baden-württembergischen Geschichte, Bd. 1, 2 (1999); (mit Ulrich Faust) Reformverbände und Kongregationen der Benediktiner im deutschen Sprachraum (1999); (mit Daniel Kuhn) Geschichte des Weins in Baden und Württemberg (2015).

HANS ULRICH RUDOLF, geb. 1943, Studium der Fächer Geschichte, Latein und Französisch in Tübingen, Dijon, Münster und Paris. Promotion 1971 in Tübingen. 1969–1971 Wissenschaftlicher Assistent am Historischen Seminar der Universität Tübingen und an der Pädagogischen Hochschule Weingarten. 1971/1976–2006 Dozent/Professor für mittelalterliche und frühneuzeitliche Geschichte an der Pädagogischen Hochschule Weingarten.
Veröffentlichungen u. a.: (Hg.) Der Landkreis Ravensburg im Spiegel des Schrifttums (1990, 1999); (Hg. mit Norbert Kruse) 900 Jahre Heilig-Blut-Verehrung in Weingarten

1094–1994 (1994); (Hg.) Alte Klöster – neue Herren. Die Säkularisation im deutschen Südwesten 1803 (2003); (Hg.) Das Hainricus-Missale. Kommentar (2010); (Hg. mit Norbert Feinäugle, Erich H. Müller-Gaebele, Martin Oswald, Harald Pfaff und Sergio Ziroli) Ein halbes Jahrhundert Pädagogische Hochschule Weingarten 1962–2012 (2012); (Hg. mit Berthold Büchele und Ursula Rückgauer) Burgen und Schlösser im Landkreis Ravensburg (2013); (Hg.) Weingarten gestern und heute (2015).

ANDREAS SCHMAUDER, geb. 1966, Studium der Fächer Mittelalterliche und Neuere Geschichte, Kunstgeschichte und Klassische Archäologie in Tübingen, 1998 Promotion in Tübingen, 1997–1999 Referendar für den höheren Archivdienst, 1999–2018 Direktor des Stadtarchivs und seit 2009 des Museums Humpis-Quartier Ravensburg, seit 2018 Direktor des Landesmuseums Koblenz und des Kulturzentrums Festung Ehrenbreitstein bei der Generaldirektion Kulturelles Erbe Rheinland-Pfalz, seit 2015 Honorarprofessor an der Universität Tübingen.
Veröffentlichungen u. a.: Aufstand in Württemberg – Der Arme Konrad 1514 (1998); (Hg. mit Götz Adriani) 1514: Macht, Gewalt, Freiheit. Der Tübinger Vertrag zu Zeiten des Umbruchs (2014).

WOLFGANG STÜRNER, geb. 1940, Studium der Fächer Geschichte, Deutsch, Latein und Philosophie in Tübingen und Freiburg. Promotion 1968 mit einer Dissertation über die konstantinische Schenkung, 1975 Habilitation mit einer Arbeit über „Natur und Gesellschaft im Denken des Hoch- und Spätmittelalters". Bis 2006 Professor an der Universität Stuttgart. 2004 bis 2012 Präsident der Gesellschaft für staufische Geschichte, Göppingen.
Publikationen zu Problemen des Investiturstreits, zu mittelalterlichen Herrschaftsvorstellungen (Peccatum und potestas, 1987), zu Kaiser Friedrich II. (Die Konstitutionen für das Königreich Sizilien, 1996; Friedrich II., 3. Aufl. 2009) und zur Stauferzeit (13. Jahrhundert 1198–1273, 2007; Staufisches Mittelalter. Ausgewählte Aufsätze zur Herrschaftspraxis Friedrichs II., hg. von Folker Reichert, 2012).

JOHANNES WALDSCHÜTZ, geb. 1982, Studium der Mittelalterlichen Geschichte, Neueren und Neuesten Geschichte und der Politikwissenschaft an der Universität Freiburg und der University of Iowa. 2013–2017 Wissenschaftlicher Mitarbeiter am Lehrstuhl Mittelalter I und der Abteilung Landesgeschichte der Universität Freiburg, seit Mai 2017 Leiter von Stadtmuseum und Stadtarchiv in Stockach.
Laufendes Promotionsprojekt zu Gütertransaktionen an südwestdeutsche Reformklöster des 11. und 12. Jahrhunderts. Mehrere Aufsätze, u. a. zu den südwestdeutschen Traditionsbüchern (im Erscheinen), zu Reformklöstern und ihren Stifterfamilien in Schwaben (2017) und zum Verhältnis von Stift Bischofszell und Stadt Konstanz (2016); Ausstellungskatalog zu Marc Chagall (2019).

THOMAS ZOTZ, geb. 1944, Studium der Fächer Geschichte, Latein, Geographie und Ur- und Frühgeschichte in Freiburg i. Br., Wien und Hamburg, Promotion 1972 in Freiburg i. Br., 1973–1989 Wissenschaftlicher Mitarbeiter am Max-Planck-Institut für Geschichte in Göttingen, 1989–2010 Professor für mittelalterliche Geschichte und mittelalterliche Landesgeschichte des deutschsprachigen Südwestens an der Universität Freiburg i. Br. Veröffentlichungen u. a.: Der Breisgau und das alemannische Herzogtum (1974); (Hg. mit Helmut Maurer und Hansmartin Schwarzmaier) Schwaben und Italien im Hochmittelalter (2001); Ottonen, Salier- und Frühe Stauferzeit (911–1167), in: Handbuch der baden-württembergischen Geschichte, Bd. I, 1 (2001); (mit Josef Fleckenstein) Rittertum und ritterliche Welt (2002, ²2018); (Hg. mit Alfons Zettler) Die Burgen im mittelalterlichen Breisgau (2003, 2006, 2009); Die Zähringer. Dynastie und Herrschaft (2018).

# Register

*Vorbemerkung:* Das Register erfasst nur die im Haupttext erwähnten Personen und Orte. Die Bezeichnungen „Staufer", „Welfen", „Schwaben" bzw. „Oberschwaben" sind auf Grund ihrer Häufigkeit unberücksichtigt gelassen.

## A

Aachen 79f., 84, 95, 102
Aalen 179
Achalm, Burg 24, 45, 78, 89
Ackermann, Helmut, Bildhauer 237
Adelsreute, Herren von
    Guntram, Gründer des Zisterzienserklosters Salem 224
Adolf von Nassau, König 160
Agnes, Gemahlin Graf Manegolds von Rohrdorf 233
Albrecht I., König 132f.
Albrecht II., König 253
Albrecht III., Herzog von Bayern-München 279
Albrecht IV., Herzog von Bayern-München 280
Albrecht VI., Erzherzog von Österreich 261, 267, 279f.
Alexander III., Papst 20f., 26, 28, 31f., 240
Altdorf 11, 14, 35, 43, 47, 49–51, 57–59, 116–118, 120f., 128, 158, 160f., 183–185, 189, 197, 209–211, 252, 276, 282f.
Altenburg 43
Altenstadt 142, 167
Altmannshofen, Herren von 282
Altomünster, Kloster 183, 187, 189
Altshausen, Deutschordenskommende 282
Altusried 266
Anagni 21
Ankenreute, Handelsfamilie in Ravensburg 263
Annweiler, Ministerialen von
    Markward 102
Aquileia
    Wolfger, Patriarch 83

Arbon 106
    Ministerialen von 233
Arlberg 278
Asam, Cosmas Damian, Maler 204, 210
Augsburg 12, 43, 60, 63f., 69, 72f., 85, 99, 105, 143, 165, 168, 170–175, 178f., 241, 257, 262, 265
    Bistum 23, 82, 240, 242, 260
        Siboto, Bischof 89
        Siegfried, Bischof 82
        Udalschalk, Bischof 239
    Antoniter-Präzeptorei 172
    St. Moritzstift 64
    St. Ulrich und Afra, Kloster 69, 129, 172
Aulendorf
    Burg 117
    Ministerialen von
        Bernhard 227

## B

Baden, Markgrafen von
    Hermann III. 23
    Hermann V. 103
Bad Grönenbach 266
Baindt, Zisterzienserinnenkloster 105f., 110, 130, 134, 205, 281
Barcelona 162f.
Basel 80, 254, 257
    Bistum 41
Baumgarten, Ministerialen von 233
Baustetten 134
Beatrix von Burgund, Kaiserin 20, 35, 38
Benevent 28
Benso, Giulio, Maler 204
Berg, Stadtteil von Ehingen 278
    Grafen von 23, 120
        Bertold 59, 67
        Ulrich 59

Bergatreute, Burg 116
Bergmüller, Johann Georg, Maler 247
Bertold IV., Herzog von Zähringen 23f., 40
Bettenreute 165
Beuren, Herren von 139
Biberach 42, 72, 86f., 124, 128, 142, 147f., 150–152, 165, 167, 169, 178f., 257, 282
    Herren von 138, 142
Biederthal, Herren von 41f.
Biegenburg, Ministerialen von 233
    Ortolf 225, 233
Bodman
    Burg 45
    Herren von 253
        Albero 83
Boos 272
Böpfingen 149
Braunschweig 184
    Dankwarderode, Burg 184, 191
Bregenz 102, 230, 232, 265
    Grafen von 16
        Rudolf 40
Breisach 80f.
Brisacher, Patrizierfamilie in Konstanz 253
    Karl 263
    Marquard d.Ä. 253, 263
    Marquard d.J. 263
Brixen, Bistum
    Bertold, Bischof 81, 83
Brochenzell 165
Brügge 162, 263
Bucelin, Gabriel, siehe Weingarten, Kloster
Buchau 143
    Damenstift 98, 282
Buchhorn 140f., 145–148, 168, 231, 257, 282
Burchard von Ursberg, Chronist 41, 49, 97, 103
Burgau 268, 270, 272, 281
    Grafen von 83

## C

Calw, Grafen von 23
    Gottfried 18
    Uta, Tochter Gottfrieds 18
Cannstatt 272
Capua 99
Catania 79, 99
Chiavenna, Grafschaft 38
Christine von Braunschweig-Wolfenbüttel, Gemahlin Kaiser Karls VI. 208

Chur 79
    Bistum 82, 120
        Arnold, Bischof 82
        Egino, Bischof 40
    Vogtei 40f.
Clementia von Zähringen, Gemahlin Heinrichs des Löwen 27
Como, Bistum 38
Crema 20
Cremona 79

## D

Dannenberg 103
Deggenhausen, Herren von
    Konrad 67
Dietenbach, Ministerialen von
    Hermann 227
Dillingen 178
    Grafen von 83
Dinkelsbühl 165
Donauwörth 42, 63, 69, 87, 149, 178, 257, 265, 272
Dortmund 149

## E

Eberhardzell, Burg 134
Eger 40, 81
Eggmann, Ferdinand, württembergischer Landtagsabgeordneter 213
Eglofs, Burg 90
Ehingen 65, 278
Eichstätt 272
Elisabeth von Aragón, Gemahlin König Friedrichs des Schönen 256
Elisabeth von Bayern, Gemahlin König Konrads IV. 155
Elisina 31
Ellerbach, Herren von
    Burkhard 267
    Burkhard Hans 282
Erdington 204
Erozheim, Herren von 282
Eschach, Ortschaft der Stadt Ravensburg 228
Essendorf, Herren von 282
Essingen 149
Esslingen 81, 257
Ettmannsschmid, zu Taldorf, Ortschaft der Stadt Ravensburg 227
Eyb, Herren von
    Anselm 266

## F

Ferdinand I., Kaiser 282 f.
Ferentino 99
Fidazhofen, Ortsteil von Eschach 222, 228, 230, 233
Frankfurt am Main 81
Frankfurter, Dr. Jakob, Kammerprokurator in Innsbruck 283
Fraß von Wolfsberg, Ministerialen von 178
Freising, Diözese 242
Freyberg, Herren von 282
    Arbogast 267
Frickingen, Herren von
    Albert 67
    Burchard 67
Fridingen, Herren von
    Hans, Landvogt in Schwaben 283
Friedrich Barbarossa, Kaiser 11 f., 15, 17, 19–21, 23, 26, 28–30, 32–35, 36, 38, 40–42, 46 f., 50, 56 f., 60, 62–64, 69, 71, 73, 76, 82, 94, 97, 101, 117 f., 120 f., 123, 126–128, 137 f., 140, 147, 154, 156, 190–193, 207, 215, 220, 222 f., 225 f., 228, 232
Friedrich II., Kaiser 12, 75–80, 82–84, 86–89, 97–104, 106, 108, 130, 143–145, 148, 155, 191, 193, 207, 219 f., 222, 226, 229–232
Friedrich III., Kaiser 250, 253, 255–257, 260, 262–267, 269 f., 272, 279–281, 283
Friedrich der Schöne, König 159, 256, 263
Friedrich IV., Herzog von Österreich 254, 278
Friedrich I., Herzog von Schwaben 36, 142
Friedrich II., Herzog von Schwaben 36, 50, 155, 190
Friedrich IV., Herzog von Schwaben, Herzog von Rothenburg 17, 23–29, 35 f., 38, 40 f., 46 f., 50, 117
Friedrich V., Herzog von Schwaben 11 f., 35 f. 38, 47, 49, 53, 56–60, 62, 64 f., 67, 69–71, 94, 97 f., 118–121, 128 f., 140, 191, 222, 226, 229, 233
Fronhofen, Ministerialen von 45, 233
Fugger, Handels- und Patrizierfamilie in Augsburg 262
Fürstenberg, Grafen von 259
Füssen 43, 87, 178, 241, 257
    St. Mang, Kloster 46

## G

Gaisbeuren 25, 117
Gallo, C., Kupferstecher 208
Gelnhausen 43
Genf 162
Genua 79, 162 f.
Georg V., König von Hannover 211
Georg der Reiche, Herzog von Bayern-Landshut 257, 260
Gertrud, Tochter Kaiser Lothars III. 18, 72
Gertrud, Tochter Herzog Heinrichs des Löwen 27
Geudertheim 149
Giengen 179
Gmünd 179
Goldast, Patrizierfamilie in Konstanz
    Ulrich 253
Göppingen 257, 260
Gottfried, Kanzler Kaiser Friedrich Barbarossas 50, 57–59, 120
Götz, Gottfried Bernhard, Maler 210
Graisbach-Marstetten gen. von Neuffen, Grafen von
    Bertold 178
Gregor IX., Papst 227
Grimm, Michael, Schulmeister in Altdorf 212
Grönenbach 266 f.
Grüningen
    Burg 90
    Grafen von
        Hartmann I. 90
Gumppenberg, Herren von
    Heinrich 178
Gundelfingen 168
    Herren von
        Gottfried 40
        Schweikhart 283
        Swigger 114 f.
Gunzenlee 30, 72
Gutenzell, Kloster 281

## H

Habsburg, Haus 194, 252, 271 f., 276, 278, 280–284
    Grafen von
        Albrecht III. 23, 41 f.
Habsburg-Laufenburg, Grafen von
    Gottfried 41
Hagenau 43, 81, 84, 99
Haintzel, Handelsfamilie in Ulm 262
Haisterkirch 134
Hasenweiler, Ministerialen von 46
    Otto 112, 114
Heggbach, Zisterzienserinnenkloster 281

Heiligenberg, Grafen von 46, 83, 112
   Heinrich 30
   Konrad 23, 66 f.
Heinrich VI., Kaiser 12, 35, 56, 60–62, 70 f.,
   75 f., 79, 94, 97 f., 102, 128 f., 137, 139, 191–193,
   207, 222, 226, 229, 232, 239
Heinrich (VII.), König 12, 79, 88 f., 101–104,
   106 f., 170, 207, 219, 222, 226, 229–232, 255
Heinrich II., König von England 26
Heinrich der Schwarze, Herzog von Bayern
   43 f., 46, 157, 188, 190 f., 205
Heinrich der Stolze, Herzog von Bayern und
   Sachsen 10, 15, 17–19, 44 f., 72, 191
Heinrich der Löwe, Herzog von Bayern und
   Sachsen 10, 15, 17, 20, 25–28, 30, 33 f., 45–
   47, 49, 51, 67 f., 71, 76, 93, 111 f., 114–118, 124,
   129, 138, 168, 184, 191, 215, 220, 224–226,
   228 f., 231, 233
Heinrich II. Jasomirgott, Herzog von Bayern,
   Herzog von Österreich 20
Helfenstein
   Burg 257
   Grafen von 259
Herrlingen/Hurningen, Herren von 42
   Hermann, *miles vzerne Hage*, Ministeriale des Herzogs von Schwaben 229
Hess, Gerhard, siehe Weingarten, Kloster
Hirsau, Kloster 19, 218
Hochdorf 72
Höchstädt 168
Hohenberg 278
   Grafen von 129
      Albrecht 277
      Burchard 67
      Friedrich 67
   Ministerialen von
      Burchard 69
      Heinrich 69
      Konrad 69
Hohenlohe, Herren von
   Gottfried 103
Hohenriet 230, 232
Holbein, Handels- und Patrizierfamilie in
   Ravensburg 160
Honorius III., Papst 103, 226
Hugo von St. Viktor, Chronist 35, 40, 70, 239
Hummelberg, Humanistenfamilie in Ravensburg
   Gabriel, Arzt und Naturforscher 165
   Michael, Theologe 165

Humpis, Handels- und Patrizierfamilie in
   Ravensburg 12, 160, 162, 164 f., 263
   Apollonia, Tochter Fricks III. 263
   Frick 165
   Frick III. 263
   Hans 164
   Hans d. J. 263
   Henggi 162, 164
   Ital 165
   Ital d. J. 263
   Jos 162, 164 f.
   Konrad 164
   Onofrius 164
   Ursula, Gemahlin des Hans Sürg von
      Sürgenstein 263
Hürnheim, Herren von
   Jutta, Gemahlin Ludwigs von Rothenstein
      267

# I

Ingolstadt 178
Innozenz III., Papst 76, 78, 226
Innsbruck 257, 272
Irene (Bertha von Sulzbach), Gemahlin Kaiser
   Manuels I. Komnenos 38
Irene von Byzanz, Gemahlin König Philipps
   von Schwaben 72, 232
Isabella von Aragón, Gemahlin König Friedrichs
   des Schönen 159
Isny 179
   Kloster 69, 104
Ittingen, Augustinerchorherrenstift 124 f.

# J

Jena 284
Jerusalem 28
Johannes XXIII., Papst 278
Johann, König von England 80
Judith von Flandern, Gemahlin Welfs IV. 13,
   242
Judith, Tochter Herzog Heinrichs des
   Schwarzen 15, 17, 190
Justingen
   Burg 78
   Herren von 89
      Anselm 77, 81, 83, 88 f.

# K

Kaiserswerth 43
Kaisheim, Zisterzienserkloster 83

Karl der Große, Kaiser 197, 284
Karl IV., Kaiser 159, 250, 252, 256–260, 262, 269, 270
Karl V., Kaiser 209
Karl VI., Kaiser 207
Karl der Kühne, Herzog von Burgund 267
Kaufbeuren 70, 86, 137, 139, 141, 146 f., 150, 152, 155, 168, 173, 178
Kellmünz, Burg 24
Kemnat, Ministerialen von 233
    Volkmar 152
Kempten 142, 146–148, 150 f., 153, 156, 169 f., 173, 178 f., 234, 257, 272
    Kloster 46, 87, 99, 104, 120, 155, 260, 284
        Heinrich III. von Burtenbach, Abt 148
        Heinrich, Abt 83
Kiburg, Grafen von
    Albert 67
    Ulrich 67
Kirchberg, Grafen von 46, 112, 120
    Hartmann 23, 40, 59, 66, 69
    Otto 30, 59, 66
    Rudolf 67
Klauber, Kupferstecherfamilie in Augsburg
    Johannes 208
    Joseph 208
Klenze, Leo von, Baumeister 212
Klingenberg, Herren von
    Albrecht 253
Köln, Erzbistum
    Engelbert, Erzbischof 88, 102
    Rainald von Dassel, Erzbischof 22, 29
Königsegg, Herren von
    Johann (zu Aulendorf) 282
    Johann Dionys 282
Konrad III., König 18 f., 23, 36, 46, 50, 140, 223
Konrad IV., König 89, 104 f., 107, 148, 152, 207, 219, 222, 232
Konrad II., Herzog von Schwaben 12, 35, 38, 47, 70–72, 94, 97, 138, 222, 226, 233
Konradin, König von Sizilien und Jerusalem, Herzog von Schwaben 106 f., 152, 155, 170, 219, 222, 276
Konstanz 60, 63, 99, 143, 148, 162, 164, 171, 254, 257, 260, 263, 278
    Bistum 80, 82, 260
        Bertold von Bussnang, Bischof 120, 188
        Diethelm von Krenkingen, Bischof 82
        Eberhard von Waldburg, Bischof 96, 106–108, 155
        Heinrich von Tanne, Bischof 89, 96, 106 f.
        Hermann von Arbon, Bischof 123 f.
        Konrad von Tegerfeld, Bischof 80 f., 87, 187
Konstanze von Aragón, Gemahlin Kaiser Friedrichs II. 78
Konstanze von Sizilien, Gemahlin Kaiser Heinrichs VI. 75
Kremstal 110
Kreuzlingen 83
    Augustinerchorherrenstift 49, 56, 58, 70, 119, 121, 124
Kühlenthal, Truchsessen von
    Berchtold 178

L

Landau, Herren von 282
    Hans Jakob, Landvogt in Schwaben 281
Landsberg 168, 178
Laubenberg, Herren von 282
Lauingen 168, 177 f.
Laupheim 124, 134
    Burg 134
Lautherius, Michael 276
Leibniz, Gottfried Wilhelm 10
Lenzburg, Grafen von 41 f., 51
    Ulrich 40
Leo III., Papst 190
Leo IX., Papst 190
Leonstein, Burg 266 f.
Leopold III., Herzog von Österreich 278
Leutkirch 90, 143, 179, 213, 282
Leutkircher Heide 275, 278
Liebenau, Ministerialen von 192, 233
Lindau 86 f., 142, 145–147, 149 f., 164, 168, 170, 231, 234, 254, 257, 275, 282, 284
    Damenstift 86, 150, 155, 281
Lodi 21
Lorch, Kloster 50, 84
Lothar III., Kaiser 18
Löwental
    Dominikanerinnenkloster 281, 283
    Ministerialen von 233
Lucca 22, 124
Ludwig IV. der Bayer, Kaiser 159, 178, 252, 255 f., 258, 263, 270
Ludwig der Deutsche, König 134
Ludwig I., Herzog von Bayern 102
Ludwig IX., Herzog von Bayern-Landshut 280
Lüning, Johann Christian 284

Lupfen, Grafen von 264
Lüttich, Bistum
    Rudolf, Bischof 40

# M

Mailand 20f., 79, 162
Mainau 257
Mainz 60, 64
Maisental, heute Mariatal, Ortsteil von
    Eschach 233
    Prämonstratenserinnenstift 225
Margarete von Österreich, Gemahlin König
    Heinrichs (VII.) 102
Markgröningen 257
Marstetten, Grafen von 142
Mathias von Neuenburg, Chronist 133
Mathilde, Tochter König Heinrichs II. von
    England 26
Maximilian I., Kaiser 165, 192, 207, 250, 253,
    262, 271f., 281, 283
Meersburg 124
Memmingen 12, 70, 87, 94, 137, 141, 146–148,
    150f., 154f., 167f., 170, 172–175, 177–179, 237–
    239, 248, 257, 272, 282
    Antonierstift 172
    Schottenkloster St. Nikolaus 46, 172
Mengen 40, 143
Merkenberg, Grafen von 106
Merseburg 225, 229
Metz, Bistum
    Konrad, Bischof 82, 99
Meuting, Handelsfamilie in Augsburg 262
Mimmenhausen, Herren von
    Hartmann 67
    Konrad 67
Mindelberg, Herren von 178
Mindelheim 272
Mittenwald 241
Möhringen, Burg 23
Montfort, Grafen von 261f., 265, 277
    Rudolf I. 143
Montfort-Rothenfels, Grafen von
    Haug X. (XIII.) 263f.
Montfort-Tettnang/Bregenz, Grafen von 263
Moser, Johann Jakob 276
Mötteli, Handelsfamilie in Ravensburg 162,
    164, 263
    Rudolf 162, 266
    Ursula, Tochter von Walther 266
    Walther 266

Mozo, Ammannfamilie in Memmingen 151,
    170
München 178
Muntprat, Handels- und Patrizierfamilie in
    Konstanz 162
    Lütfried 162, 164
    Onofrius 162

# N

Napoleon Bonaparte, Kaiser 209
Nassau-Oranien-Fulda, Fürsten von 209
Nellenburg, Grafen von 264
Nessenreben, Kloster 282
Neuffen
    Burg 78
    Herren von 89
        Bertold 83
        Bertold, Bischof von Brixen, siehe
        Brixen
        Heinrich 77, 83, 88f., 103
Neuwaldsee, Burg 134
Nibelgau 143
Nordhausen 103
Nördlingen 149, 178, 257, 281
Nürnberg 81f., 99, 162, 257, 277, 282

# O

Oberhofen, Ministerialen von
    Heinrich 233
Oberholzheim 134
Oberteuringen 30, 33, 46, 111f., 114f.
Oberwallsee 109
Oberwesel 149
Ochsenhausen, Kloster 46, 281f.
Odenheim 149
Oettingen, Grafen von 178, 260
Otakar I., König von Böhmen 81
Otakar II., König von Böhmen 132
Otakar IV., Herzog der Steiermark 121
Otterswang
    Burg 117
    Herren von
        Manegold 67
Otto IV., Kaiser 76–78, 80, 83f., 95, 98, 144f.,
    152, 219, 232
Otto I., Pfalzgraf von Burgund 35, 42, 51
Ottobeuren, Kloster 139, 148
Otto von Freising, Chronist 10, 73
Otto von St. Blasien, Chronist 24, 27, 39–41,
    46f., 117, 128

## P

Pappenheim, Erbmarschälle von 261, 265
   Corona 267
   Haupt II. 265–267
   Heinrich XI. 265–267
Partenkirchen 241
Paschalis III., Gegenpapst 22, 28, 137
Passau, Bistum
   Altmann, Bischof 241
Pavia 20, 28, 79
Peiting 13, 241
   Burg 20, 45
Peñíscola 163
Petershausen, Kloster 281
Peuscher, Gebhard 267
Pfalzgrafenweiler, Burg 24
Pfärrich 165
Pfuhl 272
Pfullendorf 85, 128, 142, 144, 147, 149, 152, 155, 257
   Grafen von 40, 120
      Bertold 40, 51
      Ita, Gemahlin Graf Albrechts III. von Habsburg 41
      Rudolf 23, 35 f., 40 f., 47, 49, 51, 59, 119, 138, 140, 142
      Ulrich 38
Philipp von Schwaben, König 12, 35, 38, 42, 53, 70, 72, 76, 78, 94 f., 97–99, 107, 144, 152, 159, 193, 207, 222, 226 f., 229 f., 232, 235
Philipp II. August, König von Frankreich 80, 84
Piacenza 79
Pisa 20, 22
   Erzbistum
      Vilanus, Erzbischof 21
Pleß 272
Portia, Grafen von
   Hieronymus, päpstlicher Nuntius 190
Pörtschach 266
Prassberg, Herren von 282

## R

Raderach, Ministerialen von 233
   Hermann 229
Ramsberg, Grafen von, siehe Pfullendorf, Grafen von
Ramsberg, Herren von
   Rudolf 100
Ratzenried 165
Ravensburg 12, 43, 71, 73, 93, 100, 111 f., 117, 140, 146 f., 149, 153 f., 157–162, 164, 167 f., 170, 183, 211, 215, 222, 230 f., 234, 254, 256 f., 262 f., 266, 282
   Burg 25, 44, 46, 93, 157–159, 222
   Ministerialen von 45, 93
      Dieto 83, 119
      Friedrich 93
      Gebizo 45, 215, 220, 223–226, 229, 231, 233, 235
      Heinrich 89
      Hermann 93
      Luitgard, Schwester Gebizos 233
      Otto 93
   St. Christina 222, 229 f.
Rechberg(-Hohenrechberg), Herren von 259, 282
Rechbergreuthen 82
Regensburg 41, 81, 272
Reichenau, Kloster 46, 115, 257
   Diethelm, Abt 64, 112, 114 f.
   Heinrich, Abt 81, 83
   Ulrich, Abt 112, 114
Reichenstein, Herren von 282
Reischach, Ministerialen von
   Ulrich 151
Reutte 134
Reute, Stadtteil von Bad Waldsee 241
Reutlingen 45, 89, 257
Riederer, Ulrich 267
Riedlingen 90
Ringgenburg, Ministerialen von 233
Roggenburg 272
   Prämonstratenserstift 260
Rohrdorf, Grafen von
   Eberhard 79
   Gottfried 67
   Manegold 67, 233
Rohrdorf, Stadtteil von Isny 69
Rom 11, 28, 38, 50, 79, 88, 137
Ronsberg, Grafen von 23, 120
   Heinrich 67
Rosenberg, Grafen von
   Heinrich 59
Rot an der Rot, Prämonstratenserstift 62, 67, 70, 84, 94, 99, 124, 128, 241, 280–282
   Otino, Abt 215, 224, 231
Rothenstein
   Burg 267

Herren von 266 f.
  Corona 266
  Ludwig 266 f.
  Thomas 266
Roth, Herren von 282
Rottenacker 65
Rottenbuch, Augustinerchorherrenstift 13, 46, 104, 241–243
  Otto, Propst 21, 124
Rottweil 65, 81, 257, 260
Rudolf I., König 9, 13, 135, 145, 155, 159 f., 168, 170, 192 f., 251, 265, 275–277, 284
Rudolf IV., Herzog von Österreich 109–111, 134, 269
Ruprecht, König 255, 269

## S
Säckingen, Damenstift 41
Salem, Zisterzienserkloster 64, 66, 71 f., 79, 83, 99 f., 112, 114 f., 129, 218, 224, 234, 280–282
  Eberhard, Abt 79, 83, 85
  Eugen Speth, Pater 205
Salzburg, Erzbistum
  Eberhard, Erzbischof 82 f.
Samletshofen 165
San Genesio 20, 22
San Germano 99
Saulgau 143
Savona 163
Schad von Mittelbiberach, Patrizierfamilie in Biberach 282
Schelklingen 278
Scheuch, Ludwig, Maler 207
Schiller, Friedrich 219
Schlick, Kaspar, Kanzler Kaiser Sigismunds 253
Schlierbach, Zisterzienserinnenkloster 110, 134
Schmalegg, Ministerialen von 45, 170, 233
  Heinrich 170
  Konrad 105
  Rudolf (zu Tanne) 156
Schnetzenhausen, Herren von
  Hermann 230
Schongau 67, 71, 86 f., 141, 146 f., 171, 178, 241
Schussenried
  Herren von
    Beringer 67
    Konrad 40

Ministerialen von
  Konrad 119
Prämonstratenserstift 260, 280, 282
Schussental 116, 157
Schwabegg, Herren von
  Adelgoz III. 41, 64
Schwäbisch Hall 149
Schwarzach, Burg 134
Schweinhausen 42
  Burg 72, 134
  Herren von 42
    Gottfried 67
Schwerin, Grafen von
  Heinrich 103
Sempach 278
Senftenau 165
Siena 15, 240
Siggen 165
Sigismund, Kaiser 250, 253 f., 256, 260, 262, 264–267, 270, 278
Sigmaringen 277
  Grafen von
    Ludwig 67
Sigmund der Münzreiche, Erzherzog von Österreich, Graf von Tirol 179, 261, 269, 280
Speyer 19, 95, 99, 104, 120
Speyer, Bistum 23
  Konrad, Bischof 82
Spoleto, Herzogtum 21, 30
St. Gallen 79, 164, 262
  Kloster 86, 142, 148, 150, 156, 217, 260
    Konrad, Abt 103
Stams 257
Steingaden, Prämonstratenserstift 13, 17, 28, 30, 46, 69–71, 94, 104, 137, 191, 221, 238–244, 247 f.
  Gallus Theininger, Abt 248
  Herkulan Schweiger, Propst 243
  Johann Dimpt, Abt 244
  Konrad von Steingaden, Abt 240
Stein, Herren von 282
Stephan II., Herzog von Bayern 159
Steußlingen, Herren von
  Ernst 67
Stockach 257, 277
Stoffeln, Grafen von, siehe Pfullendorf, Grafen von
Straßburg 80
Straub, Johann Baptist, Bildhauer 247
Striberg, Ministerialen von
  Hermann 79

Stuttgart 257
Sulmentingen 77
Sulzbach, Grafen von
    Berengar II. 17
Sulz, Grafen von 261
Summerau, Ministerialen von 233
Sunthaim, Familie in Ravensburg
    Ladislaus, Historiograph 165
Sürg von Sürgenstein, Adelsgeschlecht 262
        Hans 263
        Veit 263

## T

Tanne
    Burg 116 f.
    Ministerialen von 91 f., 95, 97 f., 107
        Bertold d. Ä. 96 f., 119
        Bertold d. J. 96 f.
        Eberhard d. Ä. 96 f., 119, 129
        Friedrich 96 f.
        Heinrich, Bischof von Konstanz, siehe Konstanz, Bistum
Tanne-Waldburg, Ministerialen von 130
    Eberhard 12, 96–107, 229
    Ulrich I., Propst des Prämonstratenserstifts Weißenau, siehe Weißenau
Tanne-Waldburg-Winterstetten, Ministerialen von 12, 45, 91 f., 107
Tanne-Winterstetten, Ministerialen von 91, 130, 192
    Eberhard 96, 98 f., 103
    Konrad 12, 85, 88 f., 96, 98–105, 107, 233
Tannhausen, Ministerialen von
    Albero, Kämmerer 81
Teck 278
    Herzöge von 259, 267, 277
Theinselberg, Ortsteil von Lachen 267
Thierstein, Grafen von 259
Thingau, Ministerialen von 45
Torkenweiler, Herren von
    Werner 229
Tortosa 163
Trauchburg, Herren von
    Bertold 105
Trient 79
Tübingen 24
    Grafen von
        Heinrich, Sohn Hugos III. 17
    Pfalzgrafen von
        Hugo II. 23 f., 26, 40

Türing, Niklas d. Ä., Steinmetz in Memmingen 267
Tuszien, Markgrafschaft 20, 22, 30
Tuttlingen 257

## U

Überlingen 64, 80, 82 f., 85, 87, 99, 142, 145–153, 155, 170, 231, 234, 257
Udalrichinger, Grafen 142
Ulm 12, 25, 27, 36, 43, 50, 58, 62–65, 70, 73, 75, 78, 82, 84–87, 90, 98 f., 120 f., 124, 127 f., 134, 148 f., 160, 173, 175 f., 178 f., 239, 252, 257, 262, 282
Ummendorf, Ministerialen von 233
Urach, Grafen von
    Egino IV. 67
Ursberg, Prämonstratenserstift 260
Urslingen, Herren von
    Egenolf 40
Uta von Schauenburg, Gemahlin Welfs VI. 238, 246

## V

Valencia 162, 163
Vaz, Freiherren von 97
Veitsburg, siehe Ravensburg, Burg
Veringen, Grafen von 46, 49, 112
    Eberhard 67
    Heinrich 23, 67
    Manegold 30, 40, 67
    Markward 38
    Wolfrad 67
Verona 81
Viktor IV. (Oktavian), Gegenpapst 20, 22
Villingen 100
Viterbo 97
Vogt von Summerau, Adelsgeschlecht 262
Vohburg, Grafen von
    Bertold 23
Vöhlin, Handels- und Patrizierfamilie in Memmingen 172, 262

## W

Waldburg
    Burg 93, 95, 99, 101, 116 f., 263
    Ministerialen bzw. Truchsessen von 14, 41, 155, 159, 192, 254, 259, 262, 264 f., 278–280, 282, siehe auch Tanne, Tanne-Waldburg, Tanne-Winterstetten, Waldburg (ä. L.), Waldburg (j. L.), Waldburg-Rohrdorf,

Waldburg-Trauchburg, Waldburg-Warthausen
Waldburg (ä. L.), Ministerialen von 91, 95, 97f., 107, 130, 233
  Friedrich d.Ä. 92f., 94, 119
  Friedrich d.J. 92, 94f., 233
  Guta, Tochter Heinrichs d.J. 92, 96
  Heinrich d.Ä. 92f.
  Heinrich d.J. 92, 94f., 98, 229, 233
  Kuno von Waldburg, Abt von Weingarten, siehe Weingarten, Kloster
Waldburg (j. L.), Ministerialen von 91–94, 98, 105, 107, 130
  Eberhard 88f., 96
  Eberhard, Bischof von Konstanz, siehe Konstanz, Bistum
  Eberhard d.J. 96, 106
  Otto Bertold 96, 98, 104f.
Waldburg-Rohrdorf, Ministerialen von
  Bertold 106
  Friedrich 103
  Heinrich 106
Waldburg-Trauchburg, Truchsessen von
  Eberhard 279
  Georg I. 279
  Jakob I. 279
  Johann d.Ä. 280
  Wilhelm d.Ä. 281f.
Waldburg-Warthausen, Ministerialen von 151
  Heinrich 106
  Ulrich d.J. 106
  Walter 106
Waldemar II., König von Dänemark 103
Waldsee 25, 112, 117, 124, 128, 130, 133f., 282
  Augustinerchorherrenstift 12, 121, 124–126
    Bertold, Propst 126
  Herren von, siehe Wallsee, Herren von
Wald, Zisterzienserinnenkloster 85
Wallhausen, Ortsteil von Dettingen 64
Wallsee, Herren von 12, 41, 45, 110f., 118, 121, 127, 130, 134, 135, 233
  Bertold 119, 126–129
  Eberhard 119, 127f.
  Eberhard (II.) 130
  Eberhard (III.) 130, 132f.
  Eberhard (IV.) 132
  Friedrich (I.) 111, 132
  Gebhard (I.) 111, 115
  Heinrich (I.) 132
  Konrad (I.) 111, 115, 127f.
  Ulrich (I.) 132
Wallsee(-Linz), Herren von
  Eberhard (V.) 109
Wangen im Allgäu 86, 142, 146–148, 150, 155f., 168, 252, 282
Warthausen, Burg 134, siehe auch Waldburg-Warthausen
Wartstein, Grafen von
  Heinrich 67
Watt, Kaspar (von) 262
Wegelin, Johann Reinhard 14, 275, 284f.
Weil der Stadt 149
Weilheim in Oberbayern 178
Weingarten 128, 184, 210f.
  Kloster 13, 43, 46, 53, 64, 70, 73, 84f., 99, 106, 140, 157, 183f., 197, 201, 209f., 231, 240, 263, 280–283
    Bertold, Abt 185f.
    Dominikus II. Schnitzer, Abt 209
    Gabriel Bucelin, Pater 187, 189f., 201
    Gerhard Hess, Pater 208
    Kaspar Schiegg, Abt 196
    Kuno von Waldburg, Abt 92, 188
    Walicho, Abt 200, 205
    Werner von Markdorf, Abt 188
Weißenau, Prämonstratenserstift 13, 45, 67, 71f., 85, 94, 100, 102, 111, 124f., 157, 159, 161, 215, 217–222, 224, 226f., 229–231, 234, 280–283
  Heinrich, Propst 231
  Hermann I., Propst 223f., 234f.
  Hermann II., Propst 218, 226, 232
  Jacob Murer, Abt 159
  Ortolf von Biegenburg, Propst 228
  Ulrich I. von Tanne, Propst 231f.
  Ulrich II., Propst 218
Weißenburg, Kloster 134
Weißenhorn 77, 279
Welf II., Graf 205, 207
Welf III., Herzog von Kärnten 45, 205
Welf IV., Herzog von Bayern 11, 13, 45f., 183, 186, 188, 190, 192, 197, 205, 207f., 240–242
Welf VI., Herzog von Spoleto, Markgraf von Tuszien 9–11, 13, 15, 17–22, 24, 26, 28–32, 34, 36, 41, 45f., 49f., 56, 58f., 62, 64, 66f., 69–72, 76, 93f., 97, 107, 116f., 119–121, 124, 128f., 137–141, 154f., 157, 167, 188, 190f., 220, 222f., 225, 227f., 230, 233, 235, 237, 239–242, 246f.

Welf VII., Sohn Herzog Welfs VI. 9–11, 15, 17, 19, 21f., 24, 28–32, 34, 38, 40, 94, 117, 137, 158, 191, 220, 228, 233, 237, 240, 242f., 246f.
Welser, Handels- und Patrizierfamilie in Augsburg 262
Wemding 260
Wenzel, König 254, 278
Werde (Donauwörth), Herren von 42
Werdenberg, Grafen von 165, 261, 265
    Haug XI. 262–265, 267
    Hugo, Reichslandvogt 192, 277
Wermeister, Patrizierfamilie in Wangen 151
Werner, Sohn des Ministerialen Hermann
    *miles uzerne Hage* 229
Wessobrunn, Kloster 46
Wien 110, 284
Wilhelm von Holland, Gegenkönig 155
Wilhelm III., Herzog von Bayern-München 279
Wimpfen 81
Winterstetten, Burg 101, siehe auch Tanne-Winterstetten
Winterstetten-Otterswang, Ministerialen von 151
Wittelsbach, Haus 94
    Otto VII., Pfalzgraf von Bayern 67
    Otto, Sohn Ottos VII., Pfalzgraf von Bayern 76
Wladislaw II., Herzog von Böhmen 25, 29
Wolfegger, Patrizierfamilie in Ravensburg 160
Wolpertswende 165
Woringen 266
Worms 47, 49, 71, 99, 120, 272
    Bistum 23
Württemberg, Grafen von 259, 265, 277f.
    Eberhard I. 277
    Ulrich V. 259, 261, 280
Würzburg 50, 71, 120
    Bistum
        Otto, Bischof 102

# Z

Zeil, Grafschaft 90
Ziegler, Niclas, Landvogt in Schwaben 281–283
Zimmern, Herren von 271
Zollern, Grafen von 46, 49, 112, 261
    Bertold 30, 67
    Burkhard 40
    Friedrich 30, 67
    Gottfried 38
    Jos-Niklas 265
Zürich 105, 234
Zwiefalten, Kloster 46